W0470091

EL VALS LENTO DE LAS TORTUGAS

Katherine Pancol

EL VALS LENTO DE LAS TORTUGAS

Traducción
Juan Carlos Durán

la esfera de los libros

Primera edición: enero de 2011

Cualquier forma de reproducción, distribución, comunicación pública o transformación de esta obra sólo puede ser realizada con la autorización de sus titulares, salvo excepción prevista por la ley. Diríjase a CEDRO (Centro Español de Derechos Reprográficos, www.cedro.org) si necesita fotocopiar o escanear algún fragmento de esta obra.

Título original: *La valse lente des tortues*
Publicado originalmente por Éditions Albin Michel, 2008

© Katherine Pancol, 2008
© De la traducción: Juan Carlos Durán Romero, 2011
© La Esfera de los Libros, S. L., 2011
Avenida de Alfonso XIII, 1, bajos
28002 Madrid
Tel.: 91 296 02 00 • Fax: 91 296 02 06
www.esferalibros.com

ISBN: 978-84-932103-2-8
Depósito legal: M. 50.247-2010
Composición: Pacmer, S. A.
Impresión: Cofás
Encuadernación: De Diego
Impreso en España-*Printed in Spain*

Índice

A Roman

Es terrible vivir en una época en que la palabra sentimiento se asocia con sentimentalismo. Sin embargo, deberá llegar un día en que se reconocerá la afectividad como el sentimiento más grande y se rechazará el dominio del intelecto.

ROMAIN GARY

PRIMERA PARTE

—Vengo a buscar un paquete —declaró Joséphine Cortès acercándose a la ventanilla de la oficina de correos, en la calle Longchamp del distrito dieciséis de París.

—¿Francia o extranjero?

—No lo sé.

—¿A nombre de quién?

—Joséphine Cortès... C.O.R.T.È.S...

—¿Tiene usted el aviso de llegada?

Joséphine Cortès le tendió el impreso amarillo de entrega.

—¿Documento de identidad? —preguntó con tono cansino la empleada, una rubia teñida con un cutis cenizo que parpadeaba en el vacío.

Joséphine sacó su carné de identidad y lo colocó bajo la mirada de la encargada, que había entablado una conversación sobre un nuevo régimen a base de col lombarda y rábano negro con una compañera. La empleada cogió el carné, levantó una nalga y después la otra y bajó del taburete masajeándose los riñones.

Fue balanceándose hacia un pasillo y desapareció. La minutera negra avanzaba sobre el cuadrante blanco del reloj de pared. Joséphine sonrió abochornada a la cola que se formaba tras ella.

No es culpa mía si han enviado mi paquete a un sitio donde no lo encuentran, parecía excusarse ella encorvando la espalda. No es culpa mía si ha pasado por Courbevoie antes de llegar aquí. Y sobre todo, ¿de dónde puede venir? ¿De Shirley quizás, desde Inglaterra? Pero ella conoce mi nueva dirección. No sería extraño que fuese cosa de Shirley, que le enviara ese famoso té que compra en Fortnum & Mason, un pudín y calcetines gruesos, para poder trabajar sin tener frío en los pies. Shirley dice siempre que no existe el amor sino los detalles de amor. El amor sin los detalles, añade, es el mar sin la sal, los caracoles de mar sin mayonesa, una flor sin pétalos. Echaba de menos a Shirley. Se había ido a vivir a Londres con su hijo, Gary.

La empleada volvió sosteniendo un paquete del tamaño de una caja de zapatos.

—¿Colecciona usted sellos? —preguntó a Joséphine encaramándose al taburete que chirrió bajo su peso.

—No...

—Yo sí. ¡Y puedo decirle que éstos son magníficos!

Los contempló parpadeando, después le tendió el paquete a Joséphine, que descifró su nombre y su antigua dirección en Courbevoie en el papel rudimentario que servía de embalaje. El lazo, igual de tosco, tenía las puntas deshilachadas formando una guirnalda de pompones sucios, a fuerza de haber pasado mucho tiempo en los estantes de correos.

—Como usted se ha mudado, no lo localizaba. Viene de lejos. De Kenya. ¡Ha hecho un largo viaje! Y usted también...

Lo había dicho en tono sarcástico y Joséphine se ruborizó. Balbuceó una excusa inaudible. Si se había mudado, no era porque ya no apreciara su extrarradio, oh, no, le gustaba Courbevoie, su antiguo barrio, su piso, el balcón con el pasamanos oxidado y, para ser sincera, no le gustaba nada su nueva dirección, allí se sentía extranjera, desplazada. No, si se había mudado, era por culpa de su hija mayor, Hortense, que ya no soportaba vivir en las afueras. Y cuando a Hortense se le metía una idea en la cabeza, no te quedaba otro remedio que llevarla a cabo, porque si no te fulminaba con su desprecio. Gracias al dinero que Joséphine había ganado con los derechos de autor de su novela, *Una reina tan humilde*, y a un importante préstamo bancario, había podido comprar un hermoso piso en un buen barrio. Avenida Raphaël, cerca de la Muette. Al final de la calle de Passy y de sus tiendas de lujo, junto al Bois de Boulogne. Mitad ciudad, mitad campo, había subrayado, con énfasis, el hombre de la agencia inmobiliaria. Hortense se había lanzado al cuello de Joséphine, «¡gracias, mamaíta, gracias a ti, voy a revivir, me voy a convertir en una auténtica parisina!».

—Si fuera por mí, me habría quedado en Courbevoie —murmuró Joséphine confusa, notando cómo le ardían las puntas de las orejas enrojecidas.

Esto es nuevo, antes no me ruborizaba por cualquier tontería. Antes estaba en mi sitio. Aunque no siempre me sintiera cómoda, era mi sitio.

—En fin..., ¿se queda con los sellos?

—Es que tengo miedo de estropear el paquete si los corto...

—No importa, ¡déjelo correr!

—Se los traeré, si quiere.

—¡Ya le digo que no tiene importancia! Lo decía por decir, porque me han parecido bonitos a simple vista..., ¡pero ya me he olvidado de ellos!

Miró a la siguiente persona de la cola e ignoró ostensiblemente a Joséphine que volvió a guardar el carné de identidad en el bolso, antes de ceder el sitio y dejar la oficina.

Joséphine Cortès era tímida, a diferencia de su madre y de su hermana, que se hacían querer o imponían su autoridad con una mirada, con una sonrisa. Ella tenía una forma de pasar desapercibida, de pedir perdón por estar ahí, que la llevaba al extremo de tartamudear o enrojecer. Por un momento había creído que el éxito iba a ayudarle a tener confianza en sí misma. Su novela, *Una reina tan humilde*, seguía encabezando las listas de ventas más de un año después de su publicación. El dinero no le había aportado ninguna confianza. Incluso había terminado odiándolo. Había cambiado su vida, sus relaciones con los demás. La única cosa que no ha cambiado es la relación conmigo misma, suspiró, buscando con la mirada una cafetería donde poder sentarse y abrir el misterioso paquete.

Tiene que existir algún medio de ignorar ese dinero. El dinero elimina la angustia ante la amenaza del día de mañana, pero en cuanto se amontona, se convierte en un incordio agobiante. ¿Dónde invertirlo? ¿A qué tipo de interés? ¿Quién va a administrarlo? Yo seguro que no, admitió Joséphine mientras cruzaba por el paso de cebra y esquivaba una moto por los pelos. Le había pedido a su banquero, el señor Faugeron, que lo guardase en su cuenta y le entregase una suma cada mes, una suma que ella juzgaba suficiente para vivir, pagar los impuestos, comprarse un coche nuevo y cubrir los gastos de escolarización y del día a día de Hortense en Londres. Hortense sabía utilizar el dinero. A ella con toda seguridad no le produciría vértigo recibir los extractos bancarios. Joséphine se había resignado: su hija mayor, a los diecisiete años y medio, se desenvolvía mejor que ella, a los cuarenta y tres.

Estaban a finales de noviembre y la noche caía sobre la ciudad. Soplaba un viento recio, que despojaba a los árboles de sus últimas hojas rojizas que bailaban un vals antes de llegar al suelo. Los peatones avanzaban mirándose los pies, temiendo recibir el azote de una borrasca. Joséphine se levantó el cuello del abrigo y consultó el reloj. Se había citado a las siete con Luca en la cafetería Le Coq, de la plaza del Trocadero.

Miró el paquete. No llevaba remite. ¿Un envío de Mylène? ¿O quizás del señor Wei?

Subió por la avenida Poincaré, llegó a la plaza del Trocadero y entró en la cafetería. Tenía más de una hora por delante antes de que Luca llegara. Desde que se había mudado, se citaban siempre en esa cafetería. Joséphine lo había querido así. Para ella era una forma de acostumbrarse a su nuevo barrio. Le gustaba crearse hábitos. «Este sitio me parece demasiado burgués o demasiado turístico», decía Luca con voz sorda, «no tiene alma, pero si a usted le apetece...». Para saber si las personas son felices o desgraciadas hay que mirarlas siempre a los ojos. La mirada no se puede maquillar. Luca tenía los ojos tristes. Incluso cuando sonreía.

Abrió la puerta acristalada y buscó una mesa libre. Localizó una y se sentó. Nadie la miraba y se sintió aliviada. ¿Se estaría convirtiendo quizás en una auténtica parisina? Se llevó la mano al sombrero de punto verde almendra que había comprado la semana anterior, pensó durante un instante en quitárselo y después decidió dejárselo puesto. Si se lo quitaba, se despeinaría y no se atrevería a volver a peinarse. Una no se peinaba en público. Era uno de los principios de su madre. Sonrió. Por mucho que ya no viese a su madre, la llevaba siempre consigo. Era un sombrero verde almendra con unos fruncidos de punto que parecían tres michelines y una galleta plana de pana encima, rematada por un rabito de franela como el que corona la clásica boina. Había visto ese tocado en el escaparate de una tienda, en la calle Francs-Bourgeois en el Marais. Había entrado, había preguntado el precio y se lo había probado. Le daba un aire pícaro, de mujer desenvuelta con la nariz respingona. Daba a sus ojos marrones un resplandor dorado, le estilizaba los pómulos y le afinaba la silueta. Con ese sombrero, parecía todo un personaje. El día antes, había ido a visitar a la tutora de Zoé, la señora Berthier, para hablar de los progresos de su hija pequeña, del cambio de colegio, de su capacidad de adaptación. Al final de la entrevista, la señora Berthier se había puesto el abrigo y el sombrero verde almendra con los tres fruncidos en la cabeza.

—Yo tengo uno igual —había dicho Joséphine—. No me lo he puesto porque no me he atrevido.

—¡Debería usted ponérselo! Además, abriga y se sale de lo corriente. ¡Se ve venir desde lejos!

—¿Lo ha comprado usted en la calle Francs-Bourgeois?

—Sí. En una tienda pequeñita.

—Yo también. ¡Qué casualidad!

El hecho de compartir el mismo tocado las había acercado más que su larga conversación referente a Zoé. Habían salido juntas del colegio y habían caminado en la misma dirección, mientras seguían hablando.

—Me ha dicho Zoé que vienen ustedes de Courbevoie.

—He vivido allí casi quince años. Me gustaba. Aunque había problemas...

—Aquí no son los niños los que plantean problemas, ¡son los padres!

Joséphine la había mirado, extrañada.

—Todos creen haber concebido a un genio y nos reprochan que no descubramos al Pitágoras o al Chateaubriand que duerme en su interior. Les atiborran de clases particulares, cursos de piano, de tenis, vacaciones en colegios caros en el extranjero y los niños, agotados, se duermen en clase o te contestan como si fueras un criado...

—¿En serio?

—Y cuando intentas recordarles a los padres que de momento sólo son niños, te miran por encima del hombro y te dicen que los otros quizás, pero que el suyo ¡por supuesto que no! ¡Mozart tenía siete años cuando escribió su *Pequeña serenata nocturna* —una cantinela soporífera, entre nosotras— y que su progenie no va a ser menos! Ayer mismo tuve un altercado con un padre, un banquero cargado de diplomas y condecoraciones, que se quejaba de que su hijo sólo tenía un siete de media. Precisamente está en el mismo grupo que Zoé... Le hice notar que un siete estaba bastante bien, y me miró como si le hubiese insultado. ¡Su hijo! ¡La carne de su carne! ¡Sólo un siete de media! Sentí olor a napalm en su aliento. ¿Sabe?, hoy en día es peligroso ser profesor, y no son los alumnos los que me asustan, sino los padres.

Se había echado a reír y se agarró el sombrero de un manotazo para que el viento no se lo llevase.

Al llegar frente al portal de Joséphine tuvieron que separarse.

—Yo vivo un poco más lejos —había dicho la señora Berthier, señalando una calle a la izquierda—. Velaré por Zoé, ¡se lo prometo!

Caminó algunos pasos, y después se volvió.

—Y mañana ¡póngase el sombrero! Así nos reconoceremos, incluso de lejos. ¡Es imposible no verlo!

Eso sin duda, pensó Joséphine: se elevaba como una cobra saliendo de la cesta; sólo le faltaba empezar a contonearse con el sonido de una flauta. Se había reído y se lo había prometido con una seña: se pondría su boina de michelines a partir de mañana. A ver qué pensaría Luca de él.

Se veían regularmente desde hacía un año y todavía se trataban de usted. Dos meses antes, en septiembre, a la vuelta de las vacaciones, habían intentado tutearse, pero era demasiado tarde. Era como si hubiesen incorporado a dos desconocidos a su intimidad. Dos personas que se trataban de «tú» y que no conocían. Habían vuelto, pues, al usted que, aunque resultara sorprendente, les convenía a la perfección. Su forma de vivir separados también les convenía: cada uno en su casa, con una independencia estricta. Luca escribía una obra erudita para un editor universitario: una historia sobre las lágrimas, desde la Edad Media a nuestros días. Se pasaba la mayor parte del tiempo en la biblioteca. A los treinta y nueve años vivía como un estudiante, se alojaba en un estudio en Asnières, en su frigorífico se morían de soledad una botella de Coca Cola y un trozo de paté, no tenía coche ni televisión y llevaba, hiciese el tiempo que hiciese, una parka azul marino que le servía de segunda residencia. Transportaba en sus grandes bolsillos todo lo que necesitaba para la jornada. Tenía un hermano gemelo, Vittorio, que le atormentaba. Joséphine sólo necesitaba fijarse en la arruga que tenía entre los ojos, para saber si las noticias de su hermano eran buenas o malas. Cuando la hendidura se hacía más profunda, era señal de tormenta. Ella no preguntaba nada. Esos días, Luca permanecía mudo, sombrío. Le cogía la mano, la metía en el bolsillo de su parka junto a las llaves, los bolígrafos, los cuadernos, los caramelos para la garganta, los billetes de metro, el móvil, los paquetes de kleenex y la vieja cartera roja de piel. Ella había aprendido a reconocer cada objeto con las yemas de los dedos. Conseguía incluso identificar la marca de las bolsitas de caramelos. Se veían por la noche, cuando Zoé se quedaba a dormir en casa de una amiga, o los fines de semana, cuando iba a visitar a su primo Alexandre a Londres.

Un viernes sí y otro no, Joséphine llevaba a Zoé a la estación del Norte. Philippe y Alexandre, su hijo, iban a recogerla a Saint Pancras. Philippe le había regalado a Zoé un abono del Eurostar y Zoé se marchaba, impaciente por volver a su habitación en el piso de su tío en Notting Hill.

—¿Es que allí tienes tu propio dormitorio? —había exclamado Joséphine.

—¡Tengo incluso un vestidor lleno de ropa para no cargar con maletas! Philippe piensa en todo, es el tío más genial que hay.

Joséphine reconocía, en ese tipo de atenciones, la delicadeza y la generosidad de su cuñado. Cada vez que ella tenía un problema, cuando dudaba sobre una decisión que tomar, llamaba a Philippe.

Y él respondía siempre aquí estoy, Jo, puedes pedirme lo que quieras, ya lo sabes. En cuanto oía ese tono benévolo se sentía más tranquila. Se hubiese dejado mecer gustosamente por el calor de esa voz, por la ternura que adivinaba detrás del ligero cambio de entonación que seguía a su: «Hola, Philippe, soy Jo», pero inmediatamente se imponía una advertencia: ¡cuidado, peligro! ¡Es el marido de tu hermana! ¡Mantén las distancias, Joséphine!

Antoine, su marido, el padre de sus dos hijas, había muerto seis meses antes. En Kenya. Dirigía un criadero de cocodrilos por cuenta de un hombre de negocios chino, el señor Wei, con el que estaba asociado. Los negocios comenzaron a torcerse, él empezó a beber, y a mantener una extraña relación con los cocodrilos, que se burlaban de él, negándose a reproducirse, destrozando las alambradas de protección y devorando a sus empleados. Pasaba noches enteras intentando descifrar los ojos amarillos de los cocodrilos, que flotaban en los estanques. Quería hablarles, convertirse en su amigo. Una noche se había sumergido en el agua y uno de ellos lo había devorado. Fue Mylène quien le relató el trágico final de Antoine. Mylène, la amante de Antoine, la que había elegido para acompañarle en su aventura a Kenya. La mujer por la que la había abandonado. ¡No! No me dejó por ella, me dejó porque ya no aguantaba estar en paro, no hacer nada durante todo el día, depender de mi sueldo para vivir. Mylène había sido un pretexto. Un andamio para volver a construirse.

Joséphine no había tenido el valor de decirle a Zoé que su padre había muerto. Le había contado que se había marchado a explorar otros parques de cocodrilos en plena jungla, sin teléfono móvil, y que no tardaría en tener noticias suyas. Zoé movía la cabeza y respondía: «Pues ahora ya sólo te tengo a ti, mamá, esperemos que no te pase nada», y tocaba madera para alejar esa posibilidad. «No te preocupes, no me pasará nada, soy invencible, como la reina Leonor de Aquitania, que vivió hasta los setenta y ocho años ¡sin quejarse ni desfallecer!». Zoé reflexionaba un instante e insistía en el aspecto práctico: «Pero si te pasara algo, mamá, ¿qué haría yo? ¡Nunca podría encontrar a papá yo sola!». A Joséphine se le había pasado por la cabeza enviarle postales firmadas: «Papá», pero le repugnaba la idea de convertirse en una impostora. Un día u otro tendría que contarle la verdad. Nunca era un buen momento. Pero es que ¿acaso había un momento ideal para anunciar a una adolescente de trece años y medio que su padre había muerto entre las fauces de un cocodrilo? Hortense lo sabía. Había llorado, culpó a Joséphine, y

Ahora estoy buscando un tema para mi segunda novela, porque el editor me ha convencido para que escriba otra. Busco, busco, pero no encuentro.

Ahora soy viuda. La policía local ha confirmado la muerte de Antoine, se la ha comunicado a la embajada de Francia en Nairobi y ha informado al Ministerio de Asuntos Exteriores en Francia. Soy Joséphine Plissonnier, viuda de Cortès. Soy capaz de pensar en Antoine, en su horrible muerte, sin llorar.

Ahora he rehecho mi vida: espero a Luca para ir al cine. Luca habrá comprado el *Pariscope* y elegiremos juntos la película. Siempre la elegía él, pero ella fingía dejarle la iniciativa. Apoyaría la cabeza en su hombro, metería la mano en su bolsillo y diría: «Elija usted». Y él diría: «De acuerdo, elegiré yo, ¡pero luego no se queje!».

Joséphine no se quejaba nunca. Se sorprendía siempre de que a él le gustase estar con ella. Cuando dormía en su casa, cuando notaba que se había dormido apoyado en ella, jugaba a cerrar los ojos un buen rato y a abrirlos después para descubrir, como si no lo hubiese visto nunca, el decorado austero de su estudio, la luz blanca que se filtraba a través de las lamas de los estores, las pilas de libros amontonados en el suelo. Encima de cada pila, una mano distraída había dejado un plato, un vaso, la tapa de una cacerola o un periódico a punto de caerse. El apartamento de un solterón. Ella saboreaba su estatus de dueña del lugar. Ésta es su casa, y soy yo la que duerme en su cama. Se apretaba contra él, y le besaba furtivamente la mano, una mano seca como un sarmiento de viña negra, que le enlazaba la cintura. Tengo un amante. Yo, Joséphine Plissonnier, viuda de Cortès, tengo un amante. Se le enrojecieron las orejas y recorrió con la mirada el interior del café para verificar que nadie la observaba. ¡Espero que le guste mi sombrero! Si arruga la nariz, lo aplasto y me hago una boina. O lo enrollo, me lo meto en el bolsillo y no me lo vuelvo a poner.

Su mirada volvió al paquete. Deshizo el cordel y releyó la dirección. SEÑORA JOSÉPHINE CORTÈS. No habían tenido tiempo de divorciarse. ¿Hubiesen tenido el valor? Marido y mujer. Uno no se casa sólo para lo mejor, uno se casa también para los errores, las debilidades, las mentiras, los subterfugios. Ya no estaba enamorada de Antoine, pero seguía siendo su marido, el padre de Hortense y de Zoé.

Apartó con cuidado el envoltorio, miró una vez más los sellos —¿volvería para dárselos a la empleada de correos?—, entreabrió la caja de zapatos. Dentro había una carta.

> Señora:
>
> Éstas son las pertenencias de Antoine Cortès, su marido, que hemos encontrado tras el desgraciado accidente que le costó la vida. Tenga por seguro que todos la acompañamos en el sentimiento y que recordamos con afecto a nuestro compañero y amigo, siempre dispuesto a hacer un favor y a pagar una ronda. La vida no será ya la misma sin él, y su silla en el bar permanecerá vacía como muestra de fidelidad.
>
> Sus amigos y colegas del Crocodile Café en Mombasa.

Le seguían las firmas, todas ilegibles, de los antiguos conocidos de Antoine. Aunque hubiera podido descifrarlas, no le habrían aportado nada: no conocía a ninguno.

Joséphine volvió a doblar la carta y retiró el papel de periódico que envolvía los efectos de Antoine. Sacó un reloj sumergible, un hermoso reloj con un gran cuadrante negro, rodeado por una roseta de cifras romanas y árabes; una zapatilla deportiva naranja de la talla 39 —sufría por tener los pies pequeños—; una medalla de bautismo que representaba un ángel de perfil, con el mentón apoyado en el dorso de la mano, y en el reverso de la medalla, su nombre grabado y la fecha de nacimiento, 26 de mayo de 1963. Finalmente, pegado con celo a un trozo de cartón amarillento, un mechón de pelo largo y castaño acompañado de una frase garabateada a mano: «Cabello de Antoine Cortès, hombre de negocios francés». Fue el mechón lo que conmocionó a Joséphine. El contraste entre esos cabellos finos, sedosos, y el aspecto que quería mostrar Antoine. No le gustaba su nombre, prefería Tonio. Tonio Cortès. Eso tenía estilo. Estilo de perdonavidas, de gran cazador de fieras, de hombre que no teme a nada, cuando en realidad se moría de miedo de no triunfar, de no estar a la altura.

Acarició el mechón con los dedos. Mi pobre Antoine, no estabas hecho para este mundo, sino para un mundo de terciopelo, frívolo, un mundo de opereta en el que uno puede sacar pecho con toda impunidad, un mundo en el que tus fanfarronadas habrían atemorizado a los cocodrilos. Para ellos sólo has sido un bocado más. Y no sólo para esos reptiles sumergidos en los estanques. Para todos los cocodrilos de la vida, que abrían sus fauces para devorarnos. El mundo está lleno de esas bestias asquerosas.

Eso era todo lo que quedaba de Antoine Cortès: una caja de cartón que ella sostenía sobre las rodillas. De hecho, siempre había tenido a su marido sobre las rodillas. Le había concedido la ilusión de ser el jefe, pero la responsable siempre había sido ella.

—¿Qué va a ser, mi querida señora?

El camarero, plantado ante ella, esperaba.

—Una Coca Cola light, por favor.

El camarero se alejó con paso ligero. Tenía que ponerse a hacer ejercicio. Estaba volviendo a engordar. Había elegido ese piso para ir a correr por las avenidas del Bois de Boulogne. Se irguió, metió la barriga y se comprometió a mantenerse recta para trabajar sus músculos.

Los transeúntes vagaban por la acera. Otros los adelantaban a empujones. Sin excusarse. Una pareja joven caminaba abrazada. El chico había pasado el brazo sobre el hombro de la chica, que sostenía unos libros contra el pecho. Él le murmuraba algo al oído y ella escuchaba.

¿Cuál será el tema de mi próxima novela? ¿La sitúo en el presente o en mi querido siglo XII? Aquello, al menos, lo conozco. Conozco la sensibilidad de aquella época, los usos amorosos, las reglas de la vida en sociedad. ¿Qué sé yo de la vida de hoy? No demasiado. En este momento estoy aprendiendo. Aprendo las relaciones con los demás, las relaciones con el dinero, lo aprendo todo. Hortense sabe más que yo de eso. Zoé todavía es una niña, aunque está creciendo a ojos vista. Sueña con parecerse a su hermana. Yo también, cuando era niña, tenía a mi hermana como modelo.

Idolatraba a Iris. Era mi dueña y señora. Hoy delira en la penumbra de la habitación de una clínica. Sus grandes ojos azules abrigan una mirada que se ha convertido en un desierto. Me mira, rozándome con un ojo, mientras el otro se evade en un vago aburrimiento. Apenas me escucha. Una vez, mientras la animaba a hacer un esfuerzo con el personal, muy atento con ella, me respondió: «¿Cómo quieres que sea capaz de vivir con los demás, si ni siquiera soy capaz de vivir conmigo misma?», y había dejado caer la mano, inerte, sobre la manta.

Philippe iba a verla. Pagaba las facturas de los médicos, pagaba la factura de la clínica, pagaba el alquiler de su piso en París, pagaba el sueldo de Carmen. Cada día, Carmen, sirvienta fiel y testaruda, confeccionaba ramos de flores que llevaba a Iris, tras hora y media de viaje en un tren de cercanías y dos transbordos de autobús. Iris, incomodada por el olor de las flores, las rechazaba y se marchitaban ante su puerta. Carmen compraba pastas de té en Mariage Frères, colocaba la manta de cachemir rosa sobre la cama blanca, le ponía un libro al alcance de la mano, daba un toque de perfume al ambiente con un vaporizador y esperaba. Iris dormía. Carmen se marchaba de puntillas hacia las seis de la tarde. Volvía al día siguiente, cargada con nuevas ofrendas. Joséphine sufría con la abnegación silenciosa de Carmen y el silencio de Iris.

—Hazle un gesto, dile algo... Viene todos los días y ni siquiera la miras. No eres demasiado amable.

—No tengo por qué ser amable, Joséphine, estoy enferma. Y además me aburre con su amor. ¡Déjame tranquila!

Cuando no se sentía desengañada, cuando recobraba un poco de vida y de color podía ser muy desagradable. La última vez que Joséphine había ido a visitarla, el tono, al principio neutro, anodino, había subido rápidamente.

—Yo sólo he tenido un talento —había declarado Iris contemplándose en un espejito de bolsillo que estaba siempre sobre la mesilla de noche—: He sido guapa. Muy guapa. ¡E incluso eso se me está escapando! ¿Has visto esta arruga? Ayer por la tarde no estaba. Y mañana aparecerá otra, y otra y otra...

Había dejado el espejo de golpe sobre la mesa de formica y se había alisado el pelo negro peinado en una media melena recta. Un corte que la rejuvenecía diez años.

—Tengo cuarenta y siete años y he fallado en todo en la vida. Como mujer, como madre, y en la vida sin más... ¿Y quieres que tenga ganas de levantarme? ¿Para hacer qué? Prefiero dormir.

—Pero ¿y Alexandre? —había suspirado Joséphine, sin creer demasiado en que ese argumento fuese a cambiar algo.

—No pretendas ser más tonta de lo que eres, Jo, sabes muy bien que nunca he sido una madre para él. He sido una aparición, una conocida, ni siquiera podría decir una amiga: me aburría estar con él y sospecho que él también se aburría conmigo. Se entiende mejor contigo, su tía, que conmigo, su madre, así que...

La pregunta, que carcomía a Joséphine y que no se atrevía a plantear, se refería a Philippe. ¿No tienes miedo de que rehaga su vida con otra? ¿No tienes miedo de encontrarte sola? Hubiera sido demasiado brutal.

—Pues intenta convertirte en un ser humano de bien... —había concluido—. Nunca es demasiado tarde para convertirse en una buena persona.

—¡Qué coñazo puedes llegar a ser, Joséphine! ¡Pareces una monjita perdida en un burdel, que intenta salvar almas perdidas! Vienes hasta aquí a darme lecciones. La próxima vez ahórrate el desplazamiento y quédate en casa. Parece ser que te has mudado. A un piso bonito, en un buen barrio. Me lo ha dicho nuestra querida madre. Entre nosotras, se muere de ganas de ir a visitarte, pero no quiere ser la primera en llamar.

Había esbozado una débil sonrisa, una sonrisa de desprecio. Sus grandes ojos azules, que desde que estaba enferma ocupaban todo su rostro, se habían ensombrecido con una melancolía celosa, malvada.

—Ahora tienes dinero. Mucho dinero. Gracias a mí. Fui yo quien provocó el éxito de tu libro, no lo olvides nunca. Sin mí hubieses sido incapaz de encontrar un editor, incapaz de responder a un periodista, de entrar en escena, ¡de dejarte despellejar en directo para llamar la atención! Así que ahórrame los sermones y aprovecha ese dinero. ¡Que al menos sirva para una de las dos!

—Eres injusta, Iris.

Se había incorporado. Una mecha de pelo negro se había escapado del corte perfecto y le caía sobre los ojos. Había gritado, apuntando a Joséphine con el dedo:

—¡Habíamos hecho un pacto! ¡Yo te daba todo el dinero y tú me dejabas la gloria! Yo respeté nuestro acuerdo. ¡Tú no! Tú quisiste las dos cosas: ¡el dinero y la gloria!

—Sabes muy bien que no es verdad. Yo no quería nada de nada, Iris, nada de nada. Yo no quería escribir el libro, no quería el dinero del libro, sólo quería poder dar una educación decente a Hortense y a Zoé.

—¡Atrévete a decirme que no enviaste a esa asquerosa de Hortense a denunciarme en directo en la televisión! «No ha sido mi tía quien escribió el libro, ha sido mi madre...». ¡Atrévete a decirlo! ¡Ah! ¡Te vino bien que fuera a soltarlo todo! Te escondiste detrás de tu dignidad y lo recuperaste todo, incluso acabaste conmigo. Si ahora estoy aquí, en esta cama, consumiéndome a fuego lento, es por tu culpa, Joséphine, ¡por tu culpa!

—Iris... Te lo ruego...

—¿Y eso no te basta? ¡Vienes a burlarte de mí! ¿Qué más quieres? ¿A mi marido? ¿A mi hijo? ¡Pues quédatelos, Joséphine, quédatelos!

—No piensas lo que dices. Es imposible. Nos queríamos mucho las dos. En todo caso, yo, yo te quería y te quiero todavía.

—Me das asco, Jo. He sido tu aliada más fiel. Siempre he estado allí, siempre he pagado por ti, siempre he velado por ti. La única vez que te pido que hagas algo por mí, me traicionas. ¡Porque te has vengado bien! ¡Me has deshonrado! ¿Por qué te crees que me quedo aquí encerrada en esta clínica, dormitando, atiborrada de somníferos? ¡Porque no tengo elección! Si salgo, todo el mundo me señalará con el dedo. Prefiero morirme aquí. Y ese día, tendrás mi muerte sobre la conciencia y ya veremos cómo harás para vivir. ¡Porque no te soltaré! Vendré a tirarte de los pies por la noche, tus pequeños y cálidos pies enlazados con los pies grandes y fríos de mi marido, a quien deseas en secreto. ¿Crees que no lo sé? ¿Crees que no oigo cómo le tiembla la voz cuando habla de ti? No me he vuelto completamente idiota. Oigo que le atraes. Te impediré dormir, impediré que te mojes los labios en las copas de champán que él te ofrecerá y, cuando pose su boca sobre tu hombro, ¡te morderé, Joséphine!

Sus brazos cadavéricos sobresalían del camisón, bajo la piel de sus mandíbulas crispadas vibraban dos bolitas duras, sus ojos ardían con el odio más feroz que jamás mujer celosa alguna lanzó sobre su rival. Fueron esos celos, ese odio feroz lo que dejó helada a Joséphine, que murmuró, como si se confesase a sí misma:

—Pero si me odias, Iris...

—¡Por fin lo entiendes! ¡Por fin vamos a dejar de interpretar la comedia de las hermanas que se quieren!

Gritó, sacudiendo violentamente la cabeza. Después bajó la voz, clavó sus ojos ardientes en los de su hermana, y le hizo un gesto para que se fuera.

—¡Vete!

—Pero Iris...

—No quiero volver a verte. ¡No merece la pena que vuelvas! ¡Adiós muy buenas!

Pulsó el timbre para llamar a la enfermera, se dejó caer sobre las almohadas y se tapó los oídos con las manos, sorda a todo intento de Joséphine por volver al diálogo y hacer las paces.

De eso hacía tres semanas.

No se lo había contado a nadie. Ni a Luca, ni a Zoé, ni a Hortense, ni siquiera a Shirley, a quien nunca le había gustado Iris. Joséphine no necesitaba que juzgasen a su hermana, cuyas cualidades y defectos conocía.

Está llena de rencor, está llena de rencor hacia mí por haberle quitado el papel protagonista que poseía por derecho. No fui yo quien empujó a Hortense a airearlo todo, no fui yo quien rompió el contrato. Pero ¿cómo conseguir que Iris aceptara la verdad? Se sentía demasiado herida para escucharla. Acusaba a Joséphine de haberle destruido la vida. Es más fácil acusar a los demás que hacer autocrítica. Fue a Iris a quien se le ocurrió la idea de hacer que Joséphine escribiera una novela para firmarla ella, ella quien la había seducido, dándole todo el dinero del libro; fue ella quien lo maquinó todo, y Joséphine se dejó manipular. Joséphine era dé-

después había decidido que era mejor así, que su padre sufría demasiado por no haber triunfado en la vida. A Hortense no le gustaban las emociones, pensaba que eran una pérdida de tiempo, de energía, una debilidad sospechosa que no provocaba sino piedad. Ella sólo tenía una meta en la vida: triunfar; y nadie, nadie se interpondría en su camino. Quería a su padre, cierto, pero ya no podía hacer nada por él. Cada uno es responsable de su destino; él había perdido la partida, y había pagado el precio.

Derramar lágrimas por él no le iba a resucitar.

Eso había sido el junio anterior.

A Joséphine le parecía que había pasado una eternidad.

Con una matrícula de honor en selectividad en el bolsillo, Hortense se había ido a estudiar a Inglaterra. A veces se reunía con Zoé en casa de Philippe y pasaba el sábado con ellos, pero la mayor parte del tiempo llegaba como una exhalación, besaba a su hermanita y se volvía a marchar. Se había inscrito en el Saint Martins College de Londres y trabajaba sin parar. «Es la mejor escuela de diseño del mundo», aseguraba a su madre. «Lo sé, es cara, pero ahora podemos permitírnoslo, ¿verdad? Ya verás, no te arrepentirás de tu inversión. Voy a convertirme en una diseñadora mundialmente conocida». Hortense no tenía dudas. Joséphine tampoco. Siempre confiaba en su hija mayor.

¡Cuántos acontecimientos en apenas un año! En pocos meses mi vida se ha transformado completamente. Estaba sola, abandonada por mi marido, maltratada por mi madre, perseguida por mi banquero, asediada por las deudas, había terminado de escribir una novela para mi hermana, para que mi querida hermana, Iris Dupin, la firmara y pudiese brillar en sociedad.

Y ahora...

Ahora Scorsese ha comprado los derechos de mi novela y se habla de Nicole Kidman para encarnar a Florine, mi heroína. Las traducciones extranjeras son incontables y acabo de recibir mi primer contrato en chino.

Ahora Philippe vive en Londres con Alexandre. E Iris está internada en una clínica de la región parisina, curándose de una depresión.

bil ante su hermana. Pero ¿dónde reside el límite preciso entre la debilidad y la cobardía? ¿Entre la debilidad y la duplicidad? ¿No se había sentido feliz cuando Hortense había declarado en la televisión que la verdadera autora de *Una reina tan humilde* era su madre y no su tía? Me sentí confusa, ciertamente, pero más por la conducta de Hortense —quien, a su manera, me decía que me amaba, que me apreciaba— que por el hecho de haber sido rehabilitada como escritora. Me da igual esa novela. Me da igual ese dinero. Me da igual ese éxito. Lo que yo querría es que todo volviese a ser como antes. Que Iris me quisiera, que nos fuésemos de vacaciones las dos, que ella fuera la más guapa, la más brillante, la más elegante; me gustaría que gritásemos a coro: «Cric y Croc se comieron al gran Cruc...», como cuando éramos pequeñas. Me gustaría ser de nuevo la hermana que no cuenta para nada. No me siento a gusto dentro de mi nueva indumentaria de mujer que triunfa.

Fue entonces cuando vio su propio reflejo en el espejo del café.

Al principio, no se reconoció.

¿Esa mujer era Joséphine Cortès?

¿Esa mujer elegante, con ese bonito abrigo beige con grandes solapas de terciopelo marrón? Esa mujer de brillantes cabellos castaños, boca bien perfilada, y ojos llenos de una luz asombrosa ¿era ella? El sombrero de fruncidos abultados coronaba y rubricaba a la nueva Joséphine. Miró a esa perfecta extraña. Encantada de conocerla. ¡Qué guapa está! ¡Qué hermosa y libre parece! Me gustaría tener su aspecto, quiero decir, ser interiormente tan bella y luminosa como el reflejo que anida en el espejo. Así, mirándola, tengo la extraña impresión de ser doble: usted y yo. Y, sin embargo, sólo somos una.

Miró el vaso de Coca Cola que tenía delante. No lo había tocado. Los cubitos se habían fundido empañando las paredes del vaso. Dudó en imprimir sobre él la marca de sus dedos. ¿Por qué he pedido una Coca Cola? Odio la Coca Cola. Odio las burbujas que suben hasta la nariz como mil hormigas rojas. No sé nunca qué pedir en un café, así que digo Coca Cola como todo el mundo, o café. Coca Cola, café, Coca Cola, café.

Levantó la cabeza hacia el reloj de la cafetería: ¡las siete y media! Luca no había venido. Sacó el móvil del bolso, marcó su número, escuchó su contestador, que decía «Giambelli» pronunciando todas las sílabas y dejó un mensaje. No se verían esta tarde.

Quizás era mejor. Cada vez que recordaba aquella terrible escena con su hermana, sentía que la invadía la desesperanza y las fuerzas la abandonaban. Ya no tenía ganas de nada. Ganas de sentarse en la acera y ver a los desconocidos, a los perfectos extraños de la calle. Cuando quieres a alguien, ¿hay que sufrir obligatoriamente? ¿Es el precio que hay que pagar? Ella sólo sabía querer. No sabía hacerse querer. Eran dos cosas muy diferentes.

—¿No se bebe usted la Coca Cola, mi querida señora? —preguntó el camarero mientras tamborileaba la bandeja con los muslos—. ¿No tiene buen sabor? ¿No es una buena cosecha? ¿Quiere que se la cambie?

Joséphine sonrió tímidamente y negó con la cabeza.

Decidió no esperarle más. Volvería a casa y cenaría con Zoé. Al salir le había dejado una cena fría en la mesa de la cocina, una pechuga de pollo y una ensalada de judías verdes, un petit-suisse de frutas y una nota: «Estoy en el cine con Luca, volveré sobre las diez. Iré a darte un beso antes de que te duermas, te quiero, mi niña, mi amor. Mamá». No le gustaba dejarla sola por la noche, pero Luca había insistido en verla. «Tengo que hablar con usted, Joséphine, es importante». Joséphine frunció el ceño. Él había pronunciado esas palabras, y ella lo había olvidado.

Marcó el número de casa. Anunció a Zoé que, al final, volvía para cenar, y le hizo una seña al camarero para que le trajese la cuenta.

—Está debajo del posavasos, mi querida señora. ¡Definitivamente, tiene usted la cabeza en otra parte!

Dejó una generosa propina y salió.

—¡Eh! ¡Olvida su paquete!

Se volvió, le vio mostrándole el envío de Antoine. Se lo había dejado sobre la silla. ¿Y si no tuviese corazón? Me olvido de los restos de Antoine, traiciono a mi hermana, abandono a mi hija para irme al cine con mi amante, y ¿qué más?

Cogió el paquete y lo estrechó contra su corazón, bajo el abrigo.

—Quería decirle que... ¡me gusta mucho su tocado! —exclamó el camarero.

Sintió cómo sus orejas enrojecían bajo el sombrero.

* * *

Joséphine buscó un taxi, pero no vio ninguno. Era una hora mala. La hora en la que la gente vuelve a su casa o va al restaurante, al cine o al teatro. Decidió volver a casa andando. Caía una lluvia fina y helada. Abrazó el paquete que seguía sosteniendo bajo el abrigo. ¿Qué voy a hacer? No puedo dejarlo en casa. Si Zoé lo encontrara... Iré a guardarlo al trastero.

Era una noche oscura. La avenida Paul-Doumer estaba desierta. Bordeó el muro del cementerio con paso ligero. Divisó la gasolinera. Sólo los escaparates de las tiendas estaban iluminados. Descifró los nombres de las calles que atravesaban la avenida, intentando memorizarlos. Calle Schlœsing, calle Pétrarque, calle Scheffer, calle de la Tour... Una vez le contaron que Brigitte Bardot había tenido a su hijo en ese hermoso edificio, en la esquina de la calle de la Tour. Había pasado todo el embarazo encerrada en su casa, con las cortinas cerradas: había fotógrafos en cada rama de árbol, en cada balcón. Habían alquilado los pisos vecinos a precio de oro. Estaba prisionera en su casa. Y si se aventuraba a salir, una maruja la perseguía hasta el ascensor, la amenazaba con clavarle un tenedor en los ojos y la llamaba puta. Pobre mujer, pensó Joséphine, si ése es el precio de la fama, es mejor seguir siendo una desconocida. Tras el escándalo provocado por Hortense en la televisión, algunos periodistas habían intentado acercarse a Joséphine para fotografiarla. Ella se había marchado a Londres con Shirley y, desde allí, habían huido a Moustique, a la gran casa blanca de Shirley. Al volver, se había mudado y había conseguido conservar el anonimato. A veces, cuando decía Joséphine Cortès, C.O.R.T.È.S., alguien levantaba la cabeza y le agradecía que hubiera escrito *Una reina tan humilde*. Sólo recibía muestras de satisfacción y afecto. Nadie la había amenazado todavía con un tenedor.

Al final de la avenida Paul-Doumer empezaba el bulevar Émile-Augier. Ella vivía un poco más lejos, en los jardines del Ranelagh. Atisbó a un hombre que hacía flexiones, colgado de un árbol. Un hombre elegante, con un impermeable blanco. Resultaba cómico verle así, tan elegante, agarrado a una rama, subiendo y bajando, estirando los brazos. No le veía la cara: le daba la espalda.

Podría ser el principio de una novela. Un hombre colgado de una rama. Estaría oscuro, como esta noche. Vestiría ese mismo impermeable y contaría las flexiones que hacía para levantarse. Las mujeres se volverían a mirarle, mientras se apresuraban por llegar a sus casas. ¿Estaría pensando en ahorcarse, o en lanzarse al ataque de un paseante? ¿Era un hombre desesperado o un asesino? Allí comenzaría la historia. Ella confiaba en la vida para que le proporcionara pistas, ideas, detalles, que convertiría en historias. Así es como había escrito su primer libro. Abriendo bien los ojos al mundo. Escuchando, observando, olfateando. Así es también como no se envejece. Envejecemos cuando nos encerramos, cuando nos negamos a ver, a oír o a respirar. A menudo, la vida y la escritura viajan juntas.

Avanzó a través del parque. Era una noche sin luna, una noche sin luz alguna. Se sentía perdida en un bosque hostil. La lluvia emborronaba las luces traseras de los coches, débiles resplandores que lanzaban un brillo incierto sobre el parque. Una rama empujada por una ráfaga de viento le rozó la mano. Joséphine se sobresaltó. Se le aceleró el corazón y empezó a latir con fuerza. Se encogió de hombros y apretó el paso. En estos barrios no puede pasar nada. Todos están ocupados en sus casas, comiendo una buena sopa de verduras frescas o viendo la televisión en familia. Los niños se han bañado, se han puesto el pijama y cortan la carne mientras sus padres comentan la jornada. No hay locos deambulando en busca de pelea y empuñando cuchillos. Se obligó a pensar en otra cosa.

No haber avisado no era el estilo de Luca. Algo le había pasado a su hermano. Algo grave para que él olvidara su cita. «Tengo que hablar con usted, Joséphine, es importante». A estas horas debía de estar en alguna comisaría, intentando sacar a Vittorio de algún lío. Siempre lo dejaba todo para ayudarle. Vittorio se negaba a conocerla, no me gusta esa chica, te acapara, me parece que es torpe, además. Está celoso, había comentado Luca, divertido. ¿No me defendió usted cuando dijo que era torpe? Él había sonreído y había dicho estoy acostumbrado, le gustaría que sólo me ocupase de él, ya no es como antes, cada vez se está volviendo más frágil, cada vez más irritable, por eso no quiero que le vea, podría ser muy desagradable y yo la aprecio, mucho. Ella no había retenido más que el final de la frase y había metido la mano en su bolsillo.

Así que a mi querida madre le gustaría inspeccionar mi nuevo piso, pero se niega a confesarlo. Henriette Plissonnier nunca telefoneaba la primera. Se le debía respeto y obediencia. La noche en la que me enfrenté a ella fue mi primera noche de libertad, mi primer acto de independencia. ¿Y si todo hubiese empezado aquella noche? La estatua de la Gran Mandona había sido derribada y Henriette Grobz había caído de cabeza. Aquél había sido el principio de las desgracias de Henriette. Ahora vivía sola en el gran apartamento que, generosamente, le había cedido Marcel Grobz, su marido. Él había huido al encuentro de una compañera más clemente, que le había dado un hijo: Marcel Grobz Junior. Tengo que llamar a Marcel, pensó Joséphine, que sentía más ternura por su padrastro que por su progenitora.

Las ramas de los árboles se balanceaban, formando una coreografía amenazante. Parecía la danza de la muerte: largas ramas negras como los harapos de las brujas. Se estremeció. Una ráfaga de lluvia helada le golpeó en los ojos, como pequeñas agujas que le pincharan el rostro. Ya no veía nada. De las tres farolas que bordeaban la avenida sólo funcionaba una. Era una pincelada de luz blanca estriada por la lluvia, que ascendía hacia el cielo. El agua subía, desbordaba y volvía a caer como una fina bruma. Aparecía, se arremolinaba, se escondía, se deshacía antes de volver a aparecer. Joséphine procuraba seguir el rastro luminoso hasta que se perdía en la oscuridad, y volvía a buscar otro haz tembloroso, pendiente de la trayectoria de la lluvia.

No vio la silueta que se le acercó sigilosamente por detrás.

No oyó los pasos precipitados del hombre que se acercaba.

Sintió que la tiraban hacia atrás; la aplastaron con un brazo, la silenciaron con una mano, y con la otra, un hombre la golpeó en el corazón varias veces. En un primer momento pensó que querían robarle el paquete. Consiguió sujetar la caja de Antoine con el brazo izquierdo, se debatió, resistió con todas sus fuerzas, pero sucumbió. Se ahogaba, sentía náuseas, y terminó rindiéndose y se dejó caer al suelo. Sólo tuvo tiempo de percibir las suelas lisas de unos zapatos limpios, de ciudad, que cubrían su cuerpo de patadas. Se protegió con los brazos, se hizo una bola. Soltó el paquete. El hombre escupía insultos, puta, puta, maldita zorra, gilipollas de mierda, ya no te harás más la lista, ya no te darás esos aires de hija de puta, te vas a callar, gilipollas, ¡te vas a callar! Soltaba obscenidades mientras redoblaba sus golpes. Joséphine cerró los ojos. Permaneció inerte, de su boca fluía un hilo de sangre, las suelas se alejaron y ella siguió tirada en el suelo.

Esperó un buen rato, después se incorporó, se apoyó sobre las manos y las rodillas, se puso de pie. Cogió aire. Inspiró profundamente. Constató que le sangraba la boca, y la mano izquierda. Tropezó con el paquete en el suelo. Lo recogió. La parte superior estaba cosida a cortes. Su primer pensamiento fue: Antoine me ha salvado. Si no hubiese llevado ese paquete sobre el corazón, el paquete que contiene lo que queda de mi marido, su zapatilla de deporte de suela gruesa, estaría muerta. Pensó en el papel protector de las reliquias en la Edad Media. La gente llevaba encima, guardado en un medallón o en una bolsita de cuero, un trozo del vestido de santa Inés o un pedazo de suela de san Benito y estaba protegida. Dio un beso al papel de embalaje y dio las gracias a san Antoine.

Se palpó el vientre, el pecho, el cuello. No estaba herida. De pronto, sintió un dolor agudo en la mano izquierda: tenía un corte en el dorso que sangraba mucho.

Tenía tanto miedo que le temblaban las piernas. Fue a refugiarse tras un gran árbol que la ocultaba y, apoyada sobre la corteza húmeda y áspera, intentó recuperar el aliento. Su primer pensamiento fue para Zoé. Sobre todo no hay que decirle nada, nada. No soportaría la idea de saber que su madre está en peligro. Ha sido una casualidad, no venía a por mí, era un loco, no era a mí a quien quería matar, no era yo, era un loco, quién podría odiarme hasta el punto de matarme, no era yo, era un loco. Esas palabras le invadían la cabeza. Se apoyó en las rodillas, verificó que se aguantaba de pie y se dirigió hacia la gran puerta de madera barnizada que daba entrada a su edificio.

Sobre la mesa del recibidor, Zoé había dejado una nota: «Mamaíta, estoy en el trastero con Paul, un vecino. Creo que ya tengo un amigo».

Joséphine entró en su habitación y cerró la puerta. Le faltaba el aliento. Se quitó el abrigo y lo tiró sobre la cama, se quitó el jersey, la falda, descubrió un resto de sangre en la manga del abrigo y dos desgarrones verticales sobre el faldón izquierdo; hizo una bola con él, fue a buscar una bolsa de basura grande, metió en ella toda la ropa y la tiró en el fondo del armario empotrado. Ya se desembarazaría de ella más tarde. Se examinó los brazos, las piernas, los muslos. Ni rastro de heridas. Fue a ducharse. Al pasar ante el gran espejo colgado sobre el lavabo, se llevó la mano a la frente y observó su imagen. Lívida. Sudando. Los ojos desorbitados. Se tocó el pelo, buscó su sombrero. Lo había perdido. Había debido de caerse al suelo. Se le llenaron los ojos de lágrimas. ¿Debería ir a buscarlo para hacer desaparecer cualquier pista que pudiera identificarla? No se sintió con el suficiente valor para hacerlo.

La había golpeado. En pleno pecho. Con un cuchillo. Una hoja fina. Hubiera podido morir. Había leído en un periódico que en Europa había unos cuarenta asesinos en serie en libertad. Se había preguntado cuántos habría en Francia. Sin embargo, las palabras obscenas que había pronunciado parecían demostrar que tenía cuentas pendientes. «Ya no te harás más la lista, ya no te darás esos aires de hija de puta, te vas a callar, gilipollas, ¡te vas a callar!». Resonaban en su cabeza, punzantes. Ha debido de confundirme con otra. He pagado por otra persona. Tengo que convencerme sin falta de eso, si no, la vida se volvería imposible. Tendría que desconfiar de todo el mundo. Tendría miedo a todas horas.

Se duchó, se lavó el pelo, se secó, se puso una camiseta, unos vaqueros, se maquilló para disimular eventuales marcas, se dio un ligero toque de carmín y se examinó en el espejo forzando una sonrisa. No ha pasado nada, Zoé no debe enterarse, adopta una actitud alegre, haz como si no hubiese pasado nada. No podría contárselo a nadie. Estaría obligada a vivir con ese secreto. O decírselo a Shirley. A Shirley puedo contárselo todo. Ese pensamiento la tranquilizó. Expiró ruidosamente, expulsó la tensión, la angustia que le oprimía el pecho. Toma una dosis de árnica para que no te salgan cardenales. Sacó un tubito del botiquín, lo abrió, vertió la dosis bajo la lengua y dejó que se deshiciera. ¿Debería llamar a la policía? ¿Prevenirles de que hay un asesino suelto? Sí pero... Zoé se enteraría. No le digas nada a Zoé. Abrió el armarito situado bajo la bañera y escondió el paquete de Antoine.

Allí no lo encontraría nadie.

Fue al salón, se sirvió un gran vaso de whisky y bajó a ver a Zoé al trastero.

* * *

—Mamá, te presento a Paul...

Un chico de la edad de Zoé, delgado como un palillo, mechones de pelo rubio encrespado y el torso embutido en una camiseta negra se inclinó ante Joséphine. Zoé escrutaba la mirada aprobadora de su madre.

—Encantada, Paul. ¿Vives en este edificio? —preguntó Joséphine en un tono neutro.

—En el tercero. Me llamo Merson. Paul Merson. Tengo un año más que Zoé.

Parecía importante, desde su punto de vista, precisar que era mayor que esa chiquilla que le contemplaba con los ojos colmados de emoción.

—¿Y cómo os habéis conocido?

Se esforzaba en hablar como si no oyera los golpes secos y entrecortados de su corazón.

—He oído ruido en el trastero, una especie de bum-bum, he bajado y he visto a Paul, que tocaba la batería. Mira, mamá, ha convertido su trastero en un estudio de música.

Zoé invitó a su madre a echar un vistazo al local de Paul. Había instalado una batería acústica, un bombo, una caja clara, tres toms, un *hi hat* y dos platillos. Un taburete giratorio negro y las baquetas que descansaban sobre la caja clara completaban el conjunto. Las partituras reposaban sobre una silla. En el techo se balanceaba una bombilla que emitía una luz precaria.

—Muy bien —comentó Joséphine, reprimiéndose para no estornudar a causa del polvo que le hacía cosquillas en la nariz—. Un material estupendo. De auténtico profesional.

Lo decía por decir. No tenía ni idea.

—Normal. Es una Tama Swingstar. Me la regalaron estas Navidades y las próximas tendré una Ride Giantbeat marca Paiste.

Ella le escuchaba, impresionada por la precisión de sus respuestas.

—¿Y has insonorizado el trastero?

—Pues sí... Había que hacerlo, porque armo mucho escándalo con la batería. Ensayo aquí y voy a tocar con un amigo, que tiene una casa en Colombes. En su casa podemos hacerlo sin molestar a nadie. Aquí la gente protesta... Sobre todo el tío de al lado.

Señaló con el mentón el trastero colindante al suyo.

—Quizás no esté bastante insonorizado... —sugirió Zoé mirando las paredes cubiertas con un grueso aislante blanco.

—¡Tampoco hay que pasarse! Es un trastero. No es para vivir. Papá dice que ha hecho todo lo que ha podido, pero es que ese tío es un protestón profesional. Nunca está contento. De hecho, en cada reunión de la comunidad le echa la bronca a alguien.

—Quizás tenga buenas razones...

—Papá dice que no. Que es un borde. Se enfada por cualquier tontería. Si alguien aparca un coche en un paso de peatones ¡se pone histérico! Nosotros le conocemos bien, hace diez años que vivimos aquí, así que...

Balanceó la cabeza como un adulto a quien no pueden engañar. Sería mayor que Zoé, pero su cara conservaba rasgos infantiles y sus hombros estrechos no tenían aún la envergadura de los de un hombre.

—¡Mierda! ¡Ahí está! ¡Al refugio! —murmuró Paul.

Cerró la puerta del trastero con Zoé y él dentro. Joséphine vio llegar a un hombre alto, muy bien vestido, y con aspecto de propietario que avanzaba desafiante, como si los pasillos de los trasteros le pertenecieran.

—Buenas noches —consiguió balbucear Joséphine apartándose contra la pared.

—Buenas noches —dijo el hombre, que pasó a su lado sin mirarla.

Vestía un traje gris oscuro y una camisa blanca. El traje enfatizaba todos los músculos de un torso poderoso, el nudo de la corbata, ancho, brillaba, y las mangas inmaculadas de la camisa se abrochaban con dos perlas grises. Sacó las llaves del bolsillo, abrió la puerta de su trastero, entró y cerró.

Paul reapareció cuando estuvo seguro de que el hombre ya no estaba allí.

—¿No ha dicho nada?

—No —respondió Joséphine—. Creo que ni siquiera me ha visto.

—No es lo que se dice un tío simpático. No pierde el tiempo en cháchara.

—¿Eso lo ha dicho tu padre? —preguntó Joséphine, divertida por la seriedad del chico.

—No. Mamá. Ella conoce a todo el mundo en el edificio. Parece ser que tiene un trastero muy bien montado. ¡Con un taller y todo tipo de herramientas! Y en su casa hay un acuario. Muy grande, con grutas, plantas, adornos fluorescentes, islas artificiales, ¡pero sin un solo pez!

—¡Sí que sabe cosas tu mamá! —declaró Joséphine, comprendiendo que se enteraría de muchas cosas sobre los habitantes del edificio hablando con Paul.

—¡Y eso que nunca la han invitado a su casa! Entró una vez, cuando no había nadie, con la portera, porque la alarma había empezado a sonar y había que pararla. Él se puso hecho una fiera cuando se enteró. Nadie va a su casa. Yo conozco a sus hijos. Pues bien, nunca me invitan. Sus padres no quieren. Nunca bajan a jugar al patio. Salen cuando sus padres no están, si no ¡se quedan encerrados en su casa! En cambio, en el segundo, en casa de los Van den Brock, siempre estamos invitados y tienen un televisor enorme que ocupa toda la pared del salón, con dos altavoces y sonido Dolby estéreo. La señora Van den Brock, cuando hay un cumpleaños, hace pasteles e invita a todo el mundo. Yo soy amigo de Fleur y de Sébastien, podría presentárselos a Zoé si quiere.

—¿Son simpáticos? —preguntó Joséphine.

—Sí, supersimpáticos. Él es médico. Y su mujer canta en el coro de la Ópera. Tiene una voz preciosa. A menudo practica escalas y se la oye en la escalera. Siempre me pregunta qué tal lo llevo con la música. Me ha propuesto ir a tocar su piano si quiero. Fleur toca el violín, y Sébastien el saxo...

—A mí también me gustaría aprender a tocar algo... —intervino Zoé, que debía de sentirse marginada.

Adoptaba frente a Paul la expresión sumisa de una niñita temerosa ante la idea de que él no la mirara, y bajo su mata de pelo caoba, sus ojos dorados lanzaban llamadas de socorro.

—¿Nunca has tocado un instrumento? —preguntó Paul, sorprendido.

—Pues... no... —respondió Zoé, incómoda.

—Yo empecé con el piano, el solfeo y todo el rollo ese, después me harté y me pasé a la batería. Es más divertido para formar un grupo...

—¿Tienes un grupo? ¿Cómo se llama?

—Los Vagabundos. El nombre se lo puse yo... Está bien, ¿no?

Joséphine asistía a la conversación entre los dos chiquillos y notaba que recuperaba la calma. Paul, tan seguro de sí mismo, con una opinión sobre todo, y Zoé, al borde de la desesperación, porque no conseguía atraer su atención. Su rostro estaba en tensión, fruncía el ceño y apretaba los labios con una mueca de angustia. Joséphine podía sentir cómo rebuscaba en la mente, igual que se rebaña el fondo del molde del pastel, detalles jugosos que la hiciesen interesante a los ojos del chico. Había crecido mucho durante el verano, pero su cuerpo conservaba aún las curvas suaves y mullidas de la infancia.

—¿Quieres enseñarnos un poquito cómo tocas? —preguntó Zoé sin más argumentos para seducirle.

—Quizás no sea el mejor momento —intervino Joséphine. Señaló con la mirada el trastero del vecino—. En otra ocasión...

—¡Ah! —soltó Zoé, decepcionada.

Había renunciado y dibujaba grandes círculos con la punta de su zapato.

—Ya es hora de cenar —continuó Joséphine— y estoy segura de que Paul también va a subir pronto...

—Yo ya he cenado. —Se remangó, cogió las baquetas, se pasó la mano por el pelo y empezó a recoger—. ¿Podéis cerrar la puerta cuando salgáis, por favor?

—¡Adiós, Paul! —exclamó Zoé—. ¡Hasta pronto!

Le hizo una pequeña seña con la mano, tímida y audaz a la vez, que significaba me gustaría que volviésemos a vernos... si estás de acuerdo, claro.

Él no se molestó en responder. Sólo tenía quince años y se negaba a dejarse deslumbrar por una chica de brillo impreciso. Estaba en esa edad delicada en la que se vive dentro de un cuerpo que no se conoce bien, y en la que, para adoptar cierta compostura, uno puede mostrarse cruel sin quererlo. La negligencia con la que trataba a Zoé demostraba que esperaba ser el más fuerte y que, si tenía que haber una víctima, sería ella.

El hombre elegante del traje gris esperaba delante del ascensor. Se apartó para dejarles entrar primero. Les preguntó a qué piso iban y pulsó el botón del quinto. Después el del cuarto.

—Así que son ustedes las recién llegadas...

Joséphine asintió.

—Bienvenidas al edificio. Me presento: Hervé Lefloc-Pignel. Vivo en el cuarto.

—Joséphine Cortès y Zoé, mi hija. Vivimos en el quinto. Tengo otra hija, Hortense, que vive en Londres.

—Yo quería vivir en el quinto, pero el piso no estaba libre cuando nos instalamos. Vivía una pareja de ancianos, el señor y la señora Legrattier. Murieron los dos en un accidente de coche. Es un piso bonito. Tiene usted suerte.

Si usted lo dice, pensó Joséphine, molesta por el tono expeditivo que usó el hombre para hablar de la muerte de los antiguos propietarios.

—Lo visité cuando lo pusieron a la venta —prosiguió—, pero dudamos en mudarnos. Ahora me arrepiento.

Esbozó una sonrisa rápida y se recompuso. Era muy alto, austero. El rostro tallado con un cincel, muy anguloso, agreste. Pelo negro, liso, peinado con una pronunciada raya al lado y un mechón caído sobre la frente, los ojos castaños muy separados, unas cejas que dibujaban dos largos trazos negros, y una nariz, un poco chata, abollada en la parte superior. Sus dientes blanquísimos revelaban un esmalte impecable y los cuidados de un excelente dentista. Es realmente inmenso, se dijo Joséphine, intentando analizarle discretamente, debe de medir por lo menos un metro noventa. Ancho de hombros, erguido, el vientre liso. Se lo imaginó recogiendo un trofeo con una raqueta en la mano. Un hombre muy guapo. Llevaba una bolsa de tela blanca que sostenía horizontalmente sobre las palmas de las manos abiertas.

—Nos hemos mudado en septiembre, justo cuando volvían a empezar las clases. Ha sido un poco precipitado, pero ahora ya estamos mejor.

—Ya verá, el edificio es muy agradable, la gente bastante acogedora y un barrio sin problemas.

Joséphine esbozó una ligera mueca.

—¿No le parece a usted?

—Sí, sí —se apresuró a responder ella—. Pero las avenidas no están muy iluminadas por la noche.

De pronto sintió que se le humedecían las sienes y que le empezaban a temblar las rodillas.

—Es un detalle. El barrio es bonito, tranquilo, y no estamos invadidos ni por bandas de jóvenes desagradables, ni por esos grafitis que afean los edificios. Me gusta tanto la piedra amarillenta de los edificios de París que no soporto ver cómo se degrada.

Su voz se había teñido de cólera.

—Y además están los árboles, las flores, el césped, oyes cantar a los pájaros por la mañana temprano, a veces vislumbras una ardilla que huye, es importante para los niños estar en contacto con la naturaleza. ¿Te gustan los animales? —preguntó a Zoé.

Zoé conservaba los ojos fijos en el suelo. Debía de recordar lo que había dicho Paul sobre su vecino de trastero y guardaba las distancias, queriendo mantener la solidaridad con su nuevo amigo.

—¿Te ha comido la lengua el gato? —preguntó el hombre inclinándose hacia ella con una gran sonrisa.

Zoé negó con la cabeza.

—Es tímida —se disculpó Joséphine.

—No soy tímida —protestó Zoé—. Soy reservada.

—¡Oh! —exclamó—. ¡Su hija tiene un buen vocabulario y sentido del matiz!

—Normal, estoy en tercero.

—Como mi hijo Gaétan... ¿Y a qué colegio vas?

—Al de la calle de la Pompe.

—Igual que mis hijos.

—¿Están ustedes contentos? —preguntó Joséphine temiendo que el educado mutismo de Zoé resultara embarazoso.

—Algunos profesores son excelentes, otros unos inútiles, por lo que los padres deben completar las carencias de los enseñantes. Yo voy a todas las reuniones de la asociación de padres. Seguramente nos veremos allí.

El ascensor había llegado al cuarto y él salió, sosteniendo su bolsa blanca con cuidado, con los brazos extendidos hacia delante. Se volvió, se inclinó y esbozó una amplia sonrisa.

—¿Has visto? —dijo Zoé—. ¡En la bolsa había algo que se movía!

—¡No, mujer! Sería un confit o una pata de cabrito. Debe de tener un congelador en el trastero. Seguramente es cazador. ¿Has oído cómo hablaba de la naturaleza?

Zoé no parecía muy convencida.

—¡Te digo que se movía!

—¡Zoé, deja de inventarte historias a todas horas!

—Me gusta contarme historias. Me hace la vida más alegre. Cuando sea mayor, seré escritora, escribiré *Los miserables*...

Cenaron rápidamente. Joséphine consiguió disimular los arañazos de su mano izquierda. Zoé bostezó varias veces mientras terminaba su petit-suisse.

—Tienes sueño, cariñito... Ve a acostarte enseguida.

Zoé salió dando tumbos hacia su habitación. Cuando Joséphine fue a darle un beso, ya estaba medio dormida. Sobre la almohada, desteñido por los numerosos lavados a máquina, reposaba su peluche. Zoé todavía dormía con él. Incluso le preguntaba a su madre con fervor ¿verdad que Néstor es guapo, mamá? ¡Hortense dice que es más feo que un piojo cojo! A Joséphine le costaba no estar de acuerdo con Hortense, pero mentía heroicamente, intentando encontrar un resto de belleza en ese trapo informe, tuerto y desgastado. A su edad debería poder pasarse sin él, se dijo Joséphine, si no nunca madurará... Sus rizos caoba se mezclaban sobre la sábana blanca de la cama, apoyaba una mano completamente relajada y, con el meñique, acariciaba lo que una vez fue la pierna de Néstor y que ahora parecía un gran higo reblandecido. Un cojón, afirmaba Hortense, lo cual provocaba los gritos de asco en Zoé. ¡Mamá, mamá, dice que Néstor tiene dos cojones en vez de piernas!

Joséphine levantó la mano de Zoé y jugó con sus dedos, besándolos de uno en uno. Besito papá, besito mamá, besito Hortense, besito Zoé, pero ¿quién es este pequeñito? Era el ritual a la hora de acostarse. ¿Cuánto tiempo seguiría su hija extendiendo la mano para que ella recitara esa cantinela mágica que hacía sus noches más dulces y felices? Al abrazarla sintió una triste ternura. Zoé todavía parecía un bebé: las mejillas redondas y sonrosadas, su pequeña nariz, los ojos achinados como los de una gata feliz, hoyuelos y pliegues en las muñecas. La edad que llaman del pavo no le había deformado aún el cuerpo. Joséphine se lo había comentado a la pediatra, que la había tranquilizado, aparecerá de golpe, su hija es de las lentas. Se toma su tiempo. Una mañana se despertará y no la reconocerá. Tendrá pechos, se enamorará y dejará de hablarle. ¡Aprovéchese en lugar de preocuparse! Y además, quizás ella no tiene ganas de crecer. Cada vez veo más niños que se aferran a la infancia como a un barreño lleno de confitura.

Hortense, aguda y cruel, había despreciado durante mucho tiempo a su hermana pequeña, tan frágil. La una sumisa, mendigando afecto y reconocimiento; la otra intratable, abriéndose camino a machetazos. Zoé, límpida, tierna. Hortense, oscura, inflexible, dura. Con mis dos hijas haría una ostra perfecta. Hortense para la concha y Zoé para el interior.

—¿Estás a gusto en tu nuevo dormitorio, hija?

—Me gusta mucho el piso, pero no me gusta la gente de aquí. Me gustaría volver a Courbevoie. La gente de este edificio es rara...

—No son raros, cariño, son diferentes.

—¿Por qué son diferentes?

—En Courbevoie conocías a todo el mundo, tenías amigos en cada piso, era fácil charlar, verse. Íbamos de un piso a otro. Sin ceremonias. Aquí son más...

Buscó las palabras. El cansancio le cerraba los párpados y la aletargaba.

—Más altivos, más elegantes... Menos familiares.

—¿Quieres decir que son fríos y estirados? Como cadáveres.

—Yo no hubiese empleado esas palabras, pero no te equivocas, cariño.

—El señor que hemos visto en el ascensor parece que esté completamente frío por dentro. Parece que tenga escamas por todo el cuerpo, para que nadie se le acerque, y que vive siempre ensimismado...

—¿Y Paul? ¿También piensas que es frío y estirado?

—¡Oh, no! Paul...

Se detuvo y después murmuró en un suspiro:

—Paul es guay, mamá. Me gustaría mucho ser su amiga.

—Claro que serás su amiga, cariño...

—¿Tú crees que él piensa que soy guay?

—En todo caso, ha hablado contigo, te ha propuesto presentarte a los Van den Brock. Eso quiere decir que quiere volver a verte y que piensa que eres más bien guapa.

—¿Estás segura? Yo creo que no parecía demasiado interesado. Hortense, ella sí que es guay.

—Hortense tiene cuatro años más que tú. ¡Espera a tener su edad y ya verás!

Zoé, pensativa, observó a su madre como si tuviese ganas de creerla, pero para ella era demasiado difícil imaginar que un día podría igualar a su hermana en seducción y belleza. Prefirió renunciar y suspiró. Cerró los ojos y encajó su rostro en la almohada, acariciando la pierna de su peluche con los dedos.

—Mamá, no quiero ser mayor. A veces tengo mucho miedo, ¿sabes?...

—¿De qué?

—No lo sé. Y eso me da más miedo aún.

Su reflexión era tan exacta que asustó a Joséphine.

—Mamá..., ¿cómo se sabe cuando una es adulta?

—Cuando se es capaz de tomar una decisión muy importante completamente sola, sin preguntar nada a nadie.

—Tú eres adulta... ¡Eres incluso muy, muy adulta!

A Joséphine le hubiese gustado decirle que ella dudaba a menudo, que dejaba actuar a la suerte, al azar, al futuro. Que decidía de acuerdo con su instinto, intentando corregir el tiro si se había equivocado, o respirando de alivio si había hecho lo correcto. Pero siempre atribuía sus éxitos al azar. ¿Y si uno no conseguía crecer del todo?, se dijo, mientras acariciaba la nariz, las mejillas, la frente y el pelo de Zoé, mientras escuchaba cómo su respiración se hacía más regular. Permaneció a su lado hasta que se durmió, sacando de la vivificante presencia de su hija las fuerzas para dejar de pensar en lo que había pasado, y después volvió a su habitación.

Cerró los ojos e intentó dormir; cada vez que iba a quedarse dormida, volvía a oír los insultos del hombre y sentía las patadas cebarse contra su cuerpo. Le dolía todo. Se levantó y rebuscó en una bolsa de plástico que le había dado Philippe. Son los somníferos que encontré en la mesita de noche de Iris. No quiero que los tenga a su alcance. Nunca se sabe. Tómalos, Jo, guárdalos en tu casa.

Cogió un Stilnox, observó la gragea blanca, se preguntó cuál sería la dosis recomendada. Decidió tomar la mitad. Lo tragó con un vaso de agua. No quería pensar en nada más. Dormir, dormir, dormir.

Mañana, sábado, llamaría a Shirley.

Hablar con Shirley la tranquilizaría. Shirley lo pondría todo en su sitio.

¿Era delito no avisar a la policía? Debería quizás ir a verles y solicitar permanecer en el anonimato. ¿Podrían acusarme más tarde de complicidad, si el sujeto atacara de nuevo? Dudó, quiso levantarse, pero cayó dormida.

Al día siguiente la despertó Zoé que saltaba sobre su cama sosteniendo el correo. Levantó los brazos para protegerse de la luz.

—Pero, cariño, ¿qué hora es?

—¡Las once y media, mamá, las once y media!

—Dios mío ¡y he dormido hasta ahora! ¿Llevas mucho tiempo levantada?

—¡Lalalalala! Acabo de despertarme, he ido a mirar el felpudo por si había correo y ¡adivina lo que he encontrado!

Joséphine se incorporó, se llevó la mano a la cabeza. Zoé blandía un paquete de sobres.

—¿Un catálogo de Navidad? ¿Ideas para regalos?

—¡Nada de eso, mamá, nada de eso! Algo mucho mejor...

¡Qué pesadez sentía! Parecía que tenía un regimiento desfilando con botas de clavos sobre su cabeza. Cuando se movía le dolían todos los miembros.

—¿Una carta de Hortense?

Hortense no escribía nunca. Llamaba por teléfono. Zoé meneó la cabeza.

—¡Frío, mamá, muy frío! ¡Estás muy lejos!

—Me rindo.

—¡Algo de lo más sensacional! ¡Una súper-híper-ultra-terrible-locura! ¡Una noticia donde te montas, y llegas a la luna y a todas las galaxias! *Kisses and love and peace all around the world!* Que la fuerza te acompañe, hermana. *Yo! Brother!*

Acompañaba cada grito con un vigoroso impulso, que la hacía rebotar sobre el colchón, como un sioux en trance celebrando su victoria y haciendo girar una cabellera.

—Deja de saltar, cariño. ¡Me va a estallar la cabeza!

Zoé levantó los pies y dejó caer todo su peso sobre la cama. Desmelenada, triunfante, y con una sonrisa de ganadora de la lotería impresa en la cara, proclamó:

—¡Una postal de papá! ¡Una postal de mi papuchi! Se encuentra bien, todavía está en Kenya, dice que no ha podido mandarnos noticias porque estaba perdido en la selva rodeado por un montón de cocodrilos, pero que ni un minuto, mamá, ¿me oyes?, ni un minuto, ha dejado de pensar en nosotras. ¡Y me envía un beso con todas sus fuerzas de papaíto querido! ¡Lalalalala! ¡He encontrado a mi papaíto!

Con una última pirueta de alegría, se lanzó contra su madre que hizo una mueca de dolor: Zoé le había aplastado la mano.

—¡Qué feliz soy, mamá, qué feliz, no te puedes hacer idea! Ahora puedo decírtelo, creía que estaba muerto. Que se lo había comido un cocodrilo. ¿Te acuerdas del miedo que sentí cuando estuve allí, con todos aquellos bichejos alrededor? Pues bien, estaba segura de que un día u otro ¡se lo comerían crudo!

Abrió mucho la boca y mordió el aire haciendo groaorrr, groaorrr, queriendo imitar el ruido de las fauces de un cocodrilo devorando a su presa.

—¡Está vivo, mamá, está vivo! Pronto vendrá a llamar a nuestra puerta...

Se incorporó, alarmada.

—¡Socorro! ¡No tiene nuestra nueva dirección! ¡No nos encontrará nunca!

Joséphine alargó la mano para atrapar la postal. Procedía efectivamente de Kenya. El matasellos indicaba que la habían enviado, un mes antes, desde Mombasa, y la dirección era, por supuesto, la de Courbevoie. Reconoció la letra de Antoine y su estilo fanfarrón.

> Mis queridas niñas:
>
> Unas pocas palabras para deciros que estoy bien, y que he vuelto a la civilización tras permanecer mucho tiempo en la selva hostil. He luchado contra todo: bestias feroces, fiebres, ciénagas, mosquitos y, por encima de todo, nunca, nunca he dejado de pensar en vosotras. Os quiero con todas mis fuerzas. Hasta muy pronto.
>
> Papá.

* * *

A los sesenta y siete años, Marcel Grobz era, por fin, un hombre feliz, y no se cansaba de ello. Recitaba oraciones, plegarias, agradecimientos y novenas desde el amanecer, con el fin de que perdurara su felicidad. Gracias, Dios mío, gracias por colmarme con tus favores, por cubrirme de felicidad, por espolvorearme de delicias, por atiborrarme de voluptuosidad, por acribillarme el trasero a base de encantos, por saturarme de bienestar, por hincharme de beatitud, por tsunamizarme de euforia. ¡Gracias, gracias, gracias!

Lo rezaba por las mañanas en cuanto se levantaba. Lo repetía ante el espejo mientras se afeitaba. Lo salmodiaba al ponerse los pantalones. Invocaba a Dios y a todos los santos haciéndose el nudo de la corbata, prometía dar diez euros al primer mendigo que se encontrase, se rociaba de Eau de Cologne Impériale, de Guerlain, aumentaba el óbolo cuando se ajustaba el cinturón, después se llamaba rata inmunda y, arrepentido, añadía otros dos mendigos a los que agasajar. Porque el menda podría haber terminado también en la calle, si Bomboncito no le hubiera rescatado de las garras de Henriette y le hubiera acogido en su generoso seno. ¿Cuántos pobres diablos caían porque no les habían tendido a tiempo una mano salvadora en el momento en el que tropezaban?

Por fin, duchado, afeitado, acicalado, oliendo a lavanda y a artemisia, entraba en la cocina para rendir homenaje a la causa de tanta alegría, al pastelito de crema de la feminidad, al Everest de la sensualidad: Josiane Lambert, su compañera, debidamente rebautizada Bomboncito.

Bomboncito estaba atareada delante de la cocina Aga de hierro fundido, pintado con tres capas de esmalte vitrificado. Preparaba huevos al plato para su hombre. Vestida con un salto de cama rosa, que la cubría de velos vaporosos, vigilaba, con el ceño fruncido y la expresión grave, la excelencia de sus gestos. Sabía mejor que nadie poner el huevo en la sartén caliente, cuajar la albúmina viscosa, dorar la yema para después romperla, voltear el conjunto, volverlo a cuajar para por fin, en el último minuto, con un delicado movimiento de muñeca, verter un chorrito de vinagre balsámico y servir deslizándolo sobre el plato previamente calentado. Entre tanto, grandes rebanadas de pan integral con semillas de lino se doraban en la tostadora Magimix con cuatro rejillas cromadas. Una buena mantequilla salada de Normandía esperaba en una mantequera antigua, mientras las lonchas de jamón cocido y las huevas de salmón reposaban en una bandeja blanca con cenefa dorada.

Todo esto demandaba una extrema concentración que a Marcel Grobz le costaba respetar. Separado de Bomboncito hacía apenas veinte minutos, la buscaba como un perro que sigue la pista de un ciervo, con el hocico hundido entre las hojas muertas y marcando el lugar en cuanto huele al animal al alcance de sus fauces. La marca de Marcel consistía en pasar un brazo sobre el hombro de Bomboncito, pellizcarle el talle y darle un sonoro beso sobre el trozo de carne satinada que dejaba al descubierto el negligé.

—Déjame, Marcel —murmuró Josiane, con la mirada fija en la última fase de cocción de los huevos.

Marcel retrocedió a regañadientes y fue a sentarse ante su cubierto preparado sobre un mantelete de lino blanco. Completaba el conjunto un vaso de zumo de naranja recién exprimido, un frasco de vitaminas «60 años y más» y un cuenco de laca china que contenía una cucharada de polen de castaño. Se le humedecieron los ojos.

—¡Cuántos cuidados, cuántas atenciones, cuánto refinamiento! ¿Sabes?, Bomboncito, lo mejor de todo es el amor que me das. Sin él no sería más que un caparazón vacío. El mundo entero no significaría nada sin el amor. Es una fuerza insensata que la mayoría de los humanos descuidan. ¡Prefieren dedicarse a la pasta, los imbéciles! Mientras que cultivando el amor, el humilde amor de cada día, el amor que distribuyes a todo el mundo con creces, te enriqueces, te engrandeces, resplandeces ¡y te favoreces!

—¿Ahora hablas en verso? —preguntó Josiane colocando un gran plato sobre el mantelete de lino blanco—. ¿De dónde salen esas rimas, Racine?

—Es la felicidad, Bomboncito. Me vuelve lírico, dichoso, incluso guapo. ¿No crees que estoy más guapo? Las mujeres se vuelven en la calle y me miran con el rabillo del ojo. Yo hago como que me río, no digo nada, pero me pongo como un pimpollo...

—¡Te miran porque hablas solo!

—¡No, Bomboncito, no! Es todo el amor que recibo, que me transforma en el astro solar. Quieren ponerse a mi lado porque les atrae mi calor. Mírame: desde que vivimos juntos embellezco, rejuvenezco, reluzco, ¡y hasta me musculo!

Se golpeó el vientre que había contraído, y se mantuvo apoyado contra el respaldo de la silla con una mueca.

—¡Menos cháchara, Marcel Grobz! No te vayas a volver un tonto sentimental, ¡y tómate el zumo de naranja, que si no se van a evaporar las vitaminas y vas a tener que cazarlas al vuelo!

—¡Bomboncito! Hablo en serio. Y soy feliz, tan feliz... ¡Podría echarme a volar si no me agarrases!

Anudándose la gran servilleta alrededor del cuello para proteger la camisa blanca, prosiguió, con la boca llena:

—¿Qué tal está el heredero? ¿Ha dormido bien?

—Se despertó sobre las ocho, lo cambié, le di de comer y ¡hala! A la cama. Todavía duerme y ¡ni se te ocurra ir a despertarlo!

—Sólo un ligero besito en la punta del pie derecho... —suplicó Marcel.

—Te conozco. ¡Vas a abrir tu bocaza y devorarlo!

—Le encanta. Se estremece de placer sobre el cambiador. Ayer le cambié tres veces. Le embadurné de Mytosil. ¡Menudo par de huevos! ¡Gigantes! ¡Mi hijo será un lobo hambriento, la lanza de un bengalí, un dardo de afilada punta que se clavará en el corazón de las chicas y seguirá su camino!

Se echó a reír, se frotó las manos ante la idea de tanta truculencia futura.

—Por ahora está durmiendo, y tú tienes una cita en el despacho.

—¡Un sábado, te das cuenta! ¡Citarme un sábado por la mañana al amanecer!

—¿De qué amanecer hablas? ¡Son las doce!

—¿Hemos dormido hasta ahora?

—¡Tú has dormido hasta ahora!

—Eso no quita que nos corriéramos una buena juerga ayer, con René y Ginette. ¡Lo que bebimos! Y Junior durmiendo como un tronco de Navidad. Venga... Bomboncito, déjame comérmelo a besos antes de irme...

El rostro de Marcel Grobz se encogió en una temblorosa súplica, juntó las manos, se convirtió en comulgante ferviente, pero Josiane Lambert permaneció inflexible.

—Un bebé tiene que dormir. ¡Sobre todo con siete meses!

—¡Pero si parece que tiene doce más! Míralo: ya le han salido cuatro dientes y, cuando le hablo, lo entiende todo. Mira, el otro día estaba dudando si debía instalar una nueva fábrica en China, hablaba en voz alta, creyendo que él estaba ocupado jugando con sus pies —¿has visto cómo se tritura los pies?, ¡estoy seguro de que está aprendiendo a contar!—, pues bien, levantó su pequeña boquita adorable y dijo sí. ¡Dos veces seguidas! Te lo juro, Bomboncito, me dijo sí, ¡venga, adelante! Creí que sufría alucinaciones.

—Es que sufres alucinaciones, Marcel Grobz. Te estás volviendo completamente majara.

—Incluso creo que me ha dicho *go, daddy, go!* Porque también habla inglés. ¿Lo sabías?

—¡Con siete meses!

—¡Efectivamente!

—¿Porque lo duermes con *El inglés sin esfuerzo*? ¡No creerás que eso funciona! Me preocupas, Marcel, me preocupas.

Cada noche, al acostar a su hijo, Marcel Grobz le ponía un CD para aprender inglés. Lo había comprado en la sección «niños» de WH Smith, en la calle Rivoli. Se acostaba sobre la moqueta, cerca de la cuna, se quitaba los zapatos, se ponía una almohada bajo la nuca y repetía en la oscuridad las frases de la lección número 1. *My name is Marcel, what's your name? I live in Paris, where do you live? I have a wife...* En fin, *a nearly wife*, rectificaba en la oscuridad. La voz inglesa, femenina y suave, lo arrullaba. Se dormía y nunca había pasado de la primera lección.

—No lo habla de forma fluida, de acuerdo, pero balbucea algunas palabras. Yo le escuché decir *go-daddy-go*, en todo caso. ¡Pondría la mano en el fuego!

—Pues bien, ¡retírala o te quedarás manco! Marcel, contrólate. Tu hijo es normal, simplemente normal, eso no impide que sea un bebé muy guapo, muy vivo, muy espabilado... ¡Pero no vayas a hacérmelo emperador de China políglota y hombre de negocios! ¿Cuánto falta para que lo pongas en tu consejo de administración?

—Yo te digo simplemente lo que veo y lo que oigo. No me invento nada. No me crees, estás en tu derecho, pero el día que te diga *hello mummy, how are you?* o lo mismo pero en chino, porque pienso enseñarle chino, en cuanto haya acabado con el inglés, ¡no te vayas a caer de espaldas! Te prevengo, eso es todo.

Hundió un trocito de pan con mantequilla en los huevos fritos y lo deslizó sobre el plato hasta limpiar los bordes.

Josiane le daba la espalda, pero lo vigilaba en el reflejo del cristal. Comía el buen hombre tragando sus trocitos de pan, girando los brazos como un Tarzán de opereta. Sonreía a la nada, paraba de masticar para aguzar el oído y acechar los balbuceos de su hijo. Después, decepcionado, volvía a su masticación. No pudo evitar sonreír. Marcel Senior y Marcel Junior, menudo par de ladinos compadres. Es cierto, reconoció, que Junior tenía la cabeza repleta de materia gris y la comprensión rápida. Con siete meses se mantenía derecho en su silla de bebé y tendía un dedo imperativo hacia el objeto de sus deseos. Si ella se negaba a obedecer, fruncía los ojos y le lanzaba una mirada como un misil. Cuando hablaba por teléfono, la escuchaba con la cabeza inclinada y asentía. A veces parecía querer decir algo, pero se enfadaba como si no encontrase las palabras. ¡Un día había incluso chascado los dedos! No era un comportamiento muy común en un bebé, pero debía constatar a la fuerza que Junior estaba muy avanzado. De ahí a darle competencias en el negocio de su padre había un trecho que ella se negaba a cubrir. Junior crecerá a la velocidad normal. Me niego a que se convierta en un premio a la excelencia, un sabelotodo pretencioso. Yo lo quiero cubierto de papilla, enfundado en su pelele, con el culete al aire, para que pueda mimarlo hasta hartarme. He esperado demasiado tiempo como para soltarle en Dodotis en el mundo de los mayores.

La vida había dado dos hombres a Josiane, uno grande y otro pequeño, dos hombres que tejían su felicidad con un bordado fino. Para nada quería que se los quitasen. La vida nunca había sido generosa con ella. Para una vez que le daba buenas cartas, no dejaría que nadie le robara la menor brizna de felicidad, molería hasta el último grano para extraerle el jugo. Tengo unos cuantos vales de felicidad que cobrar. ¡Ahora me toca a mí tener el culo cosido a medallas! Es hora de reembolsarme, vamos, y que no intenten torearme. ¡Se acabaron los tiempos en los que me ahogaba la desdicha!

Se acabaron los tiempos en los que, simple secretaria famélica, servía de odalisca a Marcel, mi jefe, propietario de la cadena de muebles Casamia, multimillonario en mobiliario diverso, accesorios para la casa, alfombras, alumbrado y baratijas variadas. Marcel la había ascendido al rango de mujer con la que compartía su vida, y había repudiado a su arisca esposa, ¡Henriette la de la nariz larga! Fin de la historia, principio de mi felicidad.

Había descubierto a Henriette rondando en torno al edificio, escondiéndose en una esquina de la calle para pasar desapercibida. Con su sombrero en forma de crepe sobre la cabeza, sólo se la veía a ella. Para jugar a los detectives, hay que arriesgarse a despeinarse, si no, te pillan enseguida. Y no valía la pena fingir que iba a Hédiard a llenarse el estómago de *delicatessen*. Una vez, quizás, tres no. Le daba mala espina ese largo espárrago agazapado, espiando su felicidad. Sintió un escalofrío. Merodea, merodea buscando algo. Busca una ocasión. Obstruye el divorcio con sus pretensiones. Se niega a ceder una sola pizca de terreno. Amenaza por allí, amenaza por allá. Peligro, peligro, bandera roja, rumió Josiane. Siempre había caído en los brazos de quien no le traía más que desgracias, y ahora que había llegado a buen puerto, no iba a dejarse ni despojar ni liar. Desconfía, cantó una vocecita que conocía demasiado bien. Desconfía y abre bien los ojos ante todo lo que se mueva y huela a podrido.

El timbre del teléfono la sacó de sus pensamientos. Extendió el brazo para descolgar.

—Buenos días —dijo, todavía envuelta en el flujo sombrío de sus pensamientos.

Era Joséphine, la hija menor de Henriette Grobz.

—¿Quiere usted hablar con Marcel? —contestó con sequedad.

Tendió el aparato a su compañero.

Cuando una se casa con un hombre de esa edad, hay que aceptarlo con todo el equipaje. Y Marcel tenía un ajuar completo: desde el frasco de pastillas hasta la saca de correos. Henriette, Iris, Joséphine, Hortense y Zoé le habían servido de familia tanto tiempo que no podía borrarlas de un plumazo. Y eso que no le faltaban ganas.

Marcel se limpió la boca y se levantó para coger el teléfono. Josiane prefirió salir de la habitación. Fue al cuarto de la lavadora a buscar la cesta de la ropa. Se puso a separar la blanca de la de color. Concentrarse en esa tarea doméstica le sentaba bien. Henriette, Joséphine. ¿Quién sería la próxima? ¿La pequeña Hortense? ¿Esa que tenía a todos los hombres en la palma de la mano?

—Era Jo —dijo Marcel en el umbral de la puerta—. Le ha pasado algo de lo más raro: su marido, Antoine...

—¿Ese que lo tragó un cocodrilo?

—El mismo... Figúrate que Zoé, su hija, ha recibido una postal suya, enviada desde Kenya hace un mes. ¡Está vivo!

—¿Y tú qué tienes que ver en eso?

—Yo recibí a la amante de Antoine, una tal Mylène, en junio para darle algún consejillo sobre el mundo de los negocios en China. Quería dedicarse a la cosmética, conocía a un financiero chino y quería información práctica. Hablamos una hora y no la he vuelto a ver.

—¿Estás seguro de eso?

La mirada de Marcel se iluminó. Le gustaba despertar los celos de Josiane. Eso devolvía juventud y brillo a sus encantos.

—Completamente seguro...

—Y lo que quiere Joséphine es que le des la dirección de esa chica...

—Exacto. La tengo en alguna parte, en el despacho.

Marcó una pausa rascando el marco de la puerta.

—Podríamos invitarla a cenar uno de estos días, siempre me ha gustado esa chiquilla...

—¡Pero si es mayor que yo!

—¡Vamos! ¡No exageres! Uno o dos años más.

—Uno o dos años más ¡es ser mayor! A menos que cuentes al revés —replicó Josiane, irritada.

—Pero yo la conocí de niña, Bomboncito. ¡Aún llevaba coletas y jugaba al diábolo! He visto crecer a esa chavalilla.

—¡Tienes razón! Hoy estoy de los nervios. No sé por qué... Estamos demasiado bien, Marcel, demasiado bien, nos vamos a encontrar con algún cuervo, uno muy oscuro, lleno de infelicidad, de esos que apestan y graznan.

—¡Que no, mujer! Esta felicidad nos la merecemos. Nos toca festejarla.

—¿Y desde cuándo la vida ha de ser equilibrada? ¿Desde cuándo es justa? ¿Dónde has visto tú eso?

Apoyó la mano sobre la cabeza de Marcel y le masajeó el cráneo. Él se dejó hacer resoplando, mientras ella le acariciaba.

—Más amor, Bomboncito, más... Te quiero tanto..., daría mi testículo izquierdo por ti.

—¿Y el derecho?

—El izquierdo por ti, el derecho por Junior...

* * *

Iris extendió el brazo para coger su espejo. Tanteó en la mesita de noche y no lo encontró. Se incorporó, enfurecida. Se lo habían robado. Habían temido que lo rompiese y se abriese las venas. Pero ¿por quién me toman? Por una loca de atar completamente desequilibrada. ¿Y por qué no tendría yo derecho a acabar con todo? ¿Por qué me niegan esa última libertad? ¡Para lo que me espera en la vida! A los cuarenta y siete años y medio, ya se acabó. Las arrugas se acentúan, la elastina se evapora, los cuerpos adiposos se acumulan en las esquinas. Al principio se ocultan para llevar a cabo sus ultrajes. Después, cuando te han carcomido bien, cuando ya no eres más que una masa blanda e informe, toman el mando y prosiguen su obra de demolición sin obstáculos. Yo lo constato día tras día. Con mi espejito inspecciono la piel que hay detrás de la rodilla, espío la acumulación de grasa que engorda como un glotón. Y si me paso el día tumbada no conseguiré impedirlo. En esta cama me estoy marchitando. Mi tez palidece como el goterón de un cirio de sacristía. Lo leo en los ojos de los médicos. No me miran. Me hablan como a una probeta graduada que llenan de medicamentos. He dejado de ser una mujer, me he convertido en un recipiente de laboratorio.

Cogió un vaso y lo estrelló contra la pared.

—¡Quiero verme! —gritó—. ¡Quiero verme! ¡Quiero que me devuelvan mi espejo!

Era su mejor amigo y su peor enemigo. Reflejaba el brillo líquido, profundo y cambiante de sus ojos azules o señalaba la arruga. A veces, si lo orientaba hacia la ventana, la iluminaba y la rejuvenecía. Al girarlo contra la pared, le añadía diez años.

—¡Mi espejo! —rugió golpeando la sábana con los puños—. Mi espejo o me abro la garganta. No estoy enferma, no estoy loca, he sido traicionada por mi hermana. Ésta es una enfermedad que no pueden curar.

Atrapó una cuchara sopera con la que tomaba el jarabe, la limpió con la esquina de la sábana y la giró para percibir su reflejo. Sólo vio un rostro deformado, como si hubiese sido atacado por un enjambre de abejas. La tiró contra la pared.

Pero ¿qué ha podido pasarme para que me encuentre sola, sin amigos, sin marido, sin hijo, aislada del resto del mundo?

De hecho, ¿acaso existo todavía?

No eres nadie cuando estás sola. El recuerdo de Carmen vino a contradecirla, pero lo rechazó pensando que ella no contaba, ella siempre me ha querido y siempre me querrá. De hecho, Carmen me aburre. La fidelidad me aburre, la virtud me pesa, el silencio me daña los oídos. Quiero ruido, carcajadas, champán, tulipas rosas, miradas de hombres que me deseen, amigas que me calumnien. Bérengère no ha venido a verme. Tiene mala conciencia, así que cuando hablan mal de mí en las cenas de París calla, calla hasta que ya no puede aguantar más y se une a la jauría exclamando: «Qué malas sois, la pobre Iris no merece estar pudriéndose en una clínica por haber sido un poco imprudente», y las demás contestan en *staccato* agudo: «¿Imprudente? ¡Eres demasiado buena! ¡Querrás decir deshonesta! ¡Francamente deshonesta!». De ese modo, liberada de su fidelidad de amiga, contesta, golosa, degustando cada palabra, dejándose arrastrar por la ciénaga del cotilleo: «Es cierto que no está nada bien lo que hizo. ¡Pero nada en absoluto!», y se une, rápidamente, al coro de lenguas viperinas que, cada una a su manera, añade un defecto a la ausente. «Le está bien empleado», concluye la más dura, «ya no podrá aplastarnos con su desprecio, ya no es nadie». Fin de la oración fúnebre y búsqueda de nueva presa.

No se equivocan, reconoció Iris, contemplando la habitación blanca, las sábanas blancas, las cortinas blancas. ¿Quién soy en realidad? Nadie. No tengo ninguna consistencia. He fracasado en todo, puedo servir de definición a la palabra «fracaso» del diccionario. Fracaso, nombre común, masculino singular, véase Iris Dupin. Haría mejor volviendo a adoptar mi apellido de soltera, no voy a seguir mucho tiempo casada. Joséphine me lo arrebatará todo. Mi libro, mi marido, mi hijo y mi dinero.

¿Puedo vivir alejada de mi familia, mis amigos, mi marido y mi hijo? También alejada de mí. Me voy a convertir en puro espíritu. Al fundirme en la nada, me daré cuenta de que nunca he tenido ninguna consistencia. Que siempre he sido tan sólo una apariencia.

Antes existía porque los demás me miraban, me prestaban ideas, talentos, un estilo, una elegancia. Antes existía porque era la mujer de Philippe Dupin, porque tenía la tarjeta de crédito de Philippe Dupin, la agenda de Philippe Dupin. Me temían, me respetaban, me cubrían de fingidas alabanzas. Podía dar una lección a Bérengère o impresionar a mi madre. Había llegado a la cima.

Echó la cabeza hacia atrás y soltó una carcajada furiosa. ¡Qué cima tan insustancial la que no te pertenece, la que no se forja, la que no se construye piedra a piedra! Cuando la pierdes, ya puedes sentarte en la acera y extender la mano.

No hace tanto tiempo, cuando Iris no estaba enferma, una tarde que volvía de compras con los brazos cargados de paquetes, corriendo para coger un taxi, se había cruzado con un mendigo abrazado a sus rodillas, con la mirada baja y la nuca encorvada. Decía gracias, señor, gracias, señora, a media voz por cada moneda que caía en su plato. No era el primero que veía pero éste, a saber por qué, le había impresionado. Había acelerado el paso, apartado la mirada. No había tiempo para caridad, el taxi se alejaba, y esa noche salían, había que acicalarse, tomar un baño, elegir el vestido entre las decenas que colgaban de las perchas, peinarse, maquillarse. Al volver le había dicho a Carmen, no voy a parecerme a ese mendigo, ¿verdad? No quiero ser pobre. Carmen le había prometido que ella nunca permitiría que pasara eso, que se dejaría los dedos limpiando casas para que Iris continuase brillando. Ella la había creído. Se había aplicado la mascarilla de belleza a la cera de abeja, se había deslizado en el agua caliente del baño y había cerrado los ojos.

Y sin embargo, no estoy lejos de parecer una mendiga, pensó, levantando las sábanas para buscar el espejo. Puede que se haya escurrido. Puedo haberme olvidado de ponerlo en su sitio y se esconde en algún pliegue.

Mi espejo, devuélvanme mi espejo, quiero verme, asegurarme de que existo, de que no me he evaporado. De que todavía puedo gustar.

Los medicamentos que le daban por la noche empezaban a hacer efecto, deliró todavía un momento, vio a su padre leyendo el periódico al pie de su cama, a su madre comprobando que los alfileres de su sombrero estuviesen bien clavados, a Philippe conduciéndola vestida de blanco por el pasillo central de la iglesia. Nunca lo quise. Nunca quise a nadie y me gustaría que me quisieran. ¡Pobre mujer! Das lástima. Un día vendrá mi príncipe azul, un día vendrá mi príncipe... Gabor. Él era mi príncipe azul. Gabor Minar. El director de cine a quien todo el mundo adula, cuyo nombre irradia tanta luz que uno desea acurrucarse bajo su proyector. Estaba dispuesta a dejarlo todo por él: marido, hijo, París. Gabor Minar. Escupió su nombre como un reproche. No lo amé cuando era pobre, desconocido, y me eché a sus brazos cuando se hizo famoso. Siempre necesito el refrendo de los demás. Incluso para amar. ¡Qué despreciable amante soy!

Iris conservaba la lucidez, lo cual aumentaba su infelicidad. Podía ser injusta durante un acceso de cólera, pero recuperaba pronto la razón y se maldecía. Maldecía su cobardía, su frivolidad. La vida me lo dio todo al nacer y no he hecho nada con ello. Me he dejado llevar sobre la espuma de la comodidad.

Si hubiese sentido un poco de estima por sí misma, entonces habría podido, gracias a esa lucidez cruel que, a veces, la hacía más pérfida de lo que era, corregirse y empezar a amarse. La estima por uno mismo no se obtiene por decreto. Es necesario esfuerzo, trabajo; e Iris, con sólo pensarlo, hizo una mueca de disgusto. Y además, ya no tengo tiempo, constató, práctica. Uno no rehace su vida a los cuarenta y siete años y medio. La remienda, la tapona, pero no construye nada nuevo.

No, se dijo, sintiéndose invadida por el sueño y luchando para encontrar una solución, necesito pronto, pronto, un nuevo marido. Más rico, más fuerte, más importante que Philippe. Un marido inmenso. Que me maraville, me subyugue, ante el que me arrodille como una niña. Que tome mi vida de la mano, que me devuelva mi lugar en el mundo. Con dinero, relaciones, cenas en la ciudad. Todavía soy guapa. En cuanto salga de aquí, volveré a ser la hermosa y magnífica Iris.

Mi primer pensamiento positivo desde que estoy aquí encerrada, murmuró tapándose con la sábana hasta el mentón, ¿estaré empezando a curarme?

* * *

El domingo por la mañana, llamó Luca. La víspera, Joséphine le había dejado tres mensajes en el móvil. Sin respuesta. No es buena señal, se dijo dándose golpecitos en el esmalte de los dientes. También la víspera había llamado a Marcel Grobz para obtener la dirección de Mylène. Tenía que hablar con ella. Saber si había recibido, ella también, una carta de Antoine. Si sabía dónde se encontraba, lo que hacía y, en resumen, si estaba vivo *de verdad*. No puedo creerlo, no puedo creerlo, repetía Joséphine. La carta del paquete hablaba de su horrible muerte. Era claramente una carta de pésame, no el anuncio de un nacimiento.

Aquella noticia la perturbaba. Casi había olvidado la agresión de la que había sido víctima. De hecho, los dos incidentes colisionaban en su mente y la dejaban temblorosa y perpleja a la vez. Le costaba mucho responder a Zoé que, eufórica ante la idea de que su padre iba a reaparecer pronto, formulaba mil preguntas, ideaba proyectos, reencuentros y besos, y no paraba. Parecía una frenética bailarina de cancán, coronada de rizos infantiles.

Estaban desayunando cuando sonó el teléfono.

—Joséphine, soy Luca.

—¡Luca! Pero ¿dónde se ha metido? Ayer me pasé el día llamándole.

—No podía hablar. ¿Está libre esta tarde? Podríamos dar un paseo al borde del lago.

Joséphine reflexionó con rapidez. Zoé iba al cine con una chica de su clase, tenía tres horas libres.

—¿A las tres de la tarde cerca de las barcas? —propuso Joséphine.

—Allí estaré.

Colgó sin decir palabra. Joséphine sostuvo el teléfono en el aire y le sorprendió sentirse triste. Él había estado lapidario. Ni un gramo de ternura en su voz. Brotaron las lágrimas y entornó los ojos para bloquearlas.

—¿Pasa algo, mamá?

Zoé la miraba con expresión inquieta.

—Es Luca. Me temo que pueda haberle pasado algo a su hermano, ya sabes, Vittorio.

—Ah... —dijo Zoé, tranquila por que el aspecto preocupado de su madre concerniese a un extraño.

—¿Quieres más tostadas?

—¡Oh, sí! Por favor, mamá.

Joséphine se levantó, fue a cortar el pan y a tostarlo.

—¿Con miel? —preguntó.

Se concentró en hablar animadamente, para que Zoé no descubriera la tristeza en su voz. Sentía un vacío en el corazón. Con Luca soy feliz a ratos. Le robo mi felicidad, la rebusco. Entro en él subrepticiamente. Él cierra los ojos, finge que no me ve, y deja que le desvalije. Le quiero a su pesar.

—¿La miel buena de Hortense?

Joséphine asintió.

—No se va a poner muy contenta si se entera de que nos la comemos cuando no está.

—¡No te irás a terminar el tarro!

—Nunca se sabe —dijo Zoé con sonrisa glotona—. Es nuevo. ¿Dónde lo has comprado?

—En el mercado. El vendedor me ha dicho que antes de abrirlo había que calentarlo al baño María a fuego lento, para que esté bien líquida y no se solidifique al enfriarse.

Ante la idea de realizar esa ceremonia de la miel para complacer a Zoé, el recuerdo de Luca se borró y se relajó.

—Qué guapa eres —sonrió Joséphine revolviendo el pelo de Zoé—. Deberías cepillarte el pelo, se te va a enredar.

—Me gustaría ser un koala... Así no tendría que peinarme.

—¡Ponte recta!

—¡La vida es dura cuando no se es un koala! —suspiró Zoé incorporándose—. ¿Y cuándo vuelve Hortense, mamá?

—No lo sé...

—Y Gary, ¿cuándo viene?

—No tengo ni idea, cariño.

—¿Y Shirley? ¿Tienes noticias suyas?

—Intenté hablar con ella ayer, pero no contestó. Ha debido de salir el fin de semana.

—Les echo de menos... Oye, mamá, nosotras no tenemos mucha familia, ¿verdad?

—Es cierto. Somos bastante pobres en familia —respondió Jo en tono bromista.

—¿Y Henriette? ¿No te podrías reconciliar con ella? Así tendríamos al menos *una* abuela. ¡Aunque ella no quiera que la llamen así!

Todo el mundo llamaba a Henriette por su nombre de pila, se negaba a que la llamasen «abuelita» o «abuela».

Zoé había subrayado lo de *una*. Antoine tampoco tenía familia. Era hijo único, sus padres habían muerto mucho tiempo atrás y se había peleado con sus tíos, tías y primos y no los había vuelto a ver.

—Tienes *un* tío y *un* primo, algo es algo.

—Es poco. Las chicas de mi clase tienen familias de verdad...

—¿De verdad echas de menos a Henriette?

—Hay veces de que sí.

—No se dice «de que sí» sino «que sí», cariño...

Zoé asintió con la cabeza, pero no se corrigió. En qué estará pensando, se dijo Joséphine contemplando a su hija. Tenía la expresión sombría. Reflexionaba. Todo su rostro se había detenido en una idea que rumiaba en silencio, con el mentón apoyado en las manos y la frente arrugada. Joséphine leía en la cara de su hija la progresión de su reflexión, respetando ese diálogo consigo misma.

Su mirada oscura se aclaró y su ceño fruncido se relajó. Por fin, Zoé clavó los ojos en los de su madre y, con expresión ansiosa, preguntó:

—Oye, mamá, ¿tú crees que me parezco a un hombre?

—¡Nada de eso! ¿Por qué lo dices?

—¿No soy cuadrada de hombros?

—¡Para nada! ¡Qué idea más tonta!

—Es que me compré la revista *Elle*. Todas las chicas de mi clase la leen...

—¿Y bien?

—Nadie debería leer *Elle*. Las chicas de esa revista son demasiado guapas... Nunca seré como ellas.

Tenía la boca llena y devoraba su cuarta rebanada.

—A mí, en todo caso, me pareces guapa y sin los hombros cuadrados.

—Pero eso es lo normal, eres mi madre. Las madres siempre creen que sus hijas son guapas. ¿No te decía eso Henriette?

—¡La verdad es que no! Me decía que no era guapa, pero que concentrándose mucho quizás me encontrarían interesante.

—¿Cómo eras cuando eras pequeña?

—¡Fea como un piojo bizco!

—¿Eras guay?

—No mucho.

—Entonces, ¿cómo hiciste para gustar a papá?

—Digamos que vio mi belleza «interesante».

—Tiene buen ojo, papá, ¿eh, mamá? ¿Cuándo crees que va a volver?

—No tengo ni idea, amor mío... ¿Tienes deberes para el lunes?

Zoé asintió con la cabeza.

—Hazlos antes de irte al cine porque después no vas a tener ganas de trabajar.

—¿Y podremos ver una película las dos juntas esta noche?

—¿Dos películas en el mismo día?

—Sí, pero si vemos una obra maestra, no es lo mismo, es cultura general. Cuando sea mayor seré directora de cine. Haré una versión de *Los miserables*...

—Pero ¿qué te pasa con *Los miserables* de un tiempo a esta parte, Zoé?

—Me parece una maravilla, mamá. Cosette me hace llorar con su cubo y su muñeca... y después, vive una hermosa historia de amor con Marius y todo termina bien. Ya no tiene nunca más agujeros en el corazón.

¿Y qué se hace cuando el amor cava un agujero en el corazón, un agujero tan grande que parece de obús, tan grande que se podría ver el cielo a través?, se preguntaba Joséphine de camino a su cita con Luca. ¿Quién podrá decirme lo que siente por mí? No me atrevo a decirle «le quiero», tengo miedo de que sea una palabra demasiado importante. Sé muy bien que en mis «le quiero» hay un «¿me quiere usted?» que no me atrevo a pronunciar, por miedo a que se aleje con las manos en los bolsillos de su parka. ¿Una mujer enamorada es forzosamente una mujer inquieta, dolorida?

Él la estaba esperando cerca de las barcas. Sentado en un banco, las manos en los bolsillos, las piernas estiradas, su gran nariz apuntando al suelo, una mecha de pelo moreno barriendo su rostro. Ella se detuvo y le miró antes de abordarle. Por desgracia no sé tomarme el amor a la ligera. Me gustaría echarme al cuello de aquel a quien amo, pero tengo tanto miedo de asustarle que ofrezco la cara humildemente para recibir su beso. Le amo a hurtadillas. Cuando levanta sus ojos hacia mí, cuando atrapa mi mirada, me adapto a su estado de ánimo. Me convierto en la enamorada que él quiere que sea. Me enciendo a distancia, me controlo en cuanto se acerca. Usted no sabe nada de eso, Luca Giambelli, usted se cree que soy un ratoncito temeroso, pero si apoyara su mano sobre el amor que hierve dentro de mí, le produciría quemaduras de tercer grado. Me gusta ese papel: hacerle sonreír, calmarle, agradarle, me disfrazo de dulce y paciente enfermera, y recojo las migas que quiera usted darme para transformarlas en gruesas rebanadas. Hace un año que salimos y no sé más sobre usted que lo que me murmuró durante la primera cita. En amor se parece usted a un hombre sin apetito.

Él la vio. Se levantó. La besó en la mejilla con una levedad casi fraternal. Joséphine se retrajo, sintiendo ya el impreciso dolor que producía ese beso. Voy a hablar con él, hoy, decidió con la audacia de los grandes tímidos. Voy a contarle mis desgracias. ¿Para qué sirve un novio si hay que esconderle todas las penas y las angustias?

—¿Qué tal está, Joséphine?

—Podría estar mejor.

Vamos, se dijo, sé tú misma, háblale, cuéntale la agresión, háblale de la postal.

—He pasado dos días horribles —siguió él—. Mi hermano desapareció el viernes por la tarde, el día en el que habíamos quedado en aquella cafetería que no me gusta y que usted aprecia tanto.

Se giró hacia ella y esbozó una sonrisa burlona.

—Vittorio tenía cita con el médico que le trata sus brotes de violencia, y no se presentó. Le buscamos por todas partes, reapareció esta mañana. Se encontraba en un estado lamentable. Me temo lo peor. Siento haberle dado plantón.

Había tomado la mano de Joséphine y el contacto de la suya, larga, cálida y seca, la turbó. Apoyó la mejilla sobre la manga de su parka. Se frotó en ella como diciendo no importa, le perdono.

—Le estuve esperando y luego me fui a cenar con Zoé. Me dije que habría tenido algún problema con..., hum..., con Vittorio.

Le resultaba extraño llamar por su nombre de pila a un hombre al que no conocía y que la detestaba. Le producía un sentimiento de falsa intimidad. ¿Por qué me detesta? No le he hecho nada.

—Ha vuelto a su casa, esta mañana, y yo le estaba esperando. Me pasé todo el día y toda la noche de ayer esperándole, sentado en su sofá. Me miró como si no me conociera. Estaba azorado. Se metió rápidamente en la ducha y no abrió la boca. Le convencí para que tomase un somnífero y se durmiera, no se sostenía en pie.

Su mano estrechó la de Joséphine como para transmitirle la angustia de esos dos días esperando, temiendo lo peor.

—Me preocupa Vittorio, ya no sé qué más hacer.

Dos mujeres jóvenes, delgadas, que practicaban footing, se detuvieron a su altura. Sin aliento, se agarraban las costillas y consultaban su reloj para calcular el tiempo que les quedaba por correr. Una de ellas exclamó con voz entrecortada:

—Entonces le dije: pero ¿qué quieres exactamente? Y él me contestó, ¿sabes lo que se atrevió a decirme?, ¡que dejes de acosarme! ¿Acosarle yo? Te voy a decir una cosa, creo que le voy a dejar. Ya no lo soporto. ¿Y después qué más? ¿Hacerle de geisha? ¿Echarme a sus pies? ¿Hacerle comiditas y abrirme de piernas cuando me lo ordene? Mejor vivir sola. ¡Por lo menos estaré en paz y tendré menos trabajo!

La joven estrechó los brazos sobre el pecho en señal de resolución firme, en sus almendrados ojos marrones brillaban la exasperación y la cólera. Su compañera asintió resoplando. Después dio la señal para seguir la carrera.

Luca las miró alejarse.

—¡No soy el único que tiene problemas!

Es el momento de contarle tus infortunios, venga, se exhortó Joséphine.

—Yo también... Tengo problemas.

Luca levantó una ceja, extrañado.

—Me ha pasado algo muy desagradable y algo sorprendente —declaró Jo con tono pretendidamente jocoso—. ¿Por cuál empiezo?

Un labrador negro se precipitó delante de ellos y se lanzó al lago. Luca desvió su atención para ver cómo se introducía en el estanque verdoso; el agua estaba tan turbia que se dibujaron unos círculos irisados en la superficie. El perro jadeaba, nadando con la boca abierta. Su amo le había tirado una pelota y pataleaba para atraparla. Su pelaje negro y brillante se cubría de perlas líquidas e hilillos de agua; los patos se apartaban bruscamente y se detenían un poco más lejos, desconfiados.

—¡Esos perros son increíbles! —exclamó Luca—. ¡Mire!

El animal volvía. Emergió salpicando agua y fue a depositar la pelota a los pies de su amo. Agitó la cola y ladró para proseguir el juego. ¿Y ahora cómo continúo?, se preguntó Joséphine, siguiendo con la mirada la bola que volaba y al perro que se tiraba al agua.

—¿Qué me decía, Joséphine?

—Le decía que me han pasado dos cosas, una violenta y otra extraña.

Se esforzaba en sonreír para aligerar su relato.

—He recibido una carta de Antoine..., esto..., ya sabe, mi marido...

—Pero yo creía que estaba...

No se atrevía a pronunciar la palabra y Joséphine le ayudó:

—¿Muerto?

—Sí. Me había dicho usted que...

—Yo también lo creía.

—Es extraño, en efecto.

Joséphine esperaba que hiciese alguna pregunta, emitiese alguna hipótesis, proclamara su asombro, algo que permitiese comentar esa noticia, pero él se contentó con fruncir el ceño y proseguir:

—¿Y la otra noticia, la violenta?

¿Cómo?, se asombró Joséphine, ¿le cuento que un muerto redacta postales, compra un sello, lo pega, la mete en un buzón y me contesta: «Qué más»? Considera normal que los muertos se levanten por la noche para escribir su correspondencia. De hecho, los muertos no están muertos y hacen cola en la oficina, por eso siempre hay que esperar. Tragó y lo soltó todo de golpe:

—¡He estado a punto de ser asesinada!

—¿Asesinada? ¿Usted? ¿Joséphine? ¡Eso es imposible!

¿Y por qué no? ¿No sería un bonito cadáver, quizás? ¿No tengo el perfil adecuado?

—El viernes por la noche, volviendo de la cita a la que no se presentó, me apuñalaron en el corazón. ¡Aquí!

Se golpeó el pecho para acentuar el sentido trágico de la frase y se sintió ridícula. Su papel, como víctima de un suceso, no resultaba creíble. Él cree que me hago la interesante para rivalizar con su hermano.

—¡Pero su historia no se sostiene! Si la hubieran apuñalado, estaría muerta...

—Me salvó un zapato. El zapato de Antoine...

Le explicó con calma lo que había pasado. Él la escuchó mientras seguía el vuelo de unas palomas.

—¿Se lo ha contado a la policía?

—No. No quería que Zoé se enterase.

La miró, dubitativo.

—¡Pero bueno, Joséphine! Si la han atacado ¡debe ir a poner una denuncia!

—¡¿Cómo que «si»?! ¡Me han atacado!

—Imagínese que ese hombre ataque a otro. ¡La responsable sería usted! Tendría una muerte sobre su conciencia.

No sólo no la estrechaba entre sus brazos para consolarla, no sólo no le decía aquí estoy, voy a protegerla, sino que encima le hacía sentirse culpable y pensaba en la próxima víctima. Ella se le quedó mirando, desarmada. Pero ¿qué había que hacer para conmover a este hombre?

—¿No me cree?

—Claro que sí... La creo. Simplemente le aconsejo que presente una denuncia contra un agresor desconocido.

—¡Parece usted muy bien informado!

—Mi hermano me tiene acostumbrado a las comisarías. Me conozco casi todas las de París.

Le miró fijamente, estupefacta. Había vuelto a su propia historia. Se había desviado un poco para escucharla y después había dado la vuelta hacia su propia desgracia. ¿Éste es mi enamorado, mi hombre magnífico? ¿El hombre que escribe un libro sobre las lágrimas, que cita a Jules Michelet: «Lágrimas preciosas han fluido en límpidas leyendas, en maravillosos poemas y, amontonándose en el cielo, han cristalizado en gigantescas catedrales que se alzan hacia el Señor»? Un corazón seco, más bien. Una pasa de Corinto. Él le rodeó los hombros, la atrajo hacia sí y, con voz dulce y cansada, murmuró:

—Joséphine, no puedo ocuparme de los problemas de todo el mundo. No perdamos el buen humor, ¿quiere? Con usted estoy bien. Es mi único espacio de alegría, de risa, de ternura. No lo destrocemos, por favor...

Joséphine hizo un gesto de resignado asentimiento.

Prosiguieron su paseo alrededor del lago, cruzándose con otros deportistas, otros perros nadadores, niños en bicicleta, padres que los seguían, con la espalda doblada para mantenerlos sobre la silla, un gigante negro de torso majestuoso y cubierto de sudor que corría medio desnudo. Joséphine pensó preguntarle: «¿Y de qué quería hablarme la otra tarde cuando nos citamos en la cafetería? Parecía importante», pero renunció.

La mano de Luca, sobre su hombro, la acariciaba, y a ella le dio la impresión de que tenía ganas de escaparse.

Ese día, un trocito de su corazón se despegó de Luca.

* * *

Esa noche, Joséphine fue a refugiarse al balcón.

Cuando empezó a buscar un nuevo piso, lo primero que le preguntaba al agente inmobiliario era, antes de conocer el precio, la luz, la planta, el barrio, la estación de metro, el estado del techo y las goteras, siempre era: «¿Hay balcón? Un balcón de verdad donde pueda sentarme, estirar las piernas y mirar las estrellas».

Su nuevo piso tenía balcón. Un balcón grande y hermoso, con una balaustrada negra, abombada, señorial, que dibujaba motivos de hierro forjado encadenados, como letras de maestra de escuela en la pizarra.

Joséphine quería un balcón para hablar con las estrellas.

Hablar con su padre, Lucien Plissonnier, muerto un 13 de julio cuando ella tenía diez años, cuando estallaban los petardos y la gente bailaba en la pista, cuando los fuegos artificiales iluminaban el cielo y hacían aullar a los perros. Su madre se había vuelto a casar con Marcel Grobz, que había demostrado ser un padrastro bueno, generoso, pero que no sabía muy bien dónde situarse entre su arisca mujer y las dos chiquillas. Así que no se situaba. Las quería de lejos, como un turista con el billete de vuelta en el bolsillo.

Era una costumbre que había adoptado cuando sentía alguna pena en el alma. Esperaba a que se hiciese de noche, se envolvía en un edredón, se instalaba en el balcón y hablaba con las estrellas.

Todo lo que no se habían dicho cuando estaba vivo, se lo decían ahora por medio de la Vía Láctea. Por supuesto, reconocía Joséphine, no es algo racional, por supuesto podrán decir que estoy loca, encerrarme, colocarme unas pinzas en la cabeza y darme descargas eléctricas, pero me da igual. Sé que está ahí, que me escucha y, de hecho, me manda señales. Nos ponemos de acuerdo en una estrella, la más pequeña al final de la Osa Mayor, y él la hace brillar con más intensidad. O la apaga. No funciona siempre, sería demasiado fácil. A veces no me responde. Pero, cuando siento que naufrago, me lanza un flotador. También a veces hace que parpadee una bombilla del cuarto de baño, la luz de una bicicleta en la calle o una farola. Le gustan las luces.

Siempre seguía el mismo ritual. Se sentaba en una esquina del balcón, doblaba las piernas, apoyaba los codos sobre las rodillas y levantaba la cabeza hacia el cielo. Primero localizaba la Osa Mayor, después la pequeña estrella al final y empezaba a hablar. Cada vez que pronunciaba esa palabrita, «papá», los ojos le escocían, y cuando decía: «¡Papá! Papaíto querido» se ponía a llorar sin remedio.

Esa noche se instaló en el balcón, escrutó el cielo, localizó la Osa Mayor y le envió un beso, susurró papá, papá..., me siento triste, tan triste que no puedo respirar. Primero la agresión del parque, más tarde la postal de Antoine y después, hace un rato, la reacción de Luca, su frialdad, su educada indiferencia. ¿Qué hacer cuando los sentimientos te desbordan? Si lo expresas mal, lo hacemos todo al revés. Cuando uno tiene flores que ofrecer, no las entrega cabeza abajo y mostrando los tallos, si no el otro sólo ve espinas y se pincha. Es lo que yo hago con los sentimientos, los ofrezco invertidos.

Miró fijamente la estrellita. Le pareció que se iluminaba, se apagaba y se encendía una vez más como diciendo, vamos, cariño, te escucho, habla.

Papá, mi vida se ha convertido en un remolino. Y me ahogo.

¿Recuerdas que cuando era pequeña estuve a punto de ahogarme, que tú me mirabas desde la orilla sin poder hacer nada, porque el mar estaba enfurecido y no sabías nadar...? ¿Recuerdas?

El mar estaba en calma cuando nos fuimos, mamá, Iris y yo. Mamá nadaba delante con su potente crawl, Iris la seguía y yo, más retrasada, intentaba no quedarme atrás. Debía de tener unos siete años. Y luego, de pronto, se levantó el viento, el oleaje creció, la corriente nos arrastraba, estábamos a la deriva y tú no eras más que un puntito sobre la playa que agitaba los brazos con inquietud. Íbamos a morir. Entonces mamá eligió salvar a Iris. No podía salvarnos a las dos, quizás, pero eligió a Iris. La agarró bajo el brazo y la remolcó hasta la playa, dejándome sola, tragando litros de agua salada, golpeándome contra las olas, rebotando como un pelele. Cuando comprendí que me había abandonado, intenté nadar hasta ella, sujetarla, y se volvió gritando déjame, déjame y me rechazó. Me empujó con el hombro. No sé cómo hice para volver, para llegar hasta la orilla, no lo sé, tuve la impresión de que una mano me agarraba, me cogía del pelo y me arrastraba a tierra firme.

Sé que estuve a punto de ahogarme.

Hoy es lo mismo. Las corrientes son demasiado fuertes, me llevan demasiado lejos. Demasiado lejos, demasiado deprisa. Demasiado sola. Estoy triste, papá. Triste por sufrir la cólera de Iris, la violencia de un desconocido, el improbable regreso de mi marido, la indiferencia de Luca. Es demasiado. No soy lo suficientemente fuerte.

La estrellita se había apagado.

¿Quieres decir que me quejo por nada, que no importa? Eso no es justo, y lo sabes.

Y entonces, como si su padre reconociese la verdad de la acusación y recordara el antiguo crimen olvidado, la estrellita volvió a brillar.

¡Ah!, lo recuerdas. No lo has olvidado. Sobreviví una vez, ¿sobreviviré ésta?

Así es la vida.

Tiene buen aguante, la vida. Nunca te concede un largo periodo de descanso, enseguida te pone a trabajar.

No estamos en la tierra para mirar a las musarañas.

Pero yo no paro. Forcejeo como una loca. Todo carga sobre mis hombros.

¿La vida también me ha dado mucho? Tienes razón.

¿La vida me seguirá dando? Sabes bien que no me importa el dinero, que no me importa el éxito, que preferiría un romance, un hombre a quien venerase, a quien amase, lo sabes. Sola no puedo hacer nada.

Llegará, está allí, no muy lejos.

¿Cuándo? ¿Cuándo? Papá, ¡dímelo!

La estrellita ya no respondía.

Joséphine hundió la cabeza entre las rodillas. Escuchó el viento, escuchó la noche. La envolvió un silencio monacal y se refugió en él. Imaginó el largo pasillo de un convento, losas desiguales, pilares redondos de piedra blanca, un jardín cercado como una mancha verde, una bóveda de crucería a la que sigue otra, y otra. Escuchaba un leve sonido de campanas a lo lejos, emitiendo notas claras a intervalos regulares. Desgranó un rosario entre sus manos, cánticos de agradecimiento y oraciones que no conocía. Las completas, las vísperas y los maitines, una liturgia que se inventaba y que reemplazaba al breviario. Soltó el miedo, las preguntas y dejó de pensar. Se abandonó al viento, escuchó la canción que le susurraba el murmullo de las ramas, compuso algunas notas, canturreó en sordina.

Un pensamiento atravesó su mente: si a Luca no le pareció importante, será porque, quizás, a mí tampoco me lo parezca.

Si Luca no me presta más atención, es porque yo misma no me presto atención.

Luca me trata como yo me trato a mí misma.

No ha advertido el peligro en mis palabras, ni el miedo en mi voz, no ha sentido las puñaladas porque yo no las he sentido.

Sé que pasó de verdad, pero no siento nada. Me apuñalan pero no corro a poner una denuncia, a reclamar protección, venganza o ayuda. Me apuñalan y no digo nada.

Me tiene sin cuidado.

Es un hecho, las palabras están ahí, las articulo en voz alta, pero les falta el color de la emoción. Mis palabras son mudas.

Él no las oye. No puede oírlas. Son palabras de una muerta, desaparecida desde hace mucho tiempo.

Soy esa muerta que decolora las palabras. Que decolora su propia vida.

Desde el día en que mi madre escogió salvar a Iris.

Ese día me borró de su vida, me borró de la vida. Era como si me dijese, no vale la pena que existas, así que no existes.

Y yo, una niña de siete años, aterida en el agua helada, me quedo atónita. Paralizada de estupor por ese gesto, el codo que se levanta y me empuja hacia la ola.

Ese día fallecí. Me convertí en una muerta que lleva la máscara de una viva. Actúo sin establecer nunca un vínculo entre lo que hago y yo. Ya no soy real. Me vuelvo virtual.

Todo resbala.

Cuando consigo salir del agua, cuando papá me coge entre sus brazos y trata a mi madre de criminal, me digo que ella no podía hacer otra cosa, no podía salvarnos a las dos, eligió a Iris. No me rebelo. Lo considero normal.

Todo me resbala. No reivindico nada. No me apropio de nada.

Consigo un doctorado en letras, pues bueno...

Me contratan en el CNRS, tres elegidos de ciento veintitrés candidatos, pues vale...

Me caso, me convierto en una mujer aplicada, dulce, sobre la que se evapora el amor distraído de mi marido.

¿Me engaña? Normal, él está mal. Mylène le calma, le reconforta.

No tengo ningún derecho, nada me pertenece porque no existo.

Pero continúo haciendo como si estuviera viva. Un, dos, un, dos. Escribo artículos, doy conferencias, publico, preparo una tesis, pronto acabaré siendo directora de investigación, entonces habré llegado a la cima de mi carrera. Pues vale...

Todo eso no resuena dentro de mí, no me aporta ninguna alegría.

Me convierto en madre. Doy a luz a una hija, luego a otra.

Entonces me animo. Reconozco a la niña que hay dentro de mí. La niñita aterida sobre la playa. La tomo en mis brazos, la acuno, le beso las yemas de los dedos, le cuento cuentos para dormirla, le caliento su miel, le doy todo mi tiempo, todo mi amor, todos mis ahorros. La amo. Nada es lo bastante bueno para la niñita muerta con siete años, a la que reanimo con mis cuidados, con vendajes, con besos.

Mi hermana me pide que escriba un libro que firmará ella. Acepto.

El libro se convierte en un éxito inmenso. Pues bueno...

Sufro por haber sido desposeída, pero no protesto.

Cuando mi hija Hortense se presenta en la televisión a contar la verdad, cuando dirige el foco hacia mí, desaparezco, no quiero que me vean, no quiero que me conozcan. No hay nada que ver, nada que conocer: estoy muerta.

Nada puede afectarme porque ese día, en el mar furioso de las Landas, dejé de existir.

Desde ese día, las cosas me ocurren, pero no quedan impresas en mí.

Estoy muerta. Soy una figurante en mi propia vida.

Levantó la cabeza hacia las estrellas. Le pareció que la Vía Láctea se había iluminado, brillaba con miles de luces nacaradas.

Se propuso ir a comprar camelias blancas. Le gustaban mucho las camelias blancas.

* * *

—¿Shirley?

—¡Joséphine!

En boca de Shirley, su nombre sonaba como el toque de un clarín. Se apoyaba en la primera sílaba, se elevaba en el aire y dibujaba arabescos de sonidos: ¡Joooséphiiine! Entonces había que sintonizar por miedo a sufrir un interrogatorio en regla: «¿Qué te pasa? ¿No estás bien? ¿Estás desanimada? ¡Tú me estás ocultando algo...!».

—¡Shiiiirley! ¡Te echo de menos! Vuelve a vivir a París, te lo suplico. Ahora tengo una casa grande, puedo acogerte, a ti y a lo que venga contigo.

—No me acompaña ningún paje enamorado en este momento. He cerrado mi cinturón de castidad. ¡La abstinencia es mi voluptuosidad!

—Entonces ven...

—No es imposible, en efecto, que desembarque uno de estos días y me dé una vueltecita por el país de las ranas arrogantes.

—Una vuelta no, una ocupación, ¡una auténtica guerra de los Cien Años!

Shirley se echó a reír. ¡La risa de Shirley! Empapelaba las paredes, colgaba las cortinas, los cuadros, llenaba toda la habitación.

—¿Cuándo vienes? —preguntó Joséphine.

—En Navidad... Con Hortense y Gary.

—Pero ¿te quedarás unos días? La vida no es igual sin ti.

—Pero bueno, eso es una declaración de amor.

—Las declaraciones de amor y de amistad se parecen.

—Y bien..., ¿qué tal te va en tu nueva casa?

—Tengo la impresión de ser una invitada. Me siento en el borde del sofá, llamo antes de entrar en el salón y me quedo en la cocina, es el espacio donde estoy más a gusto.

—¡No me sorprende nada en absoluto!

—He elegido este piso para complacer a Hortense y ella se ha ido a vivir a Londres...

Lanzó un gran suspiro que significaba: con Hortense siempre pasa igual. Uno deposita su ofrenda ante una puerta cerrada.

—A Zoé le pasa lo mismo que a mí. Nos sentimos extranjeras aquí. Es como si hubiéramos cambiado de país. La gente es fría, distante, pretenciosa. Llevan trajes cruzados y tienen nombres compuestos. Sólo la portera parece estar viva. Se llama Iphigénie, se cambia el color del pelo todos los meses, pasa del rojo chillón al azul glacial, nunca la reconozco, pero cuando me entrega el correo, su sonrisa es auténtica.

—¡Iphigénie! ¡Ésa va a terminar mal! Inmolada por su padre o su marido...

—Vive en la portería con sus dos hijos, un niño de cinco años y una niña de siete. Saca la basura todas las mañanas a las seis y media.

—Déjame adivinar: vais a haceros amigas... Te conozco.

No es imposible, se dijo Joséphine. Canta mientras limpia la escalera, baila con el tubo de la aspiradora, explota globos gigantes de chicle que le cubren la cara. La única vez que Joséphine había llamado a la portería, Iphigénie le había abierto disfrazada de vaquero.

—Intenté hablar contigo el sábado y el domingo, pero no contestó nadie.

—Me fui al campo, a Sussex, a casa de unos amigos. De todas formas iba a llamarte. ¿Cómo te va la vida?

Joséphine murmuró podría ir mejor... y después le contó todo detalladamente. Shirley soltó varios «*oh!, shit!*, ¡Jooeséphiiine!» para indicar su estupor, su horror, pidió detalles, reflexionó y después decidió afrontar los problemas uno por uno.

—Empecemos por el misterioso asesino. Luca tiene razón, debes ir a contárselo a la poli. ¡Es cierto que puede volver a atacar! Imagínate que mata a una mujer bajo tu ventana...

Joséphine asintió.

—Intenta recordarlo todo cuando pongas la denuncia. A veces un simple detalle les pone sobre la pista.

—Tenía suelas nuevas.

—¿Las suelas de los zapatos? ¿Las viste?

—Sí. Suelas nuevas y limpias, como si los zapatos acabaran de salir de la caja. Zapatos buenos, estilo Weston o Church.

—Ah... —dijo Shirley—. No es un matón de barrio, si se pasea con unos Church. Y eso tampoco es bueno para la investigación.

—¿Por qué?

—Porque unas suelas nuevas no dicen nada. Ni del peso ni de la talla de la persona. Ni de sus últimos trayectos. En cambio, una buena suela usada ofrece una información valiosa. ¿Tienes alguna idea de su edad?

—No. Era fuerte, eso seguro. ¡Ah, sí! Tenía una voz nasal cuando soltaba las obscenidades. Una voz que salía de la nariz. Lo recuerdo muy bien. Hablaba así...

Se tapó la nariz y repitió lo que había dicho el hombre.

—Y además olía bien. Quiero decir que no olía a sudor ni a pies.

—Lo que indica que ataca a sangre fría, sin perder la calma. Planificó su acción, la pensó. La escenificó. Debe de albergar un sentimiento de revancha, de venganza. Repara un mal que le han hecho. Aprendí eso en el servicio de información. ¿Dices que no hubo descarga de humor acuoso?

El término, si bien extrañó a Joséphine, no le sorprendió. El pasado de Shirley, su conocimiento de un universo de violencia, volvía con esas simples palabras «descarga de humor acuoso». Shirley, para guardar el secreto de su nacimiento, estuvo contratada durante un tiempo en los servicios secretos de Su Graciosa Majestad. Había recibido formación como guardaespaldas, había aprendido a luchar, a defenderse, a leer en los rostros las intenciones más ocultas, las pulsiones más remotas. Se había codeado con hombres dispuestos a todo, desveló complots, aprendió a penetrar en la mente de los criminales. Joséphine admiraba su sangre fría. Todos podemos convertirnos en criminales, lo raro no es que suceda, sino que no suceda más a menudo, solía responder cuando Joséphine la interrogaba.

—Así que no ha podido ser Antoine —concluyó Jo.

—¿Pensaste en él?

—Después... después de haber recibido la postal. Dormía poco... y me dije que quizás podría haber sido él... Me avergüenzo, pero sí...

—Antoine sudaba muchísimo, si no me falla la memoria, ¿verdad?

—Sí. Chorreaba de miedo ante cualquier dificultad. Parecía que le habían mojado con una manguera.

—Así que no ha sido él. A menos que haya cambiado... Pero pensaste en él, de todos modos.

—¡Ay! Me avergüenzo...

—Te entiendo, su reaparición, en efecto, resulta extraña. O bien escribió esa carta y pidió que la enviaran después de su muerte, o bien está vivo y ronda cerca de tu casa. Conociendo a tu marido y su sentido de la puesta en escena, podemos pensar cualquier cosa. Se montaba tantas historias... ¡Quería ser tan grande, tan importante! Quizás quiso prolongar su muerte, como esos comicuchos que tardan horas en morir sobre el escenario, alargando su perorata para quitarle el protagonismo a los demás.

—Eres mala, Shirley.

—Para las personas como él morirse es humillante, en un instante la palmas, te olvidan, te meten en un agujero y ya no eres nadie.

Estaba lanzada y Joséphine no podía pararla.

—Al enviarte esa postal, Antoine se regala un retazo de vida suplementario, os impide olvidarle y consigue que se hable de él.

—Eso seguro, me causó una impresión tremenda... pero resulta cruel para Zoé. Ella se lo cree a pies juntillas.

—¡A él eso le importa un bledo! Es demasiado egoísta. Nunca he sentido demasiada estima por tu marido.

—¡Déjalo! ¡Está muerto!

—Eso espero. ¡Sólo faltaría que se plantase delante de vuestra puerta!

Joséphine oyó el sonido de un hervidor que silbaba. Shirley debió de cerrar el gas porque el pitido se desvaneció con un suspiro agudo. *Tea time*. Joséphine se imaginó a Shirley, en su cocina, aguantando el teléfono con el hombro, vertiendo el agua a punto de hervir sobre las aromáticas hojas. Poseía un surtido de tés guardados en unas latas metálicas de colores que, cuando levantabas la tapa, te embriagaban con su aroma. Té verde, té rojo, té negro, té blanco, Príncipe Igor, Zar Alejandro, Marco Polo. Tres minutos y medio de infusión y después Shirley retiraba las hojas de la tetera. Controlaba escrupulosamente el tiempo de reposo.

—En cuanto a la indiferencia de Luca, ¿qué quieres que te diga? —prosiguió Shirley pasando de un tema al otro sin dejarse distraer—. Es así desde el principio y tú le apoyas con esa distancia afectuosa. Lo has colocado en un pedestal, le ofreces incienso y mirra y te postras a sus pies. Siempre has hecho eso con los hombres, pides perdón por respirar, les agradeces que bajen la mirada hacia ti.

—Creo que no me gusta que me quieran...

—¿... y sin embargo? Vamos, Jo, vamos...

—... y sin embargo tengo la impresión de ser una boca abierta de par en par, permanentemente, hambrienta de amor.

—¡Tendrías que curarte de eso!

—Precisamente... He decidido curarme.

Joséphine contó lo que acababa de comprender mirando a las estrellas y hablando con la Osa Mayor.

—¡Así que sigues hablando con las estrellas!

—Sí.

—Bueno, es igual que una terapia y es gratis.

—Estoy segura de que, desde allí arriba, él me escucha y me responde.

—Si lo crees... Yo no necesito elevarme hasta las estrellas para decirte que tu madre es una criminal y tú una pobre tonta que se deja pisotear desde que nació.

—Lo sé, acabo de entenderlo. Con cuarenta y tres años... Voy a ir a la comisaría. Tienes razón. Me sienta tan bien hablar contigo, Shirley... Todo está más claro cuando te lo cuento.

—Siempre es más sencillo ver las cosas desde fuera, cuando no nos conciernen. Y la escritura ¿avanza?

—No mucho. No hago más que darle vueltas. Busco un tema para una novela y no lo encuentro. Empiezo mil historias por la mañana y todas se desvanecen por la noche. Tuve la idea para *Una reina tan humilde* hablando contigo, ¿recuerdas? Estábamos en mi cocina en Courbevoie. Tendrías que volver a echarme una mano...

—Confía en ti misma.

—No es mi fuerte, la confianza en mí misma.

—No tienes prisa.

—No me gusta pasar los días sin hacer nada.

—Vete al cine, pasea, observa a la gente en las terrazas de los cafés. Deja vagar la imaginación y, un día, sin saber por qué, tendrás la idea para una historia.

—La historia de un hombre que apuñala a mujeres solas en los parques, por la noche, ¡y de un marido a quien se creía muerto y que envía postales!

—¿Por qué no?

—¡No! Tengo ganas de olvidar todo eso. Voy a volver a prepararme el HDI.

—¿El qué?

—HDI, Habilitación para Dirigir Investigaciones.

—Y ¿en qué consiste esa... cosa?

—Es un conjunto de publicaciones que incluye una tesis, y todos los trabajos realizados en forma de artículos y conferencias, que presentas ante un jurado. Eso supone un buen montón de papeles. ¡El mío ya pesa casi diecisiete kilos!

—¿Y eso para qué sirve?

—Sirve para ingresar en la escuela doctoral de una universidad. Tener una cátedra...

—¡Y ganar un montón de pasta!

—¡No! A los universitarios no les atrae el dinero. Lo desprecian. Supone la culminación de una carrera. Te conviertes en una eminencia, te hablan con respeto, vienen a consultarte del mundo entero. Todo lo que necesito para rehacer mi imagen.

—Joséphine, ¡eres asombrosa!

—¡Espera, todavía no he llegado a eso! Tengo por delante dos o tres años de trabajo duro antes de poder presentarme al examen.

Y eso es harina de otro costal. Se trata de defender el trabajo propio delante de un jurado, formado en su mayoría por hombres gruñones y machistas. Examinan el informe detalladamente y, al primer error, te rechazan. Ese día es recomendable presentarse con una falda arrugada, sandalias, las piernas cubiertas de vello y un par de matas de pelo en las axilas.

Como si hubiese leído el curso secreto de sus pensamientos, Shirley exclamó:

—Jo, ¡tú eres masoca!

—Lo sé, también he decidido trabajar eso y aprender a defenderme. ¡He llegado a un montón de buenas resoluciones hablando con las estrellas!

—¡La Vía Láctea te ha sorbido el cerebro! ¿Y dónde metes tu vida amorosa entre todo ese tumulto de materia gris?

Joséphine enrojeció.

—Después de compulsar el último de mis incunables y de acostar a Zoé.

—¡O sea que es delgada como el papel de fumar, tal como me imaginaba!

—¡No todo el mundo puede echar una cana al aire con un hombre vestido de negro!

—¡Ahí me has dado!

—¿Qué ha pasado con el hombre de negro?

—No consigo olvidarle. Es terrible. He decidido no volver a verle, mi corazón no puede más, mi cabeza lo rechaza, pero todos los poros de mi piel gritan de abstinencia. Jo, ¿sabes qué? El amor nace en el corazón pero vive bajo la piel. Y él está pegado bajo mi piel. Emboscado ahí dentro. ¡Ay, Jo! Si supieras cómo le echo de menos...

A veces, recordó Shirley, me pellizcaba el interior del muslo, lo cual me producía un morado, me gustaba ese dolor, me gustaba ese color y lo conservaba como un rastro suyo, una prueba de esos instantes en los que hubiese aceptado morir, porque sabía que lo que venía después no podría ser otra cosa que algo plano, nada de nada, respiración artificial. Pensaba en él mirando el cardenal, lo acariciaba, lo adoraba, no debería contarte esto, Jo...

—¿Y qué haces para dejar de pensar? —preguntó Joséphine.

—Aprieto los dientes... Y he fundado una asociación para luchar contra la obesidad. Voy a los colegios y enseño a nutrirse a los niños. Estamos creando una sociedad de obesos.

—Ninguna de mis dos hijas tiene ese problema.

—A la fuerza... Les preparas unas comiditas buenísimas y equilibradas desde que son bebés. A propósito, tu hija y mi hijo no se separan ni un momento.

—¿Hortense y Gary? ¿Quieres decir que están enamorados?

—No lo sé, pero se ven mucho.

—Ya les interrogaremos cuando vengan a París.

—También he visto a Philippe. El otro día, en la Tate. Estaba parado delante de un cuadro rojo y negro de Rothko.

—¿Solo? —preguntó Joséphine, extrañada al sentir cómo se le aceleraba el corazón.

—Esto... No. Estaba con una rubia. Me la presentó como una experta en pintura que le ayuda a comprar obras de arte. Está haciendo una colección. Tiene mucho tiempo libre desde que se alejó del mundo de los negocios...

—¿Y qué aspecto tiene la experta?

—No está mal.

—Si no fueras mi amiga, podrías incluso decir que ella...

—No está nada mal. Deberías venir a Londres, Jo. Philippe es seductor, rico, guapo y alegre. De momento vive solo con su hijo, pero es una presa perfecta para las lobas hambrientas.

—No puedo, ya lo sabes.

—¿Iris?

Joséphine se mordió los labios sin responder.

—¿Sabes?, el hombre de negro... Cuando nos encontrábamos en el hotel, cuando me esperaba en la habitación del sexto piso, tumbado en la cama... Yo era incapaz de esperar al ascensor. Subía las escaleras de cuatro en cuatro, daba un empujón a la puerta, me lanzaba sobre él.

—En cambio yo realizo mis desplazamientos más bien tipo tortuga.

Shirley suspiró ruidosamente.

—Quizás deberías cambiar, Jo.

—¿Transformarme en amazona? ¡Me caería del caballo al primer trote!

—Te caerías una vez y después montarías con silla.

—¿Crees que nunca he estado enamorada, realmente enamorada?

—Creo que todavía tienes muchas cosas que descubrir y tanto mejor para ti. ¡La vida aún tiene que sorprenderte!

Joséphine pensó, si pusiera tanto empeño en aprender a vivir como el que pongo en trabajar sobre mi tesis, sería quizás más extrovertida.

Echó un vistazo a la cocina. Se diría un laboratorio de lo limpia y blanca que estaba. Voy a ir al mercado a comprar ristras de ajos y de cebollas, pimientos verdes y rojos, manzanas amarillas, cestas, utensilios de madera, trapos, servilletas, voy a colgar fotos y calendarios, a inundar las paredes de vida. Hablar con Shirley la relajaba, le daba ganas de colgar lámparas por doquier. Shirley era más que su mejor amiga. Era aquella a quien se lo podía decir todo, sin provocar consecuencias ni dependencias.

—Ven pronto —suspiró al aparato antes de colgar—. Te necesito.

* * *

Al día siguiente, Joséphine se presentó en la comisaría del barrio. Tras una larga espera en un pasillo que olía a detergente con aroma de cereza, la metieron en un despacho estrecho, sin ventana, alumbrado por un aplique en el techo amarillento, que daba aspecto de acuario a la habitación.

Expuso los hechos a la oficial de policía. Era una mujer joven, el pelo castaño peinado hacia atrás, los labios finos, la nariz aguileña. Llevaba una camisa azul pálido, un uniforme azul marino, un pequeño arete dorado en la oreja izquierda. En una placa sobre su mesa estaba escrito su apellido: GALLOIS. Le preguntó su nombre completo, dirección. La razón de su presencia en la comisaría. La escuchó sin mover un solo músculo de la cara. Se extrañó de que Joséphine hubiera tardado tanto en declarar la agresión. Se diría que todo aquello le parecía sospechoso. Le propuso a Joséphine que fuera al médico. Joséphine lo rechazó. Le pidió una descripción del individuo, si había notado algún detalle que pudiese ayudar en la investigación. Joséphine mencionó las suelas nuevas y limpias, la voz nasal, la ausencia de sudoración. La agente de policía levantó una ceja, sorprendida por ese detalle, y después continuó mecanografiando la denuncia. Le pidió que precisara si alguien tenía alguna razón para tener algo contra ella, si había habido robo o violación. Hablaba con una voz mecánica, sin ninguna emoción. Enunciaba los hechos.

Joséphine tenía ganas de llorar.

¿Qué mundo es éste, en el que la violencia se ha convertido en algo tan banal, que ya no levantamos la cabeza del teclado para conmovernos, para compartir?, se preguntó al reencontrarse con los ruidos de la calle y la luz del día.

Permaneció inmóvil observando los coches que formaban una caravana larga e impaciente. Un camión bloqueaba la calle. El conductor se tomaba su tiempo para descargar el contenido, transportaba las cajas una por una, sin prisa, contemplando la calle embotellada con expresión satisfecha. Una mujer con un carmín rojo chillón sacó la cabeza por la ventanilla de su coche y estalló: «¿Qué coño pasa? ¡Joder! ¿Va a durar mucho tiempo esto?». Escupió el cigarrillo y apretó la bocina con las palmas de las dos manos.

Joséphine sonrió con tristeza y se fue, tapándose los oídos para no oír el concierto de protestas.

* * *

Hortense dio una patada a la pila de ropa tirada en el suelo del salón del piso que compartía con su compañera, una francesa anémica y pálida que apagaba los cigarrillos aplastándolos al azar, multiplicando los agujeros por todos lados sin el menor cuidado. Vaqueros, tanga, medias, camiseta, jersey de cuello alto, chaqueta. Se había desnudado allí mismo y lo había dejado todo tirado.

Se llamaba Agathe, iba a clase en la misma escuela que Hortense, pero no mostraba el mismo entusiasmo ni para estudiar ni para ordenar el piso. Se levantaba si oía el despertador, y si no, seguía en la cama y asistía a la clase siguiente. La vajilla se amontonaba en la pila de la pequeña cocina, la ropa sucia cubría lo que, antaño, había debido de parecerse a un sofá, la tele estaba encendida permanentemente y los cadáveres de botellas vacías llenaban la mesa baja de cristal entre revistas recortadas, cortezas de pizzas resecas y viejas colillas de porros ennegrecidos que desbordaban los ceniceros.

—¡Agathe! —gritó Hortense.

Y como Agathe seguía hundida bajo las sábanas, en su habitación, Hortense empezó una violenta sarta de reproches contra la dejadez de su compañera de piso, puntuándola con patadas en la puerta de su habitación.

—¡Esto no puede seguir así! ¡Eres asquerosa! ¡Puedes tener *tu* habitación hecha una mierda, pero las zonas comunes no! Acabo de pasarme una hora limpiando el cuarto de baño, hay pelos por todos lados, todo está atascado, los tubos de dentífrico abiertos, un Tampax usado en el lavabo, pero ¿dónde has aprendido educación? ¡No estás viviendo sola! Te lo advierto, me voy a buscar otro piso. ¡Ya no puedo más!

Lo peor, pensó Hortense, es que no puedo marcharme. La fianza de dos meses de alquiler está a nombre de las dos y, además, ¿adónde iría? Eso lo sabe muy bien esa asquerosa, que no sirve más que para pasar hambre con tal de poder entrar en los vaqueros, y mover el culo delante de viejos que babean viendo cómo baila su trasero.

Contempló el cristal de la mesa baja, asqueada, fue a buscar una bolsa de basura y metió en ella todo lo que había encima y debajo de la mesa. Se tapó la nariz, cerró la bolsa y la dejó en el descansillo para bajarla después. Quizás la haga reaccionar tener que recuperar sus vaqueros de la basura. Ni siquiera eso era seguro, gruñó, se comprará otros con el dinero de uno de esos viejos babosos con cara de mafiosos, que fuman puros en el salón, mientras la anémica se pega las pestañas postizas en el cuarto de baño. Pero ¿de dónde los saca? Con sólo verles enfundarse sus abrigos de piel de camello y cuello levantado, te dan ganas de echar a correr y refugiarte en una madriguera. Qué angustia me dan todos esos tíos que desfilan por aquí por las noches. Ésta va a terminar en un burdel de El Cairo, si continúa así.

—¿Me oyes, zorra?

Aguzó el oído. Agathe seguía sin rechistar.

Se puso los guantes de goma, cogió una esponja, el Domestos, un producto que presumía de matar *todos* los gérmenes y borrar *todas* las manchas, y se puso a desinfectar el piso. Gary pasaría a buscarla dentro de una hora, ni hablar de obligarle a poner un pie en esta pocilga.

Los pelos largos, enredados en la moqueta, retenían trozos de patatas fritas, bolis Bic, pinzas para el pelo, kleenex usados, Smarties... El aspirador soltó un hipo, pero se tragó un peine sin asfixiarse. Hortense hizo una mueca de satisfacción: al menos había algo que funcionaba. Cuando tenga dinero, alquilaré un piso para mí sola, murmuró, intentando despegar un chicle usado atrapado entre los pelos de la moqueta. Cuando tenga dinero, tendré una mujer de la limpieza, cuando tenga dinero...

No tienes dinero, de modo que cierra el pico y limpia, gruñó en voz baja.

Era su madre quien pagaba el piso, la escuela, el gas, la electricidad, la *council tax*, la ropa, el teléfono y el bocadillo del mediodía en el parque. De hecho, su madre lo pagaba todo. Y en Londres nada era gratis. Dos libras el Tropicana de la mañana, diez libras el bocadillo de la comida, mil doscientas libras un piso de dos habitaciones con salón. En un buen barrio, es verdad. Notting Hill, Royal Borough of Chelsea & Kensington. Los padres de Agathe debían de tener dinero, o a lo mejor eran los viejos de pelo de camello los que la mantenían. No conseguía averiguarlo. Aspiró el olor del producto e hizo una mueca. Voy a apestar a Domestos. Esta cosa penetra hasta los guantes.

Se volvió hacia la habitación de Agathe y dio otra patada a la puerta.

—¡No soy tu chacha! ¡Vas a tener que meterte eso en la cabeza!

—*Too bad!* —respondió la otra—. Y demasiado tarde. Me he criado entre chachas, tenía dos en casa, ¡así que cierra el pico, pobretona!

Pero ¿cómo pude elegirla a ella entre todas las demás? Ese día tenía legañas en los ojos. Fue por los aires que se daba. Tenía pinta de darse aires. Altiva, segura de sí misma, impaciente, ataviada con Prada-Vuitton-Hermès. Atraída por el buen barrio y el piso grande. Disponía de los medios y la seguridad de una chica espabilada. Sólo le había hecho una pregunta: «¿Dónde vives en París?», para saber si ella era de su ambiente. Hortense le había respondido: «En la Muette», y la otra había soltado: «OK, servirás». Como si soltara una limosna. Bingo, ¡ha mordido el anzuelo!, había pensado Hortense. Se había dicho que, introduciéndose en su círculo, se aprovecharía de su dinero y de sus relaciones. Lo único que me ha aportado es poder entrar en el Cuckoo Club sin hacer cola. ¡Menuda ventaja! ¡Qué lerda fui! Me dejé timar como una provinciana recién llegada a la capital, con dos trenzas a la espalda y un delantal de cuadros.

Gary vivía en un piso enorme, en Green Park, justo detrás de Buckingham Palace, pero lo había dejado muy claro: no quería compartirlo. «Ciento cincuenta metros cuadrados sólo para ti, es injusto», rabiaba Hortense. «Quizás, pero así están las cosas. Necesito silencio, espacio, necesito leer, escuchar música, pensar, caminar a lo largo, a lo ancho y en paz, no quiero que me tengas controlado y, lo quieras o no, Hortense, tú ocupas espacio». «No te molestaré nada, ¡me quedaré en mi habitación!». «No», había concluido Gary. «No insistas o vas a terminar pareciéndote a esas chicas que odio, esas que gimotean y acosan».

Hortense se detuvo de golpe. En ningún caso quería parecerse a nadie, ella era única, y trabajaba muy duro para seguir siéndolo. Tampoco quería en ningún caso perder la amistad con Gary. Ese chico era seguramente el soltero de su edad más cotizado de Londres. Por sus venas corría sangre real, nadie podía saberlo, pero ella, ella lo sabía. Había oído a su madre hablar con Shirley. Y patatín y patatán, *to make a long story short,* Gary era el nieto de la reina. Su abuelita vivía en Buckingham. Entraba allí con las manos en los bolsillos y no se perdía nunca. Recibía invitaciones a veladas, inauguraciones de locales, exposiciones, *brunches, lunches,* cenas. Las tarjetas se apilaban sobre la mesa de la entrada, Gary las barajaba, distraído. Llevaba siempre el mismo jersey negro de cuello vuelto, la misma chaqueta informe, el mismo pantalón arrugado sobre unas playeras infames. Su aspecto le importaba un bledo. Le importaban un bledo su pelo negro, sus grandes ojos verdes, todos los detalles que ella subrayaba para revalorizarle. Odiaba salir para exhibirse. Hortense debía suplicarle para que aceptase y la llevara con él.

—Es para relacionarme, Gary, sin relaciones no eres nadie y tú conoces a todo el mundo en Londres.

—¡Te equivocas de cabo a rabo! Es mi madre la que conoce a todo el mundo, no yo. Yo todavía tengo que hacer méritos y, mira, no tengo ningunas ganas de hacer méritos. Tengo diecinueve años, soy el que soy, intento mejorar, y eso supone mucho trabajo. Vivo como creo y me gusta. ¡Y no vas a ser tú quien me haga cambiar, *sorry*!

—¡Pero si tú sólo con aparecer ya has hecho méritos! —pataleaba Hortense, a quien la falta de frivolidad de Gary ponía de los nervios—. No te cuesta nada y a mí puede servirme de mucho. No seas egoísta. ¡Piensa en mí!

—*No way*.

Él no cedía. Ya podía Hortense amonestarle o acosarle, él la ignoraba y volvía a ponerse los cascos en las orejas. Quería ser músico, poeta o filósofo. Iba a clases de piano, de filosofía, de teatro, de literatura. Veía viejas películas mientras comía patatas fritas ecológicas, escribía sus pensamientos en cuadernos cuadriculados, y se entrenaba para imitar el paso saltarín de las ardillas en Hyde Park. A veces se ponía a saltar en el gran salón, los brazos como garras y enseñando los dientes.

—¡Gary! ¡Estás ridículo!

—¡Soy una ardilla magnífica! ¡El rey de las ardillas de brillante pelaje!

Imitaba a la ardilla, recitaba monólogos de Oscar Wilde o de Chateaubriand, diálogos de *Scarface* o de *Los niños del paraíso*. «Si los ricos desearan todos ser amados, ¿qué les quedaría a los pobres?». Se tumbaba en un sofá que había pertenecido a Jorge V y meditaba sobre la belleza de la frase frotándose el mentón.

Era, Hortense debía reconocerlo, encantador, brillante, original.

Rechazaba la sociedad de consumo. Toleraba el móvil, pero ignoraba los artilugios de moda. Cuando se compraba ropa, lo hacía pieza por pieza. Incluso si las camisas estaban de oferta, dos por el precio de una.

—Pero coge la segunda, ¡es gratis! —insistía Hortense.

—¡No tengo más que un torso, Hortense!

Y encima, rumiaba ella enfundándose los guantes, es guapo. Alto, guapo, rico, de sangre real, y todo en sus ciento cincuenta metros cuadrados en Green Park. Sin esfuerzo. Es injusto.

Pasó el aspirador sobre los brazos de un viejo sillón club de piel y pensó, claro, hay otros que van detrás de mí, pero son feos. O bajitos. Odio a los hombres bajitos. Es la raza más malvada, más agria y más rencorosa que existe. Un hombre bajito es un hombre malo. No perdona al mundo su pequeña talla. Gary puede ser flemático o despreocupado: es magnífico. Y no tiene por qué preocuparse de la triste realidad. Está dispensado de ello. De hecho eso es lo que me gusta del dinero: te dispensa de la realidad.

Cuando tenga dinero, estaré dispensada de la realidad.

Se inclinó por encima del aspirador y no dio crédito a lo que vio. Había bichos entre los pelos de la moqueta. Una bulliciosa colonia de cucarachas. Separó los pelos, aplicó el tubo del aspirador sobre los insectos e imaginó su horrible muerte. ¡Así aprenderán! Y después echaré la bolsa al fuego para asegurarme de que mueren. Los imaginó crepitando entre las llamas, sus patas retorcidas, su caparazón fundido, sus pulmones asfixiados. Esa imagen le provocó una sonrisa y prosiguió la limpieza con delectación. Ya le gustaría aspirar también a Agathe junto con las cucarachas. O estrangularla lentamente con las medias que se dejaba tiradas por ahí. Le faltaría el aire, sacaría la lengua, grotesca y desmesurada, se pondría violeta, se retorcería, suplicaría...

—Mi querida Hortense —le había dicho Gary un día que bajaban Oxford Street—, deberías ir a psicoanalizarte, eres un monstruo.

—¿Porque digo lo que pienso?

—¡Porque te atreves a pensar lo que piensas!

—Ni hablar, perdería mi creatividad. No puedo convertirme en un ser normal, ¡quiero ser una neurótica genial como mademoiselle Chanel! ¿Acaso crees que ella fue a psicoanalizarse?

—No lo sé, pero me voy a informar.

—Tengo mis defectos, los conozco, los comprendo y me los perdono. Punto final. Cuando no haces trampas contigo mismo, tienes respuestas para todo. Es la gente que se monta películas la que va a tumbarse ante un psicólogo. Yo me asumo. Me quiero. Creo que soy una chica formidable, guapa, inteligente, dotada. No vale la pena que me esfuerce para gustar a los demás.

—Lo que yo decía: eres un monstruo.

—¿Puedo decirte algo, Gary? He visto tantas veces cómo embaucaban a mi madre, que me he jurado embaucar al mundo entero antes de que me toquen un solo pelo.

—Tu madre es una santa y no merece tener una hija como tú.

—¡Una santa que ha hecho que me horroricen la bondad y la caridad! Me ha servido de psicólogo inverso: me ha instalado en todas mis neurosis. Y de hecho se lo agradezco, sólo afirmándose diferente, resueltamente diferente y liberada de todo sentimiento, se tiene éxito.

—¿Éxito en qué, Hortense?

—Avanzas, no pierdes el tiempo, te liberas, reinas y ganas mucho dinero haciendo lo que quieres. Como mademoiselle Chanel, te digo. Cuando haya tenido éxito, me convertiré en humana. Será mi *hobby*, una ocupación deliciosa.

—Será demasiado tarde. Estarás sola, sin amigos.

—Eso es fácil de decir para ti. Has nacido con un juego de cucharitas de oro en la boca. A mí me toca remar, remar y remar...

—¡No tienes muchos callos en las manos para ser una remera!

—Los callos los tengo en el alma.

—¿Tienes alma? Es bueno saberlo.

Ella había callado, mortificada. Por supuesto que tengo alma. No la exhibo, eso es todo. Cuando Zoé la había llamado para anunciarle que su padre había enviado una postal, había sentido una punzada en el corazón. Y cuando Zoé había preguntado con voz tímida y temblorosa la próxima vez que vaya a Londres, di, ¿podría quedarme a dormir en tu casa? había contestado sí, Zoétounette. ¿Acaso no era eso una señal de que tenía alma?

Las emociones son una pérdida de tiempo. No se aprende nada llorando. Hoy todo el mundo llora en la tele por cualquier chorrada. Es asqueroso. Produce generaciones de asistidos, de parados, de amargados. Produce un país como Francia, donde todo el mundo gime y juega a hacerse la víctima. Había víctimas a paletadas. Con Gary podía hablar. No necesitaba simular que era una sucursal de la Cruz Roja. A menudo no estaba de acuerdo con ella, pero la escuchaba y le respondía.

Su mirada barrió todo el salón. Orden perfecto, buen olor a limpieza, Gary podría entrar sin tropezarse con un tanga o un resto de guacamole.

Se miró en el espejo: también perfecta.

Su mirada recorrió sus largas piernas, las contempló, satisfecha, cogió el último número de *Harper's Bazaar*. «100 trucos de belleza robados a las estrellas, a los profesionales, a las amigas». Lo hojeó, dedujo que no había nada que aprender, pasó al artículo siguiente: vaqueros, pero ¿cuáles? Bostezó. Había leído al menos trescientos sobre el mismo tema. Habría que desatascar el cerebro de las redactoras de moda. Un día sería a ella a quien entrevistarían. Un día crearé mi marca. El pasado domingo, en los puestos de Camden Market, había comprado unos vaqueros Karl Lagerfeld. Una ocasión que el vendedor le había asegurado auténtica. Casi nuevos, había presumido, es el modelo preferido de Linda Evangelista. ¡A partir de ahora será el mío!, había proclamado dividiendo por dos el precio. ¡Guárdate tus baratijas para impresionar a las mediocres, que conmigo eso no funciona! Habrá que personalizarlo, por supuesto, transformarlo en un acontecimiento: añadiría unos calentadores, una chaqueta entallada, una bufanda gruesa que caiga...

En ese momento Agathe emergió de su habitación blandiendo una botella de Marie Brizard de cuyo gollete chupaba directamente. Avanzó somnolienta, eructó, se dejó caer sobre el sofá, buscó su ropa, se frotó los ojos, y envió un nuevo trago de licor a su estómago para despertarse. No se había tomado la molestia de desmaquillarse y tenía sus pálidas mejillas cubiertas de rímel.

—¡Guau! ¡Qué limpio! ¿Has limpiado el piso con agua a presión?

—Prefiero no abordar ese tema o te voy a triturar.

—¿Y puede saberse dónde has puesto mis cosas?

—¿Hablas de tus montones de trapos por el suelo?

La rubia famélica asintió con la cabeza.

—En la basura. En el descansillo. Junto con las colillas, los pelos de la moqueta y los restos de pizza.

La famélica chilló:

—¿Eso has hecho?

—Y volveré a hacerlo si continúas sin ordenar.

—¡Eran mis vaqueros preferidos! Unos vaqueros de marca, ¡doscientas treinta y cinco *pounds*!

—¿Y dónde has conseguido ese dinero, cardo anémico?

—¡Te prohíbo que me hables así!

—Digo lo que pienso, y todavía me contengo. Me inspiras adjetivos mucho más violentos que evito por buena educación.

—¡Me las vas a pagar! ¡Voy a decirle a Carlos que te patee el culo, ya verás!

—¿Tu camarero moreno? Perdona, pero me llega al mentón ¡y eso subiéndose a una silla!

—Tú ríete... ¡Ya no reirás tanto cuando te arranque las tetas con una tenaza!

—¡Ay, Dios, qué miedo me da! Estoy temblando.

Agathe se fue titubeando hasta la puerta, botella en mano, para recuperar sus pertenencias. Gary estaba en el umbral y se disponía a llamar. Entró, dio unos pasos, atrapó el *Harper's Bazaar* y se lo metió en el bolsillo.

—¿Ahora te dedicas a leer revistas de chicas? —exclamó Hortense.

—Estoy cultivando mi lado femenino...

Hortense lanzó una mirada a su compañera de piso, que sacaba sus vaqueros de la bolsa de basura a cuatro patas, lanzando gruñidos de cerdito asustado.

—Vamos, larguémonos... —soltó cogiendo el bolso.

En la escalera, se cruzaron con el famoso Carlos, un metro cincuenta y ocho, setenta kilos, el pelo teñido de negro cuervo, la piel picada por un viejo acné rebelde. Los miró fijamente.

—¿Qué le pasa a ése? ¿Quiere mi foto? —preguntó Gary volviéndose.

Los dos hombres se enfrentaron con la mirada.

Hortense agarró a Gary del brazo y se lo llevó.

—¡Olvídale! Es uno de esos babosos que merodean a su alrededor.

—¿Os habéis peleado otra vez?

Ella se detuvo, se volvió hacia él, dibujó la mueca más suplicante, la más emotiva que tenía en su repertorio y pidió, mimosa:

—Di, no querrías que me fuese a...

—¡No, Hortense! ¡Ni hablar! Tú te las arreglas con tu compi, y yo me quedo en mi casa ¡tranquilo y solo!

—¡Me ha amenazado con arrancarme las tetas con una tenaza!

—Parece que has topado con una aún más tenaz que tú. ¡Va a ser un partido interesante! ¿Me guardarás sitio en primera fila?

—¿Con o sin palomitas?

Gary rio para sus adentros. Esa chica tenía respuesta para todo. Todavía no había nacido aquél capaz de taparle la boca y hacerle bajar la vista. Estuvo a punto de decir venga, de acuerdo, vente a vivir conmigo, pero se contuvo.

—¡Con palomitas, pero dulces! ¡Y con mucho azúcar!

* * *

Alrededor de la cama yacía la ropa de la que se habían despojado apresuradamente, antes de lanzarse sobre el enorme lecho que ocupaba la mitad de la habitación. Las cortinas tenían corazones rojos estampados, el suelo estaba cubierto por una moqueta rosa acrílico y sobre la cama caía una gasa transparente, dibujando una especie de dosel medieval.

¿Dónde estoy?, se preguntó Philippe Dupin examinando la habitación. Un oso pardo de peluche al que le faltaba un ojo de cristal, lo que le daba un aspecto realmente desolador, un revoltijo de pequeños cojines tapizados y uno de ellos proclamando *WON'T YOU BE MY SWEETHEART? I'M SO LONELY*, postales que representaban gatitos en posiciones acrobáticas, un póster de Robbie William haciendo de chico malo sacando la lengua, un abanico de fotos de chicas riéndose y lanzando besos...

¡Dios mío! ¿Qué edad tiene? La víspera, en el pub, había calculado entre veintiocho y treinta años. Contemplando las paredes, ya no estaba tan seguro. No recordaba muy bien cómo la había abordado. A la memoria le venían retazos de diálogo. Siempre los mismos. Sólo el pub o la chica cambiaban.

—*Can I buy you a beer?*

—*Sure.**

Habían bebido una, dos, tres..., primero en el bar, empinando el codo mientras miraban con el rabillo del ojo la pantalla de la tele, que retransmitía un partido de fútbol. Manchester-Liverpool. Los hinchas gritaban y golpeaban la barra con el culo de los vasos. Llevaban camisetas de su equipo, y se golpeaban las costillas cada vez que había una acción interesante. Tras la barra, un camarero en camisa blanca no paraba, y gritaba los pedidos a otro, cuyo brazo parecía soldado al grifo de cerveza.

Tenía el pelo rubio muy fino, la piel pálida, un carmín oscuro que dejaba marcas en su vaso. Parecía una guirnalda de besos rojo sangre. Bebía una cerveza tras otra. Encadenaba los cigarrillos. En el periódico había leído un artículo que se alarmaba del creciente número de embarazadas que fumaban para tener un bebé pequeñito, que no les doliese durante el parto. Había contemplado su vientre: hundido, muy hundido. No estaba embarazada.

Después le había susurrado:

—*Fancy a shag?*

---

* «¿Puedo invitarte a una cerveza?». «Claro».

—*Sure. My place or your place?**

Prefería ir a casa de ella. En la suya estaban Alexandre y Annie, la niñera.

En este momento me paso la vida despertándome en habitaciones que no conozco, junto a cuerpos desconocidos. Tengo la impresión de ser un piloto de avión, que cambia de hotel y de compañera cada noche. Siendo más severo, se podría decir que he vuelto a caer en plena pubertad. Pronto empezaré a ver *Bob Esponja* con Alexandre, y nos aprenderemos de memoria los diálogos de Calamardo Tentáculos.

Sintió ganas de volver a su casa para ver dormir a su hijo. Alexandre estaba cambiando, reafirmándose. Se había adaptado muy pronto al sistema inglés. Bebía leche, comía muffins, había aprendido a cruzar la calle sin que le atropellaran, cogía el metro o el autobús solo... Estudiaba en el liceo francés, pero se había convertido en un auténtico niño británico. En pocos meses. Philippe había tenido que imponer el uso del francés en casa, para que Alexandre no olvidase su lengua materna. Había contratado a una niñera francesa. Annie era bretona. De Brest. Maciza, rondando los cincuenta. Alexandre parecía entenderse bien con ella. Su hijo le acompañaba a los museos, hacía preguntas cuando no entendía, preguntaba ¿cómo sabes antes que todo el mundo si algo es bonito o feo? Porque a Picasso, cuando empezó a pintar todo de través, mucha gente lo encontraba feo. Ahora todo el mundo lo encuentra bonito... ¿Entonces? A veces sus preguntas eran más filosóficas: ¿hay que amar para vivir o vivir para amar? U ornitológicas: ¿los pingüinos, papá, pueden coger el sida o no?

El único tema que no abordaba nunca era el de su madre. Cuando iban a verla a su habitación de la clínica permanecía sentado en una silla, las manos sobre las rodillas, los ojos en el vacío. Philippe los había dejado solos una sola vez, pensando que era su presencia la que les impedía hablar.

En el coche, de regreso, Alexandre le advirtió: «Nunca más me dejes solo con mamá, papá. Me da miedo. Miedo de verdad. Esta allí,

* «¿Echamos un polvo?». «Claro. ¿En tu casa o en la mía?».

pero sin estar, sus ojos están vacíos». Después, con tono de entendido en medicina, añadió: «Ha adelgazado mucho, ¿no crees?».

Disponía de todo su tiempo para ocuparse de su hijo y no se privaba de ello. Había conservado la presidencia de su bufete de abogados en París, pero su función se limitaba a un papel de control. Se embolsaba los dividendos, que no eran despreciables en ningún caso, pero ni mucho menos estaba sometido a las obligaciones que, hacía apenas un año, le forzaban a estar cotidiana y agotadoramente presente. A veces trabajaba en casos difíciles cuando le pedían opinión. A veces se citaba con clientes, un trabajo de ojeador que no le disgustaba, y seguía el principio de los casos. Después, pasaba el testigo. Un día volvería a tener ganas de luchar, de trabajar.

Por el momento, no tenía ningún deseo en particular. Era como una resaca que no remitía. La ruptura con Iris había sido violenta y progresiva a la vez. Se había despegado de ella poco a poco, se había ido alejando, haciéndose a la idea de no volver a vivir con ella, y, cuando tuvo lugar el enfrentamiento entre Iris y Gabor Minar en el Waldorf Astoria, en Nueva York, aquello había sido como un esparadrapo que se arranca de un tirón. Doloroso, pero reconfortante. Había visto a su mujer echándose en brazos de otro, ante sus ojos, como si él no existiera. Eso le había dolido. Y, al mismo tiempo, se había sentido liberado. Otro sentimiento, una mezcla de desprecio y de piedad, había reemplazado al amor que había sentido por Iris durante muchos años. Había amado una imagen, una imagen muy hermosa, pero él también había sido un dibujo. El dibujo del éxito. Un hombre lleno de seguridad, de altivez, de certidumbres. Un hombre orgulloso de caminar deprisa, orgulloso de su éxito. Un hombre que se apoyaba en el vacío.

Bajo el esparadrapo había crecido otro hombre, libre de apariencias, de lo mundano. Un hombre que estaba aprendiendo a conocer, que a veces le desconcertaba. ¿Qué papel había tenido Joséphine en el surgimiento de ese hombre?, se preguntaba. Había representado un papel, de eso estaba seguro. A su manera, discreta y apagada. Joséphine es como una bruma benefactora que te envuelve y te da ganas de respirar profundamente. Recordaba su primer beso robado en su despacho de París. Él la había cogido de la muñeca, la había atraído hacia él y...

Había elegido instalarse en Londres. Dejar sus hábitos parisinos para volver a empezar en una ciudad extraña. Tenía amigos, o más bien relaciones, y pertenecía a un club. Sus padres vivían cerca. París sólo estaba a tres horas. Viajaba a menudo. Llevaba a Alexandre a ver a Iris. Nunca llamaba a Joséphine. Todavía no era el momento. Estoy atravesando un periodo extraño. Estoy en espera. En punto muerto. Ya no sé nada. Tengo que aprenderlo todo de nuevo.

Sacó un brazo y se incorporó. Buscó su reloj que había dejado sobre la moqueta. Las siete y media. Tenía que volver a casa.

¿Cómo se llamaba ésta? ¿Debbie, Dottie, Dolly, Daisy?

Se puso los calzoncillos, la camisa, estaba a punto de ponerse los pantalones cuando la chica se volvió, guiñó los ojos y levantó el brazo para protegerse de la luz.

—¿Qué hora es?

—Las seis.

—¡Pero si todavía es de noche!

Olió el tufo a cerveza en su aliento y se separó.

—Tengo que volver a casa, tengo..., esto..., tengo un hijo que me espera y...

—¿Y una mujer?

—Esto..., sí.

Ella se giró de golpe y estrechó la almohada entre sus brazos.

—Debbie...

—Dottie.

—Dottie... No te pongas triste.

—No estoy triste.

—Sí. Leo en tu espalda que estás triste.

—Para nada...

—De verdad que me tengo que ir.

—¿Tratas a todas las mujeres de la misma forma, Eddy?

—Philippe.

—¡Las invitas a cinco cervezas, te las follas y después adiós y gracias!

—Digamos que, en este momento, no soy muy elegante, tienes razón. Pero sobre todo no quiero apenarte.

—Has fracasado.

—Debbie, sabes...

—¡Dottie!

—Estábamos de acuerdo los dos, no te he violado.

—Eso no significa que te vayas como un ladrón tras haber conseguido el botín. Resulta molesto para el que se queda.

—De verdad que me tengo que ir.

—¿Cómo quieres que tenga una buena imagen de mí misma después de esto? ¿Eh? ¡Voy a estar jodida todo el día! Y, con un poco de suerte, ¡también estaré triste mañana!

Ella le daba la espalda y hablaba mordiendo la almohada.

—¿Puedo hacer algo por ti? ¿Necesitas dinero, consejos, alguien que te escuche?

—¡Que te jodan, gilipollas! ¡No soy ni una puta ni una tarada! Soy contable en Harvey & Fridley.

—De acuerdo. Al menos lo he intentado.

—¿Intentado qué? —chilló la chica de la que no conseguía recordar el nombre—. ¿Intentar comportarte como un ser humano durante dos minutos y medio? No lo has conseguido.

—Escúchame, esto...

—Dottie.

—Hemos compartido un taxi y una cama, una noche, no hagamos un drama de ello. No es la primera vez que conoces a un hombre en un pub...

—¡PERO HOY ES MI CUMPLEAÑOS! ¡Y LO VOY A PASAR SOLA COMO DE COSTUMBRE!

Él la tomó en sus brazos. Ella le rechazó. Él la abrazó. Ella se resistió con todas sus fuerzas.

—Feliz cumpleaños... —susurró.

—Dottie. Feliz cumpleaños, Dottie.

—Feliz cumpleaños, Dottie.

Dudó si preguntarle la edad, pero tuvo miedo de la respuesta. La acunó un instante sin decir nada. Ella se abandonó contra él.

—Lo siento —dijo—, ¿vale? Lo siento de verdad.

Ella se dio la vuelta, dudando. Parecía sincero. Y triste. Se encogió de hombros y se soltó. Él le acarició el pelo.

—Tengo sed —dijo—. ¿Tú no? Ayer bebimos demasiado...

Ella no respondió. Miraba fijamente los corazones rojos de las cortinas. Él desapareció en la cocina. Volvió con una rebanada de pan de molde untada con mermelada sobre la que había plantado cinco cerillas. Las encendió una por una y entonó: «*Happy birthday...*».

—Dottie —murmuró ella, los ojos brillantes de lágrimas mirando fijamente las cerillas.

—*Happy birthday, happy birthday sweet Dottie, happy birthday to you...*

Ella sopló, él se quitó el reloj Cartier que Iris le había comprado por Navidad y lo ajustó a la muñeca de Dottie que le dejó hacer, maravillada.

—Eres diferente, eso seguro...

No le pidas su teléfono. No le digas te llamaré, quedamos otro día. Sería cobarde. No la volvería a ver. Ella tenía razón: la esperanza es un veneno violento. Sabía algo de eso, él, que no dejaba de esperar.

Cogió su chaqueta, su bufanda. Ella miró cómo se marchaba sin decir nada.

Cerró la puerta y se encontró en la calle. Miró al cielo con los ojos entornados. ¿Acaso este mismo cielo gris llega hasta París? Ella debe de estar durmiendo a estas horas. ¿Habrá recibido mi camelia blanca? ¿La habrá puesto en el balcón?

No iba a ser así como la olvidaría. Dejaba de pensar en ella durante unos días, después volvía a acosarle su ausencia. Bastaba con un detalle diminuto. Una nube gris, una camelia blanca.

Un camión se detuvo a su altura. Empezaba a lloviznar. Una bruma ligera que no mojaba. Se levantó el cuello y decidió volver a pie.

* * *

Blaise Pascal escribió un día: «Existen pasiones que apresan el alma y la vuelven inmóvil, las hay que la engrandecen y hacen que se expanda hacia fuera». Henriette Grobz, desde que Marcel Grobz la había abandonado para irse a vivir con su secretaria, Josiane Lambert, había descubierto una pasión que le asfixiaba el alma: la venganza. Sólo pensaba en una cosa: devolver a Marcel, multiplicado por cien, el precio de la humillación que le había infligido. Quería poder decirle un día, has acabado con mi posición, me has robado mi comodidad, has saqueado mi santuario, págalo, Marcel, te arrastro por el barro, a ti y a tu fulana. No os quedarán más que los ojos arrasados de dolor para llorar y ver a vuestro hijo crecer envuelto en harapos, privado de toda la esperanza con la que le ataviáis, mientras yo me bañaré en una montaña de oro y os aplastaré con mi desprecio.

Sentía la necesidad de herir a Marcel Grobz, de marcarle con un hierro al rojo vivo, como una mercancía que antaño le había pertenecido y que le habían quitado. ¡Ha tenido el atrevimiento! Le faltaba el aire ¡Se ha atrevido! La había despojado de sus derechos, de sus privilegios, de esa renta vitalicia que se había asegurado casándose con él, con ese cerdo repugnante cuyo único atractivo consistía en una fortuna importante y estable. La había expoliado mediante una hábil operación administrativa, a ella, que creía haberse resguardado con un contrato de hormigón armado, que la ponía al abrigo de cualquier necesidad durante el resto de sus días. Le había robado su oro. Su buen montón de oro que ella cuidaba con ojos de madre devota.

Ella había olvidado su bondad, su generosidad, el infierno que ella le había hecho vivir, tratándole como a un pobre intruso que respiraba su aire, que comía a su mesa. Olvidaba que, para humillarlo, le obligaba a usar tres tenedores en las comidas, a llevar pantalones ajustados, a respetar escrupulosamente una sintaxis imposible. Olvidaba que ella le había proscrito del lecho conyugal y confinado en un cuartucho apenas suficiente para albergar una cama y una mesita de noche, sólo recordaba una cosa: ese miserable había tenido la insolencia de rebelarse y de fugarse con su dinero.

Venganza, ¡venganza!, gritaba todo su ser en cuanto se despertaba. Y en cuanto recorría su piso desolado, privado de los enormes ramos de flores que mandaba antaño el florista Veyrat, en cuanto constataba que ya no había cocinero que organizara los menús, ni camarera que cuidara de su guardarropa, ni criada que le trajera el desayuno a la cama, ni chofer que la paseara por París. Se acabaron las citas cotidianas con el modisto, la pedicura, el masajista, el peluquero, la manicura. Arruinada. La víspera, en la plaza Vendôme, en el momento de pagar una correa nueva para su reloj Cartier, había tenido que sentarse al ver el montante de la factura. Ya no compraba sus productos de belleza en la perfumería, sino en la farmacia, se vestía en Zara, había renunciado a la agenda Hermès y al champán Blanc de blancs de Ruinart. Cada día llegaba acompañado de un nuevo sacrificio.

Marcel Grobz pagaba el alquiler del piso y le pasaba una pensión, pero eso no bastaba a la voracidad de Henriette, que había conocido días de magnificencia, en los que le bastaba con abrir su chequera para obtener lo que quería. El hermoso brillo de la punta de su pluma de oro sobre el cheque en blanco... El último bolso Vuitton, chales de cachemira a montones, como si le llovieran encima, las suaves acuarelas para sus ojos cansados, las trufas blancas de Hédiard o dos butacas de primera fila en la sala Pleyel, una para su bolso y otra para ella. No soportaba la promiscuidad. El dinero de Marcel Grobz era un bálsamo del que había abusado y que se le había retirado de golpe, como quien le quita el chupete a un bebé que chupa feliz.

Ya no tenía dinero, ya no tenía nada. La otra lo tenía todo.

La otra. Ella aparecía en sus pesadillas todas las noches, se despertaba con el camisón empapado. La cólera la sofocaba. Tenía que beber un vaso de agua para deshacer el nudo de rabia que le aplastaba el pecho. Sus noches terminaban con las temblorosas luces del alba, rumiando una revancha que no acababa de alumbrar. Josiane Lambert, acabaré contigo y con tu hijo, silbaba, hundida en su mullida almohada. ¡Y aún he tenido suerte de que no se llevara la ropa de cama! Me habría visto obligada a dormir sobre almohadas del Carrefour.

Tenía que acabar con esta infamia. Y eso no vendría de un nuevo enlace, a los sesenta y ocho años no encandilas a ningún hombre con lo que queda de tu encanto, sólo podría proceder de una acción que debería emprender para recuperar sus derechos. Una venganza madura, premeditada.

¿Cuál? Todavía no lo sabía.

Para calmar los nervios, rondaba por los alrededores del domicilio de su rival, la seguía cuando paseaba al heredero, dentro de un landó inglés cubierto de bordados y mantas de lana peinada, seguida por el coche a cuyo volante iba Gilles, el chofer, por si la usurpadora se cansaba. Se ahogaba de rabia, pero seguía tras los pasos de la madre y del hijo, dando zancadas con sus piernas largas y delgadas, protegida, creía, por el amplio sombrero que nunca la abandonaba.

Había pensado en el vitriolo. Rociar a la madre y al niño, desfigurarlos, cegarlos, grabar su rostro con una lepra imborrable. Ese proyecto la transfiguraba, una gran sonrisa iluminaba su rostro reseco, encalado con polvo blanco. Disfrutaba pensando en ello. Se informó sobre la forma de procurarse ese concentrado de ácido sulfúrico, investigó, estudió los efectos; esa idea la rondó durante algún tiempo, hasta que la abandonó. Marcel Grobz la denunciaría y su furia sería terrible.

Su venganza debía ser secreta, anónima, silenciosa.

Decidió entonces estudiar el territorio de su rival. Intentó sobornar a la asistenta que trabajaba en casa de Marcel, hacerla hablar de sus amigos, de sus relaciones, de la familia de su jefa. Sabía dirigirse a los subalternos, ponerse a su nivel, adoptar sus puntos de vista, incidir en sus miedos imaginarios, cargar las tintas, halagarlos, acariciaba sus sueños, se mostraba buena amiga, buena señora para sacarles la información que necesitaba: esa Josiane, ¿no tendrá un amante?

—Oh, no... La señora nunca haría eso —enrojecía la criada—. Es demasiado buena. Y demasiado franca también. Cuando tiene algo en el corazón, lo dice. No es de las que disimulan.

¿Una hermana, un hermano indigno que viniese a sacarle dinero cuando el gordo seboso le volvía la espalda? La criada, tras haber colocado los billetes doblados en cuatro en el bolsillo de su chaqueta, decía, no lo creo, la señora Josiane parece muy enamorada y el señor también, se comen a besos y, si no estuviese Junior vigilándoles, se pasarían el día retozando en la cocina, en la entrada, en el salón..., y es que amarse, se aman. Son como dos piruletas pegadas.

Henriette golpeaba el suelo con el pie encolerizada.

—Pero ¿todavía se frotan el uno contra el otro? ¡Es repugnante!

—Oh, no, señora, ¡resulta encantador! Si los viese... Ofrecen esperanza, aumenta la fe en el amor cuando se trabaja para ellos.

Henriette se alejaba tapándose la nariz.

Entonces intentó ablandar a la portera del inmueble para obtener datos que, juiciosamente utilizados, podrían servir a sus propósitos, pero renunció. No se veía haciéndose cargo del niño, ni pagando a un sicario para suprimir a la madre.

Ella y Marcel no estaban divorciados todavía, ella ponía mil dificultades, inventaba mil obstáculos, alejaba la fecha fatídica en la que él recobraría su libertad y podría casarse de nuevo. Era su única ventaja: todavía estaba casada y muy lejos de divorciarse. La ley la protegía.

Tendría que planearlo todo de forma segura y sutil. Marcel no era tonto. Podía mostrarse implacable. Lo había visto en acción. Aplastaba a enemigos temibles con su sonrisa de monaguillo. Hundía a su adversario con tres pelotazos.

Encontraré algo, lo encontraré, se decía todos los días dando zancadas por la avenida Ternes, la avenida Niel, la avenida Wagram, la avenida Foch, siguiendo el carrito de ese niño al que odiaba. Esas caminatas la agotaban. Su rival, más joven y vivaz, empujaba el landó con decisión. Volvía a su casa, los pies ensangrentados, y meditaba, los dedos estirados en un barreño de agua salada. Siempre me las he arreglado, no ha llegado el día en que ese viejo asqueroso y derrochador me reduzca a la nada.

A veces, primera hora de la mañana, cuando el día apuntaba a través de las cortinas, podía darse un lujo del que disfrutaba mucho porque era muy poco frecuente: las lágrimas. Derramaba escasas lágrimas frías pensando en su vida que habría debido ser luminosa, dulce, si el infortunio no se hubiese cebado con ella. Cebado, repetía, lanzando un sollozo de rabia. No había tenido suerte, la vida es una lotería y a mí no me ha tocado un buen número. Eso por no hablar de mis hijas, rabiaba, erguida en su cama. La una, ingrata y vulgar, no quiere volver a verme, la otra, frívola y mimada, dejó pasar la oportunidad de su vida queriéndose convertir en madame de Sévigné. ¡Qué idea más absurda! ¿Necesitaba acaso travestirse en autora de éxito? Lo tenía todo. Un marido rico, un piso magnífico, una casa en Deauville, dinero a raudales... Y le puedo asegurar, añadía como si se dirigiese a una amiga imaginaria sentada al pie de su cama, ¡que no cerraba nunca el grifo! Tuvo que creerse otra, abandonarse a sueños estériles, presumir de ser una escritora. Hoy languidece en una clínica. No voy a verla: me deprime. Y además, está tan lejos y el transporte público... ¡Dios! ¿Cómo hará la gente para amontonarse todos los días en esos vagones de ganado humano? ¡No, gracias!

Un día en que interrogaba a la criada sobre las relaciones de Marcel y su puta —así es como llamaba a Josiane en sus soliloquios—, se enteró de que iban a invitar a cenar a Joséphine próximamente. Hablaban de hacerlo. ¡Joséphine en casa del enemigo! Podría ser su caballo de Troya. Tenía que reconciliarse con ella, sin falta. Era tan tonta, tan ingenua, que no vería más que humo.

Su determinación se vio reforzada cuando, un día en el que esperaba que el semáforo se pusiese verde para poder continuar su persecución, tuvo la sorpresa de ver el coche de Marcel detenerse a su altura.

—Y bien, abuela —saludó Gilles, el chofer—, ¿dando un paseíto para airearse? ¿Redescubriendo el placer de caminar?

Ella le había vuelto la cabeza, mirando la copa de los árboles, concentrándose en las castañas que estallaban dentro de su cáscara marrón. Las castañas las prefería en *marrons glacés*. Los compraba en Fauchon. Había olvidado que crecían en los árboles.

Él había tocado la bocina para que le atendiese y había seguido:

—¿No estaremos más bien buscándole problemas al patrón, pegándose al culo de su chica y de su hijo? ¿Cree que no me he dado cuenta del tiempo que lleva correteando tras ellos?

Por suerte no había nadie que pudiese extrañarse de ese inapropiado diálogo. Bajó los ojos hacia él y le fusiló con la mirada. Él aprovechó para dar la estocada final:

—Le aconsejo que lo deje y pronto, porque si no se lo cuento al jefe. ¡Y su cheque de final de mes podría desvanecerse!

Ese día Henriette abandonó el seguimiento. Tenía que encontrar sin falta un medio para atacar, un medio invisible, anónimo. Una venganza a distancia, en la que ella no apareciese.

No iba a dejarse morir de pena, iba a matar su pena.

* * *

Joséphine comprobó que llevaba efectivamente el medallón, cerró la puerta y salió. Se había acordado de las reglas de prudencia dictadas por Hildegarda de Bingen para alejar el peligro: llevar en un saquito bajo el cuello las reliquias de un santo protector o los fragmentos de pelo, de uñas o de piel del cabeza de familia fallecido. Había colocado el mechón de pelo de Antoine en un medallón y lo llevaba alrededor del cuello. Estaba convencida de que Antoine la había salvado interponiéndose, en forma de paquete postal, entre ella y el asesino; podía, pues, protegerla de un nuevo asalto si el asesino volvía a la carga. ¡Qué importaba que la tomaran por una tarada!

Al fin y al cabo, la creencia en las reliquias protectoras había perdurado el tiempo suficiente en la historia de Francia como para concederle un poco de crédito. No por vivir en una época que presume de científica y racional, dejo de tener derecho a creer en lo sobrenatural. Los milagros, los santos, las manifestaciones del más allá formaban parte de la vida cotidiana en la Edad Media. Se había llegado hasta creer en los dones curativos de un perro. En el siglo XII, en la parroquia de Châtillon-sur-Chalaronne. Se llamaba Guignefort. Su amo lo había martirizado y lo había enterrado con prisas una campesina, que había tomado por costumbre depositar unas flores sobre la tumba del pobre lebrel cada vez que pasaba por el claro. Un día en el que paseaba con su hijo de quince meses, que tenía una fiebre muy alta y pústulas en el rostro, había colocado al niño sobre la tumba para ir a recoger, como hacía siempre, flores en el campo. Cuando volvió, el niño, con el rostro liso como el terciopelo, balbuceaba y daba palmas para celebrar la desaparición del mal que le atormentaba. La campesina narró a todos esa aventura, que fue declarada milagro. Las mujeres del pueblo adoptaron la costumbre de peregrinar a la tumba del perro en cuanto un niño enfermaba. Volvían cantando, alabando al perro y sus poderes sobrenaturales. Pronto llegaron de todas partes para colocar a los niños enfermos sobre la tumba de Guignefort. Hicieron de él un santo. San Guignefort, ladra por nosotros. Le rezaban oraciones, le edificaron un altar, depositaban ofrendas. Se armó tanto jaleo que en 1250 un dominico, Esteban de Borbón, prohibió estas prácticas supersticiosas, pero los peregrinajes continuaron hasta el siglo XX.

Tenía previsto trabajar en la biblioteca y luego, a las seis y media, presentarse en el colegio de Zoé para la tradicional reunión entre padres y profesores. No lo olvides, ¿eh, mamá? No te quedarás encerrada en una mazmorra oliendo una flor de lis... Ella había sonreído y había prometido ser puntual.

Estaba sentada, pues, en el metro, en el sentido de la marcha, la nariz pegada al cristal. Reflexionaba sobre la organización de su trabajo, los libros que debería estudiar, las fichas que rellenar, el bocadillo y el café que se tomaría en la barra. Debía hacer un estudio sobre la higiene de las jovencitas. La vestimenta cambiaba según las regiones y se podía adivinar de dónde venía una mujer por su ropa. La jovencita del pueblo llevaba una falda y una caperuza con un cinturón y pequeñas bolsas colgadas de la cintura pues, en la Edad Media, no existían los bolsillos. Por encima del vestido se ponía un *surcot*, una especie de abrigo forrado de vientre de ardilla llamado el vero. ¡Hoy en día si una se vistiese con piel de vientre de ardilla le arrancarían los ojos y las orejas!

Giró la cabeza y echó un vistazo a su vecino, que estudiaba un curso de electricidad. Una exposición sobre el trifásico. Intentó leer sus notas. Eran un encadenamiento de flechas rojas y círculos azules, de raíces cuadradas y divisiones. Un título subrayado en rojo decía: «¿Cómo es un transformador perfecto?». Joséphine sonrió. Había leído: «¿Cómo es un hombre perfecto?». Su relación con Luca languidecía. Ya no iba a dormir a su casa: estaba viviendo con su hermano. Vittorio estaba cada vez más inquieto. Luca se inquietaba por su estado mental. Dudo en dejarle solo y no quiero que lo encierren. Tiene una verdadera fijación con usted. Debo probarle que sólo me importa él. Además, el editor había adelantado la fecha de aparición de su libro sobre las lágrimas, y debía corregir sus pruebas. La llamaba, hablaba de películas, de exposiciones a las que irían juntos, pero no se citaba con ella. Huye de mí. La carcomía una pregunta: ¿qué habría querido decirle la noche que no se había presentado a la cita? «Tengo que hablar con usted, Joséphine, es importante». ¿Se trataría de la violencia de su hermano? ¿Vittorio le había amenazado con atacarla? ¿O había atacado quizás a Luca?

Desde que ella le había contado la agresión de la que había sido víctima, entre ellos se había instalado cierto distanciamiento. Pensaba por un momento que habría hecho mejor callándose. No importunarle con sus problemas. Después recobraba el dominio de sí misma y se reprochaba diciendo ¡no!, pero bueno, Jo, ¡deja de creerte algo despreciable! ¡Eres una persona formidable! Tengo que entrenarme pensándolo. Soy una persona formidable, merezco vivir. No soy una mota de polvo.

Luca resultaba tan misterioso como el capítulo sobre la corriente trifásica del vecino. Necesitaría un circuito de flechas para entenderle y llegar hasta su corazón.

Frente a ella, dos estudiantes examinaban los anuncios por palabras en busca de piso y protestaban por el precio de los alquileres.

Tenían aspecto de buenos chicos. Joséphine sintió ganas de invitarles a instalarse en su casa, había una habitación de servicio en el sexto piso, pero se contuvo. La última vez que había cedido a un impulso de generosidad, había tenido que soportar la presencia de la señora Barthillet y de su hijo Max en su casa: no conseguía echarlos. Ya no tenía noticias de los Barthillet. En la estación de Passy, el metro salía al aire libre. Era su tramo preferido, cuando la vía salía de las entrañas de la tierra y se lanzaba hacia el cielo. Se volvió hacia la ventana, buscando la luz. De golpe aparecieron los andenes, iluminados por el sol. Cerró los ojos. Siempre se sorprendía.

Un metro que venía en sentido contrario se detuvo al lado del suyo. Se fijó en la gente sentada en el vagón. Los observaba, inventaba vidas, amores, penas. Intentaba adivinar los que tenían pareja, intentaba atrapar retazos de diálogo en sus labios. Su mirada acarició primero a una dama, fuerte, envuelta en un abrigo de cuadros enormes, que fruncía el ceño. No es muy buena idea lo de los cuadros cuando se está gordo, ¡y esas cejas! Declaro que es desabrida y solterona. Su prometido huyó, un día, y le está esperando para decirle lo que piensa, con un rodillo de pastelería escondido en la espalda. Después otra mujer, muy delgada, con un trazo de contorno de ojos verde pistacho en cada párpado. Debía de estar haciendo crucigramas porque chupaba un lápiz, inclinada sobre un periódico. No llevaba alianza, llevaba las uñas rojas, Joséphine decidió que era informática, soltera, que no tenía hijos y que nunca lavaba la vajilla. El sábado por la noche iba a una discoteca, bailaba hasta las tres de la mañana y volvía sola. A su lado, un hombre, los hombros caídos, un jersey rojo de cuello vuelto, una chaqueta gris, demasiado grande, un poco ajada, le daba la espalda. Una mujer quiso sentarse y se desplazó para dejarla pasar. Vio su rostro y se quedó de piedra. ¡Antoine! Era Antoine. No estaba mirando en su dirección, sus ojos flotaban en el vacío, pero era él. Golpeó con todas sus fuerzas contra la ventanilla, gritó ¡Antoine! ¡Antoine! Se levantó, martilleó el cristal, el hombre giró la cabeza, la miró, extrañado, y le hizo una pequeña señal con la mano. Como si se sintiese desconcertado y le pidiese que se calmase.

¡Antoine!

Tenía una larga cicatriz en la mejilla derecha y el ojo derecho cerrado.

¿Antoine?

Ya no estaba segura del todo.

¿Antoine?

No parecía haberla reconocido.

Las puertas se cerraron. El metro se puso en marcha. Joséphine se dejó caer en el asiento, la cabeza vuelta hacia atrás para intentar percibir una última vez al hombre que se parecía a Antoine.

No es posible. Si estaba vivo, habría venido a vernos. No tiene nuestra dirección, susurró la vocecita de Zoé. ¡Pero una dirección se encuentra! ¡Yo he recibido su paquete! ¡Puede pedírsela a Henriette!

Pero ella no podía ver a Antoine ni en pintura, replicó la vocecita de Zoé.

El chico pasó la página de su curso de electricidad trifásica. Los estudiantes rodeaban con rotulador rojo un piso en la calle Glacière. Dos habitaciones, setecientos cincuenta euros. Un hombre, que había subido en la estación de Passy, hojeaba una revista sobre segundas residencias. Financiación y fiscalidad. Llevaba una camisa blanca, un traje gris con rayas azul cielo y una corbata roja de lunares. El hombre al que había tomado por Antoine llevaba un jersey rojo de cuello vuelto. Antoine detestaba el rojo. Es un color para camioneros, afirmaba.

Pasó la tarde en la biblioteca, pero le costó mucho trabajar. No conseguía concentrarse. Volvía a ver aquel vagón y a sus ocupantes, la mujer gorda a cuadros, la menuda con dos trazos de contorno de ojos verde y... Antoine con jersey rojo de cuello vuelto. Sacudía la cabeza y volvía al estudio de sus textos. Santa Hildegarda de Bingen, protégeme, dime que no estoy loca. ¿Por qué viene a torturarme?

A las seis menos cuarto, recogió sus papeles, sus libros y volvió a coger el metro en sentido inverso. En la estación de Passy, buscó con la mirada a un hombre con jersey rojo de cuello vuelto. Quizás se haya convertido en un mendigo. Vive en una estación de metro. Ha elegido la línea 6 porque va por la superficie, porque se ve París como en una postal, para poder admirar la torre Eiffel que brilla. Por la noche duerme cubierto con un abrigo viejo bajo un arco del metro elevado. Son muchos los que se refugian bajo el metropolitano. No sabe dónde vivo. Yerra como un ermitaño. Ha perdido la memoria.

A las seis y media, entró en el colegio de Zoé. Cada profesor recibía en una sala de estudio. Los padres hacían cola en el pasillo, esperando su turno para hablar de los problemas o los éxitos de sus hijos.

Anotó en una hoja los nombres de los profesores, el número de su sala y la hora a la que la esperaban. Se puso en la cola para su primera cita, la profesora de inglés, miss Pentell.

La puerta estaba abierta y miss Pentell sentada detrás de su mesa. Tenía ante ella las notas del alumno y los comentarios sobre su conducta en clase. Cada entrevista debía durar cinco minutos, pero era frecuente que los padres angustiados prolongaran la conversación, con la esperanza de aumentar la nota de su prole. Los demás padres, que esperaban en el umbral del aula, suspiraban mirando el reloj. A menudo se producían intercambios desagradables, incluso altercados. Joséphine ya había asistido a discusiones memorables, en las que padres solemnes se transformaban en vociferantes violentos.

Algunos leían el periódico durante la espera, las madres charlaban, intercambiaban direcciones de clases particulares, de campos de vacaciones, teléfonos de chicas *au pair*. Otras tenían la oreja pegada al móvil, otras intentaban colarse pasando delante de todo el mundo, provocando un concierto de protestas.

Vio de pasada a su vecino, el señor Lefloc-Pignel, que salía de una clase. Le hizo una señal amistosa con la mano. Ella le sonrió. Estaba solo, sin su mujer. Después le llegó el turno para su entrevista con la profesora de inglés. Miss Pentell le aseguró que todo iba bien, Zoé tenía un nivel muy bueno, un acento perfecto, una seguridad remarcable en la lengua de Shakespeare, un excelente comportamiento en clase. No había nada de particular que señalar. Joséphine enrojeció ante tantos cumplidos y tiró la silla al levantarse.

Lo mismo sucedió con los profesores de matemáticas, español, ciencias naturales, historia, geografía, pasaba de clase en clase recibiendo alabanzas y laureles. Todos la felicitaban por tener una hija brillante, alegre, concienzuda. También muy buena compañera. La habían nombrado tutora de un alumno con dificultades. Joséphine recibía esos cumplidos como si estuviesen dirigidos a ella, también le gustaba el esfuerzo, la perfección, la precisión. Se sentía muy feliz y caminaba alegremente hacia su última cita, la señora Berthier.

El señor Lefloc-Pignel esperaba ante la puerta de la clase. Su saludo fue menos caluroso que antes. Estaba apoyado en el marco de la puerta abierta, golpeando el cartel con el índice, haciendo un ruido irregular e irritante que debió de importunar a la señora Berthier, porque levantó la cabeza y pidió con tono exasperado: «¿Puede usted dejar de hacer ese ruido, por favor?».

Sobre una silla, a su lado, colocado bien liso y siempre mofletudo, descansaba su sombrero verde de fruncidos.

—No ganará tiempo y me impide concentrarme —subrayó la señora Berthier.

El señor Lefloc-Pignel golpeó la esfera de su reloj para indicarle que llevaba retraso. Ella asintió con la cabeza, separó las manos en señal de impotencia y se inclinó hacia una madre con aspecto desesperado, los hombros encogidos, los pies hacia dentro, las largas mangas de su abrigo cubriéndole los dedos. El señor Lefloc-Pignel se contuvo un momento, después continuó con su martilleo, con el índice doblado, como si golpeara la puerta.

—Señor Lefloc-Pignel —dijo la señora Berthier leyendo su nombre en la lista de padres—, le agradecería mucho que esperase su turno pacientemente.

—Yo le agradecería que respetase los horarios. Lleva usted ya treinta y cinco minutos de retraso. Es inadmisible.

—Me tomaré el tiempo que haga falta.

—¿Qué tipo de profesora es usted si no sabe que la exactitud es una cortesía que conviene enseñar a los alumnos?

—¿Y qué tipo de padre es usted si es incapaz de escuchar a los demás y adaptarse? —replicó la señora Berthier—. Aquí no estamos en un banco, nos ocupamos de niños.

—¡Usted no es quien para darme lecciones!

—Es una lástima —sonrió la señora Berthier—. ¡Si le hubiera tenido como alumno le habría enseñado a obedecer!

Él se encabritó como si le hubieran clavado una pica.

—Siempre es así —dijo, dirigiéndose a Joséphine—. Las primeras citas van bien, y después, se acumulan los retrasos. ¡Sin la menor disciplina! ¡Y ella siempre me hace esperar adrede! Cree que no me doy cuenta, ¡pero a mí no me engaña!

Había levantado la voz para que la señora Berthier le oyera.

—¿Sabe usted que arrastró a los niños a la Comédie-Française, por la noche, un día de diario? Está usted al corriente, ¿verdad?

La señora Berthier había llevado a su clase a ver *El Cid*. Zoé había vuelto encantada. Había cambiado *Los miserables* por los monólogos de *El Cid* y deambulaba, trágica, por el pasillo, recitando: «¡Oh, rabia! ¡Oh, desesperanza! ¡Oh, vejez enemiga! ¿Acaso tanto he vivido que para esta infamia...?».

A Joséphine le había costado no echarse a reír ante ese don Diego imberbe en pijama rosa.

—Se acostaron a las doce. Es un escándalo. Un niño necesita dormir. Su equilibrio y el desarrollo de su cerebro dependen de ello.

Hablaba cada vez más alto. Se le había unido una madre que alimentaba su cólera añadiendo datos.

—¡Encima nos pidió ocho euros por niño! —se quejó.

—¡Cuando pienso en la de dinero que aportamos con nuestros impuestos!

—Es un teatro subvencionado —gruñó la madre—. Podrían regalar entradas a los niños de los colegios e institutos.

—¡Completamente de acuerdo! —añadió otra que engrosó el grupo de los descontentos—. ¡Hay que ser pobre para que alguien se preocupe por ti en este país!

—¿No dice usted nada? —soltó Lefloc-Pignel, molesto porque Joséphine permanecía callada.

Sus mejillas enrojecieron, se colocó el pelo para que no le vieran las puntas de las orejas, que se volvían púrpura. La señora Berthier se levantó y se acercó para cerrar la puerta con un golpe seco. Los padres se quedaron atónitos.

—¡Me la ha cerrado en las narices! —exclamó Lefloc-Pignel.

Miraba fijamente la puerta, lívido.

—¡Ya les dije que, ahora, contratan a los profesores en los suburbios! —dijo una madre apretando los labios.

—¡Cuando las élites se desmoronan, ya nadie se hace responsable de nada! —gruñó un padre—. ¡Pobre Francia!

Joséphine hubiera dado cualquier cosa por estar en otro sitio. Decidió organizar su fuga.

—Creo que, mientras espero, voy a ir a ver..., esto..., ¡al profesor de educación física!

Una madre la miró de arriba abajo y, en sus ojos, Joséphine percibió el desprecio de un general ante un soldado que deserta. Se alejó. Ante cada clase había un padre o una madre pataleando, invocando a Jules Ferry. Había uno que amenazaba con hablar con el ministro, al que conocía bien. Sintió un impulso de solidaridad hacia los profesores y decidió aligerar su tarea saltándose sus dos últimas citas.

Hizo un resumen a Zoé. Subrayó la buena opinión que los profesores tenían de ella, le contó las escenas de motín a las que había estado a punto de asistir.

—Tú no perdiste la calma porque estabas contenta —le hizo notar Zoé—. Quizás los otros padres tienen un montón de problemas con sus hijos y se enfadan...

—Lo mezclan todo. No es culpa de los profesores.

Empezó a recoger la mesa. Zoé se levantó para abrazarse a su cintura.

—Estoy muy orgullosa de ti, mi amor —murmuró Joséphine.

Zoé le devolvió el beso y siguió pegada a ella.

—¿Cuándo crees que volverá papá? —suspiró al cabo de un momento.

Joséphine se sobresaltó. Había olvidado al hombre del metro.

La abrazó más fuerte. Volvió a ver el jersey rojo de cuello vuelto. El corte en la mejilla, el ojo cerrado. Murmuró, no sé, no sé.

Al día siguiente, cuando Iphigénie le trajo el correo, le informó de que la víspera habían apuñalado a una mujer, en la arboleda de Passy. Al lado de su cuerpo habían encontrado un sombrero, un curioso sombrero con fruncidos verde almendra... ¡Exactamente igual que el suyo, señora Cortès!

SEGUNDA
PARTE

La receta decía: «Fácil, precio razonable, tiempo de preparación y cocción: tres horas». Era Nochebuena. Joséphine preparaba un pavo. Un pavo relleno de auténticas castañas, y no uno de esos purés congelados insípidos que se pegan al paladar. La castaña fresca es esponjosa, perfumada; si la congelas queda blanduzca y pastosa. También estaba preparando purés de apio, zanahoria y nabos para acompañar el pavo. Unos entrantes, una ensalada, una tabla de quesos que había ido a comprar a Barthélemy, en la calle Grenelle, y un tronco de Navidad con enanos y setas de merengue.

¿Qué me pasa? Todo me pesa y me aburre. Normalmente me gusta preparar el pavo de Navidad; cada ingrediente me aporta su lote de recuerdos, me remonto a mi infancia; de pie sobre un taburete, mirando oficiar a mi padre con su gran delantal blanco, bordado con letras azules: SOY EL CHEF Y HAY QUE OBEDECERME. Conservo ese delantal, me lo ciño a la cintura, paso los dedos sobre las letras en relieve y releo mi pasado en braille.

Su mirada cayó sobre el pavo pálido y flácido que reposaba sobre el papel de estraza del carnicero. Desplumado, las alas desplegadas, el vientre hinchado, la carne sonrosada y salpicada de puntos negros, mostraba cruelmente su miseria de pavo atado de pies y manos. A su lado reposaba un largo cuchillo de brillante filo.

La señora Berthier había sido apuñalada. Cuarenta y seis puñaladas en pleno corazón. La habían encontrado inerte, con las piernas abiertas y boca arriba. Habían citado a Joséphine en la comisaría. La agente de policía había relacionado las dos agresiones. Las mismas circunstancias, el mismo modus operandi. Había tenido que explicar de nuevo cómo el zapato de Antoine, colocado a la altura de su corazón, la había salvado. La capitán Gallois, que la había recibido la primera vez, la escuchaba con los labios prietos. Joséphine podía leer su pensamiento: «La ha salvado un zapato».

—Es usted un milagro viviente —había dicho la mujer policía mientras sacudía la cabeza como si no pudiese creerlo—. La señora Berthier ha recibido puñaladas extremadamente violentas. Las heridas tienen una profundidad de unos diez o doce centímetros. Es un hombre fuerte; y sabe manejar un arma blanca, no es un aficionado.

Al oír esas cifras macabras, Joséphine había escondido las manos entre los muslos para reprimir el temblor que la sacudía.

—La suela del zapato debía de ser extraordinariamente gruesa —señaló la capitán como si intentara convencerse—. La ha golpeado a la altura del corazón. Como a usted.

Le había pedido que trajese el paquete de Antoine para poder analizarlo.

—¿Conocía usted a la señora Berthier?

—Era la tutora de mi hija. Habíamos vuelto juntas una tarde del colegio. Había ido a visitarla para hablar de Zoé.

—¿No hablaron de nada que le parezca importante?

Joséphine sonrió. Iba a contar un detalle cómico. La capitán creería que lo hacía adrede o que no se lo tomaba en serio.

—Sí. Teníamos el mismo sombrero. Un extraño sombrero de tres pisos, un poco extravagante, que yo no me atrevía a llevar y que ella me animó a ponerme... Tenía miedo de dar la nota.

La mujer se había inclinado y le había mostrado una foto.

—¿Éste?

—Sí. Lo llevaba la noche que me agredieron —había murmurado Joséphine mirando la foto del tocado—. Lo perdí en el parque... No tuve el valor de volver a buscarlo.

—¿No había nada más que la intrigara?

Joséphine había dudado, otro detalle cómico... Después había añadido:

—No le gustaba la *Pequeña serenata nocturna* de Mozart, le parecía que era una cantinela soporífera. Hay poca gente que se atreva a decir eso. Es cierto que es una melodía bastante repetitiva.

La oficial de policía la había mirado con un aire entre irritado y desdeñoso.

—Bien —había concluido—. Permanezca localizable, la llamaremos si es necesario.

Tirar de los hilos, esbozar hipótesis, trazar fronteras entre lo posible y lo imposible, el trabajo de búsqueda se había puesto en marcha. Joséphine ya no podía ayudarles. Era un trabajo para los hombres y mujeres de la brigada criminal. Un detalle: un sombrero verde de tres pisos, denominador común de las dos agresiones. El asesino no había dejado ningún rastro, ninguna huella.

Tirar de los hilos, establecer un límite a no sobrepasar, no pensar más en la señora Berthier, en el asesino. ¿Es posible que viva en el barrio? ¿Quería quizás apuñalarme a mí y se encarnizó contra la señora Berthier? Había fracasado, quiso volver a intentarlo y se equivocó de blanco. Vio el sombrero, creyó que era yo, la misma talla, el mismo aspecto... ¡Para!, gritó Joséphine. ¡Para! Vas a fastidiar la velada. Shirley, Gary y Hortense habían llegado la víspera de Londres y esta noche Philippe y Alexandre se les unirían para cenar.

Crearme una burbuja. Como hacía cuando daba conferencias. El trabajo me calma. Fija mi mente, le impide vagabundear en pensamientos morbosos. La cocina también la llevaba a pensar en sus amadas investigaciones. No existe nada nuevo, reflexionaba Joséphine hundiendo los dedos en las castañas. Los *fast-food* ya existían en la Edad Media. No todo el mundo poseía su propia cocina, las viviendas en las ciudades eran demasiado pequeñas. Los solteros y los viudos comían fuera. Existían comerciantes de comidas preparadas, profesionales de la alimentación o *chair cuitiers*, que instalaban puestos al aire libre y vendían salchichas, patés o tortas para llevar. El ancestro de los perritos calientes o de las hamburgueserías. La cocina representaba un sector muy importante de la vida cotidiana. Los mercados estaban bien provistos: aceite de oliva de Mallorca, cangrejos y carpas del Marne, pan de Corbeil, mantequilla de Normandía, tocino del Ventoux, todo llegaba a los mercados de París. En las casas importantes existía un *maître queux*, quien, desde lo alto de su trona, agitaba un cazo para indicar el trabajo de cada uno. Vigilaba a los *happe-lopins* o galopines, los pinches de cocina que arrancaban trozos de comida para comérselos a escondidas. Los cocineros se llamaban «Pera blanda», «Tragón», «Limpiapotes», «Cortavientos». Las recetas se escribían en unidades de medida religiosas. Se hacía cocer «desde vísperas hasta el anochecer», hervir los raviolis de carne el tiempo de dos paternóster y las nueces durante tres avemarías. En las cocinas, los marmitones recitaban oraciones, vigilaban la cocción, probaban, oraban de nuevo cogiendo el rosario. La alta nobleza decoraba los platos con hojas de oro. Las comidas se convertían en una auténtica ceremonia. Los cocineros se esforzaban en preparar platos llenos de color, el conejo encebollado rosa, la tarta blanca, la salsa camelina para acompañar el pescado frito. El color despertaba el apetito, los alimentos blancos estaban reservados a los enfermos a los que no convenía excitar. Cada plato cambiaba de color según la estación: el potaje de tripas era marrón en otoño, amarillo en verano. El colmo del refinamiento era la salsa italiana «azul celeste». Y, para complacer a los invitados, el cocinero pintaba sus escudos sobre los platos con gelatina, colocando granos de granada o flores de violeta. Inventaba «manjares disfrazados», dignos de aparecer en una película de horror. Fabricaba animales fantásticos o escenas humorísticas uniendo mitades de animales diferentes. El gallo con yelmo representaba a un caballero montado sobre un lechón. También estaban los entremeses sorpresa: se colocaban pájaros dentro de una torta de pan, se levantaba la tapa en el momento de servir y los pájaros salían volando, ante la sorpresa de los asistentes. Debería intentarlo un día, se dijo Jo, volviendo a sonreír.

Sus tribulaciones se alejaban cuando volvía al siglo XII. A los tiempos de Hildegarda de Bingen. Era difícil evitarla, Hildegarda se interesaba por todo: por las plantas, los alimentos, la música, la medicina, los estados del alma que afectaban al cuerpo, que lo debilitan o fortalecen, ya sea riendo o refunfuñando. «Si el hombre que actúa sigue el deseo del alma, sus obras son buenas, malas si actúa según la carne».

«Carne de salchicha. Mezclar las castañas con la carne de salchicha, el hígado y el corazón picados, hojas de tomillo, sal y pimienta». Volver a mi HDI. No tengo ninguna idea para escribir una nueva novela. Ni ideas ni ganas. Debo tener confianza: un día se impondrá el principio de una historia, me cogerá de la mano y me hará escribir.

Tengo tiempo, se dijo, empezando a quitar la dura piel de las castañas, atenta a no cortarse los dedos. ¿Por qué se dice «pavo con *marrons*» cuando se rellena de castañas?* El detalle es importante. El detalle inculca, encarna, desprende un olor, un color, una atmósfera. Añadiendo detalles, se reconstruye una historia, o la Historia. Se han descubierto facetas completas de la vida cotidiana en la Edad Media rebuscando en las humildes casas de los campesinos. Se ha aprendido más que analizando los castillos. Pensó en esos viejos cacharros de barro en cuyo fondo se han encontrado restos de caramelo. En el monasterio de Cluny habían instalado sistemas de acometida de agua, letrinas, habitaciones para lavarse semejantes a nuestros cuartos de baño.

El señor y la señora Van den Brock habían venido a visitarla tras haberse enterado de la muerte de la señora Berthier. Habían llamado a su puerta, solemnes como candelabros. Ella, fantasiosa, redonda, espontánea; él, serio y delgado. Los ojos de ella daban vueltas en todos los sentidos intentando fijarse en un punto con obstinación; él fruncía el ceño y agitaba sus largos dedos de monje boticario como tijeras gigantescas. La pareja se parecía a la unión entre Drácula y Blancanieves. Era una pareja incorpórea. Joséphine se preguntó cómo habían conseguido tener hijos. Un descuido momentáneo y él se había posado sobre ella, encogiendo sus largos dedos afilados para no arañarla. Dos libélulas torpes acoplándose en el aire. Debemos proteger a nuestros hijos, afirmaba ella, si ataca a las mujeres, puede también atacar a los más pequeños. Sí, pero ¿qué hacer? ¿Qué hacer? Agitaba su cabeza redonda y su moño ralo atravesado por dos alfileres finos. Habían propuesto que los padres de

---

* En francés, *châtaigne* y *marron* son dos tipos distintos de castaña comestible *(N. del T.)*.

familia hicieran una ronda en cuanto cayera la noche. Joséphine había sonreído, ese artículo no lo tenía disponible; y, como parecían no haber comprendido, había añadido: quiero decir padre de familia, no tengo marido. Habían invertido una pequeña pausa en digerir su agudeza y habían continuado: de la policía no se puede esperar nada, para ellos no será prioritario, la periferia está ardiendo, así que los barrios buenos... El final de la frase estaba teñido de cierta acrimonia, que rompía el tono hasta entonces responsable y grave.

Joséphine se había excusado por no poder participar en el esfuerzo de guerra, pero había añadido que se negaba a dejarse llevar por el miedo. A partir de ahora sería más prudente, iría a buscar a Zoé a la salida de clase, por la tarde, pero no sucumbiría al pánico. Había propuesto la idea de organizar turnos para recoger a los niños del colegio: todos, los Van den Brock, Lefloc-Pignel y Zoé, iban a la misma escuela. Habían decidido volver a hablar de todo después de las fiestas.

—Voy a decirle a Hervé Lefloc-Pignel que pase a verla, está muy inquieto —aseguró el señor Van den Brock con voz masculina—. Su mujer ya no se atreve a salir. Ni siquiera abre la puerta a la portera.

—Diga, ¿no le parece a usted extraño una portera que cambia de color de pelo cada tres semanas? ¿No tendría algún amiguito que...? —se había inquietado la señora Van den Brock.

—¿Que acabara de salir de la cárcel y escondiese un gran cuchillo en la espalda? —había preguntado Joséphine—. No, ¡no creo que esté involucrada en esto!

—He oído decir que su pareja había tenido problemas con la justicia...

Se habían marchado prometiendo enviarle a Hervé Lefloc-Pignel en cuanto le vieran.

Voy a terminar reconfortando a todo el edificio, había suspirado Jo cuando cerraba la puerta esa tarde. Resulta irónico, ¡me atacan a mí y soy yo quien les tranquiliza! He hecho bien en no hablar de eso con nadie, me hubiese convertido en una curiosidad, vendrían a lanzarme cacahuetes al felpudo.

En el primer piso de su edificio vivían un hijo y su madre, los Pinarelli. Él debía de tener unos cincuenta años, ella ochenta. Él era alto, delgado, el pelo teñido de negro. Se parecía, en más mayor, a Anthony Perkins en *Psicosis*. Sonreía de forma extraña cuando se cruzaba con alguien, una sonrisa con un lado de la boca torcido, como si desconfiara del otro y le pidiese que se apartase. No trabajaba, debía servir de dama de compañía a su madre. Salían todas las mañanas a hacer la compra. Avanzaban despacio de la mano. Él arrastraba el carrito como si tirara de la correa de un lebrel, ella sostenía entre los dedos la lista de la compra. La vieja era una sargento. No reprimía sus palabras y lanzaba comentarios mordaces, como esos ancianos que se creen dispensados de todo civismo por su avanzada edad. Joséphine les abría el portal. Nunca se lo agradecían, pasaban sin saludarla, salían como dos altezas reales, con la guardia formada presentando armas.

No conocía a los otros vecinos, los del portal B al fondo del patio. Eran más numerosos que los del portal A, que sólo contaba con un piso por planta. El portal B tenía tres. Iphigénie le había comentado que, como los propietarios del portal A eran más ricos, los del B les detestaban y en las reuniones de vecinos se producían a menudo violentos ajustes de cuentas. Se peleaban, se lanzaban todo tipo de insultos. Los A ganaban siempre, para mayor consternación de los B, que veían cómo les infligían nuevas cargas, nuevas obras, y pagaban entre protestas.

Sus ojos se fijaron en el gran reloj de Ikea: ¡las seis y media! Hortense, Gary y Shirley estaban a punto de volver. Habían salido a hacer las últimas compras. Zoé estaba encerrada en su habitación, preparando los regalos. Desde la llegada de los ingleses, la casa se había llenado de ruidos y risas. El teléfono no dejaba de sonar. Habían llegado la víspera. Joséphine les había enseñado el piso, orgullosa del espacio que ponía a su disposición. Hortense había abierto la puerta de su habitación y se había tirado sobre la cama, los brazos en cruz, *home sweet home!* Joséphine no había podido impedir sentirse emocionada por su exclamación. Shirley había reclamado un whisky mientras Gary, sentado en el sofá, los cascos en las orejas, preguntaba: «¿Qué vamos a comer esta noche, Jo?, ¿qué manjares nos tienes preparados?». Las puertas se abrían y se cerraban, estallaban voces, salía música de cada habitación. Joséphine comprendió lo que no le gustaba de ese piso, era demasiado grande para Zoé y para ella. Al llenarse de risas, de gritos, de maletas abiertas, se hacía cálido.

La gran cacerola de agua salada esperaba sobre el fuego a que ella echara las castañas peladas. Estar ocupada en la cocina le daba siempre ideas. Como cuando corría alrededor del lago. Las manos se agitan, las piernas se mueven, la cabeza, libre de las preocupaciones con las que solemos llenarla, ofrece miles de ideas.

Cada mañana se ponía un chándal, se calzaba unas deportivas y se iba a correr alrededor del lago del Bois de Boulogne. Antes de llegar al estanque, trotaba observando a los jugadores de petanca, a los ciclistas, a los otros corredores, mientras evitaba los excrementos caninos y saltaba sobre los charcos de agua. Por encima de todo le gustaba pasar por los senderos llenos de agua de lluvia. Lo hacía cuando estaba sola, cuando nadie podía lanzarle una mirada de reproche. Le gustaba el ruido que hacían sus zapatillas al golpear el agua, las gotas que saltaban. En cuanto llegaba a lo que ella llamaba pomposamente «su circuito», aceleraba. Daba una vuelta al lago en veinticinco minutos. Después se detenía, sin aliento, y hacía estiramientos para no tener agujetas al día siguiente. Salía de su casa cada mañana, a las diez y veinte, se cruzaba con un hombre que, también, daba la vuelta al estanque. Caminando. Las manos en los bolsillos, la nariz enfundada en un chaquetón azul marino, con un gorro de lana hundido hasta las cejas, gafas negras y una bufanda que le tapaba completamente. Parecía cubierto de vendajes elásticos. Le había bautizado «el hombre invisible». Caminaba aplicadamente, con paso mecánico. Como si siguiese las prescripciones de un médico: una o dos vueltas al lago al día, preferentemente por la mañana, la espalda recta, respirando profundamente. Podían cruzarse dos veces, si él había acelerado el paso o si ella añadía una vuelta al lago a la que ya había realizado. Debe de hacer por lo menos quince días que me lo cruzo, quince días que le veo y que me ignora. Ni siquiera hace una seña con la cabeza que signifique que se ha dado cuenta de mi presencia. Es pálido, delgado. Debe de salir de una cura de desintoxicación. O de una pena de amor. Ha sufrido un accidente de coche y tiene quemaduras de tercer grado. Es un peligroso delincuente que se ha fugado de la justicia. Se inventaba mil historias. ¿Por qué un hombre, solo y obstinado, camina al borde de un lago todos los días entre las diez y las once? Había en su caminar una determinación casi feroz, como si, vendándose los músculos, se agarrase a la vida o ajustase alguna cuenta pendiente.

Una gota de agua salpicó fuera de la cacerola. Ella soltó un grito y redujo el fuego. Vertió la primera tanda de castañas y continuó pelando las otras.

«Dejar hervir treinta minutos y retirar la segunda piel en el horno y a medida que se sacan del agua».

Papá hacía una cruz en las castañas para que fuera más fácil pelarlas. Siempre era él el que hacía el pavo de Navidad. Poco antes de morir había copiado su receta en una hoja en blanco. Había firmado al pie de la hoja: «El hombre que ama a su hija y la cocina». Había escrito su hija. Y no sus hijas. Era la primera vez que ese detalle le saltaba a la vista. Y sin embargo, cada año, el día de Nochebuena, sacaba la hoja manuscrita. Yo era su hija preferida. Iris debía de intimidarle. Era a mí a quien sentaba sobre sus rodillas para escuchar sus discos. Léo Ferré, Jacques Brel, Georges Brassens. Iris nos miraba avanzando por el pasillo y se encogía de hombros.

¿Sabrá Philippe cocinar? Buscó un pañuelo de papel con la mirada y se rascó la punta de la nariz con el cuchillo pelador. Philippe. Su corazón se aceleraba cada vez que pensaba en él. *Forget me not.** Fueron sus últimas palabras, sobre el andén de una estación, en junio. Desde entonces no se habían vuelto a ver. Cuando se enteró de que pasaría la Nochebuena solo con Alexandre, se apresuró a invitarles.

Dibujar los límites, trazar la frontera entre lo posible y lo imposible, crear una distancia que se prohibiría sobrepasar. Será más sencillo si establezco reglas. Me gustan las reglas, soy una mujer que se inclina ante la ley. Igual que uno se detiene ante un semáforo en rojo. En la vida hay que fijarse límites. Distancias entre uno

* No me olvides.

mismo y los demás. Para sobrevivir. Para aprender a conocerse. A conocer el sentimiento confuso que me atrae hacia él y a dominarlo. Cuando no está presente, no pienso en él. Cuando se acerca todo se enturbia. Todo se inflama.

«Encender la parte baja del horno. Precalentarlo a termostato 7 durante veinte minutos». Nuestra relación ha evolucionado sin que me diese cuenta. De ser invisible, he pasado a ser amable, diferente, especial, valiosa, codiciada, prohibida. En cuanto a mí, ese hombre que me dejaba fría ha pasado a ser accesible, familiar, atento, atractivo, peligroso. Esa admirable graduación de sentimientos nos ha conducido, sin darnos cuenta, al borde de un precipicio. La camelia blanca, en el balcón, es el último escalón. Cuando la riego, pienso en él. Le lanzo un beso. Él no lo sabe, y nunca se lo diré.

Creería que soy una lela.

Debo de ser una lela, eso seguro. Vittorio se lo repite sin cesar a Luca. ¿Vas a ver hoy a tu lela? ¿Qué va a hacer la torpona en Navidad? ¿Va a ir a besarle los pies al Papa en el Vaticano? ¿Bendice el pan antes de comérselo? ¿Se riega de agua bendita antes de follar? Luca no debería repetirme esos comentarios. Me hacen daño. Dice que Vittorio es cada vez más incoherente, que el paso del tiempo acentúa su angustia. Habla de hacerse un lifting, pero no tiene dinero. Pídeselo a tu lela, está forrada por los cuatro costados gracias a su novelucha de quiosco. Las lelas tienen un gran corazón. ¿Y tú llamas a eso una escritora? Luca suspiraba, si la veo menos, no es culpa mía, él me necesita.

En tres cacerolas de cobre se cocían las zanahorias, los nabos y el apio que iba a reducir a puré. Pronto estarían cocidas y peladas las castañas. Había previsto foie gras como entrada. Y lonchas de salmón salvaje. A Zoé le volvía loca el salmón salvaje. Tenía un gusto muy desarrollado y podía decir si el salmón estaba suculento, bueno o malo, estudiando simplemente la palidez o el brillo de la carne. Arrugaba la nariz ante el mostrador del pescadero. Era la señal que advertía: «Ése no es bueno, mamá. Salmón de criadero: hacinados como sardinas y tragándose los excrementos de los demás». Zoé adoraba los sabores, los olores, se encallaba buscando un color preciso, o imitando un sonido determinado, cerraba los ojos y creaba paletas de sabores chascando la lengua. Le gustaba cuando llegaba el invierno, con su cortejo de fríos que ella clasificaba. Frío cortante, frío húmedo, frío gris y bajo que anuncia la nieve, frío sordo que te empuja a refugiarte ante la chimenea. «Me gusta el frío, mamá, me calienta el corazón». Había confeccionado sus regalos con cartón, trozos de lana, tela, grapas, pegamento, clips, lentejuelas. Fabricaba muñecas magníficas, cuadros, móviles. No le gustaba comprar, al contrario que a Hortense. Es una adolescente de antaño, mi hija. No le gustan los cambios, le gusta que cada año se repita el mismo menú de fiesta, que se decore el árbol con las mismas bolas, las mismas guirnaldas, que se escuchen los mismos villancicos. Es por ella por lo que respeto la etiqueta. A los niños no les gusta que se cambien sus costumbres. Por sentimentalismo, por deseo de sentirse cómodos. En el tronco de Navidad, que prueba con la lengua antes de morderlo, Zoé busca el sabor de todos los demás troncos, y puede que también el de los que había probado junto a su padre. ¿Dónde pasará esta Nochebuena el hombre que descubrí en el metro? ¿Es posible que se trate de Antoine? Tenía una cuchillada y el ojo medio cerrado. Si está vivo y nos busca, debe de rondar el edificio de Courbevoie. La portera ha cambiado. La nueva no nos conoce. Mi nombre no figura en la guía.

Zoé había pedido que hubiera un sitio libre en la mesa durante la cena de Nochebuena.

—Ya verás, mamá, será una sorpresa, una sorpresa de Navidad.

—¡Nos va a traer a un mendigo! —había pronosticado Hortense—. ¡Si lo hace, yo me largo!

Los ojos de Shirley reían en silencio.

—Si Zoé no lo hace ¡lo hará tu madre! —había replicado.

—Me pone enferma tanto festejo cuando fuera hay muchos...

—¡Para, mamá, para! —había gritado Hortense—. ¡Me había olvidado de que iba a volver con la Madre Teresa! ¿Por qué no montas un orfanato de negritos ya que estamos?

«Añadir el queso fresco y las ciruelas al relleno. Mezclar. Rellenar el interior del pavo». Era lo que prefería cuando era pequeña. Atiborraba el pavo de espeso y oloroso relleno. El vientre del pavo se inflaba, y preguntaba a papá ¿crees que va a estallar? Iris y mamá hacían una mueca de disgusto, papá se reía a carcajadas. Iris no estará esta noche. Ni Henriette. No tendré el sabor de las Nochebuenas pasadas, la rama de acebo colgada en la puerta, el collar de perlas de tres vueltas de Henriette sobre su vestido negro, la cinta de terciopelo violeta que Iris llevaba en el pelo y que provocaba siempre la misma exclamación por parte de Henriette: «¡No debería decirlo delante de esta pequeña pero nunca he visto unos ojos tan azules! ¡Y los dientes! ¡Y la piel!». Se extasiaba como si descubriese un collar de zafiros sobre papel de seda. ¿Y yo? Yo me sentía fea, con la certidumbre de que nadie, nunca, me miraría. Ésa es la herida que nunca se ha cerrado.

«Coser la abertura con hilo grueso. Untar el ave de mantequilla o margarina. Sazonar. Disponer el ave sobre la placa del horno bien caliente. Al cabo de cuarenta y cinco minutos aproximadamente, moderar el calor del horno. Dejar cocer una hora. Salsear a menudo durante la cocción».

Tras la muerte de Lucien Plissonnier habían pasado Nochebuenas tristes en las que el lugar del jefe de familia había permanecido vacío, y después había llegado Marcel, con sus chaquetas escocesas y sus corbatas Lurex. En sus platos había montones de regalos. Iris los recibía con condescendencia, como si se dignara a perdonarle por estar sentado en el lugar de su padre, Joséphine dudaba si correr a abrazarle ante la expresión de reproche de su madre y su hermana. Esta noche, Marcel Grobz iba a festejar su primera Nochebuena con Josiane y su hijo. Iría a visitarlos pronto. Tendría la impresión de traicionar a su madre, de pasarse al enemigo, pero le daba igual.

Llamaron a la puerta. Un toque breve y preciso. Joséphine miró el reloj, las siete. Han debido de olvidar las llaves.

Era el señor Lefloc-Pignel. Venía a excusarse por el ruido que podrían hacer durante la velada: él y su mujer recibían a la familia. Llevaba un esmoquin, pajarita, camisa blanca con pliegues y un fajín de satén negro. Llevaba el pelo liso y repeinado como los setos de un jardín francés.

—¡No se disculpe usted! —sonrió Joséphine elaborando mentalmente la metáfora y concluyendo que prefería el singular encanto de los jardines ingleses—, nosotros seguramente también haremos ruido.

Se dijo que quizás debería ofrecerle una copa de champán. Dudó, y después, como no parecía querer marcharse, le invitó a entrar.

—No quisiera abusar de su tiempo... —se excusó él, franqueando con descaro el umbral.

Ella se secó con el trapo y le tendió una mano algo grasienta.

—¿Le molestaría seguirme a la cocina? Debo vigilar la cocción del pavo.

Él hizo gesto de dejarla pasar y añadió con tono alegre:

—¡Así que voy a penetrar en su santuario! Es un gran honor...

Pareció que iba a decir algo, pero se calló. Ella sacó una botella de champán del frigorífico y se la tendió para que la abriese. Se desearon feliz Navidad y próspero Año Nuevo. Tiene algo de muy seductor a pesar de esos mechones como setos, pensó. ¿Cómo es su mujer? No la he visto nunca.

—Me gustaría preguntarle —empezó con voz sorda—, su hija..., esto... ¿Cómo ha reaccionado ante lo que le ha pasado a la señora Berthier?

—Se quedó muy impresionada. Hemos hablado mucho.

—Es que Gaétan, en cambio, no habla de ello.

Se le veía preocupado.

—¿Y sus otros hijos? —se interesó Joséphine.

—Charles-Henri, el mayor, no la conocía, está en el liceo, Domitille no la había tenido como profesora... El que me preocupa es Gaétan. Y como está en la misma clase que su hija... Pensé que podían haber hablado.

—No me ha dicho nada.

—He oído decir que había sido usted citada por la policía.

—Sí. No hace mucho me atacaron.

—¿De la misma forma?

—¡Oh, no! No fue nada comparado con la pobre señora Berthier...

—No fue eso lo que me dijo el comisario. Pedí una cita con él y me recibió.

—Ya sabe, en las comisarías se exagera mucho.

—No lo creo.

Había pronunciado esas palabras con tono severo, como si quisiera decir: «Creo que me está mintiendo».

—De todas formas, no tiene importancia, ¡no estoy muerta! Estoy aquí, bebiendo champán con usted.

—No me gustaría que atacase a nuestros hijos —prosiguió el señor Lefloc-Pignel—. Habría que pedir protección para el inmueble, un policía de guardia.

—¿Día y noche?

—No sé. Por eso he subido a hablar con usted.

—¿Y por qué iban a hacerlo sólo en nuestro edificio?

—Porque ha sido usted agredida. ¿Para qué negarlo?

—No estoy segura de que haya sido la misma persona. No me gusta que se mezclen las cosas, precipitarse...

—Pero bueno, señora Cortès...

—Puede usted llamarme Joséphine.

—Esto..., no..., prefiero señora Cortès.

—Como quiera...

Les interrumpió la llegada de Shirley, seguida de Gary y Hortense, los brazos cargados de paquetes, la nariz y los pómulos enrojecidos por el frío. Daban palmas en sus gruesos guantes, se soplaban las manos, reclamaban bulliciosos una copa de champán. Joséphine hizo las presentaciones. Hervé Lefloc-Pignel se inclinó ante Shirley y Hortense. «Encantado de conocerla», dijo a Hortense. «Su madre me ha hablado mucho de usted». Primera noticia, pensó Joséphine, nunca hemos nombrado a Hortense. Hortense le dedicó la mayor de las sonrisas. Joséphine supo entonces que Hervé Lefloc-Pignel había captado la verdadera naturaleza de su hija: Hortense se sentía adulada y veía en él todo tipo de cualidades.

—Tengo entendido que estudia usted moda.

¿Cómo lo sabe?, se preguntó Joséphine.

—Sí. En Londres.

—Si alguna vez necesita ayuda, dígamelo, conozco a mucha gente en ese sector. En París, en Londres, en Nueva York.

—Muchas gracias. No lo olvidaré. ¡Cuente con ello! Precisamente, dentro de poco tengo que realizar unas prácticas. ¿Tiene usted un número donde pueda localizarle?

Joséphine, pasmada, asistía a la danza de la araña de Hortense, que tejía su tela en torno a Lefloc-Pignel, balbuceaba, asentía, anotaba el número de móvil y agradecía ya la ayuda que podría aportarle. Hablaron algo más sobre la vida en Londres, la enseñanza, la ventaja de ser bilingüe. Hortense explicó su trabajo, fue a buscar el gran cuaderno donde grapaba las muestras de tejidos que le gustaban, mostró los esbozos que dibujaba a partir de colores, materiales y siluetas que se cruzaba por la calle. «Todo lo que se dibuja ha de poder hacerse después, es la regla número uno de la escuela». Hervé Lefloc-Pignel hacía preguntas a las que Hortense respondía tomándose su tiempo. Shirley y Joséphine habían sido relegadas al papel de figurantes. Apenas se marchó, Hortense exclamó: «¡Ése es un hombre para ti, mamá!».

—¡Está casado y es padre de tres hijos!

—¿Y? Puedes tirártelo sin que su mujer lo sepa, ¿no? Y sin tener que contárselo a tu director espiritual, ¿verdad?

—¡Hortense! —gruñó Joséphine.

—¡Delicioso este champán! ¿De qué cosecha es? —preguntó Shirley, intentando cambiar de tema.

—¡No lo sé! Debe de ponerlo en la etiqueta.

Joséphine había respondido distraídamente. Las opiniones de Hortense respecto a su vecino no le gustaban. No debo dejarlas pasar, tiene que comprender que el compromiso amoroso es algo importante, que una no se deja llevar por el primer tipo atractivo que se cruza.

—¿Y tú, querida —preguntó—, estás... enamorada en este momento?

Hortense bebió un trago de champán y suspiró:

—¡Ya estamos! *Back home!* ¡Volvemos a las palabras grandilocuentes! ¿Quieres saber si he conocido a un hombre guapo, rico e inteligente del que me he quedado absolutamente prendada?

Joséphine asintió con la cabeza, llena de esperanzas.

—No —soltó Hortense, dejando algo de tiempo para el suspense antes de responder—. Sin embargo...

Tendió su vaso para que su madre lo rellenara y añadió:

—Sin embargo... He conocido a un tío. Guapo... ¡Pero guapo de verdad!

—¡Ah! —dijo Joséphine en voz baja.

Shirley seguía la conversación entre madre e hija y se lamentaba por lo bajo: «No sueñes, Jo, ¡vas directa contra el muro con tu hija!». Gary sonreía y esperaba la caída, que sabía ineluctablemente terrible, conociendo lo sentimental que era Joséphine como madre.

—¿Cuánto tiempo duró?

—Dos semanas. Los dos, inmersos en una pasión ardorosa...

—¿Y después? —preguntó Joséphine.

—Después ¡se acabó lo guay! ¡Nada de nada! Negro total. Un día, imagínate, se levantó los bajos del pantalón y atisbé un calcetín blanco. Un calcetín blanco sobre un tobillo peludo... ¡Para vomitar!

—¡Por Dios! ¡Qué idea tienes tú del amor! —suspiró Joséphine.

—¡Pero es que eso no es amor, mamá!

—Actualmente —explicó Shirley—, follan primero y se enamoran después.

Hortense bostezó.

—¡Los hombres enamorados son tan aburridos!

—Pues yo no viviré ninguna pasión ardorosa con Hervé Lefloc-Pignel —murmuró Joséphine, que tenía la impresión de que se reían de ella.

—Yo no pondría la mano en el fuego —respondió Hortense—. Es exactamente tu tipo y te miraba con mucha atención. Le brillaban los ojos. Tenía una manera de palparte sin tocarte, ha sido... ¡fascinante!

Shirley captó la incomodidad de Joséphine. Decidió dejar de bromear sobre un tema que su amiga, evidentemente, se tomaba muy en serio. ¿Qué pasa para que haya perdido todo el sentido del humor de esa forma? Quizás se sienta realmente atraída por ese hombre, que, *my God, is really good looking.**

---

* «Dios, es realmente atractivo».

—No sé cómo se las arregla mamá, pero siempre está rodeada de hombres seductores —concluyó Hortense, intentando calmar las cosas con un cumplido.

—Gracias, cariño —dijo Joséphine, esforzándose para sonreír ante ese armisticio improvisado—. ¿Y tú, Gary? ¿Eres un sentimental, o un mero consumidor, como Hortense?

—Te voy a decepcionar, Jo, pero, en este momento, voy a la caza de la más guarra. Profundizo mis conocimientos como el más guarro de todos, pues...

—Comprendo. Entonces yo debo de ser la única y la más ñoña, eso no es nuevo.

—¡No, mujer! ¡No eres la única! —gruñó Hortense—. También está el bello Luca, ¿no? De hecho, ¿por qué no está aquí esta noche? ¿Lo has invitado?

—Pasa la Nochebuena con su hermano.

—¡Había que haberlo invitado también! He visto su foto en Internet. Agencia Saphir, pasaje Vivienne. ¡Es muy guapo, ese Vittorio Giambelli! Moreno, venenoso, misterioso. ¡Me lo comería de un bocado!

Un nuevo timbrazo interrumpió la conversación. Philippe, con una caja de botellas de champán entre los brazos, entró en compañía de Alexandre, sombrío, mudo, la mirada perdida.

—¡Champán para todos! —gritó Philippe.

Hortense saltó de alegría. Roederer rosado, ¡mi champán preferido! Philippe hizo una seña a Joséphine y la atrajo hacia la entrada con el pretexto de guardar su abrigo y el de Alexandre.

—¡Hay que proceder ya con los regalos, rápido! ¡Acabamos de volver de la clínica, y ha sido siniestro!

—La mesa está puesta. El pavo está casi listo, pasamos a la mesa en veinte minutos. Y después, abrimos los regalos.

—¡No! Los regalos primero. Eso le hará pensar en otra cosa. Cenaremos después.

—De acuerdo —dijo ella, sorprendida por su tono autoritario.

—¿Zoé no está?

—Está en su habitación, voy a buscarla...

—¿Y tú, estás bien?

La había agarrado del brazo, la había atraído hacia sí.

Sintió el calor de su cuerpo bajo la lana húmeda de la chaqueta, la punta de sus orejas enrojeció. Respondió precipitadamente sí, sí, ¿te importaría ocuparte del fuego de la chimenea mientras me pongo un vestido y me peino? Hablaba a toda velocidad para olvidar su confusión. Él posó un dedo sobre sus labios, la contempló un momento que le pareció infinito y la soltó con gran pesar

* * *

El fuego crepitaba en la chimenea. Los regalos de Navidad brillaban, amontonados sobre el parqué punta Hungría. Se formaron dos clanes: el de los mayores, que no esperaba más que la alegría de dar; y la joven generación, que esperaba la realización de sus sueños esbozados en el secreto de sus votos nocturnos. A la leve ansiedad de unos respondía la espera crispada de los otros, que se preguntaban si deberían disimular su decepción, o si podrían dejar vía libre a su alegría sin tener que forzarla.

A Joséphine no le gustaba ese ritual de los regalos. Sentía, cada vez, una desesperanza inexplicable, como si le hubiesen demostrado la imposibilidad de amar bien y en su justa medida, y la certeza de que su forma de expresar el amor siempre la dejaría insatisfecha. Ella hubiese querido algo espectacular y casi siempre se quedaba en agua de borrajas. Estoy segura de que Gary comprende lo que siento, se dijo Joséphine cruzando su mirada atenta que decía sonriendo: «*Come on, Jo*, sonríe, es Navidad, estás gafándonos la velada con tu cara de mártir». «¿Hasta ese punto?», preguntó Joséphine, que subrayó su extrañeza alzando las cejas. Gary asintió con la cabeza, afirmativo. «De acuerdo, haré un esfuerzo», respondió ella con un gesto de cabeza.

Se volvió hacia Shirley, que explicaba a Philippe en qué consistía su actividad para combatir la obesidad en las escuelas inglesas.

—¡Ocho mil setecientos muertos al día en el mundo por culpa de los mercaderes de azúcar! ¡Y cuatrocientos mil niños obesos más cada año sólo en Europa! Después de haber explotado hasta la muerte a los esclavos para cultivar la caña de azúcar, ¡ahora se dedican a espolvorear a nuestros hijos con ella!

Philippe la detuvo con la mano.

—¿No estás exagerando un poco?

—¡La ponen por todos lados! Instalan expendedores de bebidas gaseosas y de chocolatinas en los colegios, les pudren los dientes, ¡los atiborran de grasa! Y todo eso simplemente por interés económico, por supuesto. ¿No te parece escandaloso? Deberías apoyar esa causa. Después de todo, tienes un hijo a quien le afecta ese problema.

—¿Lo crees de verdad? —preguntó Philippe, dirigiendo su mirada hacia Alexandre.

Mi hijo corre más peligro de dejarse devorar por la angustia que por el azúcar, pensó.

Era la primera Nochebuena de Alexandre sin su madre.

Era su primera Nochebuena de casado sin Iris.

Su primera Nochebuena de solteros.

Dos hombres privados de la imagen de la mujer que había reinado sobre ellos tanto tiempo. Habían salido de la clínica en silencio. Habían recorrido el caminito de grava, las manos en los bolsillos, los dos mirando la huella de sus pies sobre la arena blanca. Dos huérfanos en las filas de un pensionado. Había faltado un pelo para que se cogieran de la mano, pero se habían contenido. Erguidos y dignos bajo su manto de tristeza.

—¡Seis muertes por minuto, Philippe! ¿Y ésa es tu forma de reaccionar? —La mirada de Shirley cayó sobre la silueta desgarbada de Alexandre—. Tienes razón: ¡tenemos margen! ¡Bueno, voy a calmarme! ¿No habíamos dicho que íbamos a abrir los regalos?

Alexandre parecía ignorar el resplandeciente montón de paquetes a sus pies. Su mirada permanecía suspendida en el vacío, en otra habitación, lúgubre y desolada, donde habitaba una madre muda, descarnada, los brazos apretados contra el pecho, brazos que no había levantado en el momento de decirles adiós. «Divertíos», había silbado entre sus labios cerrados. «Pensad en mí si os dejan tiempo y ocasión». Alexandre se había marchado llevándose con él el beso que ella no le había reclamado. Intentaba comprender, mirando cómo bailaban las llamas, la razón de la frialdad de su madre. ¿Quizás no me ha amado nunca? ¿Quizás no es obligatorio querer a un hijo? Ese pensamiento abrió un abismo en su interior que le produjo vértigo.

—¡Joséphine! —gritó Shirley—, ¿a qué esperamos para abrir los regalos?

Joséphine dio una palmada y declaró que, excepcionalmente, iban a abrir los regalos antes de medianoche. Zoé y Alexandre harían de Papá Noel turnándose para meter una mano inocente en el gran montón de paquetes adornados con lazos. Sonó un villancico, que cubrió con un velo sagrado la tristeza maquillada de la velada. «Oh, noche santa de estrellas refulgentes, ésta es la noche en que el Salvador nació...». Zoé cerró los ojos y tendió la mano al azar.

—Para Hortense, de parte de mamá —anunció extrayendo un sobre alargado. Leyó las palabras escritas encima: «Feliz Navidad, mi hija querida a la que tanto amo».

Hortense se precipitó a coger el sobre que abrió con aprensión. ¿Una tarjeta de felicitación? ¿Una cartita moralista que explicaba que la vida en Londres y sus estudios eran caros, que ya suponían un gran esfuerzo por parte de una madre y que el regalo de Navidad sólo podía ser simbólico? El rostro crispado de Hortense se relajó como hinchado por un soplo de placer: «Vale por un día de compras las dos, mi niña querida». Se echó al cuello de su madre.

—¡Oh! ¡Gracias, mamá! ¿Cómo lo has adivinado?

Te conozco tan bien..., tuvo ganas de decir Joséphine. Sé que la única cosa que puede reunirnos sin heridas ni malicia es una carrera alocada hacia una avalancha de gastos. No dijo nada y recibió, emocionada, el beso de su hija.

—¿Iremos adonde yo quiera? ¿Todo el día? —preguntó Hortense, asombrada.

Joséphine asintió con la cabeza. Había acertado, aunque esa constatación la pusiera un poco triste. ¿Cómo transmitir de otra forma el amor por su hija? ¿Quién la había hecho tan ávida, tan aburrida, para que sólo la esperanza de un día gastando dinero pudiera arrancarle un impulso de ternura? ¿La existencia que le he impuesto, o los desapacibles tiempos que vivimos? No hay que echar siempre la culpa a la época o a los demás. Yo también soy responsable. Mi culpabilidad data de mi primera negligencia, de mi primera impotencia para consolarla, comprenderla, impotencia que he ocultado detrás de la promesa de un regalo, con ir de compras las dos; yo maravillada ante la elegante caída de un vestido sobre su esbelta figura, el exquisito ajuste de un top, cómo se adaptan los vaqueros a sus largas piernas, ella, feliz de recibir lo que yo deposito a sus pies. Mi admiración ante su belleza, que deseo celebrar para esconder las heridas de la vida. Es más fácil crear ese espejismo que darle consejo, mi presencia, esa ayuda al alma que no sé ofrecerle, enredada en mis torpezas. Pagamos, pues, las dos mi negligencia, mi niña preciosa, mi amor, a la que quiero con locura.

La retuvo un instante entre sus brazos y le repitió al oído sus últimas palabras:

—Mi niña preciosa, mi amor, a la que quiero con locura.

—Yo también te quiero, mamá —balbuceó Hortense en un suspiro.

Joséphine no estaba segura de que mintiera. Experimentó una ola de auténtica alegría que la animó, le aclaró la mente y el apetito. La vida se volvía hermosa si Hortense la amaba, y hubiese rellenado veinte mil cheques con tal de recibir una declaración de amor de su hija, susurrada en su oído.

La distribución de regalos continuaba, animada por los anuncios de Zoé y Alexandre. El papel de envolver revoloteaba por el salón antes de morir en el fuego, los lazos cubrían el suelo, las etiquetas rotas se pegaban al azar en el papel abandonado. Gary echaba troncos a la chimenea, Hortense desgarraba los lazos de los paquetes con los dientes, Zoé abría sobres sorpresa temblando. Shirley recibió un par de botas y las obras completas de Oscar Wilde en inglés, Philippe una bufanda larga de cachemira azul y una caja de puros, Joséphine la colección completa de discos de Glenn Gould y un iPod, «oh, pero si no sé cómo funcionan esos trastos». «Yo te enseñaré», prometió Philippe pasándole el brazo alrededor de los hombros. Zoé ya no tenía sitio en los brazos para llevárselo todo a su habitación, Alexandre sonreía, maravillado, ante sus regalos y, recuperando su puntilloso sentido de la observación, preguntó a la asistencia: «¿Por qué los pájaros carpinteros no tienen nunca dolor de cabeza?».

Todo el mundo se echó a reír y Zoé, que no quería permanecer muda, exclamó:

—¿Creéis que si alguien habla mucho tiempo, mucho tiempo con otra persona, al final se olvida de que tienes una narizota?

—¿Por qué preguntas eso? —quiso saber Joséphine.

—Porque le di tanto la lata a Paul Merson ayer por la tarde en el trastero que ¡me ha invitado a ir a escuchar a su grupo este domingo en Colombes!

Hizo una pirueta y se inclinó haciendo una profunda reverencia para recoger los aplausos.

La melancolía de la tarde se había desvanecido por completo. Philippe descorchó una botella de champán y preguntó dónde estaba el pavo.

—¡Ay, Dios! ¡El pavo! —se sobresaltó Joséphine apartando su mirada de las enrojecidas mejillas regordetas de su hija la bailarina.

¡Zoé parecía tan feliz! Joséphine sabía hasta qué punto quería gustar a Paul Merson. Había descubierto una foto suya en la agenda de Zoé. Era la primera vez que Zoé escondía la foto de un chico. Corrió a la cocina, abrió el horno y comprobó el grado de cocción del ave. Concluyó que estaba todavía muy rosado. Decidió subir el termostato.

Estaba delante del horno, el gran delantal blanco ceñido, los ojos fruncidos por el esfuerzo de salsear el pavo sin derramar una gota sobre la placa caliente, cuando sintió una presencia tras ella. Se volvió, cuchara en mano, y se encontró en brazos de Philippe.

—Qué alegría verte, Jo. Hace tanto tiempo...

Ella levantó la cabeza hacia él y enrojeció. Él la abrazó.

—La última vez —recordó—, tú acompañabas a Zoé y yo me la llevaba con Alexandre hasta Évian...

—Los habías inscrito en un curso de equitación...

—Nos encontramos, los dos, en el andén...

—Era un día de junio, soplaba una ligera brisa bajo la gran marquesina de la estación.

—Eran los primeros viajes de vacaciones. Yo pensaba: otro año escolar que se acaba... Y me decía ¿y si pidiese a Joséphine que se viniese con nosotros?

—Los niños se fueron a comprar bebidas...

—Llevabas una chaqueta de ante, una camiseta blanca, un fular de cuadros, pendientes dorados y ojos almendrados.

—Tú me dijiste: «Qué tal», y yo contesté: «¡Bien!».

—Y tuve muchas ganas de besarte.

Ella levantó la cabeza y le miró a los ojos.

—Pero no nos... —empezó él.

—No.

—Nos dijimos que no podíamos.

—...

—Que estaba prohibido.

Ella afirmó con la cabeza.

—Y teníamos razón.

—Sí —susurró ella intentando separarse.

—Está prohibido.

—Completamente prohibido.

La volvió a atraer hacia sí y, acariciándole el pelo, murmuró:

—Gracias, Jo, por esta fiesta en familia.

Le rozó la boca con los labios. Ella vaciló, volvió la cabeza.

—Philippe, ¿sabes...?, creo que... no deberíamos...

Él se irguió, la miró como si no comprendiera lo que le decía, arrugó la nariz y exclamó:

—¿Hueles lo que yo huelo, Joséphine? ¿No se estará saliendo el relleno y quemándose en la bandeja? ¡Sería un fastidio comer entrañas resecas y vacías!

Joséphine se volvió y abrió el horno. Tenía razón: el pavo se estaba vaciando lentamente. Se estaba formando una avalancha marrón que se caramelizaba en los bordes. Se preguntaba cómo detener la hemorragia, cuando la mano de Philippe se posó sobre la suya y los dos, manejando la cuchara con precaución, devolvieron a su lugar el exceso de relleno que brotaba del vientre del pavo.

—¿Está bueno? ¿Lo has probado? —preguntó Philippe en el cuello de Joséphine

Ella negó con la cabeza.

—Y las ciruelas, ¿las has puesto en remojo?

—Sí.

—¿En agua con un poco de armagnac?

—Sí.

—Está bien.

Susurraba junto a su cuello, ella sentía sus palabras imprimirse en su piel. Con la mano todavía posada sobre la suya, la guiaba hacia el oloroso relleno. Retiró un poco de carne de salchicha, castaña, ciruela, queso fresco y, despacio, despacio, subió la cuchara llena y humeante hasta los labios de ambos, que se juntaron. Probaron cerrando los ojos el delicado relleno de ciruelas reblandecidas que se fundía en sus bocas. Dejaron escapar un suspiro y sus labios se mezclaron en un tierno, largo y sabroso beso.

—Quizás le falte sal —comentó Philippe.

—Philippe... —suplicó Joséphine, rechazándole—. No deberíamos...

Él la estrechó contra su cuerpo y sonrió. Un poco de salsa grasienta brotaba de la comisura de sus labios, ella sintió ganas de probarla.

—¡Me haces reír!

—¿Por qué?

—¡Eres la mujer más divertida que he conocido nunca!

—¿Yo?

—Sí, tan increíblemente seria que te dan ganas de reír y de hacer reír...

Y siempre esas palabras que se depositaban en sus labios como una bruma.

—¡Philippe!

—De hecho, está muy bueno este relleno, Joséphine...

Y fue a buscar más con la cuchara, llevó el contenido a los labios de Joséphine, y se inclinó como diciendo: «¿Puedo probar?». Sus labios se mezclaron con los de ella, los rozaron, sus labios suaves, llenos, perfumados a la salsa de ciruelas con un toque de armagnac, y ella comprendió, presa de un fulminante sentimiento de felicidad, que ya no decidía nada, que había traspasado los límites que ella misma se había prometido no rebasar nunca. Llega un momento, se dijo, en que debemos comprender que los límites no mantienen a los demás a distancia, que no nos protegen de los problemas, de las tentaciones, que sólo provocan que te encierres en ti mismo, apartándote de la vida. Entonces, o decides marchitarte y permanecer dentro de los límites, o abandonarte a mil placeres franqueando esos propios límites.

—Te oigo pensar, Jo. ¡Deja de hacer examen de conciencia!

—Pero...

—Para, si no voy a tener la impresión de estar besando a una monja.

Pero existen ciertos límites que son demasiado peligrosos de atravesar, ciertos límites que no hay que franquear y eso es precisamente lo que estoy haciendo y, ay, Dios mío, Dios mío, ¡qué bien se está con los brazos de ese hombre rodeándome!

—¡Joséphine! ¡Bésame!

Él la estrechó con fuerza, silenciándole la boca como si quisiera morderla. Su beso se hizo brutal, imperioso, la empujó contra la barra ardiente del horno, ella hizo un movimiento para soltarse, él la sostuvo con fuerza, forzó su boca, la recorrió como si buscara todavía un poco de relleno, un poco de ese relleno que ella había amasado con sus manos, como si lamiera las yemas de sus dedos amasando la pasta, el sabor de las ciruelas llenaba sus bocas, él salivaba, Philippe, gemía ella, ¡oh, Philippe! Se echó contra él, hundió su boca en su boca. Cuánto tiempo, Jo, cuánto tiempo... y se apoyaba en el delantal blanco, lo frotaba, lo retorcía, la empujaba contra la puerta acristalada del horno, entraba en su boca, entraba en su cuello, apartaba la blusa blanca, acariciaba su cálida piel, bajaba sus dedos sobre sus senos, pasaba su boca por el más mínimo resquicio de piel que la blusa dejaba a la vista, por el delantal, ponía fin a días y días de espera atormentada.

Una carcajada procedente del salón les sobresaltó.

—¡Espera! —susurró Joséphine soltándose—. Philippe, ellos no deben...

—¡No me importa, si supieses lo poco que me importa!

—No debemos volver a caer...

—¿Volver a caer? —gritó él.

—Quiero decir...

—¡Joséphine! Vuelve a abrazarme, no he dicho que hayamos terminado...

Era otra voz, otro hombre. A ése no le conocía. Se abandonó, dejándose llevar por una despreocupación nueva. Tenía razón. Le daba igual. Sólo tenía ganas de continuar. ¿Así que eso era un beso? Era como en los libros, cuando la tierra se parte en dos, las montañas se derrumban, cuando se desea morir con la flor en los labios, esa fuerza que la elevaría del suelo haciéndole olvidar a su hermana, a sus dos hijas en el salón, al vagabundo de la cicatriz en el metro, la mirada triste de Luca..., para echarla en brazos de un hombre. ¡Y qué hombre! ¡El marido de Iris! Se echó hacia atrás, él la volvió a atraer, la estrechó contra él, la abrazó, desde la punta de los pies hasta la altura del cuello como si se agarrara a un punto de apoyo firme y definitivo, un apoyo para la eternidad, y susurró: «Y ahora, ¡o dejamos de hablar o nos callamos!».

En el umbral de la cocina, con los brazos cargados de paquetes que había decidido guardar en su habitación, Zoé les observaba. Permaneció allí, contemplando a su madre en brazos de su tío, y después bajó la cabeza y se marchó sigilosamente hacia su habitación.

* * *

—¿Y ahora a qué esperamos? —preguntó Shirley—. ¡Esto es una fiesta de magos, y cada uno desaparece cuando le toca el turno!

Philippe y Joséphine habían vuelto de la cocina explicando que habían evitado que el pavo quedara reseco. Su excitación contrastaba con la reserva del principio de la velada y Shirley les lanzó una mirada intrigada.

—¡Esperamos a Zoé y a su misterioso visitante! —suspiró Hortense—. Todavía no sabemos quién es.

Verificó su imagen en el espejo sobre la cómoda, retiró una mecha de pelo para colocarla detrás de la oreja, hizo un mohín, la volvió a colocar delante. Había hecho bien en no cortárselo. Su cabello denso, brillante, emitía reflejos cobrizos que subrayaban el verde de sus ojos. ¡Otra idea de esa inmadura de Agathe que seguía al pie de la letra los consejillos de las revistas! ¿Dónde pasaría las Navidades, esa mentecata? ¿En Val-d'Isère con sus padres o en Londres, en una discoteca junto a sus amigos de aspecto carcelario? Voy a prohibirles que pongan los pies en el piso. Ya no soporto sus miradas sórdidas. Se quedan mirando hasta a Gary.

—¿Será quizás alguien del edificio? —aventuró Shirley—. Se ha dado cuenta de que había una mujer o un hombre solo, esta noche, y le ha invitado.

—No veo quién puede ser —reflexionó Joséphine—. Los Van den Brock están en familia, los Lefloc-Pignel también, los Merson...

—¿Lefloc-Pignel? —repitió Philippe—. Conozco a un Lefloc-Pignel, un banquero. Hervé, creo que se llama.

—Un hombre muy guapo —subrayó Hortense—, se come a mamá con la mirada.

—¿Ah, sí...? —inquirió Philippe, mirando fijamente a Joséphine, que enrojeció bruscamente—. ¿Te ha hecho alguna insinuación?

—¡No! ¡Hortense no dice más que tonterías!

—¡Pues ese hombre demostraría tener muy buen gusto! —aseguró Philippe sonriendo—. Pero si es el que yo conozco, no es de los que se andan con jueguecitos.

—Me trata de usted, se niega a llamarme por mi nombre de pila, ¡me llama señora Cortès! ¡Estamos muy lejos de la intimidad y los juegos de seducción!

—Debe de ser el mismo —dijo Philippe—. Banquero, atractivo, austero, casado con una joven de excelente familia cuyo padre posee una banca de negocios donde ha colocado a su yerno como director...

—A ella no la he visto nunca —explicó Joséphine.

—Es rubia, siempre en segundo plano, discreta, apenas habla, se apaga delante de él. Tienen tres hijos, creo. Si recuerdo bien, perdieron uno, el primero, que murió atropellado. Tenía nueve meses. Su madre lo había dejado en su silla de bebé, en el suelo de un aparcamiento, mientras buscaba las llaves y lo aplastó otro coche.

—¡Dios mío! —gritó Joséphine—. No me extraña que esté completamente destrozada. ¡Pobre mujer!

—Fue terrible. De la gente que trabajaba con él, nadie osaba hablar de ello, les fulminaba con la mirada en cuanto intentaban darle el pésame.

—Podríais haberos cruzado, vino a verme antes de que tú llegaras.

—Hice negocios con él en otro tiempo. Un hombre susceptible, nada fácil, y al mismo tiempo con mucho encanto, don de gentes, cultura. Entre nosotros le llamábamos Doble Cara.

—¿Cómo el celo? —preguntó Joséphine, divertida.

—Es todo un cerebro, ¿sabes? Escuela Nacional de Administración, Politécnico, Escuela de Minas. Creo que tiene todos los diplomas. Dio clases en Harvard durante cuatro años. Recibió propuestas para entrar en el MIT. Cuando hablaba se inclinaban con respeto...

—¡Pues bien! ¡Es nuestro vecino y le ha echado el ojo a mamá! Un nuevo culebrón a seguir —proclamó Hortense.

—Pero ¿qué está haciendo Zoé? Tengo hambre —se quejó Gary—. ¡Qué bien huele, Jo!

—Ha ido a guardar sus regalos a su habitación —dijo Shirley.

—Voy a preparar el salmón y el foie gras, eso la hará venir —decidió Joséphine—. Podéis instalaros en la mesa, he puesto vuestros nombres en una tarjetita en cada sitio.

—¡Yo voy contigo, me toca a mí desaparecer! —dijo Shirley.

Se encontraron en la cocina. Shirley cerró la puerta y, apuntando a Joséphine con el dedo, ordenó:

—¡Y ahora, vas a contármelo todo! ¡Porque eso del pavo es una excusa penosa!

Joséphine enrojeció y cogió un plato para colocar el foie gras fresco.

—¡Me ha besado!

—¡Ah, por fin! ¡Ya me estaba preguntando a qué esperaba!

—¡Pero es mi cuñado! ¿Lo has olvidado?

—¿Y ha estado bien? En todo caso, os habéis tomado tiempo. Nos preguntábamos qué estabais haciendo.

—¡Ha estado bien, Shirley, muy bien! ¡Cómo podría imaginarlo! ¡Así que eso es un beso! He sentido escalofríos. ¡De la cabeza a los pies! ¡Y con la barra del horno quemándome la espalda!

—Ya era hora, ¿no?

—¡Tú ríete!

—¡Nada de eso! Siento el máximo respeto por un beso tórrido, uno auténtico.

Joséphine sacó el foie gras del molde con la punta de un cuchillo sumergido en agua hirviendo, lo dispuso sobre un plato, lo rodeó de gelatina, de hojas de lechuga y añadió:

—Y ahora ¿qué hago?

—Sírvelo con tostadas...

—¡No, idiota! ¡Con Philippe!

—¡Te has metido en un buen marrón! *Deep, deep shit! Welcome* al club de los amores imposibles.

—Preferiría pertenecer a otro club. Shirley, en serio..., ¿qué voy a hacer?

—Poner el salmón en una bandeja, calentar las tostadas, abrir una buena botella de vino, colocar la mantequilla en una bonita mantequera, cortar rodajas de limón para el salmón... ¡Tus problemas no han hecho más que empezar!

—Muchas gracias, ¡eres de gran ayuda! Tengo la cabeza a punto de estallar, mis dos hemisferios están luchando entre sí, el de la derecha me dice bravo, te has dejado llevar, has conocido la voluptuosidad, el de la izquierda me grita ¡atención, peligro!, ¡compórtate!

—Eso me lo sé de memoria.

Las mejillas de Joséphine se sonrojaron.

—Me gusta cuando me besa, tengo ganas de que lo vuelva a hacer. ¡Ay, Shirley! ¡Me gusta tanto! No tengo ganas de que pare.

—¡Ay! El peligro se concreta.

—¿Crees que voy a sufrir?

—La voluptuosidad intensa viene a menudo acompañada de un gran sufrimiento.

—Y tú eres una especialista...

—Y yo soy una especialista.

Joséphine reflexionó un buen rato, bajó la vista hacia la barra del horno, la acarició con los ojos, suspiró.

—Soy tan feliz, Shirley, ¡tan feliz! Aunque esta enorme felicidad no pueda durar más de diez minutos y medio. Hay gente, estoy segura, que no tiene ni diez minutos y medio de felicidad en la vida.

—¡Vaya pandilla de afortunados! ¡Dime quiénes son para que los evite!

—En cambio, ¡yo soy rica en diez minutos y medio de gran, gran felicidad! Me pasaré la película de ese beso una y otra vez y eso me bastará. Pulsaré lectura, pausa, rebobinado, beso al ralentí, pausa, rebobinado, beso al ralentí...

—¡Tus veladas van a ser apasionantes! —se burló Shirley.

Joséphine se había apoyado en el horno y fantaseaba, los brazos alrededor de su cuerpo, como si acunase un sueño. Shirley la hizo reaccionar:

—¿Y si volviésemos a la fiesta? Se van a preguntar de verdad lo que estamos haciendo.

* * *

En el salón, esperaban a Zoé.

Hortense hojeaba las obras completas de Oscar Wilde y leía pasajes en voz alta, Gary accionaba el fuelle sobre los troncos de la chimenea. Alexandre olía los puros de su padre, con aire reprobador.

—«La belleza está en los ojos del que mira» —declamó Hortense.

—*Very thoughtful indeed** —comentó Gary.

—«Las mujeres se dividen en dos categorías: las feas y las maquilladas, ¡madres aparte!».

—¡Se olvidó de las guarronas! —rugió Gary.

—«Cuando era joven creía que, en la vida, lo más importante era el dinero. Ahora que soy viejo, estoy seguro».

Gary se burló de Hortense:

—Eso no está mal... ¡para ti!

Ella hizo como si no le hubiese oído y prosiguió:

—«Sólo hay dos tragedias en la vida: una es no tener lo que se desea, la otra es obtenerlo».

---

* «Muy agudo, en verdad».

—¡Falso! —exclamó Philippe.

—¡Archiverdadero! —respondió Shirley—. El deseo sólo permanece vivo mientras se corre tras él. Se alimenta de distancia.

—Yo sí que sé lo que nutre mi deseo —susurró Philippe.

Joséphine y Philippe estaban sentados en el sofá, cerca del fuego. Él se apropió de la mano que Jo apoyaba junto a su espalda. El rostro de ella se volvió carmesí y le suplicó con la mirada que le soltara la mano. Él no hizo nada y la acarició suavemente, abriendo la palma, girándola, pasando y repasando por el espacio entre cada dedo. Joséphine no podía soltarse sin hacer un gesto brusco y atraer las miradas de los demás, así que se quedó allí, sin moverse, su mano ardiendo en la de él, oyendo las citas de Oscar Wilde sin escucharlas, intentando reír cuando los demás reían, pero siempre con un ligero retraso, que acabó por llamar la atención.

—Pero mamá, ¿has bebido o qué? —exclamó Hortense.

Fue ese momento el que eligió Zoé para irrumpir en la habitación y decretar, solemne:

—¡Todo el mundo a su sitio! Voy a apagar las luces...

Se dirigieron hacia la mesa, buscando su nombre en el plato. Se sentaron. Desplegaron sus servilletas. Se volvieron hacia Zoé que les vigilaba, los brazos a la espalda.

—Y ahora, todo el mundo cierra los ojos y nadie hace trampas.

Hicieron lo que les decía. Hortense intentó percibir lo que tramaba, pero Zoé había apagado las luces, y sólo distinguió una forma rígida, cuadrada, que se dirigía a la mesa, sostenida por Zoé. ¿Qué será eso? Debe de ser un viejo chocho que no se tiene en pie. Nos ha traído un senil como invitado misterioso. ¡Menuda sorpresa! Nos va a vomitar encima o le va a estallar una vena al primer eructo. Tendremos que llamar al Samur y a los bomberos. ¡Feliz Navidad a todos!

—¡Hortense! ¡Estás haciendo trampas! ¡Cierra los ojos!

Obedeció, aguzando el oído. El hombre, al desplazarse, hacía un ruido de papel de envolver. Quizás no tenía zapatos y llevaba los pies envueltos en periódicos. ¡Un pordiosero! ¡Nos ha traído a un pordiosero! Se tapó la nariz con los dedos. Los pobres huelen mal. Rebajó la presión para detectar el olor a podrido. No olisqueó nada sospechoso. Zoé ha debido de obligarle a ducharse; por eso ha tardado tanto rato. Después, un ligero olor a cola fresca le cosquilleó la nariz. Y otra vez ese ruidito de frotamiento en la oscuridad. Como el que hace un gato cuando se restriega contra los muebles. Soltó un bufido y esperó.

Se ha traído a un mendigo, pensó Philippe, uno de esos pobres viejos que pasan la Navidad bajo un cartón en la calle. No me molestaría. Puede pasarnos a todos. Ayer mismo, mientras esperaba el taxi frente a la estación del Norte, se había cruzado con un antiguo compañero de trabajo que caminaba apoyado en un bastón. Tenía el cartílago de la rodilla derecha hecho trizas y las piernas ya no le aguantaban. Se negaba a operarse. Ya sabes lo que es, Philippe, paras un mes, dos meses, y te echan de la carrera, pues yo, hace seis meses que ya no hago nada, le había respondido Philippe, y me da completamente igual. Le saco partido a la vida y me gusta, había pensado viéndole marcharse tambaleándose. Compro obras de arte y soy feliz. Y beso a la única mujer del mundo a la que no tengo derecho a besar. Descubrió entre sus labios el sabor del beso, que se prolongaba, se expandía. Buscó con la punta de la lengua un trozo de ciruela, lamió un poco de armagnac. Sonreía beatíficamente en la penumbra. La próxima vez que vaya a Nueva York, me la llevaré. Viviremos felices, escondidos, llenándonos los ojos de belleza, asistiremos juntos a las subastas. El volumen de negocio de las dos últimas semanas de ventas en Nueva York había alcanzado los mil millones trescientos mil dólares, es decir, más o menos el equivalente a doscientos cincuenta años del presupuesto de adquisiciones del Centro Pompidou. Me veo perfectamente dirigiendo un museo privado en el que pueda exponer mis adquisiciones. Enseñaré a Alexandre a comprar pintura. En Christie's, el otro día, el afortunado comprador del *Cape Codder Troll*, una escultura de Jeff Koons, era un chavalín de diez años, sentado entre su padre, un magnate de la construcción, y su madre, una famosa psiquiatra. El capricho del niño les había costado trescientos cincuenta y dos mil dólares ¡pero parecían muy orgullosos! Alexandre, Joséphine, Nueva York, obras de arte a montones, la felicidad emergía como algo pequeño, que no existía justo antes del beso con sabor a pavo, y ahora ocupaba todo el espacio.

—Cuando encienda las luces podréis abrir los ojos —anunció Zoé.

Lanzaron un grito de sorpresa. En el lugar de la silla vacía estaba instalado... Antoine. Una foto de Antoine de tamaño natural pegada sobre un panel de poliestireno.

—Os presento a papá —declaró Zoé, con los ojos brillantes.

Ellos contemplaron, con embarazo, la silueta de Antoine, y sus miradas se volvieron hacia Zoé. Para volver después a fijarse en Antoine, como si fuese a cobrar vida.

—Creía que estaría aquí por Nochebuena, pero no ha podido. Así que he pensado que estaría bien que estuviese con nosotros esta noche, porque una Nochebuena sin papá no es una Nochebuena. Nadie puede reemplazar a papá. Nadie. Así que me gustaría que levantásemos todos nuestras copas a su salud, que le digamos que le esperamos y que estamos deseando que esté con nosotros.

Debía de haberse aprendido su discursito de memoria, porque lo había recitado de un tirón. Los ojos fijos en la efigie de su padre en traje de cazador.

—¡Se me olvidaba! No va muy elegante para una cena de Nochebuena, pero me ha dicho que lo comprenderíais..., que después de todo lo que había vivido, la elegancia era la menor de sus preocupaciones. ¡Porque ha vivido muchas aventuras!

Antoine vestía una camisa sport beige, un fular blanco y un pantalón de caza caqui. La camisa remangada dejaba al descubierto sus antebrazos rubios, bronceados. Sonreía. El pelo castaño claro, cortado muy corto, el tono tostado y un aire de orgullo le daban la audacia de un cazador de grandes fieras. Tenía el pie derecho sobre un antílope, pero no se veía, el pie y el antílope estaban escondidos bajo el mantel. Joséphine reconoció la foto: la habían hecho justo antes de que le despidiesen de Gunman, cuando el futuro todavía le sonreía, cuando no se hablaba de fusión ni de despidos. El efecto era sobrecogedor; todos tenían la impresión de que Antoine estaba con ellos.

Alexandre hizo un movimiento instintivo de sorpresa y desplazó su silla hacia atrás, lo que provocó que Antoine se desequilibrara y cayera.

—¿No le das un beso, mamá? —pidió Zoé recogiendo la efigie de su padre, que volvió a colocar ante su plato.

Joséphine sacudió la cabeza, petrificada. No es posible. ¿Estará vivo de verdad? ¿Habrá vuelto a ver a Zoé sin que yo lo sepa? ¿Fue él quien tuvo la idea de esta grotesca puesta en escena o lo ha hecho ella sola? Permaneció inmóvil, frente al Antoine de cartón piedra, intentando comprender.

Philippe y Shirley se miraban, con unas terribles ganas de echarse a reír que intentaban reprimir mordiéndose el interior de las mejillas. Muy del estilo de ese cazador de opereta venir a aguarnos la fiesta, rumiaba Shirley en su cabeza, ¡él, que sudaba a chorros de miedo cuando tenía que hablar en público!

—No eres nada hospitalaria, mamá. A un marido hay que darle un beso en Nochebuena. Al fin y al cabo, todavía estáis casados.

—Zoé..., te lo ruego —balbuceó Joséphine.

Hortense contemplaba el retrato de su padre tirándose de un mechón de pelo.

—¿A qué estás jugando, Zoé? ¿Nos estás ofreciendo una secuela de los *Invasores* o de «Papuchi, el regreso»?

—Papá no puede reunirse todavía con nosotros, así que se me ha ocurrido hacerle un sitio en la mesa y me gustaría que bebiésemos todos a su salud.

—¡Papatabla, querrás decir! —soltó Hortense—. De este modo llaman a este tipo de collage en Estados Unidos ¡y lo sabes muy bien, Zoé!

Zoé no se inmutó.

—Eso no se le ha ocurrido a ella solita, lo ha leído en los periódicos ingleses —continuó Hortense—. *Flat Daddy!* Viene de Norteamérica. Empezó cuando la mujer de un militar destinado en Iraq se dio cuenta de que su hija de cuatro años ya no reconocía a su padre durante un permiso, después las familias de la Guardia Nacional la imitaron y se extendió. Ahora todas las familias de militares americanos destinados en el extranjero reciben su *Flat Daddy* por correo si lo piden. ¡Zoé no ha inventado nada! Simplemente ha decidido aguarnos la fiesta.

—¡Nada de eso! Tenía ganas de que estuviese aquí, con nosotros.

Hortense saltó como un muelle liberado de su caja.

—¿Qué quieres, que nos sintamos culpables? ¿Demostrarnos que eres la única que no le olvida? ¿Que le quieres de verdad? Pues has perdido. Porque papá está muerto. ¡Hace seis meses! ¡Se lo comió un cocodrilo! No te lo han dicho para protegerte ¡pero es la verdad!

—¡Es mentira! —chilló Zoé tapándose los oídos con las manos—. ¡No se lo ha comido un cocodrilo porque nos ha enviado una postal!

—¡Pero si no era más que una vieja postal enmohecida, olvidada en correos!

—¡Mentira! ¡Supermentira! ¡Era papá, vivo, que nos enviaba noticias suyas! ¡Y tú no eres más que una garrapata asquerosa que apesta y a quien le gustaría que todo el mundo estuviese muerto para que no hubiese nadie más que tú en la tierra! ¡Sucia garrapata! ¡Sucia garrapata! —Zoé empezó a insultarla a voz en grito entre sollozos.

Hortense se dejó caer sobre la silla haciendo un gesto con la mano que significaba: «Esto es demasiado para mí. Abandono». Joséphine se deshizo en lágrimas, tiró la servilleta y abandonó la mesa.

—¡Genial, Zoé! —gritó Hortense—. ¿Tienes alguna otra sorpresita reservada para que nos sigamos divirtiendo? ¡Porque estamos muertos de risa!

Gary, Shirley y Philippe esperaban, incómodos. La mirada de Alexandre iba de una prima a otra, intentando comprender. ¿Estaba muerto, Antoine? ¿Devorado por un cocodrilo? ¿Como en el cine? El foie gras palidecía en el plato, las tostadas se acartonaban, el salmón transpiraba. Un olor a quemado se extendió, procedente de la cocina.

—¡El pavo! —gritó Philippe—. ¡Nos hemos olvidado de apagar el horno!

En ese mismo momento, reapareció Joséphine, cubierta con el gran delantal blanco.

—El pavo se ha quemado —anunció con gesto de disgusto.

Gary lanzó un suspiro de desesperación.

—Son las once y no hemos cenado todavía. ¡No hacéis más que joder con vuestros melodramas, los Cortès! ¡Es la última Nochebuena que paso con vosotros!

—Pero ¿qué pasa? ¿Es la guerra? —exclamó Shirley.

—¡Respuesta correcta! —chilló Zoé, apropiándose del Papatabla y volviendo a su habitación con paso militar.

Gary cogió el plato de salmón, se sirvió dos lonchas e hizo lo mismo con el foie gras.

—Lo siento —comentó con la boca llena—, yo empiezo antes de que se monte un nuevo numerito. ¡Lo apreciaré mejor con la tripa llena!

Alexandre le imitó, metiendo las manos en las bandejas. Philippe volvió la cabeza. No era el momento de dar una lección de modales a su hijo. Joséphine, derrotada en la silla, contemplaba la mesa con la mirada perdida y acariciaba las letras bordadas del delantal. SOY EL CHEF Y HAY QUE OBEDECERME.

Philippe propuso olvidar el pavo calcinado y pasar directamente a los quesos y al tronco de Navidad.

—Empezad sin mí. Voy a ver a Zoé —anunció Joséphine, levantándose.

—¡Ya empezamos! ¡Volvemos al juego de la gente que desaparece! —dijo Shirley—. ¡Me gustaría probar el foie gras antes de convertirme en un fantasma!

* * *

Mylène Corbier tiró su bolso Hermès —auténtico, comprado en París, no una imitación como las que se encontraban en cualquier esquina— sobre el gran sillón de cuero rojo de la entrada y contempló su hogar con satisfacción. Murmuró ¡qué bonita! ¡Pero qué bonita es! ¡Y es mi casa! ¡La he pagado con MI dinero!

En los seis meses que había pasado en Shanghai no había perdido el tiempo. El piso que tenía lo atestiguaba. Amplio, con grandes ventanales, grandes cortinas de tela cruda y carpintería en las paredes que le recordaban la casa de su infancia, cuando era aprendiz de peluquera y vivía en casa de su abuela en Lons-le-Saunier. Lons-le-Saunier, cuyo orgullo era ser la ciudad natal de Rouget de Lisle. Lons-le-Saunier, dos minutos de parada, Lons-le-Saunier, una eternidad de aburrimiento.

El piso se extendía como un largo loft, dividido por separaciones altas equipadas con persianas. En las paredes, una pátina color cáscara de huevo. «¡El colmo de lo chic!», pronunció en voz alta chascando la lengua contra el paladar. Era inevitable que hablara sola, no tenía a nadie con quien compartir su satisfacción. Ya era suficientemente penoso vivir sola, ¡así que sola y muda! Sobre todo en esta época de fiestas. Nochebuena y Nochevieja, iba a celebrarlas en la intimidad, junto a su abeto de plástico encargado en Internet. Y un pequeño belén al pie del abeto. Su abuela se lo había dado antes de partir a China: «¡Y no te olvides de rezar al Niño Jesús cada noche! Él te protegerá».

De momento, el Niño Jesús había cumplido su contrato a pies juntillas. No tenía nada que reprocharle. Le hubiese gustado un poco de compañía, un abrazo de vez en cuando, pero aquello no parecía ser su prioridad. Suspiró, no se puede tenerlo todo, lo sé. Había elegido vivir en Shanghai y tener éxito, las alegres celebraciones las dejaría para más adelante. Cuando fuera rica. Muy rica. Por el momento, era pasablemente rica. Tenía un hermoso piso, un chofer a tiempo completo (¡cincuenta euros al mes!), pero todavía dudaba si comprarse un animal de compañía. Cinco mil euros al año de impuestos si sobrepasaba el tamaño de un chihuahua. Quería un perro de verdad, lleno de pelo y babeante, no un modelo reducido que pudiera meterse en el bolso, junto a la polvera. En este país, en cuanto se añadía un habitante al metro cuadrado, había que pagar. ¡Cinco años de salario si querías un segundo hijo! Por el momento, se contentaba con hablar sola o ver la tele. Si la soledad me pesa demasiado, me compraré un pez rojo. Eso está permitido. Incluso traen buena suerte. Empiezo por el pez rojo, me hago rica y después... O me compro una tortuga. Las tortugas también traen buena suerte. Una bonita tortuga y su pareja. Me mirarán con sus ojos esféricos y su espolón sobre la nariz. Parece que son muy afectuosas... Sí pero, cuando tienen miedo, ¡sueltan gases nauseabundos!

En el belén estaban el buey y la mula, las ovejas, los pastores, los campesinos acarreando gavillas de paja sobre los hombros. Jesús y sus padres no habían llegado todavía. Esa noche, a las doce en punto, depositaría al pequeño Jesús en pañales en su lecho de paja, rezaría sus oraciones, cogería una pequeña botella de champán e iría a acostarse delante de la tele.

Desde la entrada se veía su habitación, la gran cama con dosel de hierro forjado cubierta de colchas blancas, el parqué de largas lamas claras, los muebles bien encerados, las lámparas de laca de China. Había aprendido el gusto, el buen gusto de los que nacen con el sentido de los materiales, de los colores, de las proporciones. Había estudiado las revistas de decoración. Para el resto, bastaba con pagar las facturas. Todo era posible. Y cuando digo «todo», quiero decir TODO. Se les pone delante la cosa más complicada, y la copian hasta el más mínimo detalle. ¡Ya está! Te reproducen incluso las marcas de la carcoma en la madera de los muebles, para imitar el paso del tiempo.

Había recorrido un largo camino desde que había dejado su asqueroso estudio de Courbevoie. «¡Asqueroso, sí, cariño! ¡No tengamos miedo a decir las cosas por su nombre!» exclamó lanzando los zapatos de tacón alto que le curvaban la espalda como un torero frente al astado. Muebles reciclados, una cocinilla estrecha, mal ventilada, que daba a la única habitación que servía de salón-comedor-habitación-armario. Una colcha de piqué blanco, cojines desperdigados, migas de pan que se incrustaban en los pliegues y que le pinchaban en los riñones cuando se acostaba. Y por la noche, cuando desplegaba la tabla de planchar, podía tocar la nariz del presentador del telediario con la punta de la plancha. «¡Hola, Patrick!», exclamaba mientras alisaba el cuello blanco. Lo había convertido en un chiste: «¡Al presentador le conozco bien, le plancho la nuez del cuello todas las noches!». Seguía siendo coqueta y planchaba cuidadosamente la ropa que iba a ponerse al día siguiente. No por el hecho de no tener nada hay que comportarse como una cualquiera, confiaba al periodista que relataba con voz anodina toda la infelicidad del planeta.

¡Qué asco de época! Cuidando las propinas para terminar el mes y reanimar su miserable salario. Saltándose la cena para conservar su línea y la de su cartera. No descolgaba el teléfono cuando aparecía el número del banquero y se desmayaba cuando recibía un sobre impreso. ¡Menuda existencia! Se había planteado seriamente dedicarse a las citas, una o dos por semana, con tal de subsistir. Tenía algunas amigas que ligaban por Internet. Se había preparado para ello, al menos eres tú la que decides, eliges el cliente, las posturas, la duración de la entrevista, la tarifa. Eres tu propio jefe. Tienes tu pequeña empresa. Nadie que te acose. Aquí te pillo aquí te mato. ¿Tenía acaso alternativa? ¿Cómo pago el alquiler, los impuestos, las tasas locales, los seguros, la licencia, el gas, la electricidad, el teléfono, con los tres duros y medio que gano? Sentía la mirada de los hombres sobre su escote. Babeaban. Ella los llamaba los Rantanplán. Estaba a punto de ceder ante los ardores de un Rantanplán con pasta cuando llegó Antoine Cortès.

Un salvador. Antoine Cortès, el caballero sin miedo ni reproche que le hablaba de África, de las grandes fieras, de los vivaques, de los disparos de fusil en la noche, de los beneficios, del éxito, mientras daba mordiscos a la quiche congelada que ella le calentaba en el microondas, antes de reunirse con él bajo la colcha de piqué blanco.

Después había llegado África. El Croco Park en Kilifi. Entre Mombasa y Malindi. Estremecedor. Las playas de arena blanca. Los cocoteros. Los cocodrilos. Los proyectos grandiosos. La casa con criados. ¡Nada que hacer salvo estirar los pies bajo la mesa! Las hijas de Antoine iban a visitarle. Eran majas. Sobre todo Zoé, la pequeña. Ella se dedicaba a confeccionarle un guardarropa, la vestía como a una muñeca, le rizaba el pelo. La mayor la había despreciado al principio, pero había terminado por metérsela en el bolsillo. Cuando ellas estaban, todo marchaba bien. Incluso marchaba muy bien. Quería mucho a esas niñas. Tenía que contenerse para no comérselas a besos. Sobre todo a Hortense, a la que no le gustaba nada que la sobaran. Se las llevaba a la playa con una cesta de *picnic* llena de sus bocadillos preferidos, zumos de fruta fresca, mangos y piñas. Jugaban a las cartas y cocinaban cantando a voz en grito. Recordaba un wapiti con patatas dulces que había acabado caramelizándose en el fondo de la olla, imposible despegarlo, ¡un bloque de hormigón! Hortense lo había bautizado *What a pity*. ¿Cuándo volvemos a comer *What a pity*?, canturreaba por la casa. Sobre todo no se lo digas a tu padre, piensa que soy una pésima cocinera, había suplicado Mylène, será nuestro secreto, nuestro secretito, ¿de acuerdo? De acuerdo, pero ¿qué me das a cambio?, había respondido Hortense. Te enseñaré a pintarte el contorno de ojos y a ponerte pestañas postizas, y te haré una manicura francesa. Hortense le había tendido las manos.

Pero en cambio... Los días sin hacer nada salvo leer revistas y cuidarse las uñas. Esperar a Antoine, tumbada en la hamaca. Antoine trabajando, Antoine desanimándose, Antoine desencantándose. Las dificultades por culpa de esos bichos asquerosos que se negaban a reproducirse y se comían a los empleados. El señor Wei que amenazaba a Antoine. Antoine que ya no trabajaba. Antoine que había empezado a beber. Se aburría en su hamaca. ¡Los dedos se me van a quedar como muñones a fuerza de limarme las uñas! ¡Yo no estoy acostumbrada a la ociosidad! Ganas de trabajar, de ganar dinero. Él se reía sarcásticamente, y bebía. Ella había cogido la sartén por el mango. Se había sentado a su mesa, había llevado la contabilidad, anotó las cifras en el gran libro, estudió los ingresos, las amortizaciones, los beneficios, había aprendido cómo funcionaba el negocio. Imitaba la letra de Antoine, las patas de las emes estrechas y delgadas, y sus oes agarrotadas, el brusco pico de sus eses aplastado al final de la palabra. Imitaba su firma. ¡Y ya está! El señor Wei no se dio cuenta de nada. Hasta el día trágico en que...

Apartó con un gesto de la mano el horrible recuerdo. Atroz, atroz, tengo que olvidarlo, pobrecito mío. Sintió un escalofrío, sacudió la cabeza. Su mano tanteó la mesa baja, cogió un cigarrillo. Lo encendió. Le dio una calada. Aquello era nuevo. Malo para el cutis. Había bautizado su línea de maquillaje «Belle de Paris» y su fondo de maquillaje «Lys de France», con un bonito dibujo en relieve de un lis blanco en la caja.

¡Mi *best seller*! El producto que aclara, alisa, unifica y maquilla al mismo tiempo. Cuando estaba en el Croco Park, se estrujaba la cabeza para buscar algo en que ocuparse, y había pensado en los productos de belleza. La belleza era su especialidad. Era coqueta y apreciaba la pintura. Sobre todo Renoir y sus mujeres gruesas, sonrosadas. Vaya impresión que causaban esas mujeres, no habían dado paso al impresionismo por casualidad, y todavía se habla de ello. Se lo había contado a Antoine, que se había encogido de hombros. Había hablado con el señor Wei y él le había pedido un «proyecto de explotación». ¡Caramba! ¿Qué quiere decir eso?

Había empezado haciendo una encuesta hablando con las chinas que vivían en Croco Park. Había leído, en Internet, que era así como procedían muchas empresas extranjeras antes de lanzar un producto en China. Pasar tiempo con el cliente para comprender sus hábitos de consumo. Los diseñadores de la General Motors habían recorrido la provincia de Guangxi y visitaron a los compradores de camionetas en sus casas, en sus granjas. Se habían sentado en la acera hablando sobre lo que les gustaba o no de sus vehículos. Ella había hecho como la General Motors. Había charlado con las chinas en un inglés macarrónico, y había comprendido que el único producto de belleza con el que soñaban era el que les hacía la piel más blanca. *White, white,* repetían tocándole las mejillas. Estaban dispuestas a dejarse el sueldo por un bote de blanco. Ella había tenido una idea genial: había concebido un producto que hacía a la vez de maquillaje y de blanqueador. Con un poco de amoniaco dentro. Sólo un poco. No estaba segura de que fuese muy bueno para la piel, pero funcionaba. Y el señor Wei había aceptado ser su socio.

Aquí todo era tan fácil... Se podía producir lo que se quisiera, bastaba con explicar bien lo que se deseaba y ¡ya está! La cadena de fabricación se ponía en marcha. Precio de coste, precio de venta, beneficio, cuánto, *how much,* el cálculo se hacía rápido. No se necesitaba contrato. No hacían pruebas, no se preocupaban por saber si era bueno o no para la piel. Un ensayo y, si funcionaba, ponían en marcha la producción.

El señor Wei había probado el producto con las obreras de una fábrica. El stock había sido desvalijado en pocos minutos. Había decidido venderlo en zonas rurales y, después, por Internet. Le había explicado, entornando los ojos como ranuras de hucha, que setecientos cincuenta millones de chinos vivían en el campo, que sus ingresos por habitante no dejaban de aumentar, que ése era su objetivo. Después había citado el ejemplo de Wahaha, el mayor fabricante de bebidas del país, que se había expandido empezando por el campo. La publicidad de Wahaha consistía en cubrir con su logo las paredes de los pueblos. Mylène había cerrado los ojos, imaginándose paredes de casas de adobe completamente cubiertas de flores de lis reales, y había recordado con emoción a Luis XVI. Como si volviese a restaurarlo en su trono.

—Las multinacionales hacen frente a un desafío inmenso en términos de distribución en la China rural —había insistido el señor Wei—. No debemos hacer como los occidentales que piensan sólo en las ciudades.

Ella confiaba en él. Él se ocupaba de la producción, ella de la creación. Treinta y cinco por ciento para cada uno y el resto para los intermediarios. Para que pusiesen nuestro producto en primer plano. Había que untarles. Así es como funcionan las cosas aquí, decía con su voz nasal. A veces, ella caía en la tentación de preguntar algo. Entonces él tosía, con fuerza, con reprobación, como si le prohibiese penetrar en sus dominios. Tengo que desconfiar más, no poner todos los huevos en el mismo cesto. Marcel Grobz la había ayudado. Volveré a hablar con él, nunca se es lo bastante prudente. Al mismo tiempo, no debo enfadarme con Wei, me ha conseguido productos financieros jugosos. Me aconsejó comprar acciones de la aseguradora China Life y han subido más del doble de su valor el primer día de cotización. Nunca se me habría ocurrido a mí sola.

Y sin embargo, ideas, las tenía a montones. Esa mañana, al levantarse, ¡ya está! Había tenido un flash: un teléfono móvil con polvera y lápiz de labios. Por un lado, el teclado del teléfono, por el otro, una cajita de maquillaje. ¿Acaso no es una idea genial? Tengo que registrarla. Tengo que llamar al abogado de Grobz. Buenos días, soy yo, ¡la hija de Einstein y de Estée Lauder! Después bastaría con susurrar tres palabras al Mandarín Avispado.

Él partía al día siguiente a Kilifi. Se lo contaría cuando volviera. Había encontrado un nuevo responsable para dirigir el Croco

Park. Un holandés brutal al que le daba igual que los cocodrilos se comiesen a los empleados. Los cocodrilos se habían puesto a copular. Les había hecho pasar hambre para que la naturaleza siguiese su curso y se lanzaran unos contra otros. Había habido un baño de sangre y después los más fuertes habían ganado y habían establecido su supremacía en la colonia. Las hembras se dejaban montar sin rechistar. «Sienten quién es el amo y se inclinan ante él», se jactaba por teléfono al señor Wei que se acariciaba los cojones con las piernas abiertas. Él también quiere mostrarme quién es el amo, había pensado Mylène mientras le dedicaba una sonrisa algo forzada.

Tengo que darle una carta para que la envíe. Se levantó, fue a sentarse ante su secreter de madera natural sobre el que destacaban las fotos de Hortense y Zoé, abrió un cajón y sacó su carpeta. Hacía una copia de cada carta, para no repetirse. Suspiró. Mordisqueó el tapón del bolígrafo. Había que evitar las faltas de ortografía. Por esa razón no escribía textos demasiado largos.

* * *

—¿A qué hora vienen? —preguntó Josiane, que salía del cuarto de baño masajeándose los riñones.

Hacía dos semanas que dormía mal. Tenía la nuca como escayolada y la espalda le dolía como si tuviese clavados pequeños cuchillos, como los que se lanzan en los circos a dianas vivientes.

—¡A las doce y media! También vendrá Philippe. Con Alexandre. Y una tal Shirley y su hijo, Gary. ¡Vienen todos! Siento un cosquilleo de felicidad. Voy a poder presentarte, mi reina. ¡Hoy, 1 de enero, es un gran día!

—¿Estás seguro de que es una buena idea?

—¡Deja de refunfuñar! Ha sido Joséphine quien ha propuesto esta comida. Nos había invitado a su casa, pero pensé que te sentirías mejor si los recibíamos en la nuestra. Piensa en Junior. Necesita una familia.

—¡No son su familia!

—Pero ya que nosotros no tenemos ¡que nos presten la de los demás!

Josiane daba vueltas alrededor del lecho, vestida con su salto de cama y estirando el cuello como una jirafa con artrosis.

—Ya no están de moda las familias, ya nadie tiene... —murmuró.

Él no la escuchaba, estaba reconstruyendo el mundo, su Nuevo Mundo.

—Me conocieron despreciado, rebajado, humillado por la Escoba. Ahora haré de Rey Sol ¡en su Palacio de Cristal! Buenos días, súbditos, aquí está mi palacio, mis lacayos, ¡mi Principito! Mujer, ¡tráeme la peluca empolvada y mis mocasines con hebillas!

Se dio la vuelta sobre la cama, los brazos en cruz, sus muslos de gigante pelirrojo cubiertos apenas por los faldones de su camisa blanca. Marcel Grobz. Una gruesa pelota de pelo rubio, de michelines blanduzcos, de carne rosa manchada, iluminada por dos ojos nomeolvides, vivos como hojas de espada.

Josiane se dejó caer sobre la cama a su lado. Él iba recién afeitado y perfumado. Sobre una silla estaban dispuestos un traje de alpaca gris, una corbata azul y gemelos a juego.

—Qué guapo te pones...

—Me siento guapo, Bomboncito. ¡Es distinto!

Ella apoyó la cabeza sobre su hombro y sonrió.

—Antes ¿no te sentías guapo?

—Antes era un sapito feo. ¡Anda! Incluso me pregunto cómo pudiste fijarte en mí.

Es verdad que no era un dios griego, el tal Marcel. Al principio, debía reconocerlo, se había sentido más atraída por su cartera que por su encanto pero, muy pronto, su vitalidad, su generosidad la habían conmovido, y había terminado por convertirse en su amante titular, antes de verse consagrada como única mujer de su vida y madre de su pequeño.

—No me fijé en los detalles, ¡me quedé con el conjunto!

—¡Es lo que se dice de los feos! ¡El famoso encanto de los adefesios! Pero me da igual, ahora soy el gran Mamamouchi...

—Aún más sexy que el gran Mamamouchi...

—¡Para, Bomboncito, que me estás excitando! ¡Atenta a mi slip! ¡Recto como el mástil de un barco en la tempestad! Si nos volvemos a acostar ¡tardaremos en levantarnos!

Seguía teniendo el mismo apetito en la cama. Ese hombre estaba hecho para comer, beber, reír, gozar, escalar montañas, plantar baobabs, acallar truenos, apagar rayos. ¡Y pensar que esa víbora de Henriette había querido hacer de él un caniche empolvado! Otra vez había soñado con ella. ¿Qué coño hace rondando mis noches, esa vieja?

—¿Tienes noticias de la Escoba? —preguntó, prudente.

—Sigue sin querer divorciarse. Sus condiciones son exorbitantes ¡y no cederé! ¿Me hablas de ella para que se me desinfle?

—¡Te hablo de ella porque se me aparece por las noches!

—¡Ah! Por eso te falta ánimo estos últimos tiempos...

—Me siento triste como una media secándose sola. Ya no tengo ganas de nada...

—¿Ni siquiera de mí?

—¡Ni siquiera de ti, ¡mi osito!

El barco perdió el mástil de golpe.

—¿Hablas en serio?

—No hago nada, no tengo hambre, ya no como...

—¡Debe de ser grave!

—Me duele la espalda. Como si me acuchillaran.

—Tienes ciática. Ha sido el embarazo, que te ha arruinado la osamenta.

—Sólo tengo ganas de sentarme y llorar. Incluso Junior me deja fría.

—Por eso pone mala cara. Le veo huraño últimamente.

—Debe de aburrirse. Antes le entretenía constantemente. Le daba vueltas por el aire, le deslizaba de un lado a otro, bailaba el cancán vestida con muselinas...

—¡Y ahora estás desinflada como un globo en un bosque de cactus! ¿Has visitado a un matasanos?

—No.

—¿Y a madame Suzanne?

—¡Tampoco!

Marcel Grobz se incorporó, inquieto. La situación era grave si ni siquiera se planteaba visitar a madame Suzanne. Madame Suzanne había predicho la firma del contrato con los chinos, la mudanza al gran piso, el nacimiento de Junior, la caída de Henriette, e incluso la muerte de un familiar entre las afiladas fauces de un monstruo. Madame Suzanne cerraba los ojos y veía. El ojo miente, afirmaba, se ve mejor con los ojos cerrados, la verdadera visión es interior. Nunca se equivocaba y cuando no veía nada, lo decía. Y para asegurarse de conservar su don intacto, no pedía nunca dinero.

Para ganarse la vida, trabajaba como pedicura. Pelaba los dedos de los pies, retiraba las pieles muertas, limaba las durezas, auscultaba los órganos presionando puntos precisos y, mientras sus dedos recorrían, ágiles, el largo de los metatarsos y de las falanges, se introducía en el alma y descifraba el Destino. Con una simple presión sobre la bóveda plantar, se remontaba hasta los órganos vitales, descubría la bondad o la maldad de aquel cuyo pie sostenía. Ponía al descubierto el fluido blanco de aquel con un gran corazón, el sucio carbón del conspirador, la ácida bilis del malvado, el humor amarillento del celoso, el cálculo azul del avaricioso, el coágulo rojo del libidinoso. Inclinada sobre los tres cuneiformes, penetraba en el alma y leía el porvenir. Sus dedos iban y venían, murmuraba frases deslavazadas. Había que aguzar el oído para recibir el oráculo. Cuando el mensaje era importante, se balanceaba de derecha a izquierda y repetía *in crescendo* los mandatos de una voz llegada de lo alto que le susurraba al oído. Así fue como Josiane supo que tendría un hijo, «un hermoso varón bien dotado, con cabeza de fuego, palabras de plata, cerebro de platino, el oro fluirá de su boca y sus brazos poderosos harán vacilar las columnas del templo. No habrá que contrariarle, pues pronto surgirá el hombre de los pañales del niño».

También podía ocurrir que, tras haber guardado sus afiladas pinzas, sus limas, sus pulidores, sus ungüentos y sus aceites, se levantara y dijera: «No creo que vuelva, su alma es demasiado malvada, apesta a azufre y a algo podrido, no serviría ni para fiambre». El cliente, debilitado de placer sobre la camilla, defendía su blancura inmaculada. «No insista», añadía madame Suzanne, «arrepiéntase, enmiéndese y quizás vuelva a ocuparme de las plantas de sus pies».

Una vez al mes, madame Suzanne desembarcaba con su maletín y su expresión aguda de zahorí de almas. A veces, Marcel, tras haber cometido alguna indelicadeza financiera o un golpe bajo, escondía su bóveda plantar a la vidente, pues lo que más deseaba era conservar su estima. Madame Suzanne le explicaba entonces que, a veces, en el mundo sin piedad en el que vivíamos, había que emplear las mismas armas que los rivales, entonces, en ese caso, y a condición de no dañar al más débil, la maldad le sería perdonada.

—Es como si me hubiesen vaciado por dentro —proseguía Josiane—. Como si no hubiese nadie en mi interior. Estoy como desdoblada. Me ves, pero no estoy aquí.

Marcel Grobz escuchaba, incrédulo. Nunca Bomboncito había mencionado algo parecido.

—¿No estarás sufriendo una depresión nerviosa?

—Es posible. No sé nada de esa enfermedad. En mi familia no ha habido nunca nada de eso.

Él estaba perplejo. Posó la mano sobre la frente de Josiane y sacudió la cabeza. No tenía fiebre.

—¿Quizás un poco de anemia? ¿Te has hecho unos análisis?

Josiane hizo una mueca negativa.

—Bueno, habrá que empezar por ahí.

Josiane sonrió. Estaba inquieto, su gordito. Su expresión preocupada le recordaba que ella era sus nieves eternas. Le bastaba con observarla para tranquilizarse.

—Dime, Marcel, ¿me quieres todavía como a la Virgen Santa con la que te acostarías?

—¿Acaso lo dudas, Bomboncito? ¿Todavía lo dudas?

—No. Pero me gusta oírtelo decir... A fuerza de frotarnos la piel, nos olvidamos de pulirla.

—Te voy a decir una cosa, Bomboncito, no me he levantado ni un solo día, óyeme, ni un solo día, sin agradecer a los de arriba la felicidad inmensa que me ha sido concedida al encontrarte.

Estaban sentados sobre la cama, apoyados uno contra otro. Meditando sobre ese extraño mal que atacaba a Josiane, esa languidez que la envolvía y le quitaba las ganas, el apetito, el deseo, todas esas virtudes que la mantenían viva desde que era una niña.

La comida fue un éxito. Junior, sentado presidiendo la mesa en su trona de bebé, reinaba como el señor del castillo. Sostenía su biberón con la mano y lo golpeaba contra el armazón de su silla para imponer su voluntad. Le gustaba que la mesa estuviese bien puesta, que vasos, cuchillos y tenedores estuviesen en su sitio y si, por casualidad, algún comensal se equivocaba de lugar, golpeaba su silla con el biberón, hasta que el culpable hubiese rectificado su error. Se notaba, por cómo fruncía el ceño, que intentaba seguir la conversación. Se concentraba tanto que parecía congestionado.

—Creo que está haciendo caca —susurró Zoé a Hortense.

Marcel había colocado un regalo en cada plato. Un billete de doscientos euros para cada niño. Hortense, Gary y Zoé se sobresaltaron al descubrir el gran billete amarillo doblado en dos dentro de un sobre. Zoé estuvo a punto de preguntar: «¿Es auténtico?», Hortense tragó saliva y se levantó para besar a Marcel y a Josiane. Gary, incómodo, miraba a su madre, preguntándose si había que protestar. Shirley le hizo una seña para que no dijera nada, se arriesgaba a ofender a Marcel.

Philippe recibió una botella de Château-cheval-blanc, premier grand cru, clase A, Saint-Émilion 1947. Giraba suavemente la botella entre sus manos, mientras Marcel recitaba la palabrería del bodeguero que le proveía de vino: «Rojo intenso, la grava que capta el sol durante el día y abriga el viñedo durante la noche». Philippe, divertido, hizo una reverencia, y le prometió que se lo beberían juntos en el décimo cumpleaños de Junior.

Junior dio su aprobación con un sonoro eructo.

En el plato de Joséphine y Shirley, Marcel había colocado un brazalete de oro blanco, decorado con treinta diamantes tallados, y en el de Josiane un par de pendientes, coronados por una gruesa perla gris de cultivo de Tahití salpicada de diamantes. Shirley protestó, no podía aceptarlo. De ninguna manera. Marcel la previno que dejaría la mesa si rechazaba su regalo. Se consideraría ofendido. Ella insistió, él se enrocó, ella se obstinó, él siguió en sus trece, ella se empeñó, él no quiso ceder.

—Me encanta jugar a Papá Noel, ¡tengo un saco desbordante de regalos que hay que vaciar de vez en cuando!

Josiane, pensativa, acariciaba sus pendientes.

—¡Es demasiado, mi osito! ¡Voy a parecer un pedrusco!

Joséphine murmuró:

—Marcel, ¡estás loco!

—Loco de felicidad, Jo. No sabes el regalo que me hacéis viniendo a comer a mi casa. Nunca pude imaginar que... Mira, mi querida Jo, ¡me están entrando ganas de llorar!

Le temblaba la voz, parpadeaba, torcía la nariz para borrar la emoción que le invadía. Joséphine sintió a su vez un nudo en la garganta y Josiane se sorbió los mocos, vuelta de espaldas para que nadie la viera.

Fue ése el momento que eligió Junior para alejar la melancolía dando un gran golpe de biberón en su silla que significaba: basta de melindres, me estoy aburriendo, ¡acción!

Se volvieron hacia él, sorprendidos. Él les dedicó una gran sonrisa, echando la cabeza hacia delante como para animarles a conversar con él.

—Se diría que tiene ganas de hablar —dijo Gary, extrañado.

—¿Has visto cómo extiende el cuello? —remarcó Hortense, pensando para sí que era realmente feo cuando tiraba la cabeza hacia delante, ese cuello largo y flexible, la boca agrietada, los ojos desorbitados.

—Hay que hablarle continuamente, si no, se aburre... —suspiró Josiane.

—Debe de ser agotador —comentó Shirley.

—Además, no se le puede decir cualquier tontería, ¡si no, se enfada! Hay que hacerle reír, asombrarle o enseñarle algo.

—¿Está usted segura? —preguntó Gary—. Es demasiado pequeño para comprender.

—Es lo que decimos siempre, pero siempre nos sorprende.

—Comprendo que esté cansada —se compadeció Joséphine.

—Esperad... —dijo Gary—, voy a decirle algo que no podrá comprender. Es imposible.

—Vamos —le provocó Marcel, seguro de la ciencia infusa de su retoño.

Gary se concentró un buen rato, intentando que se le ocurriera algo espiritual para probar al diablillo. ¡Vaya cara que pone!, pensó sin poder evitarlo, al constatar que Junior no dejaba de mirarle y soltaba gritos que señalaban su impaciencia.

—¡Ya lo tengo! —exclamó, triunfante—. Y ahí, amiguito, ya puedes esforzarte ¡que no entenderás nada de nada!

Junior levantó el mentón como un gladiador ultrajado y tendió su biberón como un escudo para tomarle la medida a su adversario.

—«El cojo decapitado cuenta historias sin pies ni cabeza» —enunció Gary, articulando cada palabra como si se las dictara a un analfabeto.

Junior escuchó, la cabeza y los hombros echados hacia delante, balanceando el cuello, el cuerpo estirado y con los brazos colgando a ambos lados. Permaneció un instante en esa posición, su ceño se frunció, dibujando pequeños festones, sus mejillas se tiñeron de manchas escarlata, gruñó, se enfadó, y después su cuerpo se relajó, echó la cabeza hacia atrás y estalló en una carcajada atronadora, batió las manos y los pies para mostrar que comprendía, e hizo el gesto de cortarse la cabeza y los pies con la palma de la mano.

—¿Ha entendido de verdad lo que he dicho? —preguntó Gary.

—Aparentemente sí —dijo Marcel Grobz desplegando su servilleta con aire satisfecho—. Y tiene motivos para reírse, ¡es muy gracioso!

Gary observaba, atónito, al bebé pelirrojo y sonrosado enfundado en su body azul, que le observaba riéndose y cuya mirada decía más, más historias, hazme reír, las cosas de bebé me aburren, me aburren mucho.

—¡Qué locura! —dijo Gary—. *This baby is crazy!**

—¡Creizzzzy! —repitió Junior babeando sobre su body.

—¡Es genial el enano! —gritó Hortense.

Al oír la palabra «genial», Junior gorgojeó y, para demostrar hasta qué punto tenía razón, señaló con su biberón hacia una lámpara del techo y dijo claramente:

—Luz...

---

* «¡Este bebé está loco!».

Ante sus rostros estupefactos, soltó una risa que venía de la garganta y añadió, con un resplandor travieso en la mirada:

—*Light!*

—Pero esto es...

—¡Increíble! Es lo que os decía —dijo Marcel—, ¡y nadie me creía!

—*Luce*... —continuó Junior, con el dedo señalando todavía la luz de la lámpara.

—¡También en italiano! Este niño me...

—*Deng!*

—Ah, eso no tiene sentido —dijo Shirley, más tranquila.

—No —rectificó Marcel—, ¡es «sol» en chino!

—¡Socorro! —gritó Hortense—, ¡el enano es políglota!

Junior acarició a Hortense con la mirada. Le agradecía que reconociese sus méritos.

—No es un enano, ¡es un gigante! ¿Has visto el tamaño de sus manos? ¿Y el de sus pies?

Gary silbó, impresionado.

—*Chouchou*... —chilló Junior escupiendo el agua de su biberón en dirección a Gary.

—¿Eso qué quiere decir? —preguntó este último.

—Tío. En chino. ¡Te ha elegido como tío!

—¿Puedo cogerle en brazos? —pidió Joséphine levantándose—, hace mucho tiempo que no he cogido a un bebé... y un bebé como éste ¡quiero verlo desde más cerca!

—¡Mientras eso no te dé ideas! —masculló Zoé.

—¿No te gustaría tener un hermanito? —preguntó Marcel, guasón.

—¿Y quién sería el padre, si puedo hacer una pregunta indiscreta? —respondió Zoé, mientras fulminaba a su madre con la mirada.

—Zoé... —balbuceó Joséphine, desconcertada por la vehemencia de su hija.

Joséphine se había acercado a Josiane, que había cogido a Junior en sus brazos y se inclinaba sobre él, dispuesta a dar un beso a sus rizos rojizos. Junior la miró fijamente, su rostro se arrugó y emitió un eructo lleno de puré de zanahoria, que fue a parar a la camisa de Jo y a la blusa de seda de Josiane.

—¡Junior! —gruñó Josiane dándole golpecitos en la espalda—. Lo siento.

—No importa —dijo Joséphine, secándose la camisa—. Eso sólo quiere decir que ha digerido bien.

—¡Bomboncito, tú también te has puesto perdida! —dijo Marcel, ocupándose de Junior.

—¡Es como si hubiese apuntado hacia vosotras dos! —dijo Zoé riéndose—. Ya lo entiendo, debe de estar harto de toda la gente que quiere besarle y tocarle. Debería respetarse más a los bebés, pedirles permiso antes de hacerles cariñitos.

—¿No quiere venir a limpiarse al cuarto de baño? —propuso Josiane a Joséphine.

—¡Sobre todo porque esto empieza a apestar! —dijo Hortense tapándose la nariz—. Nunca tendré hijos, huelen demasiado mal.

Junior le dedicó una mirada de desolación, que parecía decir: «¡Y yo que creía que eras mi amiga!».

En la habitación, Josiane propuso a Joséphine prestarle una blusa limpia. Joséphine aceptó y empezó a desvestirse. Joséphine se rio:

—No ha sido un eructo, sino una erupción. ¡Debería llamarse Stromboli, su pequeño!

Josiane abrió la puerta de su armario y sacó dos blusas blancas con pechera bordada. Tendió una a Joséphine que le dio las gracias.

—¿Quiere ducharse? —propuso Josiane, incómoda.

Acababa de comprender que la pechera blanca no era del gusto de Joséphine.

—No, gracias..., ¡su hijo es asombroso!

—A veces me pregunto si es normal... ¡Está demasiado avanzado para su edad!

—Eso me recuerda una historia... Un bebé que defendió a su madre durante un juicio en la Edad Media. La madre había sido acusada de haber concebido a su hijo en pecado, entregando su cuerpo a un hombre que no era su marido. Iban a quemarla viva cuando apareció ante el juez, con su bebé en brazos.

—¿Qué edad tenía?

—La misma edad que Junior... Entonces la madre se dirigió al niño, le levantó en el aire y le dijo: «Hermoso hijo, voy a recibir la muerte por vuestra causa y, sin embargo, no la he merecido, pero ¿quién querría creer la verdad?».

—¿Y entonces?

—«No morirás por mi culpa», exclamó el niño. «Yo sé quién es mi padre y sé que no has pecado». Con estas palabras, las comadres que asistían al proceso quedaron maravilladas, y el juez, temiendo haber comprendido mal, pidió al niño que se explicara. «¡No está cercano el momento en el que será quemada!», entonó, «pues si se condenara a la hoguera a aquellos y aquellas que se entregaron a otros que sus mujeres y sus maridos, ¡no habría gente aquí que no la mereciera!».

—¿Tan bien hablaba?

—Así es como lo cuenta el libro... Y terminó añadiendo: «¡Y conozco mejor a mi padre que vos al vuestro!», lo que cerró el pico del juez, que absolvió a la madre.

—¿Se ha inventado esa historia para tranquilizarme?

—¡No! Está en los libros de *La tabla redonda*.

—Está bien ser una intelectual. Yo dejé los estudios muy pronto.

—Pero ha aprendido a vivir. Y eso es más útil que cualquier diploma.

—Es usted muy amable. A veces echo de menos el no tener cultura. ¡Pero eso no se puede recuperar!

—¡Claro que sí! ¡Tan cierto como que dos y dos son cuatro!

—Eso sí lo sé...

Y Josiane, aliviada, le dio un empujón en los riñones a Joséphine que, sorprendida, se quedó quieta un momento y después se lo devolvió.

Y así fue como se hicieron amigas.

Sentadas sobre la cama, abotonándose sus camisas con pechera, se pusieron a hablar. De niños pequeños y de niños grandes, de hombres que creemos grandes y que resultan ser pequeños, y de lo contrario también. De esas cosas que se dicen para no decir nada, y con las que tanto aprende uno del otro, en las que se busca la frase que favorezca la confidencia o la interrumpa en el acto, en las que se espía con el ojo tras el mechón de pelo, la sonrisa que se contrae o se expande. Josiane recolocó la pechera de la camisa de Joséphine, que se dejó hacer. Reinaba una atmósfera amigable y tierna en la habitación.

—Se siente una a gusto en su casa...

—Gracias —dijo Josiane—. ¿Sabe?, cuando supe que venía, no sabía si tenía ganas de conocerla. No me la imaginaba así...

—¿Me imaginaba más bien como mi madre? —preguntó Joséphine con una sonrisa.

—No me gusta mucho su madre.

Joséphine suspiró. No quería hablar mal de Henriette, pero comprendía lo que podía sentir Josiane.

—¡Me trataba como a una chacha!

—Usted quiere a Marcel, ¿verdad? —preguntó Joséphine en voz baja.

—¡Ay, sí! Al principio, me costó. Era demasiado dulce, yo estaba acostumbrada a los granujas, a los duros. La amabilidad me parecía sospechosa. Y después... tiene un corazón tan puro..., cuando me mira, me siento limpia. Ha lavado mis miserias. El amor me ha vuelto mejor.

Joséphine pensó en Philippe. Cuando me mira, me siento gigante, hermosa, intrépida. Ya no tengo miedo. Diez minutos y medio de felicidad pura. No dejaba de volver a pasarse la película del beso con sabor a pavo. Enrojeció y su pensamiento volvió a Marcel.

—Durante mucho tiempo ha sidc infeliz con mi madre. Le trataba mal. Yo sufría por él. Desde que ya no la veo, me siento mucho mejor.

—¿Hace mucho tiempo?

—Tres años, aproximadamente. Desde que se fue Antoine...

Joséphine recordó la escena en casa de Iris, en la que su madre la había aplastado con su desdén. Mi pobre hija, incapaz de conservar incluso al hombre más despreciable, incapaz de ganar dinero, incapaz de triunfar, ¿cómo te las vas a arreglar sola, con dos hijas? Ese día, ella se había rebelado. Había escupido todo lo que tenía en su corazón. Desde entonces no se habían vuelto a ver.

—Mi madre murió. Si puede llamársele a eso una madre... Ni una caricia, ni un beso, ¡sólo golpes y broncas! Cuando la enterraron, lloré. La pena es como el amor, no son cosas que puedan controlarse. Ante la fosa en el cementerio, me decía que era mi madre, que un hombre la había amado, le había dado hijos, que había reído, cantado, llorado, esperado... De pronto se volvía un ser humano.

—Lo sé, a veces me digo lo mismo. Que deberíamos reconciliarnos antes de que fuese demasiado tarde.

—¡Hay que tener cuidado con ella! No sea usted demasiado buena, ¡y ser buena no es ser idiota!

—Yo soy las dos cosas: ¡buena e idiota!

—¡Oh, no! —protestó Josiane—. Idiota no... He leído su libro ¡y no está escrito por una idiota!

Joséphine sonrió.

—Gracias. ¿Por qué una nunca está segura de sí misma? Es una enfermedad femenina, ¿verdad?

—Conozco pocos hombres que duden, y si no, ¡se cuidan mucho de que los demás se den cuenta!

—¿Puedo hacerle una pregunta indiscreta? —preguntó Joséphine mirando a Josiane a los ojos.

Josiane asintió con la cabeza.

—¿Va usted a casarse con Marcel?

Josiane puso cara de sorpresa, después sacudió la cabeza vigorosamente.

—¿Por qué ponerse un anillo en el dedo? ¡No somos palomas!

Joséphine se echó a reír.

—¡Me toca a mí hacerle una pregunta indiscreta! —declaró Josiane dando golpecitos en la colcha—. Si se asusta, no responda.

—Vamos —dijo Joséphine.

Josiane respiró profundamente y dijo:

—¿Ama usted a Philippe? Y él la quiere también, eso salta a la vista.

Joséphine se sobresaltó.

—¿Se nota?

—En primer lugar, se ha puesto usted muy guapa... Y eso es que hay un hombre detrás. ¡Mujer acicalada, hombre conquistado!

Joséphine enrojeció.

—Después... Se preocupan tanto de no mirarse, se empeñan tanto en no dirigirse el uno al otro ¡que se convierte en una verdad a gritos! Intente ser natural, se notará menos. Lo digo por sus hijas, porque a mí, a mí me gusta, huelo que se puede confiar en él. Y además ¡qué guapo es! ¡Pura confitura, ese hombre!

—Es el marido de mi hermana —balbuceó Joséphine.

No dejo de repetirme esas palabras cuando hablo de él. ¡Ya podría inventarme otra cosa! Voy a acabar por reducirlo a esa sola definición, «el marido de mi hermana».

—¡Contra eso no puede luchar! ¡El amor no llama al timbre antes de entrar! Se presenta, se impone, provoca peleas y además, si la conozco a usted bien, ¡no se habrá lanzado a sus brazos!

—¡Oh, eso no!

—¡Incluso habrá pedaleado marcha atrás con todas sus fuerzas!

—¡Y sigo pedaleando!

—Tenga cuidado de todas formas. Porque cuando eso se desintegra, ¡no se puede recuperar con un recogedor!

—La que va a quedar desintegrada voy a ser yo si esto continúa.

—¡Vamos! Este tipo de asuntos son más bien un regalo, ¡no lo transforme en un drama! Preguntaré por usted a madame Suzanne. Déjeme un mechón de su cabello y, con sólo palparlo, ella le dirá si lo suyo va a funcionar.

Y entonces Josiane le explicó el don y las virtudes de madame Suzanne. Joséphine arrugó la nariz, no, no, no me gusta demasiado ese tema de los videntes.

—¡Oh! ¡Ella se sentiría muy molesta si la llamasen vidente! Es una lectora de almas.

—Y además, no tengo ganas de saberlo. Prefiero la belleza de lo impreciso...

—¡No vive usted en este planeta! Bueno, lo entiendo. ¡Pero tenga cuidado con sus hijas! Sobre todo con la pequeña, ¡no parece dispuesta a morder el anzuelo!

—Está en lo que se llama la edad del pavo. Metida de lleno. Lo único que puedo hacer es tomármelo con mucha paciencia. Ya he pasado por ello con Hortense. Una noche se acuestan siendo unos angelitos mofletudos y se despiertan al día siguiente convertidos en demonios con cuernos.

—¡Si usted lo dice!

Josiane parecía pensar de modo distinto.

—Es una pena que no quiera usted ver a madame Suzanne. Ella predijo la muerte de su marido. «Un animal de afiladas fauces...». ¿Es cierto que lo devoró un cocodrilo?

—Eso pensaba, pero el otro día, en el metro...

Y Joséphine le contó la historia. El hombre del cuello vuelto rojo, el ojo cerrado, la cicatriz, la postal de Kenya. Lo soltó todo sin reticencias. Sentía que Josiane la escuchaba con aire condescendiente, y la contemplaba con su mirada cálida y atenta, fija en su pechera blanca.

—¿Cree que tengo alucinaciones?

—No... pero madame Suzanne lo vio en las fauces de un cocodrilo y raramente se equivoca. ¡No me negará que es una muerte muy poco común!

—¡No! Es incluso la única cosa original que le ocurrió.

Joséphine soltó una risa extraña, una risa nerviosa, y después se detuvo, incómoda.

—Quizás le haya visto, en efecto, en las fauces de un cocodrilo, pero quizás no haya muerto —sugirió Josiane.

—¿Cree que habría podido salvarse?

—Eso explicaría el ojo cerrado y la cicatriz.

Josiane reflexionó un instante y después, como si acabara de comprender algo, exclamó:

—Por esa razón quería usted la dirección de esa mujer, Mylène... ¡Para saber si ella también había recibido noticias!

—Fue la amante de mi marido. Si nos ha escrito, seguramente le ha escrito a ella también. O la ha llamado por teléfono...

—Sé que llamó a Marcel hace poco. Habla mucho de sus hijas. Pregunta por ellas. Le pidió su dirección para enviarle una felicitación de Navidad.

—Tiene sentido de la tradición. Me he dado cuenta de que uno presta más atención a esas cosas cuando vive en el extranjero. En Francia tenemos tendencia a olvidarlo. Marcel tiene su dirección...

—La anotó en un papel que me enseñó esta mañana. No quería olvidarse de dársela.

Se levantó, buscó en una mesita de noche, vio una hoja de papel allí encima, la leyó y se la tendió.

—Es ésta, creo... En todo caso, ésta es la última que tuvo de ella. A veces se pone en contacto con él, cuando tiene problemas...

—¿Y a usted no le gusta?

Josiane sonrió encogiéndose de hombros.

—Esa chica es lista. Así que no me fío... Ya sabe usted que la pasta ¡vuelve a la gente miope! Mi osito se convierte en un Apolo, rodeado de todos esos billetes que le borran los michelines.

* * *

En el camino de vuelta, mientras Philippe conducía el coche, Joséphine se dijo que le gustaba mucho Josiane. Las raras veces que había visitado el almacén de Marcel, en la avenida Niel, sólo había obtenido una imagen parcial de ella: la de una secretaria detrás de su mesa mascando chicle. Las palabras de su madre habían completado el retrato, «esa secretaria asquerosa», decía Henriette escupiendo cada sílaba. Sobre la imagen de ese busto femenino se había superpuesto otra, la de una mujer de poca virtud, común, venal, maquillada como una máscara de carnaval. Es todo lo contrario, suspiró. Es buena, dulce, atenta. Esponjosa.

Shirley y Gary habían ido a pasear por el Marais. Joséphine volvía a su casa con Philippe, las niñas y Alexandre. Philippe conducía la gran berlina en silencio. En la radio sonaba un concierto de Bach. Alexandre y Zoé charlaban detrás. Hortense acariciaba con las yemas de los dedos el sobre que contenía los doscientos euros. La lluvia mezclada con nieve blanda dibujaba sobre el cristal círculos vacilantes, que los limpiaparabrisas borraban con un ballet regular.

Fuera, sobre los árboles helados vestidos de bombillas luminosas, veía la decoración navideña de los Campos Elíseos y la avenida Montaigne. ¡Navidad! ¡Nochevieja! ¡Año Nuevo! ¡Cuántos rituales para justificar vestir de guirnaldas los árboles helados! Seremos una familia que vuelve a casa, es domingo por la tarde, los niños jugarán mientras se prepara la cena. Acabamos de comer, no tenemos hambre, pero vamos a forzarnos a cenar. Joséphine cerró los ojos y sonrió. Siempre sueño en «conyugal», nunca sueño «canalla». Soy una mujer aburrida. No tengo ninguna fantasía. Pronto Philippe volverá a Londres. Mañana o pasado irá a ver a Iris a la clínica. ¿De qué debían de hablar durante esas visitas? ¿Se mostraría tierno? ¿La cogería en sus brazos? ¿Y ella? ¿Cómo se comportaría ella? ¿Alexandre estaría siempre presente?

La mano cálida y suave de Philippe cubrió la suya y la acarició. Ella se la apretó también, pero tuvo miedo de que los niños se diesen cuenta y se soltó.

En el vestíbulo del edificio se dieron de bruces con Hervé Lefloc-Pignel, que corría detrás de su hijo Gaétan gritando: «Vuelve, vuelve, in-me-dia-ta-men-te, he dicho inmediatamente». Se los cruzó sin detenerse, abrió la puerta y se precipitó por la avenida.

Atravesaron el vestíbulo y se dirigieron hacia el ascensor.

—¿Has visto? ¡Estaba completamente despeinado! —cuchicheó Zoé—. ¡Él, normalmente tan impecable!

—Parecía fuera de sí, ¡no me gustaría estar en el lugar de su hijo! —murmuró Alexandre.

—¡Callaos, ahí vuelven! —susurró Hortense.

Hervé Lefloc-Pignel atravesaba el amplio vestíbulo del edificio sosteniendo a su hijo por el cuello de su chaqueta. Se detuvo frente al gran espejo y gritó:

—¿Te has visto, niñato estúpido? ¡Te había prohibido tocarla!

—¡Pero si yo sólo quería que tomase el aire! ¡También ella se aburre! ¡Nos aburrimos todos en casa! ¡No podemos hacer nada! ¡Estoy harto de colores obligatorios, yo quiero cuadros escoceses! ¡Escoceses!

Había pronunciado esas últimas palabras gritando. Su padre le sacudió violentamente para hacerle callar. El niño tuvo miedo y, levantando los brazos para protegerse, dejó caer un objeto redondo y marrón que rebotó en el suelo. Hervé Lefloc-Pignel soltó un chillido.

—¡Mira lo que has hecho! ¡Recógela, recógela!

Gaétan se agachó, cogió la cosa entre sus dedos y, manteniéndose a distancia por miedo de recibir un golpe, se la tendió a su padre. Hervé Lefloc-Pignel la cogió, la posó delicadamente en la palma de su mano y la acarició.

—¡No se mueve! ¡La has matado! ¡La has matado!

Se inclinó con suavidad sobre la cosa hablándole con dulzura.

Gracias al efecto de los espejos, ellos asistían a la escena sin mostrarse y no perdían comba. Philippe les hizo una seña para que no hiciesen ruido. Se metieron en el ascensor.

—En todo caso, es efectivamente el Lefloc-Pignel que conocía... No ha cambiado. ¡En qué estado pueden ponerse a veces las personas! —dijo Philippe cerrando la puerta.

—Ahora mismo la gente está a punto de estallar—suspiró Joséphine—. Hay violencia por todas partes. La noto cada día en la calle, en el metro, es como si la gente ya no se soportase. Como si la vida les pasara por encima y estuviesen dispuestos a aplastar al prójimo para evitarlo. Se pelean por cualquier cosa, dispuestos a saltar al cuello. Me da miedo. Antes, no tenía tanto miedo...

—¡No me atrevo a pensar lo que debe de sufrir ese pobre chico! —dijo Philippe.

Estaban en la cocina, las niñas y Alexandre, en el salón, encendieron la televisión.

—Qué odio había en su voz... Creí que iba a destrozarlo.

—¡No exageres tampoco!

—Sí, te lo aseguro. Siento el odio, lo siento en el aire. Se infiltra en todos lados.

—¡Venga! Vamos a abrir una buena botella, hacer un buen plato de pasta y a olvidarlo —propuso Philippe abrazándola.

—No sé si bastará —suspiró Joséphine, poniéndose rígida.

El malestar se expandía, la invadía, la cubría con un pesado manto negro. Perdía el equilibrio. Ya no estaba segura de nada. Ya no tenía ganas de abandonarse a él.

—¡No exageres! Simplemente ha perdido los nervios. No te llevaré nunca a un partido de fútbol. ¡Quedarías aterrada!

—¡Lloro al ver un anuncio del amigo Ricoré en la tele! Me gustaría formar parte de la familia Ricoré...

Se volvió hacia él, esbozó una sonrisa temblorosa, que le ofreció en un esfuerzo por compartir la angustia que la paralizaba.

—Estoy aquí, te defenderé..., conmigo no tienes nada que temer —dijo, tomándola en sus brazos.

Joséphine sonrió distraídamente. Estaba pendiente de otra cosa. Había notado algo familiar en la escena a la que acababa de asistir. Una violencia, el estallido de una voz, un gesto que se arrastraba como una larga bufanda. Rebuscó en su memoria para recordar. No lo encontraba, pero se sentía amenazada. ¿Otro misterio de su infancia que empezaba a revelarse? ¿A conducirla hacia otro drama? ¿Cuántos dramas se ocultan, de niño, para no sufrir? Había olvidado durante treinta años que su madre había estado a punto de ahogarla. Esa noche, en el recibidor del inmueble, ante el espejo y las plantas, se había colado otro peligro. Una sombra amenazante, huidiza, sostenida por una sola nota que la había dejado helada. Una sola nota. Sintió un escalofrío. Nadie puede comprender la muda violencia que me amenaza. ¿Cómo explicar ese miedo fantasma que no tiene nombre, pero que se desliza y me envuelve? Estoy sola. Nadie puede ayudarme. Nadie puede comprenderme. Siempre estamos solos. Tengo que dejar de hacerme ilusiones románticas para consolarme, tengo que dejar de refugiarme en brazos de hombres encantadores. Ésa no es la solución.

—Joséphine, ¿qué te pasa? —preguntó Philippe, con un halo de inquietud en la mirada.

—No lo sé...

—Puedes decírmelo todo, ya lo sabes.

Ella sacudió la cabeza. Recibía, como una puñalada, la doble certeza de que estaba sola y en peligro. No sabía de dónde venía ese convencimiento. Le miró y sintió rencor contra él. ¿Cómo podía estar tan seguro de sí mismo? ¿Tan seguro de mí? ¿Tan seguro de bastar para mi felicidad? ¡Como si la vida fuera tan sencilla! Sintió su necesidad de protección como una intrusión, su declaración de protección como una intolerable arrogancia.

—Te equivocas, Philippe. No eres una solución. Tú eres un problema para mí.

Él la miró, estupefacto.

—¿Qué te pasa?

Ella hablaba mirando al vacío, los ojos muy abiertos como si estuviese leyendo un gran libro, el gran libro de las verdades.

—Estás casado. Con mi hermana. Pronto te marcharás a Londres; antes de eso, irás a ver a Iris, es tu mujer, es normal, pero también es mi hermana, y eso, eso no es normal.

—¡Joséphine! ¡Para!

Ella le hizo una señal para que callara y continuó:

—Nada será nunca posible entre nosotros. Estábamos soñando. Hemos vivido un cuento, un cuento de Navidad, pero... Acabo de bajar de nuevo a la realidad. No me preguntes cómo porque no lo sé.

—Pero... estos últimos días parecías...

—Estos últimos días estaba soñando... Acabo de comprenderlo... ahora.

¿Así que eso era, esa infelicidad que había sentido abatirse sobre ella con un negro tijeretazo? Debía renunciar a él y cada palabra que cortaba su relación era una cuchillada en pleno corazón. Ella dio un paso atrás, luego otro y declaró:

—¡Atrévete a contradecirme! Ni siquiera tú puedes cambiar eso. Iris estará siempre entre nosotros.

Él la miraba como si la viese por primera vez, como si nunca hubiese visto a esa Joséphine, dura y decidida.

—No sé qué decir. Quizás tengas razón... Quizás estés equivocada...

—Mucho me temo que tengo razón.

Se había alejado de él y le contemplaba, los brazos cruzados sobre el pecho.

—Prefiero sufrir ahora mismo. De golpe... en vez de perecer a fuego lento.

—Si eso es lo que quieres...

Ella asintió con la cabeza en silencio, se abrazó el pecho con fuerza, para evitar que sus brazos se tendiesen hacia él. Dio otro paso atrás, y otro. Al mismo tiempo suplicaba, va a protestar, a hacerme callar, a taparme la boca, a decir que estoy loca, mi loca querida, mi loca que quiero, mi loca que vuela, mi loca por qué dices eso, mi loca recuerda. Él la miraba, inmóvil, con la mirada sombría, y en esa mirada se reflejaban sus últimos días juntos, los dedos que se rozaban bajo una mesa, las manos que se entrelazaban en la penumbra de un pasillo, las caricias robadas al coger un abrigo, al sostener una puerta, al recoger las llaves, besos murmurados con la punta de los labios y el largo, largo beso contra la barra del horno, el sabor a ciruela negra, a relleno, a armagnac... Las imágenes pasaban como una película muda en blanco y negro por su mirada y ella podía leer su historia en sus ojos. Después él parpadeó, la película se detuvo, se pasó la mano por el pelo como para prohibirse posarla sobre ella y, sin decir nada, sonrió. Se detuvo un instante en el umbral, dispuesto a añadir algo, pero cambió de opinión y cerró la puerta al salir.

Le oyó llamar a su hijo:

—Alex, cambio de planes, volvemos a casa.

—¡Pero no han terminado *Los Simpson*, papá! ¡Sólo faltan diez minutos!

—¡No! ¡Ahora! Coge tu abrigo...

—¡Diez minutos, papá!

—Alexandre...

—¡Jo, qué fastidio!

—¡Alexandre!

Su voz había subido de tono. Imperiosa, ruda. Joséphine sintió un escalofrío. No conocía esa voz. No conocía a ese hombre que daba órdenes y esperaba que le obedecieran. Escuchó el silencio que siguió, aguzó el oído, esperó que la puerta se abriese, que volviera, que dijera, Joséphine...

La puerta de la cocina se entreabrió. Joséphine se echó hacia delante.

Alexandre asomó la cabeza.

—¡Adiós, Jo! —soltó sin mirarla.

—Adiós, cariño.

Oyó cerrarse la puerta de la entrada. Y la voz de Zoé gritar: «Pero ¿por qué se van? No han terminado *Los Simpson*».

Joséphine se mordió el puño para no gritar su pena.

* * *

Al día siguiente, en el buzón, había una postal de Antoine. Sellada en Mombasa. Escrita con rotulador negro de punta gruesa.

> Feliz Navidad, mis amorcitos. Pienso mucho en vosotras, tanto como os quiero. Estoy mejor, pero todavía es demasiado pronto para que pueda viajar y reunirme con vosotras. Os deseo un año nuevo lleno de sorpresas, de amor y de éxito. Besad a mamá por mí. Hasta muy pronto.
>
> Vuestro papá querido.

Joséphine analizó la letra: era la de Antoine. Siempre dibujaba la letra jota sólo hasta la mitad, en lugar de escribirla hasta el final, como si fuese demasiado cansado alargar la línea hasta arriba, y retorcía las eses como muñones de chinas con los pies vendados.

Después echó un vistazo al matasellos: 26 de diciembre. Esta vez no podía pensar que era una vieja postal escrita antes de morir. La releyó varias veces. Sola frente a la letra de Antoine. Shirley y Gary habían vuelto tarde el día anterior, las niñas todavía dormían. Depositó la postal sobre la mesa de la entrada, bien a la vista, y fue a hacerse una taza de té. Mientras esperaba a que el agua hirviese, acodada cerca del hervidor eléctrico verde almendra, esperando las primeras burbujas, le vino una pregunta a la mente: ¿por qué Antoine no daba nunca ni dirección ni teléfono para localizarle?

Era su segundo envío sin indicar la más mínima seña. Cualquier cosa: una dirección e-mail, un apartado de correos, un número de teléfono, un hotel... ¿Tenía miedo de que le encontraran y le pidiesen explicaciones? ¿Estaba tan desfigurado que temía provocar aversión? ¿Vivía en el metro de París? Y si vivía en París, ¿dirigía sus cartas a sus amigos del Crocodile Café de Mombasa para que las enviasen, y sus hijas creyeran que estaba todavía allí? ¿O todo eso no era más que una superchería y estaba muerto, bien muerto? Pero entonces... ¿a quién le interesaba hacer creer que estaba vivo? ¿Y por qué razón?

¿Para asustarla? ¿Para extorsionarla? Ahora era rica. Es lo que subrayaban los periódicos que, cuando evocaban el éxito del libro, no se privaban nunca de hablar de los millones que había ganado la escritora.

¿Se habría enterado de que ella era la auténtica autora de *Una reina tan humilde*? Si no estaba muerto, leía los periódicos. O los había leído en el momento del escándalo provocado por Hortense en la televisión. Y, en ese caso, ¿existía una relación entre la agresión de la que había sido víctima y la reaparición de Antoine? Porque, si a ella le pasaba cualquier cosa, serían las niñas las que heredarían. Las niñas y Antoine.

Estoy delirando, se dijo, mirando cómo el nivel de agua del hervidor se alborotaba por las burbujas. ¡Antoine era incapaz de disparar contra un conejo de feria! Sí, pero el dulce, el sensible, siempre sueña con la rudeza, la virilidad, como un medio para escapar de la realidad, de la presión que sufre, de la ineluctable constatación de su impotencia. La sociedad actual empuja a la gente a la violencia como única afirmación de sí misma. Si se ha enterado de mi éxito, ¿cómo no pensar que no lo haya vivido como un insulto personal? Yo, Joséphine, la tonta de la Edad Media, a quien siempre había mantenido bajo tutela, consigo el éxito y me convierto en una provocación viviente, que compara con sus repetidos fracasos. Eso desarrolla en él un sentimiento de inferioridad y de frustración, que sólo puede suprimir suprimiéndome a mí. Rápida ecuación en la mente de un hombre en fuga.

Antoine creía en el éxito, en el éxito fácil. No creía ni en Dios ni en el Hombre, creía en él. Tonio Cortès, el deslumbrante. Un fusil en la cadera, una bota sobre la fiera sacrificada, la luz de un flash que le inmortaliza. ¿Cuántas veces le he dicho que debía edificarse pacientemente, que no debía quemar etapas? El éxito se construye desde el interior. No llega por arte de magia. Han sido mis años de estudios e investigación los que han hecho que mi novela estuviese viva, llena de mil detalles que resonaron en la mente de los lectores. El alma tiene su papel. El alma de la investigadora humilde, erudita, paciente. La sociedad, hoy, ha dejado de creer en el alma. Ya no cree en Dios. Ya no cree en el Hombre. Ha abolido las mayúsculas, lo escribe todo en minúscula, engendra la desesperación y la amargura en los débiles, las ganas de desertar de los demás. Impotentes e inquietos, los sabios se alejan, dejando campo libre a los ávidos locos.

Sí pero... ¿por qué habría asesinado a la señora Berthier? ¿Porque llevaba el mismo sombrero y creyó que era yo en la oscuridad? Eso no es posible si lleva en Francia algún tiempo. Si me espía, si me sigue, si conoce mis costumbres.

Oyó el canto de las burbujas en el hervidor, el lento crescendo del agua que ruge hasta llegar al clic. Vertió el agua hirviendo sobre las hojas de té negro. Tres minutos y medio de infusión, insistía Shirley. Más de tres minutos y medio, queda agrio, menos, queda insípido. El detalle tiene su importancia, todos los detalles tienen siempre su importancia, recuérdalo, Jo.

Hay un detalle que no encaja, un detallito de nada. Un detalle que he visto sin verlo. Recapituló. Antoine. Mi marido. Muerto a los cuarenta y tres años, cabello castaño, talla media, francés medio, calza un treinta y nueve, víctima de sudores abundantes en público, fan de Julien Lepers y de «Cuestiones para un campeón», de las manicuras rubias, de los vivaques africanos y de las fieras convertidas en alfombra. Mi marido, que vendía fusiles con la condición de no meter cartuchos en ellos. En Gunman le apreciaban por su dulzura, por sus buenas maneras, por su conversación. Estoy divagando. Desde ayer por la noche no pienso más que tonterías.

Permaneció un momento pensativa, rodeando la tetera ardiente con las manos, pensando en Antoine, y después en el hombre del cuello vuelto rojo, el ojo cerrado, la cicatriz...

Antoine no es un asesino. Antoine es débil, eso seguro, pero no me desea ningún mal. No estoy dentro de una novela policíaca, estoy dentro de mi vida. Tengo que calmarme. Está en París, quizás, me sigue, es posible, quiere acercarse a mí, pero no se atreve. No quiere llamar a la puerta y decir: «Hola, soy yo». Quiere que sea yo la que vaya hacia él, le aborde, le proponga alojamiento, comida, ayuda. Como he hecho siempre.

En un andén de metro...

Dos líneas que se cruzan.

¿Por qué en ese trayecto, la línea 6, que siempre cogía ella? Le gustaba esa línea que atravesaba París sobrevolando los tejados. Que se elevaba sobre las lucernas, robando trozos de vida. Un beso por aquí, un mentón de barba blanca por allá, una mujer que se cepilla el pelo, un niño que moja su tostada en el café con leche. Una línea que juega al potro, un salto por encima de los edificios, un salto por debajo, un salto y ahora te veo, otro salto y ahora no te veo, gran serpiente de tierra, el monstruo del lago Ness parisino. Le gustaba entrar en las estaciones de Trocadéro, Passy o, cuando hacía buen tiempo, caminar hasta Bir-Hakeim pasando por el puente. Por la placita donde se besaban los enamorados, donde el Sena refleja sus besos en el espejo de sus felinas aguas.

Corrió a buscar la postal que había dejado en la entrada y leyó la dirección. Era la dirección correcta. Su dirección actual. Escrita de su puño y letra. No corregida por una simpática señora de correos.

Sabía dónde vivían.

El hombre del jersey rojo de cuello vuelto del metro no estaba en la línea 6 por casualidad. La había elegido porque estaba seguro de cruzársela, un día.

Tenía todo el tiempo del mundo.

Mojó los labios en la taza e hizo una mueca. Agrio, ¡demasiado agrio! Había dejado el té en infusión demasiado tiempo.

Sonó el teléfono de la cocina. Dudó en contestar. ¿Y si era Antoine? Si sabía su dirección, debía también de conocer su número de teléfono. Pero no. ¡No aparezco en el listín! Descolgó, tranquila.

—¿Se acuerda de mí, Joséphine, o me ha olvidado?

¡Luca! Adoptó una voz jovial.

—¡Buenos días, Luca! ¿Está usted bien?

—¡Qué educada es usted!

—¿Ha pasado unas buenas fiestas?

—Detesto esta época del año en la que la gente se cree obligada a besarse, a cocinar pavos infectos...

El sabor del pavo volvió a su boca, cerró los ojos. Diez minutos y medio de tierra que se abre en dos, de felicidad fugaz.

—Pasé la Nochebuena con una mandarina y una lata de sardinas.

—¿Solo?

—Sí. Es una costumbre que tengo. Odio la Navidad.

—A veces, las costumbres cambian... Cuando se es feliz.

—¡Qué palabra tan vulgar!

—Si usted lo dice...

—Y usted, Joséphine, pasó una alegre Nochebuena, por lo que parece...

Hablaba con una voz siniestra.

—¿Por qué dice eso cuando no lo piensa ni por un segundo?

—Claro que lo pienso, Joséphine, la conozco. Se contenta con cualquier cosa. Y le gustan las tradiciones.

Captó un tono de condescendencia en esa última frase, pero lo ignoró. No quería hacer la guerra, quería comprender lo que estaba pasando en su interior. Algo que se estaba deshaciendo a sus espaldas. Se despegaba. Un viejo trozo de corazón reseco. Ella habló del fuego en la chimenea, de los ojos brillantes de los niños, de los regalos, del pavo quemado, llegó incluso a evocar el relleno de queso fresco y ciruelas, como un sabroso peligro que osaba afrontar, y no sintió sino una deliciosa duplicidad, una nueva libertad que crecía dentro de ella. Comprendió entonces que ya no sentía nada por él. Cuanto más hablaba ella, más se borraba él. El hermoso Luca que la hacía temblar cuando se cogía de su mano, cuando la metía en el bolsillo de su parka, desaparecía como una silueta en la bruma. Nos enamoramos y, un día, nos levantamos y ya no estamos enamorados. ¿Cuándo había empezado ese desamor? Lo recordaba muy bien: el paseo alrededor del lago, la conversación de las chicas que corrían, el labrador sacudiéndose el agua, Luca que no la escuchaba. Su amor se había gastado ese día. El beso de Philippe contra la barra del horno había hecho el resto. Sin que ella se diese cuenta, se había deslizado de un hombre a otro. Había desnudado a Luca de sus hermosos atavíos para vestir con ellos a Philippe. El amor se había evaporado. Hortense tenía razón: nos damos la vuelta un momento, percibimos un detalle y lo guay desaparece. Entonces ¿no es más que una ilusión?

—¿Quiere que vayamos al cine? ¿Está libre, esta noche?

—Esto..., la verdad es que Hortense está aquí y me gustaría aprovechar mientras...

Hubo un silencio. Ella le había ofendido.

—Bueno. Ya me llamará cuando esté libre..., cuando no tenga nada mejor que hacer.

—Luca, por favor, lo siento, pero no viene a menudo y...

—Lo he comprendido: ¡el tierno corazón de una madre!

Su tono de burla enfadó a Joséphine.

—¿Su hermano está mejor?

—En estado estacionario...

—Ah...

—No se sienta obligada a preguntar por él. Es usted demasiado amable, Joséphine. Demasiado amable para ser sincera...

Sintió cómo aumentaba la cólera en su interior. Él se convertía en un intruso con quien ya no tenía ganas de hablar. Observaba ese sentimiento nuevo con extrañeza y una cierta seguridad. Le bastaba presionar sobre esa cólera para hacer palanca y tirarle por la borda. Un hombre al agua de su indiferencia. Dudó.

—¿Joséphine? ¿Sigue ahí?

El tono era burlón, despreocupado. Reunió todo su coraje y empujó la palanca.

—Tiene usted razón, Luca, me da completamente igual su hermano, que se pasa el tiempo tratándome de alcornoque sin que usted vea mal en ello.

—Está enfermo, no consigue adaptarse a la vida.

—¡Eso no le prohíbe a usted defenderme! Me da pena que no me defienda. Y que además me lo cuente. Como si estuviese orgulloso de humillarme. No me gusta su actitud, Luca, quiero dejarlo claro.

Las palabras se precipitaban como si las hubiese reprimido demasiado tiempo. Notaba cómo su corazón latía con fuerza y la emoción le quemaba las orejas.

—¡Ay, ay, ay! ¡La monjita se rebela!

¡Y ahora se ponía a hablar como su hermano!

—Adiós, Luca... —dijo ella casi sin palabras.

—¿La he molestado?

—Luca, creo que no merece la pena que me vuelva a llamar.

Sintió que cogía altura. Después repitió, con una especie de indiferencia estudiada y una lentitud calculada que la embriagó:

—Adiós.

Colgó. Miró el teléfono como si fuese el arma de un crimen, extrañada por su temeridad, invadida por una ola de respeto hacia esa nueva Joséphine, que colgaba en las narices a un hombre. ¿Soy yo? ¿Soy yo la que ha hecho eso? Se echó a reír. ¡He roto! ¡Por primera vez en mi vida, he roto con un hombre! Me he atrevido. Yo, la zoquete, la que lleva la nariz como una tonta en medio de la cara, la que se señala como ahogada de oficio, la que se abandona por una manicura, la que cubrían de deudas, de acusaciones, la que se manipula. Lo he hecho.

Levantó la cabeza. Era demasiado pronto para hablar con las estrellas pero, esta noche, se lo contaría. Contaría cómo ella había mantenido su promesa: ya nunca nadie la trataría como a una cantidad despreciable, ya nadie la aplastaría con su desdén, ya nadie la ofendería sin que ella se defendiese. Había mantenido su palabra.

Corrió a despertar a Shirley para contarle la buena noticia.

* * *

Henriette Grobz salió del taxi recolocándose el vestido de seda cruda e, inclinándose hasta la ventanilla, pidió al taxista que la esperase. El hombre masculló que tenía cosas mejores que hacer. Henriette le prometió con tono seco una buena propina; él asintió mientras ajustaba la frecuencia de la radio. «Le ofrezco dinero para que se quede sentado detrás del volante sin moverse, ¡y protesta!», gruñó Henriette aplastando bajo sus tacones cuadrados la grava del paseo. «¡Qué asco de vagos!».

Venía a buscar a su hija. «Ya basta, ya has descansado bastante, no te vas a pudrir en la habitación de una clínica, eso ya no es más que autocomplacencia; haz las maletas y prepárate para marcharte», la había prevenido por teléfono.

Los médicos habían dado su conformidad, Philippe había pagado la factura, Carmen la esperaba en casa.

—¿Qué voy a hacer ahora? —preguntó Iris, ya sentada en el taxi, las manos apoyadas en las rodillas—. Aparte de una buena manicura...

Escondió las manos bajo el bolso para disimular sus uñas estropeadas.

—Estaba bien en mi pequeña habitación. Nadie venía a molestarme.

—Vas a luchar. A recuperar a tu marido, a reconquistar tu posición y tu belleza, que tienes tendencia a desatender. ¡Un montón de espinas! ¡En eso te has convertido! Se corta una al darte un beso. Una mujer que se abandona es una mujer sin porvenir. Eres demasiado joven para enclaustrarte.

—Estoy acabada —dijo Iris con voz calmada, como si constatara un hecho.

—¡Tonterías! Haces un poco de gimnasia, engordas un poco, te maquillas y recuperas a tu marido. A cualquier hombre se le atrapa con una buena danza del vientre. ¡Aprende a mover las caderas!

—Philippe... —suspiró Iris—. Viene a verme por caridad.

Le molesto, se dijo. No sabe qué hacer conmigo. No se debe molestar cuando el amor ha terminado. Hay que conseguir que te olviden, hacerse muy pequeña para no precipitar la caída. Esperar a que el otro te olvide, que no recuerde lo que tiene que reprocharte. Esperar que vuelva a ti, una vez pasada la tormenta.

—¡Haz un esfuerzo!

—No tengo ganas...

—Las ganas tendrás que recuperarlas, si no, acabarás como yo: vestida con chándales que pican y comiendo atún en aceite de coche usado, y guisantes del Día.

Iris se incorporó con una chispa de ironía en los ojos.

—¿Así que es por eso por lo que me sacas de allí? ¿Porque ya no tienes dinero y cuentas con Philippe para recuperarte económicamente?

—¡Ah! Ya veo que estás mejor ¡estás recuperando fuerzas!

—No te he visto muy a menudo durante estas semanas en la clínica. Tu ausencia era notable.

—Me deprimía.

—Y, de pronto, vienes porque me necesitas, o más bien necesitas el dinero de Philippe. ¡Es desesperante!

—Lo desesperante es que tú renuncies mientras Joséphine, en cambio, se pavonea. Ha ido a comer a casa de ese cerdo de Marcel. ¡Del brazo de tu marido!

—Lo sé, me lo ha dicho él... No se esconde, ¿sabes? Ni siquiera hace ese esfuerzo... Preferiría que me mintiese, eso me dejaría algo de esperanza. Podría decirme que me preserva, que todavía le importo.

—¿Y tú te dejas hacer?

—¿Qué quieres que haga? ¿Que me eche a llorar? ¿Que me arrastre a sus pies? Eso estaba muy bien en tus tiempos. Hoy en día la piedad ya no funciona. Ahora hay que competir en todo, incluso en amor. Se necesita nervio, siempre más nervio, seguridad, aplomo y yo carezco absolutamente de todo eso.

—No importa. Lo recuperarás...

—Además, ni siquiera estoy segura de quererle. No quiero a nadie. Hasta mi hijo me deja indiferente. No le di un beso en Nochebuena. ¡No tenía ganas de agacharme para besarle! Soy un monstruo. Así que mi marido...

Había pronunciado las últimas palabras con un tono despreocupado, como si esa observación la divirtiese en vez de afligirla.

—¿Quién te pide que le ames? ¡Eres tú la pasada de moda, querida!

Iris se volvió hacia su madre y decidió que la conversación se volvía interesante.

—¿Tú quisiste a papá?

—¡Qué pregunta más estúpida! Era un marido, no me planteaba esas cuestiones. Nos casábamos, vivíamos juntos, a veces reíamos, otras no, pero no sufríamos por ello.

Iris no recordaba haber oído a sus padres reír juntos. Él se reía solo de los juegos de palabras que inventaba. ¡Qué hombre más curioso! No se hacía notar, hablaba poco, murió como vivió: sin hacer ruido.

—De todas formas —prosiguió Henriette—, el amor es un engañabobos que se inventó para vender libros, periódicos, cremas de belleza y entradas de cine. En realidad, lo es todo salvo romántico.

Iris bostezó.

—Quizás deberías haber pensado en todo eso antes de tener hijos... Ahora es un poco tarde, ¿no?

—En cuanto al sexo al que tanta importancia dais hoy en día, prefiero no hablar... Es un aspecto repugnante que hay que esforzarse en cumplir para satisfacer al hombre que se menea encima de una.

—Cada vez peor. Si querías darme ganas de volver a mi habitación de enferma ¡no podrías hacerlo mejor!

—¡Pero si no has salido de allí para enamorarte! Has salido para recuperar tu posición, tu piso, tu marido, tu hijo...

—¡Mi cuenta en el banco y compartirla contigo! Lo he entendido. Pero tengo miedo de decepcionarte.

—No dejaré que caigas por la pendiente de la desesperación. ¡Es demasiado fácil! Voy a cogerte de la mano, hija. ¡Cuenta conmigo!

Iris sonrió con una especie de desencanto tranquilo, y volvió su rostro melancólico a la ventanilla. ¿Qué les pasaba a todos que estaban empeñados en que pasara a la acción? El médico que la trataba le había encontrado un profesor de gimnasia, que iba a ir a su casa a «reconectarla a su cuerpo». ¡Qué espantosa jerga! Como si yo fuese un cable que se conecta a un enchufe. Era un médico joven. Alto, dulce, el pelo castaño, los ojos marrones, redondos como canicas, una barba de bardo melancólico. Un hombre preciso y sin misterio, con el que una está segura de no sufrir nunca. Un hombre que debía de llegar siempre puntual. Él la llamaba señora Dupin, ella le llamaba doctor Dupuy. Ella podía leer, en sus ojos, el diagnóstico preciso que estaba estableciendo. Podía casi descifrar en ellos el nombre de los medicamentos que iba a prescribirle. Ella no provocaba ninguna reacción en él. Antes de entrar en esa aterciopelada clínica, todavía gustaba. Las miradas de los hombres no resbalaban sobre mí como la del doctor Dupuy. Mi madre tiene razón, debo recuperarme. No tengo más que mentir, pretender que tengo cinco años menos y rellenar mi mentira de Botox.

Buscó a tientas la polvera dentro del bolso, y la abrió con el fin de contemplarse en el espejo. Percibió dos manchas azules inmensas y graves, que la miraban. ¡Mis ojos! ¡Me quedan mis ojos! ¡Mientras tenga mis ojos, estoy salvada! Los ojos no envejecen nunca.

—¡Qué bien se está fuera! —dijo Iris, apaciguada por haberse reencontrado con su belleza.

Después, volviendo al espectáculo de la calle bajo la lluvia, exclamó:

—¡Qué feo es! ¿Cómo hace la gente para vivir en esas jaulas? Entiendo que les prendan fuego. Amontonan a la gente en conejeras y luego les asombra que se rebelen...

—Piénsalo bien. Si no quieres terminar en una de esas torres, te interesa arreglarte y recuperar a tu marido. Si no, te verás obligada a descubrir el encanto escondido de los barrios pobres...

Iris esbozó una sonrisa cansada. No volvió a pronunciar palabra y se apoyó en la ventanilla.

No ha apreciado mucho mi comentario, pensó Henriette, observando con el rabillo del ojo el perfil terco de su hija mayor. Cada vez que Iris se ve ante una realidad desagradable, intenta evitarla. Nunca se enfrenta a ella. Siempre sueña en otra cosa. Transportada a un mundo ideal con un golpe de varita mágica, que borra todos los problemas y resuelve todas las dificultades. Un mundo aterciopelado, dulce, en el que ella sólo debe aparecer. Estaría dispuesta a escuchar a cualquier charlatán que viniese a venderle la felicidad más blanca que blanca y sin el menor esfuerzo. Dispuesta a ofrecerse al señor que la colme: Botox o Dios. Podría convertirse en monja, encerrarse en un convento, simplemente para no tener que luchar. Ella, a quien todos creen tan fuerte, no se sostiene más que sobre un sueño de pacotilla. Cualquier cosa antes que hundir sus manos en el pringue de la realidad. Sin embargo, va a tener que esforzarse mucho, Philippe no se dejará volver a atrapar fácilmente. Qué hija más extraña. Te barre con su sonrisa luminosa, te roza con su mirada de azul intenso, sin verte. Ni la sonrisa ni la mirada transmiten una pizca de calor, ni el menor interés. Al contrario, las despliega como dos biombos que la protegen. Y sin embargo, todos sucumben a ella: es tan hermosa... ¡Y decir que estoy hablando de mi hija! Podría decirse que estoy enamorada de ella. Como esa Carmen que la espera en casa. En todo caso, no pagaré el taxi. ¡Esta carrera es una ruina!

¿Qué va a ser de mi vida?, se preguntaba Iris limpiando con la yema del dedo el vaho de la ventanilla. Tendré que salir, enfrentarme a los demás. A esas bocas sedientas de calumnias que se han atiborrado evocando mi caso, estos últimos meses. Escuchaba sus cuchicheos malintencionados, sus silbidos de comadres: la bella Iris Dupin agoniza en una clínica a las afueras de París. Lanzó un suspiro. Tengo que encontrar una defensa. Un caballo de Troya que me reintegre a esa alta sociedad cruel y fétida. ¿Bérengère? Demasiado frívola. No da la talla. ¿Un hombre? Un hombre rico y poderoso. Un hombre eminente que se fije en mí. Soltó una risita. ¡En mi estado! Me he hecho invisible. No me queda nada más que seducir a mi marido. Mi madre tiene razón. Esa mujer tiene razón a menudo. Es prudente, tenaz. No me queda más que Philippe. No tengo elección. Es mi única carta. Está colado por ese pavo de Joséphine. Un elefante en una cacharrería. Volcaría las mesas a su paso si la invitara a comer, y sería capaz de agradecer efusivamente a la chica del guardarropa que hubiera colocado bien su abrigo. De pronto se incorporó y golpeó el bolso con las palmas de sus manos.

¿Por qué no se me había ocurrido antes?

¡Sería Joséphine, su caballo de Troya! ¡Pero, claro! Sería con ella con quien se mostraría. ¿Quién mejor que ella podría hacer ver al mundo parisino que la historia del libro no era más que un asunto injusto y exagerado? Uno de esos chismes inflados hasta la desmesura, que la punta de una aguja hace estallar. Hacerles creer a esas bocas de alcantarilla que esa historia no era más que un terrible malentendido, un pacto entre las dos hermanas. La una quería escribir, pero se negaba a firmar, a aparecer en público; la otra, a quien le hizo gracia la broma, consintió interpretar un papel. Sólo querían divertirse. Como cuando eran pequeñas e inventaban juegos de rol.

Lo que debía haber sido una diversión, se había convertido en un escándalo. Y si ellas tenían culpa de algo, era de no haber previsto el éxito.

¿Cómo no se le había ocurrido antes? Por culpa de estar rumiando en aquella clínica. Estaba perdiendo toda mi creatividad, embrutecida por pildoritas de todos los colores. No es a mi marido a quien debo conquistar primero, es a Joséphine. Será mi ábrete sésamo, la llave para mi regreso al mundo. No debe de soportar estar enfadada conmigo, y debe de sonrojarse de vergüenza ante la idea de haber seducido a mi marido. Las llamas del Infierno le acarician los dedos de los pies y ponen al rojo vivo su conciencia. La invitaré a comer en un restaurante conocido. Habré reservado una mesa bien a la vista. Mostrarme al lado de quien pretenden mi víctima bastará para acallar las lenguas de víbora. Ya se imaginaba los diálogos en las mesas vecinas: ¿no son ésas las hermanas enemigas, esas sentadas allí? ¡Sí! Creía que se habían peleado. No era tan terrible, entonces, ya que están comiendo juntas. El olvido descendería sobre este mundo de memoria agujereada como un colador. Hay demasiadas villanías que memorizar para permitirse el lujo de recordarlas todas. Y así, sin rebajarme, sin explicarme, sin pedir perdón, retomaré mi lugar y borraré la baba de los chismes. Luminoso. Fácil. Eficaz. Sintió ganas de aplaudirse. Y después, decidió, tamborileando sobre su bolso Chanel, encantada y ligera, después sólo tendré que recuperar a mi marido.

Sacó una barra de labios y retocó su sonrisa.

Tendré que comprar otra barra de este color.

Poner mi guardarropa al día.

Pedir cita en la peluquería.

Ponerme extensiones para recuperar mi pelo largo.

Cuidado de manos, cuidado de pies.

Botox.

Vitaminas buen aspecto.

Braga brasileña.

Y después, danza del vientre ¡ya que es necesario!

El paisaje había cambiado. Percibía las torres de La Défense y, más lejos, los árboles del Bois de Boulogne. Los edificios de piedra tallada reemplazaron pronto a los bloques de hormigón, y las farolas se volvieron más estilizadas. Siempre había sabido salir de las peores situaciones con un golpe maestro. Había que reconocerle esa cualidad. Quizás no sepa hacer gran cosa, pero camuflo mis crímenes con maestría.

Se estiró y extendió los brazos.

—Parece que te encuentras mejor —remarcó Henriette—. ¿Acaso reconocer el camino a tu casa es lo que fustiga tu humor?

—Hay que desconfiar del agua que duerme, madre querida. Los peores planes fermentan bajo la aparente quietud. Pero tú eso ya lo sabes, ¿verdad? Nunca se es exactamente quien los demás creen.

Se inclinó hacia el taxista y le pidió que se detuviese.

—Creo que voy a hacer el resto del camino andando. ¡Me sentará bien y acabará dándome ese latigazo del que hablas!

Henriette lanzó una mirada horrorizada al taxímetro. Iris sorprendió su mirada.

—Te dejo pagar... No llevo dinero encima. Lo siento.

—Si lo hubiese sabido ¡habríamos vuelto en autobús! —gruñó Henriette.

—No presumas de lo que no eres... Odias el transporte público.

—¡Huele a cebolla verde y a pies!

Iris le dedicó su famosa sonrisa. Esa que ignoraba los taxímetros y los tropiezos de la vida. Una risa maliciosa atravesó sus ojos. Henriette se sintió aliviada. Pagaría la carrera, pero pronto se lo devolverían multiplicado por cien. Había tenido gastos importantes estos últimos tiempos, gastos imprevistos. Pero si todo funcionaba como tenía pensado, esa secretaria asquerosa no se saldría con la suya. De hecho, a esas horas, ya no debía de estar haciéndose tanto la interesante.

A esas horas, incluso debía de haber dejado de ser interesante del todo.

* * *

De vuelta a su casa, de pie en el cuarto de baño, vestida con su camisón largo, Henriette Grobz reflexionaba. Si el plan A no resultaba satisfactorio, el plan B, con Iris, estaba en marcha. Su jornada había sido, a pesar del taxímetro —¡noventa y cinco euros sin la propina!—, positiva.

Ya no se la volverían a jugar más. Con Marcel había pecado de negligencia. Se había dejado llevar, había creído que su vida estaba bien trazada. Gran error. Pero había aprendido una lección: no fiarse nunca de la aparente seguridad, prever, anticipar. La vida de un ama de casa se gestiona como una empresa. La competencia está al acecho, ¡dispuesta a desalojarte! Lo había olvidado, y el despertar había sido brutal.

Plan A, plan B. Todo estaba en marcha.

Contempló con ternura la antigua marca de una quemadura en su muslo. Un pálido rectángulo rosa, liso y suave.

¡Y pensar que todo empezó ahí! ¡Un simple accidente doméstico y se había vuelto a poner en marcha! ¡Qué buena idea había tenido, ese día de primeros de diciembre, al decidir hacerse el moño sola! Se felicitó por ello calurosamente, acariciando el rectángulo.

Ese día, lo recordaba bien, había ido a buscar el alisador del pelo al armario del cuarto de baño. ¡Hacía siglos que no lo utilizaba! Lo había enchufado. Se había desenredado los mechones largos que se agarraban al peine como paja seca, los había separado en bloques iguales y esperaba pacientemente a que la plancha se calentara para alisarlos uno por uno, y levantarlos después para hacerse un moño en lo alto del cráneo. Debía aprender a peinarse sin ayuda de Campanilla, su peluquera. Antes, en los benditos tiempos en los que Marcel Grobz le llenaba la cartera, Campanilla venía a peinarla cada mañana, antes de marcharse a su salón parisino. La había bautizado Campanilla porque realizaba maravillas con sus dedos de hada. Y porque siempre se olvidaba de su nombre. Y además eso tenía un toque afectuoso que revalorizaba a aquella pobre chica que seguía siendo bastante fea, y disminuía el monto de las propinas.

Ya no tenía los medios para regalarse los servicios de Campanilla. Ahora, debía tener cuidado para ahorrar, un euro es un euro. Por la noche, cuando se levantaba para ir al servicio, se iluminaba con una linterna y sólo tiraba de la cadena una de cada tres veces. Al principio, esa caza a los gastos superfluos la había irritado, humillado. Pero había empezado a cogerle el gustillo y debía reconocer que aquello añadía sal a su vida cotidiana. Por ejemplo, por las mañanas, se fijaba una suma de gastos que no debía rebasar en todo el día. Hoy ¡no más de ocho euros! A veces necesitaba grandes dosis de imaginación para cumplir su propósito, pero la necesidad agudiza el ingenio. Una mañana, invadida por una audacia repentina, había decidido: ¡cero euros! Había tenido un pequeño sobresalto de sorpresa. ¡Cero euros! ¿Había dicho eso? Le quedaban algunas galletas, jamón, zumo de naranja, pan de molde, pero para la baguette tierna de la mañana y el lápiz de labios Bourjois de Monoprix habría que encontrar una estratagema. Había permanecido en su cama hasta que dieron las doce. Se revolvía, cavilaba, imaginaba todo tipo de trampas para recuperar una moneda descuidada, un lápiz de labios que cae del mostrador y que empujaría con el pie hasta la salida, ante las narices del vigilante; se retorcía de satisfacción, arrugaba una nariz que volvía a ser femenina, exquisitos hoyuelos de placer horadaban sus mejillas ásperas y arrugadas, cloqueaba, ¡ayayay, qué aventura! Y después, sin poder aguantar más, se había levantado, había escondido sus mechones bajo el sombrero, se puso una blusa, una falda, un abrigo y pisó, con pie de conquistadora, la calle. Valor, se había dicho, mientras el viento se estrellaba en sus ojos y la hacía lagrimear. El frío le atenazaba los dedos, las dos manos no le bastaban para mantener quieto el gran tocado que amenazaba con volar de su cabeza. Le llegó un dulce olor a baguette caliente procedente de la panadería cercana. Miró a su alrededor, buscando un medio para obtener sus fines, y de pronto se arrepintió de haberse dejado llevar hasta tal extremo: ¡cero euros! Había apretado los dientes y había levantado el mentón. Había permanecido un buen rato inmóvil, buscando con la mirada una solución que no encontraba. ¿Irse sin pagar? ¿Dejarlo a deber? Sería hacer trampa. Lágrimas de frío le quemaban las mejillas, sacudía la cabeza, descorazonada, cuando, de pronto, bajó la mirada al suelo y vio un mendigo. Un pobre diablo con bastón blanco que había colocado su platillo al alcance de la mano. Un platillo, además, bien repleto. ¡Salvada! En el paroxismo de su codicia, había buscado en las alturas lo que tenía a sus pies. Un suspiro de felicidad se había escapado de sus labios. Se había estremecido de alegría, pero enseguida volvió a serenarse. Se había secado el sudor de la frente y estudió con calma la situación, los peatones en la avenida, su posición. El ciego había estirado sus delgadas piernas sobre la acera, y golpeaba con la punta de su bastón blanco con el fin de atraer la atención. Ella había mirado a la derecha, a la izquierda, y había vaciado el platillo con un rápido gesto de la mano. ¡Nueve monedas de un euro, seis de cincuenta céntimos, tres de veinte y ocho de diez! Era rica. Había estado a punto de besar al ciego y había subido corriendo a su casa. La risa contenida llenaba sus grandes arrugas y, cuando cerró la puerta, dejó estallar su alegría. ¡Ojala esté allí mañana! Si vuelve, si no se da cuenta de nada, ¡doblo mi apuesta de cero euros diarios!

La aventura le cosquilleaba el vientre, ya no tenía hambre.

El ciego había vuelto. Sentado sobre la acera, un gorro en los ojos, gafas oscuras, un trozo de bufanda alrededor del cuello y las manos atrozmente mutiladas. Ella ponía mucho cuidado en no mirarle para no sentir, en lugar del delicioso escalofrío por el peligro que había corrido, los tormentos de una conciencia poco acostumbrada a cometer hurtos.

Esa caza del gasto cero convertía en apasionantes sus jornadas. Olvidamos a menudo mencionar esa voluptuosidad fuera de la ley de los necesitados obligados a sisar, pensaba Henriette. Ese placer prohibido que transforma cada instante de la vida en una aventura. Porque si, por desgracia, el mendigo cambiaba de lugar, tendría que encontrar otra víctima. Por esa razón había decidido no robarle más que unas monedas cada vez, dejándole algo para subsistir. Y para que no pensara que le estaba desvalijando, hacía tintinear las monedas sustraídas para que creyese que las depositaba en lugar de llevárselas.

Ese famoso día, pues, esa mañana en la que esperaba que la plancha se calentara, se había preguntado de pronto si el ciego estaría en su lugar y, llena de angustia, queriendo verificar en el acto si su pitanza estaba asegurada, se había levantado bruscamente y había tirado la plancha al rojo vivo que había caído sobre su muslo, produciéndole una quemadura horrible. Jirones enteros de piel saltaron cuando retiró el metal candente. La sangre fluía entre la piel arrasada. Lanzó un grito de horror y corrió a ver a la portera, suplicándole que fuese a buscar una pomada, o pidiese consejo a la farmacéutica de la esquina. Fue entonces cuando la buena mujer, a la que antaño había encumbrado con regalos que ella ya no quería, la hizo entrar en su portería, descolgó el teléfono y marcó, con aire misterioso, un número.

—En unos minutos, no sentirá calor y en una semana, ¡la piel estará sonrosada y hermosa! —le aseguró, golpeando el aparato con expresión de conspiradora.

Después le había pasado a su interlocutora.

Y así fue. El calor desapareció y después la carne abotargada se alisó como por encanto. Cada mañana, Henriette, atónita, constataba la rápida curación.

A pesar de todo, le había costado cincuenta euros y ya podía gruñir, la curandera al otro lado de la línea no cedía. Era su precio. Si no, soplaba por el teléfono y el dolor volvería. Henriette había prometido pagar. Más tarde, en posesión del precioso número, había llamado a la que ya había bautizado como la bruja. Le había dado las gracias, había preguntado a qué dirección debía enviar el cheque y después, cuando estaba a punto de colgar, la otra propuso:

—Si necesita usted otros servicios...

—¿Qué hace usted además de curar quemaduras?

—Esguinces, picaduras de insectos, venenos, herpes...

Enumeraba con tono mecánico un catálogo de servicios a la carta.

—Inflamaciones diversas, pérdidas blancas, eccemas, asma...

Henriette la había interrumpido. Le había venido, de forma fulgurante, una idea a la cabeza:

—¿Y las almas? ¿Trabaja usted las almas?

—Sí, pero es más caro... Retorno de afecto, depresión, caza de espíritus, desencantamientos...

—¿También realiza encantamientos?

—Sí, y es aún más caro. Porque tengo que protegerme si no quiero que me rebote...

Henriette había reflexionado, y concertó una cita.

Un buen día, pues, justo antes de las fiestas de Navidad que iban a consagrar su soledad y su pobreza, se había presentado en casa de Chérubine. En un viejo edificio del distrito veinte. Calle Vignoles. Sin ascensor, una moqueta verde tachonada de manchas y agujeros, un olor a col rancia, una vivienda en el tercer piso en la que, sobre el timbre, un cartel decía: «LLAME AQUÍ SI ESTÁ PERDIDO». Le abrió una mujer gruesa. Entró en un apartamento minúsculo donde cabía con dificultad el diámetro de la cintura de su propietaria.

Todo era rosa en casa de Chérubine. Rosa y en forma de corazón. Los cojines, las sillas, los cuadros de las paredes, los platos, los espejos y las flores de papel maché. Hasta la frente abombada y reluciente de Chérubine estaba adornada con tirabuzones lacados. Sus brazos, grasos y blanduzcos como el queso blanco, salían de una chilaba de fular rosa. A Henriette le pareció que había entrado en la caravana de una gitana obesa.

—¿Me ha traído ella una foto? —preguntó Chérubine encendiendo velas rosas sobre una mesa de bridge cubierta con un mantel rosa.

Henriette sacó de su bolso una foto de cuerpo entero de Josiane, y la colocó ante la gruesa mujer cuyo pecho se levantaba emitiendo un silbido. Tenía la tez pálida, el pelo extraño. Le debía de faltar clorofila. Henriette se preguntó si saldría alguna vez de casa. Quizás haya entrado un día y ya no pudo volver a salir, vista su envergadura y la estrechez de la estancia.

Levantando la mirada, mientras Chérubine sacaba una caja de labor de debajo de la mesa, Henriette percibió, colocada sobre la esquina de una cómoda, una gran estatua de la Virgen María que, las manos juntas y una corona dorada sobre su velo blanco, se inclinaba hacia ellas. Se sintió aliviada.

—¿Y qué desea ella exactamente? —preguntó entonces Chérubine, adoptando el mismo aire devoto e inclinado que la Virgen.

Henriette dudó durante un instante, preguntándose si Chérubine se dirigía a ella o a la Virgen. Después se rehízo.

—En realidad no quiero recuperar un afecto —explicó Henriette—, quiero que mi rival, la mujer de la foto, caiga en una profunda depresión, que todo lo que toque se agrie y que mi marido vuelva.

—Ya veo, ya veo... —dijo Chérubine cerrando los ojos y cruzando los dedos sobre su abundante pecho—. Es una petición muy cristiana. El marido debe permanecer junto a la mujer que ha elegido como compañera el resto de su vida. Ésos son los lazos sagrados del matrimonio. El que los deshace provoca la furia divina. Vamos a pedir, pues, un encantamiento de primer grado. ¿Desea ella su muerte?

Henriette dudó. El uso del pronombre personal de tercera persona del singular la turbaba. Le costaba entender a quién se dirigía Chérubine.

—No quiero su muerte física, sólo quiero que desaparezca de mi vida.

—Ya veo, ya veo... —salmodió Chérubine, los ojos todavía cerrados, pasando y repasando sus manos sobre su pecho como si lo amasara.

—Esto... —preguntó Henriette—, ¿qué es exactamente un encantamiento de primer grado?

—Pues bien, esa mujer se sentirá muy cansada, perderá el gusto por todo, el gusto por el acto sexual, por las tartaletas de fresas, por la conversación, por jugar con sus hijos. Irá marchitándose como una flor cortada. Perderá su belleza, su risa, su fuerza. En una palabra: perecerá lentamente, tendrá pensamientos sombríos e incluso suicidas. Una flor cortada, no puede decirse mejor...

Henriette se preguntó si era por esa razón que el apartamento estaba lleno de flores de papel maché. Una flor por víctima.

—¿Y mi marido volverá?

—El aburrimiento y el asco se extenderán a todo lo que toque esa mujer y, a menos que él esté movido por un amor extraordinario, más fuerte que el sortilegio, se alejará de ella.

—Perfecto —dijo Henriette, hinchándose de satisfacción bajo su sombrero—. Necesito que él siga en forma para mantener su negocio y ganar dinero.

—Entonces le protegeremos... Ella deberá traerme una foto suya. ¡Ah! ¡Tendrá que volver! La boca de Henriette se arrugó con una mueca de asco.

—¿Tiene hijos con esa mujer?

—Sí. Un hijo.

—¿Quiere ella que se le trabaje también?

Henriette dudó. Al fin y al cabo, era un bebé...

—No. Primero quiero desembarazarme de ella...

—Perfecto. Ahora ella puede marcharse, voy a concentrarme en la foto. Los efectos serán inmediatos. El sujeto va a sumergirse en una languidez y un malestar perpetuos, en una tristeza existencial, y perderá el gusto por todo.

—¿Está usted segura? ¿Completamente segura?

—Ella podrá verificarlo, si está en sus manos... Chérubine no fracasa nunca.

Se volvió hacia la estatua de escayola y juntó las manos en signo de sumisión a la Virgen.

—El hombre casado no debe abandonar a su esposa. El sacramento del matrimonio es sagrado. Ya lo verá —añadió volviéndose hacia Henriette—. Ella sabrá decírmelo... ¿Tiene ella un medio para verificar la eficacia del sortilegio?

Henriette pensó en la criada que encontraba en el parque cuando ésta paseaba al niño, y a la que sobornaba desde hacía varios meses para conseguir noticias de la repudiada pareja.

—Sí. Podré, en efecto, seguir los progresos de su...

Quiso pronunciar la palabra «trabajo», pero no lo consiguió. Se sentía oprimida en esa atmósfera de calor sofocante, en la que los muebles parecían acercarse a ella poco a poco y rodearla.

—Serán seiscientos euros. En efectivo. Acepto cheques para las pequeñas sumas, para las grandes quiero efectivo. ¿Ella lo ha comprendido?

Henriette se atragantó. Había calculado que la bruja le pediría doscientos, trescientos euros como mucho.

—Es que sólo tengo trescientos euros aquí...

—No hay problema, ella me los da y volverá con el resto cuando traiga la foto del marido. Pero hay que volver pronto... —añadió con cierto tono de amenaza en la voz—. Porque si empiezo el trabajo...

Se acentuó el silbido de su respiración. Apoyó la mano en el pecho, lanzó un largo suspiro que terminó en un mugido. Henriette tembló. Se preguntaba si no había cometido un gran error recurriendo a esa mujer. Pero la imagen de Marcel y Josiane cubiertos de amor, beatíficos en su gran piso, barrió sus escrúpulos.

Había sacado los billetes escondidos en el sujetador y los había dejado sobre la mesa.

Ese día había salido a la calle, aturdida. Sin un céntimo. Había tenido que hacer un esfuerzo para entrar en una boca de metro y había vuelto a su casa, preocupada. Debería multiplicar sus días a cero euros para pagar a Chérubine.

Tres semanas más tarde, se había desplazado hasta el parque Monceau en busca de la sirvienta, a la que encontró sentada en un banco leyendo una revista, mientras el retoño en su sillita estaba inmerso en la contemplación de un pegajoso envoltorio de caramelo.

—Buenos días... —había dicho sentándose al lado de la chica.

—Buenas —había respondido la chica levantando los ojos de la revista.

—¿Ha pasado buenas fiestas?

—Así, así...

—Feliz Año Nuevo —añadió Henriette, que pensaba que la muchacha no hacía muchos esfuerzos para animar la conversación.

—Gracias. Igualmente...

—¿Qué está haciendo? —había preguntado Henriette señalando al niño con la punta de su escarpín.

—Es el papel de su piruleta —había contestado la chica, inclinándose para limpiar las mejillas maculadas de caramelo—. Le encantan las piruletas. Las mordisquea...

—¡Parece que los devore! —exclamó Henriette—. ¡El caramelo y el papel!

—Está intentando leer el chiste que hay escrito.

—¿Es que lee?

—¡Uf! ¡Hace maravillas este niño! No me lo puedo creer. No sé en qué estaban pensando cuando lo fabricaron, ¡pero no debían de estar contándose tonterías!

Dejó a la criada hablar del niño, de los asombrosos progresos que hacía cada día, de sus expresiones joviales o enojadas, del estado de sus dientes, de sus pies, de sus excrementos bien compactos.

—¡Sólo le falta hablar! Y si quiere usted mi opinión ¡no va a tardar mucho!

Henriette intentó aparentar interés, escuchó todavía algunas anécdotas sorprendentes viniendo de un niño de esa edad, y después la cortó.

No iba a empezar a enternecerse ante un retoño que babeaba con el papel de una piruleta.

—¿Y la madre? ¿Se encuentra bien? Ya no la veo por el parque...

—¡No me hable! Está completamente deprimida.

—Pero ¿qué le pasa?

—Tiene una languidez terrible.

—¿Ah, sí? ¿Con toda la felicidad que acaba de entrar en su vida?

—¡Resulta completamente incomprensible! —dijo la chica sacudiendo la cabeza—. Se pasa los días en la cama. Llorando a todas horas. Empezó una mañana, me dijo creo que tengo la gripe, me siento débil, todo me da vueltas y se volvió a acostar... y desde entonces, no ha levantado cabeza. ¡El pobre señor no sabe ya qué hacer! Le van a salir costras en el cráneo de tanto rascarse la cabeza. Incluso el pequeño ha dejado de balbucear. Se dedica a sus lecturas, atrapa todo lo que cae en sus manos y, como le digo, ¡pronto leerá solo! A la fuerza, no tiene a nadie que le divierta, se aburre ¡y entonces lee!

Henriette escuchaba, maravillada. Habría besado el aire que respiraba. ¡Así que funcionaba! Era como la quemadura: Josiane iba a desaparecer como por encanto.

—¡Dios mío! ¡Eso es terrible! —dijo con un tono que pretendía ser de compasión, pero que relinchaba de felicidad—. ¡Pobre señor!

La chica asintió y prosiguió:

—Da vueltas como una peonza. Ella está acostada todo el día, no quiere ver a nadie, ni siquiera quiere que le abran las cortinas, la luz le hace daño en los ojos. Hasta Navidad, todo iba bien. En Navidad, se levantó, incluso tuvo invitados, pero después ¡terrible!

Henriette leía en los labios de la muchacha el boletín de su victoria.

—Tengo que hacerlo todo yo. ¡La casa, la cocina, la ropa y el niño! ¡No tengo ni un minuto libre! Salvo cuando salgo a pasearle... Entonces, respiro un poco, puedo leer un libro.

—A veces ocurren, ¿sabe?, esas depresiones. Se llaman depresiones posparto. En fin, en mis tiempos decíamos eso.

—Ella se niega a ir al médico. ¡Se niega a todo! Dice que hay mariposas negras revoloteando en su cabeza. Se lo juro, son sus propias palabras. ¡Mariposas negras!

—¡Dios mío! —suspiró Henriette—. ¡Tan grave es!

—¡Ya se lo estoy diciendo! A mí eso no me viene bien. ¡Y es imposible hacerla entrar en razón! Dice que se le pasará. Y lo que va a pasar ¡es que vamos a acabar marchándonos todos!

—¡Oh! ¡Él no hará eso! ¡Está enamorado de Josiane! —había protestado Henriette, a quien le costaba contener su alegría.

—¿Conoce usted a muchos hombres que aguanten la enfermedad? Quince días bueno, ¡pero no más! Y esto ¡hace semanas que dura! No le auguro mucho futuro a esa pareja. Y lo siento por el niño. Siempre son ellos los que pagan en esos casos...

Había dirigido su mirada hacia el bebé, que las observaba fijamente, como si intentara comprender lo que se decía por encima de su cabeza.

—Pobre pequeñín —había susurrado Henriette—. ¡Es tan rico! Con sus ricitos rojos y sus encías en carne viva.

Se había inclinado hacia el retoño, había querido posar su mano sobre su cabeza. Él había lanzado un grito estridente, se había puesto tenso y había retrocedido hasta el fondo de la sillita para evitar su caricia. Peor aún: había unido los pulgares y los dos índices y blandió hacia ella una especie de rombo amenazante, gritando para que se alejase.

—¡Pero bueno! ¡Se diría que es usted el mismísimo diablo! ¡Así es como alejan al Maligno en *El exorcista*!

—¡No, mujer, es mi sombrero! Le da miedo. Me pasa mucho con los niños.

—Es cierto que es extraño. Parece un platillo volante. ¡No debe de ser muy práctico en el metro!

Henriette se contuvo para no mandarla a paseo. ¿Acaso tengo pinta de coger el metro? Su boca se torció para impedir que se le escapara una réplica hiriente. Necesitaba a esa chiquilla.

—Bueno —había dicho levantándose—, la dejo a usted con su lectura...

Había deslizado un billete en el bolso entreabierto de la chica.

—¡Oh! No es necesario. Me quejo, pero son buenos conmigo...

Henriette se había marchado con una sonrisa en los labios. Chérubine había trabajado bien.

Todo eso costaba dinero, seguro, calculaba Henriette en camisón, acariciándose la quemadura rosa y lisa del muslo, pero también era una inversión. Pronto Josiane no sería más que un despojo. Con un poco de suerte, se volvería amargada, agresiva. Rechazaría a papá Grobz, le echaría de su cama. Marcel, desamparado, volvería con ella. Él podía llegar a ser así de pánfilo. Siempre le había extrañado que un hombre tan temible en los negocios pudiese ser tan ingenuo en el amor. Y además, la criada tenía razón, a los hombres no les gustan las enfermas. Las soportan durante un rato, luego se desentienden.

Ahora quizás, se dijo metiéndose en su cama, sería el momento de pasar a la etapa siguiente de mi plan: acercarme a Grobz, fingir que quiero discutir los términos del divorcio, mostrarme dulce, comprensiva, dar muestras de arrepentimiento. Entonar el mea culpa. Adormecerle y atraparle. Y, esta vez, ya no se volvería a escapar.

Y si eso no funcionaba, siempre estaría el plan B. Iris había vuelto a la vida, por lo que parecía. Había esbozado una gran sonrisa triunfante cuando se había bajado del taxi. Plan A, plan B... ¡Estaría salvada!

* * *

Gary y Hortense, en un Starbucks café, saboreaban un capuchino. Gary se había citado con Hortense durante su pausa para comer; miraban a través del escaparate pasar a la gente por la acera, hundiendo los labios en la espuma blanca y espesa. Era uno de esos días de invierno que los ingleses llamaban «gloriosos». *What a glorious day!*, decían, por la mañana, saludándose con una gran sonrisa satisfecha, como si fueran personalmente responsables. Cielo azul, frío intenso, luz brillante.

Hortense se fijó en un hombre que caminaba mientras terminaba de vestirse con una mano y comía un *donut* con la otra. ¡Qué tarde! ¡Qué tarde!, canturreó estudiando su caminar de pingüino retrasado. Estaba tan ocupado que no vio la pared transparente de una marquesina de autobús y se golpeó de frente; por efecto del golpe, se dobló y soltó todo lo que llevaba. Hortense se echó a reír y dejó la taza que sorbía lentamente.

—Bueno... Se diría que estás en forma —declaró Gary con tono siniestro.

—¿Por qué? ¿Tú no lo estás? —respondió Hortense sin dejar de mirar al hombre.

Ahora él estaba a cuatro patas, intentando recuperar el contenido de su maletín derramado sobre la acera, la marea de peatones se abría para evitarle y se cerraba una vez franqueado el obstáculo.

—Ayer por la tarde fui convocado por mi abuela...

—¿En Palacio?

Gary asintió. El capuchino había dibujado un fino bigote blanco encima de sus labios. Hortense lo borró con el dedo.

—¿Por algún motivo en particular? —preguntó mientras seguía mirando con el rabillo del ojo al hombre arrodillado que respondía al teléfono e intentaba cerrar el maletín a la vez.

—Sí, dijo que ya he holgazaneado bastante, que debo decidir lo que voy a hacer el año que viene. Estamos en enero... Es ahora cuando tengo que inscribirme en la universidad...

—¿Y qué le has respondido?

El hombre había colgado, se preparaba para volver a ponerse de pie, cuando se puso a golpearse los muslos y el pecho con todas sus fuerzas, con expresión de pánico, los ojos mirando a todos lados.

—Pues ése es el problema, nada. ¿Sabes?, ¡impresiona mucho! Tienes que obedecerla en todo...

Hortense contuvo la risa. ¿Y ahora qué le pasaba?

—Me dio a elegir entre una academia militar o una facultad de derecho, algo así. Me precisó que todos los hombres de la familia habían pasado por el ejército, ¡incluso ese viejo pacifista de Carlos!

—¡Te van a afeitar la cabeza! —exclamó Hortense, sin dejar de ver el espectáculo en la calle—. ¡Y vas a llevar un uniforme!

El hombre parecía haber perdido su teléfono y volvió a ponerse a cuatro patas entre el gentío para buscarlo.

—¡No iré a una academia militar, no entraré en el ejército ni estudiaré derecho, negocios o cualquier otra cosa!

—Bueno, al menos está claro... Entonces ¿cuál es el problema?

—¡El problema es la presión a la que va a someterme ella! No te suelta así como así, ¿sabes?

—¡Eres tú quien decide, es tu vida! Tienes que decirle lo que tú tienes ganas de hacer.

—Quiero hacer música... Pero no sé todavía de qué modo. Pianista. ¿Es una profesión, pianista?

—Si estás dotado y trabajas como un loco.

—Mi profe dice que tengo un oído absoluto, que debo continuar pero... No sé, Hortense. No sé. Sólo hace ocho meses que estudio piano. Es angustioso decidir a mi edad lo que voy a hacer durante toda la vida...

El hombre había encontrado el móvil y, todavía agachado, intentaba recolocar la tapa, mientras mantenía su maletín agarrado bajo el brazo, lo que no facilitaba la tarea.

—Vuelve a acostarte, chaval —suspiró Hortense—, ¡hoy no es tu día!

—¡Muchas gracias! —exclamó Gary—. ¡La verdad es que a ti se te ocurren fácilmente las soluciones!

—¡No te lo decía a ti! Hablaba del hombre que se acaba de caer en la calle. ¿No has visto nada?

—¡Creía que me estabas escuchando! ¡Eres realmente increíble, Hortense! ¡Los demás te importan un comino!

—No es eso... Es que empecé a ver el culebrón del tío ese en la calle antes de que empezases a hablar. Bueno, ya no le miro más, te lo prometo...

Sólo un último vistazo: el hombre se había incorporado y buscaba algo por el suelo. ¡No irá a recoger su *donut*! Levantó ligeramente las nalgas para seguirle. El hombre escrutaba la acera, localizó el bollo un poco más lejos, al lado del pie de la marquesina, se agachó, lo recogió, le quitó el polvo y se lo llevó a la boca.

—¡Agg, qué tío más asqueroso!

—Muchas gracias —dijo Gary, levantándose—. ¡Vete a la mierda, Hortense!

Abrió la puerta del café y salió cerrándola de golpe.

—¡Gary! —gritó Hortense—, vuelve...

No se había terminado el capuchino y dudaba si dejarlo en la mesa. Era su comida.

Se precipitó a la calle y buscó con la mirada en qué dirección se había marchado Gary. Percibió sus espaldas anchas, su gran estatura que giraba en la esquina de Oxford Street con una pirueta furiosa. Le alcanzó y le cogió del brazo.

—¡Gary! *Please!* ¡No estaba hablando de ti cuando he dicho «tío asqueroso»!

Gary no respondió. Avanzaba con grandes zancadas y a ella le costaba seguirle.

—Teniendo en cuenta que mides dieciocho centímetros más que yo, tus zancadas son, pues, un dieciocho por ciento más grandes que las mías. Si continúas a ese ritmo, pronto me dejarás atrás y ya no podremos hablar...

—¿Quién te ha dicho que tengo ganas de hablar? —masculló él.

—Tú, hace un momento.

Él permaneció mudo y continuó a paso ligero, arrastrándola del brazo derecho.

—¿Es que voy a tener que tirarme al suelo? —preguntó ella, sin aliento.

—Vete a la mierda.

—¡Qué argumento tan poco consistente! Tu abuela tiene razón, deberías continuar tus estudios, estás perdiendo vocabulario.

—¡Que te jodan!

—¡No estás mejorando!

Continuaron caminando. *What a glorious day! What a glorious day!*, canturreaba mentalmente Hortense. Esa mañana, había sacado la mejor nota en clase de estilo y había dibujado un ojal muy elegante para la clase de la tarde. Los otros alumnos la detestarían. Si apreciaba el estilo, no dejaba de lado la técnica y recordaba una frase que leyó en una revista: «Un diseñador que no conoce la técnica no es más que un ilustrador».

—Te doy hasta la esquina de la calle para cambiar de humor, porque en la esquina nuestros caminos se separan. Mi tiempo es valioso.

Él se detuvo con tanta brusquedad que ella chocó contra él.

—Quiero hacer música, es la única cosa de la que estoy seguro. No fumo, no bebo, no me drogo, no siso en las tiendas para conseguir un determinado *look*, no me dedico a escuchar cómo me crece el pelo esperando a Dios, no tengo gustos caros, pero quiero hacer música...

—Pues entonces, dile todo eso...

Gary se encogió de hombros y la miró desde su gran altura. Sus ojos se detuvieron por encima de ella y dibujaron un techo de cólera.

—¿Saco el pararrayos o me fulminas ahora mismo? —preguntó ella.

—¡Como si fuese tan sencillo! —dijo él levantando los ojos al cielo.

—Y tu madre, ¿qué dice?

—Que haga lo que quiera, que todavía tengo tiempo...

—¡Y tiene mucha razón!

Él se había sentado sobre un murete y se había levantado el cuello del chaquetón. Estaba enternecedor, refugiado dentro de las grandes solapas, con unos rizos de pelo negro cayendo sobre sus ojos perdidos. Ella fue a sentarse a su lado.

—Escucha, Gary, te puedes permitir el lujo de poder hacer lo que quieras. No tienes problemas de dinero. Si tú no intentas hacer lo que te apasiona en la vida, ¿quién podría hacerlo?

—Ella no lo entenderá.

—¿Desde cuándo dejas que otro decida tu vida?

—Tú no la conoces. No cede fácilmente. Presionará a mamá, que se sentirá culpable por no ocuparse de mí «seriamente» —dibujó unas comillas en el aire— e intervendrá.

—Pídele que confíe en ti durante un año...

—¡Pero un año no bastará! Necesitaré mucho más tiempo para hacer música de verdad... ¡No voy a hacer un curso de cocina!

—Inscríbete en una escuela de música. Una buena escuela de música. Una que imponga.

—No querrá oír hablar de eso...

—¡Pasa de ella!

—Es más fácil decirlo que hacerlo.

—Es extraño, hasta hoy, ¡no te había imaginado como un perdedor!

—¡Ja, ja, ja! ¡Muy graciosa!

Inclinó la cabeza como para decir venga, pisotea al hombre caído en el suelo, aplástame con tu desprecio, eres muy buena jugando a eso.

—Renuncias incluso antes de haberlo intentado. Ya que dices que es tu pasión, demuéstrale que es algo serio y ella confiará en ti. Si no será como si tiraras la toalla incluso antes de haber subido al ring.

Sus miradas se cruzaron y se interrogaron en silencio.

—¿Así es como lo haces tú? —preguntó sin dejar de mirarla a los ojos, como si su respuesta pudiese cambiarle la vida.

—Sí.

—¿Y funciona?

Ella tenía la carne de gallina de tan fijamente como la miraba.

—Para todo. Pero hay que trabajar. Yo quería mi selectividad con matrícula, la saqué, quería venir a Londres, he venido a Londres, quería estudiar en esa escuela, me admitieron y voy a convertirme en una gran diseñadora, quizás incluso en una gran modista. Nadie ha conseguido desviarme de mi camino ni un centímetro, porque yo he decidido que nadie lo haría. Me fijé un objetivo, es muy sencillo, ¿sabes? Cuando decides hacer algo de verdad, lo consigues siempre. Basta con estar convencido de ello y convencer a los demás. ¡Incluso a una reina!

—¿Y existe alguna otra cosa que te hayas jurado tener? —preguntó sintiendo que aquel momento era precioso, que ella había bajado la guardia.

—Sí —respondió ella, sin temblar, sabiendo exactamente a qué se refería él, pero rechazando responderle.

No dejaban de mirarse fijamente.

—¿Como qué?

—*Not your business!*

—Sí. Dímelo...

Ella sacudió la cabeza.

—¡Te lo diré cuando haya conseguido mi objetivo!

—Porque lo conseguirás, por supuesto.

—Por supuesto...

Él esbozó una sonrisita enigmática, como si reconociera que ella podría tener razón, pero que el asunto no estaba todavía resuelto. Ni mucho menos. Quedaban todavía algunas formalidades pendientes. Siguió después un minuto de gran solemnidad que les llevó a un terreno en el que todavía no habían entrado nunca: el del abandono. Se analizaban el interior del alma, el terciopelo del corazón y podían decirse, aunque sin pronunciar palabra, lo que pensaban exactamente. Se lo dijeron con los ojos. Como si aquello no existiera o no debiera existir todavía. Bailaron dos pasos de tango con ese terciopelo del corazón, se besaron dulcemente en la boca del alma, y después volvieron al ruido de los coches en la calle y a los peatones que perdían su *donut* al correr.

—Bueno, recapitulemos —dijo Hortense, aturdida por esas confidencias mudas—. Primero vas a encontrar una buena escuela de música. Harás lo necesario para que te acepten. Vas a trabajar, a trabajar...

Él la seguía con la mirada y escuchaba su futuro.

—Después, te enfrentas a tu abuela y consigues lo que quieres... Tendrás argumentos, habrás movido el culo lo suficiente como para demostrarle que se trata de una pasión. No de un pasatiempo. Eso la impresionará, te escuchará. Eres demasiado indolente, Gary.

—¡Forma parte de mi encanto! —bromeó él, abriendo sus largos brazos, haciéndolos planear por encima de ella para proseguir su tango mudo.

Ella se apartó y volvió a su expresión seria.

—A los diecinueve años sí. Pero dentro de diez años serás un viejo seductor inútil y desengañado. Así que ponte manos a la obra y demuestra a los demás que no se equivocan si confían en ti...

—Hay veces en que no tengo ganas de nada. Sólo de ser una ardilla que salta por Hyde Park...

Se había levantado una brisa de viento frío y la nariz de él enrojecía. Hundió sus manos en los bolsillos como si quisiese que estallaran, golpeó el suelo con la punta de sus zapatos, mantuvo por un momento lo que parecía ser un monólogo interior. Ella lo observaba, divertida. Se conocían desde hacía tanto tiempo...; no había nadie de quien se sintiera tan próxima. Se acercó, le pasó una mano bajo el brazo y apoyó la cabeza en su hombro.

—¡No te rindes nunca! —gruñó él.

Ella levantó la cabeza hacia él y sonrió.

—¡Nunca! ¿Y sabes por qué?

—...

—Porque no tengo miedo. Tú, en cambio, estás acojonado. Te dices que en la música son muchos los llamados y pocos los elegidos, y tienes miedo de no ser elegido...

—No te falta razón...

—Tu miedo te impide pasar a la acción. Y te impedirá que tu sueño se transforme en realidad.

Él la escuchaba, emocionado, casi aterrado por la exactitud de lo que decía.

—¿Quieres que vayamos al cine esta tarde? —preguntó, para recuperar la atmósfera distendida.

—No. Tengo que trabajar. Tengo que entregar un trabajo mañana.

—¿Vas a trabajar hasta tarde?

—Sí. Pero el fin de semana, si quieres, estaré más libre.

—¿Cuánto te debo por la consulta?

—Me pagarás la entrada del cine.

—De acuerdo.

Hortense miró su reloj y lanzó un chillido.

—¡Jo! ¡Voy a llegar tarde!

—Eres como tu madre, ¡nunca dices joder!

—¡Gracias por el cumplido!

—Pero si es un buen cumplido. ¡Quiero mucho a tu madre!

Ella no respondió. Cada vez que le hablaban de su madre, se cerraba en banda. Él la acompañó hasta la entrada de la escuela.

—¿Sabes otra cosa que dijo mi abuela?

—¿Te dijo qué puesto ocupabas en la línea de sucesión?

—*No way*. Quiero ser músico, ¡ya te lo he dicho!

Hortense esbozó una pequeña sonrisa que parecía decir «buena respuesta» y aceleró el paso.

—Me habló de mis conquistas sentimentales, así es como ella llama a las guarras que me tiro, y me dijo con su aire de real delicadeza... «Mi querido Gary, cuando uno da su cuerpo, da también su alma».

—¡Impresionante!

—¡Gélido, sí! ¡Después de una réplica así, dejas de follar para toda la vida!

—¡Deja de quejarte! Eres un privilegiado. No lo olvides nunca. ¡No hay muchos tíos que sean el nieto de la reina! Además, tienes todas las ventajas: eres de sangre real y nadie lo sabe. Así que *shut up!*

—¡Afortunadamente nadie lo sabe! ¿Te imaginas mi vida, perseguido por los paparazzi?

—A mí eso me iría muy bien. ¡Saldría en todas las fotos y sería famosa! ¡Lanzaría mi marca en un abrir y cerrar de ojos!

—¡No cuentes con ello! ¡Yo me iría a una isla desierta y no me verías nunca más!

Habían llegado frente a la escuela de Hortense en Piccadilly Circus. Ella le plantó un rápido beso en la mejilla y se fue.

Gary la vio desaparecer entre el tumulto de estudiantes que entraba en el edificio. Esa chica tenía el don de arreglar los problemas. No perdía el tiempo con los estados de ánimo. ¡Hechos y nada más que hechos! Tenía razón. Iba a ponerse a buscar una escuela. Aprendería solfeo y practicaría escalas. Hortense le había dado una patada en el trasero y una patada en el trasero siempre te hace avanzar. Y borra los pensamientos sombríos. Ya no tenía la impresión de cargar con su vida como un fardo, sino que la había colocado sobre la acera y la contemplaba con mirada distante. Como algo que debía orientar, norte, sur, este, oeste. Sólo tenía que elegir. Le invadió una ola de alegría y quiso volar tras Hortense para besarla. Gritó: «Hortense, Hortense», pero ella había desaparecido.

Se volvió hacia la calle, los peatones, los semáforos, los coches, las motos y las bicicletas y sintió ganas de lanzarse contra ellos.

«*What a glorious day!*», dijo al ver un autobús rojo de dos pisos, que destacaba majestuoso sobre el cielo azul. Pronto sería reemplazado por un autobús de un solo piso, pero no tenía importancia, la vida continuaría porque la vida era hermosa, porque iba a cogerla de la mano y librarse de esa coraza negra que a veces cargaba sobre la espalda.

* * *

A primera hora, tenía clase de historia del arte.

El profesor, un hombre completamente gris, con cutis de marfil, hablaba con lentitud, arrastrando las palabras, y tenía una barriguita redonda que sobresalía de un chaleco burdeos. El cuello de su camisa era un cuello rácano. Habría que darle amplitud al cuello, a las mangas, a los faldones, observaba Hortense mientras dibujaba croquis sobre su hoja en blanco. Insuflarle el viento de alta mar. Él explicaba cómo el arte y la política caminan a veces de la mano, y a veces iban cada uno por su lado. Preguntó a la adormecida clase cuándo habían nacido los primeros partidos políticos.

—¿En el mundo? —preguntó Hortense levantando la cabeza de su cuaderno.

—Sí, señorita Cortès. Pero más concretamente en Inglaterra, pues los primeros partidos, mal que le pese, nacieron en Inglaterra. No tienen ustedes la exclusividad de la democracia, a pesar de su Revolución francesa.

Hortense no tenía ni idea.

—En Inglaterra —prosiguió tirando de las puntas de su chaleco—. En el siglo XVII. Existieron primero lo que llamaban «agitadores», que arengaban a los hombres en los ejércitos, después, en 1679, una querella enfrentó a los parlamentarios con las personalidades del reino. Los debates se hicieron más intensos, se insultaban tratándose de *tories*, ladrones de ganado, y de *whigs*, asaltantes de caminos. Estos insultos permanecieron y así nacieron los nombres de las dos grandes formaciones políticas inglesas. Más tarde, en 1830, se fundó el primer partido político, se trataba del partido conservador, el primer partido europeo y podemos decir también del mundo...

Se detuvo, satisfecho. Su mano tamborileó sobre su vientre redondo. Hortense cogió un lápiz y se dedicó a vestirle con brillantez. Un hombre tan cultivado debería ser elegante. Se puso a dibujar una camisa de caballero: el cuello, las mangas, los botones, la caída, la forma larga, con faldones regulares, irregulares.

Pensó en el torso de Gary y garabateó un torso juvenil dentro de un cuello de chaquetón. Su Alteza Real Gary. Gary perseguido por los paparazzi. Dibujó camisas de golfo cubiertas de cazadoras estrechas, y añadió sonriendo unas gafas negras. Gary en Buckingham, en una recepción, ¿frente a la reina? Esbozó una camisa romántica de esmoquin con múltiples pliegues. No demasiado anchos, los pliegues. Se le rompió la punta de su lápiz, y cayó un montón de mina sobre la hoja en blanco. «¡Jolines!», dejó escapar. «Eres como tu madre, ¡nunca dices joder!». Se sentía incómoda con su madre. Su amor pesaba toneladas. El deseo de querer dar todo al hijo que se ama envenena el amor. Encierra al niño en una gratitud obligada, en un reconocimiento pueril. No era culpa de su madre, pero era pesado soportarlo.

La emoción era un lujo que no podía permitirse. Cada vez que estaba a punto de sucumbir a ella, la bloqueaba. Clic, clac, cerraba escotillas. Y así continuaba siendo un buen ejemplo para sí misma. Seguía siendo su mejor amiga. Es el problema de las emociones, te torpedean. Te destrozan en mil pedazos. Te enamoras y, de pronto, te ves demasiado gorda, demasiado delgada, senos demasiado pequeños, senos demasiado grandes, demasiado baja, demasiado alta, nariz demasiado grande, boca demasiado pequeña, dientes amarillos, cabello graso, estúpida, sarcástica, pegajosa, ignorante, parlanchina, muda. Dejas de ser tu mejor amiga.

Al volver de ir de compras con su madre, mientras levantaban el brazo para parar un taxi, habían visto a un caracol refugiado en el borde de la avenida, metido en su concha, intentando pasar desapercibido bajo una hoja seca. Su madre se había agachado, lo había recogido y le había hecho cruzar la avenida. Hortense se había encerrado inmediatamente en un reproche mudo.

—Pero ¿qué te pasa? —había preguntado Joséphine, al acecho del menor cambio de humor que apareciese en el rostro de su hija—. ¿No estás contenta? Creía que lo pasarías bien si te regalaba un día de compras...

Hortense había sacudido la cabeza, exasperada.

—¿Te sientes obligada a ocuparte de todos los caracoles que encuentras?

—¡Pero es que iban a aplastarle si cruzaba!

—¿Y tú qué sabes? Quizás le ha costado tres semanas cruzar la calzada, y estaba descansando, aliviado, antes de ir al encuentro de su pareja y tú, en diez segundos, ¡le devuelves a su punto de partida!

Su madre la había mirado, pasmada. Sus ojos asustados se habían llenado de lágrimas. Había corrido a buscar el caracol y habían estado a punto de atropellarla. Hortense la había cogido por la manga y la había empujado dentro de un taxi. Ése era el problema de su madre. La emoción le enturbiaba la vista. Y a su padre también. Lo tenía todo para triunfar, pero se licuaba en cuanto se enfrentaba a una sombra de adversidad, a una nube de hostilidad. Sudaba la gota gorda. Ella, de pequeña, sufría durante las comidas en casa de Iris o de Henriette, cuando veía aparecer los primeros signos de angustia. Juntaba las manos bajo la mesa, rezando para que la inundación se detuviese, y sonreía, inerte. Los ojos hacia dentro para no ver.

Así que ella lo había aprendido todo. A bloquear su transpiración, a bloquear sus lágrimas, a bloquear la onza de chocolate que la engordaría, a bloquear la glándula sebácea que se transformaría en espinilla, el azúcar del caramelo que se convertiría en caries. Bloqueaba todas las entradas de la emoción. La chica que quería convertirse en su mejor amiga, el chico que la acompañaba e intentaba besarla. No quería correr ningún peligro. Cada vez que corría el riesgo de dejarse llevar, pensaba en la frente humedecida de su padre y la emoción se paraba de golpe.

¡Así que nadie le dijera sobre todo que se parecía a su madre! Era el trabajo de toda una vida el que se ponía en entredicho.

No se controlaba únicamente porque le desagradaran las emociones, lo hacía también por una cuestión de honor. El honor perdido de su padre. Quería creer en el honor. Y el honor, estaba segura, no tenía nada que ver con las emociones. En el colegio, cuando había estudiado *El Cid*, se había implicado hasta el fondo en los tormentos de Rodrigo y Jimena. Él la ama, ella le ama, eso es la emoción, eso les convierte en débiles y cobardes. Pero él había matado a su padre, ella debía vengarse, su honor estaba en juego y ahí se alzaban. Corneille lo había dejado bien claro: el honor engrandece al hombre. La emoción lo doblega. Al contrario que Racine. No aguantaba a Racine. Berenice la ponía nerviosa.

El honor era una mercancía escasa. La compasión había reemplazado al honor. Los duelos se habían prohibido. A ella le hubiese encantado batirse en duelo. Provocar a quien le faltase al respeto. Despedazar de un sablazo al ofensor. ¿Con quién, de esta adormecida clase, me gustaría cruzar la espada?, se preguntó sobrevolando con la mirada a la asistencia.

Percibió, a su izquierda, el perfil de su compañera de piso. Agathe había hundido la cabeza bajo el brazo como si estuviese tomando apuntes, pero dormitaba. De frente podían creerla absorta por el discurso del profesor, pero de lado se veía perfectamente que estaba dormida. Había vuelto a casa a las cuatro de la mañana. Hortense la había oído vomitar en el cuarto de baño. Ésa nunca luchaba. Reptaba. Dejaba que esos enanos de mal gusto dictaran su ley. Iban a buscarla casi todas las noches. Ni siquiera llamaban para avisarla. Llegaban, gritaban: «¡Venga! ¡Vístete que salimos!», y ella los seguía. No puedo creerme que esté enamorada de uno de ellos. Son gnomos vulgares, brutales, vanidosos. Tienen una voz extraña como de brasas ardientes, una voz que se te agarra a la garganta, que te quema el rostro, que te provoca temblores en todo el cuerpo. Ella les evitaba, pero también se entrenaba para no dejarse dominar por el miedo cuando se los cruzaba. Los mantenía a distancia, imaginaba que había un kilómetro entre ellos. Era un ejercicio difícil, porque eran terroríficos, a pesar de sus sonrisas forzadas.

Y sin embargo esa chica tenía talento. Era una diseñadora bastante inspirada, una estilista que no dibujaba, sino que encontraba instintivamente la línea del vestido, los cortes. Añadía el pequeño detalle que afinaría el talle y estilizaría la silueta. Sabía trabajar una tela. No conocía el gusto por el esfuerzo y el trabajo. Las habían elegido a las dos, entre ciento cincuenta candidatos, para un periodo de prácticas en Vivienne Westwood. Sólo contratarían a una. Hortense esperaba ser la elegida. Todavía había que pasar una entrevista. Se había documentado sobre la historia de la marca, con el fin de salpicar la entrevista de esos pequeños detalles que le darían ventaja. Seguramente Agathe ni siquiera había pensado en eso. Estaba demasiado ocupada en salir, bailar, beber, fumar, mover las caderas. Y vomitar.

*Story of her life,** pensó Hortense dibujando el último botón de la camisa blanca de esmoquin de Gary, cenando en Buckingham Palace.

* * *

—¿No quieres ir a Londres?

Zoé sacudió la cabeza, bajando la mirada.

—¿Ya no quieres ir nunca más a Londres?

Zoé emitió un largo suspiro que quería decir no.

—¿Te has peleado con Alexandre?

La mirada de Zoé se deslizó hacia un lado. Nada en su rostro le permitía saber si estaba enfadada, infeliz o amenazada por algún peligro.

—¡Pero di algo, Zoé! ¿Cómo quieres que lo adivine? —se enfadó Joséphine—. Antes dabas saltos de alegría cuando te ibas a Londres, ¡y ahora ya no quieres volver! ¿Qué te pasa?

---

* «La historia de su vida».

Zoé lanzó una mirada furiosa a su madre.

—Son las ocho menos cinco. Voy a llegar tarde al colegio.

Cogió su cartera, se la echó a la espalda, ajustó las correas y abrió la puerta de entrada. Antes de salir, se volvió y la amenazó.

—¡Y no entres en mi habitación! ¡Prohibido!

—¡Zoé! ¡Ni siquiera me has dado un beso! —continuó Joséphine viendo desaparecer la espalda de su hija.

Corrió por la escalera, bajó los escalones de cuatro en cuatro y alcanzó a Zoé en el vestíbulo del inmueble. Se vio en el espejo, en pijama con una camiseta que le había regalado Shirley que decía: MUERTE A LOS GLÚCIDOS. Sintió vergüenza cuando cruzó su mirada con la de Gaétan Lefloc-Pignel, que se había reunido con Zoé. Giró sobre sí misma y se metió en el ascensor. Allí se encontró frente a una joven rubia que no tenía mejor aspecto que ella.

—¿Es usted la mamá de Gaétan? —preguntó, feliz de conocer a la señora Lefloc-Pignel.

—Había olvidado su plátano para el recreo. A veces tiene bajadas de tensión, necesita azúcar. Así que he corrido para alcanzarle y... No he tenido tiempo de vestirme, he salido tal cual.

Llevaba puesto un impermeable sobre el camisón y estaba descalza.

Se frotaba los brazos, evitando la mirada de Joséphine.

—Me alegra mucho conocerla. No la había visto nunca...

—¡Oh! Es mi marido, no le gusta que yo...

Se detuvo como si pudiesen oírla.

—¡Se pondría furioso si me viera sin vestir en el ascensor!

—Yo no estoy en mejor situación que usted —exclamó Joséphine—. He corrido detrás de Zoé. Se ha marchado sin darme un beso; no me gusta empezar el día sin un beso de mi hija...

—¡A mí tampoco! —suspiró la señora Lefloc-Pignel—. Qué suaves son los besos de los niños.

Parecía una niña. Enclenque, pálida, dos grandes ojos pardos asustadizos. Bajaba la mirada y temblaba ajustándose los faldones del impermeable. El ascensor se detuvo y salió del ascensor diciendo varias veces adiós, aguantando la pesada puerta. Joséphine se preguntó si querría confiarle algo. De sus cabellos recogidos en dos trenzas finas se escapaban algunos mechones rubios. Lanzaba miradas inquietas a derecha e izquierda.

—¿Quiere usted tomar un café en mi casa? —preguntó Joséphine.

—¡Oh, no! No sería...

—Podríamos conocernos mejor, hablar de los niños... Vivimos en el mismo edificio y no nos conocemos.

La señora Lefloc-Pignel se frotaba los brazos de nuevo.

—Tengo una lista de cosas que hacer. No debo retrasarme...

Hablaba como si se sintiese aterrada de olvidar algo.

—Es usted muy amable. En otra ocasión, quizás...

Seguía reteniendo la puerta del ascensor con su brazo enjuto.

—Si ve usted a mi marido, no le diga que me ha visto usted así, desaliñada... Es demasiado... ¡Le da mucha importancia a la etiqueta!

Lanzó una risita incómoda, se frotó la nariz con el codo, escondiendo su rostro en la manga del impermeable.

—Gaétan es encantador. A veces llama a casa... —tanteó Joséphine.

La señora Lefloc-Pignel la miró, aterrada.

—¿No lo sabía?

—A veces me echo la siesta por la tarde...

—No conozco bien a sus otros dos hijos, Domitille y...

La señora Lefloc-Pignel alzó las cejas, dudó como si también ella tratara de recordar el nombre de su hijo mayor. Joséphine repitió:

—Pero Gaétan es encantador.

Ya no sabía qué más decir. Le hubiese gustado que ella soltara la puerta del ascensor. Hacía frío y la camiseta MUERTE A LOS GLÚCIDOS no era muy gruesa.

Finalmente, como con lástima, la señora Lefloc-Pignel dejó que la puerta se cerrase. Joséphine le hizo un gesto amistoso con la mano. Debe de tomar tranquilizantes. Tiembla como una hoja, se sobresalta al menor ruido. No debe de ser una compañía muy agradable, ni una madre muy presente. Nunca la había visto en el colegio, ni en el supermercado del barrio. ¿Dónde iría a hacer la compra?

Después cambió de opinión. Quizás hace como yo, que vuelvo al Intermarché de Courbevoie. Una costumbre que conservo de mi vida anterior. Todavía tenía la tarjeta de cliente. Antoine tenía también una. Dos tarjetas para una sola cuenta. Era todavía un vínculo que conservaba con él.

Entró en casa y decidió ir a correr. Pasó delante del cuarto de Zoé y empujó la puerta. No entró. Una promesa es una promesa. Había llegado otra postal. Con la letra de Antoine. Se la había entregado a Zoé, que se había encerrado en su habitación para leerla. Había oído la doble vuelta de llave que significaba que no había que molestarla. Joséphine no había preguntado nada.

Zoé permaneció encerrada en su habitación con Papatabla. Joséphine pegaba la oreja en la puerta, y escuchaba a Zoé pedirle su opinión sobre una regla gramatical o un problema de matemáticas, una falda o un pantalón. Hacía las preguntas y daba las respuestas. Decía: «Claro, qué tonta soy, tienes razón» y se echaba a reír. Con una risa forzada, que inquietaba a Joséphine.

Por la noche, Zoé cenaba en silencio, evitando su mirada, sus preguntas.

«Pero ¿qué puedo hacer?», se preguntaba Joséphine corriendo alrededor del lago esa mañana. Había hablado con los profesores de Zoé pero no, le habían contestado, todo va bien, participa, juega en el patio, entrega los deberes limpios y bien hechos, aprende las lecciones. Echaba de menos a la señora Berthier. Le hubiera gustado confiarse a ella.

La investigación sobre su muerte no avanzaba. Joséphine había vuelto a ver a la capitán Gallois. Amable como una circular administrativa.

—Tenemos muy pocos elementos. Le mentiría si le dijera lo contrario...

Esa mujer tenía una manera muy desagradable de dirigirse a ella.

Concluyó una primera vuelta al lago y comenzó una segunda. Percibió al desconocido que iba a su encuentro, las manos en los bolsillos, el gorro hundido hasta las cejas. Se la cruzó sin mirarla.

Tenía que recordar exactamente cuándo había empezado la metamorfosis de Zoé. La noche de Nochebuena. Durante los regalos, todavía estaba alegre, haciendo el payaso. Fue la entrada en escena de la efigie de su padre la que lo había desencadenado todo. A partir de ese momento, a partir del momento en el que Antoine se sentó con nosotros, Zoé empezó a alejarse. Como si tomara partido por su padre en contra mía... Pero ¿por qué? ¡Jolines!, exclamó Joséphine, ¡pero si fue él el que se marchó con su manicura! Debería llamar a Mylène. No había tenido tiempo. ¿Falta de tiempo o de ganas? Dudaba en confiarse a Mylène. No sabía por qué. No soy de esas mujeres que dan una palmadita en los muslos de su rival y se convierten en su mejor amiga. Se detuvo. Había forzado demasiado en la cuestecita antes del embarcadero frente a la isla.

Se estiró, levantó los brazos al aire, hundió la cabeza hacia abajo, estiró los brazos, las piernas. Le echaba de menos. Le echaba de menos. Pensaba en él todo el tiempo. Se introducía en su cabeza, ocupaba todo el espacio. Vuelve, suplicó en voz baja, vuelve, viviremos clandestinamente, nos esconderemos, robaremos instantes de felicidad esperando a que pase el tiempo, a que Iris se cure, a que las niñas crezcan. ¡Las niñas! Quizás Zoé lo sabía. Los niños saben de nosotros cosas que nosotros mismos ignoramos. No se les puede mentir. ¿Sabrá Zoé que he besado a Philippe? Ella siente el gusto de sus besos cuando me inclino hacia ella.

Se incorporó. Se masajeó las piernas, las pantorrillas. Se estiró una vez más. Tengo que hablar con ella. Hacerle confesar.

Dio algunos pasos. Reflexionó mientras trotaba. Avanzaba, absorta en sus reflexiones, cuando oyó gritar su nombre:

—¡Joséphine! ¡Joséphine!

Se volvió. Luca venía hacia ella. Los brazos abiertos, una gran sonrisa en el rostro.

—¡Luca! —gritó.

—Sabía que la encontraría aquí. ¡Conozco sus costumbres!

Ella le miró fijamente para asegurarse de que en verdad era él.

—¿Está usted bien, Joséphine?

—Sí. ¿Y usted, está mejor?

Él la miró sonriendo.

—¡Joséphine! Tengo que hablar con usted. No podemos prolongar este malentendido.

—Luca...

—Siento lo del otro día. He debido de herirla, pero no quería hacerle daño, ni reírme de usted.

Ella sacudía la cabeza, secándose el sudor que corría por su frente y separando el pelo pegado a su rostro.

—¿Me permite invitarla a un café?

Ella enrojeció y rechazó su brazo.

—Es que estoy toda pegajosa, he estado corriendo y...

Joséphine no podía creérselo: Luca, el hombre más indiferente del mundo, ¡corriendo detrás de ella! Notó que le flaqueaban las rodillas. No estaba acostumbrada a suscitar pasiones. No sabía cómo comportarse. Por un lado, le estaba reconocida. Se sentía importante, seductora. Por otro, le miraba y se decía que era tan guapo como un trozo de madera reseca. Se dirigieron hacia el quiosco cercano al lago. Luca pidió dos cafés y los colocó ante ella. Ella cerró las rodillas, metió los pies bajo la silla y se preparó.

—¿Está usted bien, Joséphine?

—Bien, sí...

No estaba muy dotada para mantener a los hombres a distancia. No estaba acostumbrada. Prefería dejarle hablar.

—Joséphine, he sido injusto con usted...

Ella hizo un gesto con la mano para excusarle.

—Me he comportado mal.

Ella le miró pensando que mucha gente se comporta mal con los que les quieren. No era el único.

—Me gustaría que olvidáramos todo eso...

Levantó hacia ella una mirada sincera.

—Es que... —balbuceó ella.

No sabía qué decir. Es que es demasiado tarde, es que se acabó, es que desde entonces hay otro que...

—No estoy muy acostumbrada a las cosas del amor. Soy un poco tonta...

Y añadió, en voz baja:

—Eso lo sabe usted bien, de hecho...

—La echo de menos, Joséphine. Estaba acostumbrado a usted, a su presencia, a su atención delicada, generosa...

—¡Oh! —exclamó ella, sorprendida.

¿Por qué no le había dicho antes esas palabras? Cuando todavía estaba a tiempo. Cuando ella se moría por oírlas. Le miró, desamparada. Él leyó la desolación en su mirada.

—Ya no siente usted nada por mí, ¿verdad?

—Es que he esperado tanto una señal suya que... creo que me he...

—¿Que se ha cansado?

—Sí, de alguna manera...

—¡No me diga que es demasiado tarde! —declaró, jovial—. Estoy dispuesto a todo... ¡para que me perdone!

Joséphine estaba sufriendo una tortura. Intentó atrapar un pedazo de amor, un hilo del que poder tirar, enhebrar, fruncir, bordar, zurcir, hasta hacer un gran pompón. Se hundió en la mirada de Luca, hundió sus grandes ojos abiertos, buscó, buscó. ¡No podía desvanecerse así como así! Buscó un trozo de hilo en sus ojos, en su boca, en el escote de su manga, me gustaba acurrucarme allí cuando dormíamos juntos, percibía su brazo reteniéndome, se sentía emocionada, cerraba los ojos para retener esa imagen. Buscó, buscó, pero no encontró el extremo del hilo. Emergió a la superficie con las manos vacías.

—Tiene usted razón, Joséphine. No es casualidad que esté solo a mi edad. ¡Nunca he sido capaz de conservar a nadie! Usted, al menos, tiene a sus hijas...

Joséphine volvió a pensar en Zoé. Haría como Luca. Se desnudaría delante de ella y le diría háblame, soy una inútil expresando amor, pero te quiero tanto que si ya no me besas por las mañanas, ya no puedo respirar, ya no recuerdo mi nombre, pierdo el gusto por la primera tostada, el gusto por mis estudios, el gusto por todo.

—Pero tiene usted a su hermano. Él le necesita...

La miró como si no entendiese. Frunció el ceño. Intentó saber a quién se refería ella, después se repuso y dijo sarcásticamente:

—¡Vittorio!

—Sí, Vittorio... Es usted su hermano, y también la única persona en la que puede confiar.

—¡Olvídese de Vittorio!

—Luca, no puedo olvidarme de Vittorio. Siempre ha estado entre nosotros.

—¡Olvídese de él, le digo!

Su voz estaba llena de autoridad y de cólera. Se echó hacia atrás, sorprendida por el cambio de tono.

—Forma parte de nuestra historia. No puedo olvidarlo. He vivido con él porque yo le he...

—Porque usted me ha amado... ¿Es eso, Joséphine? Antes. Hace mucho tiempo...

Ella bajó la cabeza, incómoda. No se trataba de amor, si se había acabado tan pronto.

—Joséphine... Se lo ruego...

Se volvió. No pensaba suplicarle. Sería embarazoso.

Permanecieron un buen rato en silencio. Él jugaba con la bolsita de azúcar, la apretaba entre sus largos dedos, la presionaba, la enrollaba, la aplastaba.

—Tiene usted razón, Joséphine. Soy una carga. Arrastro a los demás hacia el fondo.

—No, Luca. No es eso.

—Sí, es exactamente eso.

Los cafés se habían enfriado. Joséphine hizo una mueca.

—¿Quiere usted otro? ¿U otra cosa? ¿Un zumo de naranja? ¿Un vaso de agua?

Ella lo rechazó con un gesto de la mano. Déjelo, Luca, suplicó en silencio, déjelo. No quiero que se convierta usted en un hombre suplicante, servil.

Él volvió la mirada hacia el lago. Vio un perro que se lanzaba al agua y sonrió.

—Fue ese día cuando empezó todo... ¿Verdad? Aquel día en que yo no la escuché...

Ella no respondió y siguió al perro con los ojos. Su amo había vuelto a tirar la pelota al lago y se tiró a él para buscarla. El amo esperaba, orgulloso de sus cualidades como adiestrador, orgulloso de chascar los dedos y que el animal le obedeciese. Buscaba en la mirada de la gente que le rodeaba el reconocimiento de ese poder.

—¿Sabe qué vamos a hacer, Joséphine?

Se había incorporado, con expresión decidida.

—Voy a darle una llave de mi casa y...

—¡No! —protestó Joséphine, aterrada por la responsabilidad con la que le iba a cargar.

—Voy a darle una llave de mi casa y cuando haya perdonado mi indiferencia, mi grosería, vendrá y yo la esperaré...

—Luca, no debe...

—Sí. Nunca he hecho algo así. Es una prueba de a...

Ella escuchó la palabra que él estuvo a punto de decir. Pero no la pronunció.

—Una prueba de afecto...

Se levantó, buscó una llave en el bolsillo. La dejó sobre la mesa al lado del café frío. Besó a Joséphine en el pelo y repitió:

—Hasta pronto, Joséphine.

Ella le vio partir, cogió la llave. Todavía estaba caliente. La encerró en su mano como la prueba inútil de un amor difunto.

* * *

Zoé no quiso hablar.

Joséphine la esperó a la vuelta del colegio. Dijo a su hija, cariño, tenemos que hablar. Estoy dispuesta a escucharlo todo. Si has hecho algo de lo que te arrepientes o que te avergüenza, dímelo, hablaremos y no me enfadaré, porque te quiero por encima de todo.

Zoé dejó su cartera en la entrada. Se quitó el abrigo. Fue a la cocina. Se lavó los manos. Cogió un trapo. Se secó las manos. Cortó tres rebanadas de pan. Las untó con mantequilla. Guardó la mantequilla en el frigorífico. El cuchillo en el lavavajillas. Tomó dos barras de chocolate negro con almendras. Lo colocó todo en un plato. Volvió a buscar su cartera a la entrada y, sin escuchar a Joséphine que insistía: «Tenemos que hablar, no podemos seguir así», cerró la puerta de su habitación y se encerró hasta la hora de cenar.

Joséphine recalentó el pollo a la vasca que había preparado, a Zoé le gustaba el pollo a la vasca.

Cenaron una frente a la otra. Joséphine se tragaba las lágrimas. Zoé mojaba el pan en la salsa del pollo sin mirar a su madre. La lluvia golpeaba los cristales de la cocina y quedaba pegada en forma de gruesas gotas. Cuando las gotas son espesas, pesadas, se pegan al cristal y puedes contarlas.

—Pero ¿qué te he hecho yo? —gritó Joséphine, que se había quedado sin palabras, que había perdido los nervios, que se había quedado sin argumentos.

—Lo sabes muy bien —soltó Zoé, imperturbable.

Retiró su plato, su vaso y sus cubiertos. Los colocó en el lavavajillas. Pasó la esponja sobre la mesa, delimitando precisamente su sitio, teniendo buen cuidado de no recoger las migas de su madre, dobló su servilleta, se lavó las manos y se retiró.

Joséphine saltó de la silla, corrió tras ella. Zoé cerró la puerta de su habitación. Oyó dos vueltas de llave.

—¡No soy tu chacha! —gritó Joséphine—. Agradece la cena.

Zoé abrió la puerta y dijo:

—Gracias. El pollo estaba delicioso.

Después cerró, dejando a Joséphine sin voz.

Volvió a la cocina. Se sentó delante del plato que no había tocado. Miró el pollo frío cubierto de salsa. Los tomates arrugados, los pimientos acartonados. Esperó un buen rato, echada sobre la mesa, la cabeza entre sus brazos.

Una canción de los Beatles estalló en la habitación de Zoé. *Don't pass me by, don't make me cry, don't make me blue, cause you know, darling, I love only you.** Es inútil. No servirá de nada forzar las confidencias. No se puede luchar contra un muerto. Y menos aún contra un muerto viviente. Soltó una risa amarga. Nunca había oído esa risa en su boca. No le gustaba. Tengo que ponerme a trabajar. Tengo que encontrar un director de tesis. Tengo que defender mi trabajo. Estudiar me ha salvado siempre de las peores situa-

---

* «No pases de mí, no me hagas llorar, no me dejes triste porque, ¿sabes, cariño?, te quiero».

ciones. Cada vez que la vida me la juega, la Edad Media viene a salvarme. Recitaba el simbolismo de los colores a las niñas, para disimular la angustia del mañana o la tristeza de la víspera. Azul, color de duelo, violeta asociado a la muerte, verde, la esperanza y la savia que asciende, amarillo, la enfermedad, el pecado, rojo, a la vez fuego y sangre, rojo como la cruz del cruzado sobre su pecho o la ropa del verdugo, negro, el color de los Infiernos y de las tinieblas. Ellas escuchaban con la boca abierta, aterradas, y yo olvidaba mis problemas.

El teléfono interrumpió sus pensamientos. Lo dejó sonar y sonar, y después se levantó.

—¿Joséphine?

La voz era jovial. El timbre despreocupado y alegre.

—Sí —articuló Joséphine, las manos crispadas en el auricular.

—¿Te has quedado muda?

Joséphine soltó una risita incómoda.

—Es que no me esperaba para nada...

—¡Pues sí! Soy yo. De vuelta a la vida activa... y preciso, sin rencor alguno. Hacía mucho tiempo, ¿verdad, Jo?

—...

—¿Estás bien, Jo? Porque se diría que no estás bien en absoluto...

—Sí, sí. Estoy bien. ¿Y tú?

—En plena forma.

—¿Dónde estás? —preguntó Joséphine, buscando un punto por donde agarrar el vestido de ese fantasma.

—¿Por qué?

—Por nada...

—Sí, Joséphine. Te conozco, tienes algo metido en la cabeza.

—No, te lo aseguro... Es sólo que...

—La última vez que estuvimos juntas, es verdad, fue un poco violento. Y te pido perdón. Lo siento de verdad... Y te lo voy a demostrar: te invito a comer.

—Me gustaría que dejáramos de pelearnos.

—Coge un lápiz y escribe la dirección del restaurante.

Apuntó la dirección. Hotel Costes, calle Saint-Honoré, 239.

—¿Estás libre pasado mañana, jueves? —preguntó Iris.

—Sí.

—Entonces, el jueves a la una... Cuento contigo, Jo, es muy importante para mí que nos veamos.

—Para mí también, lo sabes.

Y después, añadió en voz baja:

—Te he echado de menos...

—¿Qué has dicho? —preguntó Iris—. Ya no te oigo...

—Nada. Hasta el jueves.

Cogió su edredón y fue a instalarse en el balcón. Levantó la cabeza hacia el cielo y dirigió la mirada hacia las estrellas. Un hermoso cielo estrellado iluminado por una luna llena y brillante como un sol frío. Buscó su estrellita al final de la Osa Mayor. Torció la cabeza para localizarla. La localizó. Al final de la estela. Juntó las manos. Gracias por haberme devuelto a Iris. Gracias. Es como si volviese a casa. Haced que Zoé vuelva. No quiero la guerra, sabéis, soy una pésima guerrera. Haced que nos volvamos a hablar. Esta noche, me comprometo ante vosotras... Si me devolvéis el amor de mi hija, os prometo, ¿me oís?, os prometo que renunciaré a Philippe.

¿Estrellas? ¿Me oís?

Sé que me oís. No siempre me respondéis enseguida, pero tomáis nota.

Miró la pequeña estrella. Había planteado su problema allí arriba, arriba del todo, a millones de kilómetros. Hay que plantear los problemas lejos, muy lejos, porque así se ven de forma diferente. Vemos lo que hay detrás. Cuando los tenemos ante las narices, ya no vemos nada. Ya no vemos la belleza, la felicidad que permanece, a pesar de todo, a nuestro alrededor. Detrás del silencio obstinado de Zoé, estaba el amor de su hija pequeña por ella. Estaba segura de ello. Pero ya no lo veía. Ni Zoé tampoco. La belleza y la felicidad volverían...

Bastaba con esperar, con ser paciente...

* * *

Se había convertido en un hombre ocioso. Un hombre que pasaba el tiempo en los bares de hotel con libros y catálogos de arte. Le gustaban los bares de los grandes hoteles. Le gustaba la iluminación, el ambiente aterciopelado, la música de jazz de fondo, las lenguas extranjeras que se oían, los camareros que pasaban con sus bandejas y su caminar fluido. Podía imaginarse en París, en Nueva York, en Tokio, en Singapur, en Shanghai. No estaba en ninguna parte, estaba en todos lados. Eso le iba muy bien. Estaba convaleciente de amor. No era muy viril como estado de ánimo, se decía.

Adoptaba una expresión poco atractiva, un aire de hombre de negocios ocupado en leer obras serias. De hecho, leía a Auden, leía a Shakespeare, leía a Pushkin, leía a Sacha Guitry. Todos esos tipos que nunca había leído en su vida anterior. Quería comprender la emoción, los sentimientos. Los grandes negocios del mundo se los dejaba a los demás. A los demás como él, antes. Cuando era serio, tenía prisa, se peinaba con la raya al lado, el cuello de la camisa bien cerrado, una corbata de rayas y dos teléfonos móviles. Un hombre atiborrado de cifras y certidumbres.

Ya no tenía ninguna certidumbre. Avanzaba a tientas. ¡Y tanto mejor! Las certidumbres te nublan la vista. Estaba leyendo *Eugenio Oneguin,* de Pushkin. La historia de un joven ocioso que se retira al campo, cansado de vivir, directo hacia la apatía. Eugenio le gustaba muchísimo.

Por las mañanas, pasaba por su despacho de Regent Street y seguía algunos asuntos en curso. Telefoneaba a París. Al que le había reemplazado. Si al principio todo había ido bien, ahora sentía en este último una invitación apenas disimulada. Ya no soporta mi ociosidad. Ya no soporta que continúe embolsándome dividendos sin sudar la gota gorda. Después llamaba a Magda, su antigua secretaria reconvertida en la secretaria del Sapo. Ése era el nombre clave de su sustituto: el Sapo. Ella hablaba en voz baja, temiendo que el Sapo la oyese, y le contaba los últimos chismes del despacho. El Sapo era un obseso sexual.

—El otro día —dijo Magda con una risita— estuve a punto de tirarlo por la ventana por sobón.

El Sapo permanecía en el despacho hasta las once de la noche, era de una fealdad perfecta, hipócrita, odioso, pretencioso.

—¡En los negocios es un hombre notable! Ha doblado los beneficios desde que está al mando... —decía Philippe.

—Sí, pero ¡puede explotar en cualquier momento! En todo caso, tenga cuidado, ¡le odia! Después de hablar con usted parece que los botones del chaleco le fueran a estallar.

Philippe había aumentado la nómina de sus dos abogados para guardarse bien las espaldas. ¡Hay que ser prevenido en este mundo de tiburones martillo! El Sapo era martillo, tiburón, pero brillante.

Asistía a menudo a comidas de prospección. Con clientes que escogía ricos, agradables y cultos. Para no perder el tiempo. Esbozaba las primeras negociaciones y luego los dirigía hacia el Sapo, en París. Por la tarde, elegía el bar de un hotel de lujo, un buen libro, y leía. Sobre las diecisiete treinta, iba a buscar a Alexandre al liceo y volvían juntos charlando. A menudo se detenían en un museo o en una galería. O iban al cine. Eso dependía de los deberes de Alexandre.

A veces, mientras estaba ocupado leyendo, se sentaba una chica a su lado. Una profesional disfrazada de turista, que ligaba con un hombre de negocios abandonado. Él la veía acercarse. Contonearse. Simular que leía una revista. Él no se movía, continuaba leyendo. Al cabo de un momento, ella se cansaba. A veces sucedía que una chica más emprendedora le pedía alguna información o una dirección. Siempre respondía con la misma frase:

—¡Lo siento, señorita, estoy esperando a mi mujer!

Durante su último viaje a París, Bérengère, la mejor amiga de Iris, le había llamado para invitarle a una copa. Con el pretexto de obtener información sobre las escuelas inglesas para su hijo mayor. Había empezado, maternal y preocupada, y después se había acercado, el pecho en tensión bajo la blusa entreabierta, una mano que pasaba y repasaba por detrás del cuello, levantándose la melena, doblando la nuca en una postura de sumisión lasciva, la sonrisa porfiada.

—Bérengère, no me digas que esperas que nos convirtamos en... ¿cómo decirlo?, ¿íntimos?

—¿Y por qué no? Nos conocemos desde hace mucho tiempo. Tú ya no sientes nada por Iris, supongo, después de lo que te hizo, y yo me aburro soberanamente con mi marido...

—Pero Bérengère, ¡Iris es tu mejor amiga!

—Lo era, Philippe, lo era. Ya no la veo. He cortado toda relación. ¡No me gustó en absoluto la forma en la que se comportó contigo! ¡Fue asqueroso!

Él había esbozado una sonrisa.

—Lo siento. Si quieres, tú y yo seguiremos...

No encontraba la palabra.

—Seguiremos así.

Había pedido la cuenta y se había marchado.

Ya no quería perder el tiempo. Había decidido trabajar menos para ganar tiempo. Reflexionar, aprender. No iba a dilapidar ese tiempo con Bérengère o alguien parecido. Había dejado a su asesora en el mercado del arte. Un día que estaban los dos en una galería, cuyo propietario les enseñaba obras de un pintor joven y prometedor, él vio un clavo. Un clavo plantado en una pared blanca, esperando a que colgaran un cuadro allí. Él le había hecho remarcar lo ridículo que le parecía ese clavo. Ella le había escuchado con expresión de reproche, y había contestado: no se equivoque, Philippe, ese clavo es en sí mismo el principio de una obra de arte, ese clavo participa en la belleza de la obra que va a recibir, ese clavo... Él la había interrumpido: ese clavo es un pobre clavo, sin interés, ese clavo simplemente va a soportar el peso de un cuadro. ¡Ah, no, Philippe! No estoy de acuerdo con usted, ese clavo es, ese clavo existe, ese clavo le interpela. Se había quedado un rato en silencio y había dicho, mi querida Elizabeth, a partir de ahora, prescindiré de sus servicios. Estoy dispuesto a inclinarme, a cuestionarme delante de Damien Hirst, David Hammons, Raymond Pettibon, de la bailarina de Mike Kelley, de los autorretratos de Sarah Lucas, ¡pero no delante de un clavo!

Hacía el vacío a su alrededor. Soltaba lastre. Quizás por eso Joséphine se había alejado. Me veía demasiado pesado, demasiado cargado. Ella tiene ventaja sobre mí, ella ha aprendido a despojarse. Aprenderé. Tengo todo el tiempo del mundo.

Echaba de menos a Zoé. Los fines de semana con Zoé. Los largos conciliábulos entre Zoé y Alexandre, cuando él les vigilaba con el rabillo del ojo. Alexandre no preguntaba por su prima, pero podía ver en su mirada triste del viernes por la tarde que la echaba de menos. Volvería. Estaba seguro. Habían ido demasiado lejos besándose la noche de Nochebuena. Todavía quedaban demasiadas cosas sin resolver entre ellos. Y estaba Iris... Pensó en su última velada en París. Iris había salido de la clínica. Habían cenado «en casa». ¿Podríamos hacer una cenita, los tres juntos? ¡Ir al restaurante era una pesadez! Ella había cocinado. No había quedado muy bien, pero había hecho un esfuerzo.

Dejó el libro. Cogió otro. El teatro de Sacha Guitry. Cerró los ojos y se dijo, lo abro al azar y medito la frase que me encuentre. Se concentró, abrió el libro, y sus ojos cayeron sobre esta afirmación: «Es posible lograr que la gente que os ama baje los ojos, pero no se puede obligar a bajar los ojos a la gente que os desea».

No bajaré los ojos. Esperaré, pero no renunciaré.

La única mujer cuya presencia soportaba era Dottie. Se habían vuelto a ver, por azar, una noche en una recepción en la New Tate.

—¿Qué hace usted aquí? —había preguntado al verla.

Ya no recordaba su nombre.

—Dottie. ¿Lo recuerda? Me regaló usted un reloj, un hermoso reloj que todavía llevo, por cierto...

Había levantado la muñeca y le había enseñado el reloj Cartier.

—Vale una pasta, ¿no? Siempre tengo miedo de perderlo. No le quito ojo...

—Eso está muy bien: es un reloj, ¡sirve para eso!

Ella se había echado a reír, abriendo mucho la boca, dejando a la vista tres empastes en mal estado.

—¿Qué hace usted aquí, Dottie? —había repetido él con cierto aire de superioridad, como si ella no estuviese en su lugar.

Enseguida se arrepintió de su tono arrogante y se mordió la lengua.

Ella había respondido, dolida:

—¿Por qué? ¿Acaso no tengo derecho a que me interese el arte? ¿No soy lo bastante inteligente, lo bastante chic, lo bastante...?

—¡Tocado! —había reconocido Philippe—. Soy un imbécil, un pretencioso y...

—Un esnob. Idiota. Arrogante. Frío.

—¡No siga! Voy a sonrojarme...

—Lo he entendido. Soy una pobre contable tonta del culo, que no PUEDE interesarse por el arte. Simplemente una chica con la que se folla y a la que no se vuelve a ver.

Él había adoptado una expresión tan contrita que ella se había echado a reír de nuevo.

—De hecho, tiene usted razón. Todo esto me parece tonto y absurdo, pero me ha traído una amiga... Me estoy aburriendo, ¡no se puede imaginar cuánto! No entiendo nada de arte moderno. ¡Me quedé en Turner y ni eso! ¿Vamos a tomar una cerveza?

Él la había invitado a cenar en un pequeño restaurante.

—¡Ajá! Estoy subiendo posiciones. Tengo derecho al restaurante, al mantel blanco...

—Es sólo por esta noche. Y porque tengo hambre.

—Me olvidaba de que el señor estaba casado y no quería comprometerse.

—Y sigo en las mismas...

Ella había bajado la mirada. Estaba absorta en la lectura de la carta.

—¿Y bien? ¿Qué hay de nuevo desde su cumpleaños fracasado? —había preguntado Philippe intentando no parecer demasiado irónico.

—Un encuentro y una ruptura...

—¡Oh!

—Por SMS, la ruptura. ¿Y usted?

—Más o menos lo mismo. Un encuentro y una ruptura. Pero no por SMS. En silencio. Sin una palabra de explicación. No es mucho mejor.

Ella no había hecho ninguna pregunta acerca del papel de su supuesta mujer en esa malograda historia de amor. Él se lo había agradecido.

Habían acabado en casa de ella. Sin saber demasiado cómo.

Ella había abierto una botella de Chardonnay. El osito de peluche marrón, al que le faltaba un ojo de cristal, seguía allí, al igual que los pequeños cojines bordados reclamando amor y el póster de Robbie William sacando la lengua.

Habían acabado pasando la noche juntos. Él no había estado muy brillante. Ella no había hecho comentarios.

Al día siguiente, él se había levantado pronto. No quería despertarla, pero ella había abierto los ojos y había posado la mano en su espalda.

—¿Te vas a dar inmediatamente a la fuga o tienes tiempo para un café?

—Creo que me daré a la fuga...

Ella se había apoyado en el codo y le había observado, como quien contempla a una gaviota cubierta de petróleo.

—Estás enamorado, ¿verdad? Lo veo. No estabas realmente conmigo esta noche...

—Lo siento.

—¡No! Soy yo la que lo siente por ti. Así que...

Había cogido un cojín y se lo había encajado sobre los pechos.

—¿Cómo es ella?

—Así que de verdad quieres hacerme hablar.

—No estás obligado, pero sería mejor. ¡Como no estamos destinados a vivir una gran pasión física, mejor dedicarnos a la amistad! Así que ¿cómo es?

—Cada vez más guapa...

—¿Eso es importante?

—No... Con ella descubro una forma de ver la vida y eso me hace feliz. Vive entre libros y salta sobre los charcos con los pies juntos...

—¿Qué edad tiene? ¿Doce años y medio?

—Tiene doce años y medio y todo el mundo se aprovecha de ella. Su ex marido, su hermana, sus hijas. Nadie la trata como merece y a mí me gustaría protegerla, hacerla reír, hacerla volar...

—Estás seriamente afectado...

—¡Pero no me aporta nada! ¿Me haces un café?

Dottie se había levantado y preparaba el café.

—¿Vive en Londres?

—No. En París.

—¿Y qué es lo que os impide vivir vuestra hermosa historia de amor?

Él se incorporó y cogió su camisa.

—Se acabaron las confidencias. ¡Y gracias por esta noche en la que he estado particularmente lamentable!

—A veces pasa, ¿sabes? ¡No vamos a hacer un drama de eso!

Bebía el café y añadía terrones de azúcar a medida que el nivel de la taza bajaba. Él hizo una mueca.

—¡Me gusta así! —dijo viendo su expresión de disgusto—. ¡Me puedo comer una tableta de chocolate sin engordar un gramo!

—¿Sabes qué? Me parece que vamos a volver a vernos... ¿Te apetece?

—¿Aunque no seas Tarzán, el rey del estremecimiento?

—¡Eso lo decides tú!

Ella puso cara de pensárselo y dejó la taza.

—De acuerdo —dijo—. Pero con una condición... Que me enseñes pintura moderna, me lleves al teatro, al cine..., en fin, que me instruyas... Ya que ella está en París, no será un problema.

—Tengo un hijo, Alexandre. Él está por encima de todo.

—¿Sales con él por la noche?

—No.

*—It's a deal?**

—It's a deal.

Se habían estrechado la mano como amigos.

Él la llamaba. La llevaba a la ópera. Le explicaba el arte moderno. Ella escuchaba, calladita como una niña buena. Apuntaba los nombres, las fechas. Con una seriedad sin tacha. Él la acompañaba a su casa. A veces, subía y se dormía en sus brazos. A veces, emocionado por su abandono, su inocencia, su simplicidad, la besaba y caían sobre la cama king size que ocupaba toda la habitación.

Él no la hacía infeliz. Actuaba con mucho cuidado. Vigilaba el temblor del labio que reprime un sollozo o la arruga de una ceja que

* «¿Trato hecho?».

bloquea un dolor. Aprendía sobre las emociones con ella. Ella no sabía mentir, simular. Él le decía ¡estás loca! Aprende a disimular, se lee en tu cara como en un libro abierto.

Ella se encogía de hombros.

Él se preguntaba si aquello podía durar mucho tiempo.

Ella había dejado de buscar hombres por Internet.

Él le había dicho que no debía interrumpir esa búsqueda por su culpa. Que no era ese hombre. El hombre que la llevaría en brazos. Ella suspiraba lo sé, lo sé. E imaginaba la tristeza futura. Porque eso siempre termina con tristeza, ella lo sabía bien.

Él había terminado preguntándole la edad. Veintinueve años.

—¿Ves? ¡Ya no soy un bebé!

Como si diera a entender, puedo defenderme y también saco provecho de nuestra extraña relación.

Él le estaba infinitamente agradecido.

* * *

Desde que estaban esperando la respuesta de Vivienne Westwood para saber cuál de las dos candidaturas sería elegida para el periodo de prácticas, la atmósfera entre Agathe y Hortense era muy tensa. Casi no se hablaban. Escondían sus apuntes, sus cuadernos. Agathe se levantaba pronto, asistía a clase, ya no salía. Chocaban una con la otra en el piso. Se había puesto a trabajar y reinaba una calma extraña en el piso. Hortense se felicitaba por ello. Podía trabajar sin tapones en los oídos, aquello era un gran progreso.

Una noche, Agathe volvió con un plato preparado de un chino, y le propuso a Hortense compartir la cena. Hortense desconfió.

—Si pruebas la comida tú primero... —declaró.

Agathe lanzó una risa infantil y cayó sobre el sofá agarrándose el vientre.

—¿Crees realmente que voy a envenenarte?

—¡De ti me lo espero todo! —gruñó Hortense, que se encontraba un poco ridícula, pero seguía desconfiando a pesar de todo.

—Escucha. Si eso te tranquiliza, comeré primero y te pasaré el plato después... ¿De verdad no confías en mí?

—No confío en absoluto, si quieres saberlo.

Habían cenado sentadas sobre la alfombra de pelo largo. Agathe no había volcado nada. No había bebido desmesuradamente. Había recogido y guardado las cosas. Había vuelto a sentarse con las piernas cruzadas sobre la alfombra.

—Yo estoy tan nerviosa como tú, ¿sabes?

—Yo no estoy nerviosa —había replicado Hortense—. Estoy muy tranquila. Yo seré quien lo consiga. ¡Espero que seas buena perdedora!

—Mañana por la noche hay una fiesta en Cuckoo's. Una fiesta a la que asistirá toda la escuela francesa, ya sabes, Esmod...

No sólo estaban Saint Martins o la Parsons School de Nueva York, también estaba Esmod, en París. Si Hortense no había elegido ir allí, era porque quería dejar París y a su madre. Vanina Vesperini, Fifi Chachnil, Franck Sorbier y también Catherine Malandrino habían salido de esa escuela. Si hacía cinco años sólo se hablaba de Londres, ahora París había vuelto al centro del planeta moda. Con una especialidad francesa: el modelismo. En Esmod se aprendía a dominar las técnicas del moldeado de la tela, el trabajo del corte, del patrón. Un saber hacer valioso que Hortense tenía muchas ganas de aprender. Dudó.

—¿Estarán tus amigos?

Agathe hizo una mueca que significaba «qué remedio».

—No son precisamente un regalo, esos tíos. Son una pandilla de cerdos.

—Pero también son buenos, ¿sabes?

—¿Buenos?

Hortense se echó a reír.

—A veces, me ayudan, me animan, me dan alas...

—¡Si los cerdos tuviesen alas se sabría! ¡No se restregarían el culo en la mierda, sino que volarían! ¡Y ellos no parecen listos para despegar!

Había terminado aceptando ir a la fiesta con Agathe.

Habían cogido un taxi. Agathe había dado una dirección que no era la de la discoteca.

—¿Te molesta si pasamos antes por su casa?

—¡A casa de ellos! —había gritado Hortense—. Yo no subo a casa de esos tíos.

—Por favor —había suplicado Agathe—. Contigo tendré menos miedo... Me acojonan un poco cuando estoy sola.

Parecía realmente asustada.

Hortense había subido a su pesar.

Estaban sentados en el salón. Un decorado que brillaba por su mal gusto. Lleno de mármol, oro, candelabros, cortinas con bordados dorados, poltronas de lentejuelas, sillones obesos. Cinco hombres de negro. Sentados sobre sus gordos culos de cerdo. No le había gustado que se levantaran todos a la vez y se acercasen a ella. No le había gustado nada que Agathe se hubiese alejado con el pretexto de ir al baño.

—Bueno... Parece que se te ha cerrado el pico de repente. ¿Son cosas mías, Carlos, o la chiquilla se lo ha hecho encima? —había preguntado un fortachón bajito.

Hortense no había respondido, esperando a que Agathe saliese del baño.

—Oye, chavala, ¿sabes por qué te hemos traído aquí?

Había caído en una trampa. Como una novata. La fiesta del Cuckoo's era tan inexistente como el buen gusto de ese salón.

—Ni idea. Pero seguramente me lo vais a contar.

—Queríamos hablarte de algo... Después, te dejamos tranquila.

Me van a pedir que me prostituya. Que me venda para esas jetas de cerdo que no vuela. Que les llene los bolsillos mientras las chicas curran. Así que de ahí viene la pasta de Agathe, sus vaqueros de trescientos euros y sus chaquetas Dolce & Gabbana.

—Creo que me hago una idea y podéis esperar ahí sentados...

—Pues yo creo que no tienes ni la menor idea —dijo el que debía de ser el jefe, porque medía por lo menos un metro setenta y cinco y los demás le llegaban al hombro.

—Me extrañaría. No me he caído de un guindo, ¿sabéis?

Muchas estudiantes se dedicaban a la prostitución. Para pagar sus estudios o ir a esquiar a Val-d'Isère. Existían agencias especializadas que las contrataban los fines de semana. Viajaban a países del Este a pasar una noche con un gordo y volvían con los bolsillos llenos.

—Vamos a pedirte un favorcito algo especial... Que te interesa aceptar. Porque si no, nos vamos a enfadar. Y mucho. ¿Ves allí, la puerta del cuarto de baño...?

Hortense se obligó a no volver la vista y miró fijamente al que debía de pasar por un gigante comparado con los enanos que le rodeaban. Tiene el vello recio y el mentón azul, se dijo rechazándole con la mirada, y una manchita en el ojo, como una salpicadura de mayonesa.

—Detrás de la puerta del cuarto de baño, te arriesgas a que te den una paliza. Una paliza de las buenas...

—¿Ah, sí? —dijo Hortense intentando evadirse mentalmente, pero sentía cómo el miedo de un blanco algodonado la invadía y le hacía temblar las piernas.

—Así que esto es lo que vas a hacer..., vas a retirarte amablemente de la competición con Agathe. Vas a dejarle la plaza en Vivienne Westwood.

—¡Jamás! —gritó Hortense, que ahora entendía la comida china, la repentina limpieza de su compañera de piso, el ambiente estudioso en la casa.

—Piénsatelo. Me duele pensar en lo que vas a sufrir detrás de la puerta del cuarto de baño...

—Ya está pensado, y la respuesta es no.

Agathe no reaparecía. Zorra, pensó Hortense. ¡Y yo que pensaba que estaba enmendándose! Tenía razón en desconfiar de sus buenos sentimientos.

Sobre todo no debía derrumbarse frente a esos chulos de mal gusto. Todos vestidos de negro, con zapatos puntiagudos. ¿Estamos en un campamento de verano o qué?

—Tienes dos minutos para pensártelo. ¡Sería estúpido por tu parte que salieses malparada de aquí!

Y sería idiota privaros de una entrada gratuita en ese mundo, se dijo Hortense, que pensaba con rapidez. Utilizáis a esa idiota de Agathe para entrar en un abrir y cerrar de ojos en el templo de la moda. No contéis conmigo, tíos. No contéis conmigo.

Pasaron cinco minutos. Hortense inspeccionó el lugar con la aplicación de una turista en Versalles: los dorados de las cómodas, los cajones abultados, el servicio de plata sobre el mantelete —¿para hacer creer que tomaban el té, quizás?—, el péndulo del reloj que batía el aire en silencio, los espejos biselados, el parqué bien encerado. Estaba atrapada.

—Ha pasado el tiempo —dijo ella consultando su reloj—. Os voy a dejar, encantada de conoceros y espero que no nos volvamos a ver...

Giró sobre sus talones y se dirigió hacia la puerta.

Uno de los chulos se levantó y fue a bloquear la salida y la devolvió al punto de partida. Otro eligió un CD, la obertura de *La urraca ladrona*, de Rossini, y subió el volumen a tope. Iban a pegarle, eso seguro. No gritaré. No les daré ese gusto. No iban a cargársela. ¡Menudo lío con un cadáver bajo el brazo!

—Encárgate tú, Carlos —dijo el más alto con su tono de jefe.

—OK —respondió el interpelado.

La empujó hasta el cuarto de baño, la tiró al suelo. Volvió a salir. Ella se levantó, esperó un momento, de pie, con los brazos cruzados. Me ha dejado aquí para que me lo piense. Está decidido. No voy a echar raíces aquí.

Volvió a salir del cuarto de baño, se enfrentó a ellos en el salón y preguntó:

—¿Y bien? ¿Nos hemos desinflado?

El alto que se tomaba por el jefe enrojeció. Se fue hacia ella, la arrastró hasta el cuarto de baño y la lanzó contra el suelo gritando ¡puta! Cerró la puerta. Le he ofendido, se dijo Hortense. Punto para mí. Eso no va a suavizar los golpes pero, al menos, están prevenidos. No me voy a dejar hacer.

Se ajustó la chaqueta y se frotó los hombros. Permanecer digna y erguida. Era lo único que le quedaba. La atmósfera seguía igual de blanca, algodonosa, y tenía ganas de vomitar.

Sobre todo no debía dejarse dominar por el miedo. Tendría que mantenerlo a distancia. Poner detalles entre el miedo y ella. A lo práctico. Nada del abstracto que aterra y nubla el pensamiento. Nada de grandes ideas del estilo no es justo, no está bien lo que estáis haciendo, me quejaré a quien haga falta... Eso sería arrodillarme ante ellos.

Escuchó al llamado Carlos. Siempre tenía que hacer ruido, gritar para anunciarse. Allí estaba. En el cuarto de baño. Todo blanco. Ni un detalle de color al que agarrarse, del que obtener un poco de resistencia. Ese hombre era un cubo. Un metro cincuenta y cinco por un metro cincuenta y cinco. Un cubo calvo y graso. Un auténtico gnomo. Sólo le faltaban los pelos en la nariz, la glotis como una gota de aceite y las orejas puntiagudas. Aunque los pelos en la nariz, mirándole de cerca, los tenía.

Su ancha silueta ocultó la luz del aplique de cristal opaco. Todo estaba oscuro. Ante la violencia que tenía delante, lo olvidó todo. Ni siquiera podía mirar sus ojos de tanto que brillaban de cólera. Si quería conservar algo de sangre fría, sería mejor que se fijase en la cortina de la ducha. Blanca, todo blanco, como el blanco algodonado que la invadía y la ahogaba. Las paredes también eran blancas. El espejo, la ventanita, el mueble sobre el lavabo. Blanco el lavabo. La bañera, blanca. La alfombrilla de baño, también blanca.

Alargó el brazo, se quitó el cinturón y le pidió que se bajase los vaqueros.

—¡Ni lo sueñes! —exclamó Hortense, los dientes apretados para rechazar todo el blanco que la ahogaba.

—Bájate los vaqueros, o saco la navaja de afeitar...

Ella pensó con rapidez. Si se bajaba los pantalones, sacaría la navaja después. No quedaría nada de ella.

—Ni lo sueñes —repitió, buscando un detalle de color en el cuarto de baño.

Él dejó el cinturón sobre el borde de la bañera, abrió el botiquín y cogió una navaja de afeitar. Una navaja negra de cuchilla larga, plegable. La navaja de abuelete mafioso que usa Marlon Brando en *El Padrino*. Se agarró a esa escena, la reprodujo mentalmente. Él tiene el mentón completamente blanco y desliza la cuchilla haciendo una mueca, una mueca apática y cruel. No podía agarrarse a Marlon Brando para salir de aquello. No era fiable.

—No me das miedo... —dijo localizando una toalla amarilla enrollada en la bañera.

«Desde el rojo hasta el verde, todo el amarillo muere». Apollinaire. Fue su madre quien se lo había enseñado cuando eran pequeñas. Su madre que les contaba la historia de los colores. Azul, verde, amarillo, rojo, negro, violeta... Ella lo había utilizado en un trabajo sobre el tema «Armonía y color» no hacía mucho tiempo. Había sacado la mejor nota. Muy buena cultura, había dicho el profesor, referencias interesantes que profundizan en la idea. Se lo había agradecido mentalmente a su madre, al siglo XII, a Apollinaire, y había hecho propósito de enmienda por haberse burlado tanto de todo aquello.

El miedo retrocedió más de diez centímetros. Si encontraba otro detalle de color, estaría salvada.

—Agathe, ven a ver aquí... —vociferó el cubo.

Agathe entró, los hombros encogidos, la mirada pegada al suelo. Muerta de miedo. Hortense buscó su mirada, pero la otra se escapó como una anguila.

—¡Enséñale el dedo del pie! —ladró el cubo.

Agathe se apoyó en la pared blanca del cuarto de baño, deshizo el lazo de su escarpín y exhibió el muñón de un dedo meñique de pie. Una cosa minúscula, arrugada, que había debido de ser seccionada de raíz. Era una visión asquerosa: un trozo de carne completamente violeta con algo de rojo. Ninguna uña, sólo rojo. Rojo vino, rojo estropeado, ¡pero rojo!

—¡Puedes guardártelo! ¡Lárgate!

Agathe salió como había entrado: arrastrándose apoyada en la pared.

Hortense la oyó gemir al otro lado de la puerta.

—¿Has comprendido cómo se hace obedecer a las chicas?

—Yo no soy una chica. Soy Hortense. Hortense Cortès. ¡Y a ti que te jodan!

—¿Lo has comprendido o tengo que dibujártelo?

—Venga. Os denunciaré. Iré a ver a la poli. ¡No tenéis ni idea del marrón en el que os habéis metido!

—Yo también conozco gente, pequeña. Quizás no muy recomendable ¡pero también bien situada!

Había dejado la navaja y vuelto a coger el cinturón.

Recibió el primer golpe. En plena cara. No lo había visto venir. No se movió. No debía mostrarle que le dolía o que sentía miedo. El segundo golpe lo dejó llegar, no se agachó y apretó los dientes para no gritar. Eran como descargas de fuego por todo el cuerpo. Punzadas que partían desde lo alto y bajaban hasta el vientre.

—Vamos..., me da igual, no cambiaré de idea. Estáis perdiendo el tiempo.

Otro golpe en el pecho. Después otro más en la cara. La golpeaba con todas sus fuerzas. Ella podía ver cómo tomaba impulso y se lanzaba. Tenía expresión seria, aplicada. Estaba ridículo.

—He avisado a mi amigo —jadeó Hortense, la boca llena de saliva—, si no he vuelto a medianoche, llamará a la poli. He dado tu nombre, el de Agathe, el de la discoteca. Os encontrarán...

Ya no sentía los golpes. Sólo pensaba en la palabra que debía añadir a la ya pronunciada. Usaba la excusa de hablar para colocarse de lado y no recibir todo de frente.

—Tú le conoces —escupió entre dos golpes—. Es el moreno alto que está a todas horas en mi casa. Su madre trabaja para el servicio secreto. Puedes comprobarlo. Forma parte de la policía secreta de la reina. No son gente amable. No os divertiréis con ellos...

Él debía de estar escuchando porque golpeaba con menos fuerza. Había una ligera vacilación en su brazo. Ella intentaba no gritar porque, si se ponía a gritar, él se diría que estaba a punto de rendirse y redoblaría los golpes. Tenía la impresión de que la piel le saltaba a jirones, que perdía sangre, que le iban a saltar los dientes. Oía resonar los golpes en la mandíbula, en las mejillas, en el cuello. Le saltaban las lágrimas , pero él no debía verlas. Estaba demasiado oscuro y además él bloqueaba toda la luz con su torso de bruto, sus brazos de bruto, sus jadeos de bruto.

Al cabo de un momento, ya no sintió más que un gran torbellino en el que sólo las palabras, que intentaba pronunciar de forma que se acercaran en lo posible a su pensamiento, conservándolo de la forma más precisa, y más determinada posible, le impedían rendirse y dejarse caer al suelo. Mientras se mantuviese en pie, podría discutir. De igual a igual. Y más aún con el gnomo, al que sacaba dos buenas cabezas. ¡Debía de ponerle de los nervios tener que ponerse de puntillas para golpearla!

—¿Acaso no me crees? ¿No crees que si no estuviese tan segura ya me habría echado a tus pies?

Veía su barrigón subir y bajar cada vez que respiraba. Había puesto un pie hacia delante, como si quisiera conservar el equilibrio. Recuperar fuerzas. No está en buena forma, tuvo tiempo de pensar antes de que él volviese a estabilizarse. Eso la hizo reír, le imaginó derrumbándose, víctima de un infarto porque había pegado demasiado fuerte.

—¡Das pena, tío! Deberías hacer un poco de deporte, estás en un estado lamentable.

Y le escupió en la cara.

El golpe le alcanzó de lleno, desgarrándole el labio superior. Hizo un movimiento de sorpresa y le saltaron las lágrimas sin que pudiese retenerlas. El cuero la alcanzó por segunda vez. Estaba como loco.

—Se llama Weston. Paul Weston. Puedes comprobarlo. Y su madre es Harriet Weston, guardaespaldas de la reina. A su último amante le enviaron a Australia porque la otra opción era desaparecer con un peso atado a los pies...

Su voz estaba llena de sangre y de lágrimas, pero no se rendía.

—Y el jefe... Su jefe es Zachary Gorjiack... Tiene una hija, Nicole, que está inválida y eso le pone hecho una fiera con los tipos de tu clase. Porque si Nicole se encuentra en ese estado, es por culpa de un tipo como tú. Así que no puede tragar a los tipos como tú. Los aplasta con el pulgar, y escucha el ruido que hacen. Parece ser que es un ruido de papilla crujiente. ¿Conoces ese ruido? Debería interesarte, puede que lo escuches muy pronto...

Era la verdad. Shirley les había contado cómo ese Zachary era un cuchillo afilado, cómo acababa con los que intentaban intimidarle o estafarle. Los degollaba fríamente. Y los hombres caían inertes. También les había contado, a Gary y a ella, cómo uno de esos hombres se había vengado atropellando a su hija y pasándole con el coche por encima. La chica había acabado en una silla de ruedas. Zachary se había vuelto más loco aún, aún más violento, más encarnizada su caza de hombres a quienes acuchillar.

El cubo flaqueaba. Sus golpes eran menos precisos. Ahora podía soportarlos.

—¿Y Diana, te suena de algo, Diana? ¿El túnel del puente del Alma? Acabarás así. Porque me sé todos vuestros nombres. Se los he dado a mi amigo por si acaso... Hace ya tiempo que no puedo tragarte. De acuerdo, soy una chica, pero no gilipollas. Porque las hay, ¿sabes? ¡Tenaces y no gilipollas! Te tocó el número equivocado. ¡Mala suerte! Y siempre os podrán encontrar por medio de Agathe... Os han filmado en las discotecas junto a ella. Me lo ha dicho mi colega. Me había dicho también que no me fiara de vosotros. Tenía razón. ¡Mucha razón! Y esta noche, cuanto más tiempo pasa, más se pregunta dónde estoy, por qué no llamo. No me gustaría estar en tu lugar...

Ya no podía dejar de hablar. Eso la mantenía en pie. Miraba fijamente la toalla amarilla, se agarraba a ella para borrar el blanco. Ya no tenía miedo. Lo bueno que tiene el dolor es que al cabo de un momento ya no lo sientes. Es un eco ajeno, un pequeño eco, y después se disuelve en la masa. Una gruesa masa que se levanta a cada golpe, pero que ya no se siente.

Se echó a reír y volvió a escupirle.

Él dejó el cinturón y salió.

Ella miró a su alrededor. Tenía un ojo tan hinchado que no veía nada con él, no podía cerrarlo sin estremecerse, pero el otro estaba todavía en buen estado. Tuvo la impresión de estar encerrada en una caja. Una caja blanca y húmeda. Se quedó de pie. Por si acaso volvía. Se tocó la cara cubierta de sangre, de lágrimas, de sudor. Se lamió con la lengua, la sintió espesa y viscosa. Tragó el agua salada de su garganta. Debían de estar discutiendo en la habitación de al lado. El cubo les repetía todo lo que le había soltado. ¿Los servicios secretos de Su Majestad? Zachary Gorjiack, debían de conocer su nombre.

Le daba igual que le hubiesen pegado. Podían incluso cortarle el dedo del pie si querían. ¿Eso no vuelve a crecer? Había leído que el hígado volvía a crecer, así que el dedo del pie también debía de volver a crecer.

Se desplazó hasta el lavabo. Abrió los grifos. Cambió de idea. Podrían volver a entrar y eso les daría ideas. Del estilo la cabeza bajo el agua y te ahogo. Ahí estaba menos segura de aguantar. Miró a su alrededor. Vio un cerrojo en la puerta. Lo cerró. Se inclinó sobre el lavabo y se enjuagó la cara. El agua estaba helada. Le hacía tanto daño que estuvo a punto de gritar.

Después, vio la ventana encima de la bañera. Un pequeño tragaluz blanco. Lo abrió muy despacio. Daba a una terraza. Esos cerdos vivían en un buen barrio, con terrazas floridas.

Se encaramó hasta la ventana, pasó una pierna, la otra, la atravesó y aterrizó suavemente, se deslizó en la noche hasta la terraza vecina, después a otra, y a otra, y se encontró en la calle.

Se volvió, anotó la dirección.

Levantó la mano para parar a un taxi. Se cubrió la cara para que el taxista no se asustase al verla. Debía de parecer un auténtico Picasso, periodo escacharrado.

El taxi se detuvo. Le dio la dirección de Gary con una mueca de dolor: tenía un corte muy profundo en el labio superior. Casi podía pasar un dedo entre las dos mitades partidas.

¡Jolines!, gimió, ¿y si me quedo con un labio bífido?

Se hundió en el asiento del taxi y estalló en sollozos.

TERCERA PARTE

Paul Merson no sólo tocaba la batería. Paul Merson tenía un grupo y a Paul Merson le gustaban las fiestas con baile, los sábados por la noche.

Paul Merson tenía una madre de silueta ondulante, que hacía perder la cabeza a más de uno. Trabajaba como relaciones públicas en una empresa de licores. No siendo el señor Merson un acérrimo defensor de la fidelidad conyugal, la señora Merson se contoneaba en libertad y hacía que sus clientes se aprovecharan de sus contoneos, primero verticales, luego horizontales. Después obtenía ventajas, algunas contantes y sonantes, otras más sutiles, que le permitían mantenerse en un puesto envidiado por muchos de sus compañeros.

Paul Merson se había dado cuenta muy pronto de los beneficios que podía sacar de los contoneos de su madre. Cuando un fulano venía a buscarla, por la noche, y se acercaba demasiado a ella, Paul Merson se interponía y preguntaba inocentemente al sujeto si no estaría pensando en hacer una fiestecita, en la que él y su orquesta pudiesen poner el ambiente previo pago. Somos buenos, muy buenos incluso, podemos tocar a petición, canciones antiguas o actuales, no pedimos mucho, no grandes galas, sino reuniones con baile, un poco de música de fondo, eso nos va muy bien. Teloneros, fines de fiesta, lo aceptamos todo. La vida del colegial es dura, suspiraba, no tenemos edad para conseguir trabajos de verdad, pero sí unas ganas terribles de cambiar de material o de salir a beber una cerveza. Con todas sus relaciones, debe usted de tener algún contacto... El cliente, cuyos ojos húmedos seguían los contoneos de la señora Merson, decía: «Sí, sí, ¿por qué no?», y se encontraba comprometido por su asentimiento distraído.

Si no, los contoneos cesaban.

Así fue como Paul Merson y Los Vagabundos empezaron a animar fiestas promocionales para los tractores VDirix, las patatas fritas Guiño o las salchichas Roches Claires. Gracias a sus primeros contratos, Paul Merson se había convertido en un chico audaz, insolente, con prisas, que descubría el mundo y esperaba aprovecharse de él. Una tarde en la que Joséphine asistía a un grupo de trabajo y volvía tarde, Paul fue a llamar a la puerta de Zoé.

—¿Quieres bajar al trastero? Estarán Domitille y Gaétan. Sus padres han salido. A la ópera. Vestido largo y todo eso. No vuelven hasta dentro de un montón de rato... Fleur y Seb no pueden venir: sus padres reciben a la familia.

—Tengo trabajo...

—¡Deja de hacerte la empollona! ¡Vas a terminar metiéndote en líos!

No se equivocaba: empezaban a mirarla de reojo en el colegio. Ya le habían robado dos veces el estuche, la empujaban en las escaleras, y nadie quería volver a casa con ella por la tarde.

—Bueno. De acuerdo.

—Genial. Te esperamos.

Se había girado contoneándose, reproduciendo los pasos de un movimiento cuidadosamente estudiado ante el espejo. Se detuvo en seco, volvió marcha atrás, los pulgares en los bolsillos, la cadera hacia delante.

—¿No tendrás cerveza en el frigo?

—No. ¿Por qué?

—No importa... Trae hielo.

Zoé no estaba demasiado tranquila. Si Gaétan le gustaba, Paul Merson le impresionaba y Domitille Lefloc-Pignel le hacía sentirse incómoda. En realidad no podía explicar por qué, pero esa chica oscilaba. No se sabía nunca de qué iba. De jovencita impecable, perfectamente arreglada, falda planchada y blusa blanca; o de una que, a veces, tenía un brillo malévolo en la mirada. Los chicos hablaban de ella entre risitas y cuando Zoé preguntaba por qué, se reían aún más humedeciéndose los labios.

Bajó sobre las nueve y media. Se sentó en la oscuridad del sótano alumbrado con una vela y enseguida dijo:

—No voy a poder quedarme mucho tiempo...

—¿Has traído el hielo? —preguntó Paul Merson.

—No he encontrado más... —dijo abriendo un recipiente de plástico—. He de acordarme de subir el bote...

—¡Ay, la amita de casa! —se burló Domitille chupándose el índice.

Paul Merson sacó una botella de whisky y cuatro vasitos, y los llenó hasta la mitad.

—Lo siento, no tengo agua mineral —dijo volviendo a cerrar la botella, que escondió detrás de una gruesa tubería cubierta de espesa cinta adhesiva negra.

Zoé cogió su vaso y contempló el líquido ámbar con aprensión. Una noche, para festejar el éxito del libro, su madre había abierto una botella de champán, ella lo había probado y había salido corriendo al cuarto de baño para escupirlo todo.

—¡No me digas que no has bebido nunca! —se mofó Paul Merson.

—Déjala —protestó Gaétan—, ¡no es un defecto no beber!

—Simplemente es delicioso —dijo Domitille estirando las piernas sobre el suelo de hormigón—. ¡Yo no podría vivir sin alcohol!

¡Menuda creída!, pensó Zoé. Se hace la fatal y la voluptuosa y tiene un año menos que yo.

—¡Eh! ¿Sabéis para qué sirve la mitad de un perro? —exclamó Gaétan.

Esperaron la respuesta chupeteando los cubitos. Zoé estaba muy tensa. Si no bebía, quedaría como una lela. Pensó en verter discretamente el contenido del vaso a su espalda. Estaba oscuro. Se acercó a la tubería, se pegó a ella, separó el brazo, lo hizo deslizar por el suelo y derramó lentamente el vaso.

—¡Para guiar a un tuerto!

Zoé rio de buena gana y se sintió más tranquila al oírse reír.

—¿Y tú sabes cual es la diferencia entre un Pastis 51 y un sesenta y nueve? —preguntó Paul Merson, irritado de ver que Gaétan le robaba el protagonismo.

De nuevo, hundieron la nariz en sus vasos, buscando la respuesta. Paul Merson estaba encantado.

—Debe de ser algo asqueroso —dijo Gaétan.

—¡No te voy a decepcionar! ¿No lo adivináis?

Los tres negaron con la cabeza.

—Uno huele a anís y el otro huele a ano.

Lanzaron una sonora carcajada. Zoé escondió su rostro detrás del codo y simuló que contenía un ataque de risa. Paul Merson volvió a coger la botella y preguntó a la ronda:

—¿Otro traguito?

Domitille le tendió el vaso. Gaétan dijo no, gracias, no por ahora y Zoé repitió la misma fórmula.

—Esto... ¿No hay Coca Cola? —preguntó, prudente.

—No...

—Qué pena...

—La próxima vez ¡la traes! La próxima vez traéis todos algo y hacemos una fiesta de verdad. Podemos incluso traer una minicadena y enchufarla en el contador del sótano... Yo me ocupo de la música, Zoé, de la comida, y Gaétan y Domitille, del alcohol.

—¡No podremos! ¡No tenemos paga! —exclamó Gaétan.

—Bueno, entonces, Zoé, tú te ocupas de la comida y la bebida y yo te echaré una mano con el alcohol...

—Pero es que yo...

—¡Pero si estáis forradas! Me lo ha dicho mi madre, ¡el libro de tu madre ha sido un bombazo!

—Sí, pero eso no es verdad.

—Tienes que saber lo que quieres. ¿Quieres formar parte de la banda o no?

Zoé no estaba segura de tener ganas de formar parte de la banda. El sótano apestaba a moho. Hacía frío. La arena le picaba el trasero. Estar sentada riéndose de chistes de dudoso gusto y bebiendo un líquido amargo le parecía estúpido. Escuchaba ruidos extraños, se imaginaba ratas, murciélagos, serpientes pitón abandonadas. Tenía sueño, no sabía de qué hablar. Nunca había besado a un chico. Pero si decía que no, se quedaría completamente aislada. Acabó haciendo una mueca que quería decir sí.

—¡Venga, chócala!

Paul Merson le tendió la palma de la mano y ella la golpeó sin convicción. ¿Y de dónde sacaría el dinero para hacer las compras?

—¿Y ellos, qué hacen? —preguntó señalando a Gaétan y Domitille.

—Nosotros no podemos hacer nada, ¡estamos secos! —gruñó Gaétan—. Con nuestro padre no hay diversión posible. Si supiese que estamos aquí ¡nos mataría!

—Por lo menos hay noches que salen —suspiró Domitille chupeteando el borde de su vaso—. Podemos arreglárnoslas para saberlo con antelación...

—¿Y vuestro hermano, no se va a chivar? —preguntó Paul Merson.

—¿Charles-Henri? No. Está con nosotros.

—¿Y por qué no ha bajado?

—Tiene trabajo, y nos cubre si vuelven antes... Dirá que hemos bajado al patio porque habíamos oído ruido y vendrá a buscarnos. Mejor que esté atento porque si nos pillan, lo pasaremos mal, ¡muy mal!

—Pues yo, con mi madre, estoy superguay —dijo Paul Merson, que no soportaba la idea de no ser el centro de la conversación—. Me lo cuenta todo, soy su confidente...

—Está realmente buena tu madre —dijo Gaétan—. ¿Cómo será que hay tías superbién hechas y otras que son como vacas?

—Porque cuando se folla correctamente, bien tumbado, bien concentrado, se dibujan hermosas líneas fluidas que forman bonitos cuerpos de mujer. Y cuando se folla con los huevos encima de la cabeza, retorciéndose de placer, se dibuja un garabato y salen callos horribles y deformes...

Se echaron a reír. Salvo Zoé, que pensó en su padre y su madre. Habían debido de follar bien rectito para Hortense y completamente retorcido para ella.

—Si follas agitándote sobre un saco de nueces, por ejemplo, ¡seguro que haces un callo lleno de celulitis! —continuó Paul Merson, orgulloso de su demostración y esperando explotar su capital cómico.

—Yo no puedo imaginarme a los míos follando —gruñó Gaétan—, ¡a no ser bajo amenaza! Mi padre debió de ponerle una pistola en la cabeza... No aguanto a mi padre. Nos tiene aterrorizados.

—¡Deja de cabrearte! Es fácil de engatusar —respondió Domitille—. Bajas los ojos y caminas recto ¡y no se entera de nada! Puedes hacer todo lo que quieras a sus espaldas. Tú, en cambio, ¡siempre tienes que enfrentarte a él!

—A mi madre la pillé una vez follando —contó Paul—. ¡Qué locura! No para. ¡Menudo esfuerzo que hace! No lo vi todo porque, en un momento dado, se encerraron en el cuarto de baño, pero luego me contó que el menda ¡le había meado encima!

—¡Puag!, ¡qué asco! —exclamaron Gaétan, Domitille y Zoé al unísono.

—¿De verdad se dejó mear encima? —insistió Domitille.

—Sí. ¡Y le soltó cien euros!

—¿Te lo dijo ella? —interrogó Zoé con los ojos como platos.

—Ya te he dicho que me cuenta todo...

—¿Y se bebió el pis? —preguntó Domitille, todavía interesada.

—¡Ah, no! A él le bastaba con mearle encima para gozar.

—¿Y lo volvió a ver?

—Sí. ¡Pero le subió el precio! ¡No es gilipollas!

Zoé estaba a punto de vomitar. Apretaba los dientes para retener la bilis que subía. Su estómago se retorció como un guante, del derecho, del revés, del derecho, del revés. Ya no podría volverse a cruzar con la señora Merson sin taparse la nariz.

—Y tu padre, ¿dónde se mete cuando se mean encima de ella? —dijo Domitille, intrigada por la vida de esa extraña pareja.

—Mi padre va a los clubes de orgías. Prefiere ir solo. Dice que no tiene ganas de salir en plan marujeo... Pero se llevan bien. No se pelean nunca, ¡siempre se están riendo!

—Pero entonces ¿nadie se ocupa de ti? —dijo Zoé, que no estaba segura de haberlo entendido.

—Me cuido solo. Venga, bebe, Zoé, no bebes nada...

Zoé, con el corazón en la garganta, enseñó su vaso vacío.

—Pero bueno, ¡sí que bebes deprisa! —dijo Paul llenando de nuevo su vaso—. ¿Eres capaz de dejar el culo seco?

Zoé le miró, aterrorizada. ¿Era un juego nuevo, eso del culo seco?

—Eso no es cosa de chicas —respondió, para recuperar un poco de aplomo.

—¡Depende de cuáles! —dijo Paul.

—¡Yo si quieres te dejo el culo seco! —fanfarroneó Domitille.

—¡El culo seco y el matojo húmedo!

Domitille se retorció lanzando una risita idiota.

Pero ¿de qué están hablando?, se preguntó Zoé. Todos parecían estar al corriente de algo que ella ignoraba completamente. Era como si hubiese estado enferma y hubiera faltado a clase. No volveré nunca a este trastero. Prefiero quedarme sola en casa. Con Papatabla. Sintió ganas de subir a su casa. Buscó en la oscuridad el bote del hielo, tanteó hasta encontrarlo y preparó una excusa para explicar su partida. No quería pasar por una idiota o por una cortada.

Fue ése el momento que eligió Gaétan para pasar su brazo sobre los hombros de Zoé y atraerla hacia sí. Le dio un beso en el pelo, y frotó la nariz contra su frente.

Ella se sintió blanda, débil, sus senos se hincharon, sus piernas se alargaron, soltó una risita ahogada de mujer feliz, y apoyó la cabeza sobre el hombro del chico.

* * *

Hortense se lo contó todo a Gary.

Había llamado a su casa, a las dos de la mañana, cubierta de sangre. Él había exclamado, muy sobrio, un *Oh! My God!* y la había hecho entrar.

Mientras él le desinfectaba la cara con agua oxigenada y un trapo —lo siento, cariño, no tengo ni kleenex ni algodón, sólo soy un chico—, ella le contó la trampa en la que había caído.

—... Y no me digas «te lo había dicho», porque es demasiado tarde ¡y eso me haría gritar de rabia y me dolería más!

Él la curaba con gestos precisos y suaves, milímetro a milímetro, ella le contemplaba, tranquila y emocionada.

—Cada día eres más guapo, Gary.

—¡No te muevas!

Ella lanzó un largo suspiro y ahogó un grito de dolor. Él le había tocado el labio superior.

—¿Crees que voy a quedar desfigurada?

—No. Es superficial. Se verá unos días, después bajará la hinchazón y cicatrizará... Las heridas no son profundas.

—¿Desde cuándo eres médico?

—Hice varios cursos de socorrismo en Francia. Acuérdate... y mi madre insistió para que siguiese haciéndolos aquí.

—Yo me salté esos cursos.

—Lo olvidaba: ¡tu destino no es ocuparte de los demás!

—¡Exacto! Me concentro en mí misma... y tengo trabajo: ¡ésta es la prueba!

Señaló su rostro con el dedo y se puso seria. Le dolía sonreír.

Él la había instalado sobre una silla en el gran salón. Ella veía el piano, las partituras abiertas, un metrónomo, un lápiz, un cuaderno de solfeo. Había libros por todos lados, colocados del revés, abiertos, sobre una mesa, en el borde de una ventana, en un sofá.

—Tengo que hablar con tu madre para que me ayude. Si no hay represalias, volverán a hacerlo. En todo caso ¡no vuelvo a poner los pies en mi casa!

Ella le lanzó una mirada de súplica que le imploraba por favor que la alojara y él asintió, impotente.

—Puedes quedarte aquí..., y mañana hablamos con mi madre...

—¿Puedo dormir contigo esta noche?

—¡Hortense! No te pases...

—No. Si no, voy a tener pesadillas...

—Bueno, pero sólo por esta noche... ¡y te quedas en tu esquina de la cama!

—¡Prometido! ¡No te violaré!

—Sabes bien que no es eso...

—De acuerdo, de acuerdo.

Él se incorporó. Consideró su rostro seriamente. Dio unos cuantos retoques más a su trabajo. Ella hizo una mueca.

—Los pechos no los toco. Puedes hacerlo sola...

Le tendió el frasco y el trapo. Ella se levantó, fue a colocarse delante del espejo sobre la chimenea y se desinfectó las heridas, una por una.

—Mañana me pondré gafas negras y un jersey de cuello vuelto.

—No tienes más que decir que te han pegado en el metro.

—Y pillaré por banda a esa zorra para decirle dos palabras.

—En mi opinión, no volverá a la escuela...

—¿Tú crees?

Fueron a acostarse. Hortense se instaló en una esquina de la cama. Gary, en la opuesta. Ella se quedó con los ojos abiertos y esperó a que la invadiese el sueño. Si los cerraba, reviviría toda la escena y no le hacía mucha gracia. Escuchaba la respiración irregular de Gary. Permanecieron un buen rato espiándose, después Hortense sintió un largo brazo posarse sobre ella y escuchó a Gary decirle:

—No te preocupes. Estoy aquí.

Ella cerró los ojos y se durmió inmediatamente.

* * *

Al día siguiente, Shirley fue a verles. Lanzó un grito al ver la cara hinchada de Hortense.

—Es impresionante... Deberías ir a denunciarlo.

—No serviría de nada. Hay que meterles miedo.

—Cuéntamelo todo —dijo Shirley cogiendo a Hortense de la mano.

Es la primera vez que tengo un gesto de ternura hacia Hortense, se dijo.

—No he dado tu nombre, Shirley. Me inventé un nombre para ti y otro para Gary, pero di el nombre de tu jefe: Zachary Gorjiack... ¡y eso le calmó! En todo caso, lo suficiente como para que saliese del cuarto de baño y fuese a hablar con los otros enanos.

—¿Estás segura de que no hiciste alusión a Gary? —se inquietó Shirley.

Estaba pensando en el hombre de negro. Se preguntaba si tenía algo que ver en la agresión a Hortense. Si no era un medio indirecto para acercarse a Gary. Todavía temblaba por su hijo.

—Absolutamente segura. Simplemente pronuncié el nombre de Zachary Gorjiack, eso es todo. ¡Ah, sí! Les conté el accidente que tuvo su hija, Nicole...

—Bueno —consideró Shirley—. Voy a contarle esto a Zachary. En mi opinión, después no volverán a mover un dedo... Mientras tanto, ten cuidado. ¿Piensas volver a tu escuela?

—¡No voy a dejarle vía libre, encima, a esa zorra! Volveré esta misma tarde... ¡Y tendremos una conversación!

—Y ¿dónde vas a vivir, mientras tanto?

Hortense se volvió hacia Gary.

—Conmigo —dijo Gary—, pero tiene que buscarse otro piso...

—¿No quieres que se quede aquí? Esto es muy grande.

—Necesito estar solo, mamá.

—Gary... —insistió Shirley—. ¡No es el momento de ser egoísta!

—¡No es eso! Es sólo que tengo que decidir un montón de cosas y necesito estar solo.

Hortense no decía nada. Parecía darle la razón. Es asombrosa la complicidad que existe entre estos dos, se dijo Shirley.

—O si no, le dejo el piso y me voy a vivir a otro lado... Me da igual.

—Eso ni hablar —dijo Hortense—. Encontraré un piso. Sólo déjame tiempo para organizarme.

—De acuerdo.

—Gracias —dijo Hortense—. Eres majo de verdad. Y tú también, Shirley.

Shirley no podía impedir sentirse impresionada ante esa chica que se enfrentaba a cinco maleantes, escapaba por una ventana en plena noche, se encontraba con la cara y los senos lacerados, y no se quejaba. Quizás la juzgué mal...

—¡Ah! Una última cosa, Shirley —añadió Hortense—. En ningún caso, escúchame bien, en ningún caso, quiero que se le diga algo de esto a mi madre...

—Pero ¿por qué? —se extrañó Shirley—. Tiene que saberlo...

—No —la cortó Hortense—. Se morirá si se entera. Se preocupará por todo, no dormirá, temblará como una hoja y, por otro lado, me tocará las narices... ¡Y eso siendo educada!

—Con una condición, entonces... —concedió Shirley—. Me lo cuentas todo a mí. ¡Pero absolutamente todo! ¿Me lo prometes?

—Te lo prometo —respondió Hortense.

Gary no se había equivocado: Agathe no estaba en la escuela. Hortense provocó que la gente se arremolinara a su alrededor, y estallaron preguntas y exclamaciones horrorizadas. Tuvo que responder a cada alumno que la miraba fijamente, adoptando una expresión de horror o de compasión. Le pidieron que se quitara las gafas para comprobar el alcance de sus heridas. Ella se negó decretando que no era un fenómeno de feria, que el incidente estaba cerrado.

Fue a colgar un pequeño anuncio en el tablón de la escuela.

Precisó que buscaba una compañera de piso que no fumara ni bebiera; y a ser posible virgen, pensó mientras ponía una chincheta al anuncio.

Cuando volvió a casa de Gary, él estaba al piano. Atravesó la entrada de puntillas y se metió en su habitación. Era una pieza que conocía que interpretaba Bill Evans, *Time Remembered*. Se echó sobre la cama y se quitó los zapatos. La melodía era tan triste que no se extrañó cuando notó las lágrimas sobre sus mejillas. No soy de acero templado, soy una persona con emociones, sentimientos, se dijo seriamente extrañada, como los que se han creído invencibles y perciben de pronto una grieta en su armadura. Me doy diez minutos de reposo y retomo las armas. Siempre estaba de acuerdo consigo misma cuando afirmaba que las emociones afectan gravemente a la salud.

* * *

Pasó una semana antes de que recibiese la llamada de una chica que buscaba una compañera de piso. Se llamaba Li May, era china de Hong Kong y parecía muy firme en sus principios: había expulsado a su última compañera porque se había fumado un cigarrillo en el balcón de su habitación. El piso estaba bien situado, justo detrás de Piccadilly Circus. El alquiler razonable, en una planta alta. Hortense aceptó.

Invitó a Gary a un restaurante. Él estudió el menú con la seriedad de un contable ante un balance de fin de año. Dudó entre una melba de vieiras y un perdigón con verduras del tiempo y especias. Optó por el perdigón y esperó su plato, silencioso, detrás de su mechón de pelo negro. Degustó cada bocado como si comiese un trozo de hostia sagrada.

—Me gustaba nuestra vida en común. Te voy a echar de menos —suspiró Hortense durante el postre.

Él no respondió.

—Podrías ser amable y decir «yo también te voy a echar de menos» —remarcó ella.

—Necesito estar solo...

—Lo sé, lo sé...

—No se puede cuidar de DOS personas, es decir: uno mismo y el otro. Ya cuesta un trabajo terrible saber lo que uno quiere de sí mismo...

—¡Oh! ¡Gary! —suspiró ella.

—Tú eres el mejor ejemplo de ello, Hortense.

Ella levantó la mirada al cielo y cambió bruscamente de tema.

—¿Te has fijado en que me he quitado las gafas negras? ¡Me he maquillado con brocha gorda para disimular mis cardenales!

—Me fijo en todo lo tuyo... ¡Siempre! —dijo con voz neutra.

Ella se turbó y bajó los ojos ante su mirada firme. Ella jugueteó con el tenedor, trazando líneas paralelas sobre el mantel.

—¿Y Agathe?, ¿has tenido noticias suyas?

—¿No te lo he dicho? ¡Ha dejado la escuela! ¡En pleno curso! Nos lo anunció un profe al principio de clase: «Agathe Nathier nos ha dejado. Por razones de salud. Ha vuelto a París».

Él cerró los ojos para degustar un bocado de su manzana confitada a la miel, acompañada de un sorbete de Calvados.

—He llamado a su casa y su madre me ha contestado que estaba enferma, que no sabían lo que tenía... He dicho que quería hablar con ella, me ha preguntado mi nombre, ha ido a ver si su hija estaba despierta, parece ser que duerme a todas horas. Cuando ha vuelto, me ha dicho que Agathe no podía hablar conmigo. Demasiado cansada. ¡Ja! ¡Cagada de miedo, más bien! No pierdo la esperanza. Un día iré a esperarla al portal de su casa con un paraguas. ¿Dejan buenas marcas los paraguas?

—¡No tanto como un cinturón!

—Ah..., ¿y el ácido sulfúrico?

—¡Perfecto!

—Y eso ¿dónde se encuentra?

—¡Ni idea!

—¿No te terminas el postre? ¿No te gusta? ¿No está bueno?

—¡Que sí! Lo saboreo... Está delicioso, Hortense. Muchas gracias.

—Parece que estés en otra parte...

—Estaba pensando en mi madre y ese Zachary.

Hortense no había vuelto a hablar con Shirley, pero esta última le había asegurado que Zachary Gorjiack había hecho lo necesario. A lo mejor ya están yaciendo los cinco, con un lastre de piedras, en el fondo del Támesis. Cinco enanos morenos con camisa negra y pies de plomo. A lo mejor también, justo antes de que les mandaran al fondo, tuvieron tiempo de preguntarle a Zachary por qué razón les trataban con tanta dureza, y espero que entonces haya mencionado mi nombre.

Sacó un fajo de billetes y entonó un «tachán» triunfante colocándolo sobre la cuenta que acababa de traer el camarero.

—¡La primera vez que invito a un chico a cenar! ¡Oh, Dios mío! ¡Qué bajo estoy cayendo!

Volvieron, cogidos del brazo, hablando de la biografía de Glenn Gould que Gary acababa de comprarse. Atravesaron el parque. Gary buscó con la mirada una ardilla o dos, pero debían de estar durmiendo. La noche era hermosa, el cielo estaba repleto de estrellas.

Si me pregunta si conozco el nombre de las estrellas, es que no es un chico para mí, pensó Hortense. Odio a la gente que quiere enseñarte el nombre de las estrellas, de las capitales, de las monedas extranjeras, de las cumbres nevadas, toda esa cultura de mercadillo que hay en el dorso de los paquetes de cereales.

—Hay gente alérgica a Glenn Gould —explicaba Gary—. Gente que dice que siempre toca igual..., y también hay otros que se vuelven locos con él y veneran hasta su silla desvencijada.

—No es bueno venerar... Todo ser humano tiene sus defectos.

—Fue su padre el que le hizo esa silla en 1953. Nunca se separó de ella, incluso cuando se caía a cachos. Era como un osito de peluche para él...

Había pronunciado esas últimas palabras con una voz insegura. Retuvo su mirada y él preguntó bruscamente:

—¿Por qué me miras así?

—No lo sé. De pronto me ha parecido que estabas incómodo...

—¿Yo? ¿Y por qué?

Hortense no habría sabido decir por qué. Continuaron caminando en silencio. ¿Hace cuánto tiempo que lo conozco?, se preguntó Hortense. ¿Ocho años?, ¿nueve? Hemos crecido juntos y, sin embargo, no lo considero como a un hermano. Sería más práctico, no tendría miedo de que se enamorara, de que se enamorara de verdad, de otra. Y es que tengo tanto que hacer antes de dejarme llevar...

—¿Tú sabes los nombres de las estrellas? —preguntó Gary, levantando la nariz hacia el cielo.

Hortense se detuvo en seco y se tapó los oídos.

—¿Qué te pasa? —preguntó él, inquieto.

Él le auscultaba la mirada.

—Nada. Estoy bien. No importa —dijo ella.

Había tanta inquietud en sus ojos, tanta ternura en su voz, que ella se quedó confusa. Ya era hora de mudarse. Se estaba volviendo terriblemente sentimental.

* * *

Ecos de conversaciones, estallidos de voces sobreexcitadas surgían de varios saloncitos adyacentes, y Joséphine se detuvo un momento a la entrada del restaurante. El decorado parecía sacado de *Las mil y una noches*: sofás hondos, cojines mullidos, estatuas de mujeres con el pecho desnudo, plantas perfectas, orquídeas salvajes blancas como la nieve aterciopelada, alfombras recargadas, sillones con las patas muy separadas, un montón de muebles irregulares. Las camareras parecían salidas de un catálogo de modelos, contratadas por horas como figurantes, y si traían un menú, un cuaderno o un bolígrafo, eran, sin duda, accesorios de moda. Esbeltas, indiferentes, soltaban su sonrisa como quien tiende una tarjeta de visita, rozaban a Joséphine con sus caderas estrechas, con aspecto de decir: «¿Qué hace usted aquí, mujer de poco brillo?».

Joséphine estaba nerviosa. Iris había retrasado varias veces la fecha de su comida. Cada vez que Iris anulaba la cita, pretextando una depilación a la cera, una sesión en la peluquería, una limpieza dental, Joséphine se sentía rebajada. Todo el placer que había experimentado la primera vez que Iris la había llamado había desaparecido. No sentía más que una sorda angustia ante la idea de volver a ver a su hermana.

—Tengo cita con la señora Dupin —balbuceó Joséphine a la chica que distribuía a la gente en la entrada.

—Sígame —dijo la criatura de ensueño estirando sus piernas de ensueño—. Es usted la primera...

Joséphine siguió sus pasos, cuidando de no derribar nada a su paso. Seguía la carrera de la minifalda a través de las mesas y se sentía pesada, torpe. Había pasado dos horas interrogando a su vestidor, perdida en medio de perchas hostiles, y había elegido su ropa más bonita, pero pensó que habría hecho mejor poniéndose unos vaqueros viejos.

—¿No ha dejado su abrigo en el guardarropa? —preguntó la criatura, extrañada, como si Joséphine acabase de cometer una falta de protocolo.

—Es que...

—Yo les aviso —concluyó la chica volviendo la mirada, con prisas para pasar a una actualidad más brillante.

Un actor de cine acababa de hacer su entrada. No estaba dispuesta a dedicar más tiempo a una asocial.

Joséphine se dejó caer sobre un silloncito tapizado en rojo tan bajo, que estuvo a punto de caerse. Se agarró a la mesa redonda, el mantel se deslizó, amenazando con arrastrar en su caída platos, vasos y cubiertos. Recuperó el equilibrio y entregó su abrigo a la chica del guardarropa, que había seguido la caída, impasible. Suspiró, aterrada. Estaba empapada de sudor. Ya no se movería más, ni siquiera para ir al baño. Era demasiado arriesgado. Esperaría tranquilamente en su sitio a que Iris hiciese su aparición. Sus sentidos estaban tan tensos que la menor mirada sobre ella, la menor entonación burlona, podría herirla.

Permaneció sentada, rogando que la gente la olvidara. Las parejas, a su alrededor, bebían champán y reían. Todo en ellos era gracia y ligereza. ¿Dónde habían aprendido a sentirse tan a gusto? Y sin embargo, se dijo Joséphine, no es tan sencillo, tras esas hermosas fachadas se esconden mentiras, faltas de delicadeza, traiciones, secretos. Algunos, que se sonríen, sostienen la daga preparada y oculta en su manga. Pero poseen esa ciencia que ella ignoraba completamente: la de las apariencias.

Metió los pies bajo la mesa —no debía haberse puesto esos zapatos—, escondió las manos bajo la servilleta blanca —sus uñas pedían a gritos una manicura— y esperó a Iris. No podría dejar de verla. Su mesa estaba en el mismo centro del restaurante.

Así que iba a volver a ver a su hermana...

Vivía, desde hacía algún tiempo, rodeada de pensamientos borrascosos. Iris. Philippe. Iris, Philippe, Philippe... Exhalaba de su nombre una felicidad tranquila, un placer turbio que saboreaba como un caramelo, para escupirlo inmediatamente al borde del empalago. Imposible, silbaba la borrasca en su cabeza, olvídalo, olvídalo. Por supuesto que tengo que olvidarlo. Y lo olvidaré. No debería ser tan difícil. No se forma un vínculo de amor en diez minutos y medio, de pie contra la barra de un horno. Es ridículo. Anticuado. Lastimoso. Era una especie de juego en el que se entrenaba a decir cosas que no pensaba, para convencerse de ellas. Funcionaba un momento, levantaba la cabeza, sonreía, encontraba un bonito par de zapatos en un escaparate, canturreaba la música de una película, y después la tormenta azotaba de nuevo, silbando siempre la misma palabra: Philippe, Philippe. Se agarraba a esa palabra. La recuperaba, testaruda, emocionada, Philippe, Philippe. ¿Qué hace? ¿En qué piensa? ¿Qué siente? Giraba como una cabra atada a una estaca alrededor de esos signos de interrogación. Añadía otras estacas: ¿me detesta?, ¿no quiere volver a verme?, ¿me ha olvidado? ¿Con Iris? Ya no era un simple pensamiento, era una cantinela, una estrofa que la aturdía definitivamente.

Fue entonces cuando Iris hizo su entrada.

Joséphine asistió, maravillada, a la llegada de su hermana. La tempestad amainó, una vocecita se elevó: «¡Qué guapa es! ¡Pero qué guapa es!».

Entró sin prisas, con paso despreocupado, cortando el aire como si avanzara en territorio conquistado. Un largo abrigo de cachemir beige, botas altas de ante, largo chaleco color berenjena que hacía las veces de vestido, cinturón ancho caído sobre las caderas. Collares, brazaletes, largo y espeso pelo negro, y ojos azules que cortaban el espacio con sus espinas heladas. Tendió su abrigo a la chica del guardarropa que la envolvió con una mirada aduladora, barrió las mesas vecinas con una sonrisa ausente, y después, tras haber recogido todas las miradas en un ramo de ofrendas, se dirigió hasta la mesa donde yacía, derrumbada, Joséphine.

Segura de sí misma y divertida de ver a su hermana en un sillón tan bajo, le lanzó una mirada radiante.

—¿Te he hecho esperar? —preguntó, haciendo como si se diese cuenta entonces de que llegaba con veinte minutos de retraso.

—¡Oh, no! ¡Es que yo he llegado antes!

Iris volvió a sonreír, inmensa, misteriosa, magnánimamente. Extendió su sonrisa como quien desenrolla una tela sobre un mostrador chino. Se volvió hacia las mesas vecinas para asegurarse de que la habían visto bien, que habían identificado a la mujer con la que iba a comer, agitó la mano, sonrió a uno, hizo una seña a otra. Joséphine la veía como a un retrato: una mujer seductora, elegante, de facciones regulares, de ojos llenos de belleza, dotada, en la línea del cuello y en los hombros, de algo de orgullo, de obstinación, incluso de crueldad y, en el instante siguiente, cuando esa mujer posaba sus ojos sobre ella, la descubría atenta, emocionada, casi tierna. Con los ojos levantados hacia Iris, veía pasar por el rostro de su hermana todos los matices del afecto.

—Estoy tan contenta de verte... —dijo Iris, sentándose delicadamente sobre el mismo asiento bajo, dejando su bolso sin que se volcara—. Si supieses...

Le había cogido la mano y la estrechaba. Después se acercó y besó la mejilla de Joséphine.

—Yo también —murmuró Joséphine, con la voz ahogada por la emoción.

—No te habrás enfadado por posponer tanto nuestra cita... ¡Tenía tantas cosas que hacer! ¿Has visto? Ahora llevo el pelo largo. Extensiones. Son bonitas, ¿no?

La aprisionaba con su mirada azul profundo.

—Lo siento. Me comporté de forma incalificable en la clínica. Eran las medicinas que me daban las que me volvían miserable...

Suspiró, levantó su masa de pelo negro. La última vez que la vi, hace tres meses, tenía el pelo corto, muy corto. Y el rostro afilado como la hoja de un cuchillo.

—Detestaba a todo el mundo. Estaba odiosa. Ese día te detesté a ti también. Te diría cosas horribles... Pero, ¿sabes?, me comportaba así con todo el mundo. Tengo mucho que hacerme perdonar.

Su boca dibujó una mueca horrorizada, sus cejas se alzaron como dos trazos rectos y paralelos, subrayando el horror que le inspiraba su conducta, y sus ojos, de un azul parpadeante, se fundieron con los de Joséphine para conseguir su perdón.

—Te lo ruego, no hablemos más de eso —murmuró Joséphine, incómoda.

—Insisto absolutamente en excusarme —subrayó Iris echándose hacia atrás en el asiento.

La miró con una ingenuidad grave, como si su suerte dependiese de la mansedumbre de Joséphine, y esperó un gesto de su hermana que significara que la había perdonado.

Joséphine tendió el brazo hacia Iris, se incorporó y la estrechó contra sí. Debía de tener un aspecto grotesco en esa posición, el trasero hacia atrás, en equilibrio sobre las piernas flexionadas, pero se dejó llevar por la emoción y abrazó a Iris, buscando el reposo, la absolución en la fuerza con la que se enlazaban sus brazos.

—¿Lo olvidamos todo? ¿Pasamos página? ¿No hablaremos nunca más del pasado? —sugirió Iris—. ¿De nuevo Cric y Croc? ¿Cric y Croc para siempre?

Joséphine asintió.

—Entonces cuéntame cómo te va —ordenó Iris cogiendo el menú que le tendía una belleza, que se había vuelto repentinamente transparente para ella.

—¡No! Tú primero —insistió Joséphine—. Yo no tengo muchas novedades que contarte. He retomado mi HDI, Hortense está en Londres, Zoé...

—Sé todo eso por Philippe —la interrumpió Iris, espetándole a la camarera—: Tomaré lo de siempre.

—Yo también, como mi hermana —se apresuró a decir Joséphine, a la que aterraba la idea de tener que leer el menú y elegir un plato—. ¿Cómo estás?

—Bien, bien. Poco a poco estoy volviendo a cogerle gusto a la vida. Comprendí muchas cosas cuando estaba en la clínica, y voy a intentar ponerlas en práctica. He sido estúpida, inconsistente, increíblemente superficial y egoísta. Sólo he pensado en mí, me he dejado llevar por un remolino de vanidad. Lo he destruido todo, no estoy muy orgullosa de ello, ¿sabes? Me da incluso vergüenza. He sido una esposa asquerosa, una madre asquerosa, una hermana asquerosa...

Continuó haciendo acto de contrición. Enumerando sus faltas, sus traiciones, sus sueños de falsa gloria. Colocaron en la mesa una ensalada de judías verdes, y después una pechuga de pollo. Iris mordisqueó algunas judías y desgarró la pechuga. Joséphine no se atrevía a comer por miedo a parecer grosera, insensible al flujo de confidencias que se escapaba de la boca de su hermana. Cada vez que se encontraba en compañía de Iris, recuperaba su rango de sirvienta. Recogió la servilleta que Iris había tirado, le sirvió un vaso de vino tinto y después un poco de agua mineral, cogió un minúsculo trozo de pan, pero sobre todo, sobre todo la escuchó hablar mientras decía: «Sí, claro, tienes razón, ¡oh, no!, ¡no! En el fondo no eres así». Iris recogía los cumplidos y los puntuaba con un «qué buena eres, Joséphine» que ésta recibía con reconocimiento. Ya no estaban peleadas.

Evocaron a su madre, su vida, más difícil por la marcha de Marcel, sus dificultades económicas.

—¿Sabes? —suspiró Iris—, cuando se está acostumbrada al lujo, es duro perderlo. Si comparas la vida de nuestra madre con la de millones de personas, no tiene de qué quejarse, por supuesto, pero para ella, a su edad, es difícil...

Esbozó una sonrisa compasiva y prosiguió:

—Yo también he estado a punto de perder a mi marido, y sé lo que ella siente.

Joséphine se incorporó, sin aliento. Esperó a que Iris prosiguiese su relato, pero ésta hizo una pausa y preguntó:

—¿Podemos hablar de Philippe, no te molesta?

Joséphine balbuceó:

—¡Oh, no! ¿Por qué?

—Porque..., no lo vas a creer ¡pero estaba celosa de ti! Sí, sí... Por un momento creí que estaba enamorado de ti. ¡Ya ves hasta qué punto han podido embrutecerme las medicinas! Hablaba todo el tiempo de ti, es normal, te veía mucho por Zoé y Alexandre, pero yo lo mezclé todo y monté un drama con ello... Qué estupidez, ¿no?

Joséphine sintió cómo la sangre le subía a las orejas y latía como un yunque. Hacía un ruido de locos. Golpeaba por todos lados. Sólo oía la mitad de lo que le decía. Se veía obligada a acercar la oreja, a alargar el cuello hasta la boca de Iris para comprender sus palabras, el sentido de sus palabras.

—Estaba loca. ¡Loca de atar! Pero durante su última estancia en París...

Hizo una pausa, de suspense, como para anunciar una gran noticia. Sus labios formaron un círculo en una mueca golosa, la noticia prometía ser suculenta. La retenía en la boca antes de enunciarla.

—¿Ha estado en París? —pronunció Joséphine con voz aterrada.

—Sí, y nos hemos vuelto a ver. Y todo ha sido como antaño. Me siento feliz, Jo, ¡tan feliz!

Daba palmas para aplaudir la inmensidad de su alegría. Se contuvo, supersticiosa:

—Voy muy despacio, no quiero forzarle, tengo mucho que hacerme perdonar, pero creo que vamos por el buen camino. Es la ventaja de ser una vieja pareja... Nos comprendemos con medias palabras, nos perdonamos con una mirada, un abrazo y ya está todo dicho.

—¿Él está bien? —consiguió articular Joséphine, que había recibido las palabras «vieja pareja» y «abrazo» como trozos de hierro que quedaban atrapados en el fondo de su garganta.

—Sí y no, estoy preocupada por él...

—Preocupada —murmuró Joséphine— pero ¿por qué?

—Te lo voy a contar, pero no se lo digas a nadie, ¿me lo prometes?

Iris adoptó una expresión inquieta. Levantó una judía que mordisqueó, pensativa, ordenando sus pensamientos para no decir cualquier tontería.

—La última vez que vino a París, y nos..., cómo decirlo, nos reconciliamos, en fin, ya sabes...

Esbozó una sonrisita incómoda, enrojeció ligeramente.

—Percibí una mancha bastante fea en su ingle. En el interior del muslo derecho, arriba del todo...

Separó las piernas, apuntó con el dedo sobre el interior de su muslo. Joséphine miró ese dedo que señalaba la intimidad recuperada entre marido y mujer, entre amantes. Ese dedo la llamaba al orden, decía eres una intrusa, ¿qué te crees?

—Le dije que fuese a ver a un dermatólogo, insistí pero no quiso escucharme. Pretende haberla tenido siempre, que se la han analizado y que no es nada...

Joséphine ya no escuchaba nada. Luchaba para permanecer erguida, muda, cuando en realidad tenía ganas de retorcerse y gritar. Se habían acostado juntos. Philippe e Iris, uno en brazos del otro. Su boca tocando su boca, su boca dentro de su boca, sus cuerpos mezclados, la ropa de cama revuelta, las palabras murmuradas, aturdidas de placer, el espeso pelo negro sobre la almohada, Iris gimiendo, Philippe... Las imágenes desfilaban. Se llevó la mano a la boca para detener un quejido.

—¿Te encuentras bien, Jo?

—No. Es que me hablas de una forma como...

—¿Como qué, Jo?

—Como si de verdad él...

—¡Oh, no! Me preocupo, eso es todo. A lo mejor tiene razón y no tiene absolutamente nada. No debería haberte contado eso, ¡olvidaba lo sensible que eres! Cariño mío...

Sobre todo no debe echarse a llorar, se exasperó Iris. ¡Todo mi plan quedaría arruinado! He necesitado tres intentos para conseguir la mesa ideal, insistir, suplicar, realizar una larga investigación para asegurarme de que Bérengère y Nadia estuviesen aquí, hoy, justo detrás de aquella planta, el oído alerta, los sentidos aguzados para no perderse nada de nuestra conversación, y poder así repetirla, como un tamtan en una selva atronadora. ¡Días de meticulosos esfuerzos para ordenarlo todo y ella va a sabotear mi plan llorando!

Desplazó el sillón, cogió a su hermana entre sus brazos y la acurrucó.

—Ya está... Ya está... —susurró—. Vamos, Jo, vamos. Seguramente me estoy preocupando por nada...

Así que tenía razón, hay algo entre ellos. Un sentimiento que nace, una turbación, una atracción. Nada carnal, porque en ese caso no hubiese venido a comer. Demasiado honesta, no sabe mentir, hacer trampas. No hubiese podido sostenerme la mirada. Pero está enamorada, estoy segura. Ahora tengo la prueba. Pero ¿y él? ¿La quiere él? Tiene encanto, eso es indudable. Se ha vuelto incluso guapa. Ha aprendido a vestirse, a peinarse, a maquillarse. Ha adelgazado. Tiene un atractivo airecillo pasado de moda. Voy a tener que andarme con cuidado. Mi hermanita ¡tan torpe, tan lerda! Las hermanas pequeñas no deberían crecer nunca.

Joséphine se recuperó, se soltó del abrazo de Iris y se excusó:

—Lo siento... Perdóname.

Ya no sabía qué decir. Perdóname por haberme enamorado de tu marido. Perdóname por haberle besado. Perdóname por seguir teniendo pobres sueños de adolescente. La frivolidad en mí es una mala hierba de raíces profundas.

—¿Perdonarte? Pero ¿qué, cariño?

—¡Oh, Iris...! —empezó Joséphine retorciéndose las manos.

Iba a contárselo todo.

—Iris —dijo respirando profundamente—. Tengo que decirte...

—¡Joséphine! Creía que habíamos pasado página.

—Sí, pero...

Las dos hermanas se miraron largamente la una a la otra, la una dispuesta a revelar su secreto, la otra negándose a recibirlo, cada una de ellas segura del peligro que esconden las palabras. Se cerraría una pesada puerta. Una puerta blindada. Esperaban, dudosas, una señal que hiciese la confidencia posible o imposible, útil o superficial. Si hablo, se decía Joséphine, no la volveré a ver. Le elijo a él. Él, que se ha vuelto hacia ella... Si hablo, les pierdo a los dos. Pierdo a un amor, a un amigo, pierdo a mi hermana, pierdo mi familia, pierdo mis recuerdos, pierdo mi infancia, pierdo incluso el recuerdo del beso contra la barra del horno.

Iris seguía la duda en los ojos de Joséphine. Si me cuenta su secreto, estaré obligada a parecer ofendida, a tratarla de enemiga, a alejarme de ella. Será la ruptura. Nos separamos. Le dejo vía libre. Ella será libre de volver a verlo. No debe hablar, ¡no debe!

Rompió bruscamente el silencio.

—Voy a contarte un secreto, Jo: me siento tan feliz de haber vuelto a la vida que nada, escúchame bien, nada podría estropearme ese placer. Así que pasemos página, ¿quieres?, pero pasémosla de verdad...

Sí, se dijo Joséphine. ¿Qué hacer si no? Aparte de eso ¿qué había sucedido? Presiones en la mano, miradas que se mezclan, una voz que se atraganta, una sonrisa que se prolonga en la del otro, un trozo de piel que se acaricia bajo la manga de un abrigo. Tristes indicios de una pasión evaporada.

—¿Y tú, has vuelto a tu tesis? ¿Qué tema has elegido para tu HDI? Quiero saberlo todo... Es cierto, hablo, hablo y tú ¡no me cuentas nada! Todo eso va a cambiar, todo eso, Jo, va a cambiar. Porque he tomado ciertas resoluciones, ¿sabes?, y una de ellas es interesarme realmente por los demás, dejar de mirarme el ombligo... Dime, ¿me encuentras más vieja?

Joséphine había dejado de escuchar. Miraba cómo huía su amor, remontando el vuelo entre los senos de las estatuas y las palmeras como abanicos. Esbozó una sonrisa de vencida. No hablaría. No volvería a ver a Philippe.

No volvería a probar el beso al armagnac.

Y, de hecho, ¿no se lo había prometido a las estrellas?

* * *

Joséphine decidió volver andando. Subió la calle Saint-Honoré, suspiró de felicidad ante la belleza perfecta de la plaza Vendôme, recorrió la calle Rivoli y sus pórticos, bordeó los muelles del Sena, y dio la espalda a los carros alados del puente Alexandre III para llegar a Trocadéro.

Necesitaba recuperar consistencia. La presencia de Iris la había sofocado. Como si su hermana hubiese absorbido todo el aire del restaurante. Frente a Iris, se asfixiaba. «¡Basta!», gruñó golpeando con el pie la esquina de un adoquín. «Me comparo con ella y desaparezco. Me aventuro en su territorio, el de la belleza, el del saber estar, el del último chismorreo parisino, el del abrigo elegante, la extensión de pelo, la desaparición de la arruga, y no puedo luchar. Pero si la atrajese al mío, si le hablase de lo íntimo, de lo invisible, de la mirada en el otro, del amor que se entrega, de las emociones que embargan, de la vanidad de las apariencias, de la fuerza que hay que desplegar para saber quién es uno mismo, quizás llegue entonces a engrandecerme un poco en lugar de arrugarme como un calcetín».

Miró al cielo, percibió el dibujo de un ojo en el pliegue de una nube. Le encontró cierto parecido con la mirada de Philippe. «Qué pronto me has olvidado», lanzó a la nube, que se descompuso y se volvió a componer, borrando el ojo. «El amor, un poco de miel que se recoge entre las zarzas», cantaban los trovadores en la corte de Leonor. Ahora me trago las zarzas. A bocados. Es culpa mía: le alejé de mi lado y se volvió, dócil, hacia Iris. No habrá esperado mucho tiempo. Le inundó la cólera. Se hinchó de esperanza: ¡se estaba rebelando!

Atravesó el parque encorvada instintivamente. No podía evitarlo. Habían encontrado a la señora Berthier un poco más lejos...

Abrió el portal del inmueble y escuchó gritos en el chiscón de Iphigénie.

—¡Es un escándalo! —gritaba una voz de hombre—. ¡Es usted la responsable! ¡Es una asquerosidad! ¡Debe limpiar ese local todos los días! Hay botellines de cerveza, botellas vacías, ¡pañuelos de papel por el suelo! ¡Andamos entre inmundicias!

El hombre salió de la portería vociferando. Joséphine reconoció a Pinarelli hijo. Iphigénie, detrás de la puerta acristalada tapada con una cortina, estaba lívida. El cartel que indicaba su horario de trabajo se balanceaba colgado de la cadena. Él se volvió hacia ella, levantó el brazo para golpearla, ella giró el picaporte. Joséphine se precipitó hacia él y le atrapó el brazo. El hombre se soltó y la lanzó al suelo con sorprendente fuerza. Joséphine se golpeó la cabeza violentamente contra la pared.

—¡Está usted loco! —gritó, asustada.

—¡Le prohíbo que la defienda! ¡La pagan para eso! ¡Debe limpiar! ¡Gilipollas!

Un hilillo de saliva fluía sobre su mentón, que temblaba, su piel estaba marcada de manchas rojas, y su nuez se agitaba como un tapón enloquecido.

Giró sobre sí mismo y subió las escaleras de tres en tres.

—¿Está usted bien, señora Cortès?

Joséphine temblaba y se frotaba la frente para borrar el dolor. Iphigénie le hizo una seña para que entrase en la portería.

—¿Quiere beber algo? Parece conmocionada...

Le tendió un vaso de Coca Cola y la hizo sentar.

—¿Qué ha hecho para que se pusiese en ese estado? —preguntó Joséphine, recuperándose.

—Yo limpio el local de la basura. Se lo aseguro. Lo hago lo mejor posible. ¡Pero hay gente que constantemente deja allí guarradas que no me atrevo a nombrar! Así que si olvido pasarme por allí un día o dos, se ensucia enseguida. Pero el edificio es grande y no puedo estar en todos lados...

—¿Sabe usted quién hace eso?

—¡No, claro! Yo, por la noche, duermo. Estoy cansada. Da mucho trabajo este edificio. Y cuando mi jornada termina ¡tengo que ocuparme de los niños!

Joséphine recorrió la portería con la mirada. Una mesa, cuatro sillas, un sofá desgastado, un viejo aparador, una televisión, un mueble de cocina de formica desvencijado, un viejo linóleo amarillo en el suelo y, al fondo, separada por una cortina color burdeos, una habitación oscura.

—¿Es la habitación de los niños? —preguntó Joséphine.

—Sí, y yo duermo en el sofá. Es como si durmiese en el vestíbulo. Oigo abrir y cerrar el portal toda la noche cuando la gente vuelve tarde. Me llevo unos sobresaltos en la cama...

—Habría que pintar esto y comprar muebles... Está un poco triste.

—¡Por eso me tiño el pelo de todos los colores! —dijo Iphigénie sonriendo—. Da un poco de luz a la casa...

—¿Sabe usted qué vamos a hacer, Iphigénie? Vamos a ir mañana a Ikea a la hora de su descanso y vamos a comprar de todo: camas para los niños, una mesa, sillas, cortinas, cómodas, un sofá, un aparador, alfombras, una cocina, cojines..., y después iremos a Bricorama, elegiremos unas pinturas bonitas ¡y lo pintaremos todo! Ya no necesitará teñirse el pelo.

—¿Y con qué dinero, señora Cortès? ¿Quiere usted que le enseñe mi nómina? ¡Se va a echar a llorar!

—Yo lo pagaré todo.

—Pues se lo digo desde ahora mismo: ¡ni hablar!

—Y yo le digo, ¡claro que sí! El dinero no se lo puede llevar uno a la tumba. Yo tengo todo lo necesario, usted, no tiene nada. Para eso sirve el dinero: para tapar agujeros.

—¡Que no, señora Cortès!

—Me da igual, iré sola y haré que se lo dejen delante de la puerta. Usted no me conoce, soy bastante testaruda.

Las dos mujeres se enfrentaron en silencio.

—Lo único bueno, si viene conmigo, es que será usted quien podrá elegir, no tenemos necesariamente los mismos gustos.

Iphigénie había cruzado los brazos y fruncía el ceño. Ese día, su cabello tenía un color mandarina que viraba al amarillo en algunos sitios. Bajo la luz de la lámpara de pie, se dirían llamas surgiendo de su cabeza.

—Realmente estaría bien que pusiese usted los colores en las paredes, y no en la cabeza —dijo Joséphine haciendo una mueca.

Iphigénie se pasó la mano por el pelo.

—Lo sé, esta vez no he acertado con el color... pero no es muy práctico, la ducha está en el patio, no hay luz y no puedo respetar siempre el tiempo de aplicación recomendado. Además, en invierno, lo hago deprisa porque, si no, ¡me resfrío!

—¡La ducha está en el patio! —exclamó Joséphine.

—Pues sí... Al lado del cuarto de la basura...

—¡No es posible!

—Pues sí, señora Cortès, pues sí...

—Bueno —decidió Joséphine—. ¡Iremos mañana!

—¡No insista, señora Cortès!

Joséphine vio a la pequeña Clara apoyada en el marco de la habitación. Era una chiquilla extrañamente seria, de ojos caídos, tristes y resignados. Su hermano Léo se había unido a ella; cada vez que Joséphine sonreía, se escondía detrás de su hermana.

—La encuentro a usted un poco egoísta, Iphigénie. Me parece que a sus hijos les gustaría vivir en un arco iris...

Iphigénie posó su mirada en sus hijos y se encogió de hombros.

—Están acostumbrados a esto.

—A mí me gustaría que pintáramos la habitación de rosa... y tener un edredón verde manzana —dijo Clara, mordisqueándose un mechón del pelo.

—¡Oh, no! El rosa es para chicas —exclamó Léo—. ¡Yo quiero amarillo chillón y un edredón rojo con vampiros!

—¿No están en el colegio? —preguntó Joséphine, que quería cantar victoria y prefería dejar tiempo a Iphigénie para rendirse sin perder la cara.

—Es miércoles. Los miércoles ¡no hay colegio! —respondió Léo.

—Tienes razón, ¡lo había olvidado!

—Parece que has perdido la cabeza...

—La había perdido, pero desde que estoy con vosotros estoy mucho mejor —dijo Joséphine sentándoselos en las rodillas.

—Y además, mamá, ¿podríamos tener las camas una encima de otra? —continuó Clara—. Así yo podría dormir en el primer piso y pensaría que estoy en el cielo... ¿Y una mesa también?

—¡Y yo un caballo de madera! ¿Eres Papá Noel? —preguntó Léo a Joséphine.

—¡Qué tonto eres! ¡No tengo barba!

Soltó una risita que le aclaró la garganta.

—Me parece que ha perdido usted, Iphigénie. Quedamos mañana a mediodía. Le interesa ser puntual porque si no sólo tendremos tiempo de ir y venir...

Los dos niños rodearon a su madre y gritaron de alegría.

—Di que sí, mamá, di que sí...

Iphigénie dio un manotazo sobre la mesa y pidió silencio.

—Entonces, a cambio, le limpio la casa. Dos horas al día. Lo toma o lo deja.

—Una hora será suficiente. Sólo somos dos. No tendrá mucho trabajo y le pagaré.

—¡Lo haré gratis o no voy a Ikea!

* * *

Al día siguiente, Joséphine esperó en el portal a las doce. Subieron a su coche. Iphigénie tenía un capazo sobre las rodillas y se había anudado un fular al pelo.

—¿Es usted musulmana, Iphigénie?

—No, pero cojo frío en los oídos. Después tengo otitis y me queman las orejas por dentro y por fuera...

—Como a mí. A la menor emoción, se inflaman.

Atravesaron el Bois de Boulogne y se dirigieron a La Défense. Aparcaron frente a Ikea. Cogieron un metro de papel, un cuadernito y un lápiz y accedieron al interior de la tienda. Joséphine apuntaba, Iphigénie protestaba. Joséphine llenaba el cuaderno de pedidos, Iphigénie se escandalizaba:

—¡Pero esto es demasiado, señora Cortès! ¡Demasiado!

—¿No sería mejor que me llamase Joséphine? ¡Yo la llamo Iphigénie!

—No, para mí, usted es la señora Cortès. No hay que mezclar los trapos con las servilletas.

En Bricorama, eligieron una pintura amarillo canario para la habitación de los niños, rosa frambuesa para la habitación principal, y azul chillón para el lado de la cocina. Joséphine vio cómo Iphigénie contemplaba las lamas de parqué con la boca abierta de placer. Encargó parqué. Y una ducha. Y alicatado.

—¿Y quién va a instalar todo eso?

—Ya encontraremos un albañil y un fontanero.

Joséphine dio la dirección de la portería para que lo enviasen todo allí. Volvieron al coche y se sentaron aliviadas.

—¡Está usted como un cencerro, señora Cortès! Ya le digo desde ahora que le voy a dejar el piso como una patena, ¡va a poder comer usted en el suelo!

Joséphine le sonrió y salió del aparcamiento girando el volante con un dedo.

—¡Y además conduce usted divinamente!

—Gracias, Iphigénie. Me siento valorada a su lado. ¡Debería verla más a menudo!

—¡Oh, no, señora Cortès! Tiene usted otras cosas que hacer.

Apoyó la cabeza en el reposacabezas y murmuró, feliz:

—Es la primera vez que alguien es bueno conmigo. Quiero decir bueno sin otras intenciones. Porque los hay pretendidamente buenos, pero todos buscan quitarme algo... En cambio usted...

Hizo un ruido de petardo mojado con la boca para expresar su sorpresa. El fular enmarcaba un rostro de madonna juvenil, que se maquilla deprisa y corriendo en una esquina de la pila. Olía a jabón de Marsella que se frota bajo la ducha fría, y que no se tiene tiempo de enjuagar. Larga y fina nariz, ojos negros, tez bronceada, dientes brillantes, una profunda arruga entre las cejas que probaba, por si Joséphine todavía lo dudaba, que tenía carácter. Un cuerpo algo pesado, un pecho de vampiresa italiana y en conjunto, como telón de fondo, la seriedad infantil de quien lucha por llegar a fin de mes y se maravilla de conseguirlo.

—Lo peor fue mi marido... En fin, le llamo mi marido, pero nunca firmamos nada. Pegaba a cualquier cosa que se le resistiera. A mí la primera. Perdí dos dientes con él. Me dejé la piel trabajando para reemplazarlos. Estaba todo el tiempo en erupción. Un día pegó a un policía que le había pedido la documentación. Seis años de cárcel. Yo estaba embarazada de Léo. Me alegré mucho de que le enviaran a prisión. Va a salir pronto, nunca se le ocurrirá venir a buscarme aquí. Le intimidan los buenos barrios. Dice que rebosan de pasma...

—¿Los niños no preguntan por él?

Repitió su pequeño petardeo de trompeta que, esta vez, indicaba su desprecio.

—No le han conocido y mejor para ellos. Cuando me preguntan dónde está, lo que hace, yo les digo explorador, les digo el polo Sur, el polo Norte, la cordillera de los Andes, me invento viajes con águilas, osos y pingüinos. El día que se lo encuentren, si llega ese día maldito, ¡tendrá que llevar un salacot y una barba por la cuenta que le trae!

Había empezado a llover y Joséphine accionó los limpiaparabrisas y limpió el vaho con el dorso de la mano.

—Oiga, señora Cortès, me gustaría darle las gracias. Gracias de verdad. Me llega muy dentro lo que está haciendo usted por mí. Me llega muy hondo.

Se colocó un mechón de pelo que se había escapado del fular.

—No le dirá a la gente del edificio que ha sido usted la que ha pagado todo eso, ¿eh?

—No, pero de todas formas ¡no tiene usted que justificarse!

—En la próxima reunión de vecinos, no tiene más que soltar que me ha tocado la lotería. No les extrañará. A la lotería sólo ganan los pobres, los ricos ¡no tienen derecho!

Pasaron delante del Intermarché donde Joséphine hacía la compra cuando vivía en Courbevoie. Iphigénie le preguntó si podían detenerse: necesitaba Pato WC y un cepillo para el suelo. Se presentaron en la caja con dos carritos llenos. La cajera les preguntó si tenían tarjeta de cliente. Joséphine sacó la suya y aprovechó para pagar la compra de Iphigénie. Ésta se enfadó.

—¡Ah, no! ¡Ya basta, señora Cortès! ¡Vamos a perder la amistad!

—¡Así tendré muchos más puntos!

—¡Me juego algo a que usted nunca utiliza sus puntos!

—Nunca —confesó Joséphine.

—La próxima vez ¡yo la acompañaré y los usará! Así ahorrará algo.

—¡Ah! —dijo Joséphine, maliciosa—. Así que habrá una próxima vez. No está enfadada del todo...

—Sí. Estoy enfadada ¡pero soy débil!

Se marcharon corriendo bajo una tromba de agua, cuidando de no tirar nada.

Joséphine dejó a Iphigénie ante el edificio y fue a aparcar el coche al aparcamiento, rogando al cielo no toparse con nadie. Desde que la agredieron, tenía miedo en el aparcamiento.

* * *

Ginette estaba preparando el café de la mañana cuando llamaron a la puerta. Dudó, preguntándose si suspendía la operación, permaneció un momento con el codo en el aire, y decidió que el café pasaría delante del misterioso visitante. René estaría de mal humor todo el día si el café era malo. No hablaba con nadie antes de haberse bebido dos boles y haber engullido tres tostadas de la baguette fresca que el hijo de la panadera depositaba en el portal antes de ir al colegio. A cambio, Ginette le daba una moneda.

—¿Sabes —gruñó René— cuánto costaba la baguette cuando nos vinimos a vivir aquí en 1970? Un franco. Y ahora ¡un euro diez! Más la comisión del chico, ¡debemos de comer el pan más caro del mundo!

Los días en los que el chico no tenía colegio, ella se ponía un abrigo sobre el camisón y bajaba a hacer cola a la panadería. René era su hombre. Su hombre de carne y de codicia. Lo había conocido con veinte años: ella era corista de Patricia Carli, él montaba y desmontaba el escenario. Esculpido en uve mayúscula, calvo como una pista de patinaje para piojos, hablaba poco, pero sus ojos recitaban la *Ilíada* y la *Odisea*. Tan presto para gritar como para sonreír, dotado de la serenidad de esas gentes que saben lo que quieren y quiénes son desde que nacen, la había atrapado una noche por la cintura y no la había vuelto a soltar. Treinta años de comunión y todavía temblaba cuando le ponía las manos encima. ¡Nada más que placer, su René! En horizontal trabajaba la voluptuosidad, en vertical, el respeto. Tierno, previsor, huraño, todo lo que ella amaba. Hacía casi treinta años que vivían en la pequeña vivienda encima del almacén que les había cedido gratuitamente Marcel, el día en el que había contratado a René en calidad de... «ya hablaremos del puesto después». Visto y no visto: no habían vuelto a hablar de ello, pero Marcel aumentaba su sueldo al mismo ritmo que sus responsabilidades y el precio de la baguette. Allí fue donde habían crecido sus hijos: Johnny, Eddy y Sylvie. En cuanto los niños supieron valerse por sí mismos, Marcel contrató a Ginette en el almacén. Responsable de las entradas y salidas de mercancía. Y los años habían ido pasando sin que Ginette tuviese tiempo de contarlos.

Volvieron a llamar a la puerta.

—¡Un momento! —gritó vigilando el agua hirviendo sobre el polvo negro.

—¡Tómate el tiempo que necesites! ¡Sólo soy yo! —respondió una voz, que era la de Marcel.

¿Marcel? ¿Qué hacía aquí al alba?

—¿Tienes algún problema? ¿Has olvidado las llaves del despacho?

—¡Tengo que hablar contigo!

—Ya voy —repitió Ginette—, sólo un minuto.

Terminó de verter el agua, dejó el hervidor, cogió un trapo y se secó las manos.

—¡Te lo advierto, todavía estoy en camisón! —anunció antes de abrir.

—¡Me da igual! ¡No me enteraría de nada aunque estuvieses en tanga!

Ginette abrió y entró Marcel, llevando a Junior sobre el vientre.

—¡Pero bueno, menuda visita! ¡Dos Grobz en el umbral! —exclamó Ginette haciendo una seña a Marcel para que entrase.

—¡Ay, mi pobre Ginette! —murmuró Marcel—. Es terrible lo que nos está pasando... ¡Nos ha caído de golpe! ¡No lo hemos visto venir en absoluto!

—¿Y si empezases por el principio? ¡Si no, no voy a entender nada!

Marcel se sentó, sacó a Junior del portabebés, lo sentó sobre las rodillas y cogió un trozo de pan que colocó en la boca del niño.

—Vamos, mi chico, ejercita los dientes mientras charlo con Ginette...

—¿En qué edad anda este amorcito?

—¡Ya va por su primer aniversario!

—¡Pero bueno, si parece mucho más viejo! ¡Qué fuerte está! Pero ¿cómo es que te lo traes al trabajo?

—¡Ay! ¡No me hables! ¡No me hables!

Balanceaba la cabeza, desesperado. No se había afeitado y tenía una mancha de grasa en el reverso de la chaqueta.

—Sí, precisamente, háblame.

Él comenzó, la mirada baja:

—¿Recuerdas el estado de felicidad en el que estaba la última vez que cenamos aquí con Josiane?

—¿Justo antes de Navidad? Nos dejaste mareados. ¡Ya no aguantábamos más!

—Exultaba, estaba henchido de alegría, ¡estallaba de júbilo! Cuando llegaba al despacho por la mañana, le pedía a René que me mordiese la oreja, sólo para comprobar que todo eso era verdad.

—¡Querías instalar una sillita de bebé en tu despacho para iniciar al chico!

—Eran los buenos tiempos, éramos felices. Ahora...

—Ahora ya no se os ve. Os habéis disfrazado de fantasmas.

Él abrió los brazos en señal de impotencia. Cerró los ojos. Suspiró. El bebé basculó, él lo atrapó y, con sus dos manos fuertes de vello rojo, se puso a masajearlo. Hundía sus falanges en la barriguita redonda de Junior, que se dejaba manosear con un rictus de dolor.

—¡Basta, Marcel, que el chavalín no es de plastilina!

Marcel relajó la presión. Junior respiró aliviado y tendió la mano a Ginette para agradecerle su intervención.

—¿Has visto? —exclamó Ginette, anonadada.

—Lo sé, ¡es un genio! Pero, pronto, no será más que un pobre huérfano.

—¿Se trata de Josiane? ¿Está enferma?

—La peor de las enfermedades: lo ve todo negro. Y eso, preciosa, ¡no tiene remedio!

—¡Vamos! ¡Vamos! —le animó Ginette—. Es la depre posparto. ¡Les pasa a todas las mujeres! Eso termina curándose.

—¡Es peor! ¡Mucho peor!

Él se inclinó y susurró:

—¿Dónde está René?

—Está vistiéndose. ¿Por qué?

—Porque... lo que te voy a decir es algo totalmente secreto. Ni hablar de contárselo.

—¿Ocultarle algo a René? —se ofuscó Ginette—. ¡No podría hacerlo en la vida! ¡Quédate con tu secreto, que yo me quedo con mi marido!

La expresión de Marcel volvió a oscurecerse. Volvió a estrechar a Junior contra sí y a masajearlo. Ginette arrancó al niño de las manos de su padre.

—¡Dámelo, vas a terminar sacándole las vísceras!

Marcel se hundió, los dos codos sobre la mesa.

—¡Estoy al límite! ¡No puedo más! ¡Éramos tan felices! ¡Tan felices!

Se meneaba, se pasaba la mano por el cráneo, se mordía el puño. Su peso hacía gemir la silla. Ginette iba de un lado a otro de la habitación, con Junior apoyado en el hombro. Hacía mucho tiempo que no había sostenido a un bebé en brazos y estaba emocionada. La ternura que sentía por Junior rebotó sobre Marcel, ese buen Marcel que se comía las uñas y sudaba la gota gorda.

—¡Pero tú estás enfermo, hombre! —dijo Ginette al verle de color carmesí.

—¡Ay! Lo mío es sólo angustia, pero Josiane... ¡Si la vieras! ¡Un velo blanco! ¡Una aparición! Va a acabar ascendiendo a los cielos.

Se hundió sobre sí mismo y dejó de retener las lágrimas.

—No puedo más, no me funcionan los circuitos. Vago por la casa como un viejo ciervo al que le han limado las astas. Ya no bramo, estoy hecho una bayeta empapada y arrugada. Ya no sé lo que firmo, no me acuerdo de mi nombre, ya no duermo, ya no como, se me abren las carnes y las entrañas. Apesto a desgracia. ¡PORQUE LA DESGRACIA HA ENTRADO EN LA CASA!

Se había apoyado sobre los codos y rugía. René entró en la cocina y soltó una blasfemia.

—¡Hostia! ¿Qué le pasa al pobre mohicano este? ¡Menudo jaleo está armando!

Ginette comprendió que debía coger la sartén por el mango. Instaló a Junior en el sofá, le rodeó de cojines para que no se cayera, dejó ante Marcel y René la jarra de café aromático, cortó las rebanadas, las untó con mantequilla y les tendió el azucarero.

—Primero desayunáis, después me quedo con Marcel y le confieso.

—¿No quieres contármelo a mí? —preguntó René, desconfiado.

—Es algo especial —explicó Marcel, incómodo—, sólo se lo puedo contar a tu mujer.

—¿Y yo no puedo saberlo? —se extrañó René—. He dejado de ser tu viejo colega, tu hombre de confianza, tu brazo derecho, tu brazo izquierdo ¡y hasta a veces tu cerebro!

Marcel agachó la cabeza, confuso.

—Es algo íntimo —dijo royéndose las uñas.

René se acarició el mentón y después soltó:

—¡Venga! ¡Confiésale! Si no se va a ahogar...

—Come primero. Hablaremos después...

Desayunaron los tres juntos. En silencio. René agarró su gorra y salió.

—¿Va a estar cabreado?

—Se siente herido, eso seguro. Pero prefería que me diese su conformidad. No soy muy buena para los secretitos...

Echó una mirada a Junior, que seguía sentado en medio de los cojines y escuchaba.

—Habría que entretenerle con algo...

—Dale algo para leer. Eso le encanta.

—¡Pero si yo no tengo libros para bebés!

—¡Cualquier cosa! Lo lee todo. Incluido el listín.

Ginette fue a buscar la guía telefónica y se la tendió a Junior.

—Sólo tengo las páginas amarillas...

Marcel levantó la mano, sin argumentos. Junior cogió la guía, la abrió, puso un dedo sobre una página y empezó a babear encima.

—De todos modos ¡es bastante rarito tu chiquillo! ¿Se lo has enseñado al médico?

—Si sólo hubiese eso de extraño en mi vida, sería el más feliz de los hombres...

—Habla y deja de llorar ¡que vas a coger frío en los ojos!

Él se sorbió los mocos y se sonó con la servilleta de papel que le tendía Ginette. La miró con aire temeroso y soltó:

—Es Bomboncito. Le han echado un sortilegio.

—¡Un sortilegio! ¡Pero si esas cosas no existen!

—Sí, sí, de verdad: la han estado embrujando con un muñeco vudú.

—¡Mi pobre Marcel! ¡Has perdido la cabeza!

—Escucha... Al principio, pensaba como tú, no quería creerlo. Y después me he visto obligado a constatar...

—¿El qué? ¿Le han salido cuernos?

—¡No seas tonta! ¡Es algo más sutil!

—Tan sutil que no consigo creérmelo.

—¡Escúchame, te digo!

—¡Ya te escucho, hombre!

—Le ha perdido el gusto a todo, se siente vacía como una bañera, se queda en la cama todo el día y ya no juega con el pequeño. Por eso está creciendo tan rápido... Quiere quitarse los pañales y ayudarla.

—¡Estáis todos zumbados!

—Habla con monosílabos. Levantarla es una lucha, dice que tiene puñales clavados en la espalda, que tiene doscientos años, que está completamente oxidada... ¡Y hace tres meses que dura!

—Es cierto que ése no es su estilo...

—He acabado llamando a madame Suzanne, ya sabes, nuestra...

—¿Esa que tú llamas la curadora de almas y yo, la curandera?

—Sí. Lo ha dejado muy claro: Bomboncito está embrujada. Desean que muera, a fuego lento. Desde entonces ella intenta deshacer el hechizo, pero cada vez que mejora, que tiene dos días buenos, come un poco, sonríe, apoya la cabeza sobre mi hombro, yo contengo el aliento... y vuelve a recaer. Dice que siente como si la desenchufaran. Como si le arrebataran la vida. Madame Suzanne ya no sabe qué hacer. Asegura que es un hechizo muy poderoso. Que va para largo. Mientras tanto, nosotros, nos vamos muriendo lentamente. La chica que se ocupaba del bebé tiene por misión no dejar a Bomboncito ni un instante. Tengo miedo de que haga alguna tontería. Y yo me ocupo de Junior...

—Los dos estáis agotados, eso es todo. ¡Tampoco son edades para tener un bebé!

Marcel la miró como si le retirara su razón para vivir. Todo el azul de su mirada desapareció y en un segundo sus ojos parecieron completamente apagados.

—¡No debes decir esas cosas, Ginette! Me decepcionas mucho.

—Perdóname. Tienes razón. Los dos sois fuertes como robles. ¡Dos robles con un pajarito en la copa!

Se acercó a Marcel, pasó la mano sobre su cuello de toro. Le acarició dulcemente. Él se contrajo entre sus brazos plegados y gimió:

—Ayúdanos, Ginette, ayúdanos... Ya no sé qué hacer.

Ella continuó masajeándole el cuello y los hombros. Le habló suavemente de su fuerza, de su poder en los negocios, de su tenacidad, de su astucia, del imperio industrial que había creado, solo, escuchando sólo a su instinto. Ella sólo pronunciaba, a propósito, palabras contundentes que pudiesen tonificarle el alma.

—¿Se lo has contado a alguien más?

Él le lanzó una mirada perdida.

—¿A quién quieres que se lo cuente? ¡Van a pensar que me he vuelto loco!

—Eso seguro.

—Reaccioné como tú cuando madame Suzanne me lo contó. La envié a hacer gárgaras. Y después estuve informándome. Hice una verdadera investigación. Esas cosas existen, Ginette. No se habla de ellas porque tenemos raíces cuadriculadas en la cabeza, pero existen.

—En los países del vudú, ¡en Haití o en Uagadugú!

—No. Por todas partes. Lanzan un sortilegio, un mal sortilegio, y la víctima se queda atada a la infelicidad. Atrapada en una tela de araña. Ya no puede moverse, no puede hacer nada sin provocar adversidades. El otro día, Bomboncito quiso sacar al pequeño al parque y ¿sabes qué? ¡Se torció el tobillo y le robaron el bolso! Cuando intentó planchar una de mis camisas, se le quemó la plancha y, hace dos días, cogió un taxi para ir a la peluquería, y tuvo un accidente en el primer cruce...

—Pero ¿quién podría odiarla hasta el punto de desear la muerte, la muerte de los dos?

—No lo sé. Ni siquiera sabía que ese tipo de cosas existían. Así que...

Levantó los brazos y los dejó caer pesadamente.

—Eso es lo que hay que encontrar... ¿Has sido algo duro en los negocios últimamente?

Marcel sacudió la cabeza.

—No más que de costumbre. Nunca hago malas jugadas, ya lo sabes.

—¿Te has peleado con alguien?

—No. Incluso estoy más bien afable. Soy tan feliz que tengo ganas de que todo el mundo sea feliz a mi alrededor. Mi personal es el mejor pagado del mundo, las primas enternecerían al más rígido de los sindicalistas, reparto escrupulosamente todos los beneficios y, ya lo has visto, he instalado una guardería para los hijos de los empleados, una pista de petanca en el patio para el descanso de la comida... Sólo falta el chiringuito y la playa ¡y convierto mi negocio en el Club Med! ¿Verdad?

Ginette se sentó a su lado y permaneció pensativa.

—Por eso ella ya nunca viene a vernos —dijo ella en voz alta.

—¿Cómo quieres que te lo cuente? Siente vergüenza, además. Hemos visitado a todos los especialistas, toneladas de escáneres, de radios, de informes. No encuentran nada. ¡Nada!

Sobre el sofá, Junior se dejaba los ojos intentando descifrar su guía. Ginette permaneció un momento observándole. Es un niño algo extraño, de todas formas. A su edad, un bebé juega con las manos, los dedos de los pies, un peluche ¡pero no hojea las guías telefónicas!

Él levantó los ojos y la miró fijamente. Tenía los ojos azules de su padre.

—¡Bu-jo! —balbuceó, cubierto de baba—. Bu-jo.

—¿Qué dice? —preguntó Ginette.

Marcel se incorporó, alelado. Junior repitió. Tenía las cuerdas vocales tan tensas que parecía que se iban a romper, y eso le provocaba líneas rojas en el cuello. Un triángulo de venas violeta se había encendido en su entrecejo. Ponía toda su energía de bebé para intentar hacerse entender.

—Brujo —tradujo Marcel.

—¡Es lo que yo pensaba! Pero cómo...

—Compruébalo. ¡Ha debido de ver un anuncio publicitario de uno de esos hechiceros de pacotilla!

¡Dios mío!, pensó Ginette. ¡Soy yo la que voy a volverme loca!

* * *

Mylène no podía creerlo: los azulejos del cuarto de baño se despegaban y se le había quedado en la mano el pomo de la puerta. «¡Joder!», exclamó, «¡hace nueve meses que vivo en este piso y ya empieza a escacharrarse!». Eso sin hablar de la estantería sobre la cama que se le había caído encima, de los plomos que provocaban cortocircuitos, llenando la noche de fuegos artificiales, y del frigorífico que funcionaba al revés y producía aire caliente.

Cuando llamaba a alguien para arreglarlo, apenas se había marchado el hombre ya se desbarataba todo de nuevo. Ya no puedo vivir más aquí. Estoy harta de hablar con mis manos o de farfullar un mal inglés, de pasarme las noches viendo karaokes estridentes en la televisión, de ver gente escupir, eructar, tirarse pedos en la calle, de pisar comida tirada en el suelo. De acuerdo, se pasan el tiempo riendo y desbordan energía, de acuerdo, sólo con agacharte ya recoges beneficios, pero estoy cansada. Tengo ganas de las orillas del Loira, de un marido que vuelva por la noche, de unos niños a los que ayudaría a hacer los deberes y de la jeta del presentador del telediario francés en mi televisión. ¡No será aquí donde encuentre eso! ¡El Loira no se da una vuelta por Shanghai, que yo sepa! Una casita en Blois con un marido que trabaje en Gas de Francia, unos niños a los que pasearía por los jardines del Obispado, para quienes cocinaría pasteles y recitaría la historia de los Plantagenêts. Había colgado un plano de la ciudad en la pared de la cocina y hacía vaticinios frente a él, estudiándolo con detalle. Sus crisis de Blois eran cada vez más frecuentes. Soñaba con los tejados de arcilla, riberas arenosas, viejos puentes de piedra, formularios de la Seguridad Social que rellenar, y baguettes tiernas no demasiado cocidas recién sacadas del horno de la panadera. Pero sobre todo, sobre todo, quería hijos. Durante mucho tiempo había optado por ignorar sus inclinaciones maternales, dejando para más tarde una tarea que sellaría el final de su carrera, pero ya no podía engañarse, su vientre reclamaba habitantes.

Además, como hecho adrede, Shanghai rebosaba de niños. Saltando, jugando y bailando por las tardes en la calle. Cuando paseaba por las callejuelas del centro, casi podía pasar la mano sobre los redondos cráneos de bebés magníficos que le sonreían, recordándole que el reloj biológico avanzaba inexorablemente. ¡Pronto treinta y cinco años, mi vieja amiga! Si no quieres parir una pasa de Corinto, vas a tener que encontrar un semental. No quería un novio de ojos rasgados. Desconocía el modo de empleo de los chinos. No comprendía por qué se reían, callaban, parecían enfadados o hacían muecas. Un auténtico misterio. El otro día le había dicho a Elvis, el secretario de Wei, al que todos llamaban así por sus patillas, que tenía aspecto cansado, ¿había dormido bien? ¿Tenía la gripe? El otro había soltado una carcajada que parecía que nadie podría parar. Ya no se le veían los ojos, hipaba, lloraba, se retorcía. Su soledad le había parecido entonces definitiva y trágica.

Fue justo después de las fiestas cuando la nostalgia de su país natal y de una vida hogareña la había invadido. Sospechaba que el abeto de plástico que había comprado por Internet le había sobresaltado las hormonas. Hasta Navidad, trotaba ligera, calculando sus beneficios, inventando nuevas fórmulas, nuevos artilugios. Había lanzado el teléfono móvil polvera: ¡un éxito! El dinero se amontonaba en el banco, Wei aceptaba cualquier idea nueva, los contratos se sucedían, las cadenas de fabricación se ponían en marcha y lanzaban un producto nuevo que invadía los campos y transformaba a todas las chinas en preciosas Barbies Rasgadas. Todo iba muy deprisa.

Demasiado deprisa... Apenas tenía tiempo de respirar y ya estaba todo empaquetado, listo para vender y con los márgenes de beneficio calculados. Tenía que inventar a todas horas. Que las calculadoras humeasen. Ella necesitaba la lentitud, el reposo, la espera, la dulzura, la tranquilidad de Anjou, del suflé que se hincha en el horno.

Intentaba explicar su estado de ánimo a la directora comercial de Wei y la chica larga como una liana, de pelo negro, la miraba con un interés mezclado de inquietud. «¿Por qué piensas en todo eso?», le decía. «Yo no pienso, no leo nunca el periódico y cuando salgo con mis amigos, no hablamos nunca de política. Creo que nunca hemos pronunciado el nombre de Hu Jintao cuando estamos juntos». Era el presidente de la república. Mylène la contemplaba con los ojos abiertos como platos. «Nosotros, en Francia, sólo hacemos eso: ¡hablar de política!». La larga liana de pelo negro se encogía de hombros y decía: «Durante los acontecimientos de Tiananmen, en 1989, salí a la calle, estaba apasionada por todo lo que pasaba y después llegó la tragedia, la represión... Hoy me digo que todo va demasiado deprisa en China. Me siento excitada y, al mismo tiempo, asustada: ¿nuestro país dará a luz a un monstruo? ¿Acaso nuestros hijos se convertirán en monstruos?». Permanecía pensativa un momento y volvía a sumergirse en sus informes.

Mylène tenía escalofríos. Y ella, ¿acaso estaba convirtiéndose en un monstruo? Ya ni siquiera tenía tiempo para gastarse el dinero. Encaramada a sus zapatos de tacón alto, enfundada en sus trajes sastre de mujer de negocios, trabajaba de sol a sol. ¿Para qué sirve tanto dinero? ¿Y con quién gastarlo? ¿Con mi reflejo en el espejo? Se sentía saciada, ahíta, y esperaba, con angustia, el momento en el que llegara el asco.

No estaba acostumbrada a la abundancia. Desde su niñez en Lons-le-Saunier, había retenido el ritmo lento de las estaciones, la nieve que se funde y gotea en los canalones, el pájaro sorprendido que lanza su primer canto de primavera, la flor que se abre, la cerda revolviéndose en el barro, la mariposa que emerge, pegajosa, de su crisálida, la castaña que estalla en la sartén agujereada. Una vocecita gritaba dentro de ella: demasiado rápido, demasiado vacío, demasiado cualquier cosa. Y debía confesárselo: le pesaba la soledad.

Era demasiado mayor para interesar a los jóvenes millonarios chinos y los extranjeros que conocía todos llevaban alianza. Tuvo fe en Louis Montbazier, fabricante de material eléctrico. Había salido tres veces seguidas con él, tres noches intercambiando risas, apretoncitos de manos, ya se veía organizando la mudanza a Blois, pagando juntos el impuesto televisivo, pero, la cuarta noche, le había puesto delante de sus narices un cuaderno desplegable con fotos de su mujer y sus hijos. Vale, lo he entendido, se dijo. Se había negado a darle un beso cuando la acompañó a su casa.

La alarma saltó de verdad el día en el que el señor Wei se negó a que se desplazara a Kilifi. Ella tenía ganas de volver sobre sus pasos y los de la joven Mylène huida de Courbevoie, de aspirar el aire perezoso de África, de pisar la arena blanca de las playas, de volver a ver los ojos amarillos de los cocodrilos.

—Ni hablar —había chillado él—. Usted se queda aquí y usted trabaja.

—Pero si es sólo para cambiar de aires...

—No bueno —había respondido él—. Nada bueno. Usted no mover. Usted inestable. Usted peligrosa para usted. Yo vigilar por su bien. Yo tener su pasaporte en mi caja fuerte.

Y había tosido con fuerza para dejar claro que la discusión estaba cerrada. Ésa era su forma de cerrarle la puerta en las narices. Estaba prisionera de ese viejo ávido chino, que contaba su dinero con su ábaco y se rascaba los huevos con las piernas separadas.

—*What a pity!* —había respondido ella.

«¡Wapiti! ¡Wapiti!», habían entonado dos chiquillas adorables blandiendo una cacerola de wapiti chamuscado. Hortense y Zoé habían saltado como dos diablillos al abrir una caja sorpresa. ¡Cómo las echaba de menos! A veces, hablaba con ellas al dormirse. Jugaba a las mamás. Cosía un dobladillo, planchaba un pantalón, peinaba un rizo sobre la frente. Han debido de cambiar. Ya no las reconocería. Me mirarían de lejos como quien desdeña a un extraño. Me he convertido en una emigrada, en una desarraigada...

En un periódico francés de varias semanas atrás, había leído un reportaje sobre los levantamientos en la campiña china. El ejército había contenido las protestas, pero éstas volverían a surgir. Los agricultores se negaban a que les confiscaran las tierras para construir fábricas. Arrancarían los hermosos carteles de flores de lys que cubrían los muros de adobe. Aquello sería el principio del fin.

A la mañana siguiente, al levantarse, Mylène Corbier decidió pasar a la fase siguiente de su existencia: el regreso a Francia.

Para ello, iba a necesitar a Marcel Grobz.

* * *

Henriette estaba exultante: acababa de cruzarse en el parque Monceau con la criada y Josiane. ¡Y en qué estado, Josiane! Un espectro. Sólo le faltaban telarañas en los huesos. Avanzaba, encorvada, apoyada sobre gruesas sandalias. Se inclinaba a la derecha, se inclinaba a la izquierda, flotaba en una gabardina azul marino, y su pelo caía en mechones lánguidos y tristes. La criada la vigilaba constantemente y la guiaba. Se paraban a descansar en cada uno de los bancos del parque.

¡Funcionaba! Los sortilegios de Chérubine eran una maravilla. ¡Y pensar que había ignorado tanto tiempo esos poderes mágicos! ¡La cantidad de complots que hubiese podido urdir! ¡De cuántos enemigos hubiese podido desembarazarme! ¡Y qué fortuna hubiese amasado! Sentía vértigo. Si lo hubiese sabido, si lo hubiese sabido..., se dijo quitándose su gran sombrero. Se dio golpecitos con la mano en el pelo para borrar el pliegue que el peso de su horrible tocado había impreso en él y se dedicó, en el espejo, una sonrisa radiante. Acababa de descubrir una nueva dimensión: el poder absoluto. Desde ahora, las leyes que regían al común de los mortales dejarían de aplicarse a ella. Desde ahora, iría derecha al grano, con Chérubine en la manga para el trabajo sucio, y recuperaría el lustre de antaño. Mía la agenda Hermès, las pastillas de jabón Guerlain, los jerséis de cachemir de doce hilos, mi agua de colonia para la ropa a la lavanda, las tarjetas de visita Cassegrain, mis sesiones termales en el hotel Royal y la cuenta en el banco rebosante.

A punto estaba de ponerse a bailar bajo el artesonado del salón. Dudó, se recolocó el bajo de la falda, se lanzó y se puso a girar, y girar, invadida por una alegría frenética. El mundo le pertenecía. Iba a reinar como soberana despiadada. Y cuando tenga muchos millones, me compraré amigos. Estarán siempre de acuerdo conmigo, me llevarán al cine, pagarán mi entrada, pagarán el taxi, pagarán el restaurante. Bastará con que les tiente con algunos favores, una cláusula en un testamento, un plan de ahorro vivienda, y mi recibidor se llenará de amigos. Los valses de Strauss revoloteaban en su cabeza, y se puso a canturrear. Fue el sonido de su voz rota lo que rompió el sueño. Se detuvo en seco y se conjuró: no debo aturdirme con vanas ensoñaciones, debo permanecer tranquila, proseguir mi plan de batalla. Todavía no había activado la fase papá Grobz, pero se acercaba la hora en la que descolgaría el teléfono y susurraría: «Hola, Marcel, soy Henriette, ¿y si hablásemos tú y yo, sin abogados, ni intermediarios?». Él ya no estaría en situación de resistírsele, y ella obtendría lo que quisiera. Ya no necesitaría desvalijar al ciego al pie de su edificio.

Aunque...

De eso no estaba tan segura.

Expoliar cada día a ese pobre hombre sin que la pillasen, recolectar algunas monedas calientes con la palma de la mano, daba cierto picante a su vida. Era un placer que nunca habría sospechado. Pues, hay que confesarlo, con el paso de los años los placeres disminuían. ¿Qué pequeños goces quedaban? Los dulces, los cotilleos y la tele. No le gustaban ni el azúcar ni la caja tonta. Los cotilleos le gustaban, pero es una distracción que exige compañía y ella no tenía amigas. En cambio, la avidez es una actividad solitaria. Exige incluso estar solo, concentrado, adusto, intratable. Esa misma mañana, se había despertado murmurando: «¡Menos diez euros!». Había dado un salto en la cama. No sólo tendría que pasar el día sin gastar nada, sino que debería, además, conseguir algunas monedas por aquí y por allá para respetar el compromiso. ¿Cómo iba a hacerlo? No tenía la menor idea. El ingenio aparecería con el hurto. Empezaba a adquirir habilidad. El otro día, por ejemplo, se había dicho, al amanecer —era el momento en el que se lanzaba desafíos—: «¡Hoy, una botella de champán gratis!». Su cuerpo se había tensado inmediatamente, invadido por un placer doloroso. Había estudiado la situación y puso a punto un astuto plan.

Vestida modestamente, sin sombrero ni signo exterior de riqueza, la expresión humilde, y un viejo par de alpargatas planas en los pies, había entrado en una tienda Nicolas Feuillatte, había juntado las manos y preguntado, con ojos lagrimosos: «¿No tendrá usted una botellita de champán, barata, para dos viejecitos que festejan sus cincuenta años de matrimonio? Con nuestra pensión, vamos un poco justos, ¿sabe?...». Se había mantenido digna, con un falso aire de chiquilla pillada cometiendo un acto de mendicidad. El vendedor había sacudido la cabeza, incómodo.

—Es que no tenemos muestras, querida señora... Tenemos botellas de cuarto, a cinco euros, pero las vendemos...

Ella había bajado los ojos hasta la punta de las alpargatas, la cadera encastrada en el mostrador de madera, y había esperado a que cediera. Pero no cedía. Se había vuelto hacia un cliente que pedía una caja de reputadas añadas. Henriette, entonces, había adoptado su «aire», un aspecto sufrido y cansado. Gozaba interpretando ese papel. Lo enriquecía con nuevos suspiros, con nuevas expresiones. Inclinaba la cabeza, bajaba los hombros, gemía débilmente. Ese día, en Nicolas Feuillatte, el vendedor no cedía. Se disponía a marcharse, cuando una dama extremadamente bien vestida se le había acercado.

—Señora, perdóneme, pero no he podido evitar oír su conversación con el vendedor. Sería un honor y un placer para mí ofrecerle una botella de este maravilloso champán... para que lo beba con su marido.

Henriette se había deshecho en agradecimientos, lágrimas de gratitud surgían en el rabillo de sus ojos. Había aprendido a llorar sin arruinarse el maquillaje. Y se había ido, con la botella bien encajada debajo del brazo. No sabían lo que se perdían los que gastan sin contar. La vida se convertía en palpitante. Cada día traía su lote de azares, aventuras, miedos deliciosos. Cada día, triunfaba. Ni siquiera estaba ya segura de querer recuperar a Marcel. Su dinero sí, pero, una vez solo y arruinado, lo metería en un asilo de ancianos. No lo dejaría en casa.

No echaba de menos a sus hijas. A sus nietos, tampoco. La única que le faltaba, quizás, era Hortense. Se reconocía en esa chiquilla que caminaba hacia delante sin sentimientos. Era la única.

Se moría de ganas de llamar a Chérubine. No para felicitarla ni agradecerle, la muy tonta se podría creer que era un halago y engordaría de autocomplacencia, sino para asegurarse su fidelidad. Esa mujer podría convertirse en una preciosa aliada. Marcó su número y reconoció la voz lenta y cansina de Chérubine.

—Chérubine, soy la señora Grobz, Henriette Grobz. ¿Cómo está, querida Chérubine?

Henriette no esperó a que Chérubine respondiese y prosiguió:

—No adivinaría hasta qué punto estoy satisfecha. Acabo de cruzarme con mi rival en la calle, ya sabe, esa mujer inmunda que me robó a mi marido...

—¿Señora Grobz?

Henriette, sorprendida de no haber sido identificada inmediatamente, se presentó de nuevo y continuó:

—¡Se encuentra en un estado lamentable! ¡Lamentable! ¡Tanto, que he estado a punto de no reconocerla! En su opinión, ¿cuál es el próximo estadio de su decrepitud? ¿Va ella a poner fin a...?

—Me parece que ella me debe dinero...

—Pero, Chérubine, ¡ya le pagué mi deuda! —protestó Henriette.

Había llevado, ella misma, la suma reclamada. En billetes pequeños. Había sufrido un martirio en el metro, aplastada entre cuerpos sudorosos e informes, el bolso y el sombrero agarrados del brazo.

—Ella me debe dinero... Si quiere que continúe, deberá pagarme. Me parece que ella está contenta con mis oficios...

—Pero, en fin, yo creí que era..., que estábamos... Que yo la había...

—Seiscientos euros... Antes del sábado.

Un ruido seco sonó en el oído de Henriette.

Chérubine había colgado.

* * *

Por la mañana, cuando Zoé se iba a clase, Joséphine penetraba en el cubil de su hija y se sentaba sobre la cama. En una esquina, para no dejar marca. No le gustaba entrar así en los dominios de Zoé, como una intrusa. Nunca se le hubiese ocurrido abrir una carta, descifrar una nota escrita en un cuaderno, habría tenido la impresión de robarle. Simplemente quería acercarse un poco a su intimidad.

Estudiaba el desorden, se fijaba en una camiseta tirada, una falda manchada, calcetines desparejados, pero no los tocaba. Prohibido limpiar. Solo Iphigénie estaba autorizada a entrar en la habitación de Zoé.

Aspiraba el olor de su crema Nivea, el aroma a madera de su agua de colonia, la tibia transpiración que se escapaba de las sábanas, leía, en las paredes, las páginas de periódico que Zoé cortaba y colgaba. Titulares de sucesos: «Tras cometer un doble parricidio, hereda de sus víctimas», «El profesor se apuñala en medio de una clase», fotocopias de correos de lectores subrayados con rotulador fluorescente: «Me preocupa el futuro del mundo...», «Voy a repetir tercero», «Demasiado joven para darse un morreo».

Y, solemne, en una esquina de la habitación, erguido en sus pantalones cortos color beige, el pie apoyado sobre el animal abatido, Papatabla sonreía. Joséphine sintió ganas de tirarlo. Le apostrofaba: ¡un poco de coraje! ¡Sal de la sombra y ven a enfrentarte a mí, en vez de estropearme la vida de lejos! Es fácil inflamar la imaginación de una adolescente enviándole mensajes misteriosos. Y después se imaginaba un cadáver destrozado y sentía vergüenza.

Ya no tenía noticias suyas.

Mañana entraría la primavera. El primer día de primavera. Quizás ha encontrado alojamiento... Y se está instalando.

Reflexionaba, todavía sentada sobre la cama. Estaba triste, vacía, como cada vez que se sentía impotente. Impotente para derribar el muro construido por Zoé, que no dejaba ninguna grieta por la que pasar. Zoé volvía del colegio y se encerraba en su habitación, Zoé se levantaba de la mesa y se marchaba al trastero para escuchar la batería de Paul Merson. Zoé soltaba un: «Buenas noches, mamá» y volvía a su habitación. Había crecido de golpe, bajo su jersey brotaban unos pequeños senos, sus nalgas se redondeaban. Se ponía brillo en los labios, negro en las pestañas. Pronto cumpliría catorce años, pronto sería tan guapa como Hortense.

Joséphine se esforzaba en conservar la esperanza. Se puede perder todo, los dos brazos, las dos piernas, los dos ojos, las dos orejas, si se conserva la esperanza, una está salvada. Cada mañana se despertaba y se decía: hoy va a hablarme. La esperanza es más fuerte que todo. Impide a la gente matarse cuando llegan a la tierra y ven que les ha tocado un suburbio o un desierto. La esperanza les da fuerzas para pensar: caerá la lluvia, crecerá un bananero, me tocará la lotería, un hombre magnífico me dirá que me ama con locura. Es algo que no cuesta caro y que puede cambiar la vida. Se puede esperar hasta el final. Hay gente que, dos minutos antes de morir, sigue haciendo proyectos.

Cuando sentía que le abandonaba la esperanza, que había trabajado sin poder descifrar una sola palabra, apagaba su ordenador y se refugiaba en la portería de Iphigénie para ver al señor Sandoz. Los muebles de Ikea habían sido entregados, sólo había que esperar a que la pintura se secara y colocar el parqué. El señor Sandoz era pintor. Le había enviado la oficina de empleo de Nanterre. Joséphine le había explicado la obra, él había respondido: «No hay problema, puedo hacerlo todo: ¡pintura, electricidad, fontanería y carpintería!».

A veces ella le echaba una mano. Clara y Léo se unían a ellos al salir del colegio. El señor Sandoz les prestaba un pincel y sonreía tristemente, repitiendo: «El pasado, el presente, el futuro, el presente y el pasado, el futuro y el presente, el futuro y el pasado». Sacudía la cabeza como si las palabras le enviasen al fondo de una charca. Llegaba cada mañana a la portería vestido con traje y corbata, se enfundaba su mono de pintor y, a la hora de la comida, volvía a ponerse el traje, la corbata, se limpiaba las manos y se iba a un bar. Daba mucha importancia a su dignidad. Había estado a punto de perderla, unos años antes, la había encontrado in extremis y cuidaba escrupulosamente de no perderla. No explicaba cómo había estado a punto de perderla. Joséphine no hacía preguntas. Sentía el dolor, la infelicidad dispuestos a saltar. No quería remover el agua de la charca para satisfacer su curiosidad.

Tenía unos hermosos ojos azules, muy tristes, pero muy azules. Era preciso, trabajador y estaba sujeto a crisis de melancolía. Dejaba su pincel y esperaba, mudo, a que la melancolía se alejase. Parecía entonces un Buster Keaton perdido en la marea de novias. Tenían largas conversaciones que a menudo partían de un detalle.

—¿Qué edad tiene usted, señor Sandoz?

—La edad en la que nadie quiere ya nada de uno.

—Sea más preciso.

—Cincuenta y nueve años y medio... ¡Para tirar al vertedero!

—¿Por qué dice eso?

—Porque, hasta ahora, no había comprendido que se puede ser viejo y tener veinte años.

—¡Eso es formidable!

—¡No, nada de eso! Cuando conozco a una mujer que me gusta, tengo veinte años, silbo, me rocío con agua de colonia, me pongo un pañuelo alrededor del cuello y cuando quiero besarla, y me rechaza, ¡tengo sesenta años! Me miro en el espejo, veo las arrugas, los pelos dentro de la nariz, el pelo blanco, los dientes amarillentos, saco la lengua, está blanca, huelo mal..., veinte años y sesenta no encajan.

—Y se siente usted con el alma de un viejo...

—Me siento con el alma de un marginado. Tengo un hijo de veinticinco años y yo quiero tener veinticinco años. Me enamoro de sus novias, corro en pantalón corto, me atiborro de vitaminas, hago pesas. Doy pena. Pero no veo la solución porque, hoy en día, ser joven no es sólo un momento de la vida, es una condición para sobrevivir. ¡Y eso no era así antes!

—Se equivoca —afirmaba Joséphine—. En el siglo XII, a los viejos se les echaba a la calle.

Él dejaba de pintar, esperando una explicación. Joséphine se lanzaba:

—Conozco una fábula en verso que cuenta la historia de un hijo que echa a su padre: acaba de casarse y quiere vivir solo con su joven esposa. Se llama *La Housse partie* o, para entendernos, «la manta compartida». Es el hijo que habla al viejo padre que le suplica que no le eche a la calle:

> Irá usted a la ciudad
> Todavía hay diez mil
> Que encuentran su sustento
> Ya sería mala suerte
> Que no encuentre usted alimento
> ¡Cada cual que se busque su suerte!

»Ya ve, ¡tampoco era el paraíso ser viejo en aquella época! Vivían en bandas, rechazados por todos, obligados a mendigar o a robar.

—Pero ¿cómo sabe usted eso?

—Estudio la Edad Media. Me gusta encontrar similitudes entre el pasado y el presente. ¡Y hay muchas más de las que se piensa! La violencia de los jóvenes, su desesperación ante un futuro incierto, las noches de borrachera, las bandas que violan chicas, el piercing, los tatuajes, las fábulas tratan todos esos temas.

—Entonces, ha existido siempre la misma infelicidad...

—... y el mismo miedo. El miedo ante un mundo que cambia y que no se reconoce. El mundo nunca ha sufrido tantos cambios como durante la Edad Media. Caos y renovación. Siempre hay que pasar por ahí.

Él cogía un cigarrillo, lo encendía y se manchaba la nariz con pintura rosa. Sonreía, con la expresión de alguien al que pillan en falta.

—¿Y cómo se sabe que tenían miedo?

—Por los textos y la arqueología, los objetos que se encuentran en los yacimientos. Estaban obsesionados con su seguridad. Construían muros para protegerse del vecino, castillos y torres para desanimar a eventuales asaltantes. Se trataba de dar miedo a cualquier precio. Muchas fosas, fortificaciones y aspilleras no eran más que protecciones simbólicas y no se utilizaban nunca. Cerrojos, candados y llaves son objetos que se encuentran muy a menudo en las excavaciones. Todo estaba cerrado con cerrojo: cofres, puertas, ventanas y hasta la puerta del jardín. Era la mujer la que guardaba las llaves. Era la dueña de la casa.

—¡El poder estaba ya en manos de las mujeres!

—Se aterraban ante los cambios climáticos, las inundaciones, el recalentamiento del planeta. Salvo que no se hablaba del planeta...

—Se hablaba del pueblo en el valle del Ubaye o de la Durance...

—Exacto. En el año mil hubo grandes fluctuaciones de temperatura y un recalentamiento que hizo subir el nivel de los lagos alpinos ¡dos metros! Numerosos pueblos acabaron bajo el agua. Los habitantes huían; el cronista Raoul Glaber, monje de Cluny, escribió que llovió tanto durante tres años, que «no se pudo abrir el surco capaz de recibir la simiente. Siguió una hambruna; un hambre rabiosa que empujó a los hombres a devorar carne humana».

Ella hablaba y hablaba. Qué curioso, hablando con él elaboro mi tesis, expongo mis argumentos, los pongo a prueba, los desarrollo.

Se acostumbró a ir a la portería con un cuadernillo donde garabateaba la concatenación de ideas. Los pensamientos llegaban mientras manejaba el pincel, el rodillo, el rascador, la escofina, el cepillo, dejándose la piel de los dedos mientras pegaba un trozo de parqué. Mucho más que quedándose sentada delante de su ordenador. De tanto pensar sentada, acaba una por reblandecerse. El cerebro reposa sobre el cuerpo y el cuerpo da energía al cerebro al agitarse. Como cuando corría por la mañana. Quizás por esa misma razón da vueltas el desconocido del lago. ¿Busca acaso palabras para una novela, una canción o una tragedia moderna?

El señor Sandoz acababa siempre diciendo:

—Es usted una mujer extraña. Me pregunto lo que piensan de usted los hombres cuando la conocen.

Ella sentía ganas de preguntar: «¿Y usted?, ¿qué piensa de mí?», pero no se atrevía. Él hubiese podido pensar que esperaba un cumplido. O que deseaba que la llevase a comer durante su pausa, que la cogiese de la mano, que le hablase al oído y la besara. Ella sólo quería besar a un hombre. Un hombre al que tenía prohibido besar.

Volvían al trabajo. Lijaban, cardaban, enlucían, retiraban escombros, enyesados, estucos, enlucidos y barnices.

Iphigénie venía a interrumpirles a menudo:

—¿Sabe qué podríamos hacer, señora Cortès, cuando todo esté acabado? Podríamos invitar a los vecinos del edificio. Sería *simpático,** ¿no?

—Sí, Iphigénie, *muy simpático*...

Iphigénie esperaba sus muebles con impaciencia. Dormía entre los vapores de la pintura, las ventanas abiertas al patio. Vigilaba la evolución de la ducha, que el señor Sandoz estaba transformando en cuarto de baño. Había recuperado una vieja bañera y había conseguido encastrarla. Le pasaba catálogos para que eligiese los grifos. Ella dudaba entre un grifo con termostato de rodamiento hueco u otro con monomando.

—Va a sentirse celosa, la gente del edificio, ¡van a echarme un sermón! —se inquietaba.

—¿Porque ha convertido un cuchitril en un palacete? Al contrario, ¡deberían devolverle los gastos! —rugía el señor Sandoz.

—No soy yo la que lo paga, es ella —susurraba Iphigénie señalando a Joséphine, que arrancaba un zócalo deshecho por el uso.

—¡Le tocó a usted la lotería el día que se instaló aquí!

---

* En español en el original *(N. del T.)*.

—No se puede ser infeliz a todas horas, porque es agotador —decía Iphigénie que volvía a marcharse haciendo su ruido de trompeta.

Una mañana, Iphigénie llamó a la puerta de Joséphine para entregarle el correo. Había cartas, impresos y un pequeño paquete.

—¿Todavía no han llegado los muebles? —preguntó Joséphine echando un vistazo distraído al correo.

—No. Diga, señora Cortès, la semana próxima es la reunión de copropietarios, no lo habrá olvidado, ¿verdad?

Joséphine negó con la cabeza.

—Me contará lo que dicen, ¿eh? Sobre la fiesta... Sería bueno para todo el edificio. Hay gente que vive aquí desde hace diez años y no se habla. Podría invitar a su familia, si quiere.

—Le diré a mi hermana que venga. Así verá mi piso al mismo tiempo.

—Y para la fiesta ¿iremos a comprar todo al Intermarché?

—De acuerdo.

—Feliz lectura, señora Cortès, ¡creo que es un libro! —añadió Iphigénie señalando el paquete.

Venía de Londres. No reconocía la letra.

¿De Hortense? Se había mudado. Ya no soportaba a su compañera de piso. Llamaba de vez en cuando. Todo va bien. Estoy haciendo las prácticas en Vivienne Westwood, he trabajado tres días en el taller y ha sido de lo más guay. He seguido los inicios de la próxima colección, pero no me dejan hablar de ello. Estoy aprendiendo a curvar armazones, a montar corsés de gasa fina, sombreros gigantescos, fajas de encaje. Me sangran los dedos. Ya estoy pensando en las próximas prácticas. ¿Puedes preguntar a Lefloc-Pignel si tiene alguna idea o prefieres que lo llame yo?

Joséphine abrió el paquete con precaución. ¿El patrón de un vestido diseñado por Hortense? ¿Un librito sobre los estragos del azúcar en los colegios ingleses, prologado por Shirley? ¿Fotos de ardillas saltando tomadas por Gary?

Era un libro. *Los nueve solteros* de Sacha Guitry. Una edición rara, encuadernada en piel color cereza. Lo abrió por la guarda. Una caligrafía alta, escrita con tinta negra, destacaba en la hoja en blanco: «"Es posible lograr que la gente que os ama baje los ojos, pero no se puede obligar a bajar los ojos a la gente que os desea". Te quiero y te deseo. Philippe».

Estrechó el libro contra su pecho y recogió un rayo de felicidad. ¡La amaba! ¡La amaba!

Besó la portada. Cerró los ojos. Había hecho una promesa a las estrellas... Se haría carmelita y desaparecería tras las rejas en un silencio eterno.

* * *

La camarera llevaba zapatillas blancas de tenis, una minifalda negra, una camiseta blanca y un pequeño delantal anudado a la cintura. Revoloteaba por el café, su pelo rubio atado a la nuca, dibujando círculos en torno a las mesas, se deslizaba contorneando las caderas entre dos clientes y parecía tener dos pares de orejas para escuchar los pedidos que le llegaban desde las mesas, y cuatro brazos para llevar las bandejas sin volcarlas. Era la hora de la comida y todo el mundo tenía prisa. En el bolsillo trasero de su minifalda reposaba un cuaderno del que colgaba un boli Bic. Una larga sonrisa erraba en sus labios, como si sirviese a los clientes pensando en otra cosa. ¿En qué podría estar pensando que la hacía tan feliz?, se preguntó el señor Sandoz consultando el menú. Pediría el plato del día, salchichas con puré. No son muy frecuentes las personas que sonríen en silencio. Como si guardasen un secreto. ¿Acaso todos los individuos tienen un secreto que les hace felices o infelices? ¿Acaso me gustaría conocer el secreto de esa chica? Seguramente sí...

—¿Y usted, qué va a ser? —preguntó la chica bajando su mirada gris pálido hacia él.

—Un plato del día. Y agua del grifo.

—¿Sin vino?

Negó con la cabeza. Nada de vino. El alcohol le había enviado al fondo de la charca. Le había hecho perder su trabajo de ingeniero, a su mujer y a su hijo. Acababa de recuperar a su hijo. No volvería a beber una gota más de alcohol. Cada mañana se levantaba diciéndose aguantaré hasta la noche, y cada noche se acostaba repitiéndose un día más ganado. Hacía diez años que había dejado de beber, pero sabía que las ganas de alargar el brazo hacia un vaso estaban siempre presentes. Podía casi sentirlas como una mano mecánica.

—¡Valérie! —gritó una voz detrás de la barra—. ¡Dos cafés y la cuenta para la seis!

La chica rubia se había ido gritando ¡una salchicha, una!

Así que se llamaba Valérie. Valérie que sonríe, Valérie que tiene una palabra amable para todos, Valérie que no parece tener más de veinte años. Valérie que se inclina sobre dos hombres que terminan de comer. Si el uno tenía buen aspecto y parecía salido de una página del *Figaro Économie*, el otro parecía una libélula enloquecida. Se movía, se sobresaltaba, parpadeaba como un ciego. Sostenía los cubiertos entre sus dedos largos y afilados como hojas de cuchillo y doblaba un torso rígido y flaco sobre su plato. La piel parecía haberse posado sobre su cara como una película transparente, dejando ver las venas y las arterias y, cuando doblaba el codo, uno tenía miedo de que se rompiera.

Qué extraño personaje, pensó el señor Sandoz. Un auténtico coleóptero. Tiene aspecto sombrío, casi siniestro. Hablaba en voz baja al hombre elegante y guapo y parecía descontento. ¿Acaso tienen esos hombres, ellos también, un secreto? ¿Acaso comparten el mismo? Tenían un aspecto de connivencia y parecían comprenderse sin necesidad de hablarse.

—¡Ha olvidado usted mi café! —exclamó el hombre elegante a Valérie, que volvía con la salchicha con puré y un café colocado en el mismo brazo.

—¡Un minuto! ¡Ya voy! —respondió ella, dejando el plato delante del señor Sandoz y atrapando en el último segundo el café, que amenazaba con caerse.

El señor Sandoz sonrió, deslumbrado por su habilidad.

—¡Se le da a usted bien! —dijo.

—A eso se le llama tener experiencia —replicó la chica, volviendo la cabeza hacia el hombre que se impacientaba y reclamaba su café.

—En todo caso, yo, ¡estoy con la boca abierta!

—¡Ay! ¡Si pudiesen ser todos como usted! ¡Los hay que son auténticos tocapelotas! ¡Ya lo verá! —respondió descubriendo una fila de dientes blancos que reían.

—¿Está usted siempre tan alegre? —siguió el señor Sandoz sin dejar de mirarla.

Ella sonrió con una amabilidad casi maternal. Un mechón de pelo cayó sobre sus ojos claros y sacudió la cabeza para devolverlo a su lugar.

—Voy a contarle un secreto: ¡estoy enamorada!

—¡Pero bueno! ¡Señorita! ¡Esto es inadmisible! —gritó el hombre elegante agitando el brazo.

—¡Vale, vale! ¡Ya voy! —dijo la camarera incorporándose, el café en equilibrio sobre su mano—. Y cuando se está enamorada, se ve la vida de color de rosa, ¿verdad?

—Eso seguro —respondió el señor Sandoz—. Pero para eso hay que ser dos...

Iphigénie no parecía sensible a las miradas ardientes que le lanzaba. Cuando tenía ganas de hablarle de él, de ella, le respondía clavos y tornillos, cola para madera y pincel. Si sentía la tentación de poner un índice sobre la arruga de la frente de Iphigénie para alisarla, ella giraba sobre sí misma y se iba a guardar los cubos de basura o a limpiar los cristales. Hacía tímidos acercamientos que ella no notaba. Extendió la servilleta de papel sobre su camisa blanca, cortó un trozo de salchicha, se llevó el tenedor a la boca y siguió con la mirada a Valérie, que se acercaba a la mesa del hombre elegante y de la libélula, café en mano.

En ese mismo instante, una mujer empujó su silla y golpeó a la camarera que, desequilibrada, tropezó. El café se volcó, salpicando el impermeable blanco del hombre elegante que dio un salto en su silla.

—Lo siento —dijo Valérie, cogiendo el trapo que llevaba sobre su hombro—, no he visto levantarse a la señora y...

Intentaba borrar los restos de café sobre la manga del impermeable. Frotaba y frotaba con la cabeza agachada.

—¡Pero si me ha escaldado! —gritó el hombre incorporándose, furioso.

—¡Bueno, no exagere! Ya le he dicho que lo siento...

—¡Y encima me insulta!

—¡No le estoy insultando! Le he dicho que lo siento...

—¡Vaya forma de sentirlo!

—¡No va usted a montar un drama! ¡Ya le he dicho que no he visto a la señora!

—¡Y yo le digo que me ha insultado usted!

—¡Pero bueno! ¡Qué tío! ¡No merece la pena ponerse en ese estado! ¿Tiene usted otros problemas en la vida? Lleve al tinte el impermeable que no le costará un céntimo, ¡para eso están los seguros!

El hombre elegante balbuceaba de indignación. Intentaba que la libélula tomase partido por él, y la libélula miraba a Valérie, con lo que parecía un brillo de apetito en su rostro de pergamino. Debe de encontrarla guapa como mujer indignada. Ella se había enfurecido y sus mejillas pálidas habían enrojecido. Es cierto que está aún más guapa cuando se anima. Con veinte años ¿qué podía saber de la vida? Sabía defenderse, estaba claro, pero con la impetuosidad de la juventud. Y el hombre elegante parecía ofuscado.

Se había levantado, había cogido su impermeable bajo el brazo y se disponía a abandonar la cafetería, dejando a la libélula para que se ocupase de la cuenta.

—Pero... ¡es usted un cretino! ¡Ya le he dicho que estamos asegurados! —repitió Valérie al verle marchar—. ¡Ese tío es un idiota!

El señor Sandoz creyó entonces que el hombre elegante iba a pegarle. Esbozó el gesto pero se contuvo y salió escupiendo su cólera.

La libélula se había quedado en la mesa y esperaba a que la camarera le trajera la cuenta. Tendió la mano hacia ella cuando la posó sobre el mantel, y la acarició con sus largos dedos esqueléticos.

—¡Pero bueno, viejo Drácula perverso! ¡No vas a empezar tú también ahora! —exclamó ella fulminándolo con la mirada.

Él bajó la nariz, falsamente arrepentido, y se retiró como una corriente de aire.

—¡Vaya! ¡Todos iguales! ¡Siempre intentando propasarse! Ni siquiera te piden opinión...

El señor Sandoz la miró, divertido. Debían de ser numerosos los que intentaban «propasarse» con ella.

La observó un momento. Llevaba anillos plateados en todos los dedos y eso los convertía en un puño americano. ¿Para defenderse? ¿Para rechazar clientes atrevidos? Dos hombres acodados a la barra la seguían con los ojos y, cuando se dirigió hacia ellos, la felicitaron. El señor Sandoz probó el puré, estaba casi frío, y se apresuró a terminarlo antes de que lo estuviese del todo. Era puré químico, puré en copos instantáneo y sabía, por experiencia, que ese puré se convertía pronto en escayola.

Cuando levantó la mano a su vez para pedir un café y la cuenta, la sala estaba casi vacía y la camarera volvió procurando no volcar nada.

—¿Ocurren a menudo este tipo de incidentes? —preguntó buscando en su bolsillo algo de suelto.

—No sé qué le pasa a la gente de París ¡pero tiene los nervios a flor de piel!

—¿No es usted de aquí?

—¡No! —exclamó, volviendo a sonreír—. Yo soy de provincias y, en provincias, ¡le puedo decir que no nos indignamos así! Vamos más despacio.

—¿Y qué ha venido a hacer a la tierra de los indignados?

—Quiero ser actriz, trabajo para pagarme las clases de teatro... A esos dos los tengo ya fichados desde hace mucho tiempo, siempre con prisas, siempre desagradables ¡y ni un céntimo de propina! ¡Como si fuera su chacha!

La recorrió un escalofrío y su sonrisa feliz se desvaneció de nuevo.

—¡Vamos! No tiene importancia... —dijo el señor Sandoz.

—¡Tiene usted razón! —dijo ella—. Sigue siendo una hermosa ciudad, París, ¡si nos olvidamos de la gente!

El señor Sandoz se levantó. Había dejado un billete de cinco euros sobre la mesa.

Ella se lo agradeció con una gran sonrisa.

—Pues usted... ¡Me reconcilia con los hombres! Porque si quiere que le diga un secreto, a mí no me gustan los hombres...

* * *

—¿Y entonces? ¿Te ha respondido? —preguntó Dottie.

Esa noche iban a la ópera.

Antes de encontrarse con Dottie, había cenado con Alexandre. «Mamá ha llamado, quiere venir el viernes, me ha dicho que si puedes llamarla», había dicho su hijo con los ojos puestos en su filete bien hecho, separando las patatas fritas, que guardaba para más tarde. Se comía el filete por obligación, y las patatas por glotonería.

—Ah... —había contestado Philippe, pillado por sorpresa—. ¿Teníamos planes para este fin de semana?

—No, que yo sepa... —había respondido Alexandre masticando la carne.

—Porque si tú quieres verla, puede venir. No estamos enfadados, ya lo sabes.

—Simplemente no estáis de acuerdo sobre la forma de ver la vida...

—Eso es. Lo has entendido muy bien.

—¿Puede traerse a Zoé? Me gustaría ver a Zoé. La echo de menos...

Había pronunciado intensamente el «la» como si no retuviese la proposición de su madre.

—Lo pensaré —había dicho Philippe pensando que la vida se estaba volviendo muy complicada.

—En clase de francés nos han pedido que contemos una historia con un máximo de diez palabras... ¿Quieres saber cómo lo he hecho?

—Por supuesto...

—«Sus padres eran carteros, él acabó matado como un sello...».

—¡Genial!

—He sacado la mejor nota. ¿Sales esta noche?

—Voy a la ópera con una amiga. Dottie Doolittle.

—Ah... Cuando sea mayor ¿me llevarás?

—Te lo prometo.

Había besado a su hijo, había caminado hasta el apartamento de Dottie, esperando que durante el paseo se impusiera una solución. No tenía ganas de ver a Iris, pero tampoco quería impedirle que viese a su hijo, ni hablarle demasiado pronto de separación o de divorcio. En cuanto esté mejor, sacaré el tema, se había dicho antes de llamar a la puerta de Dottie Doolittle. Siempre lo dejaba para más tarde.

Estaba sentado en el borde de la bañera, con un vaso de whisky en la mano, y mirando cómo Dottie se maquillaba. Cada vez que levantaba el vaso, el codo golpeaba la cortina de plástico de la ducha, donde una exuberante Marilyn se dislocaba enviando besos. Ante él, vestida con medias y sujetador negros, Dottie se agitaba en un desorden coloreado de polvos, pinceles y coloretes. Cuando fallaba un trazo o una pincelada, juraba como un camionero y repetía:

—¿Y bien? ¿Te ha contestado o no?

—No.

—¿Nada de nada? ¿Ni siquiera una pestaña metida en un sobre?

—Nada...

—Pues yo, cuando esté enamorada de un chico, le enviaré una pestaña por correo. Es una prueba de amor, ¿sabes?, porque las pestañas no vuelven a crecer. Nacemos con un capital que no hay que dilapidar...

Se había echado el pelo hacia atrás, lo había aplastado con dos largas pinzas; parecía una adolescente maquillándose a escondidas. Sacó una cajita de barro negro, un pincelito de pelo duro, escupió y frotó el pincel sobre el barro negro. Philippe hizo una mueca. Ella, con los ojos fijos en el espejo, depositaba sobre sus pestañas un espeso escupitajo negro. Escupía, frotaba, apuntaba, colocaba y volvía a empezar. Una cadencia de cuatro tiempos que describían la costumbre, la habilidad, lo que arrastra la feminidad.

—Será por una frase como ésa que un día un chico se enamorará de ti —dijo él, para recordarle que, precisamente, él no era ese chico.

—Los chicos guapos enamorados de las palabras ya no existen. Crecen hablando con su game-boy.

Una gota de agua cayó de la alcachofa de la ducha sobre su cuello y se cambió de sitio.

—Tu ducha tiene goteras...

—No tiene goteras. He debido de cerrar mal el grifo.

La boca completamente abierta, la mirada al cielo, el codo en escuadra, se untaba las cejas cuidando mucho de que la pasta negra no se corriese. Dio un paso atrás, se examinó en el espejo, hizo una mueca y volvió al trabajo.

—No ha sucumbido al espíritu de Sacha Guitry —retomó Philippe, pensativo—. Y sin embargo la frase era bonita...

—Ya encontrarás otra cosa. Te ayudaré. ¡Nada mejor que una mujer para seducir a otra! ¡Vosotros habéis perdido la práctica!

Se mordisqueó los labios, apreció su reflejo en el espejo. Introdujo el índice en un kleenex para borrar la minúscula arruga que se llenaba de negro. Levantó un párpado con un gesto seco de cirujano para introducir en él un bastoncito de rímel gris, cerró el ojo, dejó caer el bastoncito y volvió a abrir un ojo de Nefertiti deslumbrada. Se volvió hacia él con un rápido movimiento de cadera que buscaba el cumplido.

—¡Muy bonito! —dijo él con una sonrisa rápida.

—Es interesante —respondió ella, repitiendo la operación en el otro ojo—, ¿no crees? ¡Nos vamos a poner los dos manos a la obra para seducir a una mujer!

Él la miraba fijamente, fascinado por el ballet de manos, bastoncitos y frascos de rímel, que manejaba como una experta sin derramar el polvo.

—Tú, Christian, y yo, Cyrano. En aquella época, un hombre contrataba a otro para hablar en su lugar.

—Es que los hombres ya no saben hablar a las mujeres... Yo, en todo caso, fracaso. Creo que nunca supe.

Una nueva gota cayó sobre su mano y decidió ir a sentarse sobre la tapa del retrete.

—¿Has terminado el *Cyrano*? —preguntó secándose el dorso de la mano con la primera toalla que encontró.

Él le había regalado una edición inglesa de *Cyrano de Bergerac*.

—Me ha encantado... *So french!**

Blandió su brocha de rímel, y la agitó recitando los versos en inglés:

Philosopher and scientist,
Poet, musician, duellist
He flew high, and fell back again!
A pretty wit — whose like we lack —
*A lover... not like other men...***

—¡Es tan hermoso que creí que me moría! Gracias a ti, palpito. Me duermo con la sonata de Scarlatti, leo obras de teatro. Antes palpitaba soñando que me regalaban abrigos de visón, coches, joyas..., hoy espero un libro, ¡una ópera! ¡No soy una amante muy cara!

La palabra «amante» sonó como un gallo soltado por una diva mientras cae al foso de la orquesta. La había pronunciado adrede, para ver si él reaccionaba, si dejaría pasar aquella palabrota, invisible, consolidando el lugar que ella ocupaba cada día en su vida; él lo escuchó como una primera vuelta de llave que lo encerraba. Ella esperó, suspendida ante la imagen tramposa del espejo, rezando para que dejase pasar la palabra, para poder repetirla más tarde, y para que más tarde aún pudiese clavarla mejor. Él se preguntó cómo tirarla por la borda sin herirla. No dejar que se incruste, despegarla suavemente, tirarla a la papelera rebosante de cajas de cartón y de algodones. Se instaló un silencio tembloroso de espera y reticencia. Él reflexionó, y se dijo que no había más que una forma de retirar esa palabra convertida en obstáculo.

---

* «¡Es tan francés!».

** *Philosophe, physicien, / Rimeur, bretteur, musicien, / Et voyageur aérien, / Grand riposteur du tac au tac, / Amant aussi —pas pour son bien!—* («Filósofo, físico, poeta, músico, espadachín, viaja por los cielos, gran polemista, amante, pero no por su bien».)

—¡Dottie! Tú no eres mi amante, eres mi amiga.

—Una amiga con la que uno se acuesta es una amante —aseguró ella, reforzada por su entrega de la noche anterior. Él no había hablado, sino que gritó su nombre como si descubriese un nuevo mundo. ¡Dottie! ¡Dottie! No era un grito de amigo, era un grito de amante que se somete al yugo del placer. Ella conocía ese grito, y podía sacar conclusiones de él. Esa noche, se dijo, en su cama, él se había rendido.

—¡Dottie!

—Sí... —murmuró ella, rectificando una ceja que se curvaba al revés.

—Dottie, ¿me escuchas?

—De acuerdo —suspiró Dottie, que no quería escuchar—. ¿Adónde me llevas esta noche?

—A ver *La Gioconda*.

—De...

—Ponchielli.

—¡Qué bien! Pronto estaré lista para Wagner. ¡Unas cuantas salidas más y escucharé la *Tetralogía* sin rechistar!

—Dottie...

Ella bajó los brazos, ante el espejo, y vio a la vencida, de frente, que hacía una mueca. Ya no tenía un aspecto tan jovial, y un rastro de rímel bajaba por su mejilla formando una pista negra.

Él la cogió de la mano y la atrajo hacia sí.

—¿Quieres que dejemos de vernos? Lo comprendería, ya sabes.

Ella se estiró y volvió la mirada. ¿Acaso le daría igual que no nos viésemos más? Soy superflua. Vamos, tío, vamos, mátame, hunde más el cuchillo en la herida, todavía respiro. Odio a los hombres, me odio por necesitarlos, odio los sentimientos, me gustaría ser una mujer biónica que dé patadas cuando quieran besarla y no deje que nadie se le acerque.

Se sorbió los mocos, la mirada esquiva, el cuerpo como una marioneta.

—No quiero hacerte infeliz —dijo él—. Pero tampoco quiero que creas que...

—¡Basta! —gritó ella tapándose las orejas con las manos—. ¡Sois todos iguales! Ya estoy harta de ser la amiguita. ¡Quiero que me quieran!

—Dottie...

—¡Estoy harta de estar sola! Quiero frases de Sacha Guitry, ¡yo me arrancaría las pestañas una por una y las enviaría envueltas en papel de seda! ¡No me haría la difícil!

—Lo comprendo muy bien... Lo siento.

—¡Déjalo, Philippe, déjalo o te voy a matar!

Dicen que un hombre se siente impotente ante las lágrimas de una mujer. Philippe veía llorar a Dottie, extrañado. Teníamos un contrato, pensaba como el cortés hombre de negocios que era, no hago más que recordarle los términos.

—Suénate —dijo cogiendo un kleenex.

—¡Eso! ¡Para arruinar mi maquillaje de Yves Saint Laurent que cuesta un ojo de la cara!

Él hizo una bola con el pañuelo y lo tiró.

Estallaba la anunciada tormenta, el rímel chorreaba sobre las mejillas marcadas de negro y beige. Él miró el reloj. Iban con retraso.

—¡Sois todos iguales! ¡Unos cobardes! ¡Unos cabrones cobardes! ¡Eso es lo que sois! ¡No os libráis ninguno!

Rugía como si se enfrentase a todos los hombres que habían abusado de ella, se habían echado encima de ella una noche y se habían despedido con un SMS.

¿Por qué, si tienes una idea tan pésima de los hombres, pareces extrañada?, pensó Philippe. ¿Por qué sigues teniendo esperanzas? Debería ser lo contrario: yo que les conozco bien, sé que no se debe esperar nada de ellos. Los uso y los tiro. Ya que no alcanzan el espesor de un kleenex.

Permanecieron silenciosos, cada uno emboscado en sus preguntas, su soledad, su cólera. Quiero una piel contra la que frotarme, pero una piel que me hable y que me ame, rumiaba Dottie. Me gustaría que Joséphine saltara a un tren y viniese conmigo, que me concediese una noche. Philippe, *please! Love me!*, imploraba Dottie. ¡Mierda! ¡Joséphine, una noche, una sola noche!, ordenaba Philippe.

Los fantasmas a los que se dirigían no respondían y se encontraron frente a frente, incómodos, cada uno, por un amor que no se podían intercambiar.

Philippe no sabía qué hacer con sus brazos. Los pegó a lo largo de su cuerpo, cogió su abrigo, su bufanda y salió. Iría a ver *La Gioconda* sin chica colgada del brazo.

Dottie lanzó una última queja antes de tirarse en la cama, en medio de sus pequeños cojines WON'T YOU BE MY SWEETHEART? I'M SO LONELY que ella lanzó por toda la habitación como una violenta borrasca. Ya no sería nunca más la querida de un hombre. Había terminado con ellos. Sería como Marilyn: «I'M THROUGH WITH LOVE...».

—¡Vete! ¡Mejor para mí! —gritó una última vez volviéndose hacia la puerta.

Se levantó titubeando, introdujo el DVD de *Con faldas y a lo loco* en el lector y se enrolló entre las mantas. Al menos, esa historia acababa bien. En el último minuto, cuando todo parecía perdido, cuando Marilyn, envuelta en una fina muselina, lloraba su canción sobre el escenario, Tony Curtis se lanzaba sobre ella, la besaba y se la llevaba.

¿En el último minuto?

Un brillo de esperanza la iluminó.

Se precipitó hacia la ventana, levantó la persiana, escrutó la calle.

Y se insultó.

* * *

«La vida es bella. La vida es bella», canturreaba Zoé al salir de la panadería. Tenía ganas de bailar en la calle, de decir a los peatones: ¡Eh! ¿Sabéis qué? ¡Estoy enamorada! ¡De verdad! ¿Que cómo lo sé? Porque me río sola y tengo la impresión de que mi corazón va a explotar cuando nos besamos.

¿Cuándo nos besamos?

Justo después de salir de clase, vamos a un bar, nos sentamos en el fondo de la sala, allí donde estamos seguros de que nadie nos va a ver, y nos besamos. Al principio, no sabía cómo se hacía, era la primera vez, pero él tampoco lo sabía. Era su primera vez, también. Yo abría mucho la boca y él decía, no estás en el dentista. Así que lo hicimos como en las películas.

¡Eh! ¿Sabéis qué? Se llama Gaétan. Es el nombre más bonito del mundo. Primero, tiene dos «aes», y a mí me gustan las «aes», después hay una «G». Me gustan las ges. Y, por encima de todo, cuando hacen «Ga...».

¿Cómo es él?

Más alto que yo, rubio, ojos no muy grandes y muy serios. Le gustan el sol y los gatos. Odia las tortugas. No está muy cachas, pero cuando me estrecha entre sus brazos, es como si tuviese tres millones de músculos. Tiene un olor, no a perfume, huele bien, me encanta. Prefiere caminar a coger el metro y su chica se llama ZOÉ CORTÈS.

No sabía que me produciría este efecto, ¡tengo ganas de gritar al mundo entero en la calle! De hecho no, tengo ganas de susurrárselo a todo el mundo como un secreto que no puedo impedirme contar. Me estoy liando. Bueno, tiene algo de secreto. Un secreto superimportante que no debería contar, pero que tengo muchísimas ganas de gritar. De todas formas, aparentemente, se desvela él solito, mi secreto. Lo cuento sin hablar. En mi cabeza empieza a haber un cacao de cuidado. Y además siento una cosa rara, porque tengo la impresión de brillar. Es como si fuese más grande, más alta y además, de golpe, me he vuelto guapa. ¡Ya no tengo miedo de nadie! Hasta las chicas del *Elle* me dan igual.

Al salir del colegio, esta tarde, hemos decidido ir al cine. Él ha encontrado una excusa para sus padres. Yo no la necesito. A mi madre ya no le hablo en este momento. Me ha decepcionado demasiado. Cuando estoy frente a ella, veo a la que besa a Philippe en la boca, y no me gusta. No me gusta nada.

Pero, al final, no importa porque... Soy feliz, feliz.

Ya no soy la misma. Y sin embargo, soy la misma. Parece como si tuviese un gran globo en la garganta, como si tragara mucho aire. Parece como si el corazón se echase a volar, latiendo como una cacerola, justo antes de verlo, de tanto miedo que tengo a no ser lo bastante guapa, a que ya no me quiera y tal. Tengo miedo todo el tiempo. Voy a las citas de puntillas, por miedo a que cambie de opinión.

Cuando nos besamos, tengo ganas de reír y siento una sonrisa en sus labios. No cierro los ojos, sólo para ver sus párpados cerrados.

Cuando paseamos por la calle, me coge por los hombros y nos apretamos tan fuerte, que nuestros amigos se quejan porque no vamos lo bastante deprisa.

Sí porque ahora, gracias a él, ¡tengo muchos amigos!

Ayer yo llevaba un jersey sobre los hombros, él me estrechó en sus brazos y me di cuenta de que el jersey se había caído cuando era demasiado tarde... Era un jersey de Hortense, ¡se va a poner furiosa! Me da igual.

Ayer, él dijo: «Zoé Cortès es mi chica», con mirada muy seria, y después me estrechó con fuerza, y creí morir y subir al cielo.

Cuando nos besamos caminando, perdemos el equilibrio continuamente, podríamos componer una canción sobre eso. Él se burla de mí porque me pongo roja. Dice: «Eres la única chica que se sonroja y camina al mismo tiempo».

Ayer sentí ganas de besarle, así, de golpe, en medio de una frase, como si me hubiese picado una abeja. Él se rio cuando le besé, y después, como yo ponía mala cara, me dijo excusándose «es porque estoy contento» y sentí aún más ganas de besarle.

Siempre tengo ganas de que me estreche en sus brazos. No tengo ganas de hacer el amor con él, sólo de estar con él. De hecho, no hemos hecho el amor. No hablamos de eso. Nos abrazamos muy fuerte. Y volamos.

A mí me basta con estar entre sus brazos. Podría quedarme así horas. Cerramos los ojos y despegamos. Nos decimos: «Mañana nos vamos a Roma, el domingo a Nápoles». Tiene debilidad por Italia. Se burla de mí porque le digo que mi último amor era Marius, de *Los miserables*. Él prefiere a las actrices, a las rubias. Dice que yo soy casi rubia. Tengo reflejos en el pelo y, bajo cierta luz, se diría que soy rubia. Lo mejor, qué tontería, es cuando nos separamos. Tengo la impresión de que hay algo que va a salir de mi pecho y de mi vientre, de lo feliz que me siento. Algo va a explotar y sacar mis entrañas a la vista de todos.

En este momento, tengo una sonrisa que se pega ella sola a mis labios, y escucho una música guay en mi cabeza. Y al mismo tiempo tengo como una impresión de algo irreal, como si todo no fuese verdad. He formulado un deseo, el deseo de que me quiera todavía mañana por la mañana y pasado mañana, porque siempre tengo miedo de que esto se acabe.

No le he dicho nada a mi madre. Y me fastidia cuando lo pienso. Me pregunto si a ella, también, le explotan las entrañas cuando piensa en Philippe. Me pregunto si el amor es igual a todas las edades...

* * *

Joséphine abrió la puerta de la sala donde tenía lugar la reunión de copropietarios, en el mismo momento en el que se votaba para designar quién presidiría la sesión. Llegaba tarde. Shirley había llamado cuando iba a salir. Después, había esperado al autobús maldiciendo, ¡con todo el dinero que he ganado podría coger un taxi! El dinero hay que aprender a gastarlo. Se aprende a ganar y se aprende a gastar. Siempre sentía mala conciencia cuando lo dilapidaba en pequeñas comodidades, dulces y golosinas de la vida. Seguía concibiendo los gastos para cosas «importantes»: el piso, el coche, los estudios de Hortense, las tasas, los impuestos. Para lo fútil, sentía repugnancia en gastar. Miraba tres veces el precio de un abrigo y rechazaba los perfumes a noventa y nueve euros.

Parecía un aula de examen. Unas cuarenta personas estaban sentadas delante de papeles colocados sobre la mesita de sus asientos. Fue a sentarse al fondo de la sala, al lado de un hombre de rostro redondo, pelo mal peinado y echado sobre su silla como si fuera una tumbona. Sólo le faltaba la crema solar y la sombrilla. Tamborileaba al compás con las piernas cruzadas, mirándose la punta de los zapatos. Se había debido de perder un acorde, porque se interrumpió y murmuró: «¡Mierda!, ¡mierda!», antes de proseguir el tamborileo.

—Buenas tardes —dijo Joséphine dejándose caer sobre la silla vecina—. Soy la señora Cortès, del quinto...

—Y yo, el señor Merson, el padre de Paul... y marido de la señora Merson —respondió él, y todas sus arrugas se elevaron en forma de una alegre sonrisa.

—Encantada —dijo Joséphine, ruborizándose.

Tenía una mirada penetrante que intentaba ver a través de la ropa. Como si quisiese leer la marca de su sujetador.

—¿Hay un señor Cortès? —preguntó haciendo inclinar el peso de su cuerpo hacia ella.

Joséphine, turbada, hizo como si no lo hubiese oído.

Pinarelli hijo levantó la mano a fin de proponerse para presidir la sesión.

—¡Anda! ¡Ha venido sin su mamá! ¡Qué audacia! —soltó el señor Merson.

Una señora de unos cincuenta años de rostro severo, sentada delante de él, se volvió y le fulminó con la mirada. Delgada, casi esquelética, el pelo como un casco negro, las cejas de carbón unidas en una maleza espesa, se parecía a uno de esos espantapájaros que plantan en el campo para asustar a las aves.

—¡Un poco de decencia, se lo ruego! —graznó.

—Bromeaba, señora de Bassonnière, bromeaba... —respondió él con una amplia sonrisa.

Ella se encogió de hombros y se giró, haciendo un ruido de hoja de cuchillo rasgando el aire. El señor Merson hizo una mueca infantil.

—Tienen muy poco sentido del humor, ¡se va a dar usted cuenta enseguida!

—¿Me he perdido algo importante?

—¡Me temo que no! Las puñaladas empezarán más tarde. Por el momento, estamos en los entremeses. Las lanzas están guardadas todavía... ¿Es su primera vez?

—Sí. Me mudé en septiembre.

—Entonces, bienvenida a *La matanza de Texas*... No le va a decepcionar. ¡Va a correr la sangre!

La mirada de Joséphine peinó la sala. En primera fila reconoció a Hervé Lefloc-Pignel, sentado al lado del señor Van den Brock.

Los dos hombres intercambiaban impresos. Un poco más lejos, en la misma fila, el señor Pinarelli. Se habían cuidado de dejar tres sillas vacías entre ellos.

El administrador, un hombre con traje gris, mirada perdida y sonrisa suave y conciliadora, decretó que el señor Pinarelli presidiría la sesión. Faltaba elegir un secretario y dos vocales. Se alzaron manos, ávidas de ser elegidas.

—¡Es su momento de gloria! —susurró el señor Merson—. Va usted a comprender la embriaguez del poder.

El orden del día se componía de veintiséis artículos y Joséphine se preguntó cuánto tiempo duraría la asamblea general. Cada punto tratado estaba sometido a votación. El primer tema de discordia fue el abeto de Navidad que Iphigénie había colocado en el vestíbulo del edificio durante las fiestas.

—Ochenta y cinco euros un abeto —chilló el señor Pinarelli—. Esos gastos deberían ser sufragados por la portera, teniendo en cuenta que ese abeto se instala, evidentemente, para forzar los aguinaldos. Y sin embargo, no me parece que nos corresponda, en calidad de copropietarios, ni un céntimo de ese dinero recolectado. Así pues, propongo que, de ahora en adelante, sea ella la que pague el abeto y las decoraciones de Navidad. Y que reembolse los gastos ocasionados este año.

—Estoy de acuerdo con el señor Pinarelli. —La señorita de Bassonnière se pavoneó elevando su pecho hueco—. Y expreso reservas respecto a esa portera que se nos ha impuesto una vez más.

—Pero bueno —exclamó Hervé Lefloc-Pignel—, ¡no son más que ochenta y cinco euros a repartir entre cuarenta!

—¡Resulta fácil mostrarse generoso con el dinero de otros! —silbó la señorita de Bassonnière con voz aguda.

—¡Ja! ¡Ja! —comentó en un aparte el señor Merson—, ¡la primera estocada! Esta noche están en forma. Normalmente tardan más en calentarse.

—¿Qué insinúa usted con esa frase? —preguntó Hervé Lefloc-Pignel enfrentándose a su adversaria.

—¡Digo que se gasta más fácilmente el dinero cuando no hay que ganarlo con el sudor de su frente!

Joséphine pensó que Lefloc-Pignel iba a desmayarse. Tuvo un sobresalto y se puso lívido.

—¡Señora! ¡La insto a que retire sus insinuaciones! —exclamó, ahogado en el cuello de su camisa.

—¡Pero bueno, señor Yerno! —rio la señorita de Bassonnière, bajando el rostro para saborear su éxito.

Joséphine se inclinó hacia el señor Merson y preguntó:

—Pero ¿de qué están hablando?

—Ella le reprocha ser el yerno de su suegro, que es el dueño del banco donde ostenta el cargo de director general. Un banco privado de negocios. Pero es la primera vez que es tan explícita. Debe de ser en honor a usted. Es una especie de iniciación... y una advertencia para evitar roces con ella, si no irá a remover en su pasado. Tiene un tío en el Archivo General y posee fichas de todos los habitantes del edificio.

—¡No continuaré esta reunión si la señorita de Bassonnière no se disculpa públicamente! —rugió Lefloc-Pignel dirigiéndose al administrador, cuya mirada incómoda flotaba sobre la asamblea.

—Ni hablar —gruñó la enemiga, erguida y estremeciéndose.

—Es la rutina. Se pinchan, miden las distancias —comentó el señor Merson—. ¿Sabe que tiene usted unas piernas preciosas?

Joséphine enrojeció y cubrió sus rodillas con el impermeable.

—Señora, caballero, les pido que entren en razón —intervino el administrador, secándose la frente, estremecido por esa primera justa verbal.

—¡Espero sus disculpas! —insistió Hervé Lefloc-Pignel.

—¡No se las daré!

—Señorita, no me retiraré porque el decimoctavo punto requiere mi presencia, pero sepa que si no fuese usted una mujer ¡iríamos a discutir a la calle!

—¡Oh! ¡No me da miedo! ¡Cuando se sabe de dónde viene ese señor! Un paleto... Ay, ¡inconvenientes de la copropiedad!

Hervé Lefloc-Pignel temblaba. Las venas de su frente se hinchaban, a punto de estallar. Se balanceaba sobre sus largas piernas, dispuesto a masacrar a la grosera que, encantada, proseguía, vomitando su bilis:

—Su mujer divaga por los pasillos y su hija se pasea moviendo las caderas. ¡Bravo!

Lefloc-Pignel dio un paso hacia la mujer. Joséphine creyó por un instante que iba a pegarle, pero el señor Van den Brock intervino. Se levantó, le dijo algo al oído y Lefloc-Pignel terminó sentándose, no sin haber lanzado una mirada asesina a la víbora. De esa escena brotaba una violencia extraña. Como si fuera la repetición de una obra en la que todos los actores saben el final, pero en la que cada uno quiere interpretar su papel sin falta.

—Oh, pero... ¡qué violencia! —exclamó Joséphine, horrorizada. Nunca hubiese creído que...

—Siempre es así —suspiró el señor Merson—. Lefloc-Pignel obliga a la copropiedad a gastos que revientan a la tacaña Bassonnière. Espera así mantener su rango y que el edificio brille. Ella suelta la pasta con la artrosis del usurero. Además, sería posible que ella pudiese conocer cosas sobre su origen que a él le gustaría mejor callar. ¡Ja, ja! Ya lo ha notado usted: cuando estoy rodeado de esta clase de personas, ¡hablo en condicional! En otras circunstancias, hablo como un camionero...

La miró apreciativamente con una gran sonrisa dándose golpecitos en el pecho.

—¡Eso no impide que tenga usted unos tobillos y unas muñecas muy finos! Finísimos, muy bonitos, una invitación a la caricia...

—¡Señor Merson!

—Me gustan las mujeres bonitas. Creo incluso que me gustan todas las mujeres. Las venero. Particularmente cuando se entregan. Entonces... ¡La belleza femenina consigue una perfección casi mística! Es, a mis ojos, una prueba de que Dios existe. Una mujer gozando siempre es hermosa.

Silbó de excitación, cruzó y volvió a separar las piernas y lanzó una mirada carnívora sobre Joséphine, que no pudo impedirse ahogar una risita.

Él hizo una pausa y prosiguió:

—¿Cómo cree usted que será, cuando goza, la Bassonnière? ¿Entregada cerrada o entregada abierta y blanda? ¡Apostaría a que entregada cerrada con dos candados! ¡Y seca como una pasa! Ni carnal ni voluptuosa. ¡Lástima!

Y como Joséphine no respondía, se puso a contarle los días de gloria de la familia Bassonnière, susurrando escondido tras la palma de su mano, lo que daba una impresión de intimidad que no pasaba desapercibida.

La señorita de Bassonnière procedía de una familia noble y arruinada que, originalmente, poseía todo el edificio, además de dos o tres más en el barrio. No tenía más que nueve años cuando sorprendió, con la oreja pegada a la puerta del despacho de su padre, los sombríos gemidos de un hombre abocado a la ruina. Anunciaba a su mujer el lamentable estado de sus finanzas y cómo habría que resignarse a vender, uno por uno, sus bienes inmobiliarios. «¡Podremos estar contentos si conseguimos conservar uno, de buena calidad, en la parte noble!», había dicho, hundido ante la idea de verse despojado de ese patrimonio, que le permitía mantener caballos de polo, amantes y apostar al póquer los miércoles por la tarde. La familia vivía entonces en el cuarto piso del inmueble A, en la vivienda ocupada por los Lefloc-Pignel.

Ése fue el primer golpe que recibió Sybille de Bassonnière. Las deudas de su padre fueron creciendo; tenía dieciocho años cuando tuvieron que dejar el edificio A para refugiarse en el sombrío piso de dos dormitorios en el patio del inmueble B, donde antes se alojaba su vieja sirvienta, Mélanie Biffoit, y su esposo, el chofer del señor de Bassonnière. Antaño había escuchado lanzar puyas a la pobre Mélanie, que se contentaba con tan poco. «Así son los pobres», decía su madre, «les das un mendrugo de pan, y te besan la mano. ¡Colmarles no es hacerles ningún bien! Sacia a un pobre, y se convierte en un rabioso».

Sin dinero, la señorita de Bassonnière había elegido convertir su miseria en sacerdocio. Se jactaba de no haber cedido nunca al canto de las sirenas del dinero, de la gloria o del poder, olvidando simplemente que no tenía medios para satisfacer ninguna de esas tres tentaciones. Se había convertido, pues, en una amarga solterona. Como reprochaba a su padre el haberlos arruinado, reprochó a todos los hombres el ser criaturas débiles, cobardes y manirrotas.

Se había jubilado tras una larga carrera de mecanógrafa en el Ministerio de Marina. En cada reunión de copropietarios escupía su veneno. Era su única válvula de escape. El resto del año ahorraba para pagar los alocados gastos impuestos por los A.

Tras haber provocado a Lefloc-Pignel, pasó al señor Merson reprochándole algo sobre una moto mal aparcada, hizo una alusión a su sexualidad desenfrenada, con lo que consiguió que ronroneara de satisfacción, y, viendo que sus propósitos, más que ofenderle, le divertían, se volvió contra el señor Van den Brock y el piano de su mujer.

—¡Y me gustaría que cesara ese estrépito que sale a todas horas de su casa!

—No es estrépito, señora, ¡es Mozart! —replicó el señor Van den Brock.

—¡No veo la diferencia, cuando es su mujer la que toca! —silbó la víbora.

—¡Cámbiese el sonotone! ¡Está saturado!

—¡Vuélvase a su país! ¡Aquí sí que estamos saturados!

—Pero si yo soy francés, señora, y orgulloso de serlo...

—¿Van den Brock? ¿Eso es francés?

—Sí, señora.

—¡Un mestizo rubio y ambicioso, que siembra de bastardos el vientre de sus pacientes violadas!

—¡Señora! —gritó el señor Van den Brock, que se había quedado sin aliento por la enormidad de la acusación.

El administrador, agotado, había tirado la toalla. Dibujaba círculos y cuadrados con el bolígrafo sobre la primera página del orden del día, y su codo parecía que ya no podría sostener mucho más tiempo el peso de su cabeza. Quedaban todavía trece puntos que tratar y eran las siete de la tarde. En cada reunión asistía a las mismas escenas y se preguntaba cómo esa gente conseguía cohabitar el resto del año.

Todos hicieron su aportación sobre el racismo, la intolerancia y lo exagerado del comentario, pero la señorita de Bassonnière no dio su brazo a torcer, apoyada en sus lanzamientos de bilis por el señor Pinarelli, que puntuaba todas sus intervenciones con un «¡muy bien dicho!» que la animaba si, por ventura, sentía la tentación de calmarse.

—Los Bassonnière y los Pinarelli viven en el edificio desde siempre y es como si hubiesen invadido sus dominios. ¡Somos sus inmigrantes! —explicó el señor Merson.

—Esa mujer es peligrosa —comentó Joséphine—. ¡Transpira odio!

—Ya le han partido la cara dos veces. La primera un árabe al que había llamado parásito social en correos, la otra un polaco al que había acusado de ser nazi. Le había tomado por un alemán. En lugar de calmarse, esas agresiones refuerzan su amargura; se considera una víctima, y clama injusticia y complot mundial. Cambiamos de conserje cada dos años por culpa de ella. Las martiriza, las acosa y el administrador cede. Pero Pinarelli tampoco está mal. ¿Sabía usted que no soporta a Iphigénie, a la que acusa de tener hijos en pecado? «¡Hijos en pecado!». ¡Eso es una expresión del siglo pasado!

—¡Pero si tiene marido! El problema es que está en la cárcel... —se rio Joséphine.

—¿Y usted cómo lo sabe?

—Me lo dijo ella...

—¿Se lleva usted bien con ella?

—Sí. La quiero mucho. Y sé que quiere organizar una fiestecita en la portería cuando terminen las obras... ¡Va a ser difícil! —suspiró Joséphine considerando a la asamblea.

El señor Merson se echó a reír, lo que sonó como un trueno en la sala. Todo el mundo se volvió hacia él.

—Han sido los nervios —se disculpó con una gran sonrisa—. Pero, al menos, servirá para calmarnos. Señorita de Bassonnière, no es usted digna de pertenecer a nuestra comunidad.

Al escuchar la palabra «comunidad», Bassonnière estuvo a punto de atragantarse balbuceando que, de todas formas, era demasiado tarde, que Francia agonizaba, el mal estaba hecho, el vicio y el extranjero reinaban en el país.

Se oyó un murmullo reprobador en la sala y el administrador, aprovechando la relativa calma, retomó el orden del día. A cada propuesta, los B votaban no, los A, sí y en la atmósfera aumentaba la tensión. ¿Renovación de puertas de las partes comunes situadas en el patio? Sí. ¿Obras de renovación de los cerramientos de zinc? Sí. ¿Obras de saneamiento del local de la basura y creación de recipientes apropiados? Sí.

Joséphine decidió desconectar y volar hacia un océano azul, con palmeras y una playa de arena blanca. Se imaginó pequeñas olas lamiéndole los tobillos, el sol a su espalda, la arena pegada a su vientre, y se relajó. Escuchó, cada vez más lejanos, trozos de frases, de términos bárbaros, «constitución de provisiones especiales», «modalidades de consulta», «cobertura y carpintería» que turbaban su paraíso, pero prosiguió con su ensoñación. Había contado a Shirley la frase escrita por Philippe en la guarda del libro.

—Y bien, ¿para cuando consumas, Jo?

—¡Qué tonta eres!

—Métete en el Eurostar y ven a verle. Nadie lo sabrá. Te presto mi piso, si quieres. Ni siquiera tendréis necesidad de salir.

—Te lo repito, Shirley, ¡es imposible! No puedo.

—¿Por culpa de tu hermana?

—Por culpa de una cosa llamada conciencia. ¿La conoces?

—¿Es eso del miedo al castigo divino?

—Si quieres...

—¡Oh! *By the way*, tengo algo muy bueno que contarte...

—¿No demasiado crudo? Ya sabes que sigue incomodándome.

—Sí, precisamente... Escucha. El otro día, en un cóctel, conozco a un hombre muy majo, muy guapo, encantador. Nos miramos, me gusta, le gusto, nos interrogamos, nos decimos sí, nos escapamos, vamos a cenar, todavía nos gustamos, nos devoramos con los ojos, nos probamos, nos sopesamos y acabamos en la cama... En su casa. Siempre voy a casa del adversario para poder largarme cuando quiera. Es más práctico.

—Shirley... —gimió Joséphine, que veía venir la confidencia abrupta.

—Así que nos tumbamos, nos enlazamos y, mientras empiezo a hacerle un montón de cositas que no te detallaré visto tu penoso nivel de voluptuosidad, el hombre empieza a gemir y murmura: *«Oh! My God! Oh! My God!»** golpeando la cabeza contra la almohada. Entonces, indignada, me interrumpo, me apoyo sobre el codo y rectifico: *«It's not God! It's Shirley!»*.**

Joséphine había suspirado, desmoralizada:

—Me temo que soy bastante torpe en la cama...

—¿Es por eso que evitas la noche de amor con Philippe?

—¡No! ¡Nada de eso!

—Claro que sí, claro que sí...

—Es cierto que, a veces, me digo que ha debido de conocer mujeres más desvergonzadas que yo...

—¡De ahí tanta virtud! Siempre he pensado que las personas eran virtuosas por pereza o por miedo. Gracias, Jo, acabas de confirmármelo...

Joséphine había tenido que explicarle que tenía que colgar, iba a llegar tarde a la reunión.

—¿Estará el vecino guapo de ojos ardientes? —había preguntado Shirley.

—Sí, seguramente...

—Y volveréis cogidos de la mano y charlando...

—¡Eres una auténtica obsesa!

Shirley no lo negó. Estamos muy poco tiempo en este mundo, Jo, hay que aprovecharlo. Yo, se decía Joséphine escuchando las últimas palabras de la reunión y viendo levantarse a los primeros asistentes, necesito mirarme en el espejo, por la noche, y decirle, mirando fijamente a la chica del reflejo: «Hoy ha estado bien, estoy orgullosa de ti».

—¿Se va a quedar a dormir aquí? —preguntó el señor Merson—. Porque los demás nos vamos...

—¡Perdóneme! Estaba distraída...

—Me he dado cuenta, ¡no ha dicho ni una palabra!

—¡Ay! —dijo Joséphine, incómoda.

—No importa. ¡No eran los presupuestos del Faraón!

---

* «¡Oh, Dios mío! ¡Oh, Dios mío!».

** «¡No soy Dios! ¡Soy Shirley!».

Sonó su móvil, respondió y Joséphine le escuchó decir: «Dime, guapa...».

Ella se giró y fue hasta la salida.

* * *

Hervé Lefloc-Pignel la alcanzó y le propuso acompañarla.

—¿Le importa si volvemos andando? Me gusta París, por la noche. Yo paseo a menudo. Es mi forma particular de hacer ejercicio.

Joséphine pensó en el hombre que hacía flexiones, colgado de la rama de un árbol, la noche de la agresión. Ella sintió un escalofrío y se separó de él.

—¿Tiene usted frío? —preguntó, con un tono lleno de amabilidad.

Ella sonrió y no dijo nada. El recuerdo de la agresión volvía a menudo a través de pequeños recuerdos dolorosos. Pensaba en ello sin pensarlo. Mientras no le detuvieran, el hombre de las suelas lisas permanecería emboscado en su mente como un peligro.

Enfilaron el bulevar Émile-Augier, atravesaron la antigua vía férrea y se dirigieron hacia el parque de la Muette. Hacía un tiempo primaveral, fresco, cortante y Joséphine se subió el cuello del impermeable.

—Y bien —preguntó él—, ¿qué le ha parecido su primera reunión?

—¡Horrible! No pensaba que pudiese ser tan violenta...

—La señorita de Bassonnière se pasa a menudo de la raya —concedió él con tono moderado.

—Es usted demasiado amable, ¡insulta francamente a la gente!

—Debería aprender a controlarme. Cada vez muerdo el anzuelo. Y sin embargo ¡la conozco! Pero caigo en la trampa...

Parecía furioso contra sí mismo y sacudía la cabeza como un caballo estrangulado por su arnés.

—El señor Van den Brock también ha quedado bien servido —dijo Joséphine—. ¡Y el señor Merson! ¡Esas alusiones a su sexualidad!

—Nadie se le escapa. ¡Ha golpeado fuerte esta vez! Seguramente para impresionarla a usted.

—¡Eso es lo que me ha dicho el señor Merson! Me ha explicado que tiene a todo el mundo fichado...

—He visto que estaba usted sentada a su lado, parecían divertirse mucho.

Había pronunciado esas palabras con un tonillo reprobador.

—Le encuentro divertido y más bien simpático —dijo Joséphine para justificarse.

Empezaba a hacerse tarde y el cielo se cubría de sombras malva y oscuras. Los castaños, ávidos de los primeros calores de primavera, tendían sus ramas de tierno verde como llamadas a la dulzura. Joséphine los imaginaba como gigantes con botas desperezándose tras el invierno. De las ventanas de las casas se escapaban ruidos de conversación y la animación tras los cristales entreabiertos contrastaba con las calles desiertas donde resonaba el eco de sus pasos.

Un gran perro negro atravesó y se detuvo bajo una farola. Les observó un instante, preguntándose si debía acercarse o evitarlos. Joséphine posó una mano sobre el brazo de Hervé Lefloc-Pignel.

—¿Ha visto usted cómo nos mira?

—¡Qué feo es! —exclamó Lefloc-Pignel.

Era un gran dogo negro, de pelo corto, alto de cruz, de mirada amarilla, torva. Su oreja izquierda, rota, colgaba, y la otra, mal cortada, estaba reducida a un muñón. Mostraba, sobre su flanco derecho, un largo corte que dejaba ver la piel, rosa y llena de ampollas. Emitió un gruñido sordo como para avisarles de que no se moviesen.

—¿Cree usted que le han abandonado? —dijo Joséphine—. No lleva collar.

Lo miraba con ternura. Le parecía que se dirigía a ella, que su mirada la aislaba de Hervé Lefloc-Pignel, como si lamentara que fuese acompañada.

—El dogo negro de Brocéliande. Era el sobrenombre de Du Guesclin. Era tan feo que su padre no quería verle. Se vengó convirtiéndose en el más belicoso de su generación. A los quince años ganaba torneos y combatía enmascarado, para esconder su fealdad...

Tendió la mano hacia el perro que reculó sus ancas para después darse la vuelta y huir trotando hacia el parque de la Muette. Su alta silueta negra se fundió con la noche.

—Quizás tenga un dueño que le espere bajo los árboles —dijo Hervé Lefloc-Pignel—. Un vagabundo. A menudo están acompañados por perros grandes, ¿se ha dado usted cuenta?

—Deberían dejarlo sobre el felpudo de la señorita de Bassonnière —sugirió Joséphine—. ¡Le sentaría bastante mal!

—¡Iría a entregarlo a la policía!

—¡Eso seguro! No es suficientemente chic para ella.

Él esbozó una sonrisa triste, después prosiguió como si no hubiese dejado de pensar en los comentarios de la Bassonnière:

—¿No le molesta caminar en compañía de un paleto?

Joséphine sonrió.

—¿Sabe?, yo tampoco procedo de familia noble... ¡Hemos nacido en cunas parecidas!

—Es usted muy amable...

—Y además, ¡no es una tara no haber salido del muslo de Júpiter!

Él bajó la voz y adoptó un tono confidencial.

—Ella tiene razón, ¿sabe?: soy un chaval de pueblo. Abandonado por sus padres y recogido por un impresor en una aldea de Normandía. Ella tiene a todo el mundo fichado gracias a su tío. Pronto lo sabrá todo de usted, ¡si no lo sabe ya!

—Me da completamente igual. No tengo nada que esconder.

—Todos tenemos algún pequeño secreto. Piénselo bien...

—¡Ya lo he pensado!

Después recordó a Philippe y se sonrojó en la oscuridad.

—Si su secreto es haber crecido en un pueblecito perdido en el campo, haber sido abandonado y recogido por un hombre generoso, ¡eso no es ninguna vergüenza! Podría ser incluso el principio de una novela al estilo de Dickens... Me gusta Dickens. Ya no se le lee mucho.

—A usted le gusta contar historias, escribirlas...

—Sí. En este momento, tengo la inspiración seca, ¡pero cualquier insignificancia podría ponerme en marcha! Veo principios de historias por todas partes. Es una manía.

—Me han dicho que ha escrito usted un libro que ha tenido mucho éxito...

—Fue una idea de mi hermana, Iris. Es todo lo contrario que yo: guapa, vivaz, elegante, ¡cómoda en todas partes!

—¿Se sentía usted celosa cuando eran pequeñas?

—No. La adoraba.

—¡Ah! ¡Lo ha dicho usted en pasado!

—Todavía la quiero, pero ya no la venero como antes. A veces incluso hasta me rebelo.

Sonrió modestamente y añadió:

—¡Hago progresos a diario!

—¿Por qué? ¿Ella la tiranizaba?

—A ella no le gustaría que dijera esto, pero sí... Imponía sus leyes. Ahora estoy mejor, intento liberarme. Aunque no siempre lo consigo... ¡Es muy difícil planchar una vieja arruga!

Soltó una risita para ocultar su incomodidad. Ese hombre la intimidaba. Tenía buena presencia, buen porte, era alto, y tenía una deferencia que la conmovía. Se sentía halagada de caminar a su lado y se reprochaba, al mismo tiempo, su necesidad de destacar. Tenía la molesta costumbre de precipitarse contando confidencias, con el fin de acaparar la atención de los que le impresionaban. Como si ella no se considerase lo suficientemente interesante para permanecer en silencio, como si necesitase «venderse», entregar un kilo de carne fresca para deslumbrar al otro. Empezó a balbucear. Era más fuerte que ella.

—Cuando vamos a casa de mi hermana, tiene una casa en Deauville, cogemos la autopista y observo los pueblos a lo lejos, en el campo. Veo pequeñas granjas rodeadas por bosquecillos, techos de paja, caseríos y escucho historias de Flaubert y de Maupassant...

—Yo vengo de uno de esos pueblecitos... ¡y mi vida podría contarse en una novela!

—¡Cuéntemela!

—No es muy interesante, ¿sabe usted?...

—¡Sí! Me encantan las historias.

Caminaban al mismo paso. Ni demasiado lento ni demasiado rápido. Ella sintió ganas de cogerle del brazo, pero se retuvo. No era un hombre que se soltase con facilidad.

—En aquella época, mi pueblo estaba vivo, animado. Tenía una calle mayor con tiendas a los dos lados. Un bazar, una tienda de ultramarinos, una peluquería, una oficina de correos, una panadería, dos carniceros, una floristería, un café. Nunca he vuelto allí, pero no debe de quedar gran cosa del mundo que conocí. Aquello fue hace...

Rebuscó en sus recuerdos.

—Hace más de cuarenta años..., yo era un niño.

—¿Qué edad tenía usted cuando le...?

Ella dudó en decir «abandonaron» y no terminó su frase.

—Yo debía de tener... No lo recuerdo, ¿sabe?... Recuerdo ciertas cosas, muy precisas, pero no la edad que tenía.

—¿Permaneció mucho tiempo en su casa?

—Crecí con él. Su pequeña empresa se llamaba Imprenta Moderna. Las letras estaban pintadas de verde sobre una tabla de madera blanca. Se llamaba Graphin. Benoît Graphin... Decía que tenía un apellido predestinado. Graphin, grafía, gráfico. Trabajaba día y noche. No estaba casado, no tenía hijos. Lo aprendí todo de él. El sentido del trabajo bien hecho, la puntualidad, la dedicación a la obra...

Parecía haber viajado a otro mundo. Incluso sus palabras eran desusadas. Palabras que se escamaban sobre la tabla pintada de blanco. Se frotaba el interior del dedo medio como para borrar unos imaginarios restos de tinta.

—Crecí en medio de las máquinas. En aquella época, la imprenta era artesanal. Él componía los textos a mano. Con caracteres de plomo que alineaba en un compositor. Los más frecuentes eran los Didot y los Bodoni. Después, imprimía una prueba y corregía los errores. Ponía los caracteres en un chasis y los imprimía. Tenía una máquina OFMI que tiraba dos mil ejemplares a la hora. Vigilaba la tinta y durante todo ese tiempo, todo el tiempo que trabajaba, me explicaba lo que hacía. Me recitaba los términos técnicos como se recita a un niño la tabla de multiplicar. Yo debía de conocer doscientas clases de tipos de letra, así como todas las medidas tipográficas, el punto y el cícero. Lo recuerdo todo. Todos los términos técnicos, sus gestos, los olores, las resmas de papel que guillotinaba, que mojaba, que dejaba secar... Tenía una enorme máquina al fondo del taller, una Marinoni que hacía un ruido infernal. Se quedaba allí, vigilándola, y me cogía de la mano... Son recuerdos maravillosos. ¡Los recuerdos de un paleto!

Había pronunciado esas últimas palabras con un tono malvado.

—Es una mala mujer —dijo Joséphine—. ¡No hay que tener en cuenta lo que dice!

—Lo sé, pero es mi pasado. No debe tocarse. Está prohibido. También tenía una amiga. Se llamaba Sophie. Bailaba con ella, un dos tres, un dos tres... Ella inclinaba su cabecita hacia mí, un dos tres, un dos tres, y me sentía alto, protector, importante. Fueron momentos de gran felicidad. Yo quería a ese hombre. Con diez años, al pasar a secundaria, me llevó interno a Rouen. Decía que debía estudiar en buenas condiciones. Volvía a verle los fines de semana y durante las vacaciones. Yo crecía. Me aburría en el taller. Era joven. Lo que me enseñaba ya no me interesaba. Me hacía el listo con mis nuevos conocimientos, y él me miraba acariciándose el mentón con aspecto a la vez melancólico y dolorido. Creo que le despreciaba por haber seguido siendo un artesano. ¡Qué idiota era! Creí conseguir el poder afirmándome en mi saber. Quería impresionarle...

—Debería usted escuchar cómo me hablan mis hijas cuando intentan enseñarme a navegar por Internet: ¡como a una estúpida!

—Cuando los hijos saben más que los padres, se plantea un problema de autoridad.

—¡Oh! A mí, me da igual, me trae sin cuidado que piensen que soy una retrasada mental.

—No debe. Debe ser respetada, como madre y como educadora. ¿Sabe?, en el futuro, los problemas de autoridad serán fundamentales. La carencia del padre en la sociedad actual plantea un enorme problema para la educación de los niños. Yo quiero restaurar la imagen del *pater familias*.

—De un padre también puede aprenderse la dulzura, la ternura... —sugirió Joséphine, que levantó la mirada al cielo.

—Ése es el papel de la madre —rectificó Hervé Lefloc-Pignel.

—En mi casa ¡sucedía al revés! —dijo Joséphine sonriendo.

Él le lanzó una mirada brusca, que borró inmediatamente. Había en él algo de arisco, de secreto. Tenía la impresión de que dudaba en dejarse llevar, pero que, cuando lo hacía, era capaz de grandes confidencias.

—A Iphigénie, la portera, le gustaría dar una fiestecita en su portería cuando terminen las obras... Con toda la gente del edificio.

Entraron en la plaza ajardinada y Joséphine se estremeció de nuevo. Se acercó a él como si el asesino pudiese surgir a su espalda.

—No es buena idea. Nadie se habla en el edificio.

—Pero vendrá mi hermana Iris...

Había dicho eso para convencerle de que viniese. Iris seguía siendo su alegría, su llave mágica. La que abría todas las puertas. Recordaba, de pequeña, que cuando deseaba invitar a amigos a su casa y se mostraban reticentes, añadía, avergonzada por no suscitar adhesiones: «Estará mi hermana». Y venían. Y ella se sentía aún más desgraciada.

—Me pasaré entonces. Para complacerla a usted.

No pudo evitar pensar que él se sentiría atraído por Iris. Y que Iris se sorprendería de que ella conociese a un hombre tan seductor. ¡Deja de compararte con ella, pobre mujer, déjalo! O serás infeliz toda la eternidad. Siempre se pierde en la comparación.

Se separaron en el ascensor con un pequeño saludo con la cabeza. Él había vuelto a tomar distancias y ella se preguntó si aquél era el hombre que acababa de abrir su corazón.

Zoé no estaba en su habitación: había debido de marcharse al trastero de Paul Merson. Ya no le pedía permiso.

—Ya basta —declaró a las estrellas, los codos apoyados en la barandilla del balcón—. ¡Ayudadme! Haced que vuelva a hablarme. Este silencio es insoportable.

Permaneció largo tiempo mirando a la noche sombría y malva. El cuello empezaba a dolerle a fuerza de estirarlo hacia el cielo.

Esperaba a que las estrellas le respondieran y tuviera que quedarse allí pudriéndose, no importaba, ¡se pudriría!

Esperó, firme, la cabeza recta. Había prometido reparación si había herido a Zoé, había prometido entenderla, prometió cuestionarse, no huir cobardemente, si había un problema que afrontar. Hizo el vacío dentro de sí y permaneció erguida hacia el cielo. Los grandes árboles del parque ondeaban suavemente como si acompañasen su espera. Se deslizó por las ramas para hacer su petición y para que subiese hasta el cielo y fuera atendida.

Pronto percibió el brillo de la estrellita al final de la Osa Mayor. Le envió uno, dos y tres rayos como si le transmitiese un mensaje en Morse. Lanzó un grito.

Volvió a cerrar la ventana y, llena de una felicidad que cantaba a voz en grito, fue a acostarse, impaciente de que llegase el día siguiente. O el siguiente. O el siguiente... Ya no tenía prisa.

* * *

Sibylle de Bassonnière abrió la tapa del cubo de la basura e hizo una mueca. Un olor rancio de pescado graso ascendió de los detritus. Decidió bajarla sin esperar. Había comido salmón esa noche, y la basura apestaba. Se acabó, no lo tomaré nunca más. Primero cuesta caro, después se chamusca y se pega, y al final apesta. Apesta en la sartén, apesta en la basura, apesta hasta en mis dobles cortinas. Durante varios días sigue oliendo a la grasa quemada del salmón. Cada vez me dejo engañar por ese pescadero, por su discursito sobre el omega 3, el colesterol bueno y el malo. Desde ahora compraré fletán. Es más barato y no apesta. Mamá hacía siempre fletán los viernes.

Se puso la bata comprada por correspondencia en Damart, se calzó las zapatillas, se puso un par de guantes de goma y cogió la basura. Sacaba la basura cada noche, a las diez y media, era un rito, pero esa noche se había dicho que esperaría al día siguiente.

No esperaría. Un rito era un rito, y convenía respetarlo para conservar la estima por uno mismo.

Hizo una pequeña mueca de mujer glotona y se dijo que, a fin de cuentas, no se arrepentía del salmón. Era su lujo semanal. ¡Se lo merecía! Les había apretado bien las tuercas esa tarde. Había ensartado la brocheta al completo: Lefloc-Pignel, Van den Brock y Merson. Tres impudentes que vivían en sus propiedades. El primero había conseguido borrar sus orígenes gracias a su matrimonio, el segundo era un peligroso impostor y el tercero un desvergonzado y orgulloso de serlo. Sabía de ellos cosas que nadie más conocía. Gracias a su tío, el hermano de su madre. Había trabajado en la policía. En el Ministerio del Interior. Tenía fichas de todo el mundo. Cuando era pequeña, cogía un periódico, se sentaba sobre sus rodillas, señalaba un suceso con el dedo y decía cuéntame cómo han detenido a éste. Él le susurraba al oído no se lo dirás a nadie, ¿eh?, es un secreto. Ella asentía con la cabeza y él le contaba los seguimientos, las emboscadas, los soplones, las largas horas de espera antes de que el hombre cayera en las redes de la policía. Vivo o muerto. Había traiciones, imprudencias, advertencias, tiroteos y siempre, siempre, drama y sangre. Era mucho más interesante que los libros de la biblioteca verde o rosa que su madre le obligaba a leer.

Ella le había cogido el gusto a los secretos.

Él le había cogido el gusto a las fichas e incluso después de retirarse conservaba todavía sus *dossiers*. Puestos al día. Porque él hacía favores. Porque era mudo como una tumba, flexible en sus alianzas, tolerante ante los excesos de autoridad de unos o las debilidades de otros.

De esa forma se había enterado del origen de Lefloc-Pignel, de su largo ir y venir durante su infancia de niño adoptado y rechazado por todos, de los hogares de acogida a cual más sórdido, de su matrimonio inesperado con la joven Mangeain-Dupuy y de su ascenso a la alta sociedad. Ella sabía por qué Van den Brock había dejado Amberes y había venido a ejercer a Francia, «¿error médico?, más bien crimen perfecto», se divertía ella murmurándoselo a la salida de sus reuniones anuales en las que se enfrentaba a sus tres víctimas. ¿Y el libidinoso Merson? ¿Acaso no iba a ligar a los clubes de orgías? ¿No abandonaba su cuerpo a uniones infames? Tendría mal efecto que se supiese... Su tío tenía fotos. Merson parecía reírse de ello, pero reiría menos si acabasen sobre la mesa de su jefe, el muy austero señor Lampalle, de Construcciones Lampalle, «las casas para la felicidad y la familia». Adiós suculento salario y expectativas de ascenso. Sólo dependía de ella que ese prometedor futuro se desvaneciera.

Los tenía cogidos. Una vez al año, les lanzaba advertencias. Era su gran momento. Se preparaba con semanas de antelación. Esta vez, Van den Brock había estado a punto de desmayarse. Ella tenía el informe completo de su «error» médico. Se rio para sus adentros y se imaginó la apertura de un nuevo juicio. Con todas sus amantes, presentes y pasadas. ¡Menudo montón de trapos sucios! Todo aquello la hacía muy poderosa. No bastaba para que le devolviesen el edificio y su hermoso piso de la fachada, pero eran deliciosas inyecciones de recuerdos del tiempo en el que ella era alguien, en el que los inquilinos le sonreían, le preguntaban cómo estaba. Hoy le cerraban la puerta en las narices. Era una vieja solterona inútil.

Entró en el ascensor, manteniendo a distancia la bolsa de basura que apestaba a salmón. Pulsó el botón del bajo. La nueva, con su mirada de cervatillo perdido, le había devuelto las fuerzas. Su *dossier* estaba vacío. ¿El libro escrito para su hermana? Un secreto desvelado. Pero su marido, en cambio... Aquel hombre no era trigo limpio. La santurrona no lo sabía todo. O prefería ignorarlo. No había renunciado a enterarse de algo sobre ella. Era la divisa de su tío: toda persona tiene su secreto, su pequeña maldad que, bien explotada, hará de él un servidor o un aliado.

Atravesó el patio y se dirigió al cuarto de la basura.

Abrió la puerta. Un olor a moho húmedo y a desechos podridos se agarró a su garganta. Se llevó la mano a la boca y se tapó la nariz. ¡Qué pocilga! ¡Y la conserje sin hacer nada! ¡Está demasiado ocupada pintando su portería! Pero aquello iba a cambiar, hablaría con el administrador. Ella sabía cómo hablarle.

Se congratuló de haberse puesto guantes de goma y levantó la pesada tapa del primer contenedor de basura, echándose atrás para no recibir en la nariz los gases nauseabundos. ¡Qué asco! En tiempos de mis padres no se habría soportado tanta mugre. Mañana mando una carta al administrador y reclamo el despido de esa chica. Él, ahora, ya conoce el procedimiento de memoria, no necesito insistir, ni siquiera tendré que mencionar el nombre de su amante encarcelado. ¡Cuando pienso que ha contratado a esa chica sin preocuparse por sus relaciones! ¡El padre de sus hijos, un criminal! ¡Qué negligencia! Le pondré el *dossier* delante de sus narices.

No oyó que la puerta del cuarto se abría tras ella.

Inclinada sobre el gran contenedor gris, echando pestes de Iphigénie, la bata Damart abierta sobre su camisón rosa, sintió cómo la arrastraban violentamente hacia atrás. Recibió un primer golpe, y otro, y otro. No tuvo tiempo de gritar, de pedir ayuda; cayó hacia delante, sobre la basura. Su largo cuerpo de virgen seca se desplomó sobre la tapa, y después se golpeó contra otro contenedor antes de derrumbarse en el suelo. Giró sobre sí misma, se dejó caer como un trapo inerte. Pensó que todavía no había dicho su última palabra, que todavía había mucha gente cuyos vergonzosos secretos conocía, mucha gente que la podría detestar, y que ella adoraba que la detestaran, porque no se detesta a los débiles, verdad, sólo se odia a los poderosos.

Tumbada en el suelo, percibió los zapatos del hombre que se ensañaba con ella, buenos zapatos de hombre rico, zapatos ingleses, de punta redonda, zapatos nuevos, de suelas lisas que lanzaban brillos blancos en la noche. Se había agachado y la apuñalaba rítmicamente, ella podía contar los golpes, era una especie de danza, los contaba mientras se abatían sobre ella, se mezclaban en su mente junto a la sangre de su boca, la sangre en sus dedos, en sus brazos, por todos lados. ¿Una venganza? Podría ser que hubiese acertado: ¿encerrados en secretos demasiado pesados para ellos?

Se derramaba lentamente sobre el suelo, los ojos cerrados, diciéndose, sí, sí, lo sabía, todos tienen algo que esconder, incluso ese hombre tan guapo que posa en slip en los carteles publicitarios. Un hombre guapo y moreno, con un romántico mechón. ¡Cómo le gustaba! Fuerte y frágil, próximo y distante, magnífico y ausente. Con una debilidad que lo ponía a su merced. Su tío le había contado la debilidad. Él conocía todos los medios para dominar a la gente. Todo el mundo tiene un precio, decía, todo el mundo tiene un punto débil. Por supuesto, era más joven que ella, por supuesto que ni siquiera la miraba, pero eso no le impedía dormirse soñando que se convertía en su servidor, que ella se convertía en su confidente, que él la escuchaba y que, poco a poco, se estrechaban los lazos entre ellos, la solterona y el modelo. Su tío poseía fichas sobre él: varios arrestos por embriaguez o consumo de estupefacientes. Insultos a la autoridad, disturbios en la vía pública. Tiene cara de ángel, pero se comporta como un delincuente, tu amigo. ¡Ay, si sólo pudiese ser mi amigo!, se había dicho ella, con la confidencia en la punta de sus labios.

Se había enterado de su nombre, de su dirección, de la agencia, galería Vivienne, para la que trabajaba. Pero sobre todo, se había enterado de su secreto. Del secreto de su vida, de su doble vida. Quizás no debería haberle mandado aquella carta anónima. Había sido imprudente. Había salido de su universo. Su tío le decía siempre que eligiese el blanco con inteligencia, que se cuidase del peligro.

Saber cuidarse. Lo había olvidado.

Se abandonó al dolor, y después a una dulce inconsciencia, un charco de sangre caliente, pegajosa. Le hubiese gustado volverse para verle la cara al agresor, pero no tuvo fuerzas. Movió un dedo de la mano izquierda, sintió la sangre viscosa, espesa, su propia sangre. Se preguntó ¿puede ser que me haya localizado tras haber recibido la carta? ¿Qué error he podido cometer para que me encuentre? Se había preocupado de no dejar rastro, de enviarla desde el otro lado de París, había comprado periódicos que nunca leo para recortar las palabras. Nunca más posaría mis labios sobre sus fotos. Debería haber confesado ese fervor a mi tío. Me hubiese puesto en guardia: «Sibylle, conserva la calma, ése es tu problema, no sabes dominarte. Las amenazas se destilan poco a poco. Cuanto más moderada permanezcas, más fuerte será el impacto. Si te dejas llevar, ya no darás miedo a nadie, revelarás tu debilidad». Era otro de sus lemas. Debería haber escuchado a su tío. Hablaba como la Biblia.

Entonces, se extrañó, ¿se puede continuar pensando después de morir? El cerebro todavía funciona mientras el cuerpo se vacía, el corazón empieza a pararse, el aliento se agota...

Sintió cómo el agresor la empujaba con el pie, hacía rodar su cuerpo inerte, la arrastraba hasta el gran contenedor, el del fondo, que sólo se sacaba una vez a la semana. La empujaba y la comprimía contra el fondo del cuarto para esconderla, la cubría con un trozo de moqueta sucia para que no la descubriesen enseguida. Ella se preguntó quién habría dejado allí esa moqueta, por qué estaba tirada. ¡Otra negligencia de esa portera! La gente ya no trabaja como debería, quieren primas y vacaciones, pero ya no quieren mancharse las manos. Se preguntó cuánto tardarían en encontrarla. ¿Podrían determinar la hora exacta de su muerte? Su tío le había explicado cómo se hacía. La mancha negra sobre el vientre. Tendría una mancha negra sobre el vientre. Golpeó una lata que rodó hasta su brazo, respiró una bolsa de cacahuetes vacía, se extrañó otra vez de seguir consciente incluso si toda su fuerza se vaciaba junto a su sangre. Ya no tenía el valor de resistir.

Extrañada, extrañada y tan débil.

Oyó cómo se cerraba la puerta del cuarto de la basura. Produjo un chirrido de hierro oxidado en el silencio de la noche. Ella contó aún tres latidos de corazón antes de lanzar un pequeño suspiro y morir.

CUARTA
PARTE

Iris sacó su polvera Shisheido de su bolso Birkin. Se acercaba a Saint Pancras, quería ser la más guapa que bajase al andén.

Se había recogido la melena negra, se había puesto sombra de ojos violeta sobre los párpados, una capa de rímel sobre las pestañas, ¡ay!, ¡sus ojos! Nunca se cansaba de contemplarlos, es increíble cómo pueden cambiar de color, se vuelven de color tinta cuando estoy triste, se iluminan con un brillo dorado cuando estoy contenta, ¿quién sabría describir mis ojos? Se levantó el cuello de su blusa Jean-Paul Gaultier, se felicitó por haber elegido ese pantalón sastre de color violeta claro que realzaba su silueta. La finalidad de su viaje era sencilla: reconquistar a Philippe, volver a ocupar su sitio en la familia.

Sintió un impulso de ternura hacia Alexandre, al que no había visto desde hacía seis semanas. Había estado muy ocupada en París. Bérengère había sido la primera en llamar.

—Estabas resplandeciente antes de ayer en el Costes. No quise molestarte, estabas comiendo con tu hermana...

Habían charlado como si no hubiese pasado nada. El tiempo lo borra todo, pensó Iris retocándose con la polvera. El tiempo y la indiferencia. Bérengère había «olvidado» porque Bérengère nunca había prestado atención. Había recibido la espuma de los cotilleos parisinos, se la había tragado, la espuma se había volatilizado, y ya no se acordaba de nada. Mortal ligereza, ¡qué bien me sirves!, pensó Iris. Percibió una arruga sobre la mejilla izquierda, se acercó al espejo, se exasperó y prometió pedir a Bérengère la dirección de su dermatólogo.

El hombre sentado frente a ella no dejaba de mirarla. Debía de tener unos cuarenta y cinco años, un rostro resuelto, amplios hombros. Philippe volvería. ¡O seduciría a otro! Había que ser realista, estaba usando sus últimos cartuchos, y un general debe permanecer lúcido ante la batalla final. Utiliza todos sus medios para ganarla, pero también prepara una solución para la retirada.

Guardó su polvera y metió la barriga. Había contratado a un *coach*, el señor Kowalski, que la manipulaba como si fuera plastilina. La enrollaba, la desenrollaba, la doblaba, la estiraba, la encogía, la hacía saltar, la aplastaba. Desgranaba el número de abdominales sin parpadear, sin ningún tipo de piedad, y cuando ella le suplicaba que moderase sus exigencias, él contaba uno, dos, tres, cuatro, debe usted saber lo que quiere, señora Dupin, a su edad debería usted hacer el doble. Le odiaba, pero era eficaz. Venía a su casa tres veces a la semana. Llegaba silbando, con un bastón del que se servía para los ejercicios de hombros. El pelo cortado a cepillo, ojitos marrones hundidos, una naricita minúscula como un botón y un torso de marinero. Siempre llevaba el mismo chándal azul cielo con rayas naranja y violeta, y una pequeña bolsa de deporte en bandolera. Entrenaba a mujeres de negocios, abogadas, actrices, periodistas, ociosas. Desgranaba sus nombres y sus hazañas mientras sudaba. Le había conocido en casa de Bérengère, quién había renunciado al cabo de seis sesiones.

Se dejó caer contra el asiento. Había hecho bien en anunciar su llegada a Alexandre antes de hablar con Philippe. No había podido negarse a recibirla. Todo iba a decidirse en ese viaje. Un escalofrío recorrió su espinazo.

¿Y si fracasaba?

Su mirada se posó en los barrios tristes de Londres, las casitas encastradas una en la otra, los escasos jardines, la ropa puesta a secar, las sillas de jardín rotas, las paredes llenas de grafitis. Recordó los barrios del extrarradio de París.

¿Y si fracasaba?

Hizo girar sus sortijas entre sus dedos, acarició su bolso Hermès, su larga estola de cachemir.

¿Y si fracasaba?

No quería pensar en ello.

Inclinó la cabeza cuando el hombre frente a ella se ofreció a bajar su bolso de viaje. Se lo agradeció con una sonrisa educada. El olor a agua de colonia barata que liberó cuando alzó los brazos para coger el equipaje lo dijo todo: no valía la pena perder el tiempo.

Philippe y Alexandre la esperaban en el andén. ¡Qué guapos eran! Se sintió orgullosa de ellos, y no se volvió hacia el hombre que le seguía los pasos y que después desaceleró cuando vio que la esperaban.

Cenaron en un pub en la esquina de Holland y Clarendon Street. Alexandre contó cómo había conseguido la mejor nota en historia, Philippe aplaudió, Iris le imitó. Se preguntó si iban a compartir la misma habitación o si había tomado medidas para que durmiese en otro lado. Recordó lo enamorado que había estado de ella y se convenció de que aquello no podía acabar así. Después de todo, un pequeño contratiempo en una larga vida conyugal podía pasarle a todo el mundo, lo principal es lo que hemos construido juntos... Pero ¿qué he construido yo con él?, se preguntó inmediatamente, maldiciendo la lucidez que le impedía mostrarse complaciente. Él intentó construir, pero ¿y yo?

Escuchó a Alexandre detallar todos los proyectos para el fin de semana.

—¿Vamos a poder hacer todo eso? —preguntó ella, divertida.

—Si te levantas pronto, sí. Pero habrá que darse prisa.

¡Qué serio parecía! Hizo un esfuerzo para recordar su edad. Pronto catorce años. Hablaba un inglés sin acento cuando se dirigía al camarero o citaba el título de una película. Philippe se dirigía a él para evitar hablar con ella. Decía: «¿Crees que mamá estará interesada en ir a ver la retrospectiva de Matisse, o preferiría ir a ver la exposición de Miró?». Y Alexandre respondía que en su opinión mamá querría ver las dos. Soy una pluma de bádminton que se reenvían alegremente, a golpe de preguntas a las cuales no debo responder. Esa ligereza no le inspiró confianza.

El piso de Philippe se parecía al de París. No se sorprendió: él había amueblado los dos. Ella le había visto hacer. La decoración no le interesaba. Apreciaba los buenos decorados, pero no le gustaba recorrer anticuarios, ir a subastas. Todo lo que supone un esfuerzo prolongado me disgusta, me gusta pasear, soñar, leer largas horas tumbada. Soy contemplativa. Como Juliette Récamier. ¡Una perezosa más bien!, murmuró una vocecita a la que hizo callar.

Philippe había dejado su bolsa de viaje en la entrada. Alexandre fue a acostarse tras haber reclamado educadamente un beso y se encontraron solos, en el gran salón. Había hecho instalar una moqueta blanca, no debía de recibir a menudo. Se sentó cuidando de recostarse sobre un gran sofá. Le miró encender una cadena y elegir un CD. Parecía tan hermético que se preguntó si no había cometido un error viniendo. Ya no estaba segura de tener los ojos azules, el talle fino, los hombros redondeados. Se trituró las puntas del pelo, replegó sus largas piernas tras haberse librado de sus zapatos, en una postura de defensa y espera. Se sentía una extraña en ese piso. Ni por un instante había percibido abandono en Philippe. Era afectuoso, educado, pero la mantenía a distancia. ¿Cómo habían llegado a eso? Decidió dejar de pensar. No podía imaginarse la vida sin él. Volvió a su memoria el agua de colonia del hombre del tren e hizo una mueca de disgusto.

—Parece que a Alexandre le va bien...

Philippe sonrió y asintió con la cabeza como si hablase consigo mismo.

—Me siento muy feliz con él. No sabía lo feliz que podía hacerme.

—Ha cambiado mucho. Casi no lo reconozco.

Él pensó ¡nunca lo has conocido! Pero no dijo nada. No quería iniciar las hostilidades hablando de Alexandre. El problema no era Alexandre, el problema era ese matrimonio que no acababa de morir, que parecía agonizar sin fin. Él la miraba, sentada frente a él. La más guapa de todas, sus dedos toqueteaban el collar de perlas finas que le había regalado por sus diez años de matrimonio, la mirada azul malva fija en el vacío, interrogándose sobre el futuro de su relación, sobre el futuro de ella, contando los años que le quedaban para seguir siendo seductora, evaluando los medios que debía utilizar para seguir siendo su mujer o convertirse en la mujer de otro, cansada por anticipado ante la dificultad de tener que volver a empezar con un extraño, estando él ahí, al alcance de la mano, una presa tan fácil y dominada durante tanto tiempo.

Él se fijó en el brazo delicado, el cuello esbelto, los labios carnosos, la cortó en trocitos y cada uno de ellos se llevó el premio a la excelencia del trocito más hermoso. La imaginó con sus amigas, hablando de su fin de semana en Londres, o bien sin hablar, no debe de tener ya muchas amigas. Se la imaginó en el tren, calculando sus posibilidades, escrutando su rostro en el espejo... Había perdido tanto tiempo en el espejismo de su amor... Allí donde yo veía un oasis, palmeras, una fuente de agua viva, no había más que aridez y cálculo. ¿Había sentido placer conmigo? No sé nada de esa mujer que he tenido en mis brazos. Ya no es mi problema. Mi problema, esta noche, es poner fin a sus ilusiones. Ha buscado con la mirada dónde he puesto su bolsa de viaje. Se pregunta dónde va a dormir. No dormiremos juntos, Iris.

Él abrió la boca para enunciar en voz alta sus pensamientos, pero ella se inclinó hacia delante y su mano partió en busca de un pendiente que había caído. Anda, se dijo Philippe, ¡ésos no los conocía! ¿Es posible que haya otro además de mí que le regale joyas? ¿O es un pendiente de pacotilla que ha visto en un escaparate?

Iris había encontrado el pendiente y lo había devuelto a su lugar. Le lanzó una sonrisa radiante. «Su corazón es un cactus erizado de sonrisas». ¿Dónde había leído esa frase? Debió de anotarla pensando en ella. Esbozó una rápida sonrisa. Te conozco, sobrevivirás a nuestra separación. Porque tú no me quieres. Porque tú no quieres a nadie. Porque no tienes emociones. Las nubes sobrevuelan tu corazón, pero no lo impregnan. Como un niño mimado al que se le regala un juguete. Da palmadas, juega un rato y después lo abandona. Para pasar a otro. Aún más grande, aún más bonito, aún más decepcionante. Nada puede colmar el vacío de tu corazón. Ya no sabes qué buscar que te haga estremecer... Necesitas tormentas, huracanes para sentir una ligera, una ligerísima emoción. Estás haciéndote peligrosa, Iris, peligrosa para ti misma. Ten cuidado, te vas a estrellar. Debería protegerte, pero ya no siento deseos, ya no tengo ganas. Te he protegido mucho tiempo, mucho, pero ese tiempo ha terminado.

—Te he traído regalos —acabó diciendo Iris para romper el silencio.

—Qué amable...

—¿Dónde has puesto mi bolsa? —preguntó ella con tono casual.

Lo sabes muy bien, estuvo a punto de decir.

—En la entrada...

—¿En la entrada? —repitió ella, extrañada.

—Sí.

—Ah...

Se levantó, fue a buscar su bolsa. Sacó un jersey de cachemir azul y una caja de pastelitos de almendra. Se lo tendió con la sonrisa de un explorador yanqui negociando con un astuto sioux.

—¿Pastelitos? —se extrañó Philippe, recibiendo la caja blanca en forma de rombo.

—¿Recuerdas? Nuestro fin de semana en Aix-en-Provence... Habías comprado diez cajas para tenerlos siempre a mano: en el coche, en el despacho, en casa... A mí me parecían demasiado dulces...

Su voz canturreaba, feliz; él escuchó el estribillo que ella no osaba entonar. ¡Éramos tan felices!, entonces ¡tú me amabas tanto!

—Eso fue hace mucho tiempo... —dijo Philippe, haciendo un esfuerzo de memoria.

Dejó la cajita sobre la mesa baja, como si rechazara volver atrás, hacia una felicidad inventada.

—¡Oh! ¡Philippe! ¡Aquellos tiempos no están tan lejos!

Ella se había sentado a sus pies y le estrechaba las rodillas. Estaba tan guapa que la compadeció. Librada a sí misma, sin la protección de un hombre que la ame, sus debilidades harían de ella una presa tan fácil... ¿Quién la protegerá cuando yo no esté?

—Se diría que has olvidado que nos quisimos...

—¡Yo te quise! —corrigió él con voz dulce.

—¿Qué quieres decir?

—Que fue en una sola dirección... y que se acabó.

Ella se había incorporado y le miraba fijamente, incrédula.

—¿Se acabó? ¡Pero eso es imposible!

—Sí, nos vamos a separar, a divorciar...

—¡Oh, no! Te quiero, Philippe, te quiero. He pensado en ti, en nosotros, todo este tiempo en el tren, me decía, vamos a empezar de cero, vamos a recomenzar todo. Cariño...

Le había cogido de la mano y la estrechaba con fuerza.

—Te lo ruego, Iris, no hagas las cosas más difíciles, ¡sabes muy bien lo que pasa!

—He cometido errores. Lo sé... Pero también he comprendido que te amaba. Que te amaba de verdad... Me he comportado como una niña mimada, pero ahora lo sé, lo sé...

—¿Sabes qué? —preguntó él, aburrido por adelantado de sus explicaciones.

—Sé que te quiero, que no te merezco, pero te quiero...

—Como querías a Gabor Minar...

—¡Nunca lo quise!

—En todo caso, lo disimulabas muy bien.

—¡Me dejé engañar!

—¡Tú me engañaste! No es lo mismo. Y además ¿qué más da? Eso es cosa del pasado. He pasado página. He cambiado, ya no soy el mismo hombre, y este hombre nuevo no tiene nada en común contigo...

—¡No digas eso! También cambiaré. Eso no me da miedo, ¡nada puede darme miedo contigo!

Él la miró, irónico.

—Te crees que porque me digas que vas a cambiar, cambiarás, y porque me digas que lo sientes ¡yo me olvidaré de todo y seguiremos igual! ¡La vida no es tan sencilla, querida!

Ella recobró esperanzas al escuchar esa palabra afectiva. Posó su cabeza sobre sus rodillas y acarició su pierna.

—Te pido perdón por todo.

—¡Iris! ¡Te lo ruego! Me incomodas...

Sacudió la pierna como si se librara de un perro molesto.

—¡Pero no podría vivir sin ti! ¿Que voy a hacer?

—Ése no es problema mío, pero que sepas que, en lo material, no te abandonaré...

—¿Y tú?, ¿qué vas a hacer?

—Todavía no lo sé. Tengo ganas de paz, de ternura, de compartir... Tengo ganas de cambiar de vida. Durante mucho tiempo tú has sido la razón de mi vida, después me apasionó mi trabajo, mi hijo al que he descubierto no hace tanto tiempo. Me he cansado de mi trabajo, tú has hecho todo lo posible para que me canse de ti, me queda Alexandre y las ganas de vivir de forma distinta. Tengo cincuenta y un años, Iris. Me he divertido mucho, he ganado mucho dinero, pero también he derrochado mucho. Ya no quiero refinamiento, ni frivolidades, ni falsas declaraciones de amor y de amistad, ni concursos de egos viriles. Tu amiga Bérengère se me insinuó la última vez que la vi...

—¡Bérengère!

Puso cara extrañada y divertida.

—Ahora sé cómo quiero ser feliz y esa nueva felicidad no tiene nada que ver contigo. Incluso tú eres lo opuesto a ella. Así que te miro, te reconozco, pero ya no te quiero. Me ha hecho falta tiempo, el tiempo de un reloj de arena de dieciocho años, el tiempo para que los minúsculos granos de arena caigan de un lado al otro del reloj. Tú has agotado tus reservas de arena y yo he pasado al montón de al lado. Es muy sencillo, en el fondo...

Ella levantó hacia él un rostro adorable y crispado donde se leía la incredulidad.

—¡Pero eso no es posible! —gritó ella de nuevo leyendo la determinación en su mirada.

—Se ha hecho posible, Iris, lo sabes muy bien, no sentimos nada el uno por el otro. ¿Para qué seguir disimulando?

—¡Pero yo te amo!

—¡Por favor! ¡No te vuelvas indecente!

Él esbozó una sonrisa indulgente. Le acarició el pelo como quien acaricia la cabeza de un niño para calmarle.

—Déjame aquí contigo. Estaré en mi lugar.

—No, Iris, no... He esperado mucho tiempo, pero se acabó. Te quiero mucho, pero ya no te amo. Y ante eso, querida, no puedo hacer nada.

Ella se estremeció como picada por una serpiente.

—¿Hay otra mujer en tu vida?

—Eso no te interesa.

—¡Hay otra mujer en tu vida! ¿Quién es? ¿Vive en Londres? ¡Por eso has venido a vivir aquí! ¿Me engañas desde hace mucho?

—Esto es ridículo. Vamos a ahorrárnoslo.

—Quieres a otra. Lo he sentido desde que llegué. Una mujer sabe cuando ya no la desean porque se ha vuelto transparente. Me he vuelto transparente. ¡Es insoportable!

—Me parece que estás en mala posición para montarme una escena, ¿verdad?

Él dirigió hacia ella una expresión de burla y ella estalló en gritos de cólera.

—¡Nunca te he engañado con él! ¡No pasó nada entre nosotros! ¡Nada de nada!

—Es posible, pero eso no cambia nada. Se acabó y no merece la pena preguntarse cómo ni por qué. O más bien eres tú la que deberías preguntarte cómo y por qué... ¡Para no cometer los mismos errores con otro!

—¿Y qué dices del amor que siento por ti?

—Eso no es amor, es amor propio; te curarás pronto. Encontrarás otro hombre, ¡confío en ti!

—Entonces ¡no hacía falta hacerme venir!

—¡Como si me hubieses pedido mi opinión! Te has impuesto, yo no he dicho nada para no herir a Alexandre, pero no te he invitado.

—¡Hablemos de Alexandre! Me lo llevo conmigo porque sí. No lo dejaré aquí con tu... ¡amante!

Ella había escupido esa palabra como si le ensuciase la boca.

Él la agarró del pelo, tiró de él hasta hacerle daño, pegó su boca a su oído y murmuró:

—¡Alexandre se quedará aquí conmigo y eso ni siquiera se discute!

—¡Suéltame!

—¿Me oyes? Lucharemos si hace falta, pero no le tocarás ni un pelo. Tú me dirás cuánto te debo para saldar cuentas, yo te daré dinero, pero no tendrás la custodia de Alexandre.

—¡Eso ya lo veremos! ¡Es mi hijo!

—Tú nunca te has ocupado de él, nunca te has preocupado y me niego a que te sirvas de él como un instrumento para hacerme bailar a tu son. ¿Lo has entendido?

Ella bajó la cabeza y no respondió.

—En cuanto a esta noche, irás a dormir al hotel. Hay un hotel muy bueno, justo al lado. Pasarás allí la noche y mañana volverás sin montar el número. Yo explicaré a Alexandre que te has puesto enferma, que has vuelto a París y que, a partir de ahora, vendrás a verle aquí. Decidiremos juntos las fechas, la planificación y, mientras te comportes convenientemente, podrás verlo siempre que quieras. Con una condición, que quede bien claro entre nosotros, que le dejes fuera de todo esto.

Ella se soltó y se levantó. Se arregló. Y, sin mirarle, añadió:

—Entendido. Voy a pensarlo y volveremos a hablar. O mejor contrataré a un abogado para que hable contigo. Quieres la guerra, pues bien, ¡tendrás guerra!

Él soltó una carcajada.

—¿Y cómo vas a hacer la guerra, Iris?

—¡Como todas las madres que luchan para conservar a su hijo! ¡Nunca se retira la custodia de un hijo a su madre! ¡A menos que sea una perdida, una alcohólica o una drogada!

—Quienes, te recuerdo, pueden ser muy buenas madres. En todo caso ¡mejores madres que tú! No midas tus fuerzas contra mí, Iris, podrías perderlo todo...

—¡Eso ya lo veremos!

—Tengo fotos de ti en un periódico besando a un adolescente, tengo testigos de tu reprochable conducta en Nueva York, incluso había contratado a un detective privado para saber los detalles de tu historia con Gabor Minar, he pagado tu larga estancia en una clínica, pago las facturas de tu peluquero, de tu masajista, de tu sastre, de los restaurantes, pago los miles de euros que gastas sin contar, ¡sin ser capaz siquiera de sumarlos! Tu papel de madre afligida no sería muy creíble. El juez se reirá de ti. ¡Sobre todo si es una mujer y se gana la vida! Tú no sabes lo que es la vida, Iris. No tienes ni la menor idea. Serías el hazmerreír de un tribunal.

Ella estaba pálida, deshecha, el azul de sus ojos había perdido todo su brillo, tenía las comisuras de los labios caídas, dibujando la mueca de una vieja jugadora de casino arruinada, sus largas mechas de pelo colgaban como cortinas negras, había dejado de ser la espléndida, la magnífica Iris Dupin; ahora era una mujer derrotada, que veía cómo se escapaba su poder, su belleza, su cuenta corriente.

—¿He sido lo bastante claro? —preguntó Philippe.

Ella no respondió. Pareció buscar una réplica hiriente, pero no la encontró. Cogió su chal, su bolso Birkin y su bolsa de viaje. Y huyó dando un portazo.

No tenía ganas de llorar. Por el momento, se sentía estupefacta. Avanzaba por un largo corredor blanco y, al fondo del pasillo, lo sabía, el cielo caería sobre su cabeza. Entonces, sufriría, y su vida no sería más que un montón de escombros. Ignoraba cuándo llegaría ese momento, sólo quería retrasar el mayor tiempo posible el llegar al final del pasillo. Le detestaba. No soportaba que se le escapase. ¡Es mío! Nadie tiene derecho a quitármelo. Me pertenece.

Había visto el hotel cuando volvieron a pie del restaurante.

Iría sola. No necesitaba que reservasen una habitación. Sólo necesitaba su tarjeta de crédito. Y, hasta nueva orden, todavía la tenía. Y no pensaba dejar que se la quitaran.

Eso no impide, se dijo, caminando con paso furioso, que él nunca haya estado tan seductor como esta noche y que yo nunca haya estado tan cerca de echarme a sus brazos. ¿Por qué se quiere siempre a los hombres que te rechazan, que te tratan mal? ¿Por qué no nos conmueven los hombres que se echan a nuestros pies?

Pensaré en ello mañana.

Abrió la puerta del hotel, tendió su tarjeta de crédito y pidió la suite más cara.

* * *

Al día siguiente de la reunión de copropietarios, Joséphine decidió ponerse las zapatillas y salir a correr. Y daré dos vueltas al lago para librarme de las miasmas de esa reunión fétida.

Sobre la mesa de la cocina, dejó una nota para Zoé, que todavía dormía. Era sábado, no tenía clase. Pronto volverían a hablarse, las estrellas se lo habían prometido.

En el ascensor se cruzó con el señor Merson que iba a dar un paseo en bicicleta. Llevaba un calzón corto ajustado, un bolso de cintura y un casco.

—¿Un poco de footing, señora Cortès?

—¿Un poco de pedaling, señor Merson?

—¡Es usted muy espiritual, señora Cortès!

—¡Muchas gracias, señor Merson!

—Ayer noche hubo otra fiestecita en el trastero, me parece...

—No sé lo que hacen ¡pero parece que lo pasan bien!

—Los jóvenes deben divertirse... Todos hemos pasado por el trastero, ¿no es cierto, señora Cortès?

—¡Hable por usted, señor Merson!

—¡Ya está usted otra vez jugando a las vírgenes asustadas, señora Cortès!

—¿Vendrá usted a la fiesta de Iphigénie, esta noche, señor Merson?

—¿Es esta noche? ¡Va a correr la sangre! Me temo lo peor.

—No. Los que vengan sabrán comportarse.

—¡Si usted lo dice! Entonces me pasaré, señora Cortès. ¡Sólo para contemplar sus hermosos ojos!

—Venga con su mujer. Así la conoceré.

—¡Tocado, señora Cortès!

—Y además será un placer para Iphigénie, señor Merson.

—Pero si es a usted a quien quiero dar placer, señora Cortès. Tengo unas ganas locas de besarla. Podría bloquear el ascensor, ¿sabe?..., y hacerle sufrir los peores ultrajes. ¡Soy excelente para los peores ultrajes!

—¡Usted no se rinde nunca, señor Merson!

—¡Forma parte de mi encanto! Tengo un aspecto liviano, pero soy muy tenaz... ¡Que tenga usted un buen día, señora Cortès!

—¡Lo mismo digo, señor Merson! Y no lo olvide, esta tarde, a las siete, en la portería. ¡Con su mujer!

Se separaron y Joséphine se alejó trotando, con la sonrisa en los labios. Ese hombre había nacido para bromear. Una burbuja de champán. Parecía más juvenil, más frívolo que su hijo. ¿Qué hacía Zoé en el trastero? Se detuvo en el cruce, esperando a que se abriese el semáforo, y continuó corriendo en el sitio. No desacelerar el ritmo, si no el metabolismo dejaba de quemar grasa.

Estaba saltando cuando vio sobre un gran cartel frente a ella un anuncio en el que reconoció a Vittorio Giambelli, el hermano gemelo de Luca. Posaba en slip, los brazos cruzados sobre el pecho, el ceño fruncido. Tenía aspecto huraño. Viril, pero huraño. El eslogan se desplegaba sobre su cabeza como un friso de color: SEA MASCULINO, VÍSTASE CON EXCELENCIA. ¡No me extraña que esté deprimido! Verse en slip ajustado sobre las paredes de París no debe de llevar a sentir gran estima por uno mismo.

El semáforo se puso en verde. Cruzó pensando que debería devolverle la llave a Luca. Pasaría luego por su casa cuando fuese a hacer la compra con Iphigénie. Y si me lo encuentro, le digo que no puedo quedarme, que Iphigénie me espera en el coche. Saltó por encima de un pequeño parapeto. Llegó a la gran avenida que llevaba al lago, reconoció a los jugadores de petanca de los sábados por la mañana. Los sábados jugaban por parejas. Las mujeres llevaban el *picnic*. La botella de rosado, los huevos duros, el pollo frío y la mayonesa en la nevera.

Empezó a dar su primera vuelta al lago. Iba a su ritmo. Tenía sus puntos de referencia: la cabaña roja y ocre del alquiler de barcas, los bancos públicos que jalonaban el recorrido, el seto de bambú que invadía el camino y obligaba a ceñirse a la izquierda, y el árbol seco y recto al que había bautizado el Indio y que señalaba la mitad del trayecto. Se cruzaba con los habituales del sábado: el viejo señor que corría curvado soplando con fuerza, un gran labrador negro, que hacía pis bajando el trasero y olvidando que era un macho, un boyero berlinés que se lanzaba siempre al agua por el mismo sitio y que salía inmediatamente, como si hubiese cumplido una tarea, hombres que corrían de dos en dos hablando de su trabajo, chicas que se quejaban de que los hombres sólo hablaban de su trabajo. Todavía era un poco pronto para cruzarse con el caminante misterioso. Los sábados aparecía sobre el mediodía. Hacía buen tiempo, se preguntó si no se habría quitado una bufanda o el gorro. Así podría percibir sus rasgos, decidir si era amable o arisco. Quizás sea alguien famoso que no quiere que le importunen. Una mañana se había cruzado con Alberto de Mónaco, otra vez con Amélie Mauresmo. Ella se había apartado para dejarla pasar y la había aplaudido.

A lo lejos, sobre la isla, escuchó el grito estridente de los pavos reales «meu-meu». Vio, divertida, cómo un pato hundía la cabeza en el agua para buscar su pitanza, y ofrecía el espectáculo de su trasero flotando en la superficie, como el flotador de una caña de pescar. A su lado, una pata esperaba con aspecto satisfecho de mujer endomingada. Algunos corredores olían a jabón, otros a sudor. Los unos miraban fijamente a las mujeres, los otros las ignoraban. Era un baile de habituales que giraban, sudaban, sufrían y volvían a girar. A ella le gustaba formar parte de ese mundo de derviches giradores. Su cabeza se vaciaba poco a poco, se sentía flotar. Los problemas se despegaban como trozos de piel muerta.

La música de su móvil la llamó al orden. Leyó el nombre de Iris y descolgó.

—¿Jo?

—Sí —dijo Joséphine parándose, sin aliento.

—¿Te molesto?

—Estaba corriendo.

—¿Podemos vernos esta tarde?

—¡Pero si vamos a vernos esta tarde! ¿Lo has olvidado? ¿La copa en casa de mi portera? Y después, habíamos dicho que cenábamos juntas... No me digas que lo habías olvidado.

—¡Ah, sí! Es verdad.

—Lo habías olvidado... —constató Joséphine, herida.

—No, no es eso pero... ¡Tengo que hablar contigo inmediatamente! De hecho, estoy en Londres y es terrible, Jo, es terrible...

Su voz estaba rota y Joséphine se alarmó.

—¿Ha pasado algo?

—¡Quiere divorciarse! Me ha dicho que se había acabado, que ya no me quería. Jo, creo que me voy a morir. ¿Me oyes?

—Sí, sí —murmuró Joséphine.

—Hay otra mujer en su vida.

—¿Estás segura?

—Sí. Primero, lo sospeché por la forma en la que me hablaba. Ya no me ve, Jo, me he vuelto transparente. ¡Es horrible!

—Que no... ¡Son impresiones tuyas!

—Te aseguro que no. Me ha dicho que habíamos terminado, que íbamos a divorciarnos. Me ha enviado a dormir al hotel. ¡Oh, Jo, te das cuenta! Y esta mañana, cuando volví para verle, había salido a tomar un café, ya sabes lo que le gusta leer el periódico, solo, por la mañana, en la terraza de un café, ¡entonces hablé con Alexandre y me lo dijo todo!

—¿Te dijo qué? —preguntó Joséphine, con el corazón en un puño.

—Me dijo que su padre se veía con una mujer, que iba con ella al teatro y a la ópera, que dormía en su casa a menudo, que se las arreglaba para volver por la mañana temprano para que Alexandre no se diese cuenta de nada, que se ponía el pijama y fingía que se levantaba, bostezaba, se frotaba el pelo..., que él no decía nada para tranquilizar a su padre porque, espera, ahí creí que me moría, me dijo que desde que veía a esa mujer parece menos apesadumbrado, que ha cambiado. ¡Te digo que lo sabe todo! Sabe incluso su nombre... Dottie Doolittle. ¡Ay, Jo! Creo que me voy a morir...

Yo también me voy a morir, se dijo Joséphine, apoyándose en el tronco de un árbol.

—¡Qué desgraciada soy, Jo! ¿Qué voy a hacer ahora?

—¿Y no puede ser que Alexandre se lo haya inventado todo? —sugirió Joséphine agarrándose a esa esperanza.

—Parecía muy convencido. Me lo contó todo con tonillo pedagógico, tranquilo, indiferente. Como si quisiera decirme, no importa, mamá, no montes un drama... Incluso empleó una palabra extraña, me dijo que esa chica era sin duda «transitoria». Qué amable es, ¿no? Me dice eso para consolarme... ¡Ay, Jo!

—¿Dónde estás?

—En la estación de Saint Pancras. Estaré en París dentro de tres horas. Puedo ir a tu casa, ¿verdad?

—Tengo que ir de compras con Iphigénie...

—¿Y ésa quién es?

—Mi portera. Le prometí llevarla de compras para su fiesta...

—Voy de todas formas. No quiero quedarme sola.

—Quería echarle una mano para preparar la reunión... —dudó Joséphine, que había prometido ayudar a Iphigénie.

—Nunca estás cuando te necesito, ¡te ocupas de todos menos de mí!

Su voz temblaba, estaba a punto de llorar.

—Estoy acabada, nula, ya no valgo para nada. ¡Soy vieja!

—¡Que no! ¡Para!

—¿Puedo ir a tu casa directamente? Llevo mi bolsa. No quiero quedarme sola. Me voy a volver loca...

—De acuerdo. Nos vemos en casa.

—De verdad que no me merezco esto, ¿sabes? Ay, si supieses cómo me miraba. Sus ojos no me veían, ¡era horrible!

Joséphine colgó, aturdida. «Es posible lograr que la gente que os ama baje los ojos, pero no se puede obligar a bajar los ojos a la gente que os desea. Te quiero y te deseo». Le había creído. Había cogido esas palabras de amor, había hecho de ellas un estandarte con el que se había envuelto. No sé nada de los meandros del amor. Soy tan ingenua... Tan torpe... Las piernas ya no la sostenían, se dejó caer sobre un banco público.

Cerró los ojos y pronunció las palabras: «Dottie Doolittle». Es joven, es bonita, lleva pendientes pequeños, tiene los dientes separados, le hace reír a carcajadas, no es la hermana de nadie, baila rock y canta *La Traviata*, conoce los *Sonnets* de Shakespeare y el *Kamasutra*. Me ha apartado como quien barre una hoja seca. Me voy a acurrucar en el suelo como una hoja muerta. Voy a retomar mi vida de mujer sola. Voy a vivir sola. O más bien, sé sobrevivir. La almohada de al lado que permanece fría y lisa, la cama en la que una se acuesta abriéndola por un solo lado, dejando el sitio para el otro que no llega, al que a veces se espera con la frente gacha y terca, y los brazos familiares y fríos de la tristeza, que se cierran sobre esa espera que se adivina infinita. Sola, sola, sola. Ni siquiera un trozo de sueño que acariciar, un trozo de película que ver. Y sin embargo

¡con qué impulso me lancé contra él en Nochebuena! Mi inocencia de niña pequeña cuando me besó, y mis sueños de primer amor que le ofrecía. Por él volvía a mi infancia. Estaba dispuesta a todo. A esperarle, a respirarle de lejos, a no beber de su amor más que las palabras garabateadas sobre una guarda. Eso hubiera bastado para hacerme esperar meses y años.

Sintió un aliento sobre su brazo y abrió los ojos, asustada.

Un perro negro la estaba mirando, con la cabeza inclinada a un lado.

—¡Du Guesclin! —articuló reconociendo al perro negro vagabundo de la víspera—. ¿Qué haces aquí?

Un hililo de saliva colgaba de su morro. Tenía aspecto desolado por verla tan apenada.

—Estoy triste, Du Guesclin. Estoy muy triste...

Él inclinó la cabeza como para señalar que la escuchaba.

—Estoy enamorada de un hombre, creía que él me amaba y me he equivocado. Ése es mi problema, ¿sabes?, siempre confío en la gente...

Parecía comprender y esperar el final de la historia.

—Nos besamos una noche, un auténtico beso de amor, y vivimos... Una semana de amor loco. No nos decíamos nada, apenas nos rozábamos, pero nos comíamos con los ojos. Qué hermoso, Du Guesclin, qué fuerte, qué violento, qué dulce... Y después, no sé qué me ocurrió, le pedí que se marchara, y se fue.

Ella sonrió, le acarició el hocico.

—Y ahora estoy llorando en un banco porque acabo de enterarme de que se ve con otra chica y eso duele, Du Guesclin, eso duele mucho.

Él sacudió la cabeza y el hililo de saliva fue a pegarse en el pelo del morro. Era un filamento pegajoso que brillaba a la luz del sol.

—Eres un perro muy extraño, tú... ¿Sigues sin tener amo?

Él inclinó la cabeza como para decir «eso es, no tengo amo». Y permaneció así, la cabeza colocada en una posición extraña con su hililo de baba pegajoso a modo de collar.

—¿Qué esperas de mí? No puedo llevarte conmigo.

Le acarició con la mano la larga y abultada cicatriz en el flanco derecho. Su áspero pelo presentaba costras en algunos lugares.

—Es verdad que eres feo. Tiene razón Lefloc-Pignel. Tienes eczemas... No tienes cola. Te la han cortado de cuajo. Tienes una oreja colgando, la otra no es más que un muñón. No eres un premio de belleza, ¿sabes?

Elevó hacia ella una mirada amarilla y vidriosa y se dio cuenta de que tenía el ojo derecho prominente y lechoso.

—¡Te han dejado tuerto! ¡Mi pobre viejo!

Ella le hablaba mientras le acariciaba, él se dejaba hacer. Ni gruñía ni se echaba hacia atrás. Doblaba el cuello bajo la caricia y entrecerraba los ojos.

—¿Te gusta que te acaricien? ¡Apuesto a que estás más acostumbrado a las patadas!

Gimió suavemente como para asentir, y ella sonrió de nuevo.

Buscó los restos de un tatuaje en la oreja, inspeccionó el interior de sus muslos. No encontró ninguno. Él se acostó a sus pies y esperó jadeando. Ella comprendió que tenía sed. Le mostró con el dedo el agua del lago, después sintió vergüenza. Lo que él quería era una buena escudilla de agua clara. Miró la hora. Iba a llegar tarde. Se levantó bruscamente y él la siguió. Trotaba a su lado. Alto y negro. A su memoria vinieron los versos de Cuvelier:

> Creo que no hubo nadie tan feo desde Rennes hasta Dinan
> Era negro y achatado, macizo y contrahecho
> El padre y la madre le detestaban tanto
> Que a menudo en su corazón deseaban
> Que fuese muerto o ahogado en el agua corriente.

La gente se apartaba para dejarles pasar. Joséphine sintió ganas de reír.

—¿Has visto, Du Guesclin? ¡Das miedo a la gente!

Se detuvo, le miró y gimió:

—¿Qué voy a hacer contigo?

Él se balanceaba sobre sus ancas como para decirle venga, deja de pensártelo, llévame. Le suplicaba con su ojo bueno del color del ron viejo, y parecía esperar su asentimiento. Ojo con ojo, se analizaban. Él esperaba, confiado, ella calculaba, dubitativa.

—¿Quién te cuidará cuando yo vaya a trabajar a la biblioteca? ¿Y si ladras o empiezas a aullar? ¿Qué dirá la señorita de Bassonnière?

Su hábil morro vino a hundirse en su mano.

—¡Du Guesclin! —gimió Joséphine—. No es razonable.

Se había puesto a correr de nuevo, él la seguía, el hocico pegado a sus suelas. Se detenía cuando ella se detenía. Trotaba cuando volvía a empezar. Se quedó quieto en el primer semáforo, reanudó su marcha junto a ella, respetando su velocidad, sin echarse a sus pies. La siguió hasta el portal. Se deslizó tras ella cuando abrió la puerta. Esperó a que llegase el ascensor. Se metió en él con la agilidad de un contrabandista orgulloso de engañar al enemigo.

—¿Acaso crees que no te veo? —dijo Joséphine pulsando el botón de su piso.

Y siempre esa misma mirada que ponía su suerte en sus manos.

—Escucha, vamos a hacer un trato. Te cuido una semana y si te portas bien, lo prolongo otra semana, y así... Si no, te llevo a la Sociedad Protectora.

Emitió un largo bostezo, que seguramente significaba que estaba de acuerdo.

Entraron en la cocina. Zoé estaba desayunando. Levantó la cabeza y exclamó:

—¡Guau, mamá! ¡Eso sí que es un perro, y no un ratón!

—Me lo encontré en el lago y no me ha dejado.

—Seguramente lo han abandonado. ¿Has visto cómo nos mira? ¿Podemos quedárnoslo, mamá? ¡Di que sí! ¡Di que sí!

Había recuperado el habla y sus gruesas mejillas de niña coloreadas por la excitación. Joséphine puso cara de duda. Zoé suplicó:

—Siempre he soñado con tener un perro grande. Ya lo sabes.

La mirada de Du Guesclin iba de la una a la otra. De la ansiedad suplicante de Zoé a la calma aparente de Joséphine, que se reencontraba con la complicidad de su hija y la saboreaba en silencio.

—Me recuerda a Perro Azul, ya sabes, el cuento que nos leías por la noche para dormirnos y nos daba tanto miedo que teníamos pesadillas...

Joséphine adoptaba una voz ronca y amenazante, cuando Perro Azul era atacado por el Espíritu del Bosque, y Zoé desaparecía bajo las sábanas.

Ella abrió los brazos. Zoé se abrazó a ella.

—¿De verdad quieres que nos lo quedemos?

—¡Oh, sí! Si no nos lo quedamos, nadie le querrá. Se quedará solo.

—¿Te ocuparás de él? ¿Lo sacarás a pasear?

—¡Te lo prometo! ¡Te lo prometo! ¡Vamos, di que sí!

Joséphine recibió la mirada suplicante de su hija. Una pregunta le quemaba en los labios, pero se la calló. Esperaría a que Zoé quisiese hablar de ello. Estrechó a su hija contra su pecho y suspiró, sí.

—¡Oh, mamá! ¡Estoy tan contenta! ¿Cómo lo vamos a llamar?

—Du Guesclin. El dogo negro de Brocéliande.

—Du Guesclin —repitió Zoé, acariciando al perro—. Creo que necesita un buen baño. Y una buena comida...

Du Guesclin movió su grupa sin cola y siguió a Zoé hasta el cuarto de baño.

—Va a venir Iris. ¿Abrirás tú? —gritó Joséphine en el pasillo—. Me voy de compras con Iphigénie.

Escuchó la voz de Zoé que respondía: «Sí, mamá», mientras hablaba al perro, y salió a buscar a Iphigénie, feliz.

Tendría que comprar comida para Du Guesclin.

* * *

—¡Y ahora, tengo un perro! —anunció Joséphine a Iphigénie.

—¡Pues sí que la ha hecho buena, señora Cortès! ¡Habrá que sacarlo por la noche y no tener miedo a la oscuridad!

—Él me defenderá. Junto a él nadie se atreverá a atacarme.

—¿Lo ha adoptado usted por eso?

—Ni siquiera he pensado en ello. Estaba sentada en un banco y...

—¡Llegó y empezó a lamerla! ¡Menuda es usted! ¡Recogería a cualquiera! Bueno, tengo mi lista, mis bolsas, porque ahora ya no dan bolsas gratuitas, ¡hay que pagarlo todo! ¡En marcha! Nos vamos...

Joséphine verificó que había cogido la llave de Luca.

—Tengo que pasar dos minutos por casa de un amigo para dejar una llave.

—La esperaré en el coche.

Puso la mano en el bolsillo y pensó que, no hacía mucho tiempo, se hubiese vuelto loca de alegría por poseer esa llave.

Aparcó delante del portal de Luca, levantó la cabeza hacia su apartamento. Las persianas estaban cerradas. No estaba allí. Respiró, aliviada. Buscó un sobre en la guantera. Encontró uno viejo. Arrancó la hoja de un cuaderno y escribió deprisa: «Luca, le devuelvo su llave. No era una buena idea. Buena suerte en todo. Joséphine». La releyó, mientras Iphigénie miraba deliberadamente a otro lado. Tachó «no era una buena idea». Pasó el mensaje a limpio en otra hoja y la introdujo en el sobre. No tendría más que dejárselo a la portera.

Estaba pasando el aspirador en su portería. Fue a abrirla con el tubo del aspirador enrollado alrededor del hombro como una boa metálica. Joséphine se presentó. Preguntó si podía dejar un sobre para el señor Luca Giambelli.

—Querrá usted decir Vittorio Giambelli.

—No. Luca, su hermano.

¡Sólo faltaría que Vittorio encontrase una nota de «la lerda»!

—¡Aquí no vive ningún Luca Giambelli!

—¡Claro que sí! —sonrió Joséphine—. Un hombre alto y moreno, con un mechón de pelo en los ojos y que lleva siempre una parka.

—Vittorio —repitió la mujer, apoyándose en el tubo del aspirador.

—¡No! Luca. Su hermano gemelo.

La portera sacudió la cabeza, soltando el nudo de la boa.

—Ni idea.

—Vive en el quinto.

—Vittorio Giambelli. Pero no Luca...

—¡Pero bueno! —se enfadó Joséphine—. Ya he estado en su casa. Puedo describirle su estudio. Y también sé que tiene un hermano gemelo llamado Vittorio, que trabaja como modelo, pero que no vive aquí.

—Pues justamente es él el que vive aquí. ¡Al otro no lo he visto nunca! Y de hecho, ni siquiera sabía que tenía un hermano gemelo. ¡Nunca me ha hablado de él! ¡Ni tampoco me he vuelto loca!

Se había molestado y amenazaba con cerrar la puerta.

—¿Puedo hablar con usted un minuto? —preguntó Joséphine.

—Es que tengo otras cosas que hacer.

Le hizo una señal para que entrase a su pesar. Dejó el aspirador en el suelo y posó encima el nudo de la boa.

—El que yo conozco se llama Luca —recapituló Joséphine estrechando el sobre entre sus manos—. Escribe una tesis sobre la historia de las lágrimas para un editor italiano. Pasa mucho tiempo en la biblioteca, tiene aspecto de estudiante envejecido. Es sombrío, melancólico, no se ríe a menudo...

—¡Eso seguro! ¡No tiene buen carácter! Se enfada por cualquier tontería. Es porque tiene ardores de estómago. Se alimenta mal. Claro, un hombre solo ¡no se cocina platitos buenos!

—¡Ah! ¿Ve usted?, estamos hablando del mismo hombre.

—Sí, sí. La gente que digiere mal es imprevisible, está sometida a sus jugos gástricos. Y él es así, un día te sonríe, el otro te pone cara de perro. Vittorio, le digo. Un hombre muy guapo. Modelo de revista...

—¡No, su hermano Luca!

—Ya le he dicho que aquí no vive ningún Luca. ¡Vive un Vittorio que no digiere bien! Creo que sé de qué hablo, ¡yo soy la que le sube el correo! Y en los sobres no está escrito Luca, sino Vittorio. Y las multas, Vittorio. Y las reclamaciones de facturas, ¡Vittorio! Hay tantos Luca por aquí como fuentes de oro en la esquina de la calle. ¿No me cree? ¿Tiene usted la llave? Suba a comprobarlo usted misma...

—Pero si ya he estado aquí y sé que es la casa de Luca Giambelli.

—Y yo le digo que no hay más que uno, y que es Vittorio Giambelli, modelo de profesión, hombre difícil de intestinos frágiles. Que pierde los papeles, pierde las llaves, pierde la cabeza y pasa la noche en comisaría. Así que no venga a contarme historias y a hacerme creer que son dos cuando sólo hay uno. Y mejor así porque, con dos como él, ¡me volvería loca!

—Eso no es posible —murmuró Joséphine—. Es Luca.

—Vittorio. Vittorio Giambelli. Conozco a su madre. He hablado con ella. Lo ha pasado muy mal por su culpa... Es su único hijo y no se merecía eso. La he visto como la veo a usted. Sentada en esa silla...

Señaló una silla donde dormía un gran gato gris.

—Lloraba y me contaba todas las cosas horribles que le hacía. No vive muy lejos. En Gennevilliers. Puedo darle su dirección si usted quiere.

—Eso no es posible —dijo Joséphine sacudiendo la cabeza—. No he estado soñando...

—Me temo que le ha contado a usted un montón de embustes, mi querida señora. Es una pena que no esté. Se ha marchado a Italia. A Milán. Por un desfile. Vuelve pasado mañana. Vittorio Giambelli. Apariencia la tiene, sin duda. Con él solito se monta todo el decorado y las mandolinas...

La portera rumiaba como si saliese de una decepción amorosa.

—Lo de Luca ha debido de inventárselo para hacerse el interesante. Odia que le digan que posa para las revistas. ¡Eso le pone furioso! Eso no le impide vivir de ello. ¿Cree que me divierte a mí limpiar la porquería de los demás? ¡Pero es de lo que vivo! ¡Y a esa edad! Ya sería hora de que se volviese razonable.

—¡Pero esto es una locura!

—Miente como respira, pero un día va a acabar mal ¡se lo digo yo! Porque en cuanto alguien le lleva la contraria, se pone como loco... Incluso hay gente en el edificio que quiere echarle, para que vea. Se enfadó con una pobre señora que quería que le dedicase una de sus fotos, la amenazó ¡y hay que ver de qué forma! Le lanzó un cajón a la cabeza. Hay gente en libertad que estaría mejor encerrada.

—Nunca lo hubiese creído... —balbuceó Joséphine.

—¡No es usted la primera a la que le pasa! ¡Ni la última, desgraciadamente!

—No le diga usted que he venido, ¿quiere? —dijo Joséphine—. No quiero que sepa que lo sé. Por favor, es importante...

—Como usted quiera. No me supondrá ningún esfuerzo, no voy buscando su compañía. ¿Y qué va a hacer con la llave? ¿Se la queda?

Joséphine cogió el sobre. Ya se la enviaría por correo.

Hizo como que se alejaba, esperó a que la portera hubiese cerrado la puerta y volvió a sentarse al pie de la escalera. Oyó el aspirador bramar en la portería. Necesitaba respirar antes de volver con Iphigénie. Luca era el hombre en slip que fruncía el ceño en los carteles. Recordó que, al principio de su relación, se pasaba el tiempo desapareciendo. Después reaparecía. Ella no se atrevía a hacer preguntas.

¿Quién era? ¿Vittorio y Luca? ¿Vittorio que soñaba con ser Luca? ¿O Luca encerrado en Vittorio? Cuanto más lo pensaba, más la mentira creaba un abismo profundo y misterioso, que se abría sobre otro abismo en el que se precipitaba.

Tiene una doble vida. La de modelo, que desprecia, y la de investigador erudito, que respeta... Eso explicaba por qué era tan distante, por qué la llamaba de usted. No podía acercarse por miedo a ser desenmascarado. No podía abandonarse por miedo a confesarlo todo.

Y cuando le había dicho, en noviembre, justo antes de su agresión: «Tengo que hablar con usted, Joséphine, es importante», tenía quizás ganas de confesarse, de librarse de esa mentira. Y, en el último minuto, no había tenido el valor. No había venido. ¡No era extraño que no me prestase atención! Estaba ocupado en otra parte. Como un malabarista concentrado en sus pelotas, estaba vigilando cada mentira. Mentir es un trabajo duro, exige una tremenda organización. Una atención constante. Y mucha energía.

Se dirigió hacia el coche en el que esperaba Iphigénie. Se dejó caer pesadamente sobre su asiento. Puso el contacto, los ojos perdidos en el vacío.

—¿Algo va mal, señora Cortès? Parece usted trastornada.

—Ya se me pasará, Iphigénie.

—¡Está completamente pálida! ¿Ha tenido usted una revelación?

—Podemos llamarlo así.

—Pero ¿no hay nada roto?

—Algo... sí —suspiró Joséphine, intentando encontrar el camino al Intermarché.

—Así es la vida, señora Cortès, ¡así es la vida!

Se colocó una mecha que había escapado de su fular, como si pusiese orden en su vida, precisamente.

—¿Sabe, Iphigénie? —explicó Joséphine, un poco molesta por haber sido inmediatamente archivada en la categoría «accidentes de la vida»—, mi vida había sido durante mucho tiempo aburrida y monótona. No estoy acostumbrada.

—Pues va a tener que acostumbrarse, señora Cortès. La vida es a menudo un camino de heridas y chichones. Pocas veces es un camino de rosas. O puede que se quede dormida y, cuando se despierta, ¡empieza a golpearte sin cesar!

—En mi caso, precisamente, me gustaría que se parase un poco.

—No es usted la que decide...

—Lo sé, pero al menos puedo formular un deseo, ¿no?

Iphigénie soltó su ruidito de flauta atascada con los labios cerrados, con aspecto de decir no cuente usted con ello, y Joséphine reconoció al final de la calle la gran avenida que llevaba al Intermarché.

Llenaron dos carritos de comida y bebida. Iphigénie lo cargó hasta los topes. Joséphine la frenó. No estaba segura de que los vecinos acudiesen en procesión. El señor y la señora Merson, el señor y la señora Van den Brock y el señor Lefloc-Pignel habían prometido pasarse; dos parejas del edificio B y una señora que vivía sola con su caniche blanco habían dicho sí también. Iris. Zoé. Pero ¿y los demás? Iphigénie había colocado su invitación en el recibidor y pretendía que los del edificio B acudirían en tropel. Ésos no se andan con exquisiteces, no como los del edificio A, que dicen sí para halagarla a usted, no a mí.

—Diga, Iphigénie, no estará reconstruyendo la lucha de clases...

—Digo lo que pienso. Los ricos sólo se juntan con los ricos. Los pobres se mezclan. O en todo caso, les gustaría mezclarse, ¡pero no siempre les dejan!

Joséphine estuvo a punto de decir que, desde el principio, pensaba que no era muy juicioso reunir a gente que se ignoraba durante el resto del año. Pero después pensó ¿para qué? Seamos positivos y optimistas. Le costaba ser positiva y optimista: la traición de Philippe, la mentira de Luca y, ahora, ¡la lucha de clases!

Iphigénie enumeraba los canapés y los bocadillos, los vasos para refresco y para vino, las servilletas de papel, los vasos de plástico, las aceitunas, los cacahuetes, las lonchas de rosbif y las salchichas cóctel. Consultaba su lista. Añadía una botella de Coca Cola para los niños, una botella de whisky para los hombres. Joséphine cogió croquetas para perros. Un gran saco para perro senior. ¿Qué edad podría tener Du Guesclin?

En la caja, Iphigénie sacó orgullosa su dinero. Joséphine la dejó hacer. La cajera les preguntó si tenían tarjeta de cliente e Iphigénie se volvió hacia Joséphine.

—¡Es el momento de sacar su tarjeta y que yo se la llene!

Saltaba de alegría ante la idea de engordar el crédito de Joséphine, se balanceaba abanicando el aire con sus billetes. Joséphine tendió su tarjeta.

—¿Cuántos puntos hay? —preguntó Iphigénie, impaciente.

La cajera levantó una ceja y dejó caer su mirada sobre la pantalla de la caja.

—Cero.

—¡Eso no es posible! —exclamó Joséphine—. ¡No la he utilizado nunca!

—Quizás, pero el saldo es cero...

—¡Pero bueno, señora Cortès!

Iphigénie la contemplaba con la boca abierta.

—No entiendo nada... —murmuró Joséphine, incómoda—. ¡Nunca la he utilizado!

E inmediatamente pensó que nunca había creído en esa tarjeta de cliente. Olía a timo, a descuentos en patés caducados o en queso enmohecido, a stock de medias defectuosas del que librarse, o a dentífrico que producía caries.

—Debe de haber un error. Vaya a buscar a la responsable de la caja central —exigió Iphigénie, haciendo frente a la adversidad.

—Déjelo, Iphigénie, estamos perdiendo el tiempo...

—No, señora Cortès. Usted ha cotizado, tiene usted derecho. A lo mejor es un error de la máquina.

La cajera, cansada de tener veinte años y de estar detrás de una caja registradora, encontró la fuerza para pulsar un timbre. Se presentó una señora entrecana y apuesta: era contable y supervisaba las cajas. Las escuchó desplegando una gran sonrisa comercial. Les pidió que esperaran un poco, que iba a realizar una verificación.

Se echaron a un lado y esperaron. Iphigénie refunfuñaba. Joséphine pensaba que le daba igual que le birlaran sus puntos de cliente Aquél era un día fantasma, un día en el que todo desaparecía: los puntos de la tarjeta y los hombres.

La contable volvió balanceándose. Caminaba como si fuese aplastando colillas de cigarrillos con la punta de los pies. Eso le daba aspecto de jaca torpe.

—Todo es completamente normal, señora Cortès. Hay registrada una serie de compras efectuadas con su tarjeta estos tres últimos meses en diversos Intermarché...

—Pero... ¡eso no es posible!

—¡Sí, señora Cortès! Lo he verificado y...

—Pero ya le digo que...

—¿Está usted segura de tener la única tarjeta de la cuenta?

¡Antoine! ¡Antoine tenía una tarjeta!

—Mi marido... —consiguió articular Joséphine—. Él...

—Ha debido de utilizarla y se olvidó de avisarla. Porque lo he verificado, las compras han sido realizadas, podría darle el detalle y las fechas precisas, si lo desea...

—No. No merece la pena —dijo Joséphine—. Muchas gracias.

La contable esbozó una última sonrisa comercial y, satisfecha de haber resuelto un problema, se alejó con su paso de jaca apagando incendios.

—¡Vaya cara que tiene su marido, señora Cortès! ¡Ya no vive con usted y le manga sus puntos! ¡No me extraña! Son todos iguales, aprovechándose de nosotras. ¡Espero que le haga usted un repaso completo la próxima vez que lo vea!

Iphigénie seguía enfadada y lanzaba chorros de bilis contra el género masculino. Dio un portazo al entrar en el coche, y continuó mascullando mucho tiempo después de que Joséphine pusiera el coche en marcha.

—No sé cómo lo hace para seguir tranquila, señora Cortès.

—¡Hay días en los que una no debería levantarse, ni poner un pie en el suelo!

—¿Se ha dado usted cuenta de que las malas noticias llegan siempre a rachas? ¡A lo mejor esto sólo acaba de empezar!

—¿Dice usted eso para animarme?

—Debería usted consultar el horóscopo de hoy.

—¡No tengo muchas ganas! Y además creo que ya he tenido suficiente por hoy. ¡No sé qué más podría pasarme!

—¡El día no ha terminado! —se rio amargamente Iphigénie, haciendo su ruido de trompeta desafinada.

* * *

La fiesta en la portería estaba en su apogeo. Hasta el último minuto Joséphine e Iphigénie habían colocado sillas, untaron paté de anchoas en pan de molde, descorcharon botellas de vino, de Coca Cola, de champán. El champán era una gentileza del edificio B.

Iphigénie había acertado: el edificio B se había presentado casi al completo, y del edificio A sólo estaban, por el momento, el señor y la señora Merson y su hijo, Paul, Joséphine, Iris y Zoé.

—¡Está zampándose todos los canapés, mamá! —remarcó la pequeña Clara señalando a Paul Merson, que se atiborraba sin vergüenza.

—Oiga, señora Merson, ¿da usted de comer a su hijo? —exclamó Iphigénie golpeando los dedos de Paul Merson.

—¡Paul! ¡Compórtate! —canturreó la señora Merson con voz cansina.

—¡Tienen hijos y después ni se molestan en educarles! —protestó Iphigénie, fulminando a Paul Merson con la mirada.

Éste hizo una mueca, se limpió las manos en los vaqueros y se lanzó sobre un bol de pollo en gelatina.

La dama del caniche blanco parecía muy interesada por la conversación de Zoé, que contaba el baño de Du Guesclin y su primera escudilla de croquetas.

—Se lanzó sobre ella como si hiciese años que no comiera y después vino a tumbarse a mis pies en señal de reconocimiento.

La dama felicitó a Zoé por su vocabulario y le aconsejó el nombre de su veterinario.

—Pero ¿por qué? No está enfermo. Sólo tenía hambre.

—Pero habrá que vacunarle... Todos los años.

—Ah... —respondió Zoé, que miraba hacia la puerta—. ¿Todos los años?

—De la rabia, es obligatorio —afirmó la señora estrechando al caniche en sus brazos—. ¡Arthur está al día! Y tendrás que limpiarlo regularmente, porque si no tendrá pulgas y se rascará...

—¡Buff! —dijo Zoé—. Du Guesclin viene de la calle, ¡no de un salón de belleza!

Una pareja, él con los dientes podridos, ella embutida en un traje barato, hablaba del increíble aumento de los precios inmobiliarios en el barrio a una anciana empolvada de blanco, mientras que otra felicitaba a Iphigénie, y daba gracias al cielo por haberla recompensado haciéndole ganar la lotería.

—No siempre son justos, esos juegos de azar, pero en su caso puede decirse que se lo merece. ¡Con todo lo que trabaja para limpiar este edificio!

—¡Dígaselo a la señorita de Bassonnière! —respondió Iphigénie—. ¡No para de criticarme y hace lo que puede para que me despidan! ¡Pero no dejaré mi portería ahora que es un palacio!

El señor Sandoz sacó pecho. La palabra «palacio» se le había clavado directamente en el corazón. Sintió una atracción irresistible hacia Iphigénie. Ella se había lavado el pelo con un champú colorante rosa chicle con puntas azul marino, y llevaba un vestido rojo de cuadros. ¡Qué pedazo de mujer! El día antes, en el momento de colocar el último mueble, él había murmurado: «Iphigénie, es usted hermosa como una valkiria», ella había entendido «vaca que ríe» y había hecho su ruido de trompeta. La acarició con la mirada, suspiró y decidió eclipsarse. Nadie se daría cuenta de su ausencia. Nadie se daba nunca cuenta de su presencia o de su ausencia.

—¡Vamos! ¡No es tan terrible, la señorita de Bassonnière! Defiende como puede nuestros intereses —dijo un señor que llevaba una boina y el lazo de la Legión de Honor.

—¡Es una vieja bruja! —exclamó el señor Merson—. Usted no estaba allí, anoche, en la reunión. Noté mucho su ausencia, de hecho...

—Había cedido mis poderes —dijo el hombre dándole la espalda.

—¡Peor para mí! —concluyó el señor Merson—. En todo caso, lo que es seguro es que no la veremos esta noche.

—¿Y el señor Pinarelli, ha venido? —preguntó la dama del caniche.

—¡Su madre no le ha dado permiso para salir! Le ata en corto. Se cree que todavía tiene doce años. Él intenta hacer trastadas a sus espaldas ¡pero ella le castiga! Me lo ha dicho él. ¿Sabía que tiene prohibido salir por la noche? ¡Estoy seguro de que es virgen!

En una esquina, sentada en una silla Ikea, Iris contemplaba la escena y se lamentaba de lo bajo que había caído. A estas horas tendría que estar en Londres, en el hermoso piso de Philippe, cambiando de sitio un jarrón para marcar su presencia o guardando sus cachemires, y en cambio se encontraba en la vivienda de una portera, escuchando charlas sin interés o rechazando canapés insípidos y champán barato. Ni un solo hombre interesante, aparte de ese señor Merson que se la comía con la mirada. Era muy del estilo de Joséphine tratarse con gente tan ordinaria. ¡Dios mío! ¿Qué va a ser de mi vida? Todavía tenía la sensación de caminar por el largo pasillo blanco. Buscaba una salida.

—Su hermana es deslumbrante —suspiró el señor Merson al oído de Joséphine—. Un poco fría, quizás, ¡pero yo la descongelaría con gusto!

—Señor Merson, ¡refrene sus ardores!

—Me gustan los casos difíciles, las circunstancias imposibles que dan un giro y se funden en la voluptuosidad... ¿Qué le parecería un *ménage à trois*, señora Cortès?

Joséphine perdió su templanza y enrojeció completamente.

—¡Ah! Se diría que he tocado un punto sensible. ¿Ya lo ha probado usted?

—¡Señor Merson!

—Debería. El amor sin sentimientos, sin posesión, es delicioso... Uno se entrega sin encadenarse. El alma y el corazón descansan mientras el cuerpo se agita... ¡Es usted demasiado seria!

—¡Y usted, no lo suficiente! —replicó Joséphine, precipitándose hacia Zoé, que miraba hacia la puerta de la portería con desespero.

—¿Te estás aburriendo, cariño? ¿Quieres subir? ¿Quieres ver a Du Guesclin?

—No, no...

Zoé le sonrió con tierna indulgencia.

—¿Estás esperando a alguien?

—No. ¿Por qué?

Espera a alguien, pensó Joséphine, leyendo una madurez nueva en el rostro de su hija. Esta mañana, en el desayuno, era mi bebé, esta tarde, es casi una mujer. ¿Será que está enamorada? Su primer amor. Creía que se sentía atraída por Paul Merson, pero ni siquiera lo mira. ¡Mi hija pequeña, enamorada! Se le encogió el corazón. Se preguntó si sería como Hortense o como ella. ¿Corazón de caramelo blando o de turrón duro? No sabía qué desearle.

Iphigénie abría sus armarios, enseñaba las diferentes disposiciones, señalaba los colores, los carteles enmarcados y puntuaba cada frase arqueando las cejas, atenta a la menor crítica, al menor comentario. Léo y Clara circulaban, llevando las bandejas, distribuyendo las servilletas de papel. Se oyó una música. Era Paul Merson, que buscaba una emisora de radio.

—¿Bailamos? —preguntó la señora Merson desperezándose, los senos apuntando hacia delante—. ¡Un guateque sin música es como un champán sin burbujas!

Fue el momento que eligieron Hervé Lefloc-Pignel, Gaétan y Domitille para hacer su entrada. Seguidos de los Van den Brock y de sus dos hijos. Hervé Lefloc-Pignel, alto, sonriente. Los Van den Brock tan disparejos como siempre, el uno pálido, agitando sus largas pinzas de coleóptero, la otra sonriente y valerosa, haciendo girar sus ojos como canicas enloquecidas. La atmósfera cambió sutilmente. Todos parecieron ponerse firmes, salvo la señora Merson, que continuaba contoneándose.

Joséphine sorprendió la mirada ansiosa de Zoé sobre Gaétan. Así que era él. Él se acercó a ella, le murmuró algo al oído que la hizo enrojecer y bajar la mirada. Corazón de melón, concluyó Joséphine, emocionada.

La llegada de refuerzos del edificio A fue como un jarro de agua fría. Iphigénie lo notó y se apresuró a ofrecer champán a los recién llegados. Era toda sonrisas y Joséphine comprendió que también ella se sentía incómoda. Ya podía levantar el puño y entonar *La Internacional* en los pasillos del Intermarché, ahora estaba intimidada.

La señora Lefloc-Pignel no había bajado. Hervé Lefloc-Pignel felicitó a Iphigénie, los Van den Brock también. Inmediatamente, la gente se arremolinó a su alrededor como si fuesen altezas reales. Joséphine observó extrañada. El poder del dinero, el prestigio de la hermosa casa, la ropa de buena calidad imponían respeto, a pesar de todas las burlas. Ironizaban de lejos, se inclinaban de cerca.

El señor Van den Brock transpiraba abundantemente y no dejaba de tirar del cuello de su camisa. Iphigénie abrió la ventana que daba al patio. Él la cerró con un gesto brusco.

—Tiene miedo de los microbios, ¡es el colmo en un médico! —dijo una vivaracha señora del edificio B—. Cuando te examina, ¡se pone guantes! Resulta extraño sentir manos de plástico paseándose por una... ¿Ha estado usted en su consulta? Todo está limpio e impecable... ¡Se diría que no quiere ni tocarte!

—Yo fui sólo una vez y no he vuelto a ir. Me pareció un poco..., ¿cómo decir?..., apresurado —dijo otra, engullendo un canapé de salmón—. ¡Tiene una forma de agitar los dedos mirándote fijamente! Como si fuese a ensartarte y a pegarte en una colección de mariposas. Es una lástima. Resulta práctico, un ginecólogo en el edificio.

—A mí hay dos cosas que no me gusta hacer en el médico: ¡abrir la boca y abrirme de piernas! ¡Huyo de los dentistas y de los ginecólogos!

Se echaron a reír y cogieron una copa de champán. Vieron que la señora Van den Brock las observaba, con el ojo giratorio, y se preguntaron si las había oído.

—¡Ésa tiene un ojo mirando a Valparaíso y el otro a Toronto! —dijo una.

—¿La han oído cantar? ¡Están todos chiflados en el edificio A! ¿Qué piensan de la recién llegada? Siempre metida en la portería... Eso no es normal.

Iris esperaba, en una esquina, a que Joséphine hiciese las presentaciones. Como su hermana no hacía el menor gesto, avanzó hacia Lefloc-Pignel.

—Iris Dupin. Soy la hermana de Joséphine —declaró, deslumbrante de timidez y elegancia.

Hervé Lefloc-Pignel se inclinó en un besamanos cortés. Iris observó el traje de alpaca gris oscuro, la camisa a rayas, azul y blanca, la corbata de nudo grueso, de colores, el discreto pañuelo, el torso de atleta, la elegancia sutil, el saber estar del hombre atractivo acostumbrado a los salones. Respiró el agua de colonia Armani, un ligero olor a «Aramis» sobre el repeinado pelo negro. Y cuando levantó la mirada hacia ella, se sintió transportada por una ola de felicidad. Él sonreía y esa sonrisa era como una invitación a un baile. Joséphine les observaba, asombrada. Él se inclinaba sobre ella como quien respira una flor rara, ella se abandonaba con una calculada reserva. No pronunciaron palabra, pero tanto el uno como el otro parecían imantados. Silenciosos, asombrados, sonrientes. No dejaban de mirarse, a pesar de las conversaciones que les empujaban de un lado a otro. Se inclinaban hacia los unos, hacia los otros y volvían a rozarse, temblorosos.

Cuando Joséphine había vuelto de hacer la compra, Iris le había preguntado si asistiría a la fiesta de Iphigénie y si ella estaba realmente obligada a ir.

—Haz lo que quieras.

—¡No! Dímelo tú...

—Es una fiesta entre vecinos. ¡No asistirán ni Putin ni Bush! —había contestado para cortar de raíz las preguntas de su hermana.

Iris había empezado a refunfuñar.

—¡Te da igual lo que estoy sufriendo! ¡Te da igual que Philippe me haya tratado como un trapo viejo! ¡Al final resulta que, bajo esa máscara de dama benefactora, no eres más que una egoísta!

Joséphine se había quedado mirándola fijamente, estupefacta.

—¿Soy una egoísta porque no me intereso exclusivamente por ti? ¿Es eso?

—Me siento desgraciada. Estoy a punto de morir y tú te vas de compras con una...

—¿Acaso tú me has preguntado cómo estaba yo? No. ¿Qué tal estaba Zoé? ¿Hortense? No. ¿Has comentado algo sobre mi nuevo piso? ¿Sobre mi nueva vida? No. ¡Lo único que te preocupa eres tú, tú y tú! Tu pelo, tus manos, tus pies, tu ropa, tus arrugas, tu estado de ánimo, tu humor, tu...

Se ahogaba. Ya no dominaba sus palabras. Las escupía como un volcán escupe la lava que le obstruía el cráter y lo mantenía dormido.

—La última vez que comimos juntas, después de haber anulado nuestra cita tres veces, por razones tan fútiles que me dan ganas de llorar, no hablaste más que de ti. Todo se reduce a ti. Constantemente. Y yo estoy ahí para escucharte, para servirte. Lo siento, Iris, estoy cansada de servirte. Te había avisado de que habría esa fiesta para Iphigénie... Había previsto que cenaríamos juntas después, ¡yo estaba tan contenta y tú te vas a Londres! Olvidando que yo estaba aquí, esperándote, ¡que me alegraba de poder enseñarte mi nuevo piso! Y ahora te quejas de injusticia porque tu marido, del que te preocupabas como de un mueble mal encerado, se ha hartado y se ha largado con otra... Qué quieres que te diga: ¡que lleva mucha razón y que espero que te sirva de lección! Y que, a partir de ahora, prestarás un poco más de atención a los demás. Porque a fuerza de no dar nada, de acapararlo todo, te vas a quedar sola y tus magníficos ojos sólo te servirán para llorar.

Iris la había escuchado, atónita.

—¡Pero si tú nunca me habías hablado así!

—Estoy cansada... Harta de tu necesidad irritante de ser siempre el centro de atención. Deja un poco de espacio a los demás, ¡escúchales respirar y serás menos infeliz!

Habían bajado a la portería sin hablarse. Zoé charlaba por las tres. Contaba los asombrosos progresos de Du Guesclin, que había recibido su primer baño sin protestar y ni siquiera había llorado cuando se habían ido. Habían preparado la fiesta, con Iris rumiando en una esquina, ayudando de mala gana, hostil y silenciosa. Ignorando a los primeros invitados, ignorando a los siguientes.

Hasta que apareció Hervé Lefloc-Pignel.

Joséphine se puso a la altura de Iphigénie y le susurró al oído:

—Dígame, ¿acaso no sale nunca la señora Lefloc-Pignel?

—¡Ya sabe usted que no la veo nunca! ¡Ni siquiera me abre cuando le llevo el correo! Lo dejo sobre el felpudo.

—¿Está enferma?

Iphigénie se llevó el dedo a la sien y soltó:

—Enferma de la cabeza... ¡Pobre hombre! Es él quien se ocupa de los niños. Parece ser que ella se pasa el día en camisón. La encontraron un día en la calle. Deliraba, pedía ayuda, decía que la perseguían... Hay mujeres que no saben lo que tienen. Si yo tuviera un marido tan guapo como él, un piso tan grande como el suyo y tres rubitos, ¡le aseguro que no me pasearía por ahí en camisón! ¡Disfrutaría en Don Disfrute!

—Me he enterado de que había perdido un hijo pequeño en un horrible accidente. Quizás no se haya recuperado de aquello...

Iphigénie suspiró, llena de compasión. Una desgracia tan grande explicaba seguramente lo del camisón.

—¡Menudo éxito su fiesta! ¿Está contenta?

Iphigénie le tendió una copa de champán y levantó su vaso.

—¡A la salud de mi hada madrina!

Bebieron en silencio, observando el baile de gente a su alrededor.

—El señor Sandoz se ha marchado muy pronto... Creo que su corazón late por usted, Iphigénie...

—¡No sueñe! Ayer mismo ¡me llamó Vaca que ríe! ¡He oído declaraciones de amor mejores! Todo esto no va a impedir que mañana ¡tenga que limpiarlo todo y llenar los cubos de basura!

—Le echaré una mano, si quiere...

—De eso nada. Mañana es domingo y usted a dormir...

—¡Tendremos que recogerlo todo bien, para que esa Bassonnière no se queje!

—¡Oh, ésa, que se quede donde está! ¡Es demasiado malvada! ¡La verdad es que hay gente que uno se pregunta por qué Dios la deja vivir!

—¡Iphigénie! ¡No diga usted eso! ¡Va a traerle mala suerte!

—¡No creo! Es robusta como una cucaracha...

El señor Merson, que pasaba detrás de ella, levantó el vaso y murmuró:

—Entonces, señoras... ¡A la salud de la cucaracha!

* * *

Zoé no bajó al trastero esa noche. Se quedó con su madre y su tía. Tenía ganas de cantar, de gritar. Esa tarde, durante la fiesta en casa de Iphigénie, Gaétan le había susurrado: «Zoé Cortès, estoy enamorado de ti». Ella se había transformado en una zarza ardiente. Él había continuado hablándole al oído, mientras simulaba que bebía del vaso. Había dicho locuras como: «¡Estoy tan enamorado de ti que tengo celos de tus almohadas!». Y después, se había separado para no hacerse notar y a ella le había parecido alto, muy alto. ¿Sería posible que hubiese crecido desde el día anterior? Y después había vuelto y había dicho: «Esta noche no podré bajar al trastero, así que dejaré mi jersey bajo tu felpudo y así te dormirás pensando en mí». Y entonces, el tapón de su garganta había saltado y le había contestado: «Yo también estoy enamorada de ti», y él la había mirado con tanta seriedad, que ella había estado a punto de echarse a llorar. Antes de acostarse, iría a coger su jersey bajo el felpudo y dormiría con él.

—¿En que estás pensando, hija? —preguntó Joséphine.

—En Du Guesclin. ¿Puede dormir en mi habitación?

Iris terminó la botella de Burdeos y levantó la mirada al cielo.

—¡Un perro es una carga, hay que ocuparse de él! ¿Quién le va a sacar a pasear esta noche, por ejemplo?

—¡Yo! —gritó Zoé.

—¡No! —respondió Joséphine—. No vas a salir a estas horas. Iré yo...

—¿Ves? Ya empezamos —suspiró Iris.

Zoé bostezó, declaró que estaba cansada. Dio un beso a su madre y a su tía y fue a acostarse.

—¿Y cómo se llamaba tu atractivo vecino?

—Hervé Lefloc-Pignel.

Iris se llevó el vaso a los labios y murmuró:

—¡Un hombre guapo! ¡Muy guapo!

—Está casado, Iris.

—Eso no impide que sea atractivo... ¿Conoces a su mujer? ¿Cómo es?

—Rubia, frágil, un poco perturbada...

—¡Ah! No debe de ser una pareja muy unida. Esta noche ha venido sin ella.

Joséphine empezó a recoger. Iris preguntó si quedaba un poco más de vino. Joséphine le propuso abrir una botella.

—Me gusta beber un poco por la noche... Me calma.

—No deberías beber con todas estas pastillas que sigues tomando...

Iris soltó un largo suspiro.

—Dime, Jo, ¿podría quedarme en tu casa? No tengo ganas de volver a la mía... Carmen me deprime.

Joséphine, inclinada sobre la basura, vaciaba los platos antes de meterlos en el lavavajillas. Pensó: «Si Iris se queda, se acabó mi intimidad con Zoé. Apenas acabo de recuperarla».

—¡No te pongas tan contenta! —dijo Iris sarcásticamente.

—No... No es eso, pero...

—¿Preferirías que no?

Joséphine reflexionó. Iris la había acogido tantas veces en su casa... Se volvió hacia su hermana y mintió:

—Tenemos una vida tan tranquila... Tengo miedo de que te aburras.

—¡No te preocupes! Buscaré alguna ocupación. A menos que de verdad no quieras saber nada de mí.

Joséphine protestó, no es eso, no es eso. Con tan poca convicción que Iris se molestó.

—Cuando pienso en todas las veces que os he recogido, a ti y a las niñas... Y tú, al primer favor que te pido, dudas...

Se había servido otro vaso de vino y divagaba. Aturdida por el alcohol, no sorprendió la mirada furiosa pero herida de Joséphine. Tú no nos has «recogido», Iris, nos has «acogido», que es distinto.

—¡Toda mi vida he estado a tu lado! Te he ayudado económicamente, te he ayudado moralmente. ¡Mira, incluso el libro, no lo habrías escrito sin mí! He sido tu impulso, tu ambición.

Lanzó una risita irónica que la sacudió.

—¡Tu musa, podemos decir! Temblabas ante la idea de existir. Yo te obligué a sacar lo que había de bueno en ti, yo construí tu éxito ¡y mira cómo me lo agradeces!

—Iris, deberías dejar de beber... —sugirió Joséphine, las manos crispadas sobre un plato—. Estás diciendo tonterías.

—¿Acaso no es la verdad?

—Te venía bien que estuviese allí. Las niñas hacían compañía a Alexandre y yo ¡servía de filtro entre Philippe y tú!

—¡Hablemos de ése! ¡A estas horas, debe de estar tirándose a la tal miss Doolittle! ¡Dottie Doolittle! ¡Vaya nombre! ¡Debe de vestirse de rosa chicle y llevar tirabuzones!

¿Será rubia o morena, miss Doolittle?, se preguntó Joséphine vertiendo el detergente del lavavajillas. «Transitoria», había dicho Alexandre. Eso quería decir que no estaba enamorado. Que se estaba divirtiendo. Que después encontraría otra y otra y otra. Joséphine formaba parte de la retahíla. Una guirnalda para Nochebuena.

—Me pregunto si me engañó cuando vivíamos juntos —continuaba Iris vaciando el vaso—. No lo creo. Me quería demasiado. ¡Hay que ver lo que me quería! ¿Te acuerdas?

Sonreía en el vacío.

—Y después, un día, se acaba y no sabes por qué. Un gran amor debería ser eterno, ¿no?

Joséphine inclinó bruscamente la cabeza. Iris se echó a reír.

—Te lo tomas todo por el lado trágico, Jo. Son los vaivenes de la vida. Pero tú no puedes saberlo, no has vivido nada...

Miró su vaso vacío y se volvió a servir.

—Sin embargo, ¿de qué sirve haber vivido tanto? ¿Para que luego los sentimientos se erosionen?

Suspiró.

—Pero el dolor, ése no se erosiona. De hecho es extraño: el amor se gasta, pero el dolor permanece intacto. Cambia de máscara, pero permanece. Nunca se deja de sufrir mientras que, un día, se deja de amar. ¡La vida está mal hecha!

No estoy tan segura, se dijo Joséphine, la vida precipita acontecimientos que la imaginación no osaría relacionar. Recordaría durante mucho tiempo ese día. ¿Qué había querido decirle la vida? Despierta, Joséphine, que te duermes. ¿Despierta o rebélate?

—Ya no tengo nada. Ya no soy nada. Mi vida ha terminado, Jo. Destruida. Hecha una bola. A la basura.

Joséphine leyó el pánico en los ojos de su hermana y su cólera se borró. Iris temblaba y sus brazos abrazaban su torso en un gesto desesperado.

—Tengo miedo, Jo. Si supieses el miedo que tengo... Me ha dicho que me daría dinero, pero el dinero no lo reemplaza todo. El dinero nunca me ha hecho feliz. Es extraño cuando lo piensas. Todo el mundo lucha por tener siempre más dinero y ¿acaso el mundo es mejor? ¿Acaso la gente está mejor? ¿Acaso van silbando por la calle? No. Con el dinero nunca se está satisfecho. Siempre encuentras a alguien que tiene más que tú. Quizás tienes razón y sólo el amor te llena de verdad. Pero ¿cómo aprender a amar? ¿Lo sabes tú? Todo el mundo habla de ello, pero nadie sabe lo que es. Tú repites continuamente que hay que amar, amar, pero ¿eso se aprende? Dime.

—Olvidándose de uno mismo —murmuró Joséphine, aterrorizada por el estado de su hermana, que divagaba vaciando y volviendo a llenar su vaso.

Iris soltó una risa sarcástica.

—¡Otra respuesta que no entiendo! Se diría que lo haces adrede. ¿Podrías hablar más claramente?

Balanceaba la cabeza, jugaba con el pelo, manoseaba un mechón, lo enrollaba, lo desenrollaba, se tapaba el rostro con él.

—De todas formas, es demasiado tarde para aprender. ¡Es demasiado tarde para todo! Estoy acabada. No sé hacer nada. Y voy a terminar sola... Una vieja como las que se ven en la calle. ¿Te conté lo del mendigo con el que me había cruzado hace unos años? Por aquel entonces yo era joven y no me había parado porque tenía los brazos llenos de paquetes. Se quedó allí, sobre la acera, bajo la lluvia. La gente le pisaba y él se apartaba para no molestar...

Se golpeó la frente con el puño.

—¿Por qué no dejo de pensar en aquel mendigo? Vuelve y vuelve a mí y tomo su lugar en la calle, tiendo la mano a los transeúntes que no me miran. ¿Crees que voy a acabar así?

Joséphine la miró largamente, intentando percibir lo que había de sincero en ese terror. Du Guesclin, a sus pies, bostezó como si quisiera desencajar su mandíbula. Se aburría. Iris le parecía lamentable. Joséphine pensó en la divisa del auténtico Du Guesclin: «El valor da lo que la belleza niega». En realidad, se dijo Joséphine, simplemente le falta valor. Sueña con una solución lista para llevar. Sueña con una felicidad que no tenga más que ponérsela, como un vestido de fiesta. Se imagina princesa y espera a su príncipe. Él tomará su vida de la mano y ella no tendrá que hacer ningún esfuerzo. Es cobarde y perezosa.

—Vamos, venga, necesitas descansar...

—¿Estarás ahí, Jo, no me abandonarás? Envejeceremos juntas como dos manzanitas arrugadas... Di que sí, Jo. Di que sí.

—No te abandonaré, Iris.

—Qué buena eres. Siempre has sido buena. Era tu carta de presentación, la bondad. Y también la seriedad. Se decía siempre: «Jo es una trabajadora, una chica seria» y yo tenía lo demás, todo lo demás. Pero si no se pone atención en lo demás, se volatiliza... Ya ves, la vida, en el fondo, es un capital. Un capital que haces fructificar o no... Yo no he hecho fructificar nada. ¡Lo he dilapidado todo!

Tenía la voz pastosa. Se hundía sobre la mesa de la cocina y su mano amorfa y dubitativa buscaba el vaso a tientas.

Joséphine la cogió por el brazo, la levantó y la dirigió suavemente hasta la habitación de Hortense. La echó sobre la cama, la desvistió, le quitó los zapatos y la metió entre las sábanas.

—¿Dejarás encendida la luz del pasillo?

—Dejaré la luz del pasillo...

—¿Sabes lo que me gustaría? Me gustaría algo inmenso. Un inmenso amor, un hombre como los de tu Edad Media, un valeroso caballero que me llevara, que me protegiera... La vida es demasiado dura, demasiado dura. Me da miedo...

Deliró un momento más, se volvió sobre un lado y se durmió inmediatamente con un sueño profundo. En poco tiempo, Joséphine la oyó roncar.

Fue a refugiarse en el salón. Se tumbó en un sofá. Se caló un cojín en la espalda. Los acontecimientos se apelotonaban en su cabeza. Debería afrontarlos uno por uno. Philippe, Luca, Antoine. Esbozó una sonrisa. Tres hombres, tres mentiras. Tres fantasmas que la acosaban bajo sus sábanas blancas. Acurrucada, cerró los ojos y vio a los tres hombres bailar bajo sus párpados. La ronda se detuvo y emergió la silueta de Philippe. Sus ojos negros brillaban en su sueño, percibió la punta enrojecida de su cigarro, respiró el humo, contó una voluta, dos volutas que él dejaba escapar redondeando la boca. Lo vio en brazos de Dottie Doolittle, la atraía por las solapas del abrigo, la empujaba contra la puerta de un horno en su cocina y la besaba posando sus labios cálidos y suaves sobre los labios de ella. Aquello le producía un nudo en el estómago, un nudo de dolor frío que crecía, y crecía. Puso las manos contra el cuerpo para impedir que el nudo creciera.

Se sintió muy sola, muy infeliz, posó su cabeza sobre el brazo del sofá y lloró suavemente, con pequeños sollozos medidos, con el cuidado y la parsimonia de la contable que no quiere perder ni un céntimo. Era su manera de negarse a dejarse llevar por la corriente de la pena. Lloró, la nariz hundida en la manga, hasta que oyó el eco de otros sollozos. Largos gemidos, una lenta cantinela en respuesta a su queja.

Levantó la cabeza y vio a Du Guesclin. Las patas juntas, el cuello estirado, lanzaba su queja contra el techo, la modulaba como una sierra musical, la amplificaba, la atenuaba, la repetía, los ojos cerrados en un canto de sirena desesperado. Ella se echó sobre él. Le abrazó, le cubrió de besos, repitió hasta la saciedad: «¡Du Guesclin!

¡Du Guesclin!», hasta que se calmó, hasta que él calló y se miraron los dos, extrañados por ese derroche de lágrimas.

—Pero ¿tú quién eres? ¿Quién eres? ¡Tú no eres un perro! ¡Eres humano!

Le acariciaba, era cálido al tacto de sus dedos y más duro que un muro de hormigón. Se apoyaba sobre sus patas fuertes y musculosas y la contemplaba con la atención de un niño que aprende a hablar. Tuvo la impresión de que él la imitaba para comprenderla mejor, para amarla mejor. No dejaba de mirarla. No le interesaba nada más que ella. Ella recibió su amor como una bola caliente, y sonrió a través de sus lágrimas. Él parecía decir: «Pero ¿por qué lloras? ¿No ves que estoy aquí? ¿No ves todo el amor que siento por ti?».

—¡Y no has salido aún! ¡Eres realmente un perro increíble! ¿Vamos?

Él movió la grupa. Ella sonrió pensando que nunca podría mover la cola, que nunca se vería si estaba contento o no. Pensó que habría que comprarle una correa y después pensó que no serviría de nada. No la dejaría nunca. Estaba escrito en su mirada.

—Tú no me traicionarás, ¿eh?

Él esperaba moviendo el trasero a que ella se decidiese a salir.

Cuando volvió a subir, entreabrió la puerta de la habitación de Zoé y Du Guesclin fue a acostarse al pie de la cama. Dio una vuelta sobre el cojín y lo olfateó antes de dejarse caer pesadamente con un profundo suspiro.

Zoé dormía enrollada en una prenda de lana. Joséphine se acercó, reconoció un jersey, lo tocó con los dedos. Vio el rostro feliz de su hija, la sonrisa en sus labios, y comprendió que era el jersey de Gaétan.

—No hagas como yo —murmuró a Zoé—. No pases al lado del amor con el pretexto de que estás tan poco acostumbrada que no lo reconoces.

Sopló sobre la cálida frente de Zoé, sopló sobre sus mejillas, sobre sus mechones de pelo pegados a su cuello.

—Aquí estaré, velaré para que no te pierdas ni una migaja, haré que tengas todos los triunfos en la mano...

Zoé suspiró en su sueño y murmuró: «¿Mamá?». Joséphine le cogió la yema de los dedos y los besó.

—Duerme, hermosura, mi amor. Está aquí tu mamá que te quiere y te protege...

—Mamá —balbuceó Zoé—. Soy tan feliz... Me ha dicho que estaba enamorado de mí, mamá, enamorado de mí...

Joséphine se inclinó para recoger sus palabras turbadas por el sueño.

—Me ha dado su jersey... Creo que finalmente soy guay.

Tuvo un pequeño estremecimiento y cayó en un sueño profundo. Joséphine subió la sábana, colocó el jersey y dejó la habitación cerrando suavemente la puerta. Se apoyó en la pared y pensó, eso es la felicidad, reencontrar el amor de mi hija pequeña, mezclar mis dedos, mi aliento con sus dedos, con su aliento, inmovilizar ese momento, hacerlo durar, huir, degustarlo, lentamente, lentamente, si no la felicidad se alejará antes de que haya podido probarla.

* * *

Junior tenía un año. Había decidido que ya era hora de independizarse. Se acabó. Ya he jugado lo suficiente a los bebés para divertirles. Me toca tomar el mando porque, en este momento, el mundo se ha vuelto loco.

Se había incorporado, había dado algunos pasos torpes y se había caído sobre sus pañales —éstos no los llevaré mucho tiempo, habrá que deshacerse de ellos rápidamente, menuda idea la de dejar un paquete de caca entre las piernas de un angelito—, se había levantado y había vuelto a empezar. Hasta atravesar la habitación sin dificultad. No era tan difícil eso de poner un pie delante del otro y facilitaba mucho la vida. Empezaba a tener irritaciones en los codos y en las rodillas a fuerza de gatear.

Después había levantado los ojos hacia el pomo de la puerta de su habitación. ¡Menuda idea haberle encerrado! No le ponían las cosas fáciles. Debía de ser una manía de esa chiquilla tan poco espabilada que le habían impuesto como niñera. Una boba hipócrita que se pasaba el tiempo leyendo revistas estúpidas, y cobrando los billetes que le daba el Platillo Volante para comprar sus confidencias. Todo estaba patas arriba en la casa. Su madre yacía postrada en la cama. Su padre lloraba desesperadamente rascándose el cráneo y tenía eczemas por todas partes: en el cuello, en los codos, en las cejas, en los brazos, en las piernas, en el torso, e incluso en el testículo izquierdo, el del corazón. Se oía el vuelo de una mosca, y ya ni una sola risa. Ni visitas, ni comidas bien regadas, ni el olor de esos puros que le picaban en la nariz, ni manos desatadas de papá toqueteando a mamá que se dejaba hacer con esa risa gutural que a él tanto le gustaba. ¡Oh, Marceeel! ¡Marceeel! Bailaba en su pecho como una gárgara cálida y entonaba la melodía de la felicidad. Nada. Un gran silencio, caras largas y llantos enterrados en el fondo de gargantas ahogadas. Mi pobre mamá, te han echado un sortilegio, lo sé muy bien. Y los médicos hablando de depresión. ¡Imbéciles! Han olvidado de dónde vienen, han olvidado que estamos ligados al Cielo y que somos turistas en la Tierra. ¡Como la mayoría de la gente, de hecho! Se creen muy importantes y piensan que lo dominan todo: el cielo y la tierra, el fuego y el viento, el mar y las estrellas. Se las dan de listos. Oyéndoles hablar ¡se diría que han creado el mundo! Se han olvidado tanto de dónde vienen que presumen de ser más fuertes que el Bien y el Mal, que los ángeles y los diablos, que Dios y Satán. Lanzan sus peroratas desde lo alto de su cerebrito de humanos. Invocan la Razón, el Uno más Uno, el si no lo veo no lo creo y cruzan las manos sobre la barriga, riéndose del ingenuo que tiene fe en esas pamplinas. Yo que, no hace mucho, estaba sentado al lado de los ángeles y lo pasaba de fábula, lo sé. Sé que venimos de allí arriba y que volveremos allí. Sé que hay que elegir campo, sé que hay que luchar contra el otro campo y sé que los malvados de enfrente han raptado a Josiane y que quieren su pellejo. Para que Henriette recupere su pasta. Lo sé. Ya puedo dar mis primeros pasos pero no he olvidado de dónde vengo.

Cuando me pidieron, Allí Arriba, si quería volver a trabajar en la Tierra, con una parejita encantadora que se lamentaba de no poder tener hijos y que hacían todo lo que podían para obtener uno guapo, calentito, dorado, los analicé a conciencia, a esa Josiane y ese Marcel, y me parecieron enternecedores. Generosos, meritorios, cremosos, nada tontos. Entonces me dije, sí, vale. Pero es mi última misión. Porque se está la mar de bien Allí Arriba, porque tengo un montón de cosas que hacer allí, libros que leer, películas que ver, cosas que inventar, fórmulas que descubrir y, todo el mundo lo sabe, a la Tierra no se viene a jugar. Es casi el Infierno. Se pasan el día poniéndote zancadillas. Llaman a eso los celos, la maldad, la hipocresía, el afán de lucro, tiene un montón de nombres como los Siete Pecados capitales y eso te retrasa. Si consigues llevar a buen puerto una o dos ideas, puedes darte por satisfecho. Pongamos por ejemplo a Mozart. Le conozco bien. Era mi vecino Allí Arriba. Mira cómo terminó en la Tierra: acosado por los celos, plagiado, ridiculizado, en la miseria. ¡Y sin embargo no hay nadie más encantador y divertido que él! ¡Una auténtica delicia! ¡Una sinfonía!

Pero bueno...

Había hablado de su partida con Mozart que le había dicho, por qué no, son buena gente... Yo, si no tuviese que rehacer mi *Marcha Turca* porque me dejé llevar por algunos caminos fáciles, por una serie de arpegios un poco jactanciosos, también bajaría a tocarles una melodía al piano, una pequeña *Sonata para Dos viejos felices* en *si* mayor. Podía confiar en Mozart. Era un tío legal. Modesto y jovial. Venían todos a visitarle, Bach, Beethoven, Schumann y Schubert, Mendelssohn, Satie y muchos otros más, y hablaba con ellos sin pavonearse. Hablaban sobre todo de trabajo, corchea y doble corchea, todo un galimatías del que no entendía nada. Él era más bien ecuaciones, tiza, pizarra. Había terminado diciendo «sí», y había bajado con Josiane y Marcel. Una buena madre, un buen padre. Dos humanos maravillosos encerrados durante mucho tiempo en la infelicidad, pero el Cielo había decidido recompensarles al final de su vida por los servicios prestados a la humanidad.

¡Qué alegría la de los dos viejecitos cuando llegó! Gritaban milagro. Encendían cirios. Rezaban alabanzas, rebosaban felicidad. Sobre todo él. ¡No se podía estar quieto! Blandía a su hijo como a un trofeo, lo exhibía, lo instalaba al lado de su mesa y le explicaba sus negocios. Apasionante de hecho. El viejo era realmente espabilado. Listo como nadie. Vendía su mercancía en el mundo entero. ¡Había que oírle negociar! Lo que disfrutaba cuando Marcel le llevaba al despacho. No podía participar de verdad, porque estaba prisionero en ese cuerpo de bebé balbuceante y titubeante, pero se las arreglaba como podía desde su sillita para enviarle señales. A veces, Marcel las comprendía. Guiñaba los ojos, se preguntaba si no estaba viendo visiones, pero le escuchaba. Le hablaba en chino, en inglés, le hacía leer balances, análisis financieros, informes de estudios. No tenía de qué quejarse: con el Viejo le había tocado el premio gordo, tenía intuición celestial. Lo duro eran los demás: los que le babeaban encima y le hacían muecas idiotas. Sobre su cuna, las bocas se convertían en gárgolas terroríficas. Le regalaban juguetes para tontos. Peluches mudos, libros de tela con una letra por página, móviles que le impedían dormir. La próxima vez que bajase —¡si tenía que haber una próxima vez!— se encarnaría directamente en Matusalén. Se saltaría la infancia y sus sinsabores. Mozart dice que eso no es posible. ¡Que hay que pasar por los baberos! Ése sí que sabe, Mozart, de las vidas anteriores: las acumulaba. Si no ¿cómo crees que hubiese escrito la *Pequeña serenata nocturna* con seis años y medio? ¿Eh? Porque tenía mucha vida detrás. ¡Vidas y vidas de compositores ignorados, a quienes vengué de un plumazo! De hecho, si lo pienso un poco, ésa también debería reescribirla, tiene algo de cantinela, ¿no? ¿Tú qué piensas, Albert?

Pero no tuvo tiempo de responder, le habían mandado a la Tierra, a una deslumbrante clínica del distrito dieciséis, en París, Francia. Allí Arriba había empujones para bajar a esa clínica. Cuatro estrellas. Personal cualificado. Atención puntillosa. Un baño caliente y caricias desde que llegas. Su vida había empezado bien. Felicidad, comodidad, culito caliente y dos gorditos amorosos inclinados sobre el monito azul. Sólo cuando apareció el Platillo Volante las cosas empezaron a torcerse. La primera vez que la vio, hizo un gesto reflejo: hizo el signo de defensa que se enseña Allí Arriba para defenderse del Maligno, los pulgares y los índices en un rombo tendido hacia el adversario, y los tobillos cruzados. Le había cerrado la entrada. Ella no había podido atacarle. Pero había fallado en proteger a su madre. Era ella la que se lo había tragado todo.

Ya era hora de coger la sartén por el mango.

Hora de neutralizar al Platillo Volante. De ella procedían todos sus problemas. Según el viejo refrán policial: ¿a quién aprovecha el crimen? Leído en un envoltorio de piruleta. No están mal los dichos de las piruletas. Te permitían ponerte al día cuando caías en la Tierra. Y además eran una de las pocas cosas que se podían leer, de bebé, aparte de los libros de tela con una vocal por página. ¡Menuda lectura! ¡Había que tragarse las cortinas para tener una frase entera!

Había estado reflexionando mientras mordisqueaba su piruleta, y había deducido que el Platillo Volante les había lanzado una maldición. Había hecho un pacto con las fuerzas del Mal y, en un abrir y cerrar de ojos, ¡Abracadabra te meto en un lío! Más tarde, un día en el que la Boba lo había dejado delante de la tele —se pasaba todo el tiempo delante de la tele, mirando espectáculos estúpidos que ablandan el cerebro—, había visto algo que le había recordado una cosa. Una bruja que lanzaba sortilegios arrugando la nariz. De hecho resulta extraño, porque ese programa había tenido mucho éxito. Todo el mundo lo veía, encantado, pero nadie creía en él. Llamaban a eso entretenimiento. ¡Pobres! Si supieran... El entretenimiento podía tener dos alas en la espalda o dos cuernos en la frente ¡y aquello sería harina de otro costal! Otra vez, viendo una película, sentado sobre su montón de caca que la Boba Hipócrita cambiaba cuando le venía en gana, llamada *Ghost*. Decían que había sido un *blockbuster*. Eso quería decir que había tenido un éxito tremendo. Y en lugar de escuchar las enseñanzas de la película, que explicaba exactamente cómo era lo de Allí Arriba, ¡no se habían quedado más que con la historia de amor! La bella Demi Moore que lloraba manipulando arcilla. Ese día había golpeado como un loco su Lego para hacer un llamamiento a la población y hacerles comprender qué era eso. ¡Exactamente eso! El Bien y el Mal. La Luz y la Oscuridad. Los demonios que se deslizan por doquier y la Luz que lucha contra el Diablo. ¡Nada! No habían visto nada. Ya podía volverse loco golpeando todo lo que encontraba. Se había mordido el puño hasta hacerse sangre con su único diente, y se habían enfadado con él. «Pues sí que es violento», decía Josiane abriendo los ojos como platos. ¡Violento no!, babeaba él eructando: ¡clarividente!

No llegó a ver el final de la película. Le habían acostado. Esa noche, en su cuna, se había puesto furioso. Había mordido los barrotes. Te dan las instrucciones, te lo dan todo mascado ¡y sigues ciego!

¡Ay, si pudiese hablar!

¡Si pudiese contaros! ¡Viviríais de otro modo! ¡Os ganaríais el paraíso en la tierra, en lugar de coceros al fuego lento en el Infierno, librándoos a vuestros apetitos más viles! El Platillo Volante va a acabar chamuscada, en cueros, desfigurada, si continúa jugando con el Diablo.

Ese día era domingo. Domingo 24 de mayo. Hacía quince días que caminaba y tenía unas ganas locas de salir de su habitación. Y sin embargo, ya podía intentar descubrir algún ruido en la casa, no oía nada y ese silencio no le decía nada bueno. ¿Dónde estaba su padre? ¿Qué hacía su madre? ¿La Hipócrita se había tomado el día libre? ¿Por qué no venían a buscarle? Su estómago rugía de hambre y la idea de un buen desayuno le hacía la boca agua.

Ese día, pues, en su habitación, tras haber arrastrado una silla para alcanzar el pomo de la puerta y poder huir, había decidido pasar a la acción. Combatir la desgracia. Sabía que tenía una aliada: la famosa madame Suzanne que no era una de esas descreídas. Ya no venía, le había perdido el gusto al asunto, pero nunca se sabe, el Cielo podría ponerse de su lado y empujar su amabilidad hasta hacerla volver. Había pedido a los de Allí Arriba que le echaran una mano, al despertar, a la hora en que el Cielo y la Tierra se mezclan, en la que uno sueña, despierto, con los ángeles.

Abrió la puerta, enfiló el pasillo, echó un vistazo al salón, al cuarto de la lavadora, no vio a nadie, aceleró, sin caerse, hasta la habitación de su madre y ahí, lo que vio le hizo gritar. Un largo grito estridente surgió de su pecho y rebotó hasta la interesada, que pareció emerger de un sueño.

Josiane había colocado una silla sobre el balcón de su habitación —vivían en el sexto— y, vestida con un largo camisón blanco que cubría sus pies, vacilaba, atraída irresistiblemente por el vacío. Estrechaba contra su corazón una foto de su hombre y de su hijo y oscilaba, con los ojos cerrados y los labios blancos.

Como arrancada bruscamente de su letargo, había abierto los ojos y vio, a sus pies, a su hijo que la miraba gritando y tendía su manita hacia ella.

—¡Arrgg! —gritó él colocándose entre ella y el vacío.

—Junior... —balbuceó ella reconociéndole—. ¿Ya andas? Y yo no lo sabía.

—Grumfgrumf... —articuló él, maldiciendo su envoltorio de bebé.

—Pero ¿qué pasa? —se preguntó pasándose la mano sobre la frente—. ¿Qué hago aquí?

Miró la silla, sus pies, el vacío ante sí. Estuvo a punto de caerse. Se balanceó de pie, los brazos tendidos hacia el vacío. Junior se incorporó, le ofreció el apoyo de sus brazos para amortiguar el choque y recibió a su madre en pleno pecho.

Rodaron sobre el parqué, se derrumbaron haciendo un ruido sordo, el ruido terrible de dos cuerpos que caen, que sobresaltó a la criada ocupada en rellenar los crucigramas del *Tele 7 juegos* en la cocina. Se oyeron pasos precipitados, gritos, «¡Dios mío! ¡No es posible!». La Boba les levantó, se aseguró de que no se habían roto nada, repitió hasta la saciedad que no había oído nada, que estaba en la cocina preparando el desayuno... Enseguida llegó Marcel, rojo y descompuesto. ¡Su mujer, su niño! ¡Completamente contusionados, completamente lívidos! Se retorcía las manos. La bolsa de cruasanes calientes que había ido a buscar para obsequiarles cayó al suelo.

Junior atrapó uno y se lo metió en la boca. Tenía hambre. Con la barriga llena pensaba mejor. Había que actuar deprisa. Esta noche iría a dar una vuelta por Allí Arriba, hablaría con Mozart, él le diría lo que tendría que hacer.

Más tranquilo, agarró un segundo cruasán.

* * *

Ese mismo domingo, Hortense tomaba un brunch en Fortnum & Mason en compañía de Nicholas Bergson, director artístico de Liberty. Le gustaba Liberty, esa gran tienda de moda a la vez retro y vanguardista, cuya entrada en Regent Street parecía la de una vieja casa alsaciana. Merodeaba mucho por allí. Había conocido a Nicholas Bergson mientras vagaba por entre la ropa expuesta, tomando notas y fotos de detalles interesantes. Era un hombre seductor, a condición de olvidarse de su reducida estatura. Nunca le habían gustado los enanos, pero sentado, no se veía. Era gracioso, se le ocurría una idea por minuto, y tenía esa deliciosa actitud inglesa que consiste en guardar siempre las distancias entre uno mismo y los demás.

Estaban hablando de su trabajo de fin de curso. Un portafolio que debía presentar y que decidiría su paso al curso superior. De mil estudiantes, sólo quedarían setenta. Ella había elegido como tema *Sex is about to be slow.** Era original, pero no fácil. Estaba segura de que nadie tendría la misma idea, pero no tanto de conseguir ilustrarla. Además de presentar un libro de bocetos, debía organizar un desfile con seis modelos. Seis modelos que dibujar, realizar, y un cuarto de hora para convencer. Así que iba en busca del detalle. El detalle que infiltraría la seducción en una minucia, la puesta en escena de la lenta expansión del deseo sexual. Un vestido completamente negro, cerrado con un nudo elaborado, una espalda al aire abierta en trampantojo, una sombra dibujada sobre una mejilla, un velito transparente que esconde un ojo negro, la hebilla de un zapato sobre un tobillo arqueado... Nicholas podía echarle una mano. Y además, no era tan pequeño, decidió, tenía simplemente un torso largo. Un torso muy largo.

La había invitado al cuarto piso de Fortnum & Mason, a su salón de té preferido. Ya iban tres veces seguidas que Gary declinaba sus propuestas dominicales de brunch. No era tanto el rechazo lo que la preocupaba, era el tono educado que había empleado. Quien dice «educación» dice reserva, incomodidad, secreto oculto. El brunch del domingo se había convertido en un rito para ellos. Tenía que pasar algo realmente importante para abandonarlo. Algo o alguien. Y era esa segunda propuesta la que no le gustaba nada.

---

* Sexo es lentitud.

Frunció la nariz y Nicholas creyó que no estaba de acuerdo con él.

—Que sí, te puedo asegurar que el negro y el deseo van tan bien juntos, que debes hacer un modelo completamente negro de la cabeza a los pies. Y hablo también del modelo. La chica deberá ser más negra que el carbón y sólo su blanca sonrisa sugerirá la hendidura, la hendidura abierta al deseo, el abismo del tiempo en la grieta del deseo, el abismo del deseo masculino en la hendidura del deseo femenino...

—Quizás tengas razón —dijo Hortense retomando un trozo de *scone* y un sorbo de té *lapsang-souchong,* deliciosamente aromatizado por la madera del cedro sobre la que se había secado. Sí, el cedro estaba bien, aunque había cierto toque a ciprés que se descubría al final de la degustación.

—Por supuesto que tengo razón y por cierto...

Y por cierto, ¿desde cuándo no se habían visto los dos, solos? Desde la famosa cena en el restaurante donde ella le había invitado, desde ese paseo nocturno por Londres, desde que vivía con Li May. Había estado muy ocupada con la mudanza, las clases, el próximo fin de curso, organizar el desfile, se había saltado un domingo, dos, tres, quizás cuatro, y cuando ella le había llamado, con un gesto seductor en la boca, dispuesta a recuperar el tiempo perdido, él había contestado con ese tono educado. Ese horrible tono educado. ¿Desde cuándo éramos educados, nosotros dos? Era lo que le gustaba de estar con él: poder decir en alto lo que pensaba en voz baja sin sentir vergüenza, sin enrojecer, ¡y ahora se volvía educado! Turbio, huidizo. Sinuoso. Sí, sinuoso. Cada nuevo adjetivo era una nueva puñalada en el corazón, y ella seguía apuñalándose alegremente. Mordió el borde de su taza de té. Nicholas, inmerso en su perorata, no se dio cuenta. Ahí hay una chica, se dijo dejando su taza de *lapsang-souchong,* y ciprés en el té, estoy segura. Estoy segura. De acuerdo, lo que me gusta de Gary, entre otras muchas cosas, es su independencia, y el hecho de que camina tranquilo hacia su destino, pero no me gusta cuando se me escapa. No me gusta cuando los hombres se me escapan. Y no me gusta cuando se me pegan. ¡Uffff! ¡Demasiado complicado! ¡Demasiado complicado!

—Y en cuanto a las modelos, no te preocupes, te encontraré seis deliciosamente lentas y turbadoras. Ya tengo tres nombres en la cabeza.

—No tengo presupuesto para pagarlas —replicó Hortense, aliviada de que interrumpieran sus estériles ensoñaciones con una oferta generosa.

—¿Y quién habla de pagarlas? Lo harán gratis. Saint Martins es una escuela prestigiosa, ese día estarán todos los que tienen algo que decir en el mundo de la moda, los medios de comunicación. Todos quieren acudir, querida, y ellas vendrán corriendo.

Tenía que pasar. Es guapo como un príncipe de *Las mil y una noches*, inteligente, divertido, rico, culto. Tiene aspecto de pura sangre, cualquier mujer soñaría con atraparlo... ¡Y se me ha escapado! Y no se atreve a decírmelo. ¿Cómo se hace para estar enamorado?, se preguntó. ¿Podría enamorarme de Nicholas esforzándome un poco? No está mal, Nicholas. Y podría servirle. Frunció la nariz. No pegaba lo de «estar enamorado» con «servir». NO QUIERO QUE GARY ESTÉ ENAMORADO DE OTRA. Sí, pero... quizás haya caído de cuatro patas sin proponérselo. Por eso se muestra cortés y huidizo. No sabe cómo decírselo.

Sintió cómo toda la infelicidad del mundo —o lo que ella imaginaba como toda la infelicidad del mundo— caía sobre sus hombros. No, se dijo, Gary no. Estaría tras la pista de una auténtica guarra que ocupaba todo su tiempo, o había decidido releer de un tirón *Guerra y Paz*. Lo leía una vez al año y se retiraba a su habitación. «*Sex is about to be slow but nobody is slow today because if you want to survive you have to be quick*».* Era su argumento final. Podría terminar su desfile con una chica que se derrumba, fingiendo morir, y las otras cinco empiezan a andar a toda prisa, remitiendo el deseo lento a la categoría de accesorio de novela barata. No era mala idea.

—Sería como una película que se acelerara para terminar en un remolino deslumbrante —explicó a Nicholas, que pareció encantado.

* «Sexo es lentitud pero nadie es lento hoy en día porque si quieres sobrevivir tienes que ser rápido».

—Querida, tienes tantas ideas que me gustaría contratarte para Liberty...

—¿De verdad? —preguntó Hortense, seducida.

—Cuando hayas terminado tus tres años de estudios.

—Ah —dijo ella, decepcionada.

—Pero recuerda, lo que es lento es exquisito... Lo has dicho tú.

Ella sonrió. Sus grandes ojos verdes se tiñeron de un interés que no dejó indiferente al hombre. Él levantó la mano para pedir la cuenta, pagó sin mirar la nota y añadió: «¿Levamos anclas, compañera?». Ella cogió el bolso Miu Miu que él le había regalado antes de pedir el té y los *scones* y le siguió.

Fue al dejar el cuarto piso, mientras esperaban el ascensor, cuando sucedió la cosa horrible.

Ella esperaba a un lado balanceando su nuevo bolso, calculando su precio entre seiscientas y setecientas libras como mínimo —se lo había regalado con tanta desenvoltura, que se preguntó si no lo habría cogido de un contenedor para ponérselo bajo el brazo antes de dejar la tienda—, Nicholas hablaba por teléfono, decía «que no, que no» con tono impaciente, ella se entretenía pasándose el bolso de una mano a otra, colocándoselo bajo el brazo derecho, bajo el brazo izquierdo, examinaba su reflejo en la puerta del ascensor, giraba, revoloteaba, cuando la puerta se abrió dando paso a una mujer magnífica. Una de esas criaturas tan elegantes, que una se detiene a estudiarlas en la calle, para intentar comprender cómo han conseguido ese milagro: ser única y deslumbrante sin un miligramo de banalidad. Llevaba un vestido negro ceñido, un collar de perro con diamantes falsos gruesos como onzas de chocolate, manoletinas, guantes negros largos, y un enorme par de gafas negras que subrayaban una deliciosa naricita respingona y una boca roja delicada como una cereza que se acaba de morder. Un enigma de la belleza. Una emanación de feminidad embriagadora. Sólo negro, un negro que brillaba con mil colores de tan negro que era. A Hortense se le desencajó la mandíbula. Estaba dispuesta a seguir a la deslumbrante criatura hasta el fin del mundo para descubrir sus secretos. Giró sobre sí misma para seguir a la aparición, y cuando volvió a las puertas abiertas del ascensor, divisó a un hombre ocupado en recoger el contenido de un bolso que se había volcado. Nicholas impedía que la puerta del ascensor se cerrase y escuchó al hombre decir: «Perdónenme... Muchas gracias». ¿Qué aspecto tendría el hombre que acompañaba a esa mujer magnífica?, se preguntó Hortense, conteniendo el aliento, esperando a que el hombre agachado se incorporara.

Tenía el aspecto de Gary.

Vio a Hortense y se echó hacia atrás como si se hubiese quemado con aceite hirviendo.

—¿Gary? —llamó la criatura magnífica—. ¿Vienes, *love*?

Hortense cerró los ojos para no ver nada más.

—Ya voy... —dijo Gary, besando a Hortense en la mejilla—. ¿Nos llamamos?

Ella abrió los ojos y los volvió a cerrar. Aquello era una pesadilla.

—Humm... Humm —hizo Nicholas, que había terminado su conversación—. ¿Nos vamos?

La deslumbrante criatura se había instalado en una mesa y hacía una señal a Gary para que se reuniese con ella, levantando la gruesa montura de sus gafas, descubriendo dos almendrados ojos negros de cierva al acecho, extrañados de no ver a la horda de *paparazzi* pisándole los talones.

—¿Vamos? —repitió Nicholas manteniendo la puerta del ascensor abierta—. No tengo la intención de hacerme ascensorista.

Hortense asintió con la cabeza, saludó a Gary como si no lo reconociese.

Entró en el ascensor y se apoyó contra la pared. Me voy a estrellar contra el sótano. Descenso a los infiernos garantizado.

—¿Damos una vuelta por Camden? —preguntó Nicholas—. La última vez encontré dos cardigan Dior por diez *pounds*! *A real bargain!**

Ella le miró. El torso demasiado largo de verdad, pensó ella acercándose, pero ojos bonitos, una hermosa boca, un aire de corsario... Quizás, si me concentro en el corsario...

---

* «¡Una auténtica ganga!».

—Te quiero —dijo inclinándose hacia él.

Él se sobresaltó, sorprendido, y la besó dulcemente. Besa bien. Se toma su tiempo.

—¿Lo piensas de verdad?

—No. Sólo quería saber qué sensación producía el decirlo. Nunca se lo he dicho a nadie.

—Ah... —dijo él, decepcionado—. Ya me imaginaba que era...

—Un poco precipitado... Tienes razón.

Ella le cogió del brazo y caminaron hacia Regent Street.

De pronto, Hortense se quedó inmóvil.

—¡Pero si es una vieja!

—¿Quién?

—¡La criatura del ascensor, es una vieja!

—Exageras... Charlotte Bradsburry, hija de lord Bradsburry, confiesa veintiséis años, ¡para no reconocer veintinueve!

—¡Una vieja!

—Un icono, querida, ¡un icono de la sociedad londinense! Diplomada en Cambridge, con criterio literario y erudita, atenta a todo lo que se hace en arte, en música, a veces mecenas, y generosa además: ¡tiene fama de descubridora de talentos! Dedica su tiempo y sus relaciones al servicio de jóvenes desconocidos que, muy pronto, se convierten en famosos.

—¡Veintinueve años! ¡Ya sería hora de que se muriese!

—Deslumbrante y redactora en jefe de *The Nerve*, ya sabes, la revista que...

—*The Nerve!* —gimió Hortense—. ¿Es ella? ¡Estoy acabada!

—Pero ¿por qué, querida, por qué?

Había hecho una señal a un taxi que se detuvo ante ellos.

—¡Porque tengo la firme intención de ocupar su puesto!

* * *

En ese domingo 24 de mayo, Mylène Corbier estaba en su puesto. Había reemplazado la televisión por un enorme par de prismáticos y espiaba a sus vecinos. Estaba deseando volver del trabajo para inmiscuirse en la vida de los demás. Sacaba la lengua, mojaba los labios, lanzaba grititos o condenaba haciendo chascar la lengua. Cuando se los cruzaba, se reía ahogadamente al verlos. Lo sé todo de vosotros, pensaba, podría denunciaros si quisiera...

Esa mañana, hubo una redada de la policía en el quinto, y habían arrestado a una pareja. Dos pobres diablos que habían partido rodeados por un escuadrón de hombres, que golpeaban el suelo con el tacón de sus botas para advertir a los vecinos de que no violasen la ley. El señor y la señora Wang no pagaban el impuesto por el hijo suplementario. Se había descubierto que tenían dos hijos, y escondían a uno cuando tenían visita. No salía nunca o lo hacía a hurtadillas, a escondidas de sus padres, vestido con la ropa de su hermana mayor. Eso era lo que le había traicionado. Él era muy menudo mientras que su hermana era fuerte. Flotaba en su ropa como un abejorro en la ropa de Espinete. Mylène había visto a los dos niños desde hacía mucho tiempo. Rezaba para que el pequeño no fuese descubierto. Tenía grandes ojos negros asustados y la cabeza llena de remolinos. No paraba de rezar. Tenía miedo. El señor Wei la hacía seguir, estaba segura. Había intentado localizar a Marcel Grobz, pero él no respondía a sus llamadas.

Quería volver a Francia. Ya estoy harta de estar sola, ya estoy harta de pasarme el día trabajando, ya estoy harta de que me toquen la nariz porque soy extranjera, ¡ya estoy harta de sus karaokes televisados! Quiero la tranquilidad de Anjou.

Los domingos eran terribles. Se quedaba en la cama el mayor tiempo posible. Alargaba la hora del desayuno, tomaba un baño, leía los periódicos, subrayaba una dirección, estudiaba un maquillaje, un peinado, buscaba ideas que copiar. Después hacía un poco de gimnasia. Se había comprado el programa de fitness de Cindy Crawford. Ella no se habría podrido en China. Ella se habría marchado enseguida.

Sí pero ¿qué hacer? ¿Me voy dejando mi dinero?

Ni hablar.

¿Voy a refugiarme al consulado de Francia? ¿Lo cuento todo y pido un nuevo pasaporte? Wei se enteraría y me castigaría. Puedo acabar encerrada en un ataúd. Y no tengo familia en Francia que vaya a alarmarse.

Puedo intentar mitigar la desconfianza de Wei... Que me devuelva el pasaporte. Lo ideal sería compartir mi tiempo entre Francia y China.

Eso no resolvería nada. No podría vivir dividida entre Blois y Shanghai. Wei lo sabe muy bien, por eso no quiere que me marche.

No dejaba de decirle que era frágil, desequilibrada. Lo que seguro la desequilibraba era que él repitiese eso cien veces al cabo del día. Acabaría por creerle. Y ese día, estaría perdida. Definitivamente perdida.

Él concluía diciendo que debía confiar en él, encomendarse a él, que la había hecho rica, sin quien ella no sería nada. Trabaje, trabaje, es bueno para la salud, si deja de trabajar, usted... Y se ponía las dos manos sobre la espalda imitando una camisa de fuerza. Dos bofetadas que le perforaban los tímpanos. Mylène se estremecía y callaba.

Sobre las siete de la tarde se ahogaba en la tristeza. Era la hora terrible. El sol se acostaba en medio de los rascacielos de vidrio y acero, temblando en una capa de contaminación rosa y gris. ¡Hacía diez meses que no había visto el cielo azul! Recordaba muy bien la última vez que había visto azul en el cielo: habían anunciado la llegada de un tifón y el viento había soplado alejando la nube gris. Se asfixiaba, ya no podía más.

Ese domingo 24 era como todos los demás domingos.

Uno más, suspiró.

Iba a escribir una carta. Ya no le divertía. Antes, jugaba a las mamás, se montaba toda una historia, se había exiliado para pagar los estudios de sus hijos, ropa bonita. Ahora ya no estaba segura. ¿Para qué servía eso si debía permanecer prisionera aquí?

El lunes por la noche iría a cenar con un francés que fabricaba juguetes en China, que después vendía en las grandes superficies de Francia. El jueves viajaba a París. Ella quería noticias frescas, no noticias pescadas en Internet. Le preguntaría cómo estaban las calles, cuál era la canción que más se oía, ¿y *Operación Triunfo*? ¿Quién era el favorito esta temporada?, ¿y el último disco de Raphaël?, ¿y los vaqueros, todavía pitillos o pata de elefante? ¿Y la baguette, había aumentado de precio? Era su vida, sus trozos de vida que le ofrecían entre dos platos en un restaurante. Una vida por poderes. A los hombres los encontraba en Internet. Sólo tenía que preocuparse de escoger. Estaban impresionados por su éxito, por su piso. No esperaba nada de ellos, más que un alivio inmediato, y que después se marcharan..., ¿qué era lo que cantaba ya su madre? ¿Tres vueltecitas y se van?

Tres vueltecitas y se iban.

Y yo me quedo.

Cuando caía la noche, volvía a coger sus prismáticos y espiaba la vida de sus vecinos. Eso la mantenía ocupada hasta que llegara la hora de irse a la cama. Se acostaba pensando mañana irá mejor, mañana volveré a llamar a Marcel Grobz, terminará contestando, encontrará una solución para sacar mi dinero.

Marcel Grobz... Era su último y único recurso.

* * *

Ese domingo, a última hora de la tarde, Joséphine, que había trabajado todo el día en su HDI sobre la historia de las rayas de los hermanos carmelitas, decidió hacer una pausa y sacar a pasear a Du Guesclin.

Iris se había pasado la tarde tumbada en el sofá del salón. Veía la televisión y charlaba por teléfono, mientras se masajeaba los pies y las manos con una crema, aguantando el auricular entre el hombro y el mentón. Me va a llenar el sofá de grasa, había murmurado Joséphine al pasar una primera vez delante de su hermana para ir a prepararse una taza de té a la cocina. Cuando pasó por segunda vez, Iris seguía al teléfono y seguía ante la televisión. Michel Drucker entrevistaba a Céline Dion. Iris se masajeaba los antebrazos. La última vez que pasó, había cambiado de posición y hacía tres cosas a la vez: ver la tele, hablar por teléfono y arquear el cuerpo, reafirmar sus muslos.

—No... No está nada mal la casa de mi hermana. El mobiliario no es nada del otro mundo, pero bueno... Prefiero estar aquí que en casa, con Carmen, que se pregunta cómo subirse a la Cruz y clavarse los clavos ¡para salvarme! Ya no la soporto, qué pegajosa es, qué pegajosa.

Joséphine había aplastado el té con rabia en el filtro, y derramó la mitad del agua del hervidor al lado de la tetera.

Zoé había pedido permiso para ir al cine, estaré aquí para la hora de cenar, te lo prometo, he hecho todos los deberes, todo lo del lunes, el martes y el miércoles. ¿Y cuándo tendrás tiempo para explicarme por qué te has enfadado, por qué me has odiado todo este tiempo?, pensó Joséphine. Zoé se había cambiado seis veces de ropa, irrumpiendo en la habitación de su madre y preguntando: «¿Está bien así? ¿No me hace el culo gordo?». «¿Y así, los muslos no parecen más gordos?». «Y di, mamá, ¿es mejor botas o manoletinas?». «¿Y el pelo, me lo recojo o no?». Entraba y salía, empezaba la pregunta en el pasillo, la terminaba plantándose delante de su madre, volviendo con ropa nueva y una nueva pregunta, a Joséphine le costaba concentrarse en su trabajo. La discriminación por las rayas. Una hermosa historia para ilustrar su capítulo sobre los colores.

A finales del verano de 1250, los hermanos carmelitas, de la orden del Carmelo, desembarcan en París con un hábito castaño, y un abrigo de rayas blancas y marrones o blancas y negras encima. ¡Escándalo! Las rayas están muy mal vistas en la Edad Media. Están reservadas a la gente malvada, Caín, Judas, a los felones, a los condenados, a los bastardos. Así que, cuando los pobres monjes se paseaban por París, se reían de ellos. Les llamaban los «hermanos rayados», eran víctimas de agresiones verbales y físicas. Les asociaron al diablo. Les ponían cuernos, se tapaban la cara cuando pasaban. Ellos se alojaron cerca del convento de las Beguinas, pidieron refugio a las monjas, pero ellas se negaron a abrirles la puerta.

El conflicto durará treinta y siete años. En 1287, el día de la fiesta de María Magdalena, renuncian por fin al abrigo «rayado» y adoptan una capa blanca.

—Ponte una camiseta blanca —había aconsejado Joséphine, luchando entre el siglo XIII y el XXI—. Destaca la tez y vale para todo.

—Ah... —había respondido Zoé, no muy convencida.

Du Guesclin, acurrucado a sus pies, dormitaba. Joséphine había cerrado sus libros, se había frotado la punta de la nariz, síntoma de enorme fatiga, y había decidido que un poco de aire fresco no le vendría mal. No había ido a correr esa mañana. Iris no había dejado de quejarse, de repetir las mismas preguntas sobre su futuro incierto.

Se levantó, se puso una chaqueta, pasó por el salón haciendo una señal a Iris de que se iba. Iris respondió apartando el teléfono y retomó su conversación.

Joséphine cerró la puerta de golpe y bajó los escalones de cuatro en cuatro.

La cólera crecía en su interior, más negra que el humo del carbón. Estaba al borde de la asfixia. ¿Voy a tener que encerrarme en mi habitación para estar en paz? ¿Ir a hacerme el té de puntillas sobre el parqué para no molestar su cháchara? La cólera aumentaba y el humo negro le oscurecía el cerebro. Iris no había levantado un dedo para poner o quitar la mesa del desayuno. Había pedido que le tostaran el pan, dorado, no calcinado, por favor, y había añadido ¿no tendréis miel de la casa Hédiard, por casualidad?

Cruzó el bulevar y llegó al Bois. ¡Anda!, pensó, no he visto el cartel de Luca. Le parecía extraño decir «Luca» y no «Vittorio». He debido de pasar al lado sin darme cuenta... Aceleró el paso, dio una patada a una vieja pelota de tenis. Du Guesclin le lanzó una mirada extrañado. Para calmarse, volvió a pensar en su trabajo sobre los colores. En el simbolismo de los colores. Sería su primer capítulo, una exposición antes de profundizar en el tema. Impresionar al profesor gruñón para suscitar su interés. Hacerle tragar las cinco mil páginas que seguirían... El azul era, en la Edad Media, la expresión de la melancolía. Así podía ser un color de duelo. Las madres que habían perdido un hijo portaban la *cerula vestis*, un vestido azul, durante dieciocho meses. En la iconografía, la Virgen, vestida de azul, lleva luto por su hijo. El amarillo era el color de la enfermedad y del pecado. De la palabra latina *galbinus* procedía la francesa *jaune*, amarillo, palabra construida sobre una raíz germánica referida al hígado y la bilis. Se detuvo y se llevó la mano a la cadera: tenía flato. Estaba generando bilis, ¡estaba fabricando amarillo! El amarillo, color de los envidiosos, de los avaros, de los hipócritas, de los mentirosos y de los traidores. La enfermedad del cuerpo y la enfermedad del alma se aúnan en ese color. Judas aparece siempre vestido de amarillo. Transmitió su color simbólico al conjunto de comunidades judías en la sociedad medieval. Los judíos fueron perseguidos, relegados a barrios aislados, el *ghetto*, en Roma. Los concilios se pronunciaron contra el matrimonio entre cristianos y judíos, y se exigió que los judíos llevaran un signo distintivo, una estrella que se convertiría en la siniestra estrella amarilla impuesta por los nazis, que adoptaron esa idea de los símbolos medievales.

Mientras que el verde..., piensa en el verde, se exhortó Joséphine mirando a los árboles, el césped, los bancos públicos. Aspira los vapores de la clorofila que emiten las hojas tiernas. Llena tus ojos de hierba verde, del ala del pato que se confunde con el verde del agua, del color del cubo del niño que siembra su pasta de césped cortado. El verde se asocia a la vida, a la esperanza, simboliza a menudo el paraíso, pero si está un poco ennegrecido, evoca el mal y hay que desconfiar. Desconfiar del negro que invade mi cabeza. No sofocarme bajo la lluvia de la cólera. Es mi hermana, es mi hermana. Sufre. Debo ayudarla. Cubrirla con un manto blanco. De luz. ¿Qué me está pasando? Antes no me enfadaba cuando me manejaba a su antojo. No lo veía todo amarillo o negro. Obedecía. Bajaba los ojos. Enrojecía. Rojo, color de la muerte y de la pasión, los verdugos iban vestidos de rojo, los cruzados llevaban una cruz roja en el pecho. Roja también la ropa de las putas, de las mujeres adúlteras. Roja la sangre de la mujer que se libera y se pone furiosa... Estoy cambiando. Estoy creciendo como una adolescente furiosa, rebelándome contra la autoridad. Empezó a reír. Estoy echando cuentas, hago inventario de mis nuevos sentimientos, los evalúo, los sopeso, los pruebo en frío, en caliente y me despego de Iris, me alejo rabiando como una niña, pero me alejo.

Du Guesclin iba y venía a su alrededor. Trotaba echando el morro hacia delante, a ras de suelo, llenándose de olores. El hocico pegado a las huellas de otros cuadrúpedos que habían pasado antes que él. Avanzaba dibujando círculos más o menos amplios. Pero siempre volvía hacia ella. Ella era el centro de su vida. A la luz del día se distinguían sobre sus flancos rayas de carne rosada, de ese rosa enfermizo que señala la piel de las quemaduras graves, y sobre su cara, dos trazos negros que parecían la máscara del Zorro. Se alejaba, vagabundeaba, iba a olisquear a otro perro, regaba un arbusto, una rama en el suelo, volvía a echarse a sus pies, celebrando el encuentro tras una larga separación.

—¡Para, Du Guesclin, me vas a hacer caer!

La miraba con devoción, ella le frotó el morro subiendo desde el hocico hasta las orejas. Él dio tres pasos pegado a ella, sus patas en sus piernas, sus anchos omoplatos pegados a sus muslos, y volvió a marcharse a olisquear, atrapando al vuelo una hoja que caía. Arrancaba con una rapidez, con una brutalidad que asustaba, y después se detenía en seco, localizando una presa para obligarla a salir.

A lo lejos vio a Hervé Lefloc-Pignel y al señor Van den Brock, que caminaban a lo largo del lago. Así que son amigos. Pasean juntos los domingos. Dejan a sus mujeres y a sus hijos en casa para hablar entre hombres. Antoine no hablaba nunca «entre hombres». No tenía amigos. Era un solitario. Le hubiera gustado saber de qué estaban hablando. Ambos llevaban un jersey rojo echado sobre los hombros. Parecían dos hermanos vestidos por su madre. Sacudían la cabeza, preocupados. No parecían estar de acuerdo. ¿Bolsa? ¿Inversiones? Antoine nunca había tenido suerte en la Bolsa. Cada vez que le echaba el ojo a un valor que le aseguraba ganancias rápidas y cómodas, el valor «se desinflaba». Ése era el término que empleaba. Había invertido todos sus ahorros en el Eurotúnel y esa vez, sólo había dicho: «Se ha desinflado enormemente». Y ahora, ¡le sisaba los puntos del Intermarché! ¡Pobre Tonio! Un vagabundo que vive en el metro, entre bolsas de plástico que llena de vituallas robadas. Un día volverá y llamará a mi puerta. Me pedirá techo y comida... y yo le acogeré. Evocaba esa posibilidad con serenidad. Se había acostumbrado a su regreso. Ya no tenía miedo de su fantasma. Casi estaba deseando que volviese. Deseando que terminaran sus dudas. No hay nada peor que no saber.

¿Acaso existe realmente la tal Dottie Doolittle, o se la ha inventado Iris para justificar su separación de Philippe? La duda crecía en su interior. A veces Iris podía contar cualquier bobada. Es terrible confesar que su marido la ha dejado por su culpa. Es mucho más fácil decir que te ha dejado por otra. Tendría que ir a ver. No necesitaría hacer preguntas, me sentaría frente a él y hundiría mi mirada en sus ojos.

Ir a Londres...

Mi editor inglés me ha pedido que vaya a verle. Podría utilizar ese pretexto. Era una idea. Caminar o correr le daba siempre ideas. Miró la hora y decidió volver a casa.

Iphigénie estaba a punto de vaciar la basura, Joséphine se propuso ayudarla.

—Lo único que hemos de hacer es dejarlo todo en la entrada del local —propuso Iphigénie.

—Si quiere... ¡Du Guesclin, ven aquí! ¡Enseguida!

El perro había entrado en el patio como una flecha.

—¡Ay, Dios! ¡Si se hace pis en el patio y le ven, ya me puedo preparar para llevarlo a la Sociedad Protectora! —dijo Joséphine ahogando una risita con la mano.

Se había pegado contra la puerta del cuarto de la basura y olisqueaba con furia.

—Pero ¿qué le pasa? —dijo Joséphine, extrañada.

Rascaba la puerta con la pata e intentaba abrirla empujándola con el morro.

—Quiere echarnos una mano... —conjeturó Iphigénie.

—Qué raro..., se diría que sigue una pista. ¿Esconde usted droga, Iphigénie?

—No bromee, señora Cortès, ¡mi ex sería perfectamente capaz de hacerlo! Le pillaron una vez por tráfico de drogas.

Joséphine agarró una bolsa llena de platos de cartón y vasos de plástico, y se dirigió hacia el local. Iphigénie iba detrás arrastrando por el suelo las dos enormes bolsas de basura.

—Separaré el vidrio del papel mañana, señora Cortès.

Abrieron la puerta del local y Du Guesclin saltó al interior, el hocico pegado al suelo, rascando el hormigón con sus garras. El aire era irrespirable, caliente, fétido. Joséphine notó cómo el olor amargo y repugnante de la carne pasada le asfixiaba la garganta.

—Pero ¿qué está buscando? —se preguntó tapándose la nariz—. ¡Esto apesta! ¡Voy a terminar creyendo que esa Bassonnière tenía razón!

Se llevó la mano a la boca, invadida por unas repentinas ganas de vomitar.

—Du Guesclin... —murmuró, presa del asco.

—¡Ha debido de oler una salchicha podrida!

El olor era insistente, penetrante. Du Guesclin había ido a buscar un trozo de moqueta vieja enrollada contra la pared, y se dedicó a acercarlo a la puerta. Lo había agarrado entre las fauces y tiraba, apoyado en las patas traseras.

—Quiere enseñarnos algo —dijo Iphigénie.

—Creo que voy a vomitar...

—Sí, sí. ¡Mire! Ahí detrás...

Se acercaron, apartaron tres cubos grandes, miraron al suelo y lo que vieron las horrorizó: un brazo de mujer, blanquecino, sobresalía de la moqueta sucia.

—¡Iphiiiigénie! —gritó Joséphine.

—Señora Cortès... ¡No se mueva! ¡Quizás sea una aparición!

—¡Que no, Iphigénie! Es un... ¡cadáver!

Miraban fijamente el brazo que sobresalía y parecía pedir ayuda.

—¡Deberíamos avisar a la policía! Usted quédese aquí, yo voy a la portería...

—¡No! —dijo Joséphine tiritando—. Yo voy con usted...

Du Guesclin continuaba tirando de la moqueta y, con las fauces llenas de espuma y de baba, terminó descubriendo un rostro pálido, amoratado, oculto bajo un pelo apelmazado, casi pegajoso.

—¡La Bassonnière! —exclamó Iphigénie mientras Joséphine se apoyaba en la pared para no caerse—. La han...

Se miraron, espantadas, incapaces de moverse, como si la muerta les ordenase permanecer a su lado.

—¿Asesinado? —dijo Joséphine.

—Tiene toda la pinta.

Permanecieron inmóviles, mirando fijamente el rostro descompuesto y desencajado del cadáver. Iphigénie se recuperó la primera y soltó su trompeteo.

—En todo caso, ¡sigue teniendo esa expresión tan poco amable! No se puede decir que esté sonriendo a los ángeles...

* * *

La policía se presentó rápidamente. Dos agentes uniformados y la capitán Gallois. Estableció un perímetro de seguridad, colocó cinta amarilla alrededor del cuarto de la basura. Se acercó al cuerpo, se agachó, lo observó con detalle y comentó en voz alta, articulando cada sílaba con la precisión de una alumna que recita la lección. «Se constata que ha comenzado el proceso de putrefacción, el asesinato debe de haber ocurrido hace unas cuarenta y ocho horas», había levantado el camisón de la señorita de Bassonnière y sus dedos rozaron una mancha negra sobre el vientre. «Mancha abdominal... provocada por los gases liberados bajo la dermis. La piel se ennegrece, pero permanece blanda, ligeramente hinchada, el cuerpo amarillea. Ha debido de morir a última hora del viernes o durante la madrugada del sábado», concluyó volviendo a bajar el camisón. Después vio moscas alrededor del cuerpo y las alejó con un gesto suave. Llamó al fiscal y al médico forense.

Permanecía imperturbable, los labios cerrados, considerando el cuerpo que yacía a sus pies. Ni un músculo de su rostro revelaba el horror, el asco o la sorpresa. Después se volvió hacia Joséphine e Iphigénie y les interrogó.

Ellas relataron cómo habían descubierto el cuerpo. La fiesta en la portería, la ausencia de la señorita de Bassonnière «que no tenía nada de extraño, todo el mundo la detestaba en el edificio», Iphigénie no pudo evitar hablar de la basura, del papel de Du Guesclin.

—¿Tiene usted ese perro desde hace mucho tiempo? —preguntó la capitán.

—Lo recogí en la calle ayer por la mañana.

Se arrepintió de haber dicho «recogí», quiso corregir la palabra, balbuceó y se sintió culpable. No le gustaba la forma en la que la capitán se dirigía a ella. Adivinaba por su parte una sorda animosidad que no entendía. Dirigió la mirada hacia un broche oculto bajo el cuello de su blusa, que representaba un corazón atravesado por una flecha.

—¿Tiene usted alguna observación que hacer? —preguntó la capitán con rudeza.

—No. Estaba mirando su broche y...

—No haga comentarios personales.

Joséphine se dijo que a esa mujer le gustaría ponerle unas esposas en las muñecas.

Llegó el médico forense, seguido de un fotógrafo del juzgado. Tomó la temperatura corporal, 31.° declaró, constató heridas externas, midió los cortes de las puñaladas y pidió una autopsia. Después habló con la capitán. Joséphine sorprendió fragmentos de la conversación, «¿arañazos en los zapatos? ¿Resistencia? ¿Sorprendida por el agresor? ¿El cuerpo ha sido trasladado o ha sido asesinada aquí?». El fotógrafo judicial, arrodillado a los pies de la víctima, tomaba fotos desde todos los ángulos.

—Habrá que interrogar al vecindario —murmuró la capitán.

—El crimen, porque probablemente se trata de una agresión, ha tenido lugar la noche del viernes al sábado... a la hora en la que la gente de bien duerme.

—El edificio tiene portero automático con código. No se puede entrar como Pedro por su casa —señaló la capitán.

—Ya sabe usted que los códigos... —Hizo un gesto evasivo—. ¡Son para tranquilizar a los ingenuos! ¡Desgraciadamente cualquiera puede entrar!

—Evidentemente... sería más simple sospechar que el culpable vive en el edificio.

El médico forense soltó un largo suspiro de impotencia, y declaró que lo ideal sería que el asesino se paseara con un cartel en la espalda. El capitán no pareció apreciar su comentario y volvió al cuarto de la basura.

Después se produjo la llegada del fiscal. Un hombre seco, con el cabello rubio cortado a cepillo. Se presentó. Estrechó la mano de sus colegas, escuchó las conclusiones de unos y otros. Se inclinó sobre el cuerpo. Conversó con el médico forense y pidió una autopsia.

—Tamaño de la hoja, fuerza de los golpes, profundidad de los cortes, marcas de hematomas, estrangulamiento...

Enumeraba los diversos puntos a estudiar sin vehemencia ni precipitación, con la minuciosidad del hombre acostumbrado a ese tipo de escenarios...

—¿Se ha fijado usted en si la goma de la moqueta era blanda o dura? ¿Si había dejado marcas en el cuerpo o contenía huellas digitales?

El forense respondió que la goma era blanda y ligera.

—¿Huellas dactilares?

—En la goma no. En cuanto al cuerpo, es demasiado pronto...

—¿Huellas de pisadas en el cuarto?

—El agresor debía de llevar suelas lisas, o se había envuelto los pies en bolsas de plástico. Ninguna marca, ninguna huella...

—¿Ninguna huella dactilar, está usted seguro?

—No... ¿Quizás llevaba guantes de goma?

—Envíeme las fotos en cuanto las tenga —concluyó el fiscal—. Vamos a empezar a interrogar al vecindario... y a realizar una investigación completa sobre la víctima. Si tenía enemigos, problemas sentimentales...

—¿Le has visto la jeta? —bromeó uno de los dos policías de uniforme al oído de su compañero—. ¡Se te quitan las ganas de golpe!

—Si había sido agredida anteriormente, si estaba fichada... En fin, ¡la rutina!

Hizo una señal a la capitán para que se acercara, y se retiraron a un rincón del patio. La mirada del fiscal fue a posarse sobre Joséphine. La capitán debía de estar diciéndole que había sido agredida seis meses antes, y que había esperado casi una semana antes de presentarse en la comisaría a denunciarlo.

—La brigada criminal será la que se encargue del caso —dijo el fiscal—. Pero proceda con la investigación, realice los primeros interrogatorios, la Criminal tomará el caso después... Voy a hablar con el juez de instrucción.

La capitán asintió con expresión severa.

—Seguramente habrá que interrogarla de nuevo —añadió el fiscal manteniendo los ojos fijos en Joséphine.

¿Por qué me miran así? ¡No pensarán que he sido yo o que soy cómplice! Se sintió invadida de nuevo por un terrible sentimiento de culpabilidad. ¡Pero si no he hecho nada! Sintió ganas de gritar ante los ojos fijos del fiscal.

La presencia de coches de la policía ante el edificio había atraído a los vecinos, que intentaban ver el cuerpo dándose codazos y repitiendo: «¡Es increíble!, ¡es increíble! ¡No somos nada, en realidad!». Un anciano, con la cara empolvada de blanco, aseguraba que la había conocido cuando era una niña, una mujer acribillada a Botox gruñó que no la echaría de menos, «¡vieja pelleja!», y una tercera preguntaba: «¿Está usted seguro de que está muerta?». «Como lo estoy de que está usted viva», contestó Pinarelli hijo. Joséphine pensó en Zoé y preguntó si podía subir a su casa.

—¡Antes de que la haya interrogado, no! —le advirtió la capitán.

Empezaron por Iphigénie, después le tocó a ella. Describió la reunión de copropietarios del viernes, las escaramuzas con los señores Merson, Lefloc-Pignel y Van den Brock. La capitán tomaba notas. Joséphine añadió lo que le había dicho el señor Merson, sobre las dos agresiones de las que la señorita de Bassonnière había sido víctima. Precisó que ella no había asistido a esas escenas. Vio a la capitán anotar «preguntar al señor Merson» en su cuaderno.

—¿Puedo subir? Mi hija me espera en casa...

La capitán la dejó marchar, no sin antes haberle preguntado en qué parte del edificio y en qué piso vivía, y ordenarle pasar por la comisaría para firmar su declaración.

—¡Ah! Se me olvidaba —dijo la capitán alzando la voz—: ¿dónde estaba usted el viernes por la noche?

—En mi casa... ¿Por qué?

—Soy yo la que hace las preguntas.

—Volví de la reunión de copropietarios con el señor Lefloc-Pignel sobre las nueve y me quedé en casa.

—¿Su hija estaba con usted?

—No. Estaba en el trastero, con otros jóvenes del edificio. En el trastero de Paul Merson. Debió de subir sobre las doce.

—Sobre las doce, dice usted... ¿No está usted segura?

—No miré la hora.

—¿No recuerda usted una película que hubiese visto en la tele o un programa de radio? —dijo la capitán.

—No... ¿Eso es todo? —preguntó Joséphine.

—¡Por el momento!

Decididamente hay algo en mí que no soporta, se dijo Joséphine mientras esperaba el ascensor.

Zoé no había vuelto e Iris yacía tumbada sobre el sofá, delante de la tele, el teléfono agarrado entre la oreja y el hombro. En la pantalla, Céline Dion, con voz nasal, abría su corazón a Michel Drucker.

* * *

Ese domingo 24 de mayo, al volver del cine, Gaétan y Zoé se separaron en la esquina de la manzana, ante el edificio. «¡Mi padre me mataría si nos viese juntos! Entra tú por delante, yo por detrás». Se besaron una última vez, se apartaron de mala gana y se alejaron caminando hacia atrás, para seguir viéndose el mayor tiempo posible.

Soy feliz, ¡tan feliz!, se asombraba Zoé caminando de lado sobre el césped del parterre, aspirando, contenta, la tierra blanda y olorosa. Todo es hermoso, todo huele bien. No hay nada mejor que el amor.

Me ha pasado algo muy extraño, hace un rato, delante del cine...

Estaba esperando a Gaétan, llevaba su jersey en mi bolso y lo saqué, lo cogí con las dos manos y el olor me vino de golpe. Su olor. Todos tenemos un olor. No se sabe de dónde viene, no se sabe cómo definirlo, pero lo reconocemos. El suyo todavía no sabía cómo era, no lo había pensado hasta entonces. Y cuando respiré el olor de su jersey, me sentí invadida de felicidad. Lo volví a meter rápidamente en el bolso, para que el aroma no se evaporase. Parece tonto, pero me dije que el amor es sentir cómo se infla el corazón al respirar un jersey viejo. Y eso da ganas de saltar y de besar a todo el mundo. Las cosas bonitas se hacen más bonitas ¡y las cosas feas te dan igual! ¡Me da completamente igual que mamá haya besado a Philippe! Al fin y al cabo, quizás esté enamorada, quizás tenga, también, el corazón inflado como un globo.

Ya no estoy enfadada porque ¡ESTOY ENAMORADA! Tengo la impresión de que la vida va a ser un largo camino luminoso de risas y besos, oliendo jerséis y haciendo proyectos. Tendremos un montón de hijos y les dejaremos hacer todo lo que quieran. No como el padre de Gaétan. Es raro. Les prohíbe invitar a amigos a su casa. Les prohíbe hablar en la mesa: deben levantar la mano y esperar a que se les conceda la palabra. Les prohíbe ver la televisión. Escuchar la radio. A veces, por la noche, quiere que todo sea blanco: la ropa, la comida, el mantel y las servilletas, el pijama de los niños. Otras, que todo sea verde. Comen espinacas y brécol, lasaña verde y kiwis. Su madre se rasca los brazos de desesperación. Se pasan el tiempo temiendo que su madre haga alguna tontería, que se abra las venas con un cuchillo o que salte por la ventana. Y no me lo ha contado todo... Hay palabras que están a punto de salir de su boca y se las traga. Gaétan ha llegado a un acuerdo con Domitille: ella no dice nada sobre nosotros y él se calla lo otro..., no me ha explicado del todo qué es lo otro, pero seguro que debe de ser algo sucio, porque Domitille es una chica realmente malsana. ¡Y ese tráfico que se monta con los chicos del colegio! ¡Habría que verla! Se mete con ellos en los lavabos y sale con las mejillas rojas y el cabello revuelto. Debe de dar besos con lengua o algo así. Ella y su amiga Inès se las dan de rompedoras y sexys. Se pasan notitas dobladas en cuatro, billetes de cinco euros, hacen cruces en el margen de sus cuadernos y juegan a ver quién tiene más cruces. Y más pasta.

¡Menuda familia extraña! Todas las familias son extrañas. Incluso la mía. Un papá que no se sabe dónde está y una mamá que besa a su cuñado en la cocina en Nochebuena. Incluso los que parecen superserios derrapan. A la señora Merson le hacen pis encima y al señor Merson le hace gracia. El señor Van den Brock se me pega cuando se cruza conmigo, nunca cojo el ascensor con él, y la señora Van den Brock es tan bizca que parece que tiene un solo ojo en la frente.

Había tres coches de policía aparcados delante del edificio y Zoé creyó que se iba a morir. Le ha pasado algo a mamá. Se puso a correr y a correr y llegó hasta el portal. Lo abrió y se precipitó por la escalera, sin tiempo para coger el ascensor, mamá se está muriendo y yo no le he confesado nada de lo que pensaba, ¡se va a marchar sin aclarar el malentendido, sin saber que la quiero por encima de todo!

Se paró en seco. La gente se agrupaba en el patio. Y creyó morir por segunda vez: se ha tirado por la ventana. Estaba demasiado apenada porque no se lo contaba todo, con detalle. Es adicta a los detalles, mamá. Una palabra mal dicha y los ojos se le llenan de lágrimas. ¡Ay! No le esconderé nunca nada más, nunca volveré a intentar darle pena, prometo explicárselo todo si aparece en el patio y no está muerta.

Vio, de espaldas, al señor Lefloc-Pignel que estaba hablando con un señor rubio, con el pelo cortado a cepillo. También estaba el señor Van den Brock, que hablaba con una señora de la policía, una morena bajita de rostro severo, y el señor Merson, inclinado sobre la oreja de Iphigénie.

—¿Y cuándo la han encontrado? —preguntaba el señor Merson.

—¡Pero si ya se lo he dicho dos veces! ¡No me está escuchando! ¡Fuimos la señora Cortès y yo las que la encontramos completamente enrollada en la moqueta! Bueno, fue más bien el perro... Empezó a gruñir...

—¿Y tienen alguna idea de quién ha podido hacerlo?

—¡Yo no trabajo en la policía! ¡No tiene más que preguntárselo a ellos!

Zoé respiró aliviada. Mamá no estaba muerta. Buscó a Gaétan con la mirada. No lo vio. Ha debido de escabullirse y subir a su casa.

Subió las escaleras de cuatro en cuatro, abrió de golpe la puerta de entrada, pasó delante del salón donde Iris estaba al teléfono y corrió hasta la habitación de su madre.

—¡Mamá! ¡Estás viva!

Se precipitó contra su madre, frotándose la nariz contra su pecho, en busca de su olor.

—¡He pasado tanto miedo! ¡Creí que la policía estaba aquí por ti!

—¿Por mí? —susurró Joséphine acunándola contra su pecho.

Y el dulce refugio de los brazos de su madre rompió los últimos diques de Zoé. Se lo contó todo. El beso de Philippe, las cartas de su padre, Hortense afirmando que su padre había muerto entre las fauces de un cocodrilo, el sufrimiento que le invadía y la cólera que se mezclaba con su pena.

—¡Estaba completamente sola para defenderle! ¡Sigue siendo mi papá!

Joséphine, el mentón apoyado en el pelo de su hija, la escuchaba cerrando los ojos de felicidad.

—Y yo ¡no puedo pasar página! ¡Y ya no sabía qué hacer contra vosotras dos que habíais pasado página! Entonces me enfadé contigo y dejé de hablarte. Y esta noche, al ver los coches de policía, creí que ya no aguantabas más que no te hablase. Me daba perfecta cuenta de que esperabas que yo te diese explicaciones pero no podía, no podía, no conseguía sacarlo, estaba como bloqueada...

—Lo sé, lo sé —decía Joséphine acariciándole el pelo.

—Entonces pensé que...

—¿Que estaba muerta?

—Sí... ¡Ay, mamá! ¡Mamá!

Y lloraron las dos, abrazadas, estrechándose hasta ahogarse.

—La vida, a veces, es tan complicada y, a veces, es tan sencilla... Es duro encontrar el camino —suspiró Zoé frotando la nariz contra el hombro de su madre.

—Por eso es por lo que hay que hablar. Siempre. Si no, se acumulan los malentendidos y nos volvemos sordos. Dejamos de escucharnos. ¿Quieres que te explique lo de Philippe?

—Creo que lo sé...

—¿A causa de Gaétan?

Zoé se puso roja escarlata.

—No se elije, ¿sabes? El amor, a veces, nos cae encima y nos deja atontados. He hecho todo lo que podía para evitar a Philippe.

Zoé cogió un mechón del pelo de su madre y lo enrolló entre sus dedos.

—En la cocina, esa noche, yo no me esperaba que... Era la primera vez, Zoé, te lo prometo. Y de hecho, fue la última...

—¿Tienes miedo de hacerle daño a Iris?

Joséphine asintió con la cabeza en silencio.

—¿Y le has vuelto a ver?

—No.

—¿Y eso te duele?

Joséphine suspiró.

—Sí, todavía duele.

—¿E Iris lo sabe?

—Creo que se lo imagina, pero no sabe nada. Piensa que estoy enamorada de él en secreto, pero que él me ignora. Es incapaz de imaginar que él pueda fijarse en mí...

—De todas formas, ¡Iris no piensa más que en sí misma!

—¡Chiss, cariño! Es tu tía y está pasando un mal momento.

—Para, mamá, ¡deja de perdonarle siempre todo! Eres demasiado buena... ¿Y papá? ¿Es cierta la historia del cocodrilo?

—Ya no lo sé. No entiendo nada...

—Lo quiero saber, mamá. Aunque sea muy duro...

Se la quedó mirando, muy seria. Había franqueado el abismo que separa la niña pequeña de la mujer. Reclamaba la verdad para madurar. Joséphine no podía mentirle. Podía amortiguar la atroz realidad, pero no ocultársela.

Le contó que Mylène le había comunicado la muerte de Antoine un año antes, la investigación de la embajada de Francia, la declaración oficial del fallecimiento de Antoine, su estatus de viuda, el paquete, la carta de los amigos del Crocodile Café, todo lo que llevaba a creer que estaba muerto. Evitó decir «en las fauces de un cocodrilo», la imagen quedaría grabada en la memoria de Zoé y aparecería de noche para atormentarla... Habló de las cartas. Pasó por alto el hombre que se cruzó en el metro —no estaba segura de que fuese él— y los puntos del carné de cliente sisados en el Intermarché; no quería herirla acusando a su padre de ser un ladrón.

—Es por eso que ya no sé...

Volvía a estar angustiada, y miraba fijamente al suelo con el empecinamiento de quien quiere saber, pero no obtiene respuestas.

—¿Sabes, cariño?, si llamase a la puerta, le acogería, no le dejaría en la calle. Yo le quise, es vuestro padre.

A veces volvía a pensar en el abandono de Antoine. Se había preguntado cómo iba a hacer para vivir sin él. ¿Quién elegiría dónde ir en vacaciones, qué vino beber, qué operador de Internet? Sentía a menudo nostalgia de tener un marido. Un hombre en quien descansar. Y entonces pensaba que un marido no debería dejar a su mujer...

Zoé la cogió de la mano y se sentó a su lado. Debían de parecer dos esposas de soldados que esperan el regreso de sus hombres que se han ido al frente, y no saben si volverán.

—Habrá que leer muy atentamente la próxima carta —declaró Zoé—. Si es uno de sus amigos del Crocodile Café que hace eso para divertirse, podremos verlo en la letra...

—Es la letra de tu padre. La he comparado... ¡O una imitación muy buena! ¿Y por qué alguien se divertiría haciendo eso? —preguntó Joséphine, invadida de pronto por todas la dudas que llenaban su mente.

—La gente cada vez está más loca, mamá, ¿sabes?...

Una sombra veló los ojos castaños de Zoé. Joséphine se estremeció. ¿Es la desaparición de su padre, el lento fruto de la ausencia lo que la ha hecho madurar y rechazar con un despectivo encogimiento de hombros la inocencia de la infancia? ¿O las primeras penas de amor?

—¿Y por qué estaban todas esas personas en el patio? —preguntó Zoé, como si volviese a la realidad.

—Por la señorita de Bassonnière. Hemos encontrado su cuerpo en el cuarto de la basura.

—¡Ah! —dijo Zoé—. ¿Ha tenido un ataque?

—No. Pensamos que ha sido asesinada...

—¡Guauuu! ¡Un crimen en el edificio! ¡Vamos a salir en los periódicos!

—¡Pues sí que te impresiona poco!

—No me caía bien, no pienso disimular. ¡Me miraba siempre como si yo fuera una auténtica cateta!

* * *

Al día siguiente, Joséphine tuvo que ir a la comisaría para firmar su declaración. Habían convocado a todos los residentes del edificio uno tras otro. Todos debían declarar con precisión lo que habían hecho la noche del crimen. La capitán le tendió su declaración de la víspera. Joséphine la leyó y la firmó. Mientras leía, la nariz hundida en su copia, la capitán recibió una llamada de teléfono. El hombre, que debía de ser un superior, hablaba en voz alta. Joséphine no pudo evitar oír lo que decía:

—Estoy metido de lleno en el 77. Le envío un equipo que se hará cargo del caso. ¿Ha terminado con las declaraciones de los testigos?

La capitán respondió frunciendo el entrecejo.

—Hay novedades: la víctima era sobrina de un antiguo comisario de policía de París. ¡Mala cosa! No cometa ningún error, sobre todo ningún error. Respete el procedimiento al pie de la letra y yo me encargaré de todo en cuanto pueda...

Gallois colgó, preocupada.

—¿No sacó usted al perro el viernes por la noche? —preguntó tras un largo silencio en el que estuvo torciendo y retorciendo clips.

Joséphine se azoró. Es verdad: debía de haber sacado a Du Guesclin, pasó cerca del cuarto de la basura, se cruzó con el asesino, quizás. Permaneció unos segundos con la boca abierta, tejiendo un trozo de lana imaginario con los dedos, intentando recordar. La mirada oscura de la oficial de policía no le daba tregua. Joséphine dudaba. Se concentró y posó las manos sobre las rodillas, para que dejaran de tener aspecto culpable.

—Haga un esfuerzo, señora Cortès, es importante. El asesinato se cometió durante la noche del viernes. Tuvo que sacar al perro la noche del crimen. ¿No oyó usted nada, no se fijó en nada en particular?

Ella inmovilizó las manos, que habían recomenzado a tejer febrilmente y se concentró en la noche del viernes. Había salido de la reunión, había vuelto andando con Lefloc-Pignel. Habían charlado mientras caminaban, él le había contado su infancia, el abandono en una calle de Normandía, la imprenta y... se relajó y sonrió.

—¡Claro que no! ¡Adopté a Du Guesclin el sábado por la mañana! ¡Qué tonta soy! —dijo, aliviada por haber escapado a un peligro en forma de barrotes de prisión.

La capitán parecía decepcionada. Leyó por última vez la declaración firmada de Joséphine, y le dijo que podía marcharse. La convocarían de nuevo si fuera necesario.

En el pasillo esperaban el señor y la señora Van den Brock.

—Suerte —murmuró Joséphine—, ¡no es nada fácil!

—Lo sé —suspiró el señor Van den Brock—, ¡ya nos interrogó esta mañana y nos ha dicho que volviéramos!

—Me pregunto por qué nos ha hecho volver —dijo la señora Van den Brock—. ¡Y sobre todo esa policía! Nos tiene enfilados.

Joséphine salió a la calle, preocupada. No soy culpable de nada y sin embargo esa policía sospecha de mí. La irrito. Desde el principio. ¿Por que me agredieron y no lo denuncié? Piensa que soy su cómplice: que atraje a la señorita de Bassonnière hasta el cuarto de basura, cerré la puerta y la dejé a merced del asesino. Me quedé vigilando mientras la apuñalaba, y volví dos días después al lugar del crimen simulando descubrir el cuerpo enrollado en la moqueta. ¿Y por qué? Porque esa Bassonnière me tenía fichada. O a Antoine. Eso es: he ayudado a Antoine a librarse de esa mujer que le amenazaba... Se enteró por su tío de que Antoine no estaba muerto, había descubierto que se dedicaba a algún tráfico ilegal, que le interesaba hacer creer que estaba muerto y que... No está muerto porque me roba mis puntos del supermercado. No está muerto porque me envía cartas y postales. No está muerto porque lleva jerséis rojos de cuello vuelto en el metro. No está muerto, sino que ha simulado su desaparición. El sol de África le ha vuelto loco. Se ha convertido en un asesino y esa Bassonnière lo había adivinado.

Eso no se sostiene, estoy delirando, se dijo dejándose caer sobre una silla de la terraza de un café. El corazón le latía con fuerza en el pecho, contra las costillas, se hinchaba y golpeaba, golpeaba repetidamente. Notó las manos húmedas y se las secó sobre los muslos. Tres mesas más allá, Lefloc-Pignel, inclinado sobre un cuaderno, tomaba notas. Le hizo una señal para que se reuniera con él. Llevaba una bonita chaqueta de lino verde oscuro, y el nudo de su corbata verde con rayas negras destacaba por su perfección. La miró divertido y dijo:

—¿Y bien? ¿Ya ha pasado usted por el interrogatorio?

—Es horrible —dijo Joséphine— ¡voy a terminar pensando que fui yo la que la mató!

—¡Ah! Usted también.

—¡Esa mujer tiene una forma de interrogarte que te deja helada!

—No es muy amable, en efecto —dijo Hervé Lefloc-Pignel—. Me ha hablado de una forma... digamos abrupta. Es inadmisible.

—Debe de sospechar de todos nosotros —suspiró Joséphine, aliviada al saber que no era la única maltratada.

—¡No porque la hayan asesinado en el edificio, el culpable debe ser forzosamente uno de nosotros! El señor y la señora Merson, que han entrado justo antes que yo, han salido indignados. Y estoy esperando la reacción de los Van den Brock... Ahora están dentro y he prometido esperarles. Tenemos que unirnos. No debemos permitir que nos traten de esa manera. ¡Es un escándalo!

Tenía las mandíbulas pálidas y fijas en una mueca de odio. Se sentía herido y no lo podía ocultar. Joséphine le contempló conmovida y, sin saber por qué, el miedo que la mortificaba como un fardo pesado y doloroso desapareció de golpe. Se relajó y tuvo ganas de cogerle del brazo, de agradecérselo.

El camarero se acercó y les preguntó qué querían beber.

—Agua mineral con menta —respondió Hervé Lefloc-Pignel.

—Para mí también —dijo Joséphine.

—¡Dos aguas con menta, dos! —declaró el camarero mientras se alejaba.

—¿Tiene usted una coartada? —preguntó Joséphine—. Porque yo no. Estaba sola en casa. Eso no me sirve para nada...

—Cuando nos separamos el viernes por la noche, pasé por casa de los Van den Brock. La conducta de la señorita de Bassonnière me había sacado de quicio. Estuvimos discutiendo hasta la medianoche de esa... ¡miserable! De esa forma irreverente de agredirnos en cada reunión. Es cada vez peor... o más bien era cada vez peor porque, gracias a Dios, ¡se acabó! Pero esa noche recuerdo que Hervé se preguntó si no debería denunciarla...

—¿Hervé es el señor Van den Brock? ¿Los dos se llaman igual?

—Sí —dijo Hervé Lefloc-Pignel enrojeciendo, como cogido en un flagrante delito de intimidad.

Joséphine pensó, es un nombre original, no es corriente. Antes no conocía a ningún Hervé ¡y ahora puedo nombrar a dos! Después dijo:

—Reconozcamos que había estado especialmente odiosa esa tarde.

—¿Sabe usted?, a menudo los antiguos señores se comportan así. Usted debe de saberlo, siendo especialista en la Edad Media... Para ella no éramos más que unos pobres campesinos que ocupaban el castillo de sus ancestros. No podía expulsarnos fuera de los muros, así que nos insultaba. ¡Pero, de todas formas, todo tiene un límite!

—No debíamos de ser los únicos en sufrir sus iras. El señor Merson me contó que ya la habían agredido dos veces...

—¡Sin contar otras que ignoramos! Si registran su casa, seguramente encontrarán cartas anónimas, en eso invertía el tiempo, en mi opinión... En sembrar el odio, la calumnia.

El camarero puso las dos aguas con menta ante ellos y Hervé Lefloc-Pignel pagó las consumiciones. Joséphine se lo agradeció. Se sentía mejor desde que había hablado con él. Había tomado las riendas. La defendería. Formaba parte de una nueva familia y, por primera vez, le gustaba su barrio, su edificio, los habitantes del edificio.

—Gracias —murmuró—. Sienta bien hablar con usted.

Y después, como arrastrada por la pendiente de las confidencias, añadió:

—Para una mujer es duro vivir sola. Hay que ser firme, enérgica, decidida y ése no es exactamente mi caso. Yo soy más bien lenta, muy lenta...

—¿Una tortuguita? —sugirió él, dedicándole una mirada de complicidad.

—¡Una tortuguita que avanza a dos por hora y que se muere de miedo!

—A mí me gustan mucho las tortugas —prosiguió él con voz suave—, son animales muy afectuosos, ¿sabe?, muy fieles... Que merecen realmente nuestros cuidados.

—Gracias —sonrió Joséphine—, ¡lo tomaré como un cumplido!

—Cuando era niño un día me dieron una tortuga, era mi mejor amiga, mi confidente. La llevaba conmigo a todas partes. Viven mucho tiempo, a menos que ocurra un accidente...

Se había atragantado con la palabra «accidente». Joséphine pensó en los erizos aplastados al borde de las carreteras. Cada vez que veía un pequeño cadáver ensangrentado, cerraba los ojos de impotencia y de tristeza.

Inquieta, se pasó la lengua por los labios y suspiró.

—Me muero de sed.

Él la miró beber, con delicadeza, levantando el vaso con un gesto grácil. Degustaba con pequeños sorbos, borrando imaginarios bigotes verdes de la comisura de sus labios.

—Es usted enternecedora —dijo él en voz baja—. Siente uno ganas de protegerla.

Había hablado sin fanfarronería. Con ternura, con un tono afectuoso en el que ella no vio ni una sombra de seducción.

Levantó la cabeza y le sonrió, confiada.

—Entonces ¿podríamos llamarnos por nuestros nombres, ahora?

Él hizo un ligero movimiento hacia atrás y palideció. Balbuceó:

—No creo, no creo.

Volvió la cabeza. Buscó con la mirada un interlocutor que no encontró. Colocó las dos manos sobre la mesa y después las retiró bruscamente para posarlas sobre sus piernas. Ella se incorporó, extrañada. ¿Qué había dicho para que cambiara tan repentinamente de actitud? Se excusó:

—No quería... No quería forzarle a... Era sólo para que nos hiciésemos..., en fin, para que nos hiciésemos amigos.

—¿Desea usted beber otra cosa? —preguntó él sacudiendo ligeramente la cabeza, como lo haría un caballo que se encabrita delante de un obstáculo.

—No. Muchas gracias. Lo siento si le he ofendido, pero...

Sus ojos huidizos iban de izquierda a derecha, y se mantenía de lado para evitar que ella se acercara, que posase la mano sobre su brazo.

—Soy tan torpe a veces... —se excusó de nuevo Joséphine—, pero, de verdad, no tenía la intención de herirle...

Se agitó en la silla, buscando otras palabras para arreglar lo que él había tomado por una intrusión insoportable y, sin saber qué más decir, le dio las gracias y le dejó.

Cuando se volvió en la esquina de la calle, vio a los Van den Brock que se reunían con él en la terraza del café. Van den Brock puso una mano sobre el hombro de Lefloc-Pignel como para tranquilizarle. Quizás se conocen desde hace muchos años... Hará falta tiempo para ser amigo de ese hombre, parece bastante asocial.

La puerta de la portería de Iphigénie estaba entreabierta. Joséphine llamó al cristal y entró. Iphigénie bebía un café en compañía de la dama del caniche, del anciano empolvado de blanco y de una chica con un vestido de muselina, que vivía con su abuela en el tercer piso del edificio B. Cada uno describía su interrogatorio con muchos detalles y exclamaciones, mientras Iphigénie repartía galletas.

—¿Está usted al corriente, señora Cortès? —dijo Iphigénie, haciendo una señal a Joséphine para que viniese a sentarse a la mesa—. Parece ser que hace tres semanas encontraron el cuerpo de la camarera de un café, ¡apuñalada como esa Bassonnière!

—¿No se lo han dicho? —preguntó la chica levantando unos grandes ojos extrañados.

Joséphine negó con la cabeza, apesadumbrada.

—Eso hacen uno, dos, tres asesinatos en el barrio —dijo la dama del caniche contando con los dedos—. ¡En seis meses!

—¡A eso se le llama un asesino en serie! —concluyó doctamente Iphigénie.

—¡Y las tres, igual! ¡Zas! Por detrás, con un cuchillo fino, tan fino que parece ser que no se le siente entrar. Como si fuera mantequilla. Precisión quirúrgica. ¡Tris, tras!

—¿Y usted cómo sabe eso, señor Édouard? —preguntó la dama del caniche—. ¡Se lo está inventando!

—¡Yo no invento, reconstruyo! —rectificó el señor Édouard, molesto—. Ha sido el comisario el que me lo ha explicado. ¡Porque se ha tomado la molestia de hablar conmigo!

Se cepilló el torso con la palma de la mano para subrayar su categoría.

—¡Eso es porque es usted realmente importante, señor Édouard!

—¡Búrlese! Yo me limito a constatarlo, eso es todo...

—Si han pasado tiempo con usted, es porque quizás es sospechoso —sugirió Iphigénie—. Hacen que te confíes, lo confiesas todo y ¡hala! Te encierran.

—¡No es nada de eso! Es porque yo la conocía bien. ¡Ya ven, crecimos juntos! Jugábamos en el patio de niños. Ya era una viciosa, una hipócrita. ¡Me acusaba de hacer pis en el montón de arena, y obligarla a hacer moldes con la tierra húmeda! ¡Menudos guantazos me daba mi madre por su culpa!

—Usted también tiene razones para odiarla —recordó la dama del caniche—. A ella no le gustaba y por eso dejó usted de ir a las reuniones de copropietarios.

—Yo no era el único —protestó el anciano—. ¡Todo el mundo le tenía miedo!

—Había que tener valor para ir —profirió la dama del caniche—. Esa mujer lo sabía todo. ¡Todo sobre todo el mundo! A veces me contaba unas cosas...

Había adoptado un tono misterioso.

—¡Sobre ciertas personas del edificio! —susurró, esperando a que le suplicaran que continuase y diese detalles.

—¿Acaso era usted amiga suya? —preguntó la jovencita, muy interesada.

—Digamos que se llevaba bien conmigo. ¿Saben?, una no puede vivir sola todo el tiempo. ¡A veces hay que soltarse! Así que bebíamos un dedito de Noilly Prat, muy de vez en cuando, por la tarde en su casa. Ella se bebía dos vasitos y ya estaba achispada. Y entonces ¡me contaba cosas increíbles! ¡Una tarde me había enseñado la foto de un hombre muy guapo en el periódico y me confió que le había escrito!

—¿Un hombre? ¿La Bassonnière? —resopló Iphigénie.

—Le voy a decir una cosa, creo que le había hecho tilín...

—¡Pero bueno! ¡A ver si va a empezar a caerme simpática! —exclamó el anciano.

—¿Qué piensa usted de todo eso, señora Cortès? —preguntó Iphigénie levantándose para volver a hacer café.

—Escucho, y me pregunto quién podía odiarla hasta el punto de matarla.

—Eso depende del tamaño del *dossier* que ella tuviera de su asesino —dijo el anciano—. Uno está dispuesto a todo para salvar su cabeza o su carrera. Y ella no escondía su poder para perjudicar, ¡incluso presumía de él!

—En eso sí que no hay discusión, vivía peligrosamente, ¡incluso es asombroso que haya vivido tanto tiempo! —suspiró Iphigénie—. Eso no impide que estemos todos preocupados. Sólo el señor Pinarelli está feliz. ¡Esta historia le ha dado nuevas fuerzas! Va de aquí para allá, fisgoneando, se pasa el tiempo en comisaría para sacarle información a la policía. La otra tarde le encontré rondando cerca del cuarto de la basura. ¡Hay que ver, los hay raros!

Toda la gente de este edificio es rara, se dijo Joséphine. ¡Incluso la dama del caniche! ¿Y yo? ¿Acaso no soy rara? Si supiera esta gente sentada en torno a esta mesa, mojando galletas en el café, que estuvieron a punto de apuñalarme hace seis meses, que mi ex marido, dado por muerto entre las fauces de un cocodrilo, vaga por el metro, que mi antiguo amante es esquizofrénico y que mi hermana está dispuesta a tirarse a los pies de Hervé Lefloc-Pignel, se atragantarían por la sorpresa...

* * *

Hundida en los mullidos cojines del sofá, con los pies nervudos y finos apoyados en el brazo como sobre el mostrador de una joyería, Iris leía una revista cuando Joséphine entró en el salón y se dejó caer gimiendo en una butaca.

—¡Vaya día! ¡Menudo día! ¡No he visto nada más siniestro que una comisaría! ¡Y todas esas preguntas! ¡Y la capitán Gallois!

Se masajeaba las sienes mientras hablaba, con la cabeza inclinada hacia delante. El cansancio le pesaba en todos sus miembros, en cada una de sus articulaciones. Iris bajó un instante la revista para observar a su hermana, y retomó la lectura farfullando:

—Pues sí..., no pareces muy en forma.

Picada, Joséphine contestó:

—He tomado un agua con menta con Hervé Lefloc-Pignel...

Iris se dio un golpe en las rodillas con la revista.

—¿Te ha hablado de mí?

—Ni una palabra.

—No se habrá atrevido.

—Ese hombre es extraño. Nunca sabes por dónde cogerle. Pasa de la amabilidad a la dureza, del dulce al salado...

—¿Al salado? —repitió Iris arqueando una ceja—. ¿Se te ha insinuado?

—No. ¡Pero es una auténtica ducha escocesa! Te suelta un halago y al minuto siguiente se convierte en un trozo de hielo...

—Has debido de ofrecerte como víctima...

Joséphine no se esperaba esa afirmación perentoria. Respondió:

—¿Cómo que «ofrecerme como víctima»?

—Sí, tú no te das cuenta, pero juegas a la cosita frágil para dar a los hombres ganas de protegerte. Puede llegar a ser muy irritante. Te lo he visto hacer con Philippe.

Joséphine escuchaba, anonadada. Era como si le hablaran de alguien que no conocía.

—¿Tú me has visto hacer qué con Philippe?

—Jugar a la nenita que no sabe, que no sabe nada. Debe de ser tu forma de seducir...

Se desperezó, bostezó y dejó caer la revista. Después, volviéndose hacia Joséphine, anunció con tono anodino:

—Oye, por cierto... Nuestra querida madre ha llamado y no tardará en llegar.

—¿Aquí? —rugió Joséphine.

—¡Se muere de ganas de ver dónde vives!

—¡Pero al menos podrías haberme preguntado!

—Escucha Jo, ¡ya sería hora de que os reconciliarais! Es muy mayor, vive sola. Ya no tiene a nadie de quien ocuparse...

—¡Nunca se ha ocupado más que de ella!

—¡Y hace demasiado tiempo que ya no os veis!

—¡Tres años, y lo llevo muy bien!

—Es la abuela de tus hijas...

—¿Y qué?

—Yo quiero que haya paz en la familia...

—¿Por qué la has invitado? Dime.

—No lo sé. Me ha dado pena. Parecía deprimida, triste.

—Iris, ésta es mi casa. ¡Soy yo quien decide a quién invitar!

—Es tu madre, ¿no? ¡No es una extraña!

Iris se quedó callada y añadió posando una mirada sinuosa en los ojos de Joséphine:

—¿De qué tienes miedo, Jo?

—No tengo miedo. No quiero verla. ¡Y deja de mirarme así! ¡Ya no funciona! Ya no me hipnotizas.

—Tienes miedo..., te mueres de miedo...

—¡No la he visto desde hace tres años, y no esperaba su visita esta noche! Eso es todo. Ha sido un día duro, y sólo me faltaba eso.

Iris se incorporó, alisó la falda recta que le estrangulaba la cintura como un corsé, y anunció:

—Cena con nosotras esta noche.

Joséphine repitió, atónita:

—¡Cena con nosotras!

—De hecho, es hora de que me vaya a hacer la compra. Tienes la nevera vacía...

Suspiró, desplegó sus largas piernas, miró por última vez sus lindos piececitos con las uñas pintadas de rojo carmín, y se dirigió a su habitación a coger su bolso. Joséphine la siguió con la mirada, dividida entre la cólera y las ganas de anular la cita con su madre.

—Llegará de un momento a otro, estate atenta a la puerta —dijo Iris.

—¿Y Zoé, dónde está? —preguntó Joséphine, desesperada, buscando una tabla de salvación.

—Ha llegado y se ha vuelto a ir, sin decir nada. Pero vuelve para cenar... En fin, si he comprendido bien...

Cerró la puerta. Joséphine se quedó sola, aturdida.

* * *

—No entiendo en absoluto a las mujeres... —murmuró Gary suspendiendo en el aire el cuchillo que le servía para picar el perejil, el ajo, la albahaca, la salvia y el jamón, que colocaría después sobre los tomates cortados en dos antes de meterlos en el horno. Era el rey del tomate a la provenzal.

Había invitado a su madre a cenar, la había sentado a la fuerza en el gran sillón que le servía de observatorio cuando miraba a las ardillas del parque. Celebraban el cumpleaños de Shirley: cuarenta años justos y solemnes. «¡Yo cocino, tú soplas las velas!», había dicho a su madre por teléfono.

—Cuanto más tiempo pasa, menos las entiendo...

—¿Me lo preguntas como mujer o como madre? —preguntó Shirley.

—¡Se lo pregunto a las dos!

—¿Y qué es lo que no entiendes?

—Las mujeres son tan... ¡pragmáticas! Pensáis en los detalles, avanzáis movidas por una lógica implacable, ¡or-ga-ni-záis vuestra vida! ¿Por qué sólo encuentro chicas que saben exactamente adónde quieren llegar, lo que quieren hacer, cómo van a hacerlo...? ¡Hacer, hacer, hacer! ¡Siempre tienen esa palabra en la boca!

—Quizás porque siempre estamos en contacto con lo material. Amasamos, lavamos, planchamos, cosemos, cocinamos, ¡limpiamos o nos defendemos de las manos largas de los hombres! ¡No soñamos, hacemos!

—Nosotros también hacemos...

—¡No es lo mismo! A los catorce años, nos baja la regla y no tenemos elección. Nos «hacemos» a ello. A los dieciocho, comprendemos que vamos a tener que luchar el doble que un hombre, hacer el doble de cosas si queremos existir. Después, «hacemos» niños, los llevamos durante nueve meses, nos producen mareos, nos dan patadas, nos desgarran al llegar al mundo, ¡más detalles prácticos! Después hay que lavarlos, alimentarlos, vestirlos, pesarlos, untarles el trasero de crema. Lo «hacemos» sin preguntarnos, y además «hacemos» el resto. El horario de trabajo y por la noche, la danza del vientre para el Hombre. No dejamos nunca de «hacer», ¡raras son las chicas que viven en la luna, mirando al cielo! Vosotros hacéis una sola cosa: ¡hacéis el hombre! Las instrucciones están inscritas desde hace siglos en vuestros genes, lo hacéis sin esfuerzo. Nosotras tenemos que luchar todo el tiempo..., acabamos siendo pragmáticas, como tú dices.

—Me gustaría conocer a una chica que no supiese «hacer», que no tuviese un plan de ruta, que no supiese contar, ni conducir, ni siquiera coger el metro. Una chica que viva entre libros, bebiendo litros de té, acariciando a su viejo gato enrollado sobre su vientre.

Shirley estaba al corriente de la relación de su hijo con Charlotte Bradsburry. Gary no le había dicho nada, pero la rumorología londinense se hacía eco de mil detalles. Se habían conocido en una fiesta en casa de Malvina Edwards, la gran sacerdotisa de la moda. Charlotte acababa de poner fin a una relación de dos años con un hombre casado, que había roto con ella por teléfono, con su mujer dictándole las fatales palabras a su oído. Todo el mundo había hablado de ello. «Honor y reparación», gritaba la boca sonriente de Charlotte Bradsburry, que desmentía la anécdota con un mohín aburrido, buscando alguien con quien dejarse ver, para acallar las malas lenguas encantadas de atacar a la redactora jefe de *The Nerve*, esa revista que pescaba a sus presas con refinada crueldad. Y había encontrado a Gary. Cierto que era más joven que ella, pero sobre todo era seductor, misterioso, desconocido en el mundillo de Charlotte Bradsburry. Con él, generaba misterio, preguntas, conjeturas. «Hacía» algo nuevo. Era guapo, pero lo ignoraba. Parecía tener dinero, pero también lo ignoraba. No trabajaba, tocaba el piano, paseaba por el parque, leía hasta el aturdimiento. Se le calculaba entre diecinueve y veintiocho años, dependiendo del tema de conversación. Si le hablaban de la vida cotidiana, del mal estado del metro, del precio de los pisos, mostraba la expresión atónita de un adolescente. Si se evocaba a Goethe, a Tennessee Williams, a Nietzsche, a Bach, a Cole Porter o a Satie, envejecía de golpe y ponía cara de experto. Parecía un ángel, un ángel que producía unas ganas furiosas de fornicar, se había dicho Charlotte Bradsburry al verle acodado al piano, si no le pongo la mano encima la primera, enseguida llegará otra que me lo quite. Le había conquistado dejándole hacerse la ilusión de que se la arrebataba a todos esos pretendientes palurdos que hacían rugir sus cilindros al pie de su casa. «¡Qué aburrimiento! ¡Qué vulgaridad! ¡Y yo que estoy tan bien en mi casa, leyendo las *Ensoñaciones del paseante solitario* con mi viejo gato y mi taza de té! Estoy preparando un número inspirado en Rousseau, ¿le gustaría participar?». Gary había caído hechizado. Ella no mentía: había estudiado a Rousseau y a todos los enciclopedistas franceses en Cambridge. Desde entonces, no se habían separado. Ella dormía en casa de él, él dormía en la de ella, ella llevaba la batuta en cuanto a la educación del hombre de mundo, y no tardaría en hacer del niño, un esbozo todavía, un ser exquisito. Le llevaba al teatro, a conciertos, a las salas de jazz que apestaban a humo, a las encorsetadas veladas de caridad. Le había regalado una chaqueta, dos chaquetas, una corbata, dos corbatas, un jersey, una bufanda, un esmoquin. Había dejado de ser el grandullón que estudiaba música encerrado en su casa, o que observaba a las ardillas en el parque. «¿Sabías que las ardillas mueren de la enfermedad de Alzheimer?», había murmurado un día Gary al oído de Charlotte, abordando con ganas uno de sus temas predilectos. «Se vuelven gagás y olvidan dónde han enterrado su provisión de avellanas para el invierno. Se dejan morir de hambre, tiritando al pie mismo del árbol donde está escondido su botín». «Ah...», había soltado Charlotte levantando sus gafas negras y dejando aparecer dos enormes ojos, desprovistos de la menor compasión por las ardillas seniles. Gary se había sentido atrozmente ingenuo y solo.

—¿Y Hortense? ¿Qué dice? —preguntó Shirley.

—¿De qué?

—De... Sabes muy bien de lo que hablo... O más bien de quién hablo...

Él había vuelto a picar minuciosamente el perejil y el jamón, añadiendo pimienta y sal gorda. Probó el relleno con el dedo y añadió un diente de ajo y pan rallado.

—Está cabreada. Espera que yo la llame. Y yo no la llamo. ¿Para decirle qué?

Repartió el relleno sobre los tomates, abrió el horno que había precalentado, y frunció el ceño mientras regulaba el tiempo de cocción.

—¿Que estoy maravillado por una mujer que me trata como un hombre y no como un amigo? Eso la pondría triste...

—Y, sin embargo, es la verdad...

—No tengo ganas de contar esa verdad. Se la contaría mal, y después...

—¡Ah! —sonrió Shirley—, el hombre que huye ante la explicación: ¡un gran clásico!

—Escucha, si se lo cuento a Hortense, voy a sentirme culpable... Peor aún, voy a sentirme obligado a denigrar a Charlotte, o a minimizar el papel que ocupa en mi vida...

—¿Culpable de qué?

—Hicimos un juramento mudo Hortense y yo: no enamorarse de nadie más... hasta que seamos lo suficientemente mayores los dos para amarnos..., quiero decir para amarnos de verdad...

—¿No era eso un poco temerario?

—Yo no conocía a Charlotte, así que... Eso fue antes.

¡Le parecía que había ocurrido hacía un siglo! Su vida se había convertido en un remolino. La caza de las grandes guarras había terminado. Era la hora de la encantadora de cuello largo, de hombros delgados y musculosos, de brazos más nacarados que un collar de perlas.

—Y ahora...

—Ahora estoy muy fastidiado. Hortense no me llama. Yo no la llamo. No nos llamamos. Y también puedo conjugarlo en futuro, si quieres...

Había abierto una botella de Burdeos y olisqueaba el corcho.

Shirley no se sentía a gusto cuando se trataba de la vida sentimental de su hijo. Cuando era niño, hablaban de todo. De las chicas, de los Tampax, del deseo, del amor, de la barba que crece, de los libros-obras-maestras y de los libros-garabatos, de las películas que se ven a cámara lenta y de las películas-hamburguesa, de los discos para bailar y de los discos para recogerse, de recetas de cocina, de la edad del vino, de la vida después de la muerte y del papel del padre en la vida de un chico que no ha conocido el suyo. Habían crecido juntos, mano a mano, habían compartido un pesado secreto, afrontaron peligros y amenazas sin separarse nunca. Pero ahora... Era un hombre, cubierto de vello, con los brazos grandes, los pies grandes y la voz grave. Ella se sentía casi intimidada. Ya no se atrevía a hacer preguntas. Prefería cuando él hablaba de sí mismo, sin que ella le hubiese preguntado nada.

—¿Te sientes unido a Charlotte? —terminó diciendo, tosiendo un poco para ocultar su incomodidad.

—Me maravilla...

Shirley pensó que la palabra era amplia, muy amplia, que en ella podían caber muchas cosas, ¿podía precisar su pensamiento? Gary sonrió, reconociendo esa mímica maternal en los ojos de Shirley, que se abrían en pregunta muda, y se extendió:

—Es guapa, inteligente, curiosa, culta, divertida... Me gusta dormir con ella, me gusta su forma serpenteante de deslizarse entre mis brazos, de abandonarse, de convertirme en su amante magnífico. Es una mujer. ¡Y es una aparición! ¡No una gran guarra!

Shirley suspiró con tristeza. ¿Y si ella no hubiese sido más que una gran guarra para Jack, el hombre de negro que le había dejado marcas en el corazón y en la piel?

—Con ella aprendo... Se interesa por todo, de hecho me pregunto qué ve ella en mí.

—Ve en ti lo que no encuentra en otros hombres, demasiado ocupados corriendo detrás de su sombra y de su carrera: un amante y un cómplice. Ha tenido éxito, no necesita un mentor. Tiene dinero, relaciones, es guapa, es libre, se exhibe contigo porque encuentra placer en ello.

Gary murmuró algo referente al vino y terminó diciendo:

—De hecho, es sólo Hortense la que me preocupa.

—Pues no te preocupes, Hortense sobrevivirá. Hortense sobrevive a todo, ¡incluso podría ser su lema!

Gary había vertido el vino en dos hermosas copas de cristal Lalique, adornadas con un festón de perlas en la base, debe de ser un regalo de Charlotte, se dijo Shirley haciendo girar la copa en su mano.

—¿Y este Burdeos viejo? ¿Ha sido Charlotte?

—No. Lo encontré hace un rato buscando el cuchillo para picar. Antes de marcharse, Hortense ha escondido un montón de regalos por todas partes para que no la olvide. Abro un armario y cae un jersey, aparto una pila de platos y aparece un paquete de mis galletas favoritas, cojo mis vitaminas del botiquín y encuentro una nota: «Ya me echas de menos, supongo...». Es divertida, ¿verdad?

Divertida o enamorada, pensó Shirley, por primera vez la diablilla encontraba un obstáculo en su camino. Un obstáculo llamado Charlotte Bradsburry ¡y no tenía intención de rendirse!

* * *

Hortense despertó empapada en sudor. Quería gritar, pero no salía ningún sonido de su boca. ¡Otra vez había tenido esa horrible pesadilla! Estaba en una sala alicatada, húmeda, llena de vapor blanco, y ante ella un hombre alto como un tonel de cerveza tostada, cubierto de cicatrices, con un torso de vello negro, blandiendo un largo látigo con clavos en las puntas. Hacía girar el látigo riéndose, descubriendo una dentadura negra, que se cerraba sobre ella y la mordía por todo el cuerpo. Ella se acurrucaba en una esquina, gritaba, luchaba, el hombre lanzaba el látigo, ella se levantaba, huía hacia una puerta que atravesaba no sabía cómo, y se encontraba corriendo en una calle estrecha, sucia. Tenía frío, estallaba en sollozos, pero seguía corriendo, destrozándose los pies sobre la calzada. Ya no tenía a nadie que le ofreciera refugio, nadie que la protegiese, oía los insultos de los hombres persiguiéndola, ella caía al suelo, una enorme mano la cogía por el cuello... Y entonces se despertaba, empapada, en su cama.

¡Las tres de la mañana!

Permaneció inmóvil un buen rato, tiritando de miedo. ¿Y si no estaban muertos con los pies lastrados en el fondo del Támesis? ¿Y si sabían dónde vivía? Estaba sola. Li May se había ido dos semanas a Hong Kong, a cuidar de su madre enferma.

Nunca podría volver a dormirse. Y ya no podía ir a llamar a la puerta de Gary. O llamarle en plena noche para decir «tengo miedo». Gary dormía con Charlotte Bradsburry. Gary ya no llamaba, ya no le hablaba de libros ni de música, ya no tenía noticias de las ardillas de Hyde Park, y no había tenido tiempo para aprenderse el nombre de las estrellas en el cielo.

Cogió una almohada, la estrechó contra sí, para ahogar los sollozos que anudaban su garganta. Quería los largos brazos de Gary. No había nada como los largos brazos de Gary para borrar sus terrores.

¡Y era imposible!

Por culpa de una mujer.

Es terrible tener miedo por la noche. Por la noche todo se vuelve amenazador. Por la noche todo se vuelve definitivo. Por la noche, ellos la atrapaban y moría.

Se levantó, fue a la cocina, cogió un vaso de agua, un trozo de queso del frigorífico, dos rebanadas de pan de molde, un poco de mostaza, mayonesa y se hizo un sándwich que mordisqueó recorriendo la cocina inmaculada. ¡Podría comer en el suelo! He pasado de una puerca caótica a una puntillosa de la limpieza y el orden. En todo caso, ¡no seré yo quien le llame! Aunque me tenga que morir de pie, paralizada por terrores nocturnos. Afortunadamente para mí, ¡todavía tengo principios! Una chica sin principios está perdida. Es en estos casos cuando hay que reafirmarse en los principios de una. No llamar nunca la primera, no llamar nunca enseguida —esperar tres días—, no dar nunca lástima, no llorar nunca por un chico, no esperar nunca a un chico, no depender nunca de un chico, no perder el tiempo con un paleto que ignora a Jean-Paul Gaultier, Bill Evans o Ernst Lubitsch, tachar de la lista al que repase la cuenta o deje el precio en un regalo, lleve calcetines blancos, envíe rosas rojas o claveles rosa, al que llame a su madre el domingo por la mañana o hable de la fortuna de su papá, no acostarse nunca la primera noche, ¡nunca besarse siquiera la primera noche! No comer nunca coles de Bruselas, no llevar nunca ropa naranja, o podría creerse que una trabaja en la autopista... Enumeraba sus diez mandamientos y mordisqueaba el pan de molde. Suspiró, tengo un montón de principios, pero ninguna gana de aplicarlos. Yo quiero tener a Gary. Es mío. Tengo una opción sobre él. Él estaba de acuerdo. Hasta que llegó esa chica. Pero ¿quién se cree que es?

Fue a la página de Google, tecleó Charlotte Bradsburry y palideció leyendo el número de resultados: ¡132.457! Ocupaba todas las rúbricas: la familia Bradsburry, las propiedades Bradsburry, los Bradsburry en la Cámara de los Lores, los Bradsburry y la familia real, la revista de Charlotte Bradsburry, sus *parties*, sus dictados sobre moda, sus réplicas. ¡Incluso seguían citándola cuando no decía nada!

En esa chica todo parecía palpitante. Cómo se viste Charlotte Bradsburry, cómo vive Charlotte Bradsburry, se levanta todas las mañanas a las seis, va a correr al parque, se ducha con agua helada, come tres avellanas y un plátano con una taza de té, y se va a trabajar andando. Lee los periódicos del mundo entero, recibe a diseñadores, a autores, a creadores, decide el sumario, escribe su editorial, se come una manzana y un anacardo a mediodía y, por la noche, cuando sale, no se queda más de media hora en una fiesta y vuelve a acostarse a las diez de la noche. Porque a Charlotte Bradsburry le gusta leer, escuchar música y soñar en la cama. Es muy importante soñar en la cama, aseguraba Charlotte Bradsburry, así es como me vienen las ideas. *Bullshit!*, fulminó Hortense Cortès royendo la corteza del sándwich. Tú no tienes ideas, Charlotte Bradsburry, ¡tú te cebas con las de los demás!

América estaba a los pies de Charlotte Bradsburry, *Vanity Fair*, el *New Yorker*, *Harper's Bazaar* la reclamaban, pero Charlotte Bradsburry permanecía deliciosamente inglesa. «¿Dónde iba a vivir si no?, ¡los demás países eran salvajes!». Había un vídeo que la mostraba de frente, de perfil, en tres cuartos, vestida de largo, vestida de cóctel, en vaqueros, corriendo en pantalón corto... Hortense estuvo a punto de atragantarse al descubrir una rúbrica: la última conquista de Charlotte Bradsburry. Una fotografía mostraba a Charlotte y a Gary, en una exposición de los últimos dibujos de Francis Bacon. Él, sonriente, elegante, con chaqueta de rayas verdes y azules; ella menuda, colgada de su brazo, enarbolando una amplia sonrisa detrás de sus gafas negras. La leyenda decía: «Charlotte Bradsburry sonríe». Hubiese vendido mi alma por ir, maldijo Hortense. Estuve a punto de que me aplastaran en la entrada. ¡Imposible conseguir una tarjeta de invitación! ¡Y se quedaron diez minutos, prometiendo volver para una visita privada!

¡No había ni una sola foto en la que Charlotte Bradsburry apareciera fea! Buscó «régimen de Charlotte Bradsburry» y no encontró ninguna mención a michelines o a celulitis. Ninguna foto robada descubriendo alguna tara física. Tecleó «opiniones negativas sobre Charlotte Bradsburry» y sólo encontró tres pobres notas de ineptas celosas, que afirmaban que Charlotte Bradsburry se había operado la nariz, o se había hecho una liposucción en las mejillas. Triste botín, suspiró Hortense, no voy a llegar muy lejos con esos argumentos ridículos.

Tecleó «Hortense Cortès». Cero resultados.

La vida era demasiado dura para las debutantes. Gary había puesto el listón muy alto, Charlotte Bradsburry se revelaba tenaz.

Recuperó un último trocito de queso del plato y lo masticó un buen rato. Después se dio cuenta y se insultó: pero ¿qué idea es esta de devorar un sándwich en plena noche? ¡Cientos de calorías que se amalgamarían en tejidos adiposos sobre su trasero y sus caderas durante el sueño! Charlotte Bradsburry iba a transformarla en un cardo.

Corrió al baño, puso dos dedos en la garganta y vomitó su sándwich. Odiaba hacer eso, no lo hacía nunca, pero era un caso de extrema urgencia. Si quería enfrentarse a su rival Googeleada hasta la saciedad, debería eliminar el menor gramo de grasa. Tiró de la cadena y vio girar en la superficie los filamentos de queso. Tendría que frotar la taza si no quería que Li May la echara del apartamento, señalando con el dedo una mancha amarillenta sobre el esmalte blanco.

Vivo con una chinita maniática en un pequeño apartamento sin ascensor, rodeada de muebles de plástico mientras que...

Se prohibió ir más allá. Pensamientos negativos. Muy malos para la mente. Pensar en positivo: Charlotte Bradsburry es vieja, se marchitará. Charlotte Bradsburry es un icono, no se acuesta uno con un póster. Charlotte Bradsburry tiene sangre vieja y azul en las venas, desarrollará una enfermedad hereditaria. Charlotte Bradsburry tiene un apellido estúpido que suena a marca de chocolate malo. A Gary sólo le gusta el chocolate negro, con un 71% de cacao mínimo. Charlotte Bradsburry es vulgar: tiene 132.457 entradas en la red. Pronto surgirá una nueva estrella, y Charlotte Bradsburry caerá en el olvido.

Y además ¿quién era esa Charlotte Bradsburry?

Se tumbó en el suelo e hizo una serie de abdominales. Contó hasta cien. Se levantó y se secó la frente. ¿Cómo ha podido enamorarse de una Google Girl, él, tan independiente, tan solitario, tan desdeñoso ante la pompa y el alboroto de la moda? ¿Qué le está pasando? Está cambiando. Está buscándose. Todavía es joven, suspiró mientras se lavaba los dientes, olvidando que tenía un año más que ella.

Volvió a acostarse, furiosa y triste.

¡Es tan extraño estar triste! ¿He estado triste alguna vez? Por mucho que busque, no recuerdo haber experimentado ese sentimiento, esa mezcla tibia, ligeramente empalagosa, de abandono, de impotencia, de melancolía. Ni furor ni tormenta. Tristeza, tristeza, ¡hasta el sonido de la palabra es feo! Un charco de agua tibia. Además, no sirve para nada. Sólo para la autocomplacencia. Como mi madre. ¡No quiero parecerme a mi madre!

Apagó la lamparita de noche con pantalla rosa barata, que había cubierto con un fular rojo tulipán para iluminar su habitación, y se obligó a pensar en la buena marcha de su desfile. Tenía que ser un éxito: eligen a 70 entre 1000. Tengo que formar parte del lote. No perder de vista la meta. *I'm the best, I'm the best, I'm a fashion queen.** En quince días estaré, yo, Hortense Cortès, sobre el podio con mis «creaciones», porque esa chica, Charlotte Bradsburry, no crea, se alimenta de la nada. Volvió a abrir los ojos, encantada. ¡Pero si es verdad! Un día ya no se hablará de ella, ¡y ese día seré yo la que tenga 132.457 entradas en Google, y más aún!

Se estremeció de alegría, subió la sábana hasta el mentón, saboreando su revancha. Después lanzó un pequeño grito: ¡Charlotte Bradsburry! ¡Estará allí, el día del desfile! En primera fila, con su ropa perfecta, sus piernas perfectas, su expresión perfecta, su mueca de desengaño, sus grandes gafas negras. El desfile de Saint Martins era el acontecimiento del año.

---

* «Soy la mejor, soy la mejor, soy una reina de la moda».

Y él la acompañará. Estará sentado a su lado en primera fila.
La pesadilla volvía a empezar.
Otra pesadilla...

* * *

Joséphine meditaba en el Eurostar que la llevaba a Londres. Se había fugado, había dejado en París a su hermana y a su madre. Zoé se había ido a estudiar para los exámenes a casa de una amiga, «quiero sacar una matrícula; con Emma trabajo». La idea de quedarse con Iris en la gran casa la había empujado hasta una agencia del ferrocarril para comprar un billete hasta Londres. Había dejado a Du Guesclin con Iphigénie y se había hecho la bolsa, pretextando un coloquio en Lyon sobre el hábitat señorial en las campiñas medievales, presidido por una especialista del siglo XII, Élisabeth Sirot.

—Acaba de publicar un libro formidable, *Casas nobles y fortificadas*, en Picard. Una auténtica obra de referencia.

—¡Ah! —había murmurado Iris.

—¿Quieres saber de qué trata?

Iris había sofocado un pequeño bostezo.

—Es realmente original, ¿sabes?, porque antes sólo interesaban los castillos, y ella ha descrito la vida cotidiana partiendo de las casas ordinarias. Durante mucho tiempo no se les ha dado importancia, y ahora nos damos cuenta de su potencial arqueológico. Han conservado estructuras de época, sistemas de acometida de agua, letrinas, chimeneas. Resulta sorprendente porque, en una casa aparentemente vulgar, cuando levantan los falsos techos o tantean las paredes, encuentran todos los elementos medievales, la decoración, las molduras y la pintura de los techos, todo lo que formaba parte de la vida en la Edad Media. La casa se convierte en una especie de muñeca rusa que encierra las diferentes épocas y, en el centro, aparece el núcleo medieval, ¡es genial!

Estaba dispuesta a resumirle el libro para que su mentira fuera creíble.

Iris no había hecho más preguntas.

Igual que no había dicho nada cuando le entregó el correo. Había una carta de Antoine. Enviada desde Lyon. Zoé había enseñado la carta a su madre. Siempre el mismo discurso, estoy bien, me estoy recuperando, pienso en mis hijitas que amo y que pronto voy a volver a ver, trabajo duro para ellas. «Se acerca, mamá, está en Lyon», «Sí, pero ni siquiera habla de ello en su carta...», «Debe de querer darnos una sorpresa...». Así que ha dejado París. ¿Cuándo? ¿Por qué? Debería vigilar mis puntos del Intermarché, e investigar la próxima vez que los utilicen para comprar.

¡Cuatro días sola! De incógnito. Dentro de tres horas posaría el pie sobre el andén de Saint Pancras. ¡Tres horas! En el siglo XII eran necesarios tres días para atravesar La Mancha en barco. Tres días para viajar desde París hasta Aviñón, a galope tendido, sin parar, salvo para cambiar de montura. Si no, había que calcular diez días. Todo va tan deprisa hoy en día..., me da vueltas la cabeza. A veces sentía ganas de detener el tiempo, de gritar renuncio, de refugiarse bajo su caparazón. No había avisado a nadie de su llegada. Ni a Hortense, ni a Shirley, ni a Philippe. Siguiendo los consejos de su editor inglés, había reservado una habitación en un hotel encantador cerca de Holland Park, en el barrio de Kensington. Partía a la aventura.

Sola, sola, sola, cantaban las sacudidas del tren. En paz, en paz, en paz, entonaba ella a modo de respuesta. Inglés, inglés, inglés, seguían las ruedas del tren. Francés, francés, francés, martilleaba Joséphine viendo desfilar los campos y los bosques, que tan a menudo habían atravesado los ejércitos ingleses durante la guerra de los Cien Años. Los ingleses no dudaban en hacer el viaje entre los dos países. En Francia estaban en su casa. Eduardo III sólo hablaba francés. Las patentes reales, la correspondencia de las reinas, de las casas religiosas, de la aristocracia, las actas jurídicas y los testamentos estaban redactados en francés o en latín. Henry Grosmont, duque de Lancaster e interlocutor inglés de Du Guesclin, ¡había escrito un libro religioso en francés! Cuando trataba con él, Du Guesclin no necesitaba intérprete. La noción de patria no existía. Se pertenecía a un señor, a un dominio. Se luchaba para hacer respetar los derechos del señor, pero a nadie le importaba llevar los colores del rey de Francia o del de Inglaterra, y algunos guerreros pasaban de un lado a otro en función de la soldada. En cuanto a Du Guesclin, permaneció fiel toda su vida al rey de Francia, y ningún tonel repleto de escudos le hizo cambiar de opinión.

—¿Por qué me odias, Joséphine? —había preguntado su madre aquella tarde, al llegar a su casa.

Henriette se había quitado su gran sombrero, y era como si se hubiese quitado la peluca. A Joséphine le costaba mirarla a la cara: parecía una pera pasada. Iris no había vuelto todavía de la compra.

—¡Pero si no te odio!

—Sí. Me odias...

—Que no... —había balbuceado Joséphine.

—Hace casi tres años que no me ves. ¿Te parece normal por parte de una hija?

—Nosotras nunca hemos tenido relaciones normales...

—¿Y de quién es la culpa? —había espetado Henriette, convirtiendo sus labios en unas líneas resecas y amargas.

Joséphine había sacudido la cabeza tristemente.

—¿Se sobreentiende que es culpa mía? ¿Es eso?

—Me he sacrificado por Iris y por ti ¡y ésta es mi recompensa!

—Eso es lo que he oído toda mi vida...

—¡Porque es la verdad!

—Existe otra verdad de la que nunca hemos hablado...

Ignorar es lo peor de todo, se había dicho Joséphine esa tarde, frente al rostro acusador de su madre. No se puede ignorar toda la vida, siempre hay un momento en el que la verdad nos atrapa y nos obliga a mirarla de frente. Siempre he eludido esta conversación con mi madre. La vida me ordena hablar, imponiéndome esta charla a solas con ella.

—Hay un acontecimiento del que nunca hemos hablado... Un recuerdo terrible que me ha vuelto a la memoria no hace mucho, y que aclara muchas cosas.

Henriette se había erguido de pronto con un pequeño movimiento del torso.

—¿Un arreglo de cuentas?

—No te estoy hablando de una discusión, sino de algo más grave.

—No entiendo de qué puedes estar hablando...

—Puedo refrescarte la memoria, si quieres...

Henriette había adoptado un aire de desdén y había dicho:

—Adelante, si te sientes más a gusto haciéndome reproches...

—No te reprocho nada. Te cuento un hecho, un simple hecho, pero que explica perfectamente esa... —buscaba la palabra justa—. Esa reticencia por mi parte... Esa necesidad de mantenerme al margen. ¿No adivinas de qué te hablo?

Henriette no lo recordaba. Lo había olvidado. Ese episodio había tenido tan poca importancia para ella, que lo había borrado de su memoria.

—No veo cómo pude haberte hecho daño yo...

—¿No recuerdas ese día en el que nos fuimos a bañar en las Landas, Iris, tú y yo? Papá se había quedado en la orilla...

—¡No sabía nadar, el pobre!

—Nos habíamos alejado mucho, mucho. Se había levantado viento y la corriente, de pronto, se hizo muy violenta. No podíamos volver a la orilla. Iris y yo empezábamos a tragar agua, tú, como de costumbre, desafiabas a las olas. Eras una nadadora muy buena...

—¡Una excelente nadadora! ¡Campeona de natación sincronizada!

—En un momento dado, cuando nos dimos cuenta de que estábamos en peligro y quisimos volver, me agarré a ti, para que me llevases a tu espalda, pero me rechazaste y elegiste salvar a Iris.

—No lo recuerdo.

—Sí, haz un esfuerzo... Se había formado una rompiente que nos lanzaba lejos cada vez que intentábamos atravesarla, la corriente nos arrastraba, yo estaba agotada, gritaba socorro, tendí la mano hacia ti y me rechazaste para sujetar a Iris. Querías salvar a Iris, no a mí...

—¡Te lo estás inventando todo, hija! ¡Siempre has estado celosa de tu hermana!

—Lo recuerdo muy bien. Papá estaba en la playa, lo había visto todo, te vio remolcar a Iris, te vio dejarme allí, te vio atravesar la rompiente con Iris, dejarla en tierra firme, secarla, secarte ¡y no volviste a buscarme! ¡Tendría que haber muerto!

—¡Eso es falso!

—¡Es la verdad! ¡Y cuando conseguí llegar a la orilla, cuando salí del agua, papá me cogió en sus brazos, me envolvió en una gran toalla y te trató de criminal! ¡Y a partir de ese día sé que no volvisteis a compartir la misma habitación!

—¡Embustes! ¡Ya no sabes qué inventar para darte importancia!

—Te trató, a ti, mi madre, de criminal porque me habías abandonado. Me dejaste morir...

—¡No os podía salvar a las dos! ¡Estaba agotada!

—¡Ah! ¿Ves cómo lo recuerdas!

—¡Pero conseguiste salir! Eras fuerte. Siempre fuiste más fuerte que tu hermana. Después quedó demostrado, eres independiente, te ganas la vida, tienes un hermoso piso...

—¡Me da igual mi piso! ¡Me da igual la mujer en la que me he convertido, te hablo de la niña!

—Lo dramatizas todo, Joséphine. Siempre has arrastrado toneladas de complejos frente a los demás y sobre todo frente a tu hermana... ¡De hecho, no sé por qué!

—¡Yo, en cambio, lo sé muy bien, mamá! —lanzó Joséphine, con la voz inundada de lágrimas.

Había llamado a Henriette «mamá». Hacía años que no había dicho «mamá» y las lágrimas brotaban como un torrente. Sollozaba como una niña apoyándose en el borde de la mesa, de pie, con los ojos muy abiertos como si viese a su madre, la atroz indiferencia de su madre, por primera vez.

—¡Todo el mundo ha estado alguna vez a punto de ahogarse o de hacerse daño al caer! —replicó su madre encogiéndose de hombros—. ¡Siempre tienes que sacar las cosas de quicio!

—No te hablo de un rasguño, mamá, ¡te hablo del día que estuve a punto de morir por tu culpa! Y de todos estos años en que me hice a la idea de que no valía nada, porque no te habías molestado en salvarme, todos estos años me he esforzado en no amar a la gente que podía amarme, que podría encontrarme formidable, porque pensaba que yo no merecía la pena, todos estos años perdidos manteniéndome al margen de la vida ¡te los debo a ti!

—Mi pobre niña, darle vueltas todavía a recuerdos de la infancia ¡es lamentable!

—Quizás, pero es durante la infancia cuando nos construimos, cuando nos hacemos una imagen de nosotros mismos y de la vida que nos espera.

—¡Ay, ay, ay! ¡Menudo sentido de la tragedia! Conviertes un pequeño acontecimiento en un drama. Siempre has sido así. Terca, hostil, adusta.

—¿Adusta, yo?

—Sí. No realizada. Con un maridito, un pisito en un barrio medio, un trabajito, una vida mediocre... Tu hermana te sacó de ahí dándote la ocasión de escribir un libro, de conocer el éxito, ¡y tú ni siquiera se lo agradeces!

—¿Acaso debería estar agradecida a Iris?

—Sí. Eso creo. Te ha cambiado la vida...

—Soy yo la que he cambiado mi vida. No Iris. Con el libro sólo me devolvió lo que ella, lo que tú, me habíais quitado ese día. No estoy muerta, en efecto, ¡he sobrevivido a vosotras! Y lo que casi me destruyó hace mucho tiempo es lo que hoy me da fuerzas. Me han hecho falta años y años para salir de las olas, años y años para recuperar el aliento, el uso de mis brazos, de mis piernas y volver a avanzar, y eso no se lo debo a nadie. ¿Me oyes? ¡A nadie más que a mí! No te debo nada, no le debo nada a Iris, y si estoy viva, si he podido comprarme este hermoso piso y la vida que llevo hoy, ha sido gracias a mí. ¡A mí sola! Y por eso nosotras ya no nos vemos,. Estamos en paz. No es odio, ya ves, el odio es un sentimiento. Y yo no experimento ningún sentimiento hacia ti.

—¡Muy bien! ¡Perfecto! Al menos, ahora las cosas están claras. Has vaciado tu carga de calumnias, tu carga de horrores, has acusado de todos tus fracasos pasados a la misma que te dio la vida, que luchó para que tuvieses una buena educación, para que no te faltara de nada... ¿Estás satisfecha?

Joséphine estaba agotada. Lloraba a moco tendido. Tenía ocho años y el agua salada de su madre la devolvía al mar. Su madre la miraba llorar encogiéndose de hombros, retorciendo su larga nariz en una mueca de asco, por lo que ella llamaba seguramente una exposición vergonzosa de sentimientos nauseabundos.

Había llorado mucho tiempo, mucho tiempo sin que su madre tendiese una mano hacia ella. Iris había vuelto, había dicho: «Pero bueno..., ¡menudas caras que tenéis!». Habían cenado sobre la mesa de la cocina, hablando de la desidia general, de la criminalidad que no dejaba de aumentar, del clima que se deterioraba, de la calidad que se perdía y de los jerséis de cachemir de Bompard que ya no eran los de antes.

Por la noche, al acostarse, Joséphine seguía con una sensación de ahogo. No conseguía respirar. Estaba sentada sobre la cama. Buscaba el aire, se asfixiaba, estaba rodeada de olas de angustia. Necesito que me pase algo en la vida. No puedo continuar así. Necesito luz, necesito esperanza. Había entrado en el cuarto de baño, se había mojado los párpados hinchados con agua fría, y había mirado su rostro abotargado en el espejo. En el fondo de su mirada había un brillo de vida. No era la mirada de una víctima. Ni de una muerta. Durante mucho tiempo había creído que estaba muerta. No estaba muerta. Los hombres siempre creen que lo que les sucede es mortal. Olvidan simplemente que eso forma parte de la vida.

Se había fugado como quien salva la piel. Había llamado a su editor inglés y se había marchado a Londres.

Oyó el anuncio de que el tren iba a entrar en el túnel. Veinticinco minutos de travesía bajo La Mancha. Veinticinco minutos en la oscuridad. Algunos pasajeros se estremecieron e hicieron comentarios. Sonrió pensando que ella estaba empezando a salir del túnel.

* * *

El hotel se llamaba Julie's y se encontraba en el 135 de Portland Road. Un hotelito *«nice and cosy»*,* había subrayado Edward Thundleford, su editor. «No será muy caro, espero», había murmurado Joséphine, un poco incómoda de plantear esa pregunta. «Pero señora

---

* «Bonito y acogedor».

Cortès, es usted mi invitada, me siento muy feliz de conocerla, me ha gustado mucho su novela y estoy orgulloso de publicarla».

Tenía razón. El Julie's se parecía a una caja de caramelos ingleses. En la planta baja había un restaurante acidulado, y en el piso de arriba una decena de habitaciones beige y rosa, con una gruesa moqueta de flores, y cortinas mullidas como edredones. El libro de huéspedes señalaba el paso de Gwyneth Paltrow, Robbie Williams, Naomi Campbell, U2, Colin Firth, Kate Moss, Val Kilmer, Sheryl Crow, Kylie Minogue y otros que Joséphine no conocía. Se tumbó sobre la colcha roja de la cama y se dijo que la vida era bella. Que iba a quedarse en esa lujosa habitación y no saldría nunca más. Pedir té, tostadas, mermelada, meterse en la bañera antigua de pies esculpidos en forma de delfín, y relajarse. Aprovechar. Contarse los dedos de los pies, meterse debajo de la colcha, inventar historias a partir de los ruidos que se filtran de las otras habitaciones, construir parejas, discusiones, abrazos.

¿Vivirá Philippe lejos de aquí? Qué idiotez: tengo su teléfono, pero no su dirección. Londres le había parecido siempre una ciudad tan extensa que se sentía perdida. Nunca había hecho el esfuerzo de aprender su geografía. Podría preguntarle a Shirley dónde vive e ir a rondar por su barrio. Ahogó una risa. Menuda pinta tendría. Iré primero a ver a Hortense. El señor Thundleford había precisado que había un autobús, el 94, que la llevaría directa a Piccadilly.

—¡Pero si es donde está la escuela de mi hija!

—Pues bien, no estará lejos y el trayecto es muy agradable, bordea el parque durante un buen rato...

La primera noche permaneció en su habitación, cenó frente a un jardín exuberante, lleno de voluminosas rosas que se inclinaban sobre el marco de las ventanas, caminó descalza sobre el parqué oscuro del cuarto de baño antes de hundirse en un agua perfumada. Probó todos los jabones, todos los champús, acondicionadores, cremas para el cuerpo, peelings y bálsamos nutritivos y, con la piel suave y rosada, abrió la gran cama, se metió bajo las sábanas, y permaneció un largo instante contemplando el techo de madera tallada. He hecho bien viniendo aquí, me siento como nueva, reconstruida. He dejado a la vieja Jo en París. Mañana iré a darle una sorpresa a Hortense y la esperaré a la salida de clase. Me plantaré en el *hall* y buscaré su esbelta silueta. Mi corazón dará un salto al ver una cabellera cobriza y la dejaré pasar ante mí sin abordarla si está acompañada, para no incomodarla. Las clases son por la mañana, estaré allí a mediodía.

El encuentro no ocurrió exactamente así. Joséphine llegó en efecto puntual: a las doce y tres estaba en el enorme vestíbulo de Saint Martin's. Salían grupos de alumnos, cargados con pesadas carpetas, intercambiando frases a medias, dándose golpes con el hombro para despedirse. Ni rastro de Hortense. Sobre la una, al no ver a su hija, Joséphine se acercó al mostrador de recepción, y preguntó a una gruesa mujer negra si conocía a Hortense Cortès y si sabía, por casualidad, a qué hora terminaba sus clases.

—¿Es usted de la familia? —preguntó la mujer lanzando una mirada de sospecha.

—Soy su madre —respondió Joséphine orgullosa.

—Ah... —dijo la mujer, sorprendida.

Y en su mirada, Joséphine reconoció la misma extrañeza que leía antaño, cuando paseaba a Hortense por la plaza, en los ojos de otras madres que la tomaban por la niñera. Como si no pudiese existir un vínculo de parentesco entre ella y su hija.

Se echó hacia atrás, incómoda, y repitió:

—Soy su madre, vengo de París para verla y me gustaría darle una sorpresa.

—No debería tardar, su clase termina a la una y cuarto... —respondió la mujer consultando un registro.

—Entonces voy a esperarla...

Fue a sentarse sobre una silla de plástico beige y se sintió beige. Tenía miedo. Quizás no había sido buena idea querer sorprender a Hortense. La mirada de la mujer le había traído antiguos recuerdos, miradas desaprobadoras de Hortense sobre su vestimenta cuando iba a buscarla al colegio, la ligera distancia que mantenía entre ella y su madre cuando iban por la calle, los suspiros exasperados de su hija si Joséphine se entretenía con un comerciante: «¿Cuándo dejarás de ser amable con TODO el mundo? ¡Es desesperante esa forma de ser! ¡Se diría que esa gente son amigos nuestros!».

Estaba a punto de marcharse cuando Hortense apareció en el *hall*. Sola. El pelo liso, peinado hacia atrás sujeto con una cinta negra. Pálida. El ceño fruncido. Buscando manifiestamente respuesta a un problema que se planteaba. Ignorando a un chico que corría detrás de ella, tendiéndole una hoja que había dejado caer.

—Querida... —susurró Joséphine interponiéndose en el camino de su hija.

—¡Mamá! ¡Qué contenta estoy de verte!

Parecía contenta, en efecto, y Joséphine se sintió llena de alegría. Se ofreció a llevar la pila de libros que Hortense rodeaba con sus brazos.

—¡No! ¡Deja! ¡Ya no soy un bebé!

—¡Se te ha caído esto! —gritó el chico tendiéndole una fotocopia.

—Gracias, Geoffrey.

Esperaba que Hortense le presentara. Ésta dejó pasar unos segundos y después se resignó:

—Mamá, te presento a Geoffrey. Está en mi clase...

—Encantada, Geoffrey...

—Encantado, señora... Hortense y yo somos...

—Otro día, Geoffrey, otro día. No podemos quedarnos toda la vida, ¡las clases empiezan dentro de una hora!

Le dio la espalda y se llevó a su madre.

—Parece encantador —dijo Joséphine, girando completamente la cabeza para decir adiós al chico.

—¡Un auténtico plasta! ¡Sin ninguna creatividad! Lo soporto porque tiene un piso grande y me gustaría que me alquilase una habitación no muy cara, el año próximo, pero primero tengo que domarle, no quiero que se haga falsas ilusiones...

Fueron hasta un *coffee-shop* cercano a la escuela, y Joséphine se acodó sobre la mesa para observar mejor a su hija. Tenía ojeras y el rostro cansado y marchito, pero su pelo seguía teniendo su hermoso color de anuncio de champú.

—¿Va todo bien, querida?

—¡Mejor sería insoportable! ¿Y tú? ¿Qué haces en Londres?

—He venido a ver a mi editor inglés... Y a darte una sorpresa. ¿No estás un poco cansada?

—¡No paro! El desfile tendrá lugar este fin de semana, y me falta mucho para estar lista. Trabajo día y noche.

—¿Quieres que me quede y que asista al desfile?

—Preferiría que no. Me pondría demasiado nerviosa.

Joséphine sintió una punzada en el corazón. Y un pensamiento negativo. Soy su madre, le pago los estudios y no tengo derecho a estar allí ¡Menuda cara! Le asustó la violencia de su reacción, e hizo una pregunta cualquiera para disimular su turbación.

—¿Y para qué sirve ese desfile?

—¡Sirve para ganar el derecho a pertenecer, por fin, a esta prestigiosa escuela! Acuérdate, el primer año es eliminatorio. Escogen a muy poca gente, ¿sabes?, y quiero formar parte de los pocos elegidos...

Se le había endurecido la mirada que penetraba el aire como si quisiera disolverlo. Había escondido los pulgares en la palma de las manos y apretaba los puños. Joséphine la contempló con estupor: ¡tanta determinación, tanta energía! ¡Y sólo tenía dieciocho años! La fuerza irresistible del apego por su hija, de su amor por ella, borró su resentimiento.

—Lo conseguirás —dijo Joséphine, arropándola con una mirada de admiración, que apagó inmediatamente por miedo a crispar a Hortense.

—En todo caso, haré todo lo posible.

—¿Y ves a Shirley y a Gary de vez en cuando?

—No veo a nadie. Trabajo día y noche. No tengo un minuto para mí...

—¿Y podríamos ir a cenar una noche, a pesar de todo?

—Si quieres... pero no demasiado tarde. Tengo que dormir, estoy agotada. No has elegido el mejor momento para venir.

Hortense parecía distraída. Joséphine intentó captar su atención contándole noticias de Zoé, relatando la muerte de la señorita de Bassonnière, la llegada de Du Guesclin a casa. Hortense la escuchaba, pero su mirada traicionaba una ausencia educada, que indicaba claramente que estaba pensando en otra cosa.

—Estoy contenta de verte —suspiró Joséphine poniendo la mano sobre la de su hija.

—Yo también, mamá. De verdad. Es sólo que estoy agotada y obsesionada con ese desfile... ¡Es aterrador tener que jugarte la vida en pocos minutos! Todo Londres estará allí, ¡no quiero parecer una paleta!

Se separaron prometiendo que cenarían juntas al día siguiente. Hortense había quedado con un iluminador para su desfile, esa misma tarde, y debía hacer algunos retoques en dos modelos.

—Podríamos quedar en la Osteria Basilico, está justo detrás de tu hotel en Portobello. ¿A las siete? No quiero acostarme tarde.

Tú no vales la pena, oyó Joséphine recuperándose inmediatamente. Pero ¿qué me pasa? ¿Ahora me rebelo contra todo el mundo? ¡Ya no voy a soportar a nadie!

—Perfecto —dijo atrapando al vuelo el beso de su hija—. ¡Hasta mañana!

Volvió al hotel andando y mirando los escaparates. Pensó en un regalo para Hortense. De pequeña era tan seria que a veces teníamos la impresión, su padre y yo, de ser unos chiquillos a su lado. Dudó ante un jersey, tiene tan buen gusto que no me gustaría equivocarme, me gustaría tanto que triunfara..., su padre estaría orgulloso de ella. ¿Qué hacía en Lyon? ¿Se había ido antes o después del asesinado de la señorita de Bassonnière? No había tenido noticias de la capitán Gallois, el caso no avanzaba. Podría cenar con Shirley, sí, pero tendría que hablar, y tenía ganas de calma, de silencio, de soledad, nunca estoy sola, aprovechar, aprovechar, observar la calle, la gente, vaciar la cabeza. Vio a una chica que limpiaba los zapatos de los transeúntes, tenía las manos delicadas y perfil de una niña, una pancarta a sus pies indicaba: 3 £ 50 LOS ZAPATOS, 5 £ LAS BOTAS, reía frotándose la punta de la nariz con su único dedo limpio. Debe de ser una estudiante que trabaja para pagarse la habitación, es tan caro alojarse en esta ciudad..., Hortense parece arreglárselas bien, vive en un buen barrio, ¿y Philippe?

Subió por Regent Street, las aceras estaban llenas de gente, de hombres-sándwich que llevaban pancartas publicitarias, de turistas que gritaban y hacían fotos. Por encima de los edificios vio decenas de grúas. La ciudad era una auténtica obra que se preparaba para los Juegos Olímpicos. Andamios metálicos, vallas, hormigoneras y obreros con casco cubrían las calles. Giró a la izquierda por Oxford Street, mañana iré al British Museum y a la National Gallery, mañana llamaré a Shirley...

Aprovechar, aprovechar, escuchar los ruidos nuevos en mi cabeza. Ruidos de indignación, de cólera. ¿Por qué Hortense me rechaza? ¿Está nerviosa de verdad, o se avergüenza de mí? «Todo Londres estará allí...».

Sacudió la cabeza y entró en una librería.

Cenó sola, con un libro. Los *Cuentos* de Saki, en edición Penguin. Adoraba la escritura de Saki, su tono sarcástico y seco. «*Reginald closed his eyes with the elaborate weariness of one who has rather nice eyelashes and thinks it's useless to conceal the fact*».* En pocas palabras había delineado al personaje. Sin necesidad de detalles físicos o de una larga descripción. «*One of these days, he said, I shall write a really great drama. No one will understand the drift of it, but everyone will go back to their homes with a vague feeling of dissatisfaction with their lives and surroundings. Then they will put new wall-papers and forget*».**

Cerró los ojos y saboreó la frase y su sándwich club. Nadie se fijaba en ella. Habría podido entrar con una sopera sobre la cabeza, que nadie la habría mirado. Aquí no hubiese sentido vergüenza de enarbolar mi boina de tres pisos, la boina de la señora Berthier, ¡pobre señora Berthier! ¿Y la camarera del café? Sólo ataca a mujeres, ese cobarde. ¿Existía un vínculo entre las dos víctimas? Un secreto... Estaba contenta de saber que Zoé estaba en casa de su amiga, Emma. ¿Cuántas muertes necesitará la policía para tener pistas suficientes? Saki hubiese escrito un relato alegre sobre la muerte

---

* «Reginald cerró los ojos con el elaborado desánimo de quien tiene una hermosa mirada y piensa que es inútil ocultarlo».

** «Uno de estos días, dijo, escribiré un drama realmente bueno. Nadie entenderá lo que significa, pero todos volverán a sus casas con un vago sentimiento de satisfacción con sus vidas y lo que les rodea. Entonces volverán a empapelar y a olvidar».

de la malvada Bassonnière, habría condecorado al asesino por servicios prestados al orden público.

Leyó varios cuentos con verdadero placer, cerró el libro, pidió la cuenta y volvió al hotel. Había llovido y el aire arrastraba un vapor húmedo a modo de bufanda. Contuvo un bostezo de cansancio, pidió su llave y subió a acostarse.

Era viernes, tenía permiso para vivir sola y libre hasta el martes. ¡La vida es bella! ¡Qué bella es la vida! ¿Qué hará Philippe a estas horas? ¿Cenará con Dottie Doolittle, la acompañará a su casa, subirá la escalera? Mañana o pasado mañana iré a sentarme frente a él, leeré en el fondo de sus ojos y sabré si es auténtica o falsa esa historia de Dottie Doolittle. Mañana me cepillaré el pelo hasta que crepite, me pintaré las pestañas de negro y las desplegaré ante él para que las admire... Ni siquiera necesitaré hablarle. Sólo con mirarle lo sabré, lo sabré, tuvo tiempo todavía de pensar, antes de sumirse en un sueño tranquilo, en el que imaginó que cabalgaba sobre las nubes y volaba a encontrarse con Philippe.

* * *

—¿Tú crees en los fantasmas? —preguntó Marcel a René, refugiado en su pequeño despacho en la entrada del almacén.

—No puedo decir que no crea —respondió René, ocupado en ordenar facturas en un archivo—, pero no son santo de mi devoción.

—¿Crees que se puede hechizar a alguien y hacerle perder la razón?

René levantó la mirada hacia su amigo y lo observó, perplejo.

—Si puedo creer en los fantasmas, puedo creer también en las fuerzas oscuras —replicó René mordisqueando su palillo de dientes.

Marcel soltó una risita incómoda y, apoyándose contra el quicio de la puerta, anunció claramente:

—Creo que han embrujado a Josiane...

—¿De eso era de lo que hablabas con Ginette el otro día?

—No me atreví a decírtelo por miedo a que pensaras que estaba majareta, pero como Ginette no me ayuda a avanzar, te lo cuento a ti.

—¡Segunda elección! ¡Mercancía de peor calidad! ¡Muchas gracias!

—Pensé que, quizás, habías conocido cosas parecidas o habrías oído hablar de ello.

—Aprecio que confíes en mí, después de haber elegido a mi mujer como confesor... ¿Hace cuánto tiempo que somos amigos, Marcel?

Marcel extendió los brazos como si no pudiese abarcar todos esos años.

—Eso es, tú lo has dicho: ¡una eternidad! ¡Y me tomas por burro!

—¡Que no! Sólo tenía miedo de parecer un idiota. Es un tema especial, reconócelo... ¡No es cualquier tontería! Las mujeres son más intuitivas, más tolerantes, tú no eres de esos a quienes se le pueden contar ocurrencias extravagantes.

—¡Lo que te decía, soy un burro! ¡Un asno gilipollas que va dando vueltas y no se entera de nada!

—Escucha, René, tienes que ayudarme. No paran de pasarme desgracias... El otro día, salí a comprar cruasanes y cuando volví, ¡se había caído del taburete que había puesto junto a la ventana, porque quería saltar!

—¿Hacia dónde? ¿Hacia dentro o hacia fuera? —preguntó René, guasón, quitándose el palillo masticado para coger otro nuevo.

—¿Te crees gracioso? ¡Estoy al borde del abismo y tú te cachondeas!

—No me cachondeo, subrayo la afrenta. Me ha sentado mal, Marcel. ¡Se me ha clavado aquí!

Hundía el dedo en su estómago y hacía una mueca de dolor.

—¡Te pido que me perdones! ¿Estás contento? Te tomé por un poni y me equivoqué. ¿Me absuelves ahora?

Marcel le suplicaba con la mirada angustiada y desolada. René guardó su archivo en el estante y tardó en contestar. Marcel daba patadas contra el bajo de la puerta repitiendo: «¿Y bien? ¿Y bien? ¿Tengo que tirarme al suelo, ponerme de alfombra?». Resoplaba de impaciencia para que René le absolviese y René se tomaba su tiempo. ¿Acaso no era su mejor amigo? Llevaban juntos treinta años, haciendo funcionar la empresa los dos, enfrentándose a los chinos y a los pieles rojas, y va Marcel y se va a llorar a otro sitio que no eran sus rodillas. Estaba amargado desde esa mañana. No digería ni el café. ¡Y Ginette! Ya no le hablaba, le ladraba. Estaba herido, celoso. Sombrío, como un viejo inconsolable encerrado en su torre. Se volvió y observó a su viejo camarada.

—Todo se ha torcido en mi vida, René. Era tan feliz ¡tan feliz! Estaba en la gloria, al fin tocaba la felicidad con el dedo, ¡con un dedo tan tembloroso que tenía miedo de coger el Parkinson! Y ahora, cuando salgo a comprar el cruasán del domingo, el cruasán que une a la familia, que abre el apetito, que alimenta la emoción..., se sube a un taburete para hacer el salto del ángel. ¡Ya no puedo más!

Marcel dejó caer todo su peso sobre la silla. Derrumbado como una pila de ropa sucia. Casi sin fuerzas. Respiraba con un sonido sordo que le atravesaba el pecho.

—¡Para! —soltó René—. ¡Pareces un fuelle! Y escúchame bien porque lo que te voy a contar no se lo he dicho nunca a nadie, ¿me oyes? Ni siquiera a Ginette. A nadie, ¡y no quiero que me pongas los cuernos!

Marcel movió la cabeza y lo prometió.

—¡No me basta! ¡Júralo por la salud del pequeño y de tu mujer, que ardan en las llamas del Infierno!

Marcel sintió un escalofrío en la espalda y se imaginó a Junior y Josiane, empalados, girando sobre del fuego de una forja. Tendió una mano temblorosa y juró. René dejó pasar un momento, sacó un nuevo palillo y posó su trasero en el borde de la mesa.

—¡Y no me interrumpas! ¡Ya es bastante duro ordenar todas estas imágenes! Así que bueno... Fue hace mucho tiempo, yo vivía con mi padre en el distrito veinte, era un chavalín, mi madre había muerto y estaba más triste que un piano sin teclas. Delante de mi padre no lloraba, pero me pasaba el día apretando los dientes. Apenas me quedaban encías de tanto apretármelos. Vivíamos con poca cosa, él era deshollinador, ya sé que no es un oficio muy limpio, pero así se ganaba la vida y debo decirte que no era el jefe, trabajaba a destajo. Muchas chimeneas tenía que deshollinar para conseguir un trozo de carne para el cocido de la cena. Así que las caricias no eran lo suyo, siempre tenía miedo de ensuciarme o de ensuciar a una mujer. Siempre fingió que no se había vuelto a casar por eso, pero yo sé que estaba negro de desesperación. Así que allí estábamos, los dos, como dos cachorros abandonados sollozando cada uno por su lado, cortando el pan en silencio y comiendo la sopa sin decir nada. Y es que menuda mujer era mi madre. Era como de seda, como un hada de las montañas azules y con un corazón grande como tres coliflores. Irradiaba amor a todo el mundo, la gente la veneraba en el barrio. Un día, al volver del colegio, me encontré un grajo. Allí, en el camino, parecía que me estaba esperando. Lo recogí y lo alimenté. No era muy bonito, un poco apolillado, pero tenía un largo pico muy amarillo, amarillo como si se lo hubiesen pintado. Y además, en la punta de las plumas, tenía manchas azules y verdes que parecían un abanico.

—¿No sería un pavo real?

—Te he dicho que no me interrumpas que si no, no vuelvo a arrancar. Esto de las imágenes es doloroso. Lo recogí y le enseñé a decir «Eva». Eva era el nombre de mi madre. A mi padre le parecía tan guapa que la llamaba Eva Gardner. Eva, Eva, Eva, le repetía en cuanto estaba a solas con él. Terminó diciendo: «Eva» y me volví loco de alegría. Te lo juro, era como si mi madre hubiese vuelto. Dormía, agarrado al montante de la cama y por la noche, antes de que me durmiese, croaba: «Eva, Eva» y yo sonreía como los ángeles. Dormía como un bendito. Dejé de estar triste. Él había acabado con la pena, me había deshollinado el corazón. Mi padre no sabía nada de eso, pero él también volvió a silbar. Partía por las mañanas con su pértiga, su cubo, sus trapos y silbaba. Ya no bebía más que agua. ¿Sabes?, a los deshollinadores ¡les pierde la sed! Se pasan el día comiendo carbón, así que necesitan quitarse la sed. Y él, el páter, ¡se dedicó al agua! Limpia y clara. Yo no rechistaba, miraba al grajo que no soltaba prenda delante de él y te lo juro, me devolvía la mirada con un aire..., ¿cómo decírtelo?..., un aire de decirme estoy aquí, velo por vosotros, todo va a ir muy bien. Aquello duró bastante tiempo, silbábamos, silbábamos y entonces... Murió atropellado. Un borracho le pasó por encima. Se quedó plano como una tortilla, sólo quedó intacto el pico amarillo. Lloré, lloré, el Amazonas a mi lado era un grifo que goteaba. Mi padre y yo lo metimos en una caja y fuimos a enterrarlo, a escondidas, en la placita al lado de nuestra casa. Pasó un tiempo, y después, una noche negra, me despertó un ruido en mi ventana. Como si golpearan con una llave. Fui a ver: era mi grajo que estaba allí, con el mismo pico amarillo, las mismas plumas de puntas verdes y azules. Croaba: «Eva, Eva» y yo le miraba con los ojos abiertos como platos. «Eva, Eva», repetía golpeando el cristal. Lo vi como te estoy viendo a ti. Mi grajo. Encendí la luz para asegurarme de que no estaba soñando y lo hice entrar. Volvió todas las noches. Cuando oscurecía. Hasta que me hice mayor y conocí a una chica. Debió de pensar que ya no lo necesitaba y se fue. Te diré que me puse triste, ¡no te puedes hacer a la idea! No volví a ver a la chica, y durante mucho tiempo no toqué a otra diciéndome que iba a volver. No volvió más. Ya está, ésa es mi historia de fantasmas. Todo eso para decirte que si los grajos pueden volver y ofrecerme la ternura de una madre, puede pasar lo mismo con el diablo y la maldad del Infierno...

Marcel había escuchado con la boca abierta. El relato de René le había conmovido tanto que le costaba no echarse a llorar. Sentía ganas de coger a su viejo amigo entre sus brazos y estrecharle con fuerza. Tendió la mano y rozó el rostro de René, sintiendo la aspereza de la barba bajo sus dedos.

—¡Oh, René! ¡Es tan bonito! —dijo con la voz entrecortada por los sollozos.

—¡No te lo he contado para que lloriquees! Sólo para decirte que hay cosas incomprensibles en la vida, cosas que no tienen la menor base y que, sin embargo, pasan. Así que eso de que tu Josiane esté enredada en un lío invisible me lo puedo creer, pero no quiero volver a hablar de ello...

—Pero ¿por qué? ¿No quieres ayudarme?

—No es eso, mi pobre esquimal. Pero ¿cómo voy a hacer para ayudarte? No tengo la menor idea. A menos que vuelva a llamar al grajo, o invoque el espíritu de mi madre. Porque ella nunca volvió. Me envió al grajo y después me dejó perdido. ¡Y sin mapa de carreteras para encontrarla!

—No lo sé... Quizás te envió a Ginette... ¡Es mucho mejor que un viejo grajo!

—¡No te rías de mi grajo!

—Te envió a Ginette... y a los niños. ¡Nada más que felicidad! Y también me envió a mí.

—Tienes razón. No es poca cosa... ¿Sabes qué? ¡Vamos a tener que callarnos porque si no también me voy a echar a llorar! Se me va a quedar el corazón como un trapo.

—Y pareceremos dos gilipollas lloriqueando al unísono —dijo Marcel.

Su rostro entristecido se iluminó, por primera vez desde hacía mucho tiempo, con una auténtica sonrisa.

—Pero me ayudarás a encontrar una solución ¿eh, René? No puedo quedarme así. Me va la empresa en ello, lo sabes. He perdido completamente el rumbo...

—Ya me he dado cuenta de que no estabas muy centrado, y eso me ofuscaba también.

Cogió un nuevo palillo y tiró el viejo a la papelera. Marcel se inclinó y vio la base de la cesta tapizada de pequeños bastoncitos de madera.

Levantó la mirada hacia René, que suspiró.

—Es desde que he dejado de fumar. Antes iba a paquete de cigarrillos diario, ahora consumo una caja de palillos. ¡Cada uno a lo suyo! Los hay que los palillos los usan de piercing...

En la cara alelada de Marcel no apareció ni el menor rastro de una sonrisa.

—¡Funcionas realmente al ralentí, Esquimal! ¿Ya no pillas las bromas? ¡Oh, estamos mal, realmente mal! En piercing, como en acupuntura, las grandes agujas que te clavan en las plantas de los pies y...

—¡La planta de los pies! —rugió Marcel golpeándose la frente—. Pero claro. ¡Qué tonto soy! ¡Pero qué tonto soy! Tendría que haberla escuchado, a madame Suzanne... ¡Ella podrá ayudarnos!

—¿La masajista? ¿La que nos retuerce los dedos de los pies?

—En persona. Me dijo una vez que Josiane estaba «trabajada». Decía que había que identificar el origen del mal para neutralizarlo, decía muchas cosas que yo no comprendía, mi pobre René. Yo sé mucho de cifras de estudios de mercado, de impuestos, de beneficios y de fronteras, pero no de brujas...

—Entonces, escúchame bien... Esto es lo que vamos a hacer...

Y ese día, en el pequeño despacho del almacén, Marcel y René pusieron a punto un plan para librar del mal el alma de Josiane.

* * *

Joséphine daba vueltas, daba vueltas, daba vueltas. Incansablemente. Desde las ocho de la mañana. Jugaba a la turista desenvuelta que se pasea cara al viento y descubre la ciudad, recorriendo asiduamente el mismo grupo de calles: Holland Park, Portland Road, Ladbroke Road, Clarendon Road, de vuelta a Holland Park y un nuevo paseo a pie.

Había llovido durante la noche, y la luz del día temblaba en la humedad que subía desde las aceras, antes de esfumarse con los rayos del sol matinal. Vigilaba la terraza del Ladbroke Arms. Era en ese pub, según Shirley, donde Philippe desayunaba cada mañana. En fin..., la última vez que nos vimos, lo encontré ahí. Se había instalado con su café, su zumo de naranja, los periódicos. Ahora, decirte que está fielmente en su puesto cada mañana, no lo sé... Pero venga. Pasea hasta que le veas y preséntate.

Era eso lo que tenía intención de hacer. Leer en sus ojos. Cogerle por sorpresa antes de que tuviese tiempo de montar una mentira. Llevaba pensándolo varias noches y ponía a punto una estratagema. Había retenido la más simple: el encuentro por sorpresa. He venido a Londres, invitada por mi editor, mi hotel está justo al lado y, como hace buen tiempo, me he levantado pronto, he salido a pasear y... ¡qué sorpresa!, ¡qué casualidad! ¡Qué feliz coincidencia! Te encuentro a ti. ¿Cómo estás?

El asombro. Ésa era la parte más difícil de interpretar. Sobre todo cuando se ha ensayado el diálogo hasta la saciedad. Es duro ser natural. Sería una pésima actriz.

Daba vueltas y vueltas por el elegante barrio. Las casas blancas de altas ventanas, el césped delante de cada escalinata de entrada, rosales, glicinas, flores que retorcían el tallo para salir de entre los setos y dejarse admirar. A veces, las fachadas estaban pintadas de azul cielo, verde ácido, amarillo pinzón, rosa chillón como para diferenciarse de la vecina, demasiado sosa. La atmósfera era a la vez altiva y desenvuelta, a imagen de los ingleses. En la esquina de una calle había una tienda Nicolas. Más lejos, un vendedor de quesos y una panadería Chez Paul. Philippe no debía de sentir nostalgia. Tenía su botella, su baguette, su camembert, ¡sólo faltaba la boina!

Dos días antes había cenado con su editor. Habían hablado de la traducción, de la portada, del título en inglés: *A Humble Queen*, de la presentación a la prensa, de la tirada. «Los ingleses adoran las novelas históricas y el siglo XII no es un periodo muy conocido aquí. En la época nuestro país estaba muy poco poblado. ¿Sabía que hubiera podido alojarse a toda la población de Londres en dos rascacielos?». Edward Thundleford tenía la tez y la nariz colorada de los aficionados al buen vino, el pelo blanco pegado al cráneo y cayendo a un lado, una pajarita y uñas abombadas. Refinado, educado, atento, le había hecho muchas preguntas a propósito de su trabajo, sobre la forma en la que ella realizaba su investigación para su HDI y había elegido un excelente Burdeos que había probado como un auténtico experto. La había acompañado al hotel y le había propuesto que visitara sus oficinas en Peter Street la tarde del día siguiente. Joséphine había aceptado, aunque no tenía ninguna gana. Hubiera preferido continuar haciendo el vago.

—¡No me atreví a declinar su invitación! —había confesado más tarde a Shirley, sentada con las piernas cruzadas sobre la alfombra frente a la inmensa chimenea de madera del salón de su amiga.

—Sabes que se puede uno fastidiar la vida siendo educado...

—Es encantador, se ha preocupado mucho por mí.

—Va a ganar un montón de pasta gracias a ti. Olvídate de él y vente a pasear conmigo. Yo te enseñaré el Londres insólito.

—No puedo, ya me he comprometido.

—¡Joséphine! ¡Aprende a ser una *bad girl*!*

—No te lo vas a creer, pero estoy cambiando poco a poco... Ayer tuve malos pensamientos con mi hija.

—¡Todavía te queda margen con Hortense!

En el gran salón, habían puesto a punto una estrategia para caer sobre Philippe «por casualidad». Todo estaba pensado, cronometrado, preparado.

—Veamos, él vive aquí... —había dicho Shirley, señalando sobre un plano una calle cercana a Notting Hill.

—¡Es la calle de mi hotel!

—Y desayuna aquí...

Había señalado en el mapa la situación del pub en torno al cual daba vueltas Joséphine.

—Así que te levantas pronto, te pones guapa, y comienzas la rotación sobre las ocho. A veces llega antes, otras después. A partir de las ocho empiezas a dar vueltas, como si nada.

—Y cuando lo vea, ¿qué hago?

—Exclamas: «¡Philippe, pero bueno!». Te acercas, le besas ligeramente en la mejilla, sobre todo que no se crea que estás disponible, dispuesta a embarcarte, te sientas negligentemente...

—¿Y cómo se sienta una «negligentemente»?

—Quiero decir que no te das un tortazo en la cara como acostumbras... y adoptas la expresión de la chica que pasaba por allí, que no tiene otra cosa que hacer, miras el reloj, escuchas tu móvil y...

—No lo conseguiré nunca.

—Sí. Vamos a ensayarlo.

Habían ensayado. Shirley hacía de Philippe, la nariz hundida en el periódico, sentado a la mesa. Joséphine balbuceaba. Cuanto más ensayaba, más titubeaba.

—No voy a ir. Voy a parecer estúpida.

—Vas a ir y vas a parecer inteligente.

Joséphine había suspirado y levantó la vista hacia una pared de madera adornada por un gran friso bordado de racimos de uva,

* «Chica mala».

de ramos de petunias, girasoles, espigas de trigo, águilas reales, ciervos en celo y ciervas enloquecidas.

—¿No es un poco Tudor tu casa?

—Sobre todo soy yo la que está atontada. ¡Un solo tío en año y medio! ¡Voy a recuperar la virginidad!

—Te haré compañía.

—De eso nada. ¡Tú das vueltas y vueltas hasta que él te meta en su cama!

Daba vueltas, y vueltas. Las ocho y media y ni un hombre a la vista. Era una locura. No la creería nunca. Se pondría colorada, tiraría la silla, sudaría la gota gorda y se le engrasaría el pelo. Él besaba tan bien... Lenta, dulcemente, después no tan dulcemente... ¡Y el tono de su voz cuando hablaba besando! Era turbador, esas palabras mezcladas con los besos hacían que sintiese escalofríos desde la cabeza a los pies. Antoine no hablaba cuando besaba, Luca tampoco. No habían dicho nunca: «¡Joséphine! ¡Cállate!», dándole una orden que la había dejado de piedra en un territorio desconocido. Se detuvo ante un escaparate para verificar su atuendo. Tenía el cuello de la blusa blanca aplastado. Lo recompuso. Se frotó la nariz y se dio fuerzas. ¡Vamos, Jo, vamos!

Siguió dando vueltas. ¿Por qué estoy forzando al destino? Debería dejar actuar al azar. Papá, dime, ¿voy o no voy? Hazme una señal. Ahora es el mejor momento para manifestarse. Baja de tus estrellas y ven a echarme una mano.

Se detuvo delante de una perfumería. ¿Comprar un perfume? «Eau des merveilles» de Hermès. Le embriagaría. Lo vaporizaría sobre su cuello, sobre las bombillas de las lámparas, sobre sus muñecas antes de dormirse. Leyó el horario de apertura en la puerta de la tienda: no abría hasta las diez.

Volvió a su paseo forzoso.

Fue entonces cuando oyó una voz en su cabeza que decía: «Déjame hacer, hija mía, yo me ocupo de todo». Se estremeció. Se estaba volviendo loca, seguro. «Continúa avanzado ¡como si no pasara nada!». Dio un paso, dos pasos, miró a su alrededor. Nadie le hablaba. «¡Venga! ¡Venga! Continúa trotando, yo lo arreglo, confía en mí. La vida es un ballet. No hay más que tener un director de danza.

Como en *El burgués gentilhombre*», «¿Te gustaba esa obra, papá?», «¡Me encantaba! ¡La divertida crítica de la burguesía que se pavonea! Me recuerda a tu madre. Era mi revancha ante su espíritu tan estrecho, tan conformista». «¡Yo no lo sabía!». «No te lo contaba todo, hay cosas que no se dicen a los niños. No sé por qué me casé con tu madre. Siempre me lo he preguntado. Un momento de distracción. Ella tampoco lo entendió, creo. Como mezclar churras con merinas. Debió de pensar que me haría rico. No le interesa nada aparte de eso. ¡Avanza, te digo! Avanza...». «¿Crees que es una buena idea? Tengo miedo...». «¡Ya es hora de animarte, hija mía! Ese hombre está hecho para ti». «¿Tú crees?». «Él tampoco eligió a la mujer adecuada. ¡Es contigo con quien debió casarse!». «¡Papá, no exageres!». «¡En absoluto! Compra un periódico, te dará empaque...». Se detuvo en el quiosco cerca de la estación de metro, cogió un periódico. «Mantente recta, vas encorvada». Se puso recta y cogió el periódico bajo el brazo. «Así, así, despacio. Más despacio. Prepárate, está allí». «¡Estoy muy nerviosa!». «Que no..., todo va a ir bien, pero cuando salgas, ángel mío, con el corazón lleno de alegría, cuídate en la sombra de la pérfida naranja». «¿Y eso qué es? ¿Una cita?». «No. ¡Una advertencia! Con múltiples utilidades».

Había llegado a la última esquina del cuadrilátero. Los últimos metros hasta la terraza.

Le vio. De espaldas. Sentado a una mesa. Desplegando los periódicos, colocando su teléfono, llamando al camarero, haciendo su pedido, cruzando las piernas y poniéndose a leer. Era mágico contemplarle, sin que lo supiese, leer en su espalda el final de su noche, el principio de su jornada, la pausa bajo la ducha, el beso al hijo que se va al colegio, el apetito que crece ante los huevos con beicon, el café solo y la esperanza de un nuevo día. Se libraba a ella, desarmado. Ella descifraba su espalda. Le prestaba sus sueños, le abrigaba con besos, él se ofrecía. Tendió la mano hacia él y dibujó una caricia.

Ahora sabía que no pertenecía a otra. Podía leerlo en el brazo que tendía para volver la página del periódico, en la mano que cogía la taza y la acercaba a sus labios, en la despreocupación que se adivinaba en cada uno de sus movimientos.

No eran los gestos de un hombre prendado de otra. Ni los del marido de su hermana. Eran los gestos de un hombre libre...

Que la esperaba.

* * *

Era la última tarde. Mañana volvería Joséphine. Mañana sería demasiado tarde.

Fue derecha al armario donde se encontraba el cuadro eléctrico, bajó el disyuntor y las luces se apagaron. El frigorífico se detuvo en seco, la cadena hifi del salón se cayó. Silencio. Penumbra. Ya no había más que actuar.

Bajó a llamar a la puerta de los Lefloc-Pignel. Las nueve y cuarto. Los niños habían cenado. La señora quitaba la mesa. El señor estaba libre.

Fue él quien abrió. Apareció firme, macizo, en el umbral, con aspecto severo. Iris bajó la mirada y adoptó un aire de arrepentimiento.

—Siento molestarle, pero no entiendo lo que ha pasado; de golpe, ya no hay luz... y no sé cómo hacer...

Él dudó, después declaró que subiría, el tiempo de terminar una tarea.

—¿Tiene un cuadro eléctrico viejo o nuevo? —añadió.

—No lo sé. No estoy en mi casa, ¿sabe? —respondió esbozando una sonrisa deslumbrante.

—Subiré dentro de diez minutos...

Cerró la puerta. No había tenido tiempo de echar un vistazo al piso, pero le había parecido extrañamente silencioso para acoger una familia con tres hijos.

—¿Sus hijos están acostados ya? —le preguntó más tarde.

—Los tres, a las nueve. Son las reglas.

—¿Y obedecen?

—Por supuesto. Han sido educados así. No se discute nunca.

—Ah...

—¿Sabe usted dónde está el cuadro eléctrico?

—Sígame. Está en la cocina...

Abrió el armario donde se encontraba el contador y sonrió con indulgencia divertida.

—No es nada. Sólo el disyuntor que ha saltado.

Lo puso en su lugar y volvió la luz, el frigorífico se puso en marcha y una música lejana empezó a escucharse en el salón. Iris aplaudió.

—Es usted formidable.

—No era tan difícil...

—Sin usted, estaba perdida... Las mujeres no estamos hechas para vivir solas. Yo, en todo caso, me siento desarmada ante los pequeños imprevistos de la vida. ¡Y ante los grandes también, debo confesar!

—Tiene usted razón. Hemos olvidado el reparto de papeles, hoy en día. Las mujeres se comportan como hombres y los hombres se vuelven irresponsables. Yo estoy a favor del *pater familias* que se encarga de todo.

—Estoy completamente de acuerdo con usted. ¿Puedo invitarle a algo? ¿Un whisky o una infusión de hierbas frescas? He comprado menta en el mercado esta mañana.

Sacó un ramillete de menta de un papel de aluminio y se lo dio a oler. La infusión estaría bien. El tiempo de prepararla podríamos conversar, él se relajaría, yo encontraría la forma de acercarme a él, de encontrarle el punto débil.

—No me importaría una infusión de menta...

Iris puso el agua a calentar. Sentía su mirada clavada en ella, seguir todos sus gestos, y se preguntaba cómo aligerar la atmósfera cuando él tomó la iniciativa:

—¿Tiene usted hijos?

—Un hijo. No vive conmigo. Vive con su padre, en Londres. Estamos divorciándonos, por eso he venido a vivir a casa de Joséphine.

—Le pido perdón, no quería entrar en temas tan personales...

—Al contrario, me viene bien hablar. Me siento muy sola.

Preparó una bandeja con una tetera y dos tazas. Sacó dos pequeñas servilletas blancas. Él sería sensible a ese detalle. Las dobló con cuidado como si hubiese asistido a clases de perfecta ama de casa. Sentía, a su espalda, que él espiaba todos sus gestos y su mirada la atravesaba como un destornillador afilado. Sintió un escalofrío.

—Su padre ha pedido la custodia y...

—¿No irá usted a abandonarle? —preguntó él bruscamente.

—¡Oh, no! Voy a hacer todo para recuperarle. He prevenido a su padre, lucharé...

—La ayudaré, si quiere. Le encontraré un buen abogado...

—Es usted muy amable...

—Es normal. No debe separarse a un hijo de su madre. ¡Nunca!

—No es así como piensa mi marido...

Vertió el agua sobre las hojas y llevó la bandeja al salón. Sirvió y le tendió una taza. Él levantó la cabeza hacia ella:

—Tiene usted los ojos muy azules, muy grandes y separados...

—Cuando era pequeña, detestaba tener los ojos tan separados.

—Me imagino una niñita muy bonita...

—¡Tan poco segura de sí misma!

—Debió de ganar seguridad muy pronto...

—Una mujer sólo se siente segura cuando es amada. Yo no soy una de esas mujeres emancipadas que puedan vivir sin la sombra de un hombre.

Iris ya no tenía ni amor propio, ni orgullo, ni sentido del ridículo, sólo tenía estrategia: necesitaba que Hervé Lefloc-Pignel cayera en sus redes. Guapo, rico, brillante, era la presa perfecta. Tenía que seducirle. Lúcida y desesperada, jugaba sus últimas cartas y lanzaba sus arpones apuntando al corazón de Hervé Lefloc-Pignel, engatusándolo con una mueca, con una expresión, con una mirada. Le daba igual que tuviese mujer y tres hijos. ¡Menudo problema! Todo el mundo se divorcia hoy en día, sería el único que querría permanecer con una esposa que se pasa el día en camisón. ¡No sería como romper una pareja unida! Estaba dispuesta a acoger a los niños. Ella era la mujer que necesitaba. A punto estaba de decirse que le hacía un favor ofreciéndose a él.

Él estaba frente a ella y la miraba con una devoción infantil. ¡Qué hombre más extraño! ¡Qué rápido cambia su mirada! De depredador se convierte en niño tembloroso. Había en su actitud un abandono temeroso, como si no pudiese mirarla más que de lejos y le estuviese prohibido acercársele. Bajo el traje gris del banquero, descubría otro hombre mucho más conmovedor.

—No somos muy habladores —dijo ella, sonriendo.

—Hablo durante todo el día, no decir nada es un descanso. La miro y eso me basta...

Iris suspiró y grabó esa frase en su memoria. Acababan de dar un paso juntos, el entreacto de una promesa de intimidad. Le pareció que todos los tormentos que había sufrido el último año iban a borrarse, reparados por ese hombre poderoso y sensible.

Subió el volumen de la radio y le propuso un poco más de menta. Él tendió la taza. Ella le sirvió. Ella dejó rezagada su mano cerca de la suya, esperando que él la cogiera y rozó la manga de su chaqueta imitando una caricia. Él no hizo ni un solo gesto.

Había un no sé qué de imperioso en su actitud, que revelaba la costumbre de ser obedecido. No era para disgustar a Iris. No necesito ni a un presumido ni a un seductor a la caza de su primera falda. Necesito un tipo serio y ¿quién mejor que él? Seguramente tiene ganas de dejar a su pálida esposa, pero su sentido del deber le obliga a quedarse. Es el tipo de hombre al que hay que dejar la iniciativa. No debo ser brusca con él, debo conducirle despacio a donde quiero llevarlo, las riendas largas, pero firmes.

Debo hacerle comprender también que no puede permanecer con su mujer. Es malo para su imagen en sociedad, para su carrera. Debo hacer que recupere la confianza, ayudarle a volverse a colocar en primera fila.

Y fue así como, de mujer que roba maridos, Iris se convirtió en musa e inspiradora. Lo daba ya por hecho y sonreía al futuro, confiada.

Escucharon la noticias de las once en la radio. Intercambiaron una mirada, extrañándose de que hubiese pasado el tiempo sin darse cuenta. No pronunciaron ni una palabra. Como si todo fuese normal. Qué felices eran ya. Parecían esperar a que pasase algo. No sabían qué. Finalizó una rapsodia húngara de Liszt, «debe de ser Georges Cziffra», dijo él, «reconozco su estilo». Ella asintió con la cabeza.

No llevaba alianza, era un signo. Su corazón estaba libre. A un hombre enamorado le gusta acariciar su alianza, hacerla girar entre sus dedos, la busca por todos lados, cuando la ha olvidado en el borde de un lavabo o sobre un estante. Tiene miedo de perderla. Ya no recordaba si llevaba alianza cuando lo vio en casa de la portera. ¿O se la había quitado después? Después de haberla conocido...

En Radio Clásica, una voz anunció una serie de valses de Strauss. Hervé Lefloc-Pignel pareció salir de su ensoñación. Sus párpados se estremecieron.

—¿Sabe usted bailar el vals? —preguntó en voz baja.

—Sí. ¿Por qué?

—Un, dos, tres, un, dos tres. —Sus manos batían el aire—. Se olvida uno de todo. Gira, gira. Me hubiese gustado ser bailarín en Viena.

—No habría podido fundar una familia.

—Sí, es una lástima —dijo, triste—. A veces lo bailo en la mente...

—¿Quiere usted que bailemos? —murmuró Iris.

—¿Aquí? ¿En el salón?

Ella le animaba con la mirada. Sin moverse. Sin tender los brazos hacia él. Adoptando la actitud reservada de las jovencitas del siglo pasado, en las fiestas organizadas por sus madres con el fin de casarlas. Sus ojos decían «atrévase, atrévase», pero sus manos permanecían prudentemente posadas sobre sus rodillas.

Él se levantó torpemente, con el entumecimiento de un hombre oxidado, se colocó ante ella, se inclinó quitándose un mechón de pelo, le tendió un brazo y la condujo al centro del salón. Esperaron el inicio de un nuevo vals, y después se lanzaron, mirándose fijamente a los ojos.

—Será nuestro pequeño secreto... —susurró Iris—. No tenemos que decírselo a nadie.

* * *

Philippe desplazó su brazo anquilosado y Joséphine protestó:

—No te muevas... Estamos tan bien...

Él hizo un gesto de emoción. La ternura que ascendía de sus cuerpos enlazados valía bien la invasión de un ejército de hormigas.

La estrechó contra sí, olió su pelo y percibió un perfume que conocía. Descendió al cuello para identificarlo, al hombro, al dorso de las muñecas, ella se estremeció y se pegó contra él, haciendo renacer el deseo adormecido durante un instante.

—Otra vez —murmuró ella.

Y de nuevo, se olvidaron de todo.

Había en ella un fervor religioso en su forma de abandonarse al amor. Como si luchara porque, en medio de los escombros del mundo, quedara esa luz entre dos cuerpos que hacen el amor amándose de verdad, no repitiendo gestos y posiciones. Una llama que surge y transforma un simple roce de la piel en una brasero ardiente. Esa sed de absoluto hubiese podido asustarle, pero él no pedía más que apagar esa sed a grandes tragos. El futuro tiene sabor de labios de mujer. Son ellas las conquistadoras, las que rompen fronteras. Nosotros somos efebos efímeros, que se deslizan en sus vidas para figurar, pero el papel principal es suyo. Y eso me va muy bien, se dijo respirando el perfume de Joséphine, quiero aprender a amar como ella. Antaño amé un hermoso libro ilustrado. Ahora tengo hambre de otras lecturas. Amar como se parte a la aventura. Todo hombre que cree saber lo que pasa en la cabeza de una mujer es un loco o un ignorante. O un pretencioso. Nunca habría creído que iría a buscarle a la terraza de un pub inglés. Y sin embargo... Se había plantado delante de él. Quería saber. Las mujeres siempre quieren saber.

—¡Joséphine! ¿Qué haces tú aquí?

—He venido a ver a mi editor, van a publicar en inglés *Una reina tan humilde* y hay que concretar muchos detalles. Detalles prácticos como la cubierta, la contraportada, las relaciones con la prensa, cosas que no se pueden decidir por e-mail o por teléfono y...

Parecía que recitaba una lección. Él la había interrumpido:

—Joséphine... ¡Siéntate y cuéntame la verdad!

Ella había rechazado la silla que le tendía. Había triturado un periódico enrollado entre sus manos, bajado la mirada y soltado de un tirón:

—Creo que quería verte..., quería saber si...

—¿Si seguía pensando en ti o si te había olvidado completamente?

—¡Eso es! —había dicho ella, aliviada, plantando su mirada en la suya para arrancarle una confesión.

Él la escuchaba, conmovido. Ella no sabía mentir. Mentir, aparentar, es un arte. Ella, en cambio, sabía enrojecer e ir directa al grano. No dar rodeos.

—Serías una diplomática horrible, ¿sabes?

—Por esa razón nunca lo he intentado y me he refugiado en mis viejos incunables...

Amasaba el periódico con las manos y sus dedos se teñían de negro.

—No me has respondido... —insistió ella, permaneciendo de pie, erguida, frente a él.

—Creo saber por qué me preguntas eso...

—Es importante. Dímelo.

Si le hacía esperar demasiado, el periódico no sería más que un montón de confeti. Lo estaba triturando metódicamente.

—¿Quieres un café? ¿Has desayunado?

—No tengo hambre.

Levantó el brazo hacia el camarero, pidió un té y tostadas.

—Estoy contento de verte...

Ella intentaba leer en su mirada, pero no vio más que un resplandor guasón. Tenía aspecto de divertirse mucho con su incomodidad.

—Hubieras podido avisarme... Te hubiese ido a buscar a la estación, te hubieses alojado en casa. ¿Cuándo has llegado?

—Es verdad, ¿sabes?, he venido a ver a mi editor.

—Pero no era el único objetivo de tu viaje...

Él hablaba despacio, como si le soplasen las respuestas.

—Esto... Digamos que necesitaba verle, pero que no estaba obligada a quedarme cuatro días.

Había bajado los ojos con la expresión del enemigo vencido que se rinde.

—No sé mentir. No merece la pena que siga fingiendo. Quería verte. Quería saber si habías olvidado el beso al pavo, si me habías perdonado por haberte... digamos, mandado a paseo como lo hice la última noche, y quería decirte que yo pienso en ti a todas horas, aunque siga siendo complicado, aunque siga estando Iris y yo siga siendo su hermana, pero es más fuerte que yo, pienso en ti, pienso en ti, y quería estar segura y saber si tú también... o si me habías olvidado completamente, porque entonces tendrías que decírmelo para que hiciera todo lo posible por olvidarte, aunque eso me haga muy desgraciada, pero sé muy bien que todo es culpa mía y...

Ella le miraba fijamente, sin aliento.

—¿Pretendes quedarte ahí de pie frente a mí? ¡Parece que estés en un escenario y recites un papel! Además, no es nada práctico, me obligas a levantar la cabeza para hablarte.

Ella se había dejado caer en la silla y había murmurado:

—¡No es esto lo que tenía que haber pasado!

Había mirado, contrariada, sus manos manchadas de la tinta del periódico. Él había cogido su servilleta, había hundido una punta en la jarra de agua caliente y se la había tendido para que se limpiase. Él observaba en silencio y cuando ella dejó caer sus manos a ambos lados del cuerpo, pensando que no había conseguido llevar a buen puerto el plan elaborado con Shirley, él le había cogido la mano y la había guardado en la suya.

—¿De verdad serías muy desgraciada si...?

—¡Oh, sí! —había gritado Joséphine—. Pero lo comprendería, ¿sabes? He sido..., no sé... Aquella noche pasó algo que no me gustó, y todo se mezcló en mi cabeza, sentí una especie de angustia y creí que era culpa tuya...

—¿Y ya no estás tan segura?

—La verdad es que pienso en ti, mucho...

Él había acercado la mano de Joséphine a sus labios y había susurrado:

—Yo también pienso en ti... mucho.

—¡Oh, Philippe! ¿De verdad?

Él había asentido con la cabeza, la expresión repentinamente grave.

—¿Por qué es tan complicado? —había preguntado ella.

—Quizás lo complicamos todo...

—¿Acaso no debemos?

—Cállate —había ordenado él—, si no todo va a volver a empezar... y no serviría de nada enredarlo aún más.

Entonces ella había hecho ese gesto insensato. Se había echado contra él y le había besado, besado como si su vida dependiese de ello. Él había tenido apenas tiempo de tirar el dinero sobre la mesa para pagar, ella le había cogido de la mano y le había arrastrado. Apenas había cerrado la puerta de la habitación del hotel, él había sentido sus uñas en su nuca y ella le había vuelto a besar. Él le había tirado del pelo hacia atrás para soltarse.

—Tenemos todo el tiempo del mundo, Joséphine, no somos ladrones...

—Sí...

—Tú no eres una ladrona y yo no soy un ladrón... ¡Y lo que va a pasar no es en ningún caso una mala acción!

—Bésame, bésame...

Habían remontado el tiempo atravesando la habitación. Habían respirado el olor a relleno y a pavo, el olor a quemado del horno a su espalda, la palma de sus manos, oyó el ruido de los niños en el salón y se habían arrancado cada pieza de ropa como si apartaran los obstáculos de su memoria, desnudándose sin dejar de mirarse a los ojos, para no perder ni un precioso segundo, pues sabían que los minutos estaban contados, que se hundirían en un espacio-tiempo, un espacio-inocencia que les sería muy difícil volver a encontrar y del que no debían perder nada. Habían titubeado hasta la cama y sólo entonces, como si hubiesen alcanzado la meta de su viaje, se habían mirado con una sonrisa temblorosa de vencedores atónitos.

—Te he echado tanto de menos, Joséphine, tanto...

—¡Y yo a ti! Si supieses...

No podían dejar de repetir esas palabras, las únicas palabras permitidas. Y después cayó la noche en pleno día sobre la gran cama, y ya no hablaron más.

El sol subía a través de las cortinas rosas y dibujaba en la habitación una aurora boreal. ¿Qué hora sería? Él escuchaba los ruidos del restaurante en el piso de abajo. ¿Las doce y media? El decorado de la habitación le devolvía a la realidad, le aseguraba que no había soñado: estaba efectivamente en esa habitación de hotel, con Joséphine a su lado. Recordó su rostro inundado de placer. Era bella, de una belleza nueva, como si la hubiese dibujado ella misma. Una belleza añadida que se había posado sobre su rostro con la delicadeza de una invitada de último minuto, que trae regalos para hacerse perdonar. Una boca que se abre, ojos que se agrandan, una tez cuya textura se afina y pómulos que se levantan, firmes, para no dejarse dominar nunca más.

—¿En qué piensas? —murmuró Joséphine.

—¡«Eau des merveilles» de Hermès! ¡Ya está, he encontrado el nombre de tu perfume!

Ella se desperezó rodando contra él y añadió:

—Me muero de hambre.

—¿Quieres que bajemos a desayunar?

—Huevos revueltos, tostadas y un café. Ummm... Me gusta que ya tengamos costumbres.

—Ritos y deseo, ¡así se construye una pareja!

Se ducharon, se vistieron, dejaron tras ellos la habitación en desorden, la enorme cama abierta, las cortinas rosas, el austero reloj sobre la chimenea, las toallas de baño tiradas sobre el parqué oscuro, salieron al pasillo y caminaron entre camareras que arreglaban las habitaciones. Una mujercita regordeta recogía las bandejas del desayuno puestas en el suelo, canturreando una canción de Sinatra: «*Strangers in the night, exchanging glances, lovers at first sight, in love for ever*». Ellos completaron la canción mentalmente y se sonrieron. «*Dubidubidú dududi...*». Joséphine cerró los ojos para pedir un deseo: Dios mío, haz que esta felicidad dure, dure *dududi*. No vio el canto de una bandeja, se golpeó con ella, perdió el equilibrio, intentó recuperarlo, pero resbaló con una naranja que había rodado de la bandeja a la moqueta.

Lanzó un grito y cayó, de cabeza, por la escalera. Rodó, rodó y recordó la voz de su padre: «Pero cuando salgas, ángel mío, con el corazón lleno de alegría, cuídate en la sombra de la pérfida naranja». ¡Así que fue realmente él quien me habló! No lo soñé. Cerró los ojos para probar la extraña felicidad mezclada de paz, de alegría, de infinito que la llenaba. Los volvió a abrir y percibió a Philippe, que la miraba loco de inquietud.

—No tiene importancia —dijo ella—. Creo que simplemente estoy ebria de felicidad.

* * *

Al día siguiente la llevó hasta la estación. Habían pasado la noche juntos. Habían escrito sobre su piel las palabras de amor que no se atrevían a decirse todavía. Él había vuelto a su casa al alba, para estar presente cuando se despertara Alexandre. Ella había sentido una extraña punzada en el corazón, escuchando cómo se cerraba la puerta de la habitación. ¿Hacía lo mismo cuando dormía en casa de Dottie? Después se recobró. Dottie Doolittle le importaba un rábano.

Volvía a París. Él se iba a Alemania, a la Documenta de Kassel, una de las ferias de arte contemporáneo más grandes del mundo.

Él sostenía su mano y llevaba su bolsa de equipaje. Llevaba puesta una corbata amarilla con pequeños Mickey en pantaloncito rojo y grandes zapatos negros. Ella sonrió posando el dedo sobre la corbata.

—De Alexandre. Me la compró el día del Padre... Exige que la lleve cuando cojo un avión, dice que es un amuleto...

Se separaron en la entrada de la aduana. Se besaron en medio de los pasajeros apresurados que tendían su pasaporte y su billete, empujándoles con sus maletas de ruedas. No se prometieron nada, pero leyeron cada uno en los ojos del otro el mismo juramento mudo, la misma gravedad.

Sentada en su plaza del vagón 18, asiento 35, lado ventana, Joséphine acarició lentamente los labios que él acababa de besar. Una frase giraba en su cabeza canturreando Philippe, Philippe. Tarareó: «*Strangers in the night, in love for ever*», escribiendo *for ever* con su índice en el cristal.

Escuchó el ruido del tren, las idas y venidas de los pasajeros, el ruido de los móviles, la señal de los ordenadores poniéndose en marcha. Ya no tenía miedo, ya no tenía ningún miedo. Se le encogió el corazón pensando en el desfile de Hortense al que no había podido asistir, pero se recuperó, se trata de Hortense, ella es así, no puedo cambiarla, eso no quiere decir que no me quiera...

En la estación del Norte compró *Le Parisien*. Se puso en la cola del taxi y abrió el periódico. «Una mujer policía asesinada en un aparcamiento». Tuvo un terrible presentimiento, leyó el artículo, inmóvil, en medio de la gente que la empujaba para que avanzase y ganase algunos metros. La capitán Gallois, la mujer de los labios prietos, había sido apuñalada, delante de su Clio blanco, en el aparcamiento de la comisaría.

> El cuerpo de la mujer fue descubierto ayer a las siete de la mañana, en el suelo. Había terminado el servicio a altas horas de la noche. Las cámaras de vigilancia han grabado imágenes de un hombre con pasamontañas, y cubierto con un impermeable blanco abordándola y agrediéndola después con un cuchillo. Es la cuarta agresión de este tipo en pocos meses. «Todas las hipótesis están abiertas», han asegurado fuentes cercanas a la investigación, de la que se ha hecho cargo el Servicio departamental de la Policía Judicial. La PJ no excluye que este asesinato esté relacionado con las otras agresiones. Los investigadores juzgan inquietante que la atacaran mientras investigaba uno de los crímenes cometidos recientemente. Eso ha suscitado una viva emoción entre sus compañeros. Prudencia por parte del Sindicato General de la policía: «En un periodo de malestar policial, es lo peor que podía pasar». Alianza y Sinergia, otros sindicatos de policía, son más críticos: «Hay demasiados policías heridos y agredidos, no podemos seguir sin reaccionar, se ha perdido el respeto por la policía».

QUINTA
PARTE

Hortense abrió los ojos y reconoció su habitación: estaba en París. De vacaciones. Lanzó un suspiro y se desperezó bajo las sábanas. El curso había terminado. ¡Terminado gloriosamente! ¡Ahora formaba parte de los setenta candidatos elegidos para entrar en el prestigioso Saint Martin's College! ¡Ella! Hortense Cortès. Criada en Courbevoie por una madre que se vestía en el Monoprix, y que creía que Repetto era una marca de espaguetis. ¡Soy la mejor! ¡Soy excepcional! ¡Soy la esencia misma de la elegancia francesa! Su desfile había sido el más refinado, el más inventivo, el más impecable de todos. Nada de farfolla, ni estructuras de plástico, ni miriñaques de cartón, ni máscaras alquitranadas, ¡la perfección! Ella no cultivaba la falsa rebeldía, sino que se inscribía en la tradición de una tal señorita Chanel o de un tal señor Yves Saint Laurent. Cerró los ojos y revivió el desarrollo de su «*Sex is about to be slow*», el movimiento sinuoso de las modelos, la fluidez de las telas, su caída perfecta, la banda sonora preparada por Nicholas, los fotógrafos a pie de podio y el lento vals de las seis modelos que arrancaban suspiros de éxtasis a ese público tan hastiado, tan fatigado de llenarse los ojos de belleza. Voy a formar parte de la escuela que ha visto eclosionar a John Galliano, Alexander McQueen, Stella Mac Cartney, Luella Bartley, la última predilecta en Nueva York. Yo, ¡Hortense Cortès! Pero ¿de dónde me viene tanto genio?, se preguntaba acariciando el borde de la sábana.

Lo había conseguido. Noches en blanco y días grises, carreras alocadas para obtener el bordado, el galón, el fruncido que quería y no otra cosa, hacer y deshacer y volver a empezar. Los ojos enrojecidos, la mano que tiembla, no lo conseguiré nunca, nunca estaré lista, no ha sido buena idea hacer este modelo, ¿y éste? ¡No tiene ni pies ni cabeza! Y dónde lo coloco, ¿el segundo, el tercero? Y después todo se había animado y se había convertido en un sueño. Nicholas había conseguido que Kate Moss, *la* Kate Moss, desfilase, llevando el último modelo rodeada por una niebla de luces blancas y negras, oculta bajo una peluca barroca y una máscara de satén negro que se había arrancado, al final de la pista, contoneándose y murmurando: *Sexxx izzz about to be slooow*. ¡Se había desencadenado la locura! *Sex is about to be slow* se había convertido en una frase de culto. Había recibido la propuesta de un fabricante de camisetas para imprimir inmediatamente mil ejemplares, que se habían distribuido durante la fiesta de esa noche en la escuela y habían arrasado.

Y ahora, allí voy, Gucci, Yves Saint Laurent, Chanel, Dior, Ungaro. Habían enviado representantes a Saint Martins, me habían felicitado y prometieron contratarme cuando saliese de la escuela. Había escuchado las propuestas con expresión aburrida y había declarado: «Hablen con mi agente...», señalando a Nicholas con el mentón. Y mañana... mañana por la tarde tengo cita con Jean-Paul Gaultier en persona, gritó meneando los pies bajo las sábanas. Seguramente me propondrá un periodo de prácticas, este verano... Y murmuraré, sí, quizás, tengo que pensármelo. Dos días después, aceptaré e iré a impregnarme de todas las maravillas que inventa este hombre, en cuyos ojos brillan llamas de genio.

¡Soy feliz, soy feliz, soy feliz!

Por supuesto, había habido un pero: esa zorrita de Charlotte Bradsburry, al pie del podio, tomaba notas para su revistucha, y arrugaba la cara cuando los demás aplaudían. Irritada al ver la prisa de Gary por aplaudir y levantarse, llevado por el entusiasmo. Ella había recibido un puñetazo en el plexo cuando había visto a este último, sentado en primera fila, al lado de la Bradsburry. Él había dejado mensajes en su contestador. Ella no había respondido. Ignorarle. Sonreír educadamente sobre el podio cuando se había inclinado ante los asistentes, pero ningún guiño a Gary. ¡Al contrario! Había hecho subir a Nicholas, le había enlazado y había murmurado: «Bésame, bésame». «¿Aquí, delante de todos?». «Aquí. Inmediatamente.

Un beso de amor». «¿Y tú qué me das a cambio?». «Lo que tú quieras». Y así fue como le prometió irse con él de crucero por Croacia. Después de las prácticas en Gaultier, si tenían lugar.

Él la había besado. Gary había bajado los ojos. Tocado, había rugido, los labios disfrazados de una sonrisa ficticia. Ella se había acurrucado contra Nicholas, imitando el abandono de la novia feliz. No tenía ni un minuto que perder en supuraciones dolorosas: ¿qué hace?, ¿está enamorado?, ¿y por qué no de mí? ¡Tonterías estériles! ¡Viva yo! ¡Setenta entre mil! *I am the best*.* La crème de la crème. ¡Y todo con dieciocho años! Mientras la Bradsburry luchaba contra los estragos del tiempo. Estoy segura de que se inyecta Botox, ¡no tiene ni una arruga! Eso es sospechoso, huele a lenta putrefacción.

Se dio la vuelta sobre el vientre aplastando su almohada, y no oyó a Zoé entrar en la habitación. Mi próximo desfile se titulará *La gloria es la explosión del luto por la felicidad* y rendiré homenaje a madame de Staël. Diseñaré vestidos de altivas reinas con el corazón ensangrentado. Jugaré con el rojo, el negro, el violeta, largos pliegues cayendo como lágrimas secas, será violento, majestuoso, doliente. Podría incluso...

—¿Estás durmiendo? —susurró Zoé.

—No. Estoy reviviendo mi triunfo y estoy de un humor estupendo. Aprovéchate.

—¡Ha llegado otra carta de papá!

—¡Zoé, para! ¡Ya te lo he dicho, ya no está en este mundo! Es infinitamente triste, pero es así. Vas a tener que hacerte a la idea.

—Que sí..., léela.

Hortense subió la sábana sobre el pecho, ordenó a Zoé que le pasara una camiseta y se hizo con la carta que leyó en voz alta:

Mis queridas adoradas:

Una pequeña carta para deciros que cada vez estoy mejor y que sigo pensando en vosotras. Que recuerdo los días felices pasados en Kifili y me permiten retomarle gusto a la vida...

---

* «Soy la mejor».

—¡Qué estilo tan abominable! —silbó Hortense.

—¡Qué dices, es mono!

—Precisamente. ¡Papá no era mono! ¡Un hombre no escribe así!

En los tormentos que sufro, son vuestras caritas las que me aportan la ternura y la fuerza para continuar... Y volver a caminar en este mundo sin piedad.

—¡Pero bueno! Es francamente bochornoso. ¡Nuestras «caritas»! ¿Se ha vuelto gagá o qué?

—Está cansado, no encuentra palabras...

Tengo siempre presente un recuerdo, el del wapiti quemado en el fondo de la cacerola cuando habíais cocinado, una noche, ¿recordáis? ¡Lo que nos reímos!

Hortense soltó la carta y exclamó:

—¡Es Mylène! Es ella la que escribe las cartas. El wapiti era un secreto entre Mylène y nosotras. Le daba vergüenza haber quemado la comida y nos hizo prometer que no diríamos nada. ¡Acuérdate, Zoé! Yo había vendido mi silencio por unas cejas postizas y una manicura francesa...

Zoé la miraba, desesperada, los ojos clavados en los suyos.

—*Wapiti, what a pity!* ¿Recuerdas? —insistió Hortense.

Zoé tragó, los ojos llenos de lágrimas.

—Entonces tú crees realmente que...

—¿Tienes las otras cartas?

Zoé asintió con la cabeza.

—¡Ve a buscarlas!

Zoé corrió a su habitación y Hortense terminó su lectura.

Echo de menos esos momentos. Estoy tan sola... Desesperada. Sin ningún hombro sobre el que apoyarme... ¡Oh, mis niñas queridas! Mis niñas bonitas. ¡Cómo me gustaría estar con vosotras y estrecharos en mis brazos! ¡Qué dura es la vida sin vosotras! Nada vale tanto como la dulzura del abrazo de un hijo. El dinero y el éxito no son nada sin eso. Un beso tan fuerte como lo que os quiero y os prometo que pronto, muy pronto, estaremos reunidas...

Papá.

—¡Qué horror! —exclamó Hortense dejando la carta.

Examinó el sello. La carta se había enviado desde Estrasburgo. Releyó atentamente, escrutando cada palabra. Estoy segura de que tengo razón y no es él. Es Mylène. Quiere hacernos creer que está vivo. Se ha traicionado con lo del wapiti. «*Estoy tan sola. Desesperada. Reunidas*». ¡Es ella escribiendo en femenino! No son «oes» finales que parecen «aes» por culpa del rabito. Decía que se podía juzgar a un hombre por sus faltas y por su letra. ¡Lo que nos pudo dar la lata con sus reglas gramaticales y con la caligrafía! No se dice «por contra» sino «en cambio» y si, un día, un chico os anuncia que «pilla» el coche de su madre, dejadlo plantado, es un paleto. Gritó: «¡Zoé! ¿Qué estás haciendo?».

Zoé volvió, sin aliento, y tendió a Hortense las otras cartas de su padre. Hortense observó los sobres. Las primeras procedían efectivamente de Mombasa, pero las otras de París, Burdeos, Lyon, Estrasburgo.

—¿Y tú no lo encuentras raro? Medio devorado por un cocodrilo y se pone a jugar a los trotamundos...

—Quizás esté curándose en distintos hospitales...

Zoé jugaba con los dedos de los pies, que separaba uno por uno para pensar en otra cosa y no llorar.

—Yo no tengo ganas de que esté muerto...

—¡Ni yo tampoco! Sólo que estaba allí cuando Mylène anunció su muerte a mamá, y la embajada de Francia hizo un informe que llegó a la única conclusión posible: está muerto. Punto final. Mylène está en China. Da sus cartas a franceses que están de paso, hombres de negocios que las meten en el buzón cuando llegan a su casa...

—¿Estás segura?

—Lo que no entiendo es por qué hace eso... Porque estoy segura de que es ella. Se ha delatado. Con lo del wapiti y el participio en femenino. Ven, vamos a hablar con mamá.

Encontraron a Joséphine poniendo orden en el salón. Du Guesclin a sus talones. ¡Qué pegajoso es ese perro! No lo soportaría ni un segundo, pensó Hortense. ¡Y además es horrible! Sentía unas ganas continuas de darle patadas.

—Niñas, ¡os ruego que no dejéis vuestras cosas por ahí! ¡Esto ya no es un salón, es un vertedero! ¿Y habéis visto a qué hora os levantáis?

—¡Eehh! ¡Tranquila, mamá! Olvídate del orden, siéntate y escúchame... —ordenó Hortense.

Joséphine se sentó, los hombros caídos, los ojos vacíos.

—¿Qué te pasa? —preguntó Hortense, impresionada por la falta de impulso de su madre—. Estás completamente marchita...

—Nada. Estoy cansada, eso es todo.

—Bueno, escucha.

Hortense se lo contó todo. Las cartas, los sellos de correos, el wapiti, la caligrafía.

—Es cierto, vuestro padre estaba obsesionado con la caligrafía... De hecho, yo también.

—Así pues, concluyo que no es él quien las ha escrito...

—Ah... —dijo Joséphine, soñadora.

—¿Ése es todo el efecto que te produce?

Joséphine se irguió, cruzó los brazos y meneó la cabeza, como si intentara hacerse una opinión.

—¡Mamá, espabila! No te estoy hablando de la última minifalda de Victoria Beckham, o del cráneo afeitado de Britney Spears, sino de tu marido...

—¿Y dices que no ha sido él quien ha escrito las cartas? —dijo Joséphine en lo que parecía un esfuerzo terrible por interesarse en la conversación.

—Pero ¿qué te pasa, mamá? ¿Estás enferma? —se inquietó Zoé.

—No. Sólo cansada. Tan cansada...

—Bueno, entonces... —continuó Hortense—. No ha sido él quien escribió las cartas, sino ella. Ella imitaba su letra. Al final, él estaba tan destrozado que era ella la que iba al despacho, rellenaba los registros y firmaba las facturas para que el chinito no le pusiera en la calle. Lo sé porque eso me inquietaba. Me decía ¡debe de estar realmente mal! Un día, hasta le comenté que lo hacía realmente bien, que imitaba su letra a la perfección y me respondió que el de manicura era un trabajo de precisión, y así fue como había aprendido a imitar un montón de letras diferentes, que le sirvió de ayuda varias veces en su vida... Y ante eso, ¿qué dices?

—Digo que es complicado...

Joséphine hizo una pausa y, triturándose los dedos, añadió, como en un lamento:

—No os lo he contado todo. Existen otras señales de vuestro padre.

Y evocó al hombre del jersey rojo de cuello alto del metro.

—¡Pero si es lo mismo! ¡Es simplemente imposible! Él detestaba el rojo —se enfadó Hortense—. Decía que era vulgar. Nunca se hubiese puesto un jersey rojo, hubiera preferido ir desnudo. ¡Y además de cuello alto! ¡Se diría que no viviste veinte años con él! Era puntilloso para cosas sin importancia y se dejaba apabullar por el resto. Acuérdate, mamá, despierta, ¡haz un esfuerzo!

—Hay otra cosa rara.

Joséphine contó lo de los puntos del Intermarché.

—¿Y eso? ¿No es una prueba de que está vivo? La tarjeta del Intermarché la teníamos los dos: él y yo.

—Quizás alguien la robó... —sugirió Hortense.

Se miraron en silencio.

—¿Y por qué no se habría servido de ella enseguida? ¿Quién habría esperado dos años para utilizarla? No, eso no se sostiene.

—Quizás tengas razón —concedió Hortense—. Eso no impide que no haya sido él quien ha escrito las cartas, estoy segura de ello.

—Ha vuelto, no se atreve a mostrarse porque ha caído muy bajo, entonces, esperando recuperarse como siempre ha soñado, escribe las cartas y vive de mis puntos Intermarché... Siempre ha sido así, vuestro padre: un dulce soñador aplastado por la vida. A mí no me extraña tanto...

Du Guesclin se había acostado a los pies de Joséphine y su mirada iba de una a otra como si siguiera los argumentos de cada una.

—Estoy de acuerdo con lo del hombre del metro —añadió Joséphine—. Yo pensé lo mismo que tú. Quizás tengas razón sobre las cartas, tú conoces a Mylène, pero están los puntos robados, y eso no lo he soñado. Iphigénie estaba conmigo, podrá contártelo...

Entonces oyeron la vocecita temblorosa de Zoé que murmuró:

—Los puntos del Intermarché..., he sido yo. Cogí la tarjeta de la cartera de papá cuando estábamos en Kilifi para jugar a las compras y me dijo que podía quedármela, que ya no iba a utilizarla. Y después, un día, la utilicé de verdad. Comencé hace unos seis meses aproximadamente...

—Pero ¿para qué? —preguntó Joséphine, emergiendo de su ensimismamiento.

—Por culpa de Paul Merson. Cuando quedábamos en el trastero, decía que todo el mundo debía participar, y no me atreví a decírtelo porque me habrías hecho un montón de preguntas y...

—¿Quién es Paul Merson? —preguntó Hortense, intrigada.

—Es un chico del edificio. Zoé se reúne a menudo con él y con otros, en su trastero —respondió Joséphine—. Continúa Zoé...

Zoé recuperó el aliento y prosiguió:

—Y además, Gaétan y Domitille no tenían dinero, porque su padre es muy severo, no tienen derecho a nada de nada, e incluso les obliga a llevar diferentes colores para cada día...

—¡Pero qué estás contando! ¡No entiendo nada! ¡Ve derecha al grano! —dijo Hortense.

—Entonces yo hacía las compras para todo el mundo, gracias a los puntos de la tarjeta de papá...

—¡Ah! —murmuró Joséphine—, ahora lo entiendo...

—Y eso hace mi hipótesis aún más creíble —prosiguió Hortense—, las cartas las escribió Mylène, el hombre del metro se parecía a papá, pero no era él, y los puntos del Intermarché los gastaba Zoé. Pues sí que era hora de que viniese, ¡sois muy peligrosas cuando os dejo solas! ¡Tú, mamá, ves fantasmas y Zoé se monta juerguecitas en el trastero! ¿No habláis nunca entre vosotras?

—No me atreví a decíroslo para no daros falsas esperanzas... —se excusó Joséphine.

—Resumiendo: ¡un lío total! ¿Y por eso se te ocurrió lo del Papatabla, a ti?

—Pues sí... Pensaba que volvería pronto y así la espera se haría menos larga.

—Me has mentido, Zoé —dijo Joséphine—. Has robado y has mentido...

Zoé enrojeció y balbuceó:

—Fue cuando no nos hablábamos... No iba a contarte eso. Tú hacías tus tonterías y yo las mías.

Joséphine suspiró: «¡Qué desastre!». Hortense intentaba comprender, pero ante la expresión de derrota de su madre y su hermana, renunció y retomó el hilo de su argumentación:

—Bueno..., ahora debemos tener una pequeña conversación con Mylène. Que se deje de escribir cartas falsas. ¿Sabes cómo hallarla?

—Marcel lo sabe. Tiene su teléfono... Me lo dio en Navidad, pero lo he perdido. Pensé en llamarla cuando llegó la primera carta y después... No tenía ganas de hablar con esa chica.

—¡Y tenías razón! En mi opinión está como una cabra... Debe de aburrirse como una rata castrada en China, y juega a ser madame de Sévigné. Se monta historias. Se siente sola, el tiempo pasa, no tiene críos y se imagina que somos sus hijas. Voy a llamar a Marcel.

—Y entonces ¿papá esta realmente muerto? —preguntó Zoé, que temblaba de pena.

—No hay mil formas de estar muerto, Zoé. O se está o no se está y, en mi opinión, ¡lo está desde hace mucho tiempo! —respondió Hortense.

Zoé miró a su hermana como si acabara de matar a su padre definitivamente, y estalló en sollozos. Joséphine la estrechó entre sus brazos. Du Guesclin se puso a gemir al unísono, balanceando la cabeza como las antiguas plañideras bajo sus velos negros. Hortense le soltó una patada.

Al final de la tarde, intentó llamar a Marcel a su casa. Su teléfono sonaba constantemente ocupado.

—Pero ¿qué están haciendo? ¡Me apuesto a que se está tirando a Josiane, y han descolgado el teléfono! ¡A su edad ya no se folla, se riegan los geranios y se juega a la brisca!

* * *

Hortense tenía razón. Y se equivocaba. Marcel había descolgado efectivamente el teléfono, pero no se estaba tirando a Josiane. Más bien al contrario, estaba intentando que se pusiese de pie.

Había reunido en su salón a madame Suzanne y a René. Junior, sentado en su Baby Relax, roía una corteza de queso salivando abundantemente y exhibiendo sus grandes encías rojas. Josiane yacía en un sillón, envuelta en un chal de lana. Tiritaba. ¿Por qué la miraban todos así? ¿Tengo monos en la cara? ¿Y por qué estoy en bata a las siete de la tarde? Hacía algún tiempo que no se cuidaba mucho, pero al menos podría haberse arreglado. ¿Y por qué tiemblo? Estamos en pleno mes de julio. Es cierto que no voy bien en este momento. Estoy como una gallina detrás de un fueraborda.

Madame Suzanne se había colocado a sus pies y le masajeaba el tobillo derecho. Envolvía su pie con sus manos suaves, y presionaba sobre puntos precisos. Sus cejas se juntaban como las asas de una cesta, y su respiración se hacía más intensa.

—Siento con claridad que está agarrada, pero no veo nada... —dijo al cabo de unos minutos.

René y Marcel se inclinaron hacia ella para servirle de apoyo. Josiane reconoció el olor que emanaba la camisa de su hombre. Eso le recordó noches salvajes de cópula, y suspiró pensando que hacía una eternidad que no se habían dado un revolcón. Le había perdido el gusto a todo.

Madame Suzanne empezó hablando lentamente, suavemente para no asustar a su paciente:

—Josiane, escúcheme bien, ¿tiene usted enemigos?

Josiane negó débilmente con la cabeza.

—¿Ha dañado usted consciente o inconscientemente a alguien, que pudiese albergar ideas de venganza hasta el punto de desear su muerte?

Josiane reflexionó y no encontró a nadie a quien hubiese podido ofender. En su familia, su unión con Marcel había suscitado celos, había recibido peticiones de dinero que no había satisfecho, pero de ahí a tirarla por la ventana ¡no! Recordaba el día en el que había querido saltar por el balcón, recordó la silla, la balaustrada, la llamada del vacío, las ganas de terminar con esa languidez mortal que envenenaba sus venas. Olvidar. Olvidarlo todo. Subirse a una silla y saltar.

—He podido cometer indelicadezas, yo hablo con franqueza, pero nunca he hecho daño conscientemente... ¿Por qué me pregunta eso?

—Limítese a responder a mis preguntas...

Madame Suzanne le palpaba el pie, la pierna, cerraba los ojos, los volvía a abrir. Marcel y René seguían todos sus gestos balanceando la cabeza de arriba abajo.

—¿Estás seguro de que no está enferma? —preguntó René, al que le parecía que Josiane tenía el color de un lavabo.

Ese gran chal en pleno mes de julio y el temblor de todos sus miembros no le decían nada bueno.

—He mandado que le hiciesen todos los exámenes posibles. No tiene nada... —respondió Marcel.

—Me ayudaría mucho tener uno o dos nombres de personas susceptibles de desearle el mal. Eso me pondría sobre el camino... Dígame nombres al azar, Josiane.

Josiane se concentró y permaneció muda.

—No intente pensar. Suelte nombres de personas tal como le vengan a la cabeza.

—Marcel, Junior, René, Ginette...

—¡Eh, no...! ¡No puede venir de nosotros! —gritó Marcel.

—Quizás venga de su lado —dijo madame Suzanne dirigiéndose a Marcel—. ¿Un rival? ¿Un empleado despedido?

Se miraron, perplejos. Marcel se secaba la frente, René mascaba un palillo de dientes. Junior se agitaba en su silla y lanzaba gritos furiosos.

—¡Quédate tranquilo, Junior, es un momento importante! —gruñó Marcel.

—No... Déjele —intervino madame Suzanne—. Intenta decirnos algo. Vamos, ángel mío. Habla...

Fue entonces cuando Junior se puso a dar saltos en su Baby Relax, y a realizar gestos extraños: imitaba una hélice girando por encima de su cabeza y hacía pompas sonoras con su boca.

—Le suenan las tripas porque tiene hambre, y está harto de que nadie se ocupe de él —traducía Marcel—. Los niños son egoístas, cuando les ruge el estómago ¡no piensan en nada más!

Madame Suzanne hizo una seña para que se callara y plantó su mirada en la de Junior.

—Este niño quiere decirnos algo...

—Pero si no habla, ¡tiene quince meses! —exclamó René.

—A su manera intenta comunicarnos algo.

Junior se calmó inmediatamente y dibujó una amplia sonrisa. Levantó el pulgar en el aire como diciendo: «Muy bien, señora, va usted por buen camino», y repitió su gesto de helicóptero que despega.

—¡Se diría que estamos jugando al Pictionnary! —dijo René, estupefacto—. ¡Es cierto que quiere hablar, el chaval!

—¿Ha tenido usted relación con un piloto? —preguntó madame Suzanne a Josiane sin dejar de mirar al niño.

—No —dijo Josiane—. Ni piloto, ni marinero, ni militar. No me gustan los uniformes. Me iban más los tipos ordinarios.

—¡Muy halagador para ti! —bromeó René.

—¡Calla, vas a interferir las ondas! —soltó Marcel mandándole a paseo.

—¿O alguien que llevara una aureola o un gran sombrero? —probó madame Suzanne siguiendo los gestos insistentes de Junior.

—¿Un pastor? —sugirió René.

Junior negó con la cabeza.

—¿Un cow-boy? —dijo Marcel.

Junior adoptó un aire exasperado.

—¿Un mariachi? —dijo René, haciendo el gesto de rascar una guitarra imaginaria.

Junior lo fulminó con la mirada.

—¿Madame de Fontenay? —intentó Marcel, que se concentraba pasando revista a todos los tocados famosos de la Historia.

Junior hizo una pausa, agitó sus manos en señal de más o menos. Y, como no adivinaban, el niño hizo una señal de borrarlo todo e intentar otra cosa. Le miraban fijamente, Josiane se preguntaba si su hijo no tendría convulsiones.

Junior imitaba ahora a un animal. Se puso a balar, imitó dos cuernos y una perilla. Madame Suzanne enrojeció violentamente.

—No va a ser una cabra...

Junior insistía. Apuntaba con su dedo hacia ella para indicarle que iba por buen camino.

—¿Un chivo? —dijo entonces madame Suzanne.

Bien, bien, no está mal, parecía decir Junior pedaleando con sus piececitos regordetes. Ahora se arrugaba el rostro con sus dos manos y hacía una mueca horrible.

—Un chivo viejo...

Aplaudió con fuerza. Y le animó, volviendo a realizar su señal de la hélice encima de su cabeza.

—¿Un viejo chivo con una hélice o un gran sombrero en la cabeza?

Junior lanzó un grito de alegría, un grito de alivio, y se dejó caer sobre su silla, agotado.

—¡Henriette! —exclamó René, inspirado—. ¡Es Henriette! El viejo chivo con un sombrero en la cabeza como un platillo volante.

Junior aplaudió y estuvo a punto de tragarse su corteza de queso, pero Marcel estaba atento y se la retiró a tiempo de la boca.

—¡Henriette! —exclamaron Marcel y René al mismo tiempo—. ¡Es ella la que ha embrujado a Bomboncito!

Madame Suzanne, arrodillada, había entrado por fin en el alma y el destino de Josiane. Exigió el mayor recogimiento y en el salón se hizo un silencio de catedral. Los dos hombres esperaban codo con codo a oír el diagnóstico de madame Suzanne. Junior también. Sostenía sus pies con las dos manos y los sacudía para acelerar el tiempo, pareciendo decir «hay que actuar deprisa, deprisa...».

—En efecto, es alguien llamado Henriette... —murmuró Suzanne, inclinada sobre el pie de Josiane.

—¿Cómo es posible? —dijo Marcel, pálido como quien ve una aparición.

—Los celos y el afán de dinero... —prosiguió madame Suzanne—. Va a visitar a una mujer, a una mujer muy gorda con corazones rosa por toda su casa, una mujer que tiene acceso al mal y que ha trabajado a Josiane... Las veo juntas. La mujer gorda suda y reza a una Virgen de escayola. La mujer del gran sombrero le entrega dinero, mucho dinero. Entrega una foto de Josiane a la mujer gruesa que la coloca bajo influencia, la trabaja, la trabaja... ¡Veo los alfileres! ¡Va a ser arduo, va a ser duro ¡pero debería conseguirlo!

Se concentró en los pies, en las pantorrillas de Josiane, la agarró de las manos y pronunció palabras incomprensibles, fórmulas que sonaban a latinajos. Marcel y René escuchaban, pasmados. Junior asentía con la cabeza, con aire de entendido. Distinguieron una frase que pedía «a los demonios salir». Josiane hipó y vomitó un poco de bilis. Madame Suzanne la limpió sosteniéndole la nuca. Josiane balanceaba la cabeza, con los ojos en blanco, y baba en los labios. Junior sonreía. Después, madame Suzanne comenzó un ritual de pases alrededor del cuerpo de Josiane. Aquello duró unos diez minutos. Se enfadó, y ordenó a los malos espíritus que se rindieran y abandonasen ese cuerpo.

Marcel y René se echaron hacia atrás, aterrados.

—Prefería tu historia del grajo... Era más poética.

—¡Yo también! —murmuró René, que no creía lo que veía.

Junior les hizo callar con la mirada. Bajaron los ojos, contritos.

Por fin, madame Suzanne se incorporó, se frotó los riñones y declaró:

—Se recuperará. Pero estará agotada.

—¡Aleluya! —exclamó Junior levantando los brazos al cielo.

—¡Aleluya! —repitieron René y Marcel, que no sabían qué pensar.

Josiane, embutida en su chal de lana, se puso a temblar y se dejó caer al suelo, inerte.

—Ya está... Está liberada —constató madame Suzanne—. Ahora va a dormir y, durante su sueño, la limpiaré a conciencia... Recen por mí, el enemigo es tenaz, voy a necesitar todas mis fuerzas.

—¡He olvidado las oraciones! —dijo René.

—Di lo que te parezca y empiezas diciendo «gracias»... —le aconsejó Marcel—. Las palabras dan igual, es el corazón el que habla.

René refunfuñó. ¡No había venido a recitar beaterías!

—¿Cuánto le debo? —preguntó Marcel.

—Nada. Es un don que he recibido y no debo ensuciarlo aceptando dinero. En otro caso me sería retirado inmediatamente. Si quiere usted dar, hágalo por su cuenta.

Guardó sus aceites y sus cremas, sus bastoncitos de incienso y su gran cirio blanco y se retiró, dejando a los dos hombres absortos, a Junior orgulloso y a Josiane dormida.

Y el teléfono descolgado.

* * *

—Pero ¿qué le pasa a mamá? —exclamó Hortense, que desayunaba en la cocina con Zoé—. ¡Está en la luna!

Eran las doce y media, y las dos chicas acababan de levantarse. Joséphine les había preparado el desayuno como un fantasma distraído. Había puesto café en la tetera, miel en el microondas y había dejado quemar las tostadas en la tostadora.

—Los asesinatos en serie, que le han aflojado un tornillo —aventuró Zoé—. La policía la convocó otra vez tras la muerte de la mujer poli. Los han llamado a todos para interrogarlos, a toda la gente del edificio...

—Cuando la vi en Londres, estaba normal. Vivaracha, incluso.

—¿Cuándo la viste? —exclamó Zoé.

—Hace quince días. Tenía cita con su editor inglés.

—¿Estaba en Londres? Nos había dicho que iba a una conferencia en Lyon. ¡Nos dio la lata con un montón de explicaciones! Incluso me pareció que demasiadas. Pero bueno... Siempre se pasa cuando habla de la Edad Media...

—¡No! Estaba en Londres y la vi como te veo a ti...

—¿Ves?, a fuerza de no tener noticias tuyas, ¡yo no sé nada!

—¡Detesto dar noticias! Es una chorrada y además no siempre hay algo que decir. ¿Por qué habrá mentido? No es su estilo...

Zoé y Hortense se miraron, intrigadas.

—Creo que lo sé —dijo Zoé, misteriosa.

Calló un momento como para ordenar sus pensamientos.

—¡Suéltalo! —ordenó Hortense.

—Creo que ha ido a ver a Philippe y no ha dicho nada por culpa de Iris.

—¿Philippe? ¿Y por qué habría mentido para verle?

—Porque está enamorada...

—¡De Philippe! —exclamó Hortense.

—Los sorprendí la noche de Nochebuena en la cocina dándose un morreo.

—¿Mamá y Philippe? ¡Estás completamente loca!

—No, no estoy loca y eso lo explica todo... Ha mentido a Iris, le ha dicho que iba a Lyon para un seminario y se ha marchado con él... a Londres. Lo sé porque intenté llamarla, y salió un contestador en inglés en su móvil. ¡Ahora lo entiendo!

—¿Y a ti no te lo ha dicho?

—Debió de temer que metiera la pata y lo dijera delante de Iris. Simplemente me dijo que me llamaría ella. Y además sabía que yo estaba en casa de Emma. No tenía por qué preocuparse.

—¡Pero bueno! ¡La vida sentimental de mamá no deja de fascinarme! Creía que salía con Luca, ya sabes, ¡el tío bueno de la biblioteca!

—Lo largó. De la noche a la mañana. De hecho, tengo que decirle que le he visto rondar varias veces por el barrio, a Luca el guapo. No sé qué ha pasado con esos dos...

—¡Ha largado a Luca! —dijo Hortense, estupefacta—. Pero ¿por qué no me has dicho nada?

—Yo no estaba, no tenía ganas de hablar de ello y, peor aún, estaba muy enfadada con mamá.

—¿Enfadada? ¡Pero si Philippe está como un tren!

—Estaba traicionando a papá.

—¡Qué dices! ¡Pero si fue él quien la dejó plantada por Mylène!

—Eso no impide...

—¡No le estaba traicionando para nada! ¡Tienes muy poca memoria, Zoé!

—¡Digamos que estaba enfadada con ella! ¡Es bastante desagradable ver a tu madre enrollándose con tu tío!

Hortense borró el argumento con la mano y preguntó:

—¿E Iris? ¿No sospecha nada?

—Pues no... Dijo que iba a un seminario en Lyon. Y además, Iris, desde hace algún tiempo, está en otro planeta. Le ha echado el ojo a Lefloc-Pignel. Hoy comía con él...

—¿Quién es Lefloc-Pignel?

—Un tío del edificio... A mí no me gusta ¡pero está de muerte!

—¿El tío guapo que vi en Navidad y que quería endorsarle a mamá?

—Exacto. No me gusta, ¡no me gusta! Gaétan es su hijo...

—Ese con el que vas al trastero.

Zoé ardía de ganas de decir a Hortense: «Y yo estoy enamorada de Gaétan», pero se retuvo. Hortense no era una sentimental, temía que barriese su amor de un manotazo, con una fórmula lapidaria. Si le cuento lo del globo que se hincha en mi corazón, se va a morir de risa.

—¡Pues sí que está cambiando mamá! ¡Se da el lote con Philippe! ¡Eso sí que es interesante!

—Sí, pero también está triste...

—¿Crees que no ha funcionado lo de Philippe?

—Si hubiese funcionado, ¡no estaría triste!

Sintió otra vez ganas de añadir: «Yo lo sé, porque estoy enamorada y tengo ganas de bailar todo el rato». Pero se retuvo. A veces, me dice que soy su Nicole Kidman. Completamente idiota, pero me encanta. Empezando porque no soy rubia platino, y además no mido dos metros dieciséis, tengo pecas y las orejas despegadas. Pero bueno, me gusta cuando me dice eso, me creo todavía más guapa. Gracias a toda esa belleza que él ha inyectado en mí, ¡he sacado una matrícula en el examen! Se va un mes de vacaciones en agosto y tengo miedo de que me olvide. Él me jura que no, pero me tiemblan las piernas.

Hortense fruncía el ceño y reflexionaba. Seguramente no era el buen momento para confiarse. El problema con Hortense es que rara vez es el buen momento.

—¿Me das un abrazo? —susurró Zoé.

—Preferiría que no. No se me dan muy bien ese tipo de cosas, pero puedo darte un empujón, si quieres.

Zoé se echó a reír. No sólo Hortense era el colmo de la clase, sino que, además, era divertida.

—¿No tenías una cita esta tarde?

—¿En Jean-Paul Gaultier? No. Se ha aplazado a mañana...

—Podríamos ver *Thelma y Louise...*

—¡Pero si ya la hemos visto cien veces!

—¡Me encanta! ¡Cuando Brad Pitt se desnuda y después, cuando explota el camión! ¡Y al final, cuando vuelan las dos juntas!

Hortense dudaba.

—¡Di que sí! ¡Di que sí! Hace muchísimo tiempo que no la vemos juntas.

—De acuerdo, Zoétounette. ¡Pero dos veces, no!

Zoé lanzó un grito de victoria, y fueron a acurrucarse la una contra la otra en el sofá del salón, frente a la televisión.

—¿Y dónde está mamá? —preguntó Hortense antes de pulsar el «Play».

—En su habitación, trabajando. No para de trabajar. Seguramente para olvidarse de todo...

—Ningún hombre se merece que a una se le rompa el corazón —decretó Hortense—. ¡Recuerda bien eso, Zoé!

Vieron la película dos veces. Pasaron y repasaron el momento en el que Brad Pitt se quita la camiseta. Hortense pensó en Gary y se disgustó, Zoé tenía ganas de contar lo de Gaétan, pero se retuvo. Aplaudieron cuando explota el camión y, al final, cuando las dos mujeres se lanzan al vacío, gritaron agarradas de la mano. Zoé pensaba que había muchas formas de alcanzar la felicidad, con Gaétan y con su hermana. No era la misma felicidad, pero la sensación era igual. Ya no aguantaba más guardarse el secreto para ella sola. Tenía que contárselo a Hortense. Y peor para ella si se burlaba.

—Voy a contarte un secreto... —susurró—. A decirte la maravilla más grande del mundo que...

No tuvo tiempo de terminar su frase. Iris entraba en el salón y se dejaba caer sobre un sillón, soltando bolsas llenas de ropa que se derramaron a sus pies.

—¿No está aquí vuestra madre?

—Sí, en su habitación —respondieron las dos chicas a coro.

—Se pasa el día en su habitación. Menudo tostón.

—Está estudiando para su HDI —respondió Zoé—. Es un trabajo monstruoso, ¿sabes?

—¡Siempre la he conocido estudiando! La cantidad de tiempo que habrá pasado con sus libros...

—Tú, en cambio, prefieres pasarlo de tiendas —se burló Hortense.

Iris ignoró la puya y blandió sus bolsas.

—¡Creo que está loco por mí!

—¿Ha sido él quien te ha pagado todo eso? —se atragantó Hortense.

—Ya te lo he dicho: está loco por mí...

—Pero si está casado —protestó Zoé—. ¡Y tiene tres hijos!

—Me ha invitado a comer, en un restaurante encantador en el hotel Lancaster, te desmayas de placer con cada bocado, y después hemos dado un paseo, Campos Elíseos, avenida Montaigne y, en cada tienda, ¡me cubría de regalos! ¡Un auténtico príncipe azul!

—¡Los príncipes azules no existen! —declaró Hortense.

—¡Él sí! Me trata como a una princesa. Con cortesía, delicadeza, devorándome con los ojos... Y además es guapo, ¡qué guapo es!

—Está casado y tiene tres hijos —repitió Zoé.

—¡Conmigo se olvida de todo!

—Bonita mentalidad —suspiró Zoé.

—Voy a guardar todo esto en mi habitación...

—Es la mía —protestó Zoé una vez que Iris se había marchado—. ¡Por culpa de ella estoy durmiendo en el despacho de mamá, y ella trabaja en su habitación!

—¿No te gusta Iris?

—Me parece que no trata bien a mamá. ¡Se diría que está aquí en su casa! Hace venir a su profe de gimnasia, invita a Henriette, habla horas y horas al teléfono con sus amigas... Resumiendo, se cree que está en un hotel y mamá no dice nada.

—¿Mamá ha vuelto a ver a Henriette?

—Cenaron juntas las tres y desde entonces, no la hemos vuelto a ver.

—Pero bueno, ¡sí que pasan cosas aquí cuando no estoy!

* * *

Iris sacó sus compras de las bolsas y las colocó sobre la cama. Cada vez que sacaba un vestido, recordaba la mirada de Hervé. Se rio acariciando la piel blanda y suave de un bolso Bottega Veneta. Un gran capazo acolchado en piel plateada. ¡Soñaba con uno! Había elegido, además, un vestido de algodón color marfil y sandalias a juego. El vestido tenía un cuello chal escotado, la cintura estrecha, pliegues que caían en corola fluida. Le quedaba perfecto. Podría ser un vestido de novia...

Habían comido, mirándose a los ojos. Él le había hablado de negocios. Le había explicado cómo la empresa de plásticos número cinco compraba a la número cuatro para convertirse, quizás, en la número uno mundial. Después había farfullado: «Debo de estar aburriéndola. ¡No se debería hablar nunca de negocios con una mujer hermosa! Vamos a ir de compras para recompensarla por haberme escuchado atentamente...». Ella no se había negado. El colmo de la virilidad, según ella, era un hombre que la cubría de regalos. Él la había dejado en una parada de taxis, le había besado la mano. «Desgraciadamente, tengo que volver a trabajar». «¡Qué hombre tan exquisito!».

Sus primeros regalos. Ya se estaba animando. Pronto llegaría el primer beso, la primera noche juntos, ¡un fin de semana, quizás! ¡Y para terminar la marcha nupcial y el anillo en el dedo! ¡Lala lalala! No podría casarse de blanco, por supuesto, pero el vestido color marfil serviría. Se casarían en verano... Se tumbó sobre la cama frotando el vestido contra su cuerpo.

Simplemente debía tener paciencia. No era el tipo de hombre que te daba un revolcón en una esquina, ni te acosaba. Le telefoneaba por la mañana, preguntaba si estaba libre para comer, se citaba con ella en un restaurante y se comportaba con tal galantería, que nadie hubiese podido pensar que eran íntimos. ¡Pero si no somos todavía íntimos! Aún no me ha besado. Él le había propuesto ir a comer al parque de Saint-Cloud. Es muy agradable en verano, podremos pasear por las alamedas. Ella había comprendido que sería entonces cuando la besaría, y se había ruborizado. Con él volvía a sentir las emociones de la adolescencia.

A veces le costaba ocultar sus sentimientos hacia Joséphine. Su falta de seguridad, su torpeza la irritaban cada vez más. Y además... no conseguía perdonarle del todo el escándalo del libro. Si tenía una cuenta en el banco bien llena, ¡era gracias a ella! Sentía hacia Jo una aversión celosa. Llegaba incluso hasta verse obligada a marcharse bruscamente, cuando Joséphine se ponía a hablar de sus estudios para su tesis, su HDI, DIH o IHD, no recordaba nunca el orden de esas iniciales bárbaras e incordiantes. Sin embargo, dadas las circunstancias, la vida era más agradable en casa de su hermana que sola, en la suya, con esa Carmen pegajosa como el papel matamoscas. Y además... Hervé no estaba lejos. Ella se había dado cuenta de que él elegía siempre citarse en lugares donde no le conocían. Nunca le veía los fines de semana. Esperaba, el lunes por la mañana, a que sonase su móvil. Había elegido una música especial para él. Colocaba el móvil sobre la almohada. Esperaba tres, cuatro timbrazos y después respondía. Debía reconocer que pasaba el tiempo esperándole. No tengo elección, reflexionaba, lúcida. El mes de agosto se acercaba. Su mujer y sus hijos se irían de vacaciones a la gran casa de Belle-Île.

Desplegó una gran blusa blanca de cuello alto. Para esconder las arrugas del cuello. Quitó los alfileres, el cartón y la extendió sobre la cama. Se pinchó el dedo con un alfiler y constató, abatida, que había caído una gota de sangre sobre el hermoso vestido Bottega Veneta.

Soltó un taco de rabia. ¿Cómo se quitaba la sangre de una tela de algodón marfil? Tendría que llamar a Carmen.

* * *

Henriette salió de la estación de metro Buzenval, y giró a la derecha en la calle Vignoles. Se detuvo ante el edificio decrépito de

Chérubine y cogió aire. El dedo del pie derecho le dolía y el nervio ciático le molestaba en la cadera. Ya no tenía edad para coger el metro, bajar y subir escaleras, encontrarse aplastada contra anónimos de axilas apestosas. Ya podía haberse quitado el sombrero y vestirse con ropa barata, siempre tenía la impresión de que la gente se quedaba mirándola. De que sabían que escondía billetes en las copas del sujetador. Apretaba los brazos contra sus senos para prevenir el asalto de algún grosero de piel oscura, y ponía una expresión desagradable de vieja malcarada a la que no hay que acercarse. A veces, cuando percibía su reflejo en la ventanilla del metro, ¡se asustaba! Se reía, la nariz hundida en su bufanda perfumada de «Jicky» de Guerlain. Se inundaba de «Jicky» cuando cogía el metro. Era la única forma de no desmayarse. Nunca la habían agredido y, cuanto más cogía el metro, más exageraba el gesto y más adusta se volvía.

Emprendió la lenta subida de las escaleras del edificio de Chérubine, sintió el estómago revuelto por el olor a col rancia, hizo una pausa en cada descansillo, y alcanzó por fin el tercer piso. Palpó su sujetador y suspiró. ¡Cómo amaba a esos billetes! ¡Que tiernos eran al tacto! Hacían un ruido suave, enternecedor, un ruido de pajarito colocándose las plumas. ¡Seiscientos euros! Por plantar agujas. No era un regalo. Y los resultados, ya no los veo. Ya puedo pasarme el día bajo las ventanas de Marcel, que no veo el menor cuerpo aplastado sobre la acera. Pregunto a la sirvienta, en vano. Ni accidente, ni suicidio. A este ritmo, mi cuenta en el banco se va a vaciar tan rápido como una bañera de agua sucia. Ya voy por el sexto pago. Seis veces seis, treinta y seis, es decir tres mil seiscientos euros dilapidados. ¡Mucho! Demasiado.

Vio el cartel colocado sobre el timbre: LLAME AQUÍ SI ESTÁ PERDIDO. ¿Estoy perdida yo? ¿Soy una de esas pobres mujeres perdidas, dispuestas a todo para volver con su hombre? Ni hablar. Disfruto de un celibato voluntario, y estoy a la cabeza de una floreciente empresa ahorrando hasta el último céntimo. Acumulo, acumulo y nunca me lo he pasado tan bien. Desvalijo mendigos, hurto, despojo, y consigo vivir sin desembolsar ni un céntimo. Y, al mismo tiempo, ¡me dejo una fortuna en manos de esa charlatana obesa! Hay algo aquí que no funciona, mi querida Henriette. ¡Reflexiona! Contempló el cartel durante un largo instante, y declaró en voz alta: «¡Pues bien, no llamaré!».

Y dio media vuelta.

Estaba perdiendo el rumbo, pensó en el trayecto de vuelta de la línea 9, palpándose las copas, escuchando su dulce ruidito. ¿Acaso me importa que Josiane y Marcel se soben? ¿No soy más feliz ahora? Me ha hecho un favor largándose. Ha dado un sentido a mi vida que antes no tenía, hay que reconocerlo. Hoy, como dicen los jóvenes cretinos, me lo paso pipa.

Ayer mismo, había robado en Hédiard. Sí, robado. Había entrado para hacer su numerito habitual de anciana llorona erosionada por la vida —se había calzado sus alpargatas rotas, y se había puesto su abrigo de pobreza pues, como es bien sabido, los pobres se visten igual en verano y en invierno— y estaba esperando para lanzar su largo lamento, cuando se dio cuenta de que estaba sola en la tienda. Las vendedoras estaban en el sótano, ocupadas chismorreando o simulando trabajar. Había abierto su gran capazo y lo había llenado: Sancerre tinto, vinagre balsámico (ochenta y un euros el frasquito de cincuenta centilitros), foie gras, fruta escarchada, bombones, crema de pepino, crema al pesto, anacardos, pistachos, pastelitos, nems, rollitos de primavera, lonchas de pierna de cordero, huevos en gelatina, quesos varios... Había arramblado con todo lo que tenía a mano. El capazo pesaba mucho, muchísimo. Casi se había dislocado el hombro. ¡Pero qué placer! Chorros de sudor cálido caían a lo largo de sus brazos. No es más que justicia: robaba a los pobres y, ahora, ¡robo a los ricos! La vida es formidable.

Debía de tener el cerebro al ralentí cuando me puse en manos de la obesa. Había dejado mi razón en el guardarropa. Podría hasta denunciarla a la policía, a esa Chérubine. Estoy segura de que sus manejos son ilegales. ¡Y no debe de declarar ni un solo céntimo! Si me amenaza con sus agujitas, se lo advierto: la entrego a la policía y al fisco. Se lo pensará dos veces.

¡En fin! Acabo de salvar seiscientos euros. Seis adorables billetes de cien euros que duermen felices, apoyados en mi seno. ¡Mis pequeños! ¡Aquí está mamá que os cuida, descansad tranquilos!

Y además, ya era hora de que cesase esos vaciados salvajes de la cuenta común. Marcel habría acabado sospechando algo. Estaría tentado de investigar esas salidas injustificadas de dinero.

Se había librado de una buena.

Bendecía ese día de julio en el que recuperaba su sentido común. ¡Vaya cara que lleva la gente en esta línea! No es culpa suya si no sonríen. Son pobre gente. Obligados a realizar un trabajo ingrato para subsistir, no se les puede pedir, además, que huelan bien y sonrían. Aunque el jabón no sea caro...

Además, se dijo, arrastrada por una ola de felicidad, en la vida hay que saber perdonar y ¡mira!, le perdono que se haya ido. Le perdono y voy a darle a mi abogado orden de iniciar el proceso de divorcio. Le exprimiré hasta la última gota, pero le devolveré su libertad. Me quedaré con el piso, y doblaré la pensión que me propone. Con todo el dinero que gano quitándoselo a los pobres y a los ricos, ¡me voy a hacer millonaria!

Salió del metro, más contenta que unas pascuas, trepó por las escaleras a paso ligero, sosteniendo sus senos a dos manos, y dejó caer una moneda de veinte céntimos en el platillo de un mendigo, tumbado sobre los escalones del metropolitano.

—Gracias, querida señora —dijo el viejo levantando su gorra—. ¡Dios se lo devolverá multiplicado por cien! Dios reconoce siempre a los suyos.

* * *

Joséphine estaba deprimida.

Joséphine vivía enclaustrada en su habitación. Pilas de informes rodeaban su cama. Saltaba por encima de ellas para acostarse.

Ya no tenía ganas de bajar a la hermosa portería de colores de Iphigénie. Se había convertido en el salón de moda, donde se habla y se comenta sin descanso los recientes asesinatos. Allí corrían los rumores más insensatos. Es un cura que, molesto por su voto de castidad, se rebela contra Roma. Es el carnicero, lo he visto en una película, es el que tiene los cuchillos más afilados. ¡No! Es un adolescente harto de su madre demasiado rígida; cada vez que le castiga, elige una víctima, una mujer sola, por la noche. Es un parado, un antiguo directivo, que no digiere su suerte y se venga. ¿Y por qué las pesquisas de la policía se concentran en el edificio A? Otra vez se quedan ellos con el protagonismo, suspiraba la dama del caniche.

Cada uno tenía su culpable ideal y destacaba los detalles sospechosos, los rostros carcelarios, los impermeables blancos. Cuando Iphigénie veía a Joséphine, le hacía grandes gestos para que se uniese a ellos. Joséphine era una fuente interesante: había sido convocada varias veces por el inspector Garibaldi. Debía de tener información inédita. Joséphine se acercaba a su pesar. Escuchaba, asentía con la cabeza, respondía no sé gran cosa, y acababan mirándola con hostilidad, con aspecto de decirse, no somos lo suficientemente buenos para usted, ¿verdad?

Solo en una esquina, refugiado en un mutismo doloroso, el señor Sandoz devoraba a Iphigénie con la mirada. Intentaba hacer oír su queja amorosa, pero Iphigénie tenía otras cosas de las que ocuparse, y le escuchaba distraída. Él se confiaba a Joséphine en voz baja, escondiendo sus uñas que nunca le parecían lo suficientemente limpias:

—No se atreve a decirme que soy demasiado viejo. Y sin embargo, hago todo lo posible por agradarle...

—Está haciendo usted demasiado —respondía Joséphine, que escuchaba un eco de su propia pena en la melancolía del señor Sandoz—. Amor no rima con prisa, muy al contrario... Es lo que me repite mi hija mayor, que es una experta en seducción.

El cuello de la camisa del señor Sandoz terminaba en dos puntitas blancas retorcidas, y llevaba una corbata negra de punto.

—No consigo aparentar indiferencia. Se lee en mi cara como en un libro abierto...

Tenemos el mismo problema, se dijo Joséphine, yo también soy previsible y transparente. A él le han bastado veinticuatro horas para cansarse.

El señor Sandoz volvía a la portería. Dejando flores y bombones sobre la pequeña consola Ikea. Eternamente vestido con un traje gris, una camisa blanca y un impermeable blanco, que llevaba en cualquier época del año. Parecía un paseante endomingado.

—Sin querer ofenderle, no es una cuestión de edad, es que... es usted demasiado gris para Iphigénie.

—Señora Cortès, yo, gris, tengo en todas partes. Tengo el corazón lleno de hollín...

También ella iba a cubrirse pronto de hollín.

Hacía dieciséis días que se habían separado en el andén de Saint Pancras. Marcaba los días dibujando rayitas en el margen de un cuaderno. Había empezado contando las horas, después había renunciado. Demasiadas rayitas que le ennegrecían la moral. Dieciséis días sin ninguna noticia de Philippe. Cada vez que sonaba el teléfono, su corazón se embalaba, escalaba la montaña, y volvía a caer como la roca de Sísifo a sus pies. Nunca era él. Pero ¿por qué no llama? Se había hecho una lista de razones y argumentaba cada propuesta.

¿Ha perdido su móvil y mis números? Poco probable.

¿Ha tenido un accidente? Lo hubiese sabido.

¿Está desbordado de trabajo? No vale.

Ha vuelto a ver a Dottie Doolittle. Posible. Y garabateaba un par de manoletinas y de pendientes.

Todavía quiere a Iris. Posible. Y dibujaba dos grandes ojos azules y rompía la mina de su lápiz.

Se siente incómodo ante Alexandre. O ante Zoé. Probable. ¿Acaso yo misma no he ocultado a las niñas que lo había visto en Londres?

O si no..., y el lápiz volvía a caer sobre la hoja.

Se había cansado después de haberla conquistado.

No le ha gustado el olor de mi cuerpo, la venita sobre mi cadera izquierda, el gusto de mi boca, el ligero pliegue de mi rodilla derecha, el borde de mi labio superior, la consistencia de mis encías... He roncado, me he entregado demasiado, no lo suficiente, he sido una pava, una boba, no beso bien, hago el amor como un adorno de jardín.

¡No se rompe con una mujer porque el espacio entre su nariz y su boca no es lo suficientemente grande, o sus encías son blandas! ¿Y por qué no? ¿Y si, en ese espacio, se ha creado un ideal de belleza, de perfección? Recordaba haber cortado, al final del bachillerato, con Jean-François Coutelier, porque sostenía que el padre Goriot tenía dos hijos. «¡No! Dos hijas, Anastasia de Restaud y Delphine de Nuncigen». «¿Estás segura? Y sin embargo yo pensaba que eran dos hijos». Le había mirado y toda la belleza de Jean-François Coutelier se había evaporado.

El deseo. Ese perfume que nunca se puede guardar en un frasco. Ya se le puede rogar, suplicar, retorcerse las manos, ofrecerle una fortuna, seguía siendo volátil y voluble.

Apeló a su padre. Te necesito, hazme una señal. Estoy hecha trizas. «... pero cuando salgas, ángel mío, con el corazón lleno de alegría, cuídate en la sombra de la pérfida naranja». «¿Y eso qué es? ¿Una cita?». «No. ¡Una advertencia! Con múltiples utilidades».

Se había caído por la escalera del hotel tras haber resbalado con una naranja.

¿Iba a perder a Philippe por culpa de una «pérfida naranja»?

Tecleó «naranja» en Google. Orange, la compañía de teléfonos, naranja, la fruta, Orange, la ciudad, *La naranja mecánica*, los festejos de Orange, la genealogía de los Orange. Pulsó sobre «Genealogía». Se remontó a Philibert de Chalon, príncipe de Orange, nacido en Lons-le-Saunier, que traicionó al rey de Francia, Francisco I, y se unió a las tropas de Carlos Quinto. Un traidor. Philippe me traiciona. Se ha echado en los brazos de la pérfida Albión. Lons-le-Saunier, leyó sobre la pantalla, la ciudad natal de Rouget de Lisle.

Se acurrucó en su sillón preferido, el asiento estaba bien relleno, los brazos mullidos y el dorso le sostenía bien los riñones. Mi amor se desgasta: un beso contra el horno, una cita de Sacha Guitry, una escapada a Londres y una larga espera que me deja sin aliento.

Volvía a sumergirse en su HDI y trabajaba. Hojeaba sus notas. ¿Dónde estaba? ¿En el imán que se posa sobre el vientre para conservar el niño deseado, o entre las piernas para abortar? ¿En la carta de los artesanos que exigía que el trabajo sólo se efectuara a la luz del día? Algunos maestros, para aumentar el rendimiento de sus obreros, les hacían trabajar a la luz del candil, una vez caída la noche, lo cual estaba prohibido. De ahí la expresión «trabajar en negro». Sus pensamientos vagabundeaban en desorden.

Había visto a Luca, de lejos, tras los setos de la plaza. Daba vueltas alrededor del edificio, las manos en los bolsillos de la parka. Ella se había refugiado con Du Guesclin detrás de un árbol, y había esperado a que se alejara. ¿Qué quería? ¿Se había enterado por la portera de que había ido a su casa, y conocía su doble identidad? No se atrevía a confesárselo, pero tenía miedo. ¿Y si la tomaba con ella? Du Guesclin había gruñido al percibirlo. Y se le había erizado el pelo.

Los investigadores de la brigada criminal parecían creer que el asesino vivía en el edificio. Las pesquisas se ciernen sobre todos ustedes, había dicho el inspector Garibaldi. «¿Por qué no denunció enseguida su agresión en noviembre? ¿Estaba protegiendo al culpable? ¿Lo conocía?». «¡No!», balbuceaba Joséphine, cada vez que le hacía esa pregunta —debía de ser una técnica de interrogatorio eso de hacer cien veces la misma pregunta—, «no quería preocupar a mi hija, Zoé. Su padre murió devorado por un cocodrilo, me decía que no necesitaba otra tragedia...». Él la contemplaba sacudiendo la cabeza con aire dubitativo. «¿Le plantan un cuchillo en el corazón y la primera cosa en la que piensa es en proteger a su hija?». «Por supuesto...». «Ah... ¡A eso se le llama masoquismo o no sé nada del tema! ¿Y cómo escapó a todas esas puñaladas?». Joséphine le miraba, incrédula. ¡Ya había respondido a esa pregunta! «Gracias a un paquete enviado por los amigos de mi marido, que contenía una zapatilla de deporte». El inspector sonreía, con aspecto divertido. «¡Una zapatilla de deporte! Anda... ¡Qué original! ¡Deberíamos siempre llevar una cuando salimos por la noche!». Y encadenaba con una cuestión sobre Inglaterra. «Y como por casualidad, estaba usted en Londres cuando la capitán Gallois fue asesinada... ¿Era para fabricarse una coartada?». «Fui a ver a mi editor inglés. Puedo probarlo...». «Estaba usted al corriente de que ella no la apreciaba». «Lo había notado». «Ella tenía una cita con usted al día siguiente en que fue...». «Lo ignoraba». «De hecho, dejó una nota... ¿Quiere usted leerla?».

Le había tendido una hoja en blanco en la que la capitán había escrito en grueso, con rotulador negro: PROFUNDIZAR RV.* PRO-

---

* Las siglas RV son utilizadas frecuentemente en francés para abreviar la palabra *rendez-vous*, cita *(N. del T.)*.

FUNDIZAR RV. PROFUNDIZAR RV. «Debía de querer hacerle otras preguntas durante esa cita. ¿Existía alguna disputa entre ustedes dos?». «No. Su animosidad me extrañaba. Me decía que no le gustaba mi cara». «¡Ah», se había reído él. «¡Así es como llama usted al hecho de ser interrogada! Va a tener que encontrar otra cosa... O un buen abogado. Lo tiene usted muy mal...». Ella había estallado en sollozos. «¡Pero si le estoy diciendo que yo no he hecho nada!». «¡Eso, señora, es lo que dicen todos! Los peores criminales lo niegan todo, y juran por su madre que no han hecho nada...». Había tamborileado sobre la mesa de su despacho con los índices, imitando un solo de batería. Había interrumpido su numerito cuando otro policía había abierto la puerta del despacho. «Oye... Tenemos un nuevo testimonio ¡Un bombón! Una amiga de la camarera. Ha vuelto de un viaje de tres meses a México y acaba de enterarse de lo de su amiga. Deberías venir». «Bueno...», había concedido el inspector, «ya voy, y en cuanto a usted, puede irse, pero lo suyo no está claro. Si fuera usted ¡me lo pensaría!».

Se cruzaba con sus vecinos cada vez que salía del despacho del inspector. Estaban esperando, sentados sobre bancos de madera, en el pasillo de paredes deslucidas. No osaban hablar. Se sentían ya culpables. El señor y la señora Merson refunfuñaban, Pinarelli hijo sonreía finamente, como si conociese secretos exclusivos y sólo estuviese allí para hacer de figurante, y en cuanto a Lefloc-Pignel y los Van den Brock, estaban ofendidos.

—¡No podemos hacer nada! Si nos negamos a presentarnos, nos encierran —se escandalizaba la señora Van den Brock, cuyos ojos giraban frenéticamente en todos los sentidos.

—¡No, mujer! —la temperaba su marido—. Es insoportable, cierto, pero debemos plegarnos al procedimiento. No sirve de nada enfadarse y debemos, por el contrario, responder con una gran calma.

La señora Lefloc-Pignel había presentado un certificado médico para evitar los interrogatorios.

¿Y por qué el asesino debería ser uno de nosotros? —se interrogaba Joséphine—. ¿Acaso el tío de esa Bassonnière, con su fichero, perpetúa el espíritu de venganza de la familia, furiosa por haberse visto relegada al fondo del patio? La señorita de la Bassonnière tenía fichas de todo el mundo. ¡No sólo del edificio A! E incluso si yo conocía a tres de las cuatro víctimas, ¡eso no me convierte en cómplice! Y la camarera ni siquiera sé quién es. Esta historia no se sostiene. Es la capitán quien les ha puesto sobre mi pista. La puse de los nervios desde nuestra primera entrevista. Produzco ese efecto en ciertas personas: me ven blandengue, inerte, léase estúpida. ¿O acaso a ella no le había gustado mi libro? Hubiese querido ser escritora y le habían rechazado tres manuscritos. Y se decía ¿por qué ella y no yo? *Profundizar RV. Profundizar RV.* Ni siquiera está bien escrito. No se profundiza una entrevista, se profundiza una idea.

Se levantó y se fue a buscar el diccionario. Lo consultó y murmuró, tenía razón, el verbo profundizar: «Posee en sí el sentido abstracto de ahondar, analizar a conciencia». No se profundiza una cita, se propone, se prepara, se planifica, se organiza, se cancela, se aplaza, se retrasa, se escalona cuando hay varias. Y sin embargo, la capitán hablaba sin cometer errores lingüísticos, eso me había llamado la atención. Muy poca gente habla un lenguaje impecable.

Había escrito las dos letras en su cuaderno. RV, RV, RV... *Rendez-vous*, sí, pero también: Reseña Vaga, Razón Vacilante, Redoblar Vigilancia, Relacionar Variantes. Zoé sacó la cabeza por la puerta de la habitación, y lanzó una mirada inquieta a su madre.

—¿Qué haces, mamá?

—Estoy trabajando...

—¿Estás trabajando de verdad?

—No, estoy haciendo dibujos... —reconoció Joséphine, harta de dar vueltas a los mismos pensamientos.

—¿Me los enseñas? —pidió Zoé con vocecita de intrusa.

—No son nada del otro mundo, ¿sabes?...

Zoé fue a sentarse sobre el brazo del sillón. Joséphine le tendió la hoja rellena de RV y preparó una respuesta a la curiosidad de su hija. No quería hablar de la investigación.

—Ah... —dijo Zoé, decepcionada, dejando caer la hoja—. ¿Estás aprendiendo a escribir mensajes de texto?

—No —dijo Joséphine, sorprendida—. Al contrario, cuando envío un mensaje, escribo conscientemente cada palabra completa ¡y espero que tú hagas lo mismo! Si no, vas a perder tu ortografía.

—¡Oh! Yo lo hago. Pero los demás no. ¿Sabes qué me envió Emma, el otro día?

Zoé cogió un lápiz al lado de los RV de Joséphine:

—Un mensaje de cinco letras, QBRNK...

—¡Eso no quiere decir nada! —exclamó Jo intentando descifrar las siglas.

—Sí..., no es evidente. Piénsatelo.

Joséphine releyó las letras, al derecho, al revés, pero no lo descubrió. Zoé esperaba, orgullosa de haber descifrado el enigma sola.

—Me rindo —dijo Joséphine.

—Pronúncialas en voz alta. Siempre hay que leerlo en voz alta para entenderlo.

—¿Cuberrenk? Sigue sin querer decir nada...

—Sí. Piénsatelo.

Joséphine retomó las cinco letras, las articuló lentamente y renunció.

—No lo consigo...

—Sí, escucha: Que BrNKa. Y después sólo queda una vocal... ¡Qué bronca!

—¡Nunca lo hubiese adivinado!

—¡A mí me llevó mis buenos cinco minutos! ¡Y eso que estoy acostumbrada!

—Mientras que yo soy una vieja y no tengo costumbre...

—Yo no he dicho eso, mamá.

Se pegó a Joséphine, le rodeó el cuello con los brazos y acercó su barriguita redonda. Zoé estaba en la edad en que se pasa de la mujer a la niña en un instante, en que se reclama un beso a un chico y un abrazo a la madre. A Joséphine le costaba imaginársela en brazos de Gaétan, aunque sus retozos serían inocentes todavía. Metió las dos manos bajo la camiseta de Zoé y la estrechó contra sí.

—¡Eres la más guapa de las mamás!

—¡Y tú siempre serás mi bebé!

—¡Ya no soy un bebé! Soy mayor...

—Lo sé, pero para mí serás siempre mi bebé...

Hundió la cara en el pelo de su hija, cerró los ojos, aspiró un olor a champú a la vainilla y a jabón de té verde.

—Hueles bien. Dan ganas de comerte...

—Oye, mamá, no sé qué hacer...

—¿Y Hortense dónde está?

—Ha ido a casa de Marcel. ¡No quiso que fuese con ella! Dijo que tenía que hablar de Mylène con él a solas...

—Así que te aburres...

—Venga, mamá, deja tu trabajo y vamos a pasear a Du Guesclin...

Joséphine sintió el cuerpo de Zoé languidecer pegado al suyo, y sintió unas terribles ganas de complacerla. Apartó sus papeles y se levantó.

—De acuerdo, amor mío.

—Pero sólo nosotras dos. ¡No nos llevamos a Iris!

Joséphine sonrió.

—¿Crees realmente que tendría ganas de caminar alrededor de un lago con un perro tullido?

—¡Oh, no! Prefiere hacer melindres con el bello Hervé... ¿Cree usted, Hervé? ¿Sabe usted, Hervé?... Dígame, Hervé, usted que es un hermoso Hervé... ¡Estoy deseando ir a la próxima cita, Hervé!

Joséphine se dejó caer sobre el sillón, aturdida.

—¿Qué has dicho?

—Esto..., nada.

—Sí. ¡Repite lo que acabas de decirme! —ordenó Joséphine con la voz temblorosa.

—¡Ella prefiere pavonearse con el hermoso Hervé! ¡Lefloc-Pignel, si prefieres! Cree que se va a divorciar y a casarse con ella. Eso no está bien, ¿sabes? Está casado y tiene tres hijos. No es que él me chifle, pero bueno... Eso no está bien.

Zoé continuó, pero Joséphine ya no la escuchaba. RV. ¿Y si la capitán Gallois se había referido a Hervé Lefloc-Pignel y Hervé Van den Brock?

Profundizar la pista de los dos Hervé. Había descubierto algo, o estaba a punto, cuando fue apuñalada. Recordó entonces la turbación de Lefloc-Pignel cuando ella había querido llamarle por su nombre de pila. En la terraza del café, frente a la comisaría, justo después de su primer interrogatorio. Se había vuelto hostil y glacial.

—¡Oh, Dios mío! ¡Dios mío! —murmuró, hundida en su asiento.

—¿Qué te pasa, mamá?

Tenía que hablar sin falta con el inspector Garibaldi.

* * *

Al día siguiente, Joséphine se presentó en el 36 del quai des Orfèvres.

Esperó una hora en el largo pasillo, y vio pasar a hombres apresurados que se llamaban cerrando las puertas de golpe y hablando a gritos. Se escuchaban risas que salían a ráfagas cuando se abrían las puertas, conversaciones que cesaban cuando las puertas se cerraban. Exclamaciones, timbres de teléfonos, dos o tres que salían a toda prisa, ajustándose las pistoleras bajo el brazo. «¡Venga, acelerando! ¡En marcha, que los tenemos! ¡Como siempre, colegas, tranquis!». Achaparrados, en vaqueros y cazadora de cuero, corrían precipitadamente. En medio de ese tumulto, ella esperaba, no tan convencida como la víspera, de la pertinencia de su visita. El tiempo pasaba, ella miraba el reloj, jugueteaba con la lengüeta de la correa, rascaba con la uña una ranura del banco y fabricaba una bolita negra y la lanzaba.

Por fin el inspector Garibaldi la hizo entrar en su despacho y la invitó a sentarse. Llevaba una bonita camisa roja y el pelo negro echado hacia atrás, como sujeto con una goma. La miraba de forma insistente y ella notó que se le calentaban las orejas. Se las tapó con el pelo, se lo alisó y se lo contó todo: la escena del café con Lefloc-Pignel, su cambio de actitud cuando ella había querido llamarle por su nombre de pila y cómo se había enterado, entonces, de que Van den Brock y él se llamaban los dos Hervé.

—¿Sabe?, cuando pensaba en ellos, decía Lefloc-Pignel y Van den Brock. Se habían convertido en sus nombres. Además, como son apellidos compuestos, son ya suficientemente largos y...

Hizo una pausa y él le dijo con delicadeza:

—La escucho, señora Cortès, continúe...

—Y entonces, ayer, estaba intentando trabajar en mi HDI, es un diploma de fin de estudios universitarios, una larga tesis de miles de páginas que se presenta ante un jurado de profesores de universidad, es muy arduo, al menor error, te suspenden. Además, soy muy joven para presentarme y no me pasarán ni una...

Levantó la cabeza. Él no parecía exasperado por su lentitud. Mantenía su mirada negra bajo un paraguas de cejas gruesas. Ella adquirió confianza y se relajó. Al final ese hombre no era tan terrible. Ya ni siquiera le parecía amenazante. Debía de tener una mujer, hijos, volvía a casa por la tarde, veía la televisión haciendo comentarios sobre su jornada. Su esposa le escuchaba mientras planchaba, arropaba a sus hijos en la cama. En resumen, un hombre como los demás.

—Yo estaba allí, pensando en lo que usted me había dicho, en vez de trabajar. No comprendo que sospechen de mí. ¿Cómplice de qué? ¿Cómplice por qué? Así que reflexionaba. Y volví a pensar en su historia de «profundizar RV»... Escribí en un papel «profundizar RV» y aquello no encajaba. Soy muy sensible al estilo, a las palabras, eso procede seguramente de mi formación literaria, así que estaba dando vueltas a esas palabras cuando mi hija pequeña entró...

—¿Zoé? —dijo el inspector.

—Sí. Zoé.

Recordaba su nombre de pila. Era un punto positivo. Quizás tuviese también una pequeña Zoé. Cuando nació, habían dudado entre Zoé y Camille, pero a Joséphine le había parecido que Zoé sonaba más fuerte, que era como darle una ventaja suplementaria. Y además quería decir «vida» en griego. Antoine había acabado plegándose a su opinión.

—Zoé entró en su habitación y... —repitió el inspector, sacándola de su ensoñación.

Ella continuó intentando ser clara y precisa. Sentía que sus orejas recuperaban su temperatura normal. Él escuchaba, hundido en su sillón. Le faltaba un botón de la camisa. Cuando llegó al QBRNK y al RV que adivinaba Hervé, exclamó: «¡Joder!», arrastrando la primera sílaba y golpeando la mesa del despacho con la palma de la mano. Los objetos dispuestos sobre la mesa saltaron, y Joséphine se estremeció.

—Disculpe mi lenguaje —dijo él, dominándose— pero acaba usted de ayudarnos mucho, señora Cortès. ¿Podría pedirle que no dijese ni una palabra a nadie de nuestra conversación? A nadie. ¿Me comprende? Está en juego su seguridad.

—¿Tan importante es? —murmuró Joséphine con una vocecita inquieta.

—Va usted a pasar al despacho de al lado y le tomarán declaración escrita.

—¿Cree usted que es útil que yo declare?

—Sí. Esta usted mezclada en una extraña historia... No tenemos aún todos los implicados y los móviles, pero puede ser que usted nos haya aportado un detalle determinante para proseguir con el caso.

—¿Cree usted que eso tiene algo que ver con los diferentes crímenes...?

—¡Yo no he dicho eso, no! Y estamos lejos, muy lejos aún. Pero es un detalle y, en este tipo de casos, avanzamos gracias a los detalles... Un detalle más otro detalle conducen a menudo a la resolución de un asunto que parece muy enrevesado. Es como un rompecabezas...

—¿Puedo preguntarle por qué sospechó usted de mí? —preguntó Joséphine, armándose de valor.

—Nuestra profesión es sospechar del entorno de las víctimas. El asesino, ¿sabe?, a menudo es alguien cercano. Lo que no encaja en usted es el silencio que mantuvo tras su primera agresión. Cualquier otro, en su caso, hubiese corrido a refugiarse en la comisaría y lo hubiese contado todo. Enseguida. Usted no sólo evitó venir a declarar la agresión, sino que esperó varios días y se negó a denunciarla. Se limitó a hacer una declaración... Como si conociese al culpable y quisiese protegerlo.

—Ahora puedo decírselo... Primero pensé en Zoé, pero creo también que sospeché de mi marido.

—¿Antoine Cortès?

El inspector retiró un informe de la pila y lo abrió. Lo hojeó y leyó en voz alta.

—Fallecido a los cuarenta y tres años, entre las fauces de un cocodrilo en Kilifi, Kenya, tras haber dirigido durante dos años un criadero por cuenta de un chino, el señor Wei, con domicilio en...

Y enumeró toda la vida de Antoine. Fecha y lugar de nacimiento, el nombre de sus padres, su encuentro con Mylène Corbier, su trabajo en Gunman, sus relaciones, sus estudios, sus préstamos bancarios, el número que calzaba. No olvidó su sudoración extrema. Un resumen de la vida de Antoine Cortès. Joséphine le escuchaba, estupefacta.

—Está muerto, señora. Usted lo sabe. La embajada de Francia lo investigó y llegó a la misma conclusión. ¿Qué le hace pensar que podría estar vivo y que habría simulado su desaparición?

—Creí verlo en el metro, un día... De hecho, estoy segura de haberlo visto. Pero hizo como si no me reconociera. Y además, mi hija, Zoé, recibió cartas suyas. Escritas con su letra.

—¿Tiene usted esas cartas?

—Las conserva mi hija...

—¿Podría traérmelas?

—Hablaba de su convalecencia, de cómo había escapado al cocodrilo, y pensé que no estaba muerto, que había vuelto, que había querido asustarme...

—O eliminarla... ¿Y por qué razón?

—Estoy contando tonterías, tengo una imaginación galopante, ¿sabe usted?

—No. Respóndame.

Joséphine se retorció las manos y sus orejas volvieron a incendiarse.

—Fue en noviembre, creo. Estaba buscando un tema para una novela y arrancaba con cualquier cosa... Me dije que podría ser él porque era débil, quería tener éxito a cualquier precio, y era capaz de odiar a quienes lo han conseguido. A mí en primer lugar. Sé que es horrible lo que digo, pero lo pensé... En el mundo de hoy es terrible ser un perdedor. Te aplastan, te desprecian. Eso puede generar odios, cóleras, una necesidad irreprimible de venganza...

Él tomaba notas mientras interrogaba.

—¿En qué línea de metro le vio por primera vez?

—Sólo lo vi una vez. En la línea 6, pero sobre todo no me tome usted en serio. Fantaseaba. Quizás no era él. A él le horrorizaba el rojo, y ese día llevaba un jersey rojo de cuello vuelto y eso, conociendo a Antoine, es imposible.

—¿En esto se basa? Detestaba el rojo así que no puede ser él... ¡Es usted desconcertante, señora Cortès!

—Es un detalle y como usted dice los detalles son importantes. Antoine era muy estricto con ciertos principios...

—No con todos —le interrumpió Garibaldi—. Tengo en este informe varias descripciones de riñas violentas que tuvo con sus colegas de allí, en Mombasa. Peleas al final de la velada, una de ellas acabó mal y su marido se vio implicado... Murió un hombre.

—Eso no es posible. ¡Antoine, no! ¡Era incapaz de matar un mosquito!

—Ya no era el mismo hombre. Un hombre cuyos sueños se hunden puede volverse peligroso.

—Pero no hasta el punto de...

—¿De intentar eliminarla? Piénselo: usted ha tenido éxito, él ha fracasado. Usted se ha quedado con sus hijas, ha ganado mucho dinero, ha alcanzado un puesto en la vida y él se ha sentido humillado, ultrajado. Le echa la culpa a usted, se obsesiona. La próxima vez que busque una idea para una novela, venga a verme. ¡Yo le contaré historias!

—No es posible...

—Todo es posible y la realidad, en este campo, sobrepasa a menudo a la ficción.

Una mosca gruesa se paseaba sobre el informe de Antoine. Me he convertido en una chivata, se dijo Joséphine hundiendo las uñas en la carne de sus brazos.

—Vamos a emitir una orden de búsqueda. Usted misma decía que él podía llegar a ser bastante amargado y resentido, como para atacar a las mujeres que le habían rechazado, ofendido o amenazado como parece ser el caso de la señorita de Bassonnière, que enviaba cartas envenenadas a un montón de gente...

—¡Oh, no! —exclamó Joséphine, horrorizada—. ¡Nunca he dicho eso!

—Señora Cortès, estamos ante un caso importante. Un asesino en serie que elimina a mujeres fríamente. Y siempre siguiendo el mismo método. Piense en la camarera... Valérie Chignard, veinte años, había venido a París para ser actriz y trabajaba para pagarse las clases de teatro. Tenía toda la vida por delante y un montón de sueños. No hay que despreciar ninguna pista... Tenemos un enorme *dossier* sobre él, que encontramos entre las notas de la señorita de Bassonnière. Además, parece ser que su marido ha cometido, digamos, algunas irregularidades financieras antes de desaparecer... Sería, pues, interesante saber si ha simulado su muerte o si está realmente muerto.

—¡Pero si yo no he venido aquí por eso! —exclamó Joséphine, a punto de llorar.

—Señora Cortès, cálmese. No he afirmado en ningún caso que su marido sea un criminal, sólo he dicho que vamos a investigar entre la gente que anda por el metro... con el fin de eliminar o de confirmar una hipótesis. Así podrá usted librarse de esa horrible sospecha. Debe de ser terrible sospechar de su marido. Porque lo ha pensado usted, ¿verdad?

—Nunca lo pensé, sólo me vino a la mente. ¡Es muy distinto! ¡Y no he venido aquí para acusar a Antoine, ni de hecho para acusar a nadie!

Nunca, nunca volveré a meterme en lo que no me importa. Pero ¿cómo se me habrá ocurrido? Me he sentido confiada, creí que podría hablar libremente, expresar esa idea que, es cierto, me atormenta, ¡pero de ahí a denunciar a Antoine!

—¿Tiene usted otras sospechas, señora Cortès? —preguntó el inspector con voz edulcorada.

Joséphine dudó, pensó en Luca, en su violencia, en el cajón que había lanzado a una vecina, murmuró: «Tengo...» y calló. Nunca más se confiaría a un inspector de policía.

—No. Nadie. ¡Y lamento haber venido a verle!

—Ha ayudado usted a la policía de su país y, quién sabe, quizás también a la justicia...

—No volveré a decir nada. ¡Incluso si el asesino me lo confesase todo y me diese todos los detalles!

Él esbozó una sonrisita y se levantó cuan alto era.

—Entonces me vería obligado a detenerla por complicidad. Como sospechaba desde el inicio de la investigación.

Joséphine le miró con la boca abierta. ¡No iría a empezar de nuevo!

—¿Puedo marcharme? —preguntó, desamparada.

—Sí. Y recuerde: ¡ni una palabra a nadie! Y si vuelve a ver a su marido, intente ser un poco más precisa en su testimonio. Anote la fecha, la hora, el lugar, las circunstancias. Eso nos ayudará.

Joséphine asintió con la cabeza, temblorosa, y salió sin tenderle la mano ni decirle adiós.

En el viejo patio empedrado del 36 del quai des Orfèvres, vio a Pinarelli hijo, ejecutando una serie de llaves marciales ante un joven inspector en vaqueros y polo Lacoste. Se movía con agilidad y realizaba contundentes ataques, que el joven esquivaba con dificultad.

Se interrumpió al verla y se acercó a ella.

—¿Y bien? ¿Qué hay de nuevo? —preguntó con mirada ansiosa.

—La rutina. Ni siquiera sé por qué me convocan. ¡Debe de ser una manía suya!

—No se equivoque, saben muy bien lo que hacen. ¡Son buenos, muy buenos! Están desplegando una cortina de humo, interrogan a todo el mundo, nos sacan información, simulan escucharnos, pero nos dirigen suavemente hasta donde quieren llegar.

Y yo he caído en su trampa, se dijo Joséphine. De cabeza. Garibaldi ha escuchado mi pequeña elucubración sobre los RV, ha simulado estar interesado y después ha seguido con Antoine. O más bien he sido yo quien ha puesto a Antoine sobre la mesa. Sin que él me pidiese nada.

—¡Un hombre atractivo, ese Garibaldi! Parece ser que hace estragos entre el género femenino. ¡Un listillo! Empieza por incomodarte, te hace creer que sospecha de ti, te desestabiliza y ¡hop! Te suelta la estocada. ¡Como en el kravmagá! ¿Conoce usted el kravmagá?

—No creo...

—Estaba haciendo una demostración al joven inspector. Lo llevó a la práctica el ejército israelí. Para matar al enemigo. No es ni un deporte, ni una disciplina, es el arte de matar en un instante. Todos los golpes están permitidos. Se pueden golpear las partes genitales e insultar al enemigo...

En su mirada surgió un resplandor de placer.

Recordó la forma en la que había agredido a Iphigénie. La violencia del golpe que le había dado cuando ella quiso intervenir, y su agilidad subiendo las escaleras. Podría contárselo a Garibaldi. Le daría una nueva pista. ¡Ya es hora de salir de aquí! Estoy viendo asesinos por todos lados.

En la calle levantó la vista y vio Notre-Dame de París. Permaneció un buen rato contemplando la fachada, hizo una mueca de disgusto al ver los autocares llenos de turistas que se dirigían a la catedral. Había dejado de ser un lugar de culto, se había convertido en el Lido o en el Moulin-Rouge.

Miró su reloj. Había pasado dos horas en las dependencias policiales. Durante dos horas, no había pensado en Philippe.

* * *

El Sapo estaba de paso por Londres y comía con Philippe. Había elegido el restaurante del Claridge, y arañaba el mantel blanco con sus uñas cortas y cuadradas.

—¿Tú sabes lo que quieren las tías de hoy? Pasta. Punto final. Yo, que no soy un canon de belleza, ¡me las tiro a todas! Hace poco una que me había mandado a paseo durante un cóctel me volvió a llamar. ¡Sí, sí, tío! Se enteraría de lo que pesaba y vino a arrastrarse a mis pies. ¡Lo pagó caro! ¡Lo que la humillé! ¡Ni te cuento!

—Es inútil —dijo Philippe con voz suave pero firme.

—¡Le hice hacer las cosas más asquerosas y ella tragó! Y cuando digo «tragó»...

Philippe le hizo una señal para que no entrase en detalles, y el Sapo adoptó una expresión de decepción. Sus deditos impacientes daban golpecitos sobre el mantel blanco.

—Todas unas zorras, te lo digo yo. De hecho, te voy a hacer una confidencia, he llegado a un punto en el que les doy palizas.

—¿No te da vergüenza?

—Ni la más mínima: les pago con la misma moneda. ¿Qué está haciendo el camarero ese? ¿Se ha olvidado de nosotros?

El Sapo consultó su reloj, un grueso Rolex de oro, que hizo girar ostentosamente.

—¡Qué clase! —apuntó Philippe.

—La pasta resulta embriagadora. Ni siquiera necesitas levantar el dedo, se echan a tus pies. ¿Y tú, cómo va tu vida sexual?

—*Not your business.*

—¡Nunca he comprendido cómo funcionas! ¡Podrías tenerlas a todas y nunca te has aprovechado! ¿De qué te sirve buscarle tres pies al gato? ¿Quieres explicármelo?

El camarero colocó sus platos, explicando los ingredientes con aspecto de entendido, los ojos medio cerrados, los dedos juntos. El Sapo le hizo señal de abreviar. Él se retiró, ofuscado.

—Digamos que es más interesante que encontrarle siempre cuatro.

—Es como en los negocios, ¡nunca comprendí que te retiraras! Con toda la pasta que ganabas.

—Y que continúo ganando —le hizo notar Philippe contemplando su lenguado meunière.

Y ahora, pensó, va a anunciarme que reduce mi participación o que propondrá en la próxima reunión del consejo que me retiren el cargo de presidente. Ésa es la razón por la que me ha invitado a comer. No veo qué otra podría ser. ¡Mejor entonces facilitarle la tarea y terminar con esto!

—¡Eres realmente increíble! Tenías la mujer más guapa de París y la largas. Habías montado un negocio de oro puro y lo largas también, ¿qué estás buscando?

—Como has dicho tú mismo: ¡tres pies al gato!

—¡Pero si eso no existe, tío! Madura, madura un poco...

—¿Para ser como tú? No tengo muchas ganas.

—¡Eh! ¡No empecemos! —escupió el Sapo, con la boca llena.

—Entonces cambia de tema. Me das asco cuando hablas así. ¿Sabes qué, Raoul? Tienes el don de borrar la belleza que hay a tu alrededor. Si te dejaran solo al lado de un Rembrandt, al cabo de cuatro horas sólo quedarían una tela blanca y clavos.

—¡Cuidado! ¡Me lo voy a tomar mal! —exclamó el Sapo, apuntando su cuchillo hacia Philippe.

—¿Y eso qué cambiaría? No me das miedo. No necesito tu dinero porque tu dinero soy yo quien lo ha ganado. Y fui yo quien te eligió para que continuaras haciéndolo fructificar. No sabía que eras tan obsceno, si no me lo hubiese pensado dos veces... Conclusión, el alma de la gente sabe travestirse y la tuya la has ocultado mucho tiempo.

—¡Pues sí, tío! ¡He ganado en confianza! Ya no soy tu caniche... Y, de hecho, quería decirte...

¡Ya está! Nos acercamos al meollo del asunto. Le hago sombra. Ya no me aguanta.

—¡Tengo intención de tirarle los tejos a tu mujer!

—¿Iris? —dijo Philippe atragantándose.

—¿Tienes otra?

Philippe sacudió la cabeza.

—Está en el mercado, ¿no?

—Podemos llamarlo así.

—Está en el mercado, y no se va a quedar mucho tiempo. Así que lanzo una OPA sobre ella y me parece más cabal prevenirte. ¿No te molesta?

—Haz lo que quieras. Estamos en proceso de divorcio.

El Sapo tenía de nuevo aspecto decepcionado. Como si una gran parte del encanto de Iris residiera en el hecho de que Philippe la quisiera aún.

—La llamé el otro día. La invité a cenar y ha aceptado. Nos vemos la semana que viene. He hecho una reserva en el Ritz.

—Debe de haber caído muy bajo —soltó Philippe, despegando delicadamente un trozo de su lenguado.

—O necesita pasta. Ya no es una jovencita, ¿sabes? Sus pretensiones han bajado. Tengo mi oportunidad. De todas formas, tengo que volver a casarme. Es bueno para los negocios, y para eso, nadie mejor que Iris.

—¿Porque piensas casarte con ella?

—Un anillo en el dedo, un contrato y todo eso... Bueno, no tendremos niños, pero me da igual, ya tengo dos. ¡Y visto cómo te joden la vida!

Posó sus espesos labios en el borde de su copa de vino tinto, sorbió algunos tragos de Château-Pétrus, tragó e hizo una mueca de entendido.

—No está mal, no está mal. Visto el precio, ya puede ser bueno... Bueno, ¿cuento con tu permiso? ¿Tengo vía libre?

—Tienes incluso una autopista. Pero no me extrañaría que ella desapareciese por la primera salida...

—El que no intenta nada no consigue nada. Y ella, debo decirlo, ¡me aportaría! Casándome con la bella Iris, doy lustre a mi blasón.

Lanzó una risa llena de flemas, escupió una, atascada en la garganta. Después desgarró un panecillo y lo untó con mantequilla. Tenía ya tres michelines y se preparaba un cuarto.

—¿Puedo hacerte una pregunta, Raoul?

El Sapo sonrió jactancioso y contestó:

—¡Suéltalo, tío, no te tengo miedo!

—¿Has estado ya enamorado, pero enamorado de verdad?

—Una vez —dijo el Sapo limpiándose los dedos sobre el mantel blanco.

Un velo de tristeza oscureció su ojo derecho y el párpado se agitó con un tic nervioso. Philippe concibió esperanzas. Ese hombre odioso tiene corazón, ese hombre odioso ha sufrido.

—¿Y ya has tenido alguna gran pena de amor?

—La misma vez. Estuve a punto de morirme de lo que sufría. Te lo juro, no me reconocía.

—¿Y cuánto duró tu pena?

—¡Una eternidad! ¡Perdí seis kilos! Figúrate... Tirando por lo bajo: tres meses. Y después, una noche, unos amigos me llevaron a un club un poco especial, ya me entiendes, me tiré a cuatro chavalas una detrás de otra, cuatro zorras que me la chuparon bien y ¡hop!, ¡se acabó, como nuevo! Pero esos tres meses, tío, se quedaron grabados aquí...

Posó su mano en el corazón e hizo una mueca, como de payaso triste. Philippe tuvo ganas de echarse a reír.

—¡Ten cuidado con Iris! ¡Lo que tiene ella no es un corazón, es una placa de hielo!

El Sapo levantó los pies a la altura de la mesa, grandes pies embutidos en un par de Tod's.

—¡No te preocupes! ¡He aprendido a patinar! Entonces, estamos seguros, tengo tu bendición, ¿no? ¿No irá a jodernos los negocios?

—¡Es un asunto cerrado y bien cerrado!

Y no miento, se extrañó Philippe, que se había sorprendido hablando como el Sapo.

* * *

Terminada la comida, Philippe volvió a casa a pie. Caminaba mucho desde que vivía en Londres. Era la única forma de conocer la ciudad. «Entre Londres y París, la diferencia es que París está hecha para los extranjeros y Londres para los ingleses. Inglaterra ha construido Londres para su propio uso, Francia ha construido París para el mundo entero», había declarado Ralph Emerson. Para conocer la ciudad, había que gastar las suelas.

¡Y pensar que he trabajado con el Sapo! Yo le elegí, le contraté, me pasé veladas enteras preparando sus casos, viajé en avión, bebí, comí, sonreí ante la falda demasiado corta de una azafata. Una noche, en Río, habían compartido una habitación, el hotel estaba completo. Llevaba slips negros que adquiría por paquetes, en la gran superficie donde hacía sus compras de soltero cuando su mujer le dejó. Una morena guapa, de pelo largo, espeso. ¡Intentarlo con Iris! Vaya cara que tiene.

Se detuvo en un quiosco, compró *Le Monde* y *The Independent*. Subió por Brook Street, bordeó las hermosas casas blancas de Grosvenor Square, pensó en los Forsythe, *Arriba y Abajo*, giró en Park Lane y entró en Hyde Park. Las parejas dormían, abrazadas, sobre la hierba. Los niños jugaban al cricket. Las chicas, echadas sobre las tumbonas, se habían remangado los vaqueros y se bronceaban. Un anciano, vestido completamente de blanco, leía el periódico, de pie, inmóvil sobre la hierba. Chiquillos subidos en sus monopatines adelantaban a los corredores rozándoles. Iría hasta la Serpentina y subiría por Bayswater. O se tumbaría en la hierba y acabaría su libro. *Claro de mujer* de Romain Gary. Tendría que haberle leído las palabras de Gary al Sapo. Decirle que un hombre, uno de verdad, no es el que se tira más mujeres o hace que se la chupen tragonas anónimas, sino el que escribe: «No sé lo que es la feminidad. Acaso sea sólo una forma de ser un hombre». Me horroriza porque el hombre que fui y que reía con él, me da asco. Y no conozco todavía al hombre en que me estoy convirtiendo. Cada día me arranca una parte de mi antiguo yo. Y me dejo despojar, con la gracia tranquila de quien espera que los nuevos hábitos estén lo suficientemente usados como para que sienten bien.

Hacía dieciocho días que ella se había marchado, dieciocho días que él permanecía en silencio. ¿Qué decir, al cabo de dieciocho días, a una mujer que te coge de la mano y se ofrece sin calcular? ¿Que tanta prodigalidad le hacía retroceder? ¿Que estaba petrificado? Se decía que nunca tendría brazos suficientemente largos para recibir todo el amor que dispensaba Joséphine. Tendría que inventar palabras, frases, juramentos, contenedores, trenes de mercancías, estaciones de carga y descarga. Ella había entrado en él como en una habitación vacía.

No debería haberse marchado. Habría amueblado esa habitación con sus palabras, sus gestos, sus abandonos. Le habría dicho en voz baja que no fuese tan deprisa, que yo era un debutante. Se puede improvisar un beso sobre el andén de una estación, repetirlo contra un horno sin pensarlo, pero cuando, de pronto, todo se vuelve posible, uno ya no sabe.

Había dejado pasar un día, dos días, tres días..., dieciocho días.

Y quizás diecinueve, veinte, veintiuno.

Un mes... Tres meses, seis meses, un año.

Será demasiado tarde. Estaremos convertidos en estatuas de piedra, ella y yo. ¿Cómo explicarle que ya no sé quién soy? He cambiado de dirección, de país, de mujer, de ocupación, quizás tendría que cambiar de nombre. Ya no sé nada de mí.

Sé, por el contrario, lo que ya no quiero ser, a dónde ya no quiero ir.

Volviendo de la Documenta, sentado en el avión en primera clase, leía un catálogo de arte, repasaba sus compras, pensaba que tendría que mudarse, no tendría sitio suficiente para colocar todas las piezas de su colección. ¿Mudarse? ¿A París, a Londres? ¿Con ella, sin ella? Una mujer se había sentado a su lado. Alta, hermosa, elegante, ágil. Un trueno de mujer. Largos cabellos castaños, ojos de gata, una sonrisa de princesa certificada, dos pesados brazaletes de oro de tres colores en la muñeca derecha, el reloj Chanel en la muñeca izquierda, un bolso Dior. Él había pensado ¡Anda, así que existen copias de Iris! Ella había sonreído, «sólo somos dos. No vamos a comer cada uno por su lado, sería un tostón». ¡Tostón! La palabra había resonado en su cabeza. Era una palabra de Iris. ¡Menudo tostón! ¡Ese hombre es un tostón! Ella había colocado sin preguntar su bandeja a su lado, y se preparaba para sentarse cuando él se oyó responder: «No, señora, prefiero comer solo». Había añadido, interiormente, porque yo sé cómo es usted: guapa, elegante, seguramente inteligente, seguramente divorciada, vive en un buen barrio, tiene dos o tres niños estudiando en buenos colegios, lee sus boletines de notas distraídamente, se pasa horas al teléfono o de tiendas, y busca usted un hombre con ingresos saneados, para reemplazar las tarjetas de crédito de su ex marido. Ya no quiero ser una tarjeta de crédito nunca más. ¡Quiero ser trovador, alquimista, guerrero, bandido, ferretero, jornalero! ¡Quiero galopar, el cabello al viento, las botas llenas de barro, quiero lirismo, sueños, poesía! Y precisamente no lo parezco, pero estoy escribiendo un poema a la mujer que amo y que voy a perder si no me doy prisa. No es tan elegante como usted, salta con los pies juntos sobre los charcos, resbala con una naranja y se cae por las escaleras, pero ha abierto una puerta en mí que no quiero cerrar nunca.

En ese instante, sintió ganas de saltar en paracaídas a los pies de Joséphine. La princesa le había mirado como a un desecho nuclear, y había vuelto a sentarse en su sitio.

Cuando llegaron, ella llevaba grandes gafas negras y le había ignorado.

Cuando llegaron, él no había abierto su paracaídas.

Un balón de fútbol golpeó sus pies. Lo devolvió con todas sus fuerzas hacia el chiquillo hirsuto que le hacía señas de chutar. «*Well done!*»* dijo el niño bloqueando la pelota.

Well done, viejo, se dijo Philippe abriendo *Le Monde* y dejándose caer sobre la hierba. Se me va a quedar el culo verde, ¡pero me da igual! Buscó en las páginas finales un artículo sobre la Documenta. Hablaba de la obra de un chino, Ai Weiwei, que había hecho venir a mil chinos de China para que fotografiasen el mundo occidental y así poder crear una obra a partir de esas fotos. Señor Wei. Era el nombre del jefe de Antoine Cortès en Kenya. Antes de desaparecer, Antoine Cortès le había enviado una carta. Deseaba expresarse «de hombre a hombre». Acusaba a Mylène. Decía que había que desconfiar de ella, que no era trigo limpio. Todas las mujeres le habían traicionado. Joséphine, Mylène, e incluso su hija, Hortense. «Nos reducen a papilla y nos callamos». Las mujeres eran demasiado fuertes para él. La vida demasiado dura.

Iba a volver a casa y a trabajar sobre el *dossier* de los calcetines Labonal. Le gustaban muchísimo esos calcetines. Envolvían el pie como zapatillas, suaves, elásticos, reconfortantes, no se deformaban al lavarlos, no picaban, no apretaban, debería enviar algunos a Joséphine. Un bonito ramo de calcetines de primera calidad. Sería un medio original de decirle pienso en ti, pero tropiezo con mis emociones. Sonrió. ¿Y por qué no? Eso la haría reír, quizás. Se pondría un par de calcetines azul cielo o rosa, y se pasearía por el piso diciéndose: «No me ha olvidado, me quiere con los pies, ¡pero me quiere!». El director general de calcetines Labonal se había convertido en un amigo. Uno de esos hombres que luchan por la calidad, por la excelencia. Philippe le echaba una mano para sobrevivir a la feroz competencia mundial. Dominique Malfait había realizado numerosos viajes a China. Pekín, Cantón, Shanghai... Quizás se había cruzado con Mylène. Exportaba sus calcetines a China. Los nuevos ricos se volvían locos por ellos. En Francia había tenido la idea excelente, para vender sus calcetines sin pasar por las grandes super-

* «¡Bien hecho!».

ficies, de ir a buscar a la gente a su casa. Con tiendas ambulantes de color rojo chillón, con una pantera amarilla dispuesta a saltar. Los camiones cruzaban el país, se detenían en los mercados, en las plazas de los pueblos. Ese hombre sabe luchar. No gime como Antoine. Se remanga y establece estrategias. Debería poner a punto un plan para reconquistar a Joséphine.

Cerró *Le Monde* y sacó del bolsillo la novela de Romain Gary. La abrió al azar y leyó esta frase: «Amar es la única riqueza que crece con la prodigalidad. Cuanto más se ofrece, más queda».

* * *

—Di, mamá, ¿qué vamos a hacer en vacaciones? —preguntó Zoé lanzando un palo a Du Guesclin, que corrió a buscarlo.

—¡Es cierto que estamos de vacaciones! —exclamó Joséphine, mientras observaba a Du Guesclin, que volvía hacia ellas con el palo en la boca.

Lo había olvidado completamente. No dejaba de pensar en su entrevista con Garibaldi. Caí en la trampa. He entregado a Antoine. Y puedo estar contenta de no haber hablado de Luca. Habría completado el grupo: ¡Antoine, Luca, Lefloc-Pignel, Van den Brock! Sentía vergüenza.

—¡Llevas un tiempo en las nubes! —respondió Zoé, felicitando a Du Guesclin que depositaba el palo a sus pies—. ¿Has visto cómo le he enseñado? ¡La semana pasada no me hubiera traído este palo!

—¿Qué te gustaría hacer?

—No sé. Todas mis amigas se han ido...

—¿Y Gaétan también?

—Se va mañana. A Belle-Île. Con su familia...

—¿No te ha invitado a ir con él?

—¡Su padre ni siquiera sabe que salimos! —exclamó Zoé—. ¡Gaétan lo hace todo a escondidas! Sale, por la noche, por la cocina, directamente a la escalera de servicio hasta el trastero, dice que como le pillen, está dead, ¡total dead!

—¿Y su madre? No me hablas nunca de ella...

—Es una neurótica. Se rasca los brazos y se atiborra a pastillas. Gaétan dice que es por culpa del bebé que perdió, ¿sabes?, murió aplastado en un aparcamiento. Dice que aquello destrozó la vida de su familia...

—¿Y cómo lo sabe? ¡Él no había nacido todavía!

—Se lo cuenta su abuelita... Dice que antes era la felicidad total. Que su padre y su madre reían, que iban de la mano y se daban besos... y que después de la muerte del bebé, su padre cambió de un día para otro. Se volvió loco. ¿Sabes?, yo lo entiendo. Yo, a veces, por la noche, abro los ojos y me dan ganas de gritar imaginándome a papá con el cocodrilo. No me vuelvo loca, pero casi...

Joséphine pasó el brazo alrededor de los hombros de Zoé.

—No debes pensar en eso...

—Hortense dice que hay que mirar las cosas de frente para exorcizarlas.

—Lo que es válido para Hortense no es necesariamente válido para ti.

—¿Lo crees de veras? Porque me da miedo cuando exorcizo...

—En lugar de pensar en su muerte, piensa en él cuando estaba vivo... y le envías mucho amor, le cuentas pequeños secretos y, ya verás, dejarás de tener miedo...

—Pero di, mamá, y las vacaciones...

Hortense se iba a Croacia, después de su semana de prácticas en Jean-Paul Gaultier, Zoé iba a quedarse sola. Reflexionó.

—¿Quieres que vayamos a Deauville, a casa de Iris? Podríamos pedirle que nos preste la casa. Ella se queda en París.

Zoé hizo una mueca.

—No me gusta Deauville. Sólo hay ricos vacilando...

—¡Qué forma de hablar!

—¡Pero si es verdad, mamá! ¡Sólo hay aparcamientos, tiendas y gente forrada!

Du Guesclin trotaba a su lado, el palo en la boca, esperando a que Zoé quisiese jugar con él.

—Alexandre me ha enviado un correo. Se va a hacer un curso de equitación a Irlanda. Dice que quedan plazas. Eso me gustaría...

—¡Es buena idea! Le contestas y le dices que te vas con él. Pregunta cuánto cuesta, no quiero que Philippe pague tu parte...

Zoé había vuelto a jugar con Du Guesclin. Lanzaba el palo sin alegría, casi mecánicamente, y arrastraba la punta de los zapatos por el suelo.

—¿Qué te pasa Zoé? ¿He dicho algo que no te ha gustado?

Zoé se miró los pies y murmuró:

—¿Y por qué no llamas a Philippe? Sé muy bien que estuviste en Londres y que le has visto...

Joséphine la agarró por los hombros y le dijo:

—Piensas que te estoy mintiendo, ¿verdad?

—Sí —dijo Zoé, con los ojos bajos.

—Entonces te voy a decir exactamente lo que pasó, ¿de acuerdo?

—No me gusta cuando mientes...

—Quizás, pero no se le puede contar todo a una hija. Soy tu madre, no tu amiga.

Zoé se encogió de hombros.

—Sí, es importante —insistió Joséphine—. Y, de hecho, tú tampoco me dices todo lo que haces con Gaétan. Y yo no te lo pregunto. Confío en ti...

—Bueno, y bien... —dijo Zoé, que empezaba a impacientarse.

—En efecto, vi a Philippe en Londres. Cenamos juntos, hablamos mucho y...

—¿Eso es todo? —preguntó Zoé, con una sonrisita.

—Eso no te incumbe —balbuceó Joséphine.

—Porque si os vais a casar, ¡yo no tengo nada en contra! Quería decírtelo. Me lo he pensado bien y creo que lo entiendo.

Adoptó una expresión seria y añadió:

—Ahora, con Gaétan, entiendo un montón de cosas...

Joséphine sonrió y se lanzó:

—Entonces comprenderás que la situación es complicada, que Philippe sigue estando casado con Iris y que eso no podemos olvidarlo así como así...

Chascó los dedos.

—En cambio Iris, sí que lo olvida... —dijo Zoé.

—Sí, pero eso es su problema. Así pues, volviendo a las vacaciones, sería mejor que te enteraras de los detalles con Alexandre y así yo no me ocuparía más que de los problemas prácticos. Pago el curso de equitación y te meto en un tren a Londres.

—¿Y ya no hablas con Philippe? ¿Os habéis enfadado?

—No. Pero prefiero no hablar con él en este momento. Dices que eres mayor, que ya no eres un bebé, es el momento de demostrarlo.

—De acuerdo —dijo Zoé.

Joséphine le tendió la mano para sellar su acuerdo. Zoé dudó en estrecharla y Joséphine se extrañó.

—¿No quieres darme la mano?

—No es eso... —dijo Zoé, incómoda.

—¡Zoé! ¿Qué te pasa? Dímelo. Puedes decírmelo todo...

Zoé giró la cabeza y no respondió. Joséphine se imaginó lo peor: estaba llena de cortes, había intentado abrirse las venas, quería acabar con todo para olvidar que su padre había muerto en las fauces de un cocodrilo.

—¡Zoé! ¡Enséñame las manos!

—No tengo ganas. No es asunto tuyo.

Joséphine le arrancó las manos de los bolsillos de sus vaqueros y las inspeccionó. Se echó a reír, aliviada. Debajo del pulgar izquierdo de Zoé, Gaétan había escrito en boli negro y letras mayúsculas: *Gaétan ama a Zoé y no la olvidará nunca.*

—¡Que encantador! ¿Por qué lo escondes?

—Porque no le importa a nadie...

—Al contrario, deberías mostrarlo..., va a borrarse pronto.

—No. He decidido no volver a lavarme en los sitios donde ha escrito.

—¿Porque ha escrito en otros lados?

—Pues... sí.

Le enseñó el dorso del brazo izquierdo, el tobillo derecho y la parte baja del vientre.

—¡Qué ricos sois los dos! —dijo Joséphine, riéndose.

—¡Para, mamá, esto es superserio! Cuando hablo de él, hay música en mi cabeza.

—Lo sé, cariño. No hay nada mejor que el amor, es como bailar un vals...

Se arrepintió de haber pronunciado esas palabras. Volvió a ver a Philippe tomándola en sus brazos en la habitación del hotel, la hacía girar, y girar, un, dos, tres, un, dos, tres, baila usted divinamente, señorita, ¿vive usted con sus padres? La tumbaba sobre la cama, se echaba sobre ella, la besaba lentamente en el cuello, subía hasta su boca, la probaba, permanecía allí... Besa usted divinamente, señorita... Sintió un dolor fulgurante que la desgarraba. Sintió ganas de hundirse en él, de ahogarse en él, de morir, de renacer, de salir llena de él, sentir su olor sobre sus manos, su fuerza en la boca del vientre, está allí, está allí, voy a tocarle con los dedos... Ahogó una queja y se inclinó hacía Du Guesclin, para que Zoé no viese las lágrimas en sus ojos.

* * *

Iris oyó el teléfono y no reconoció la música de Hervé. Abrió un ojo e intentó leer la hora de su reloj. Las diez de la mañana. Se había tomado dos Stilnox antes de dormir. Tenía la boca reseca. Descolgó y oyó una voz de hombre autoritario, fuerte.

—¿Iris? ¿Iris Dupin? —ladró la voz.

—Mmmsí... —murmuró ella, alejando el móvil de la oreja.

—¡Soy yo, soy Raoul!

¡El Sapo! ¡El Sapo a las diez de la mañana! Recordó vagamente que él la había invitado a cenar la semana pasada y ella había dicho... ¿Qué era lo que había dicho? Fue una noche, ella había bebido un poco y sólo tenía un recuerdo confuso.

—Era para confirmar nuestra cena en el Ritz... ¿La había olvidado?

¡Había dicho que sí!

—Nnnoo... —balbuceó.

—Entonces el viernes, a las nueve y media. He reservado a mi nombre.

¿Cómo se llamaba éste? Philippe le llamaba siempre el Sapo, pero seguramente tendría un nombre de pila.

—¿Le gusta o prefiere usted un lugar más..., cómo decirlo..., más íntimo?

—No, no, ése está bien.

—Para una primera cita, pensé que era perfecto... Se come muy bien, el servicio es impecable y el marco muy agradable.

¡Habla como la guía Michelin! Se tumbó sobre la almohada. ¿Cómo he llegado a eso? Tengo que dejar las pastillas. Tengo que dejar de beber. La noche era la hora terrible. La hora del arrepentimiento estéril y de las angustias que se amontonan. No tenía ni un gramo de esperanza. Y el único miedo de adormecer el miedo, de no escuchar más esa vocecita interior que le golpeaba con la realidad, «eres vieja, estás sola y el tiempo pasa a toda prisa», era beber una copa. O dos. O tres. Veía cómo se alineaban las botellas vacías, como regimientos irrisorios cerca de la basura, en la cocina, las contaba, atónita. Mañana lo dejo. Mañana sólo bebo agua. O una copita sólo. Para darme valor ¡pero sólo una!

—Estoy encantado ante la idea de esta cena. El fin de semana estaré más relajado, no tendré que levantarme al alba, tendremos todo el tiempo para charlar.

¡Pero si no tengo nada que decirle!, se lamentó Iris. ¿Por qué habré aceptado?

—Tú me contarás tus penas y yo te prometo que voy a ayudarte.

Ella se incorporó, estupefacta: ¿la había tuteado?

—Una mujer hermosa no está hecha para quedarse sola. Ya verás... Pero ¿quizás te estoy molestando?

—Estaba durmiendo —murmuró Iris con voz somnolienta.

—Entonces, duerme, guapa. ¡Y hasta el viernes!

Iris colgó. Asqueada. ¡Dios mío!, pensó, ¿he caído tan bajo que el Sapo cree que puede estrecharme entre sus brazos?

Se puso la sábana sobre la cabeza. ¡El Sapo invitándola a cenar! Era el colmo de la soledad y de la miseria. Sus ojos se llenaron de lágrimas y se puso a sollozar de todo corazón. Hubiese querido no parar nunca, agotarse llorando, y desaparecer en un océano de agua salada. La vida ha sido demasiado fácil para mí. Nunca me quitó nada y ahora, se toma la revancha y me humilla. Tengo un pie en el infierno. ¡Ay! ¡Si hubiese conocido la infelicidad, cómo hubiese apreciado mi felicidad!

La noche antes, desmaquillándose, se había descubierto arrugas en el escote.

Redobló los sollozos. ¿Qué hombre querrá algo de mí? Pronto no me quedará más que el Sapo como tabla de salvación... Es absolutamente necesario que Hervé se decida. Que ella le empuje y él se declare.

Tenía una cita con él a las seis de la tarde, en un bar, plaza de la Madeleine. Al día siguiente iba a llevar a su familia a Belle-Île y después... Después volvería y lo tendría para ella, sólo para ella. Ni mujer, ni hijos, ni fines de semana en familia. Habían ido juntos a comer al parque de Saint-Cloud, habían paseado por las alamedas, se habían refugiado bajo un árbol cuando había caído una lluvia fina, ella se había reído, se había sacudido la larga cabellera, volvió la cabeza, ofreció sus labios... Él no la había besado. ¿A qué estaba jugando? ¡Hacía tres meses que se veían casi a diario!

Llegó a su cita a la hora precisa. Hervé no soportaba el menor retraso. Al principio, por coquetería, le dejaba esperando diez, quince minutos, pero luego le costaba un esfuerzo terrible borrar su enfado. Él mostraba su disgusto; ella se burlaba diciendo ¡oh, Hervé!, ¿qué son diez minutos comparados con la eternidad? Ella se inclinaba hacia él, le frotaba la mejilla con su melena y él se echaba hacia atrás, agraviado. «No soy un neurótico, soy preciso, ordenado. Cuando vuelvo a casa, me gusta que mi mujer me sirva un whisky con tres cubitos en el fondo del vaso, y mis hijos me cuenten su jornada. Es mi hora con ellos y espero aprovecharla. Después, cenamos y a las nueve, ya están acostados. Si el mundo va tan mal hoy en día, es porque ya no existe el orden. Yo quiero poner orden en el mundo». La primera vez que había declamado ese largo alegato, ella le había mirado, divertida, pero pronto se dio cuenta de que no bromeaba.

Él la esperaba, sentado sobre un amplio sillón de cuero rojo, al fondo del bar. Los brazos cruzados. Ella se sentó a su lado y le sonrió tiernamente.

—¿Ya están hechas las maletas? —preguntó ella, jovial.

—Sí. No queda más que la mía, pero la haré esta noche, cuando llegue a casa.

Le preguntó qué quería beber, y ella respondió, distraída, una copita. ¿Para qué quería una maleta, si no iba más que a llevarlos?

—Pero —prosiguió ella con una sonrisa un poco crispada— usted no necesita una maleta puesto que no se queda.

—Sí, paso quince días en familia...

—¡Quince días! —exclamó Iris—, pero me había dicho...

—Yo no le había dicho nada, querida. Es usted la que lo ha interpretado.

—¡Es falso! ¡Miente! Me había dicho que...

—Yo no miento. Le había dicho que volvía antes que ellos, pero no que iba y volvía...

Ella se esforzó en ocultar su decepción, intentó dominar el temblor de su voz, pero la decepción era demasiado fuerte. Se bebió la copa de champán de golpe y pidió otra.

—Bebe usted demasiado, Iris...

—Hago lo que quiero —farfulló ella, furiosa—. ¡Me ha mentido usted!

—¡Yo no he mentido, ha sido usted quien ha fabulado!

Apareció un destello de cólera en sus ojos, y la miró fijamente con furor. Ella se sintió como el niño que ha hecho algo muy malo y es castigado.

—¡Sí! ¡Es usted un mentiroso! ¡Un mentiroso! —gritó, fuera de sí.

El camarero que recogía la mesa vecina les lanzó una mirada de sorpresa. Ella había roto la tranquilidad aterciopelada del lugar.

—Me había prometido...

—Yo no le prometí nada. Ahora bien, si quiere pensar así, es usted muy libre. No volveré a entrar en esta estúpida polémica.

Su voz era cortante, dura. Como si ya se hubiese refugiado en su isla. Iris tomó la copa que el camarero acababa de traer y hundió su nariz en el cristal.

—¿Y yo qué voy a hacer, entonces?

Le preguntaba a él, pero, de hecho, se estaba hablando a sí misma. Yo que he esperado este mes de agosto con tanta impaciencia, que había imaginado noches de amor, de besos, de cenas en terraza. Una luna de miel antes de la auténtica, la oficial. Creyó que estaba muy decidida esa luna de miel. Calló y esperó a que él hablara. Él la miraba con una mueca de ligero desprecio.

—Es usted una niña, una niña mimada...

Ella estuvo a punto de responderle, tengo cuarenta y siete años y medio, y arrugas en el escote. Pero se contuvo a tiempo.

—Me esperará usted, ¿verdad? —ordenó él.

Ella suspiró, sí, y vació su copa. ¿Acaso tenía elección?

* * *

Marcel se había llevado a Josiane lejos a pasar la convalecencia. Había elegido, en un rutilante catálogo, un hermoso hotel en una bonita estación balnearia de Túnez y descansaba sobre la arena, bajo una sombrilla. Tenía miedo del sol y, mientras Josiane se exponía, él rumiaba a la sombra. A su lado, cubierto de protección total y de un sombrero amarillo limón, Junior observaba el mar. Intentaba comprender el misterio de las olas y las mareas, de la atracción de la luna y del sol. A él tampoco le gustaban los rayos ardientes, y prefería quedarse al abrigo. En cuanto el sol bajaba, avanzaba hasta el borde del mar y se tiraba al agua a la velocidad de una bala de cañón. Giraba sobre sí mismo y extendía los brazos, lanzando agua como las ruedas de un molino enloquecido, y después volvía a tumbarse sobre la toalla resoplando como una ballena.

Josiane le observaba, emocionada.

—Me gusta verle en el agua... Al menos cuando se baña, parece un niño de su edad. Porque si no... no dejo de hacerme preguntas. Este niño no es normal, Marcel, ¡este niño simplemente no es normal!

—¡Es un genio! —murmuraba Marcel—. No estamos acostumbrados a vivir con genios. ¡Vas a tener que hacerte a la idea! Yo, prefiero eso a un asno con arnés.

Rumiaba, rumiaba. Josiane le espiaba con el rabillo del ojo. Parecía ausente. Atormentado por pensamientos sombríos. Hablaba pero sin florituras, sin temblores en la voz, sin arrullos, sin las canciones de amor a las que estaba acostumbrada.

—¿Qué es lo que te atormenta, mi lobo feroz?

No respondió y pegó un manotazo en la arena, demostrando que, en efecto, estaba contrariado.

—¿Tienes problemas en el trabajo? ¿Te arrepientes de haberte marchado?

Él entornó los ojos e hizo una mueca. Se le había quemado la nariz, que brillaba como una antorcha.

—No es el arrepentimiento el que me ahoga, sino la cólera. Me gustaría poder desfogarme con alguien, aplastar algún conejillo de indias, a falta de poder suprimir a la persona en la que estoy pensando. ¡Si esto continúa voy a ir a dar puñetazos contra un cocotero, lo arrancaré de raíz, haré con él una catapulta y lanzaré los cocos hasta París, para aplastar la cabeza de esa que no quiero nombrar, por miedo a que vuelva a mandarnos el maleficio!

—Estás enfadado con...

—¡No pronuncies su nombre! ¡No pronuncies su nombre, o el cielo caerá sobre nosotros con puñados de rayos!

—Al contrario, hay que pronunciarlo para exorcizarlo, para mantenerla a distancia. Es teniendo miedo de ella cuando te arriesgas a hacerla volver... Tú le das fuerza creyéndola tan poderosa.

Marcel refunfuñó y volvió a mostrar su jeta, capaz de dejar seco a un coche fúnebre.

—Ya no te reconozco, mi Lobito, se diría que has perdido chispa...

—He estado a punto de perderte y todavía siento escalofríos... Josiane es mi farmacia particular. Si ella desaparece, me paro en seco. ¡Y ella ha estado a punto de suprimírmela con sus tejemanejes y sus agujas!

—Voy a decirte una cosa que va a hacerte saltar el tapón de golpe —dijo Josiane tumbándose de lado—. Prométeme que no vas a entrar en erupción...

Él la miró, con aire de decir venga, escúpelo ya, me las arreglaré.

—Esta historia me ha hecho madurar. Me ha hecho crecer... No soy la misma desde entonces, me siento serena, ya no tengo miedo. Antes tenía miedo de que el cielo cayera sobre mi cabeza, y ahora me paseo en globo aerostático por encima de las nubes.

—¡Pero yo no quiero que te eches a volar! ¡Quiero que te quedes tranquila en el suelo con Junior y conmigo!

—Es una metáfora, mi lobo feroz. Estoy aquí. Ya no te dejaré nunca más... ni siquiera en pensamiento. Y nunca más nadie podrá separarme de ti.

Extendió el brazo hasta la sombra de la sombrilla y palmeó la mano de Marcel, que se agarró a ella como a un salvavidas.

—Ya ves lo que te produce el miedo. Te aprisiona, te empequeñece.

—Me vengaré, me vengaré —repetía Marcel, soltando por fin una rabia que le asfixiaba—. ¡Odio a esa pústula! Le escupo en la cara, la cubro de patadas, le arranco los dientes uno por uno...

—Que no... ¡Vas a perdonar y a olvidar!

—¡Nunca, nunca! ¡La dejaré con el culo al aire en la calle, y dormirá debajo de un puente!

—Haces exactamente lo que no hay que hacer. La dejas entrar en tu vida, le das fuerzas. ¡Ignórala, te digo! Ignorar es la fuerza suprema.

—No puedo. Me ahoga, me comprime, me crece la mala hierba en los pulmones...

—Repite conmigo, lobo feroz: no tengo miedo de Henriette y la aplasto con mi desprecio.

Marcel sacudió la cabeza con terquedad.

—Marcel...

—¡Voy a dejar en la calle a la Escoba! Voy a quitarle el piso, a mandarla al hospicio...

—¡Que no! ¡Eso la llenará de rabia y volverá a rondarnos!

—Y a mí, ¿qué?

—Escúchame Marcel y repite conmigo: no tengo miedo de Henriette y la aplasto con mi desprecio... ¡Vamos, mi lobo feroz! Hazlo por mí. Para subir conmigo al globo aerostático...

Marcel se negaba y cavaba en la arena con los puños cerrados.

Josiane repitió con voz dulce:

—No tengo miedo de Henriette y la aplasto con mi desprecio.

Marcel no separaba los dientes y miraba fijamente al mar con aspecto de querer partirlo en dos.

—¿Lobito? ¿Se te ha metido arena en las orejas?

—Es inútil insistir...

—No tengo miedo de Henriette y la aplasto con mi desprecio... ¡Venga! ¡Ya verás como te sentirás desahogado!

—¡Nunca, nunca! ¡Me niego a desahogarme!

—Te vas a agriar como el vinagre...

—¡Y entonces la envenenaré!

Fue entonces cuando se elevó la débil voz de Junior:

—¡Note medo Hiette, plasto pecio!

Bajaron sus ojos sobre su retoño rojo langosta, y se quedaron con la boca abierta.

—¡Ha hablado! ¡Ha hablado! ¡Ha hecho toda una frase con sujeto, verbo y complemento! —gritó Josiane.

—¡Note medo Hiette, plasto pecio! —repitió Junior, orgulloso de ver el efecto que producían sus palabras sobre el rostro alegre y por fin risueño de sus progenitores.

—¡Ay, mis amores! ¡Mis dos amores! —gritó Marcel echándose sobre su mujer y su hijo, y aplastándoles bajo su peso—. ¿Qué haría yo sin vosotros?

* * *

Comenzó el mes de agosto. Hacía calor, los comercios estaban cerrados. Había que caminar un cuarto de hora para comprar el pan, veinte minutos para encontrar una carnicería abierta, media hora para llegar a la sección de frutas y verduras del Monoprix y volver con los brazos cargados, bajo la canícula, siguiendo la línea de sombra de los árboles inmóviles bajo el calor húmedo de la ciudad. Joséphine permanecía encerrada en su cuarto y trabajaba. Hortense se había ido a Croacia, Zoé a Irlanda, Iris, tumbada en el sofá, frente a un ventilador, alternaba el mando a distancia y el móvil, en el que marcaba números que no respondían. París estaba desierto. Sólo quedaba el Sapo, fiel y fogoso, que la llamaba todas las tardes y la invitaba a cenar a una terraza. Iris pretextaba una migraña y respondía, lasciva: «Mañana, quizás..., si me encuentro mejor», repetía, «estoy cansada» y añadía: «Raoul» con un tono más dulce, que dejaba seco al Sapo. Él croaba: «¡Entonces hasta mañana, guapa!», y colgaba, feliz por haber oído su nombre de pila en boca de Iris Dupin. Estoy progresando, estoy progresando, pensaba, despegando con un dedo ágil el fondo de su pantalón. La bella es astuta, se hace de rogar, es normal, es la elegancia suprema, se debate, se resiste, no se entrega así como así, no soy un primer premio de belleza y ella pone cara de despreciar mi dinero, pero reflexiona, calcula, el largo camino se reduce poco a poco, ella se acerca. Camina con cierta lentitud, que aumenta el premio de su captura. ¡Acabaré metiéndola en mi cama y pateándole el culo hasta el juzgado!

Iris no tenía ningunas ganas de repetir la velada en el Ritz: le había observado comer esforzándose por ignorar el ruido de sus mandíbulas, los dedos que limpiaba en el mantel y el fondo del pantalón que despegaba discretamente levantando el trasero de la silla. Hablaba con la boca llena, lanzaba perdigones, juntaba sus labios brillantes para imitar un beso que hacía que ella se echase hacia atrás en su asiento, y le lanzaba guiños como si «ya todo estuviese hecho». Él no pronunciaba esas palabras, pero podía leerlas en sus ojos brillantes y determinados.

—¿No duda usted nunca, Raoul?

—Nunca, guapa. La duda es para los débiles, y los débiles, en este mundo traidor...

Y había aplastado de un puñetazo una miga de pan, hasta convertirla en una torta fina, después la había enrollado, había hecho un anillo con ella y lo había colocado ante su plato.

—Es usted un romántico detrás de esa fachada, digamos, un poco áspera...

—Eres tú. Me inspiras... ¿No quieres tutearme? ¡Tengo la impresión de salir con mi abuela! Y, francamente, ¡no es una edad que me entusiasme!

No sabes la razón que tienes, había pensado Iris atragantándose con su copa de champán, pronto tendré edad para mi primera dentadura postiza, y entonces será a mí a quien aplastarás para tirarme a la basura y buscarte una más joven.

Dudaba en mandarle a paseo. No tenía noticias de Hervé. Le imaginaba aspirando aire fresco, por la noche, con un jersey anudado sobre los hombros, entre retamas y dunas, navegando durante el día con sus hijos, jugando al bádminton con su hija, paseando con su mujer. Esbelto, elegante, el mechón pegajoso por la brisa del mar, la sonrisa enigmática. Sabe seducir, ese hombre que se quiere austero. A fuerza de jugar a los intocables, se vuelve irresistible. El Sapo no daba la talla a su lado, sí pero... El Sapo se había arrimado a puerto, la bolsa atiborrada de oro y el anular estremeciéndose, reclamando una alianza. El anillo de miga de pan lo demostraba. Así que no quiere levantarme simplemente como un trofeo, quiere casarse conmigo...

Reflexionaba y pensaba que no había que decidir nada.

Volvía a coger el mando a distancia, y buscaba una película en los canales de cine. A veces gritaba: «¡Joséphine! ¡Joséphine! ¿Qué estás haciendo?», pero Joséphine no respondía, sumergida en sus estudios y sus notas. ¡Menuda pedante! Nunca hablaban de Philippe. Ni siquiera mencionaban su nombre. Iris lo había intentado, una noche que compartían un plato de pasta en la cocina...

—¿Tienes noticias de mi marido? —había preguntado, divertida, levantando el tenedor.

Joséphine había enrojecido y respondió: «No, ninguna».

—¡No me extraña! ¡Chicas como tú las hay a miles! ¿No estás triste?

—No. ¿Por qué iba a estar triste? Nos entendíamos bien, eso es todo. Y tú te montaste toda una historia...

—¡Que no! Simplemente veo con qué facilidad me dejó, ni una palabra, ni una llamada, y deduzco de ello que el hombre es superficial y frívolo. Debe de ser la crisis de los cincuenta. Mariposea... Pero aun así, os llevabais muy bien, ¿no?

—Sobre todo por los niños...

Joséphine había empujado su plato de pasta.

—¿Ya no tienes hambre?

—Hace demasiado calor.

—Pero, en tu opinión, él me amó, ¿no?

—Sí, Iris. Te amó, estaba loco por ti y, en mi opinión, lo sigue estando...

—¿Lo crees de verdad? —había preguntado Iris abriendo mucho los ojos.

—Sí. Creo que atravesáis una crisis, pero que volverá.

—Qué buena eres, Jo. Me hace mucho bien oír eso, aunque no sea verdad. Perdóname por lo de antes...

—¿Por qué?

—Cuando dije que chicas como tú las había a miles...

—¡Ni siquiera me he dado cuenta!

—Yo me habría sentido herida... No conozco a nadie tan bueno como tú.

Joséphine se había levantado, había puesto su plato en el lavavajillas y había dicho: «Voy a trabajar una hora más y después ¡hala, a la cama!».

Habían llamado a la puerta. Era Iphigénie.

—¡Señora Cortès! ¿Quiere usted venir conmigo? Hay una fuga de agua en casa de los Lefloc-Pignel, tengo que ir a ver y no tengo ganas de ir sola. ¡No vaya a ser que digan que me he llevado algo!

—¡Ya voy, Iphigénie!

—¿Puedo ir yo también? —preguntó Iris.

—No, señora Dupin, a él no le gustaría nada que yo dejara pasar visitas.

—¡No lo sabrá! Me gustaría tanto ver dónde vive...

—¡Pues no lo verá usted! ¡No quiero problemas!

Iris se había vuelto a sentar y había empujado su plato de espaguetis.

—¡Estoy harta de esta vida, pero harta! ¡Que os jodan a todos! ¡Y a todas! ¡Largaos!

Iphigénie se había dado la vuelta haciendo su ruido de trompeta, y Joséphine la había seguido.

—¡Menuda es ésa! ¡Me pregunto cómo pueden ser hermanas!

—Ya no la soporto, Iphigénie, ¡es horrible! Ya no la oigo cuando habla. Se está convirtiendo en una caricatura de sí misma. ¿Cómo se puede cambiar tan deprisa? Era la mujer más elegante, la más sofisticada, la más distinguida del mundo y se ha convertido...

—En una zorra amargada. ¡Eso es lo que es!

—No. ¡Ahí se pasa usted! ¡No hay que olvidar que es desgraciada!

—¡Ya me tiene hasta el culo con su piedad, señora Cortès! Es rica a más no poder, tiene un marido que le paga todo, no necesita trabajar ¡y encima lloriquea! Los ricos siempre son así, lo quieren todo. Como tienen dinero, se creen que lo pueden comprar todo, incluso la felicidad, ¡y se ponen furiosos cuando son infelices!

El piso de los Lefloc-Pignel estaba inmerso en la penumbra y entraron de puntillas. Tengo la impresión de ser una ladrona, susurró Joséphine. ¡Y yo, un fontanero!, respondió Iphigénie, que fue a la cocina a cortar el agua. Joséphine recorrió el piso. En el salón, todos los muebles estaban cubiertos por sábanas blancas. Se diría una reunión de fantasmas. Identificó dos sillas bajas, una poltrona, un sofá, un piano y, en medio de la habitación, un gran mueble rectangular que presidía como un ataúd sobre un catafalco. Levantó una esquina de la sábana y descubrió un inmenso acuario, sin agua, lleno de guijarros, de piedras planas, de ramas de árboles, de cortezas, de raíces, de restos de macetas de barro, de escudillas de agua y de brotes de cáñamo. ¿Qué guardan ahí dentro? ¿Hurones, arañas, boas constrictor? ¿Pero dónde los meten cuando se van de vacaciones?

Entró en una habitación que debía de ser la de los padres. Las cortinas estaban echadas, las persianas bajadas. Encendió la luz, y una gran lámpara de lágrimas de cristal alumbró el cuarto. Encima de la cama había un crucifijo con un trozo de boj seco y una imagen de santa Teresa de Lisieux. Joséphine se acercó a los cuadros colgados en las paredes para mirar las fotos de familia. Descubrió al señor y la señora el día de su boda. Largo vestido blanco la novia, chaqué y sombrero de copa el novio. Sonreían. La señora Lefloc-Pignel posaba con la cabeza descansando sobre el hombro de su marido. Parecía una niña en su primera comunión. En los otros cuadros se podía seguir el bautizo de los tres hijos, las diferentes etapas de su educación religiosa, las Navidades en familia, los paseos a caballo, los partidos de tenis, las fiestas de cumpleaños. Justo al lado de las fotos, en un cuadro dorado, Joséphine vio un documento escrito en letras mayúsculas y en negrita, se inclinó y leyó:

Extracto de un manual católico de economía doméstica para mujeres, publicado en 1960

Está usted casada ante Dios y los hombres.
Debe estar usted a la altura de su misión.

POR LA TARDE CUANDO ÉL VUELVA
Prepare las cosas con antelación para que le espere una comida deliciosa. Es una forma de demostrarle que ha pensado usted en él y que se preocupa de sus necesidades.

ESTÉ DISPUESTA
Descanse quince minutos para estar relajada. Retoque su maquillaje, póngase una cinta en el pelo y esté fresca y afable. Él pasa la jornada en compañía de gente sobrecargada de preocupaciones y de trabajo. Su dura jornada necesita distracción, es uno de sus deberes el hacer que así sea. Su marido tendrá la sensación de tener un remanso de paz y orden y eso hará que usted sea igualmente feliz. En definitiva, velar por su comodidad le procurará una inmensa satisfacción personal.

REDUZCA TODOS LOS RUIDOS AL MÁXIMO
En el momento de su llegada, elimine todos los ruidos de la lavadora, la secadora o el aspirador. Exhorte a los niños para que estén tranquilos. Acójale con una calurosa sonrisa y muestre sinceridad en su deseo de complacerle.

ESCÚCHELE
Puede ser que tenga usted una docena de cosas importantes que decirle, pero su llegada a casa no es el momento oportuno. Déjele hablar primero, recuerde que sus temas de conversación son más importantes que los suyos.

NO SE QUEJE NUNCA SI VUELVE TARDE
O sale para cenar o para ir a otros lugares de diversión sin usted.

NO LE RECIBA CON SUS QUEJAS Y SUS PROBLEMAS
Instálele confortablemente. Propóngale relajarse en una silla cómoda o ir a tumbarse al dormitorio. Hable con una voz suave,

tranquilizadora. No le haga preguntas y no ponga en duda su juicio o su integridad. Recuerde que él es el cabeza de familia y que como tal, ejercerá siempre su voluntad con justicia y honestidad.

CUANDO HAYA TERMINADO DE CENAR RECOJA LA MESA Y LIMPIE RÁPIDAMENTE LA VAJILLA
Si su marido le propone ayudarla, decline su oferta pues podría sentirse obligado a repetirla después y, tras una larga jornada de trabajo, no necesita ningún trabajo suplementario. Anímele a que se dedique a sus pasatiempos favoritos y muéstrese interesada sin dar la impresión de invadir sus dominios. No le aburra hablándole, pues los temas de interés de las mujeres son a menudo bastante insignificantes comparados con los de los hombres.
Una vez que se hayan retirado los dos al dormitorio, prepárese para meterse en la cama con prontitud.

ASEGÚRESE DE ESTAR ATRACTIVA ANTES DE ACOSTARSE...
Intente tener una apariencia que sea agradable sin ser provocadora. Si debe usted aplicarse crema o ponerse bigudíes, espere a que esté dormido pues tal espectáculo podría afectar a su sueño.

EN LO QUE CONCIERNE A LAS RELACIONES ÍNTIMAS CON SU MARIDO
Es importante recordar sus votos de matrimonio y en particular su obligación de obedecerle. Si estima que necesita dormir inmediatamente, que así sea. En todo caso, guíese por sus deseos y no ejerza ninguna presión sobre él para provocar o estimular una relación íntima.

SI SU MARIDO SUGIERE EL ACOPLAMIENTO
Acepte entonces con humildad teniendo siempre en cuenta que el placer de un hombre es más importante que el de una mujer. Cuando haya alcanzado el orgasmo, un pequeño gemido por su parte le animará y será perfectamente suficiente para indicar toda forma de placer que haya usted podido tener.

SI SU MARIDO SUGIERE ALGUNA OTRA PRÁCTICA MENOS CORRIENTE
Muéstrese obediente y resignada, pero indique una eventual falta de entusiasmo guardando silencio. Es probable que su marido se duerma entonces rápidamente: ajústese la ropa, refrésquese y aplique su crema de noche y sus productos de cuidado para el pelo.

PUEDE USTED ENTONCES PONER EL DESPERTADOR
Con el fin de estar levantada un poco antes que él por la mañana. Eso le permitirá tener su taza de té a su disposición cuando despierte.

Joséphine sintió cómo un estremecimiento de horror recorría su cuerpo.

—¡Iphigénie! ¡Iphigénie!

—¿Qué pasa, señora Cortès!

—¡Venga! ¡Deprisa!

Iphigénie corrió secándose los brazos con un trapo. Había encontrado la fuga y había cortado el agua. Se pasó las manos por su pelo amarillo limón y preguntó, divertida:

—¿Ha visto usted un ratón?

Joséphine tendió el dedo hacia el texto enmarcado. Iphigénie se acercó y leyó atentamente, la boca abierta de estupor.

—¡La pobre! ¡No es extraño que esté agotada y que nunca saque la nariz fuera! ¿No será para reír? Es una broma...

—No lo creo, Iphigénie, no lo creo.

—¡Es una pena que su hermana no vea esto! Ella que no da un palo al agua durante todo el día, ¡le daría algunas ideas!

—¡Ni una palabra a Iris! —dijo Joséphine colocando el dedo sobre la boca. Se lo contaría a él y sería todo un drama. Ese hombre me da miedo.

—¡Y a mí me pone los pelos de punta esta casa! No hay ni una pizca de vida. ¡Ella debe de pasarse el tiempo limpiando y los niños tampoco deben de divertirse mucho! Debe de ser un auténtico tirano doméstico.

Cerraron la puerta de la entrada con llave y volvieron, Iphigénie a su portería de colores y Joséphine a su cuarto lleno de libros.

* * *

Sobre el puente del barco amarrado en el puerto de Korcula, Hortense soñaba, mientras observaba un escarabajo que arrastraba un trozo de tomate marchito. Una semana más y saldría de esta jaula de oro. ¡Qué aburrimiento, pero qué aburrimiento! Nicholas era encantador, ¡pero los otros! Aburridos, esnobs, pretenciosos, comparando sus relojes Breitling y Boucheron, pesando los quilates de sus pendientes, leyendo *Vogue* en todas las lenguas, hablando de sus *charity*, de Sofia Coppola, del pendrive Dior, y del último show de Cindy Sherman, poniendo cara de placer, los ojos en blanco y una mano en la garganta. Ya no la volverían a pillar metiéndose de cabeza en un crucero de lujo. ¿Qué tal, *daaarling*? Era el saludo matinal, ante la mesa del desayuno suntuosamente preparado por una tripulación, que se levantaba al alba para ir a avituallarse al puerto. He bajado al puerto ayer, ¡encantador! ¿Habéis visto toda esa miseeeria en tieeerra? Es pintoreeesco, ¿verdaaaaad? Dime, daaarling, ¿no bebimos demasiado ayer? ¡No lo recuerdo! ¿Y Josh, dónde está Josh? ¡Ya sabes que es el artiiiista más grande viiiivo! Su don para la transformación del acto al segundo grado, esa forma de materia convertida en terreno de juego del inconsciente, leída por el yo consciente, es el tema de su vida; ¡sólo él sabe pasar del trash a la elegancia infinita, definiendo una fealdad universal que acaba por sublimar inmortalizándola en sus obras!

¡Stoooop!, vociferaba Hortense, los ojos como metralletas.

—¡No puedo más! ¡Los voy a degollar! —gritaba frente a Nicholas, una vez en la cabina—. ¡Y no me toques o grito que me violan!

—¡Pero bueno, *darling*!

—¡No vas a empezar tú también! Yo me llamo Hortense.

—¡Es el mundo de las lentejuelas! Vas a tener que acostumbrarte si quieres progresar...

—¡No son TODOS así! Jean-Paul Gaultier es normal. No pone acentos circunflejos por todos lados, y no habla de conceptos sacados del mundo de los pasmarotes. ¡Y esas toneladas de joyas que llevan a todas partes! ¿No tienen miedo de irse a pique?

Nicholas bajó la cabeza.

—Lo siento. Nunca debí traerte, creía que ibas a divertirte...

Ella se dejó caer a su lado y rascó el botón de su blazer azul marino.

—¡Incluso te han transformado en payaso! ¿Por qué llevas un blazer? Son las once de la mañana...

—No lo sé. Tienes razón, son idiotas, vanos, estériles.

—¡Gracias! Me siento menos sola...

—¿Te puedo tocar ahora?

—¿Era una estratagema?

Él guiñó un ojo y ella se puso a gritar «que me violan» y se escapó al puente.

Estaban todos a la mesa. Ella estaba en paz. Se tumbó en un colchón y se obligó a encontrar aspectos positivos. Si no, saltaré al agua y volveré a Marsella a nado. Pensó que mucha gente debía de envidiarla, que, de lejos, podría parecer que se estaba divirtiendo, que cada noche, su anfitriona, Mrs. Stefanie Neumann, depositaba un regalo en la servilleta blanca doblada en dos, y que todavía le quedaban ocho deliciosas sorpresas si se quedaba a bordo. Pero sobre todo, recordó que Charlotte Bradsburry soñaba con unirse a esa tribu adulterada, ¡pero que Mrs. Neumann no había querido invitarla nunca!

Se sintió inmediatamente de mejor humor.

Alguien había olvidado su móvil, una concha de oro con un enorme diamante engastado en la tapa. Lo cogió y lo sopesó. ¡Qué vulgaridad! Lo abrió y apareció la hora en grande. Las doce y media en Korcula. Once y media en Londres. Gary tocaba el piano o fotografiaba las ardillas del parque. Rechazó la imagen de Gary entre sábanas arrugadas, al lado de señorita-que-no-se-nombra. Seis y media de la mañana en Nueva York. Dieciocho horas treinta en Pekín o en Shanghai... ¡Shanghai! Sacó de su capazo Prada (un regalo de Mrs. Neumann) su cuadernito Hemingway, encontró el número de Mylène y lo marcó. Había intentado llamarla varias veces, Mylène no respondía nunca. Marcel debió de cometer un error al copiarle su número. No le costaría nada intentarlo una última vez.

Un timbrazo, dos timbrazos, tres timbrazos, cuatro timbrazos... Iba a colgar cuando escuchó la voz de Mylène, con su acentito de Lons-le-Saunier que intentaba corregir en vano.

—¿Diga?

—¿Mylène Corbier?

—Sí.

—Hortense Cortès.

—¡Hortense! Cariño, mi amor, mi conejito azul de las islas... ¡Qué feliz soy de oírte! ¡Ay! ¡Os echo tanto de menos, mis azucarillos...

—¿Mylène Corbier, el cuervo?

Hortense escuchó un pequeño gemido ahogado, seguido de un largo silencio.

—¿Mylène Corbier, el cuervo, que envía cartas anónimas de lo más cursi a dos huérfanas, haciéndoles creer que su padre sigue vivo cuando está muerto y bien muerto?

El mismo pequeño gemido, redoblado esta vez.

—¿Mylène Corbier, que está tan jodidamente aburrida en China, que ya no sabe qué juego perverso inventar? ¿Mylène Corbier, que se fabrica una familia por correspondencia?

El gemido se transformó en hipo entrecortado.

—Vas a dejar de enviar esas cartas asquerosas, o te denuncio a todas las policías del mundo y revelo todos tus pequeños chanchullos, las letras que imitas, los cheques que falsificas y las cuentas que maquillas. ¿Me has entendido, Mylène Corbier de Lons-le-Saunier?

—Pero... yo nunca... —acabó por eructar Mylène Corbier, gritando como un asno.

—Eres una mentirosa y una manipuladora. ¡Y lo sabes! Así que... Dime sólo «sí, lo he comprendido y dejaré de escribir esas cartas innobles» y salvas tu sucio pellejo de arenque ahumado...

—Yo nunca...

—¿Quieres que concrete mis amenazas? ¿Que pida a Marcel Grobz que te cierre el pico?

Mylène Corbier dudó, y después repitió dócilmente. Hortense aprobó con un chasquido de lengua.

—Un último consejo, Mylène Corbier: es inútil llamar a Marcel Grobz para quejarte. ¡Se lo he contado todo y se encargará personalmente de poner a toda la policía del planeta a perseguirte!

Hubo un último gemido entrecortado por sollozos reprimidos. La pérfida se atragantó sin añadir una queja. Hortense esperó a estar segura de que mordía el polvo y colgó. Dejó el móvil del diamante sobre el colchón, al lado del frasco de aceite solar y un par de gafas Fendi.

* * *

El calor del mes de agosto se filtraba a través de las persianas cerradas de la cocina. Un calor pesado, inmóvil, que apenas se atenuaba unas horas, durante la noche, para volver a instalarse, aplastante, con las primeras luces del día. No eran más de las diez de la mañana, pero el sol lanzaba ya sus ardientes rayos al asalto de los postigos metálicos blancos, calentándolos al lanzallamas.

—Ya no entiendo nada del tiempo —suspiró Iris, hundida en su silla—, hace dos días hablábamos de volver a encender la calefacción y esta mañana, soñamos con glaciares...

Joséphine murmuró: «Ya no hay estaciones», consciente de que eran las palabras que convenía decir y demasiado perezosa para cambiar de réplica. El calor sofocante la alejaba de sus queridas palabras, del gran cuidado que de costumbre ponía al elegir su vocabulario, a expresar su pensamiento, y adoptaba las expresiones populares, ya no hay estaciones, ya no hay niños, ya no hay hombres, ya no hay mujeres, ya no hay anchoas, ya no hay bogavantes rojos cuando levantas una roca... La canícula las volvía tontas, embrutecidas y las confinaba como dos animalitos aplatanados en la habitación más fresca de la casa, donde las dos hermanas compartían la hélice de un ventilador y las gotitas de un *spray* de agua Caudalie. Se vaporizaban para después volverse hacia las ruidosas palas sus febriles rostros de mujeres aleladas.

—¡Luca ha llamado dos veces! —dijo Iris siguiendo el trayecto del ventilador con la cabeza—. Quiere hablar contigo sin falta. Le he dicho que le llamarías...

—¡Jolines! ¡Olvidé devolverle la llave! Voy a hacerlo inmediatamente...

Se levantó lentamente, fue a buscar un sobre timbrado, escribió la dirección de Luca e introdujo la pequeña llave en el interior.

—¿No le escribes algo? Es un poco seco como adiós.

—Pero ¿dónde tengo la cabeza? —suspiró Joséphine—. ¡Voy a tener que volver a levantarme!

—¡Valor! —sonrió Iris.

Joséphine volvió con una hoja de papel blanco y se puso a pensar en qué podría escribirle.

—Dile que te vas de vacaciones... conmigo, a Deauville. Te dejará tranquila.

Joséphine escribió. «Luca, le devuelvo sus llaves. Me voy a Deauville a casa de mi hermana. Que pase un buen final de verano. Joséphine».

—Ya está —dijo, pegando el sobre—. ¡Y adiós muy buenas!

—¡No te quejes! Era un hombre muy guapo, según tus hijas...

—Quizás, pero ya no tengo ganas de verle...

La punta de sus orejas enrojeció: acababa de pensar «desde que quiero a Philippe». Porque todavía le quiero, incluso si no da ninguna señal de vida. Tengo esa seguridad en el fondo de mi corazón. Metió la carta en su bolso y dijo adiós a Luca.

—Muy bien... —suspiró Iris extendiendo sus piernas sobre la silla vecina.

—Mmmm... —ronroneó Joséphine desplazándose algunos milímetros sobre su asiento para ocupar una superficie más fresca.

—¿Quieres que te lea tu horóscopo?

—Mmmmssí...

—Esto... «clima general: estará envuelta en una borrasca a partir del 15 de agosto...».

—Es hoy —apuntó Joséphine volviendo la nuca para ofrecer su piel húmeda y caliente al viento fresco del ventilador.

—«... y hasta el final de mes. Agárrese, puede ser violenta y no saldrá indemne de ella. Amor: una vieja llama volverá a lucir y se verá arrastrada por ella. Salud: atención a las palpitaciones cardiacas».

—Parece ser que va a haber movimiento —murmuró Joséphine, agotada ante la idea de ser barrida por una borrasca—. ¿Y tú?

Iris cogió un cubito de la jarra de té helado preparado por Joséphine y, paseándolo por sus sienes y sus mejillas ardientes, prosiguió:

—Veamos... «Clima general: se enfrentará a un gran obstáculo. Utilice el encanto y la diplomacia. Si elige responder con la violencia, saldrá perdiendo. Amor: tendrá lugar un enfrentamiento, ganar o perder sólo dependerá de usted. Todo se decidirá en el filo de la navaja..». Ufff ¡No es muy alentador!

—¿Y la salud?

—¡Nunca leo la salud! —dijo Iris cerrando la revista, que dobló para abanicarse con ella—. Me gustaría ser un pingüino y deslizarme por un tobogán de hielo.

—Estaríamos mejor chapoteando en Deauville.

—¡Ni lo menciones! Hace un rato, en la radio, decían que había habido allí una terrible tormenta durante la noche...

Extendió una mano inerte hacia la radio para escuchar el boletín meteorológico, subió el volumen, pero suspiró, era una pausa publicitaria. Bajó el sonido.

—Al menos sentiríamos algo de fresco... Ya no puedo más.

—Ve tú si quieres, te dejo las llaves. Yo no me muevo de aquí.

Mañana estará aquí. Si cumple su promesa... Todavía no ha dado ninguna señal. ¡Le llamé mentiroso! Tengo que aprender... bajó los ojos sobre su horóscopo... a «utilizar el encanto y la diplomacia». Me arrastraré como una culebra, tan tímida como la debutante de un harén. ¿Y por qué no? Descubría con estupor que aspiraba a obedecerle, a someterse. Ningún hombre había despertado ese sentimiento en mí. ¿Podría ser la señal de un verdadero amor? No tener más ganas de hacer comedia, sino ofrecer el alma desnuda a ese hombre murmurándole: «Le amo, haga lo que quiera conmigo». Resulta extraño cómo la ausencia puede amplificar los sentimientos. ¿O es él, por su actitud, el que provoca esta rendición? Ha dejado tras él una mujer enfadada, encontrará una enamorada sumisa. Tengo ganas de postrarme ante él, de poner mi vida en sus manos, no protestaré, murmuraré en voz baja: «Es usted mi amo». Son las palabras que él hubiese querido oír la víspera de su partida. No supe pronunciarlas. Dos semanas de dolorosa ausencia han sabido hacerlas eclosionar en mis labios. Volverá mañana, volverá mañana... Había dicho: «Quince días». Oyó, en el patio, el murmullo familiar de los cubos de basura que se guardan y el ruido de una boca de riego poniéndose en marcha. Hacía clic-clic y la refrescaba. Hacía clic-clic y traía promesas. La portera desplazaba las macetas de flores arrastrándolas por el suelo y ella recordó las jardineras llenas de rosas de la casa de Deauville. Un recuerdo del paraíso perdido que borró inmediatamente. Hervé había conseguido alejar a Philippe. Y al Sapo. Había puesto fin a las esperanzas de Raoul confesándole que estaba enamorada de otro. Él había hecho sonar su tarjeta Platino sobre la cuenta y afirmado: «No importa, ya llegará mi hora». «¡Usted no duda nunca, Raoul!». «Siempre consigo lo que quiero. A veces me lleva más tiempo del previsto porque no soy un mago, pero nunca, nunca, me cubro con el hábito del vencido». Se había incorporado, orgulloso y ardiente como un emperador romano envuelto en su toga de regreso de una campaña triunfal. A ella le había gustado su tono marcial. Le gustaban terriblemente los hombres fuertes, decididos, brutales. Hacen que nazca un estremecimiento dentro de mí, mi cuerpo se inclina ante ellos, me siento dominada, poseída, prendida, llena. Me gusta la fuerza bruta en un hombre. Es una cualidad que una mujer evoca raramente, horrorizada ante la crudeza de la confesión. Ella le había mirado de forma diferente, había esbozado una sonrisa errante. No es tan feo, finalmente. Y ese brillo en los ojos que lucía como un desafío... Pero estaba Hervé. El intratable Hervé. Ni una palabra, ni un mensaje en quince días. Tembló sobre su silla y levantó su pesada cabellera para disimular su turbación.

—Vete a Deauville. ¡La casa está vacía!

—No sé si... Podría molestar llegando de improviso.

—Philippe no está allí. He recibido una postal de Alexandre. Su padre ha viajado con ellos a Irlanda y se los lleva, a él y a Zoé, al lago de Connemara.

¿Estás segura?, sintió ganas de decir Joséphine. A mí Zoé no me ha dicho nada. Pero no quiso atraer la atención de Iris.

—Así comprobarás si la tempestad no ha causado daños. El periodista en la radio hablaba de árboles derribados, de tejados arrancados... Me harías un favor.

Y no te tendría rondando por aquí cuando llegara Hervé. Podría estropearlo todo. Subió el volumen de la radio.

—Me sentaría bien... Crees de verdad que... —dudaba Joséphine.

Joséphine, con el amor, aprendía la astucia. Levantó hacia Iris sus ojos inocentes, esperando a que repitiese su invitación.

—Son sólo dos horas de coche... Abres la casa, revisas el techo, cuentas las tejas que faltan y llamas al techador, si hace falta, el señor Fauvet, el teléfono está en la puerta del frigo.

—Es una idea —suspiró Joséphine, que no quería manifestar su alegría.

—Una buena idea, créeme... —repitió Iris agitando la revista como si fuera un junco.

Las dos hermanas intercambiaron una mirada, encantadas de su duplicidad. Y volvieron a sus fantasías, dejando secar las gotas de agua sobre su piel en surcos sinuosos, escuchando con oído ausente los comentarios de un locutor de radio, que contaba la vida de los grandes navegantes. ¡Mañana le veré!, pensaba la una, ¿estará él allí?, pensaba la otra. Y me postraré a sus pies, se decía la una, y me lanzaré contra él rodeándole el cuello con mis brazos, imaginaba la otra. Y mi silencio hablará y reparará las grietas pasadas, se tranquilizaba una, sí pero ¿y si venía acompañado de una tal Dottie Doolittle?, se estremeció la otra.

Joséphine se levantó, incapaz de soportar esa idea. Recogió las tazas, la confitura y los restos del desayuno. ¡Pero claro! ¡No estará solo! ¿Cómo no se le había pasado por la cabeza? ¡Como si en su vida sólo existiese yo! Intentaba ocupar sus manos, su mente, alejarla de esa hipótesis terrible cuando oyó, primero en sordina y después cada vez más fuerte hasta que la canción estalló a todo volumen en su cabeza *Strangers in the night* que salía de la radio y pregonaba que sí, que estaba allí, que sí, está solo, que sí, él te espera... Estrechó la jarra de té helado contra sí, dio dos pasos de baile escondiendo el movimiento de sus pies bajo la mesa, *exchanging glances, lovers at first sight, in love for ever, dubidubidú...* y encadenó, bajando la cabeza:

—¿Y si me fuese enseguida? ¿No te importaría?

—¿Ahora? —preguntó Iris, sorprendida.

Levantó la cabeza hacia su hermana y la vio, resuelta, impaciente, abrazó la taza de té, apretando hasta casi romperla.

Iris hizo como que dudaba y después asintió.

—Si quieres... Pero ten cuidado por el camino. ¡Acuérdate de la borrasca del horóscopo!

Joséphine hizo la bolsa en diez minutos, la llenó metiendo todo lo que caía en sus manos, pensando ¿estará allí? Estará allí, ¿estará allí? Sentándose sobre la cama para calmar los latidos de su corazón enloquecido, suspirando, volviendo a su tarea de arramplar ropa, rozando el ordenador, dudando en si llevarlo, que no, que no, estará allí, estoy segura, *dubidubidú*... Entró en la cocina a dar un beso a Iris, se golpeó el hombro contra la pared, lanzó un grito, dijo con una mueca te llamo en cuanto llegue, cuídate mucho, debería llevar otros zapatos para caminar por la playa, ¡mis llaves!, ¡no tengo mis llaves! Llamó al ascensor. ¿Y el perro? Du Guesclin ¿dónde está su escudilla, y su cojín? ¿Lo llevo todo?, se dijo con la mano sobre la cabeza como si fuese a salir volando, pataleó para acelerar la lenta marcha del ascensor que se detuvo en el segundo piso. El pequeño Van den Brock, ¿cómo se llamaba, Sébastien? Sí, Sébastien, entró, tirando de una gran bolsa de viaje. Su pelo rubio se erguía en manojos de paja corta y dorada, sus mejillas y sus brazos bronceados parecían rebanadas de bizcocho, y la punta de sus pestañas que abrigaba unos ojos serios estaba descolorida por el sol.

—¿Te vas de vacaciones? —preguntó Joséphine, dispuesta a verter sobre cualquier ser humano el amor que llenaba su corazón y que amenazaba desbordar.

—Vuelvo a irme —corrigió el chico con el tono puntilloso de un director gerente.

—¡Ah, bueno! ¿y de dónde vuelves?

—De Belle-Île.

—¿Estabais con los Lefloc-Pignel?

—Sí. Pasamos una semana con ellos.

—¿Y te has divertido?

—Hemos pescado camarones...

—¿Gaétan está bien?

—Él está bien, pero a Domitille la castigaron. Encerrada en su habitación durante una semana, sin poder salir, a pan y agua...

—¡Oh! —exclamó Joséphine—. ¿Qué había hecho tan terrible?

—Su padre la sorprendió besando a un chico. No tiene ni trece años, ¿sabe? —explicó con un tonillo reprobador, como para subrayar la audacia de Domitille—. Ella dice que es más mayor, pero yo lo sé.

Salió en el bajo expulsando la gran bolsa. Resoplaba, sudaba y se parecía, por fin, a un niño.

—El coche está aparcado delante. Mamá está cerrando la casa y papá carga el equipaje. Buenas vacaciones, señora.

Joséphine continuó hasta el segundo sótano donde se encontraba el aparcamiento. Abrió el maletero, lanzó la bolsa, hizo subir a Du Guesclin y se sentó al volante. Volvió el retrovisor hacia sí y se miró en el espejo. «¿Eres tú la que por un presentimiento corre al encuentro de un amante silencioso en Deauville? ¡Animada por una canción de la radio! Ya no te reconozco, Joséphine».

A la altura de Rouen, percibió nubarrones negros en el cielo, tan densos que apagaban la luz del día, y continuó hasta Deauville bajo la amenaza de una terrible tormenta sobre su cabeza. ¡Una borrasca! Aquí está, pues. Se obligó a sonreír. A fuerza de vivir con Iris, me estoy volviendo como ella y haciendo caso de esas tonterías. Pronto instalará a un gato sobre su hombro y se echará las cartas. Ella va a visitar a videntes, y todas le predicen un gran amor «a vida o muerte». Y lo espera, sentada frente al ventilador, esperando oír ruido de llaves en el piso de Lefloc-Pignel. La hubiese estorbado si me hubiese quedado.

Llegó a primera hora de la tarde. Oyó el grito de las gaviotas que revoloteaban alrededor de la casa en círculos bajos. Aspiró el olor húmedo del viento salado. Observó la casa desde lo alto del camino que descendía hasta la entrada. Vio los postigos cerrados. Lanzó un suspiro. Él no estaba.

Una brusca ráfaga de viento empujó una teja y la tiró a sus pies. Joséphine se protegió con la mano, después levantó la cabeza y descubrió que la mitad del techo había volado. En algunas partes no quedaban más que los travesaños desnudos, y espesas capas de fibra de vidrio como milhojas bailando al viento. Se diría que un enorme rastrillo había pasado sobre la casa, levantando filas de tejas, dejando otras. Se volvió hacia los árboles del parque. Algunos se mantenían rectos, un poco temblorosos, pero otros estaban abiertos en dos como puerros pelados. Esperaría a hablar con el techador para informar a Iris de la extensión de la catástrofe.

De hecho, pensó, supongo que le importa un comino el estado de la casa. Debe de estar pintándose los dedos de los pies, untándose de crema y poniéndose rímel negro sobre sus grandes ojos azules. Le envió un mensaje de texto para decirle que había llegado bien.

* * *

Iris se despertó oprimida por una ansiedad que hormigueaba por todo su cuerpo, y la mantenía tumbada, aplastada. Era 16 de agosto. Él había dicho quince días. Instaló el teléfono sobre la almohada y esperó.

Él no llamaría enseguida. Esa época había terminado. Ella era consciente de que había franqueado un límite imperdonable llamándole mentiroso. ¡En público, además! ¡Ay! La mirada extrañada del camarero del bar cuando había gritado: «¡Mentiroso!, ¡es usted un mentiroso!». Hervé no se lo perdonaría fácilmente. Ya había impuesto los quince días de silencio. Y habría otras correcciones.

¿Y qué me importa? Ese hombre me enseña a amar. Me doma de lejos, en silencio. Un estremecimiento de placer crepitó entre sus piernas, y se acurrucó para que continuara ardiendo en su bajo vientre. ¿Así que esto es el amor? Esa herida fulgurante que dan ganas de morir... Esa espera deliciosa en el que una no sabe quién es, en la que tiendes la nuca, dócil cuando te ponen lar riendas, te tapan los ojos, te conducen al poste de la abnegación. Iré hasta el final con él. Le pediré perdón por haberle insultado. Él intentaba guiarme por el camino del amor, y yo pataleaba como una niña mimada. Yo reclamaba un juramento, un beso, mientras que él me hacía entrar en un recinto sagrado. No había entendido nada.

Miraba fijamente el teléfono y suplicaba para que sonara. Diré... Debo cuidar mis palabras para no ofenderle y que comprenda que me rindo. Diré, Hervé, le he esperado y he comprendido. Haga de mí lo que quiera. No pido nada, sólo el peso de sus manos sobre mi cuerpo, moldeándome como un montón de arcilla. Y si pido demasiado, ordéneme esperar y esperaré. Permaneceré enclaustrada y bajaré los ojos cuando aparezca. Beberé si lo ordena, comeré si lo manda, me purificaré de mis cóleras inútiles, de mis caprichos de niña pequeña.

Suspiró con una alegría tan intensa que creyó desfallecer.

Él me ha enseñado el amor. Esa felicidad imborrable que yo buscaba acumulando, mientras que al contrario debía entregarme, darme, dejarlo todo... Él me ha dado un lugar en la vida. Voy a levantarme, a ponerme mi vestido marfil, ese que él me compró, ponerme una cinta en el pelo, y a quedarme sentada, cerca de la puerta, esperándole. No llamará por teléfono. Llamará a la puerta. Abriré, la mirada gacha, el rostro limpio de toda prisa, y le diré...

Se acercaba la hora de la verdad.

Se pasó todo el día esperando oír sus pasos, levantando el teléfono, comprobando si funcionaba.

No vino esa noche.

Al día siguiente, llamó Iphigénie.

—¿No está aquí, la señora Cortès?

—Se ha marchado a descansar.

—¡Ah! —dijo Iphigénie, decepcionada.

—El edificio debe de estar vacío —dijo Iris, intentando animar el diálogo.

—Sólo están usted y el señor Lefloc-Pignel que volvió ayer por la tarde.

El corazón de Iris dio un salto. Había vuelto. Iba a llamar. Cerró la puerta y se apoyó contra el quicio, agotada de alegría. Prepararme, prepararme. No dejar que nadie se inmiscuya entre nosotros.

Llamó a Iphigénie por la escalera, y le anunció que se marchaba unos días a casa de una amiga, que guardase, pues, el correo en la portería. Iphigénie se encogió de hombros y le deseó «felices vacaciones, le sentarán bien».

El frigorífico estaba lleno, no necesitaría salir.

Se duchó, se puso el vestido marfil, se ató el pelo, se quitó el barniz de las uñas y esperó. Se pasó el día esperándole. No osó poner el sonido de la tele demasiado fuerte, por miedo a no escuchar el timbre del teléfono o los tres golpes sobre la puerta. Sabe que estoy aquí. Sabe que le espero. Me está haciendo esperar.

Al final de la tarde se abrió una lata de raviolis. No tenía hambre. Bebió una copa, dos para darse valor. Creyó escuchar música en el patio. Abrió la ventana, oyó el sonido de una ópera. Y después su voz... Hablaba de negocios por teléfono. Estoy estudiando el dossier de la fusión... Se estremeció, cerró los ojos. Va a venir. Va a venir.

Le esperó toda la noche, sentada cerca de la ventana. La ópera cesó, la luz se apagó.

No había venido.

Lloró, sentada sobre la silla con su hermoso vestido marfil. No debo ensuciarlo. Mi hermoso vestido de novia.

Terminó la botella de vino tinto y se tomó dos Stilnox.

Fue a acostarse.

Él le había hecho saber que había vuelto poniendo la música muy alta.

Ella le había hecho saber que se sometería no bajando a llamar a su puerta.

* * *

La primera noche, Joséphine durmió en uno de los sofás del salón. La casa estaba devastada y los dormitorios no tenían techo. Tumbada desde la cama, se veía el cielo negro y cargado, rayos como cañonazos y trazos de lluvia. Por la noche la despertó un trueno y Du Guesclin empezó a aullar.

Contó uno, dos, para ubicar la presencia de la tormenta, y tuvo tiempo de llegar hasta tres cuando un rayo iluminó el parque. Se oyó un crujido terrible, el ruido de un árbol que se derrumba. Corrió hasta la ventana y vio el gran roble ante la casa abatirse sobre su coche. El coche se dobló en dos con un ruido terrible de metal aplastado. ¡Mi coche! Se precipitó hasta el interruptor. No había luz. Otro rayo estalló en el cielo negro y tuvo tiempo de verificar que su coche había quedado completamente aplastado.

Al día siguiente, llamó al señor Fauvet. La mujer del techador le contestó que su marido estaba desbordado.

—Todas las casas del país han sido afectadas. ¡No sólo la de usted! Se pasará durante la mañana.

Esperaría. Dispuso barreños para recoger el agua que caía en algunas partes. Hortense llamó. Mamá, me voy a Saint-Tropez, me han invitado unos amigos. Cómo me he aburrido en Korcula. Mamá, ¡ya no me gustan los ricos! No, bromeo. Me gustan los ricos inteligentes, brillantes, modestos, cultos... Existen, ¿tú crees?

Llamó Zoé, la cobertura era tan mala que no entendía la mitad de las sílabas. Escuchó todo va bien, ya no me queda batería, te quiero, me quedo una semana más, Philippe está de ac...

De acuerdo, murmuró al silencio que siguió a la llamada.

Fue hasta la cocina, abrió los armarios, sacó un paquete de biscotes y confitura. Pensó en el congelador y en todo lo que iba a echarse a perder. Debería llamar a Iris, preguntarle lo que debo hacer.

Llamó a Iris. Le hizo un resumen de la situación lo menos alarmante posible, pero señaló la falta de electricidad y el problema del congelador.

—Haz lo que quieras, Jo. Si supieses lo poco que me importa...

—¡Se va a echar todo a perder!

—No es un drama —respondió Iris con voz cansina.

—Tienes razón. No te preocupes, me haré cargo. ¿Y tú, estás bien?

—Sí. Ha vuelto... ¡Soy tan feliz, Jo, tan feliz! Creo que descubro, por fin, lo que es el amor. Toda mi vida he esperado este momento y ya está, ya ha llegado. Gracias a él. Te quiero, Jo, te quiero.

—Yo también te quiero, Iris.

—No siempre he sido buena contigo...

—¡Oh, Iris! No es tan grave, ¿sabes?

—No he sido buena con nadie, pero creo que esperaba algo grande, muy grande, y que por fin lo he encontrado. Estoy aprendiendo. Me despojo poco a poco. ¿Sabes que ya no me maquillo? Un día me dijo que no le gustaban los artificios, y me borró el carmín con el dedo. Me preparo para él...

—Me siento feliz de que estés feliz.

—¡Ay, Jo, tan feliz...!

Tenía la voz pastosa, arrastraba las sílabas, se saltaba otras. Ha debido de estar bebiendo, ayer noche, se dijo Joséphine, desolada.

—Te llamaré mañana para tenerte al corriente.

—No vale la pena, Jo, ocúpate de todo, confío en ti. Déjame vivir mi amor. Siento como si estuviese mudando una vieja piel... Debo estar sola, ¿lo entiendes? Tenemos muy poco tiempo para estar juntos. Quiero aprovecharlo plenamente. Quizás vaya a instalarme a su casa...

Lanzó una risita de chiquilla. Joséphine pensó en el dormitorio austero, en el crucifijo, en santa Teresa de Lisieux y en los mandamientos de la esposa perfecta. No la llevaría a su casa.

—Te quiero, mi hermanita querida. Gracias por haber sido tan buena conmigo...

—¡Iris! ¡Para, que me vas a hacer llorar!

—¡Al contrario, alégrate! Esto es nuevo para mí, este sentimiento...

—Lo comprendo. Sé feliz. Me voy a quedar aquí. ¡Tengo mucho trabajo por delante! Hortense y Zoé no vuelven hasta dentro de diez días. ¡Aprovecha! ¡Aprovecha!

—Gracias. Y sobre todo no intentes llamarme... No responderé.

* * *

Al día siguiente por la noche, Iris escuchó una ópera, y después su voz al teléfono. Reconoció *El trovador* y canturreó un aria, sentada en su silla, con su hermoso vestido marfil. Marfil, torre de marfil. Los dos estamos en nuestra torre de marfil. Pero, pensó dando un salto ¿acaso cree que me he marchado? ¿O que sigo enfadada? ¡Sí, claro! Y además, no es él quien debe venir a mí, soy yo la que debe ir hasta él. Con arrepentimiento. Él no sabe que he cambiado. No puede imaginárselo.

Bajó. Llamó tímidamente. Él abrió, frío y majestuoso.

—¿Sí? —preguntó como si no la viera.

—Soy yo...

—¿Quién es yo?

—Iris...

—No basta.

—Vengo a pedirle perdón.

—Eso está mejor...

—Perdón por haberle llamado mentiroso...

Avanzó hacia el quicio de la puerta. Él la rechazó con el dedo.

—He sido frívola, egoísta, colérica... Durante estos quince días a solas, ¡he comprendido tantas cosas!, ¿sabe usted?

Ella tendió los brazos hacia él en ofrenda. Él se echó hacia atrás.

—¿Me obedecerá usted a partir de ahora, en todo y para todo?

—Sí.

Le hizo una señal para que entrase. La detuvo inmediatamente cuando ella pretendió dirigirse hasta el salón. Cerró la puerta.

—He pasado unas vacaciones muy malas por culpa suya... —dijo.

—Le pido perdón... ¡He aprendido tantas cosas!

—¡Y todavía tiene muchas que aprender! No es usted más que una niña egoísta y fría. Sin corazón.

—Quiero aprenderlo todo de usted...

—¡No me interrumpa cuando hablo!

Ella se dejó caer sobre una silla, azotada por su tono autoritario.

—¡De pie! No he dicho que se siente.

Ella se levantó.

—Ahora me obedecerá si desea usted seguir viéndome...

—¡Lo deseo! ¡Lo deseo! ¡Tengo tantas ganas de usted!

Él dio un salto hacia atrás, asustado.

—¡No me toque! Soy yo quien decide, ¡yo quien da la autorización! ¿Quiere usted pertenecerme?

—¡Con todas mis fuerzas! No vivo más que con esa esperanza. He comprendido tanto...

—¡Cállese! Lo que haya usted comprendido en su pequeño cerebro de mujer fútil no me interesa. ¿Lo entiende?

El pequeño estremecimiento de placer volvió a crepitar entre sus piernas. Bajó los ojos, avergonzada.

—Escuche y repita conmigo...

Ella asintió con la cabeza.

—Va usted a aprender a esperarme...

—Voy a aprender a esperarle.

—Va usted a obedecerme en todo y para todo.

—Le obedeceré en todo y para todo.

—¡Sin hacer preguntas!

—Sin hacer preguntas.

—Sin interrumpirme nunca.

—Sin interrumpirle nunca.

—Yo soy el amo.

—Es usted el amo.

—Usted es mi criatura.

—Yo soy su criatura.

—No pondrá usted ninguna objeción.

—No pondré ninguna objeción.

—¿Está usted sola o acompañada?

—Estoy sola. Sabía que iba usted a volver y he alejado a Joséphine. Y también a las niñas.

—Perfecto... ¿Está usted dispuesta a recibir mi ley?

—Estoy dispuesta a recibir su ley.

—Va usted a pasar un periodo de purificación con el fin de desembarazarse de sus demonios. Se quedará en casa respetando estrictamente las consignas. ¿Está dispuesta a escucharlas? Haga una señal con la cabeza, y a partir de ahora baje la mirada cuando esté en mi presencia, no la levantará hasta que yo se lo ordene...

—Es usted mi amo.

Él la golpeó con todas sus fuerzas. La cabeza de Iris rebotó sobre su hombro. Se llevó la mano a la mejilla, él la cogió del brazo y se lo torció.

—No le he dicho que hable. ¡Cállese! ¡Yo doy las órdenes!

Ella asintió. Sintió cómo se le hinchaba la mejilla y ardía. Sintió ganas de acariciarse la escocedura. El estremecimiento estalló de nuevo entre sus piernas. Estuvo a punto de tambalearse de placer. Agachó la cabeza y susurró:

—Sí, amo.

Él permaneció silencioso como si la examinara. Ella no se movió, permaneció con la mirada gacha.

—Va usted a subir a su habitación y a vivir enclaustrada el tiempo que yo decida y siguiendo un horario que yo le daré. ¿Acepta usted mi ley?

—La acepto.

—Se levantará cada mañana a las ocho, irá a lavarse cuidadosamente, por todas partes, por todas partes, debe estar limpio hasta lo más recóndito, lo comprobaré. Después se arrodillará, pasará revista a todos sus pecados, los escribirá en un papel que yo recogeré. Después, rezará sus oraciones. Si no tiene usted libro de oraciones, le prestaré uno... ¡responda!

—No tengo libro de oraciones —dijo ella con la mirada gacha.

—Le prestaré uno... Después hará la casa, lo limpiará todo perfectamente, lo hará de rodillas, las manos en la lejía, el buen olor a lejía que elimina todos los gérmenes, frotará usted el suelo ofreciendo su trabajo a la misericordia de Dios, le pedirá perdón por su antigua vida disoluta. Seguirá ocupándose de la casa hasta las doce. Si debo pasar, no quiero ni rastro de suciedad, ni rastro de polvo o será castigada. A las doce, tendrá usted derecho a comer una loncha de jamón y arroz blanco. Y beberá agua. No quiero ningún alimento de color ¿soy lo bastante claro? Diga sí si lo ha comprendido...

—Sí.

—Por las tardes, leerá su libro de oraciones, de rodillas durante una hora, después lavará la ropa, planchará, limpiará los cristales, lavará las cortinas, los visillos. Quiero que todo esté vestido de la forma más sencilla posible. De blanco. ¿Tiene usted un vestido blanco?

—Sí.

—Perfecto, lo llevará todo el tiempo. Por la noche lo lavará y lo dejará secar sobre una percha en la bañera para que esté lista para ponérselo por la mañana. No soporto los olores corporales. ¿Está claro? Diga sí.

—Sí.

—Sí, amo.

—Sí, amo.

—El pelo recogido hacia atrás, sin joyas, ni maquillaje, trabajará mirando al suelo, todo el tiempo... Puedo llegar a cualquier hora del día y si la sorprendo desobedeciendo, será usted castigada. Le infligiré un castigo que elegiré cuidadosamente para curarla de sus vicios. Por la noche repetirá la misma comida. No toleraré nada de alcohol. No beberá más que agua, agua del grifo. Voy a subir a hacer una inspección y a tirar todas las botellas... porque usted bebe. Es usted una alcohólica. ¿Es usted consciente de ello? ¡Responda!

—Sí, amo.

—Por la noche, esperará sentada sobre una silla, por si quiero subir a realizar una visita de inspección. En la oscuridad más completa. No quiero ninguna luz artificial. Vivirá a la luz del día. No hará ningún ruido. Ni música, ni televisión, ni tararear canciones. Susurrará sus oraciones. Si no aparezco, no se quejará. Permanecerá en silencio sobre su silla meditando. Tiene usted mucho que hacerse perdonar. Ha llevado usted una vida sin interés, únicamente centrada en usted. Es usted muy hermosa, ¿sabe?... Ha jugado usted conmigo y yo he caído en sus redes. Pero me he liberado. Ese tiempo ha terminado. Atrás. No he dado permiso para que se acerque...

Ella dio un pasito hacia atrás y, de nuevo, una sacudida eléctrica recorrió su bajo vientre. Agachó la cabeza para que él no percibiera que sonreía de placer.

—Al menor desvío, habrá represalias. Estaré obligado a pegarla, a castigarla y pensaré en el castigo que le haga daño físico, es necesario, es necesario, y moral... Debe usted ser rebajada después de haberse pavoneado como una niña orgullosa.

Ella cruzó las manos a su espalda, permaneció con la cabeza gacha.

—Esté lista para mis visitas intempestivas. Olvidé decírselo, la encerraré para estar seguro de que no se escape. Me dará su juego de llaves jurándome que no existe otro disponible. Todavía está usted a tiempo de retirarse de este programa de purificación. No le impongo nada, debe decidir libremente, reflexione y diga sí o no...

—Sí, amo. Me doy a usted.

El la golpeó con el dorso de la mano como si la barriera.

—No ha reflexionado. Se ha precipitado en su respuesta. La velocidad es la forma moderna del demonio. He dicho: ¡reflexione!

Ella bajó los ojos y permaneció en silencio. Después murmuró:

—Estoy dispuesta a obedecerle en todo, amo.

—Está bien. Es usted enmendable. Está en el camino de la rehabilitación. Ahora subiremos a su casa. Subirá cada escalón con la cabeza agachada, las manos en la espalda, lentamente, como si trepase por la montaña del arrepentimiento...

La hizo pasar delante, cogió una fusta colgada de la pared de la entrada y le azotó las piernas para hacerla avanzar. Ella se estremeció. La azotó de nuevo y le ordenó no manifestar ninguna pena, ningún dolor cuando la golpeaba. En el piso de Joséphine, vació todas las botellas en la pila con una risa malvada. Hablaba consigo mismo con voz nasal y repetía el vicio, el vicio está por todas partes en el mundo moderno, ya no hay límites al vicio, hay que limpiar el mundo, librarlo de todas las impurezas, esta mujer impura va a purificarse.

—Repita conmigo, no volveré a beber.

—No volveré a beber.

—No he escondido botellas para beberlas a escondidas.

—No he escondido botellas para beberlas a escondidas.

—En todo, obedeceré a mi amo.

—En todo, obedeceré a mi amo.

—Es suficiente por esta noche. Puede ir a acostarse...

Ella se echó hacia atrás para dejarle pasar, le tendió su juego de llaves que él se metió en el bolsillo.

—Recuerde, puedo aparecer en cualquier momento y si el trabajo no está hecho...

—Seré castigada.

La golpeó de nuevo y ella dejó escapar una queja. Había golpeado tan fuerte que su oído resonaba.

—¡No tiene derecho a hablar si yo no lo autorizo!

Ella lloró. Él la golpeó.

—Son lágrimas falsas. Pronto derramará lágrimas auténticas, lágrimas de alegría... Bese la mano que la castiga.

Ella se inclinó, besó delicadamente la mano, osando apenas rozarla.

—Está bien. Voy a poder hacer algo con usted, creo. Aprende pronto. Durante el tiempo de purificación se vestirá de blanco. No quiero ver ni un resto de color. El color es derroche.

La agarró del pelo y lo echó hacia atrás.

—Baje la mirada para que la inspeccione.

Pasó un dedo sobre su rostro desmaquillado y se sintió satisfecho.

—¡Se diría que ha empezado usted a comprender!

Se rio.

—Le gusta a usted la mano dura, ¿verdad?

Se acercó a ella. Le cogió los labios para verificar la limpieza de los dientes. Quitó un resto de comida con la uña. Ella percibía su olor a hombre fuerte, poderoso. Está bien, pensó, que así sea. Pertenecerle. Pertenecerle.

—Si me obedece usted en todo, si se vuelve pura como debe serlo cada mujer, nos uniremos...

Iris ahogó un pequeño grito de placer.

—Caminaremos juntos hacia el amor, el único, el que debe ser sancionado por el matrimonio. En el momento en que yo lo decida... Y será mía. Diga, lo quiero, lo deseo y bese mi mano.

—Lo quiero, lo deseo...

Y le besó la mano. Él la envió a acostarse.

—Dormirá con las piernas cerradas para que no penetre ningún pensamiento impuro. A veces, si se porta mal, la ataré. ¡Ah! Lo olvidaba, dejaré a las ocho en punto, cada mañana, las lonchas de jamón blanco y el arroz blanco que deberá cocer. Sólo comerá eso. Es todo. Vaya a acostarse. ¿Sus manos están limpias? ¿Se ha lavado usted los dientes? ¿Su camisón está listo?

Ella sacudió la cabeza. Él le pellizcó violentamente la mejilla, ella ahogó un grito.

—Responda. No admitiré ninguna excepción a la regla o lo pagará.

—¡No, amo!

—Vaya a hacerlo. Esperaré. Dese prisa...

Lo hizo. Él se volvió de espaldas para no verla desnudarse.

Ella se metió en la cama.

—¿Tiene usted un camisón blanco?

—Sí, amo.

Él se acercó la cama y le acarició la cabeza.

—¡Ahora duerma!

Iris cerró los ojos. Oyó cómo cerraba la puerta y giraba la llave en la cerradura.

Estaba prisionera. Prisionera del amor.

* * *

Dos veces al día, Joséphine llamaba al señor Fauvet y hablaba con la señora Fauvet. Insistía, decía que a cada borrasca volaban tejas nuevas, que era peligroso, que la casa se llenaba de agua, que pronto se agotaría la batería de su móvil y no podría llamarla. La señora Fauvet decía: «Sí, sí, mi marido va a pasar...» y colgaba.

Llovía sin parar. Incluso Du Guesclin se negaba a salir. Subía a la terraza devastada, olisqueaba el viento, levantaba la pata contra las macetas de barro rotas, y bajaba suspirando. La verdad es que no hacía tiempo para dejar al perro fuera.

Joséphine dormía en el salón. Se duchaba con agua fría, desvalijaba el congelador. Se comía todos los helados, los Ben & Jerry, los Häagen-Dazs, los *chocolate chocolate chips*, los *pralines and cream*. Le daba igual engordar. Él no vendría. Miraba su cara en la cuchara, hinchaba las mejillas, se veía parecida a un cuenco de nata, se atiborraba a chocolate. Du Guesclin lamía la tapa de los botes. La miraba con devoción, movía la cadera esperando que dejara una nueva tapa. ¿Tienes novia, Du Guesclin? ¿Hablas con ella o te basta con montar sobre ella? ¡Qué cansados, ¿sabes?, qué cansados son los sentimientos! Es más simple comer, llenarse de grasa y de azúcar. Du Guesclin no ha tenido nunca esos problemas, nunca se había enamorado, penetraba a las mujeres y dejaba montones de pequeños bastardos tras él que, apenas se quitaban los pañales, partían a hacer la guerra al lado de su padre. No servía más que para eso. Para inventar estrategias y ganar batallas. ¡Con cincuenta hombres harapientos aplastaba un ejército de quinientos ingleses con armadura y catapultas! Disfrazándose de viejecita con un fardo a la espalda. ¡Te das cuenta! La viejecita se introducía en las callejuelas de la ciudad que quería invadir y, una vez en el interior, Du Guesclin sacaba su espada y atravesaba filas enteras de ingleses. En tiempo de paz, se aburría. Se había casado con una mujer culta y mayor que él, una experta en astrología. La víspera de cada batalla, ella hacía una predicción ¡y no se equivocaba nunca! Les han quitado la guerra a los hombres, y ya no saben quiénes son. En tiempos de paz, Du Guesclin daba vueltas y no hacía más que tonterías. El único problema de los helados, mi viejo Du Guesclin, es que después, te sientes ligeramente empalagada y tienes ganas de dormir, pero estás tan pesada que ni siquiera consigues conciliar el sueño, te agitas como una botella de leche y el sueño se va.

Sonó su móvil. Un mensaje de texto. Lo leyó. ¡Luca!

Lo sabe usted, Joséphine, lo sabe, ¿verdad?

No respondió. Lo sé, pero me da completamente igual. Estoy con Du Guesclin, bien abrigada bajo un techo hecho jirones, dentro de una bonita manta de lana rosa que me hace cosquillas en la nariz.

—¿Sabes?, el único problema del mundo actual es que hablamos con nuestros perros... No es normal. Te quiero mucho, mucho, pero no reemplazas a Philippe...

Du Guesclin gimió como si estuviese afligido.

Sonó el móvil, un nuevo mensaje de Luca.

¿No me responde?

No respondía. Pronto se quedaría sin batería, no quería gastar sus últimas municiones con Luca Giambelli. O más bien Vittorio.

Había encontrado en un estante una vieja edición de *La prima Bette* de Balzac, lo había abierto y lo había olido. El libro olía a sacristía, a tela piadosa y a papel enmohecido. Leería *La prima Bette* a la luz de una vela, por la noche. En voz alta. Se enrolló en la manta, acercó la vela, una hermosa vela roja que se consumía sin gotear y comenzó:

—«¿Dónde anida la pasión? A mediados de julio del año 1838, uno de esos coches recientemente puestos en circulación en las plazas de París llamados *milords* marchaba, por la calle de la Universidad, llevando a un hombre grueso de talla mediana, con uniforme de la guardia nacional. Entre esos muchos parisinos acusados de ser tan espirituales, se encuentran los que se creen infinitamente mejor vestidos de uniforme que con sus hábitos ordinarios, y que suponen en las mujeres gustos bastante depravados, para imaginar que se sentirán favorablemente impresionadas por el aspecto de una boina con crin o por el arnés militar...». Ya ves, Du Guesclin, ahí reside el arte de Balzac, ¡nos describe la ropa de un hombre y entramos en su alma! ¡Detalles, más detalles! Pero para recopilar detalles, hay que invertir tiempo, saber perderlo, dejar que pase para poder dar con una palabra, una imagen, una idea. Ya no se escribe como Balzac hoy en día, porque ya no se pierde el tiempo. Se dice «huele bien», «hace bueno», «hace frío», «va bien vestido», sin buscar las palabras que se adaptarían como guantes y que mostrarían indirectamente que hace bueno, que huele bien, y que un hombre es apuesto.

Dejó el libro y reflexionó. Quizás debí hablar de Luca con Garibaldi. Lo hubiera añadido a su lista de sospechosos. Me equivoqué. ¡Me puse en contra suya y evité informarle del más amenazador de todos! Subió la manta, juntó los largos pelos de mohair rosa en un mechón recto y retomó el libro. La interrumpió una nueva llamada. Un tercer mensaje.

Sé dónde está usted, Joséphine. Respóndame.

Su corazón empezó a latir con fuerza. ¿Y si fuera verdad?

Intentó llamar a Iris. En vano. Debía de estar cenando con el hermoso Hervé. Verificó que todas las puertas estaban cerradas. Las ventanas, los grandes ventanales acristalados con vidrio grueso, y con certificados antichoque. Pero ¿y si entraba por el tejado? Hay aberturas por todos lados. Basta con escalar la fachada y colarse por un balcón. Voy a apagar la vela. No sabrá que estoy aquí. Sí pero... verá el coche aplastado bajo el árbol.

Y después siguió un ametrallamiento de mensajes. «Estoy de camino, ya llego», «Responda, ¡está usted volviéndome loco!», «Esto no terminará así», «Me acerco y ya no se hará la lista». «¡Zorra! ¡Zorra!», «Estoy en Touques». ¡En Touques! Lanzó una mirada alarmada a Du Guesclin, que no se movía. Con la cabeza apoyada en las patas, esperaba a que ella retomara su lectura o abriese un nuevo bote de helado. Corrió hasta la ventana para escrutar el parque en la noche. Ha debido de enterarse por la portera de que estaba aquí, ella se lo ha contado, él tiene miedo de que manifieste a toda la universidad francesa que él es ese hombre ridículo que se muestra en slip en los carteles publicitarios. O sabe que he ido a ver a Garibaldi...

Voy a llamar a Garibaldi...

Sólo tengo el número de su despacho...

Intentó llamar de nuevo a Iris. Escuchó el contestador.

Una nueva señal, un nuevo mensaje.

El parque es hermoso, el mar tan cercano. Vaya hasta la ventana, me verá usted. Prepárese.

Se acercó a la ventana, se apoyó temblando en el borde, echó un vistazo fuera. La noche era tan negra que sólo veía sombras gigantes que se movían, animadas por el viento. Árboles balanceando, ramas que se rompen, una borrasca que arrancaba las hojas que caían en remolinos... Todas habían sido apuñaladas. En el corazón. Una mano que te rodea el cuello, aprieta, aprieta, te mantiene inmovilizada y la otra que hunde el cuchillo. La noche que fui agredida, él quería hablarme, «tengo que hablar con usted, Joséphine, es importante». Quería confesarse, pero no tuvo el valor, prefirió eliminarme. Me dio por muerta. No volvió a llamarme durante dos días. Yo le había dejado tres mensajes en el móvil. Él no respondía.

Y su indiferencia cuando se encontraron al borde del lago. Su frialdad cuando le conté la agresión. Se preguntaba simplemente cómo había podido escapar... Es la única cosa que le preocupaba. ¡Eso no se sostiene! ¿La señora Berthier, esa Bassonnière, la camarera? Ellas no le conocían. ¿Y tú qué sabes? ¿Qué sabes de su vida? La Bassonnière sabía más que tú.

Temblaba tanto que no conseguía alejarse de la ventana. Va a entrar, va a matarme, Iris no responde, Garibaldi no sabe nada, Philippe ríe en un pub con Dottie Doolittle, voy a morir sola. Mis niñas, mis niñas...

Gruesas lágrimas cayeron sobre sus mejillas. Se las secó con el dorso de la mano. Du Guesclin enderezó la oreja. ¿Había oído algo? Se puso a ladrar.

—¡Cállate, cállate! ¡Va a saber que estamos aquí!

Ladraba cada vez más fuerte, giraba en el salón, se incorporó frente a la ventana y posó sus patas contra el cristal.

—¡Para! Nos va a ver...

Se arriesgó a mirar fuera, percibió un coche que avanzaba por el camino, los faros encendidos. Eso produjo el efecto de un proyector de luz sobre la habitación y ella se agachó en el suelo. ¡Dios mío! ¡Dios mío! Papá, protégeme, protégeme, no quiero sufrir, haz que me mate enseguida, haz que no me duela, tengo miedo, ¡ay! Tengo miedo...

Du Guesclin ladraba, resoplaba, se golpeaba en la oscuridad con los muebles del salón. Joséphine encontró el valor para levantarse y buscó un lugar donde esconderse. Pensó en el lavadero. La puerta era gruesa, y tenía cerradura. ¡Ojalá me quede algo de batería! Voy a llamar a Hortense. Ella sabrá qué hacer. Nunca pierde la calma, ella me dirá, mamá, no te preocupes, yo me ocupo de todo, yo llamo a la policía, lo principal, en estos casos, es sobre todo no demostrar que tienes miedo, intentar esconderte y si no lo consigues, hablarle, distraerle, háblale con calma, mantenle ocupado, mientras llega la policía... Iba a llamar a Hortense.

Se dirigió, siempre a cuatro patas, hacia el cuarto de lavar. Du Guesclin permanecía ante la puerta de entrada, la frente baja, con los cuartos hacia delante, como si fuera a cargar contra el adversario.

Ella susurró: «Venga, nos batimos en retirada», pero él permaneció inmóvil, amenazador, echando espuma por la boca, el pelo erizado.

Escuchó pasos sobre la grava. Pasos firmes. El hombre avanzaba, seguro de sí mismo, convencido de encontrarla allí. El hombre se acercaba. Escuchó una llave girar en la puerta. Un cerrojo, dos cerrojos, tres cerrojos...

Sonó una voz fuerte:

—¿Hay alguien?

Era Philippe.

* * *

Una mañana, Iris se despertó y le encontró de pie al lado de la cama. Se sobresaltó. ¡No había oído el despertador! No levantó el brazo para protegerse del golpe de fusta que iba a sancionar su falta. Bajó los ojos y esperó.

Él no le pegó. No comentó la menor falta a la regla. Dio una vuelta alrededor de la cama, levantó la fusta, azotó el aire y declaró:

—Hoy no comerá. He colocado dos lonchas de jamón blanco y arroz sobre la mesa, pero no tiene usted derecho a tocarlo. Las lonchas son grandes. Es jamón blanco de buena calidad, dos buenas lonchas gruesas, aromáticas cuyo olor vendrá a tentarla. Pasará el día sobre su silla leyendo su libro de oraciones y vendré a comprobar, por la noche, que las lonchas están intactas. Está usted sucia. El trabajo es más importante de lo que pensaba. Hay que limpiar a fondo para que se convierta en una buena esposa.

Dio unos pasos. Levantó con la punta de la fusta la colcha de la cama para verificar si el suelo estaba limpio. La dejó caer, satisfecho.

—Por supuesto, habrá hecho la casa como cada mañana, pero no comerá. Tendrá derecho a dos vasos de agua. Los he dejado sobre la mesa. Deberá beberlos imaginándose la fuente que fluye y la purifica. Después, cuando haya terminado la limpieza, irá a su silla, leerá y me esperará. ¿Está claro?

Ella gimió: «Sí, amo», sintiendo el hambre que la atenazaba desde la víspera, despertarse como un animal en su vientre.

—Para verificar que ha permanecido tranquilamente estudiando su libro de oraciones, voy a darle una que aprenderá de memoria, y deberá recitarme SIN COMETER FALTAS, ya que el menor balbuceo será castigado de forma que retenga la lección. ¿Entendido?

Bajó los ojos y suspiró: «Sí, amo».

La azotó con un golpe de fusta.

—¡No lo he oído!

—Sí, amo —gritó, las lágrimas cayendo sobre su pecho.

Tomó su libro de oraciones, lo hojeó, encontró una que pareció satisfacerle, y comenzó a leerla en voz alta.

—Es un extracto de la *Imitación de Cristo*. Se titula *De la resistencia que hay que ofrecer a las tentaciones*. Usted no ha sabido nunca resistirse a las tentaciones. Este texto se lo va a enseñar.

Se aclaró la voz y comenzó:

—«No podemos estar sin aflicción ni tentaciones mientras vivimos en este mundo. Eso es lo que hace decir a Job que la vida del hombre sobre la tierra es una tentación continua. Es por eso que cada uno debería tomar precauciones contra las tentaciones a las que está sujeto, y velar en oración por temor al demonio, que no duerme nunca y que ronda a nuestro lado buscando a quién devorar, no encuentre la ocasión de sorprendernos. No hay hombre tan perfecto y tan santo que no haya tenido a veces tentaciones y no podemos sentirnos completamente exentos de ellas. Sin embargo, aunque esas tentaciones sean enojosas y rudas, son a menudo de una gran utilidad, porque sirven para humillarnos, purificarnos, instruirnos. Todos los santos han pasado por grandes tentaciones y duras pruebas y han encontrado en ellas sus enseñanzas...».

Leyó mucho rato, con voz monocorde, y después dejó el libro sobre la colcha de la cama y declaró:

—Quiero oírselo recitar de memoria, con toda la humildad y el cuidado por mí exigidos, esta noche, cuando venga a visitarla.

—Sí, amo.

—¡Bese la mano del amo!

Ella besó su mano.

Él se dio la vuelta y la dejó, muerta de hambre, de dolor, inerte bajo las sábanas blancas. Lloró mucho tiempo, con los ojos muy abiertos, sin moverse, sin protestar, los brazos a lo largo del cuerpo, las manos abiertas bajo la manta. Ya no tenía más fuerzas.

* * *

—¡Jo! La puerta está bloqueada. ¡No consigo abrirla!

—Philippe... ¿Eres tú?

Había dejado los faros del coche encendidos, pero ella no estaba segura de reconocerle en la negra noche.

—¿Estás encerrada?

—¡Oh, Philippe! ¡Tengo tanto miedo! Creí que...

—¡Jo! Intenta abrirme...

—Dime que eres tú...

—¿Por qué? ¿Estás esperando a alguien más? ¿Molesto?

Lanzó una risita. Ella respiró, aliviada. Era él. Se echó sobre la puerta e intentó abrirla. Pero la puerta resistía.

—¡Philippe! ¡Ha llovido tanto que la madera se ha hinchado! Cuando llegué hacía tanto frío que he encendido la calefacción al máximo, y eso ha debido de hacer que la madera se atrancase...

—¡Que no! No es por eso...

—Sí, te lo aseguro. Además ¡no deja de llover!

—Es porque hice cambiar todas las puertas y las ventanas. Pasaba aire por todas partes, ¡estaba harto de que el calor acabara en el jardín! Están nuevas y todavía encoladas... Al principio hay que forzarlas.

—¡Pero si yo conseguí entrar!

—¡Ha debido de volverse a pegar cuando encendiste la calefacción al máximo! Inténtalo otra vez...

Joséphine hizo un nuevo intento. Verificó que las cerraduras estaban abiertas e intentó abrir la puerta.

—¡No lo consigo!

—Claro que las primeras veces, es difícil... Espera, voy a ver...

Debía de haber retrocedido porque su voz se oía más lejana.

—¡Philippe! ¡Tengo miedo! ¡He recibido mensajes de Luca, viene hacia aquí, me va a matar!

—Que no... Estoy aquí ¡no puede pasarte nada!

Oía sus pasos sobre la grava, caminaba a lo largo de la casa, buscando alguna forma de entrar.

—He mandado instalar ventanas y puertas antirrobo por todas partes, ¡no hay ni una sola abertura! Esta casa es una auténtica caja fuerte...

—¡Philippe! Viene hacia aquí —repetía Joséphine, enloquecida—. Es él quien apuñala a las mujeres, ¡ahora lo sé! ¡Es él!

—¿Luca? ¿Tu antiguo novio? —preguntó Philippe con tono divertido.

—Sí, te lo explicaré, es complicado. Es como las muñecas rusas, hay muchas historias unas dentro de otras, pero estoy segura de que es él...

—¡Que no! ¡Te estás alarmando por nada! ¿Por qué iba a venir aquí? Aléjate de la puerta, voy a intentar abrirla de un empujón.

—Sí... Está loco.

—¿Te has apartado, Jo?

Joséphine dio dos pasos atrás y escuchó el ruido de un cuerpo golpeando la puerta. La puerta tembló, pero no cedió.

—¡Mierda! —gritó Philippe—. ¡No lo consigo! Voy a dar la vuelta por detrás...

—¡Philippe! —gritó Joséphine—. ¡Ten cuidado! ¡Te digo que viene hacia aquí!

—¡Jo, deja de tener miedo! ¡Te estás montando una película!

Escuchaba sus pasos en la grava. Se alejaba. Esperó mordiéndose el índice. Luca iba a llegar, iban a pelearse y ella no podría hacer nada. Sacó su móvil y pensó en llamar a los bomberos. Estaba tan nerviosa que no conseguía recordar el número. Y entonces el móvil se apagó. Sin batería.

Los pasos volvieron. Se puso en la ventana y vio a Philippe a la luz de los faros. Le hizo una señal. Él se acercó.

—No hay nada que hacer. ¡Todo está cerrado a cal y canto! Cálmate Jo —dijo poniendo su mano sobre el cristal.

Ella colocó la mano sobre la suya, tras el vidrio.

—¡Me da miedo! No te lo conté todo la última vez en Londres. No tenía tiempo, pero está loco, es violento...

Tenía que hablar alto para que él la oyese.

—¡No nos va a hacer nada! ¡Deja de tener miedo!

Volvió hacia la puerta, dio unos golpes de hombro contra la madera que no cedió. Volvió a la ventana.

—Ya ves, ni siquiera habría podido entrar.

—Sí. ¡Pasando por el tejado!

—¿En plena noche? ¡Se habría caído! Habría tenido que esperar a que se hiciese de día, y tú habrías tenido tiempo de llamar a la policía.

—¡No me queda batería!

Ella escuchó cómo se dejaba caer contra la puerta.

—Voy a tener que pasar la noche fuera...

—¡Oh, no! —gimió Joséphine.

Se sentó, ella también, contra la pesada hoja de la puerta. Rascó con la punta de un dedo como si quisiera hacer un agujero. Rascó, rascó.

—¿Philippe? ¿Estás ahí?

—¡Me voy a oxidar si paso la noche fuera!

—Las habitaciones están inundadas y casi no hay techo. Duermo en el salón sobre el sofá grande, con Du Guesclin...

—¿Es una armadura?

—Es mi guardián.

—¡Hola Du Guesclin!

—Es un perro.

—Ah...

Debió de cambiar de posición, porque oyó cómo se removía detrás de la puerta. Lo imaginó, las piernas plegadas bajo el mentón, los brazos alrededor de las rodillas, el cuello levantado. La lluvia había cesado. Ya no escuchaba el viento que silbaba entre los árboles un cántico imperioso y agudo con dos notas amenazantes.

—¿Ves? No viene —dijo Philippe al cabo de un momento.

—¡No me he inventado los mensajes! Te los mostraré...

—Hace eso para ponerte nerviosa. Está molesto o furioso porque le has abandonado, y se venga.

—Está loco, te digo. Un loco peligroso... ¡Cuando pienso que no le dije nada a Garibaldi! ¡Denuncié a Antoine y a él, le protegí! ¡Qué tonta soy, pero qué tonta soy!

—Que no... Te alarmas por nada. E incluso si viene, se encontrará conmigo y eso le calmará. Pero no vendrá, estoy seguro...

Ella le escuchaba y sentía cómo se llenaba de paz. Apoyó su cabeza contra el batiente de la puerta y respiró suavemente. Él estaba allí, justo detrás. Ella ya no tenía miedo de nada. Había venido, solo. Sin Dottie Doolittle.

—¿Jo?

Hizo una pausa y añadió:

—¿Estás enfadada conmigo?

—¿Por qué no me llamabas? —dijo Joséphine, al borde de las lágrimas.

—Porque soy un idiota...

—¿Sabes?, me da igual que tengas otras chicas. No tienes más que decírmelo. Nadie es perfecto.

—No tengo otras chicas. Me he enredado en mis emociones.

—No hay nada peor que el silencio —murmuró Joséphine—. Nos imaginamos de todo y todo se vuelve amenazador. No sabemos a qué agarrarnos, ni siquiera a un pequeño fragmento de realidad para indignarnos. Odio el silencio.

—A veces es tan práctico...

Joséphine suspiró.

—Acabas de hablar... ¿Ves?, no es complicado.

—¡Eso es porque estás detrás de la puerta!

Ella se echó a reír. Una risa que se llevó el pánico. Él estaba allí, Luca no se acercaría. Vería el coche de Philippe aparcado delante de la puerta. El suyo, aplastado debajo del árbol, y sabría que no estaba sola.

—Philippe... ¡Tengo ganas de besarte!

—Vamos a tener que esperar. La puerta no parece estar de acuerdo. Y además... No soy un hombre fácil. Me gusta hacerme desear.

—Lo sé.

—¿Llevas aquí mucho tiempo?

—Va a hacer tres días... creo. Ya no lo sé...

—¿Y llueve así desde hace tres días?

—Sí. Sin parar. He intentado localizar a Fauvet, pero...

—Me ha llamado. Viene mañana con sus obreros...

—¿Te ha llamado a Irlanda?

—Había vuelto de Irlanda. Cuando llegué al campo para llevarme a Zoé y a Alexandre, me dijeron que querían prolongar la estancia. Volví a Londres...

—¿Solo? —preguntó Joséphine volviendo a rascar la puerta.

—Solo.

—Lo prefiero así. Digo que me da igual, pero no me da realmente igual... Lo que no quiero es perderte.

—Ya no me perderás...

—¿Puedes repetirlo?

—Ya no me perderás, Jo.

—Incluso llegué a creer que te habías vuelto a enamorar de Iris...

—No —dijo Philippe tristemente—. Con Iris se acabó, y se acabó del todo. Comí en Londres con su pretendiente. Me pidió su mano...

—¿Lefloc-Pignel? ¿Estaba en Londres?

—No. Mi socio. Quiere casarse con ella... ¿Por qué Lefloc-Pignel?

—No debería decírtelo, pero me parece que está muy enamorada de él. En este momento, viven el amor perfecto en París.

—¡Iris con Lefloc-Pignel! ¡Pero si está extremadamente casado!

—Lo sé... Y sin embargo, según Iris, se aman...

—Me sorprenderá siempre. Nada se le resiste...

—Lo deseó desde que le vio.

—Nunca hubiese creído que dejaría a su mujer.

—Eso aún no ha pasado...

Quiso preguntarle si sentía pena, pero se calló. No tenía ganas de hablar de su hermana. No tenía ganas de que viniese a inmiscuirse entre ellos. Esperó a que él retomase el diálogo.

—Eres fuerte, Jo. Mucho más fuerte que yo. Creo que por eso tuve miedo y permanecí en silencio...

—¡Oh, Philippe! ¡Soy todo menos fuerte!

—Sí que lo eres. No lo sabes, pero lo eres... Has pasado por muchas más cosas que yo, y todas esas cosas te han fortalecido.

Joséphine protestó. Philippe la interrumpió:

—Joséphine, quería decirte... Quizás llegue un día en el que yo no estaré a la altura, y ese día tendrás que esperarme... Esperar a que termine de crecer. ¡Llevo tanto retraso!

Pasaron la noche hablando. Cada uno a un lado de la puerta.

* * *

Fauvet llegó por la mañana y liberó a Joséphine, que se contuvo para no saltar en los brazos de Philippe. Se acurrucó contra la manga de su chaqueta y se frotó la mejilla con ella.

Llamó a Garibaldi. Le relató el acoso del que había sido víctima, del contenido de los mensajes.

—He sentido miedo de verdad, ¿sabe?

—Y debo decirle que con razón —respondió Garibaldi con una cierta empatía en su voz—. Sola, en una gran casa aislada, con un hombre que la persigue...

Voy a caer otra vez en la trampa, pensó Joséphine, pero esta vez decidió hablar. Contó la indiferencia de Luca, su doble personalidad, sus crisis de violencia.

Él no dijo nada. Iba a colgar cuando pensó que quizás debía darle el nombre de su portera.

—Ya la hemos visto y ya lo sabemos todo —respondió Garibaldi.

—¿Ya había investigado sobre él? —preguntó Joséphine.

—Fin de la conversación, señora Cortès.

—Quiere usted decir que sabe quién es el asesino...

Había colgado. Ella volvió, pensativa, hasta Philippe y el señor Fauvet que inspeccionaban el tejado y realizaban la lista de reparaciones a realizar.

Cuando Philippe volvió a su lado ella murmuró:

—Creo que han detenido al asesino...

—¿Por eso no vino? Le arrestaron a tiempo...

Pasó un brazo sobre sus hombros y le dijo que debería olvidar. Añadió que tendría que avisar a su seguro por lo del coche.

—¿Tienes un buen seguro?

—Sí. Pero ésa es la menor de mis preocupaciones. Percibo el peligro por todas partes... ¿y si no le detuvieron a tiempo? ¿Y si nos persigue? Es peligroso, ¿sabes?...

Fueron hasta Étretat. Se encerraron en un hotel. Sólo salieron de la habitación para comer pasteles y beber té. A veces, en medio de una frase, Joséphine pensaba en Luca. En todos los misterios de su vida, en sus silencios, en la distancia que había mantenido siempre entre ambos. Ella había creído que lo hacía por amor. Y no era más que locura. ¡No! Se corrigió, una noche, estuvo a punto de hablarme, de confesármelo todo y yo hubiera podido ayudarle. Sintió un escalofrío. ¡Me he acostado con un asesino! Se despertaba sudando, se incorporaba en la cama. Philippe la calmaba diciéndole con dulzura: «Estoy aquí, estoy aquí». Ella volvía a dormirse entre lágrimas.

Llovía sin cesar. Miraban desde el fondo de la cama cómo la lluvia dibujaba largos trazos transversales al golpear contra la ventana. Du Guesclin suspiraba, cambiaba de posición y volvía a dormirse.

Decidieron volver a París sin prisas.

—¿Quieres que vayamos por carreteras secundarias? —preguntó Philippe.

—Sí.

—¿Que nos perdamos por las carreteras secundarias?

—Sí. ¡Así estaremos más tiempo juntos!

—Pero, Jo, ¡ahora pasaremos todo nuestro tiempo juntos!

—Soy tan feliz..., me gustaría atrapar a una gaviota, murmurarle mi secreto al oído y que vuele por el cielo llevándoselo...

Llovía tanto que se perdieron. Joséphine daba vueltas al mapa de carreteras en todos los sentidos. Philippe se reía y le aseguraba que no la llevaría nunca de copiloto.

—¡Pero si no se ve nada! Vamos a volver a una carretera importante ¡Qué le vamos a hacer!

Encontraron la D313, atravesaron pueblecitos que apenas atisbaban bajo el baile atareado de los limpiaparabrisas, y llegaron a un lugar llamado Le Floc-Pignel. Philippe silbó.

—¡Vaya! Es un hombre importante. ¡Tiene un pueblo con su nombre!

Avanzaban a cinco por hora. Joséphine, a través del cristal, vio una tiendecita con la fachada desconchada. En el frontón, en letras verdes casi borradas sobre un fondo blanco, se podía leer: IMPRENTA MODERNA.

—¡Philippe! ¡Para!

Aparcó. Joséphine salió del coche y fue a inspeccionar la casa. Vio luz en el interior y le hizo una seña a Philippe para que se acercase.

—¿Cómo se llamaba? —murmuró intentando recordar las palabras de Lefloc-Pignel.

—¿Quién?

—El impresor que había recogido a Lefloc-Pignel... ¡Lo tengo en la punta de la lengua!

Se llamaba Graphin. Benoît Graphin. Era un anciano a quien la edad había vuelto extremadamente lento. Les abrió, asombrado. Les hizo entrar en una gran habitación llena de máquinas, de libros, de botes de cola, de planchas de imprenta.

—Disculpen el desorden —dijo el anciano—. Ya no tengo fuerzas para ordenar...

Joséphine se presentó y apenas pronunció el nombre de Hervé Lefloc-Pignel, los ojos del hombre se iluminaron.

—Tom —murmuró—, el pequeño Tom.

—¿Quiere usted decir Hervé?

—Yo le llamaba Tom. Por lo de Tom Pouce.*

—Así que es verdad lo que él me contó, usted le recogió y le educó...

—Le recogí, sí. Educarle, no. Ella no me dio tiempo...

Fue a buscar una cafetera que había sobre un antiguo mueble de cocina de madera y les propuso un café. Caminaba, encorvado, arrastrando los pies. Llevaba un viejo chaleco de lana, un pantalón de pana gastado y zapatillas. Abrió una caja llena de pastas y se las ofreció. Bebía el café mojando las pastas y añadía más, hirviendo, a su taza cuando las pastas habían absorbido todo el líquido. Actuaba mecánicamente, los ojos mirando al vacío, como si ellos no estuviesen sentados frente a él.

---

* La versión inglesa de Pulgarcito *(N. del T.)*.

—Discúlpenme —murmuró—. No hablo muy a menudo. Antes había gente en el pueblo, animación, vecinos, ahora se han marchado casi todos...

—Sí, lo sé —respondió Joséphine suavemente—. Me contó lo de la calle mayor, los comerciantes, su trabajo con usted...

—¿Lo recuerda? —dijo, emocionado—, ¿no lo ha olvidado? Después de todo este tiempo...

—Lo recuerda todo. Lo recuerda a usted, él le quiso, sabe.

Ella había cogido la mano deformada de Benoît Graphin entre las suyas, y la apretó sonriendo dulcemente.

Él sacó un pañuelo del bolsillo del pantalón y se secó los ojos. Intentó volver a guardar el pañuelo, temblando.

—Cuando lo conocí, no medía más que...

Tendió la mano e indicó la talla de un chiquillo.

—¿Fue hace mucho tiempo?

Levantó el brazo para indicar que ni siquiera podía contar la cantidad de años.

—Tom, el pequeño Tom... ¡Si me hubiesen dicho esta mañana que vendrían a hablarme de él!

—Él habla siempre de usted. Se ha convertido en un gran hombre, muy brillante.

—¡Oh! De eso, estaba seguro. Ya era muy inteligente... Fue el Cielo quien me lo envió, al pequeño Tom.

—¿Llamó a su puerta? —dijo Joséphine sonriendo.

—¡No fue así, no! Yo estaba trabajando...

Señaló las máquinas cubiertas de polvo tras él.

—En aquella época funcionaban. Hacían un ruido de mil demonios... Cuando oí un frenazo violento. Entonces levanté la cabeza, me acerque al escaparate y lo vi ¡Lo que vi!

Golpeó con sus dos manos en el aire como si no pudiese creerlo.

—Un coche enorme que se detuvo allí, justo delante de mí ¡y una mano de mujer que lo tiró! ¡Como quien tira un perro para librarse de él! El chiquillo se quedó allí, plantado en la calle. Con una tortuga en los brazos. Debía de tener tres o cuatro años, nunca lo supe.

—Él tampoco lo recuerda...

—Lo hice entrar. No lloraba. Abrazaba su tortuga. Pensé que ella iba a dar media vuelta y volvería a buscarle. Era una ricura. Bueno, dulce, atemorizado. No sabía decir su nombre. De hecho, al principio, no hablaba. Así que le llamé Tom. Sólo sabía cómo se llamaba su tortuga: Sophie. De aquello hace sus buenos cuarenta años, ¿sabe? ¡Es como decir en otra era! Avisé a los gendarmes, me dijeron que me lo quedara mientras tanto...

Se había roto una galleta en su taza de café. Se levantó para buscar una cuchara. Se dejó caer sobre la silla y prosiguió, empezando la pesca de la galleta:

—No decía ni mamá, ni papá. No quería decir nada. Un día, dijo sólo, quédate conmigo... Me dejó conmovido. Yo no tenía hijos. Entonces empezamos a vivir los tres, él, yo y su tortuga. Adoraba a ese animal. Y, cosa extraña, ella estaba muy unida a él. Cuando le llamaba, ella acudía. No sabía que una tortuga podía tener sentimientos. Levantaba su cabecita hacia él, él la cogía en sus brazos y avanzaba suavemente. Dormía en su cuarto. Al pie de su cama, en una caja. Me acostumbré al chiquillo y a la tortuga. Me acompañaba a todas partes. No daba un paso sin mí. Cuando trabajaba, estaba allí, cuando estaba en el jardín, él me seguía. Yo le había inscrito en el colegio del pueblo, conocía al maestro, no hizo comentarios. Los gendarmes pasaban de vez en cuando a tomar café. Decían que habría que declararlo, que quizás sus padres estaban buscándolo. Yo no decía nada, escuchaba, decía que los padres, si querían recogerlos... No era muy difícil volver y preguntar. ¿Verdad?

Joséphine y Philippe respondieron: «Sí, claro» juntos, suspendidos a los ojos velados del anciano, a la pena que venía a humedecer su mirada, a los viejos dedos mojando pastas.

—Un buen día, vimos llegar a una mujer. Una asistente social. Évelyne Lamarche. Seca, autoritaria, brusca. Tenía marcado «RV Le Floc Pignel» en la agenda, ese día. Decidió que tenía que irse con ella. ¡Así! ¡Sin preguntar nada, ni a él ni a mí! Cuando protesté, me dijo que era la ley. Y cuando hubo que encontrarle un nombre, declaró que se llamaría Hervé Lefloc-Pignel, y que lo iba a dejar en una familia de acogida. Protesté, dije que yo era su familia de acogida, ella respondió que tenía que estar inscrito en una lista, que había un montón de gente esperando niños, que yo no me había inscrito. ¡Pero bueno! ¡Yo no esperaba ningún niño!

Se secó los ojos de nuevo, dobló su pañuelo, lo guardó en el bolsillo y limpió las migas del bollo de la mesa con la manga del jersey.

—Se marchó en tres minutos. Había pasado seis años conmigo. Gritó cuando ella se lo llevó, la arañó, la mordió, le dio patadas. Ella lo tiró dentro del coche y cerró con llave. Él gritaba: «¡Abuelito! ¡Abuelito!». Así era como me llamaba. Yo no era viejo en aquella época, pero me llamaba así... Creí morir. En una noche se me quedó el pelo blanco.

Se pasó la mano por el cabello, se alisó las cejas.

—No sé lo que hicieron con él, pero allí donde lo dejaban, se escapaba. Y volvía conmigo. En aquella época a los niños no se les hacía caso, ni que decir tiene que los niños abandonados no tenían derecho a opinar. Yo le había dicho una cosa, le había dicho estudia en el colegio, es el único medio de ser libre. Y me escuchó. Siempre el primero de la clase... Un día, durante una de sus innumerables escapadas, volvió sin Sophie. En la familia donde le habían dejado, el hombre estaba loco de atar, era un antiguo paracaidista. En su casa reinaba el terror, imponía una ley salvaje. Camas impecables, limpieza del váter con cepillo de dientes, sí jefe, no jefe ¡a sus órdenes jefe! A la menor falta, le pegaba. Tenía marcas de quemaduras por todo el cuerpo. La mujer no decía nada. Cuando lloraba, ella decía: «¡Haz lo que te dice el patrón! Es él quien tiene razón. ¡Hay que aprender a trabajar y a sufrir!». Habían acogido a varios chiquillos para tener mano de obra gratis. Ella nunca se ocupaba de ellos. Nunca. Tenía una relación muy fuerte con su hombre. Debía prepararse antes de que volviera del trabajo. Se colocaba un liguero, se ponía unas medias y ropa interior seductora. Se paseaba delante de los niños en sujetador y bragas. Él volvía, la acariciaba delante de los niños ¡y les obligaba a mirar para que aprendiesen las cosas de la vida! Me contaba que los pequeños, a veces, vomitaban de lo asqueados que estaban, él decía: «Yo no. ¡Yo miro a posta, para mostrarles que no me resbala!». El hombre le había impuesto ser el primero de la clase, si no sería castigado. Un día llevó malas notas. El loco cogió a Sophie y la masacró sobre la mesa de la cocina. A golpes de martillo. Y después, hizo una cosa terrible, le obligó a tirar el cuerpo destrozado de Sophie a la basura. Debía de tener trece años. Él se lanzó contra el hombre, intentó pegarle, el hombre no tuvo ni para empezar, llegó aquí cubierto de sangre... Pues bien, ¿saben qué?

La sangre le ardía en la cara y golpeaba la mesa con el puño.

—¡La asistente social volvió a buscarle! ¡Con su carpetita, su faldita ajustada y su pequeño moño! ¡Y se lo volvió a llevar! Él odiaba a esa mujer. Cada vez que se escapaba, venía a buscarle a mi casa, le buscaba otra familia de tarados que lo acogían para que cortase la leña, trabajara en el campo, segara el césped, pintara, lijara o limpiara la fosa séptica. Apenas le daban de comer, le pegaban, pero ella decía que había que domarle. Una sádica, le digo. Me ponía enfermo. Le perdí el gusto a todo. Abandoné el taller... En 1974, Giscard fijó la mayoría de edad a los dieciocho años. Dos años más tarde, Tom aprobó el bachillerato con matrícula. Con dieciséis años justos. ¡Ni siquiera sé cómo lo hizo! Se dedicó a sus estudios como un loco. Ya casi no venía a verme... La última vez que lo vi, llegó en plena noche, con un amigo. Estaban pasablemente achispados, decían que le habían dado una lección a la zorra... Incluso me dijo: «Me he vengado, he puesto el contador a cero». Yo le dije que no se podía poner el contador a cero a base de venganza. El amigo se rio. «¡Éste es idiota! No ha entendido nada». Me enfadé. Tom le pidió que se disculpara, porque yo continuaba llamándole Tom. El amigo se dio cuenta, me dijo: «No es Tom, es Hervé. ¿Por qué le llamas Tom? ¿Tienes algo contra Hervé?». Yo dije: «No, no tengo nada contra Hervé salvo que se llama Tom», y él dijo: «Bueno, pues qué casualidad porque yo también me llamo Hervé y yo también soy un niño de la asistencia social y yo también tuve a la zorra de Évelyne ocupándose de mi y fastidiándome la vida...».

—¿Se llamaba Hervé qué más? —preguntó Joséphine.

—No me acuerdo. Un apellido raro. Un apellido belga... Van no sé qué... Lo escribí en un cuaderno porque lo anoté todo después, cuando se fueron. Había tanta violencia en esa escena que lo escribí todo. A veces, cuando las cosas son demasiado violentas, las borramos de nuestra memoria, uno no quiere acordarse. Puedo buscarlo si quiere...

—Es muy importante, señor Graphin —dijo Joséphine.

—¿Le importa de verdad? —dijo alzando sus cejas blancas—. Se lo encontraré. Está en una caja... Mi caja de los recuerdos. No todo son cosas raras, ¿sabe usted?

Arrastró los pies hasta un estante, le pidió a Philippe que cogiese una caja llena de polvo.

Extrajo un cuaderno, lo abrió cuidadosamente, lo hojeó. El polvo se levantaba en ligeros copos y estornudó. Sacó de nuevo su pañuelo. Volvió al cuaderno secándose los ojos. Leyó una fecha: 2 de agosto de 1983.

—Van den Brock. Eso es, se llamaba Van den Brock. Había adoptado el apellido de su familia de acogida. Pero había permanecido dos años en un orfanato antes de que le adoptaran. Así fue como se conocieron, los dos Hervé. Nunca perdieron el contacto. Cuando vinieron, esa noche, habían decidido festejar el final de sus estudios. Debían de tener veintitrés o veinticuatro años. El alto maleducado había estudiado medicina; Tom se había licenciado en la Politécnica ¡y en muchas otras escuelas que ya no tengo fuerzas para recordar! Continuaron bebiendo toda la noche, al cabo de un momento le dije: «Pero ¿por qué has venido a verme?». Me contestó, mire, le leo la respuesta: «Es para terminar un ciclo, el ciclo de la infelicidad. Tú eres la única persona buena que he encontrado en mi vida...». El otro se había dormido sobre un banco y se quedaron los dos. Él me contó lo que había sufrido en todas sus familias, ¡había estado coleccionando locos! Se fueron por la mañana temprano. Fueron hasta París. Nunca volví a tener noticias suyas. Un día, abriendo el periódico local, me enteré de que se casaba con la hija de un banquero, Mangeain-Dupuy. La familia tiene un castillo, cerca de aquí. Iba por allí a buscar setas cuando era pequeño, siempre con miedo de que los perros de guardia le mordiesen el trasero, y nos hacíamos tortillas suculentas. Pensé que era una buena revancha...

Esbozó una pálida sonrisa y se frotó la pechera.

—No sé si ellos le acogieron bien. Llevaba el nombre de un pueblucho, a pesar de todo. No procedía de su mundo... Pero era brillante. En fin, eso era lo que decía el periódico. Hablaba también de una universidad americana, de puestos importantes que le habían ofrecido, así que ellos debieron de decidir entregarle a su hija. A mí no me invitaron a la ceremonia. Poco tiempo después, por una persona que trabajaba en el castillo, me enteré de la muerte de su primer hijo. ¡Terrible! Aplastado en un aparcamiento. Como Sophie la tortuga. Pensé, qué vida ésta, se ríe de nosotros. ¡Hacerle pasar por eso! ¡A él! Después he seguido su vida de lejos... Por los comentarios de la gente de la zona que trabajaban en el castillo, y que lo veían con su mujer y sus hijos. Se comenta que es raro, siempre muy brillante pero raro, que se enfada por nimiedades, que tiene obsesiones. Debe de ser desgraciado, ese hombre. No sé cómo se cura uno de una infancia así. ¡El pequeño Tom! Era tan gracioso cuando bailaba el vals con Sophie en el taller... Un vals muy lento para no aturdir a Sophie. Se la metía en la chaqueta, ella sacaba su cabecita y él le hablaba. Ya ven ustedes, yo nunca me he casado, nunca he tenido hijos, pero al menos no he sido infeliz.

—Así que se conocen desde la infancia... —murmuró Joséphine.

—Me han hablado a menudo de él —dijo Philippe—, ¡pero nunca me hubiese podido imaginar esa infancia! ¡Nunca!

Benoît Graphin levantó la cabeza y miró a Philippe directamente a los ojos. Su voz temblaba:

—¡Porque eso no es una infancia, por eso!

Había guardado su cuaderno, cerró la caja y meneó la cabeza en el vacío como si estuviera solo, como si ya se hubiesen marchado.

En el coche, Joséphine reflexionaba. Así que ya se conocían... Ésa era la famosa pista sobre la que profundizaba la inspectora antes de morir.

—¿Crees que tendríamos que prevenir a Iris? —dijo Joséphine—. Toda esta historia es bastante violenta...

—No te escuchará. Ella no escucha nunca. Persigue un sueño...

* * *

Hacía ocho días que se purificaba.

Ocho días que vivía recluida en el piso. Levantándose a la siete y media, cada mañana, para estar limpia cuando él viniese a dejarle la comida.

Llamaba a las ocho en punto y preguntaba: «¿Está usted levantada?», y si ella no respondía con voz alta y clara, la castigaba. Había pasado todo un día atada a su silla, por no haber oído el despertador una mañana. Había conservado su provisión de Stilnox escondida bajo el colchón y tragaba comprimidos para olvidar que ya no podía beber. Había perdido la noción del tiempo. Sabía que hacía ocho días porque él se lo recordaba. El décimo día, se casarían. Él se lo había prometido. Sería un compromiso. Un compromiso solemne.

—¿Y habrá un testigo? —había preguntado ella, los ojos bajos, las manos atadas a la espalda.

—Tendremos un testigo para los dos. Que tomará nota de nuestro compromiso antes de que se haga oficial ante los hombres...

Eso le iba bien. Esperaría. El tiempo necesario para que él tuviese todos los papeles para divorciarse. Él no hablaba nunca de divorcio sino siempre de matrimonio. Ella no hacía preguntas.

Ahora tenían una rutina. Ella ya no desobedecía y él parecía satisfecho. A veces la desataba y peinaba sus largos cabellos diciéndole palabras de amor: «Mi hermosura, mi perfección, eres sólo mía... No dejarás que se te acerque ningún hombre, ¿me lo prometes? Ese hombre con el que te vi una vez en el restaurante»... ¿Cómo lo había sabido? Estaba de vacaciones. ¿Había vuelto por un día? ¿La había seguido? Así que él la amaba, ¡la amaba! A ese hombre, ya no le dejarás acercarse, ¿verdad? Había aprendido a hablarle. No hacía nunca preguntas, no tomaba la palabra más que cuando él la autorizaba. Se preguntaba cómo lo harían cuando su mujer y sus hijos volviesen.

Por la mañana, él la despertaba. Depositaba él mismo el jamón blanco y el arroz sobre la mesa de la cocina. Ella debía estar limpia, vestida de blanco. Él pasaba un dedo por sus párpados, por su cuello, entre sus piernas. No quería olor entre sus piernas. Ella se dejaba la piel con jabón de Marsella. Ésa era la prueba más terrible: no debía traicionarse y apretaba los dientes para retener un largo gemido de placer. Pasaba un dedo sobre la pantalla de la televisión para ver si no había «polvo estático», otro por el alicatado, el parqué, por el manto de la chimenea. Parecía satisfecho cuando todo estaba limpio. Entonces él se volvía hacia ella y le rozaba la mejilla, una caricia muy suave que la hacía llorar. «¿Ves?», decía entonces, y era uno de los raros momentos en los que la tuteaba, «¿ves?, eso es el amor, cuando se da todo, cuando uno se entrega completamente, ciegamente, tú no lo sabías, no podías saberlo, vivías en un mundo tan falso... Cuando todos hayan vuelto, te alquilaré un apartamento y te instalaré allí. Estarás purificada y quizás podremos, si tu conducta es ejemplar, suavizar un poco las reglas. Me esperarás, deberás esperarme y yo me ocuparé de ti. Te lavaré el pelo, te bañaré, te daré de comer, te cortaré las uñas, te curaré cuando estés enferma y tú permanecerás pura, pura, sin que ninguna mirada de hombre te ensucie... Te daré libros para leer, libros que yo elegiré. Te volverás culta. Conocedora de cosas hermosas. Por la noche, te tumbarás con las piernas abiertas en la cama y yo me tumbaré sobre ti. Tú no deberás moverte, sólo soltar un pequeño gemido para mostrarme que sientes placer. Yo haré lo que quiera de ti y tú no protestarás nunca».

—No protestaré nunca —repetía ella levantando la voz.

Cuando encontraba un tenedor sucio sobre la mesa o granos de arroz, se enfurecía, la tiraba del pelo y gritaba: «¿Esto qué es, esto qué es? Está sucio, está usted sucia», y la golpeaba y ella se dejaba golpear. Le gustaba la angustia que precedía a los golpes, la tortura de la espera, ¿lo he hecho todo bien, voy a ser castigada o recompensada? La espera y la ansiedad llenaban su vida, cada minuto era importante, cada segundo de espera la llenaba de una felicidad desconocida, increíble. Esperaba el momento en el que le adivinaría feliz y satisfecho o, por el contrario, furioso y violento. Su corazón latía, latía, su cabeza daba vueltas. No sabía nunca. Ella se dejaba golpear, se echaba a sus pies y prometía no volver a hacerlo. Entonces él la ataba sobre la silla. Todo el día. Volvía a mediodía para hacerla comer. Ella abría la boca cuando él lo ordenaba. Masticaba cuando él lo ordenaba, tragaba cuando él lo ordenaba. A veces, parecía tan feliz que bailaban un vals en el piso. En silencio. Sin hacer ningún ruido, y era aún más hermoso. Ella apoyaba su cabeza contra él y él la acariciaba. Le daba incluso pequeños besos en el pelo y ella desfallecía.

Un día en el que ella había desobedecido, un día en que él la había atado, sonó el teléfono. No podía ser él. Él sabía que estaba atada. Había descubierto, asombrada, que no le importaba saber quién llamaba. Ya no pertenecía a este mundo. Ya no tenía ganas de hablar con los demás. No comprenderían lo feliz que era.

Por la noche, en su casa, él ponía una opera. Abría de par en par la ventana del salón y subía mucho el volumen. Ella escuchaba sin decir nada, arrodillada cerca de la silla. A veces, él bajaba el volumen para hablar por teléfono. O con el dictáfono. Se le oía en todo el patio. No importa, decía él, están todos de vacaciones.

Y después, apagaba la luz. Apagaba la música. Se iba a acostar.

O subía silenciosamente para verificar si ella dormía bien. Ella debía acostarse con el sol. No tenía derecho a la luz. ¿Que haría usted errando en un piso oscuro?

Ella debía estar acostada, la melena extendida sobre la almohada. Las piernas cerradas, las manos en el borde de las sábanas, y debía dormir. Él se inclinaba sobre ella, verificaba que estaba durmiendo, pasaba la mano por encima de su cuerpo y ella se sentía invadida por un placer inmenso, una ola inmensa de placer, que la dejaba mojada en su cama. Ella no se movía, sólo sentía cómo el placer la inundaba. Ella no sabía, cuando él entraba en la habitación, si iba a pegarle, a despertarla, porque había dejado un papel tirado en la entrada, o si iba a decirle palabras dulces, inclinado sobre ella, susurrando. Ella tenía miedo y era tan delicioso ese miedo, que se transformaba en ola de placer.

Al día siguiente, ella se lavaba aún con más cuidado que de costumbre para que él no sintiese olor corporal, pero con sólo pensar en la víspera, volvía a mojarse. Qué extraño es, nunca había sido tan feliz y ya no tengo nada mío. Ya no tengo voluntad. Se lo he dado todo.

Sin embargo, le desobedecía: escribía su felicidad en hojas en blanco que escondía detrás de la plancha de la chimenea. Lo contaba todo. Con detalle. Y eso le hacía revivir todo el placer y todo el miedo. Quiero escribir este amor tan hermoso, tan puro para poder leerlo y releerlo y llorar lágrimas de alegría.

He recorrido más camino en ocho días que en cuarenta y siete años de vida.

Se había convertido exactamente en la que él quería que fuera.

¡Por fin feliz!, murmuraba antes de dormirse. ¡Por fin feliz!

Ya no tenía ganas de beber y mañana, dejaría los comprimidos para dormir. No echaba de menos a su hijo. Él pertenecía a otro mundo, el mundo que ella había dejado.

Y después llegó la noche en la que él vino a buscarla para esposarla.

Ella le esperaba, descalza, con su vestido marfil y el cabello suelto. Él le había pedido que esperara en la entrada, como una hermosa novia que se prepara para avanzar por la nave de la iglesia. Ella estaba lista.

* * *

Esa noche, Roland Beaufrettot estaba furioso. Roía la boquilla de la pipa, escupiendo un jugo amarillo y echando pestes contra esta sociedad de mierda, que ya no sabe contener su mierda, y deja que cada uno se ocupe de la mierda que le toca.

Le habían avisado de una banda de raperos que buscaban un campo para hacer una «refparti». ¡Ya les daría él algo para repartir! Van a dejarme el campo perdido, esos drogadictos de mierda. También le habían dicho que iban buscando sitios por la noche. Pues bien, ¡no iban a quedar decepcionados, esos degenerados! Van a encontrarse en un abrir y cerrar de ojos en el punto de mira de mi escopeta y, sin que se den cuenta, les voy a lanzar una andanada de perdigones a los bajos del pantalón, y esos niñatos van a salir corriendo con los calzones cagados de miedo.

Estos campos, estos bosques, estos claros se los conocía de memoria. Sabía por dónde pasaban los ladrones de muguete, los ladrones de setas, los ladrones de castañas, los ladrones de conejos, los ladrones de aquello que era su jornada y le daba de comer. ¡No iba a dejar además que un montón de niñatos de mierda drogados, destrozaran sus tierras!

Así que avanzaba prudentemente por la maleza que bordeaba su campo. Qué hermoso, su campo; hermoso y bien cuidado. ¡Había que conocerlo para encontrarlo! Se pasaba el año mimándolo, quitando las piedras una por una, lo rastrillaba, lo araba, le daba de comer abono...

Estaba, pues, bien al abrigo, esperando a los «raperos» como dicen en la tele, cuando oyó el ruido de un coche, después de otro y vio pasar los dos automóviles frente a él. Anda, por fin voy a ver qué pinta tienen esos raperos. Sólo un vistazo antes de volarles los cojones, ¡suponiendo que tengan!

El primer coche se detuvo y aparcó casi bajo sus narices. Se echó hacia atrás para que no le vieran. Era finales de agosto, la noche era clara, la luna llena, bien redonda, una luna de ensueño que parecía una farola de ciudad. Le gustaba todo de su campo, incluso la luna que lo iluminaba. El segundo coche aparcó frente al primero, el capó de uno a una decena de metros del capó del otro.

Del primer coche salió un hombre. Alto, vestido con un impermeable blanco. Y del otro, otro hombre, muy delgado, casi esquelético. Acordaron algo durante un momento, como en el café con Raymond antes de jugar al tresillo, y después el hombre esquelético subió a su coche, encendió las luces largas y puso música. Una música extrañamente hermosa. No la música que ponen en la tele en los reportajes de las raves. Una música con graves, agudos, escalas y una voz de mujer bella como la luna, que se elevó en el bosque y embelleció todos los árboles de alrededor, los robles centenarios, los tiemblos, los álamos y los chopos que su padre había plantado justo antes de morir, y sobre los que velaba celosamente.

El hombre del impermeable blanco encendió también los faros largos y aquello formó una especie de bóveda luminosa. Las partículas flotaban en la luz de los faros y con la música que se alzaba como un manto, la escena era particularmente bonita. El del impermeable blanco hizo bajar de su coche a una hermosa mujer con largos cabellos negros, vestida con un vestido blanco, descalza. ¡Una como ésa no la tendré nunca en mi cama! Avanzaba con gracia y ligereza como si no tocara el suelo, como si los cardos no le picaran los pies. La pareja era hermosa, mágica, eso seguro. No parecían raperos, eso seguro también. Parecía que no tuvieran edad. Unos cuarenta años. Un aspecto elegante, un no sé qué jactancioso, como la gente que tiene dinero, que está acostumbrada a que los demás se hagan a un lado cuando cruzan... ¡Y la música! La música... Nada más que caaas, estaaas, diiiis y vaaaas lanzados a la noche como un homenaje a su bosque. ¡Nunca había oído una música tan hermosa!

Roland Beaufrettot bajó la escopeta. Sacó su cuadernito y, mientras todavía había algo de luz, anotó con la punta de su lápiz bien afilada, el número de las matrículas, la marca de los coches y pensó que quizás eran los organizadores que venían buscando un sitio. No los raperos, demasiado holgazanes para desplazarse, sino los productores... porque que no me vengan a decir a mí que no ganan pasta con las raves. ¡Eso también es un bisnes! A nosotros, los agricultores no nos aporta un céntimo, ¡pero seguro que se lo aporta a alguien!

Guardó el cuadernito, sacó sus prismáticos y miró a la mujer. ¡Qué guapa era! Realmente guapa. Sobre todo tenía un aspecto imponente... Pronto se haría completamente de noche y ya no vería nada. Pero si dejaban los faros de los coches encendidos, vería lo suficiente. No es posible, ésos no son raperos. ¡Ni siquiera los raperos jefes! ¿Pero qué hacen éstos aquí, entonces?

El hombre del impermeable blanco presentó al hombre esquelético a la mujer tan guapa, tan elegante, y ella inclinó la cabeza muy lentamente. Con mucha contención. Como si estuviese en su salón y recibiese a un invitado de postín. Después el hombre esquelético fue a bajar un poco la música. La hermosa pareja permaneció enlazada en medio del claro. Erguidos, guapos, románticos. El del impermeable blanco había pasado los brazos alrededor de la mujer y la enlazaba. Era una actitud muy casta. El esquelético volvió, se situó entre los dos, unió las manos como un sacerdote que comienza su misa, dijo algunas palabras a la mujer que ella respondió, con la cabeza gacha, palabras que él no escuchó. Después el esquelético se volvió al del impermeable blanco y le hizo una pregunta y el del impermeable blanco respondió alto y fuerte SÍ, QUIERO. Entonces el esquelético tomó la mano del hombre y la mano de la mujer, las juntó y declaró en voz muy alta, como si quisiera que todos los animales del claro estuviesen al corriente y acudieran para servirles de testigos: OS DECLARO UNIDOS POR EL VÍNCULO DEL MATRIMONIO.

¡Así que era eso! ¡Una boda romántica a la caída de la noche en su campo! ¡Córcholis! Se sentía honrado de que unos señores tan elegantes y una señora tan guapa vinieran a casarse en sus tierras. Estuvo a punto de salir de la maleza y aplaudir, pero no se atrevió a interrumpir la ceremonia. Todavía no habían intercambiado los anillos.

No hubo intercambio de anillos.

La mujer se apoyó contra el del impermeable blanco, sus largos cabellos flotando sobre los hombros, ligera en brazos del hombre y giraron, giraron en el claro. Bailaban el vals bajo la redonda luna llena, que sonreía como hace siempre la luna cuando está llena. ¡Qué bonito, qué emotivo! Bailaban a la luz de los faros, la mujer apoyada contra el hombre, el hombre protector y muy casto rodeándola entre sus brazos, haciéndola retroceder incluso un poco, para bailar según la etiqueta, como se ve en la tele en los programas de Nochebuena. El hombre esquelético había vuelto a subir el volumen de la música, mucho, incluso un poco demasiado, y esperaba apoyado en el capó, sin perder detalle.

La pareja bailaba lentamente, muy lentamente y Roland Beaufrettot pensó que nunca había visto un espectáculo tan hermoso. La mujer sonreía, la mirada baja, los pies descalzos en la hierba, y el hombre la sostenía con una especie de autoridad tranquila, de gracia de otro tiempo...

Y entonces, el hombre esquelético alzó los brazos al cielo como un semáforo, dio una palmada y gritó ¡AHORA! ¡AHORA! Y entonces el hombre del impermeable blanco sacó algo de su bolsillo, algo que brilló a la luz de los faros con un reflejo blanco, vivo, y lo hundió en el pecho de la mujer, firme, metódicamente, contando, un, dos, tres, un, dos, tres, mientras continuaba bailando y manteniéndola enlazada.

Estoy soñando, pensó Roland Beaufrettot, ¡Dios, no es posible! Bajo sus ojos un hombre apuñalaba a una mujer mientras bailaba, y la mujer se desplomaba sobre la hierba y se convertía en una larga mancha blanca. Y entonces el bailarín, sin mirarla, se volvió hacia el hombre esquelético y le ofreció, levantándolo al cielo como una ofrenda de druida, lo que parecía ser un puñal corto, el mismo que utilizaban para la caza del ciervo. Se lo tendió al hombre esquelético que lo recogió ceremoniosamente, lo secó, lo guardó en una especie de estuche —no se veía muy bien, no estaba seguro— y después volvió al coche, sacó una especie de gran bolsa de basura, volvió al lado del hombre del impermeable blanco y lentamente, doblaron a la mujer en dos, la introdujeron en la bolsa, la cerraron y, llevándola cada uno por un lado, fueron a tirarla al estanque, justo detrás.

Roland Beaufrettot se frotaba los ojos. Había dejado su escopeta, sus gemelos, y se había acurrucado sobre sus talones, bien al abrigo. Acababa de asistir a un asesinato en directo.

¡Ella no había hecho ni un gesto de protesta! No había lanzado un solo grito, había bailado hasta el final, y había muerto sin hacer ruido como un velo blanco arriado.

¡Dios, no es posible!

Los dos hombres volvieron al cabo de diez minutos. Volvieron al coche del hombre del impermeable blanco, sacaron una caja, la abrieron y derramaron una especie de piedrecitas por el campo, que dispusieron como si dibujaran un círculo. Están borrando las huellas, pensó Roland Beaufrettot, borran la sangre... Después se dieron la mano y se fueron cada uno por su lado. Los faros desaparecieron en la noche y el ruido de los motores se alejó.

¡Pero bueno!, exclamó Roland Beaufrettot, el culo en el suelo, pero bueno... Esperó a estar seguro de que lo dos coches no volvían, y salió del bosque. Quería ver lo que habían dejado en el suelo para borrar el rastro de su crimen. ¿Piedras, serrín?

Dirigió la linterna hacia el suelo y vio una decena de piedras gruesas, redondas y planas, marrones y amarillas, dispuestas en un círculo perfecto. Eran como si se dieran la mano, como si hiciesen un coro. Empujó una con la punta del zapato. La piedra se movió, le creció una patita, después otra, y una tercera... Soltó: «¡Me cago en la hostia puta!», echó a correr como alma que lleva el diablo y huyó de allí.

* * *

—Creo que voy a ir a ver a Garibaldi a contarle la historia del impresor —dijo Joséphine a Philippe—. Me gustaría saber también si han detenido a Luca...

—¿Quieres que vaya contigo?

—Creo que será mejor que no...

—Te esperaré aquí.

Habían vuelto a París. Philippe había cogido una habitación en el hotel. Deseaban pasar todavía un poco más de tiempo juntos. Clandestinamente. Zoé y Alexandre llegaban dentro de dos días. Dos días los dos, solos, en un París desierto. Joséphine marcó de nuevo el número de móvil de Iris. No respondió.

—Es extraño, está siempre colgada a su móvil... Me parece inquietante.

—Lo habrá apagado, no quiere que la molesten. Déjala vivir su pasión... Han debido de marcharse algunos días juntos.

—¿De verdad no te produce ninguna impresión saberla con otro?

—¿Sabes, Jo?, no tengo más que un deseo, y es que sea feliz y haré todo para que lo sea. Con Lefloc-Pignel o con otro... Pero tengo miedo de que se dé contra un muro con él. ¿Crees que se divorciará?

—No lo sé. No lo conozco suficiente... Debería ir a ver si está en casa...

—¡No! Quédate conmigo...

La había cogido entre sus brazos y ella se dejó llevar contra él, su boca contra su boca, inmóvil, probando un beso que no acababa nunca. Él la besaba, le acariciaba el cuello, su mano bajaba, atrapaba un seno, lo encerraba, ella se tendía contra él, hundía su boca en la suya, gemía. Él la arrastró hasta la cama, la tumbó y la mantuvo agarrada entre sus brazos, ella suspiró, sí, sí..., y percibió la hora en el reloj de caoba colocado sobre la chimenea.

Ella se liberó de su abrazo.

—¡Las diez! Tengo que ir a ver a Garibaldi... Tengo demasiadas preguntas en la cabeza.

Philippe gruñó, descontento. Lanzó un brazo para atraparla.

—Pero vuelvo enseguida...

Joséphine estaba explicando al guardia de la puerta del 36 del quai des Orfèvres que tenía que ver inmediatamente al inspector Garibaldi, cuando éste apareció por la escalera.

—¡Inspector! Tengo que hablar con usted, tengo novedades...

Él hizo una señal a dos compañeros para que le siguieran, y no se detuvo ante el rostro preocupado de Joséphine.

—Yo también tengo novedades, señora Cortès, y ahora no tengo tiempo.

Ella corrió a su lado.

—Es referente a los RV...

—¡Ya le he dicho que no tengo tiempo! La espero esta tarde. En mi despacho...

Empezó a decir «pero es importante...». Él ya se había ido y el coche arrancaba en el patio.

Volvió al hotel a encontrarse con Philippe.

—Tenía prisa, iba a cumplir una misión, pero le veré esta tarde...

—¿No te ha dicho nada?

—No... Tenía una expresión, ¿cómo decirte?..., una expresión que no me gusta.

Una expresión febril, inquieta, sombría. Aquello le recordaba algo. No sabía qué. Y siempre esa pregunta que daba vueltas en su cabeza, y que repitió a Philippe:

—¿Por qué no contesta?

—Cálmate. La conozco. Se ha olvidado del resto del mundo. Pronto será final de mes, su mujer y sus hijos van a volver, ya no serán libres para verse, no quieren que se les moleste...

—Quizás tengas razón. Me estoy preocupando por nada... Y sin embargo, hay algo que me turba en ese silencio...

—¿No será más bien el estar conmigo en el hotel lo que te incomoda?

—Es cierto que resulta extraño —murmuró—. Tengo la impresión de ser una mujer adúltera...

—¿Y eso no es delicioso?

—No estoy acostumbrada a la clandestinidad...

Estuvo a punto de preguntar: «¿Y tú?», pero se contuvo a tiempo.

Miró a Philippe a través de sus pestañas entornadas, y pensó que amaba a ese hombre con locura. Y ya que Iris, también, estaba enamorada... Parecerá extraño, al principio, eso seguro. Tendrá que acostumbrarse, esperar a que Zoé y Alexandre estén listos para saber la noticia. Hortense se alegrará. Siempre le gustó Philippe. Echaba de menos a sus hijas. Estaba deseando que volviesen. Zoé volvería pronto, ¿con quién se habría ido Hortense a Saint-Tropez? Ni siquiera se lo he preguntado...

Escuchó el sonido del móvil que anunciaba la llegada de un mensaje. Philippe murmuró: «¿Quién es?». Joséphine se levantó y fue a comprobarlo.

—Es Luca...

—¿Y qué dice?

—«¡Así que se ha desembarazado usted de mí!».

—Tienes razón, ¡ese hombre está loco! Entonces, ¿todavía no le han detenido?

—Aparentemente no.

—¿Y a qué esperan?

—¡Ya lo entiendo! —exclamó Joséphine—. ¡Garibaldi corría esta mañana para buscarle a él! ¡Iba a detenerle!

* * *

Cuando Joséphine llegó a la cita, Garibaldi la esperaba. Llevaba una bonita camisa negra y torcía la nariz y la boca como si fueran de goma. Ordenó que no le molestaran y le ofreció una silla a Joséphine. Se aclaró varias veces la garganta antes de empezar a hablar. No paraba de rascarse las uñas con los pulgares.

—Señora Cortès —comenzó—, ¿sabe usted si existe algún medio de ponerse en contacto con el señor Dupin?

Joséphine enrojeció.

—Está en París...

—Podemos contactarle, entonces.

Joséphine asintió con la cabeza.

—¿Puede usted pedirle que venga?

—¿Ha pasado algo grave?

—Preferiría esperar a que él esté aquí para...

—¿Es una de mis hijas? —exclamó Joséphine—. ¡Quiero saberlo!

—No. No es ninguna de sus hijas, ni el hijo de él...

Joséphine volvió a sentarse, aliviada.

—¿Está usted seguro?

—Sí, señora Cortès. ¿Puede usted llamarle?

Joséphine marcó el número de Philippe y le pidió que viniese al despacho del inspector. Llegó enseguida.

—Ha sido usted muy rápido —se sorprendió el inspector.

—Estaba esperando a Joséphine en el café de enfrente... Yo quería venir, pero ella prefirió verle a solas.

—Lo que le voy a comunicar no es nada agradable... Va a tener que ser fuerte y permanecer tranquilo.

—No se trata de las niñas, ni de Alexandre —le tranquilizó Joséphine.

—Señor Dupin... Hemos encontrado el cuerpo de su mujer en un estanque en el bosque de Compiègne.

Philippe palideció, Joséphine gritó: «¿Qué?», pensando que había oído mal. No era posible. ¿Qué podría estar haciendo Iris en el bosque de Compiègne? Era un error, era una mujer que se le parecía.

—No es posible.

—Y sin embargo —suspiró el inspector Garibaldi—, sabemos que es su cuerpo el que han encontrado... Yo la había visto y la recuerdo muy bien, porque la interrogué durante la investigación. Señora Cortès o usted, señor Dupin, ¿cuándo hablaron con ella por última vez?

—Pero ¿quién ha sido? —le interrumpió Joséphine.

Philippe estaba lívido. Tendió la mano hacia Joséphine. Ella no lo vio. Tenía la boca deformada por un sollozo mudo.

—Me gustaría saber quién habló con ella por última vez...

—Yo —dijo Joséphine—. Por teléfono, hace, digamos, no estoy segura, ocho, diez días.

—¿Y qué le dijo?

—Que vivía una gran historia de amor con Lefloc-Pignel, que nunca había sido tan feliz, que no debía llamarla más, que quería vivir esa historia en paz.. y que iban a casarse.

—¡Pues sí! Se la llevó al bosque prometiéndole matrimonio, hizo un simulacro de ceremonia y la apuñaló. Un agricultor lo vio todo. Tuvo la suficiente presencia de ánimo como para anotar los números de las matrículas. Y es así como los hemos podido identificar.

—Cuando usted dice «los» —preguntó Philippe— ¿a quién se refiere usted?

—Van den Brock y Lefloc-Pignel. Son cómplices. Se conocen desde hace mucho, mucho tiempo. Han actuado juntos.

—¡Eso es exactamente lo que venía a decirle esta mañana! —exclamó Joséphine.

—He enviado hombres a casa de Lefloc-Pignel y otros a Sarthe, donde Van den Brock pasa las vacaciones, para detenerle.

—Podríamos haberlo evitado si me hubiese escuchado...

—No, señora, cuando nos cruzamos esta mañana, su hermana ya estaba muerta. Yo corría a escuchar el testimonio del hombre que asistió al...

Tosió y puso su puño delante de la boca.

Philippe tomó la mano de Joséphine. Describió el viaje de vuelta en coche por las carreteras secundarias de Normandía, la parada en el lugar llamado «Le Floc-Pignel», la confesión del impresor. Joséphine le interrumpió para precisar cómo ella había oído hablar por primera vez del pueblo y del impresor, de la propia boca de Hervé Lefloc-Pignel.

—¡Se confió a usted! Es asombroso —dijo el inspector.

—Decía que me parecía a una tortuguita...

—Una tortuguita que nos ha ayudado mucho en esta historia de profundizar RV...

Le llegó el turno de contarlo todo.

A partir de las notas de la señora Bassonnière, se habían enterado de la historia de Lefloc-Pignel, el abandono cuando era niño, el origen de su nombre, sus diversas familias de acogida.

—No hemos reaccionado enseguida, no es una tara ser un niño abandonado y haber ascendido socialmente tras un matrimonio. El incidente del niño aplastado en el aparcamiento suscitaba más bien la compasión. Fue la capitán Gallois quien relacionó por primera vez a los dos Hervé.

—¿Cómo pensó en ello? No resulta evidente —preguntó Philippe, estrechando la mano de Joséphine en la suya.

—Su madre era asistente social en Normandía. Trabajaba en la Ayuda Social y se ocupaba, ella también, de asignar niños abandonados. Tenía una compañera, mayor que ella, la señora Évelyne Lamarche, una mujer dura, convencida de que todos esos niños no eran más que mala hierba, de hecho, tan convencida que ni siquiera se molestaba en buscarles un nombre que les fuera bien o les gustara. A los chicos, por ejemplo, les llamaba a todos sistemáticamente Hervé. Cuando la capitán leyó los dos nombres de pila sobre la misma declaración, en el momento de la muerte de la señorita de Bassonnière, recordó a esa mujer. Había crecido oyendo hablar de esa señora Lamarche. Su madre la evocaba a menudo, criticando su forma de hacer. «Va a convertir a esos niños en bestias furiosas». Comprobó la edad de los dos Hervé, echó un vistazo a las fichas del tío, y concluyó que podrían haber pasado por las manos de esa Lamarche. Tuvo lo que se llama una intuición. Pensó que esos dos habían compartido quizás la misma historia, que se conocían desde hacía mucho tiempo. Eso despertó una sospecha en su fuero interno. ¿Y si los dos hombres habían formado una especie de alianza maléfica? ¿Y si se habían aliado para vengarse de todos los que les trataban mal? Ahondó en esa pista. Llamó a su madre para informarse sobre esa señora Lamarche, saber si todavía vivía, qué había sido de ella. Estaba convencida de que se enfrentaba a un asesino en serie. Había estudiado muy seriamente el perfil de esos asesinos. Para saber cómo operaban, por qué... Encontramos sus notas, había anotado el título de un libro y copió numerosos pasajes. Los tengo aquí, en alguna parte de la mesa.

Buscó entre los papeles que tenía delante, apartó varios, y acabó encontrando las notas de la capitán.

—Aquí está, esto es... «En el origen de un crimen, existe casi siempre una humillación. Para repararla, el asesino en serie se apropia de la vida del otro, y ese crimen anula la humillación. Es un acto terapéutico que le permite reconstruirse como individuo. Cuando un obstáculo le contraria, incluso si se trata de un hecho tan fútil como un empujón en la calle o un café que le sirven tibio, ese acontecimiento amenaza la frágil imagen que tiene de sí mismo. Eso provoca un desequilibrio psicológico, que necesita restablecer sintiéndose de nuevo poderoso. Matar a alguien produce un sentimiento de potencia extrema. Se cree uno a la altura de Dios. Una vez que han matado, se sienten saciados, pero sufren un vacío que es necesario colmar y que les lleva a matar de nuevo». Ella había subrayado ese pasaje.

Se interrumpió y se hundió en su sillón.

—¡Lo que hubiera dado por tener una mujer como ésta en mi equipo! ¿Se dan ustedes cuenta?, ¡lo había entendido todo! En este trabajo, hay que saber asociar método e intuición. Una investigación no son sólo los hechos objetivos, es también invertir en ella todos los sentimientos, todo lo que uno ha vivido.

Era como si se hablara a sí mismo. Se dirigió de nuevo a ellos.

—Así que llamó a su madre para que le informase sobre la asistente social. Se enteró de que a Évelyne Lamarche la habían encontrado ahorcada, en su domicilio, cerca de Arras, en la noche del 1 al 2 de agosto de 1983.

—¡Es la fecha que nos dio el impresor! ¡La última vez que vio a Lefloc-Pignel, acompañado de Van den Brock! —exclamó Joséphine.

El inspector la miró y dijo: «¡Todo concuerda!».

—Les explico... En aquel momento se investigó el caso de la muerte de aquella mujer, que no tenía ningún antecedente depresivo. Había vuelto a su pueblo natal, cerca de Arras, vivía sola, sin amigos, sin hijos, pensaba presentarse a las elecciones municipales y se había convertido en una especie de personaje. Nadie creyó en el suicidio y sin embargo apareció efectivamente ahorcada. Eso confirmó las sospechas de la capitán Gallois: no era un suicidio, era un asesinato. ¿La venganza de un antiguo RV? La frase de su madre «va a convertir a esos niños en bestias furiosas» volvía una y otra vez a su mente. ¿Y si Évelyne Lamarche había pagado con su vida las humillaciones que había hecho sufrir antaño? La sospecha se cernió en torno a los dos Hervé. Debió de convocarles, interrogarles de nuevo y ciertamente cometer una imprudencia al hablarles. Sabía demasiado. Decidieron eliminarla.

—¿No desconfió? —preguntó Philippe, extrañado.

—No tenía suficiente experiencia. En cuanto a ellos, tenían mucha experiencia y nunca les habían cogido. Se creían todopoderosos. Si lee usted obras sobre asesinos en serie, verá que a medida que progresa su mortífera carrera, su vida fantasmagórica empieza a invadir el mundo real. Pierden el control de su existencia, viven en otro mundo, un mundo que han creado con reglas, leyes, ritos...

Joséphine pensó en las reglas de la vida conyugal colgadas en la pared del dormitorio de los Lefloc-Pignel. Al leerlas, había sentido miedo, como si estuviese en presencia de un cerebro enfermo. Tenía que haber prevenido a Iris, ponerla en guardia. Su hermana estaba muerta... No podía creerlo. No era posible. Eran sólo palabras que flotaban al salir de la boca del inspector, pero que iban a disolverse.

—El mundo real ya no existe, ellos parten a su mundo imaginario. La única cosa que seguía siendo real, a sus ojos, era su asociación: los dos Hervé. Van den Brock no mataba, no tenía la fuerza, corrompía a las mujeres, las acosaba sexualmente, pero no creo que pasara a la acción. Lefloc-Pignel, en cambio, mataba. Siempre por la misma razón: para vengarse, para reparar una humillación, fuere la que fuese. Aunque a nosotros nos parecía un detalle nimio.

—¿Fue después de la muerte de la señorita Gallois cuando empezaron a comprenderlo? —dijo Joséphine.

—Estábamos sobre la pista, pero caminábamos a tientas. ¿Por qué había pedido a su madre que le informara sobre la muerte de la asistente social? ¿Por qué no nos dijo nada de sus pesquisas? ¿Por qué había dejado las palabras «profundizar RV»? Y entonces apareció su pista, señora Cortès. RV, Hervé. Fue a partir de ese momento cuando comprendimos que llegábamos al final. Poco tiempo después, la madre de la señorita Gallois nos relató la conversación que había tenido con su hija, y nos confió los resultados de su investigación. Seguimos varias pistas antes de concentrarnos en ésa. Creímos por un momento que su marido, Antoine Cortès, podría ser el asesino. Lo que explicaría su negativa a declarar y a presentar denuncia. Pero hoy puedo confirmarle sin duda que está muerto...

Inclinó la cabeza hacia Joséphine como si presentara sus condolencias.

—Examinamos también el caso de Vittorio Giambelli. Ese hombre está enfermo, es un esquizofrénico, pero no es un criminal. De hecho, ha pedido él mismo seguir un tratamiento. Ha visto que enloquecía, después de haberle enviado a usted esa serie de mensajes y se ha entregado voluntariamente. Parecía aliviado por iniciar su cura...

—Me envió otro mensaje esta mañana.

—Debería ser ingresado en los próximos días.

—Así que no era él... —murmuró Joséphine.

—Así que volvimos a la pista de los dos Hervé. Tras la muerte de la capitán y la historia de los RV, sabíamos que íbamos por buen camino pero, para no alertar a los dos principales sospechosos, debíamos interrogar y aparentar que las sospechas recaían sobre todo el mundo... Estábamos cerrando puertas.

—Entonces el señor Pinarelli tenía razón cuando me decía que estaban lanzando una cortina de humo... —dijo Joséphine.

—Era importante que en ningún caso sospecharan nada... La madre de la capitán Gallois nos ayudó mucho. Encontró los periódicos de la época, supongo que ediciones locales, que contaban la extraña muerte de esa mujer fuerte a quien nadie había imaginado suicidándose. Aquello causó sensación hasta en Arras. ¡Y además, ahorcada! Las mujeres no se suicidan así, ahorcándose... Nos envió fotocopias de los periódicos de entonces y, al final de una página, encontramos una noticia breve, el relato de un suceso que había tenido lugar la noche misma en la que Évelyne Lamarche había muerto. Dos estudiantes habían molestado a una recepcionista de hotel a la que habían acusado de haberles «hablado mal», ella se había enfrentado a ellos y uno de los dos hombres le había pegado. Ella había presentado denuncia al día siguiente, y había dado los nombres de los dos agresores inscritos en el registro del hotel: Hervé Lefloc-Pignel, y Hervé Van den Brock. Los nombres no aparecían en el periódico, nos los dieron los gendarmes. No tenían nada que hacer por esa zona, venían los dos de París y habían pasado la noche en la región. Finalmente no durmieron en el hotel y se fueron justo después del altercado, pagando la factura de la cena...

—¿Habrían matado juntos a la asistente social? —dijo Philippe.

—Ella les había humillado cuando eran niños. Le pagaban con la misma la moneda. Y en mi opinión ese primer crimen, al permanecer impune, les animó a repetir. Habían terminado sus estudios con brillantez, iban a comenzar su vida activa y quisieron, imagino, lavar la afrenta de su infancia. Debieron sorprenderla en su casa por la noche, la humillaron, la aterrorizaron y después la ahorcaron... No había ninguna marca de violencia en su cuerpo. Parecía un suicidio, pero no lo era. Encontramos a la recepcionista del hotel. Recuerda muy bien el incidente. Le enseñamos la foto de los dos hombres entre otras muchas, les reconoció inmediatamente. Nuestra pista era cada vez más sólida, pero no teníamos ninguna prueba. Y sin pruebas, no podemos hacer nada...

—Y sobre todo ¿cómo relacionar todos los crímenes entre sí? —dijo Philippe, reflexionando en voz alta—. ¿Qué tienen en común todas las víctimas?

—Les humillaron... —dijo Joséphine—. La señora Berthier en un altercado con Lefloc-Pignel, por los estudios de su hijo, yo estaba allí, durante una reunión entre padres y profesores, me fui corriendo... Y la señorita de Bassonnière les había insultado en la reunión de copropietarios. También estaba allí. Esa tarde volví a pie con él. Me habló de su infancia... Pero ¿Iris? ¿Qué pudo hacerles?

—Por lo que yo imagino de ella —suspiró Philippe—, debió de esperar tanto de él, fantasear tanto, que se sintió decepcionada al ver que él se iba de vacaciones y se calentó. ¡Debió de llamarle de todo! No se encontraba bien, estaba desesperada, ese hombre era su última esperanza...

—A partir de ese momento —continuó el inspector—, vigilamos estrechamente a los dos hombres. Sabíamos que habían pasado una semana de vacaciones juntos en Belle-Îlle, y después Van den Brock se fue a su casa en Sarthe y Lefloc-Pignel volvió a París. Sabíamos también que frecuentaba a su hermana y habíamos apostado a un hombre día y noche para vigilar el edificio. No teníamos más que esperar a que cometiese un nuevo crimen y cogerle en el acto. En fin, quiero decir, justo antes..., por supuesto. No pensábamos que atacaría a su mujer...

—¡Entonces se sirvieron de ella como cebo! —exclamó Philippe.

—Vimos que la señora Cortès se marchaba pero, a partir de ese momento, no volvimos a ver a su esposa. Creímos que se había ido de París, ella también. Preguntamos a la conserje que nos lo confirmó. Su mujer le dijo que le guardara el correo, que se iba de vacaciones. El teniente encargado de vigilar el inmueble se concentró entonces en Lefloc-Pignel. Y para ser sinceros, no pensamos ni un momento que iba a tomarla con ella...

—¿También una intuición? —preguntó Philippe, irónico.

—Habíamos notado que era manso como un corderito con ella. Parecía que la adoraba. La cubría de regalos, la veía casi todos los días, la llevaba a comer. Parecía muy enamorado y ella parecía, siento decírselo, muy prendada... Flirteaban como si tuviesen veinte años. Él no tuvo ningún gesto fuera de lugar hacia ella. No desconfiamos...

—¡Y sin embargo estaba en el edificio! ¡Debieron de ver la luz, oír ruidos! —se rebeló Philippe.

—Nada. En su planta no había ni luz, ni ruido. Ni el menor signo de vida. Las persianas estaban cerradas. Debió de vivir recluida. Ni siquiera salía a hacer la compra. Por la noche, Lefloc-Pignel se quedaba en su casa. Todos los informes del hombre encargado de la vigilancia así lo dicen. Entraba, cenaba rápidamente, se instalaba en su despacho y ya no se movía. Escuchaba ópera, hablaba por teléfono, dictaba cartas. Las ventanas de su despacho estaban abiertas de par en par sobre el patio del inmueble. Eso hacía de caja de resonancia, se oía todo. No hubo ninguna llamada de Lefloc-Pignel a Van den Brock. Pensábamos que estaría pasando por un periodo de calma... El día mismo del crimen nos hizo creer que estaba en su casa. Fue la misma rutina que los otros días: una ópera, dos llamadas telefónicas, más ópera... De hecho, debió de grabar una cinta y la dejó puesta al salir a buscar a su mujer y llevarla hasta el claro. Había programado las luces para que pareciera que estaba en casa. En el mercado hay unos interruptores que pueden programarse, y que se encienden en distintas habitaciones a diferentes horas. La gente los utiliza para alejar a los ladrones cuando se ausentan. Ese hombre es temible. Frío, organizado, muy inteligente... Esa noche se oyó una ópera y después las luces se fueron apagando una tras otra, como cada noche. ¡A nuestro hombre le relevaron a media noche sin imaginar que el pájaro había volado!

—Pero ¿cómo ha podido matar a Iris con tanta frialdad? —exclamó Joséphine.

—A los ojos de un asesino en serie, la víctima no es nada. O como mucho, un objeto para realizar sus fantasías... Antes de matar a menudo puede ocurrir que «degrade» a su víctima. La humilla, adquiere control sobre ella, la aterroriza. Puede incluso organizar todo un ritual que llama «ritual de amor», en el que le hace creer que la maltrata por amor y ella lo consiente. Basta con que su hermana hubiese estado un poco desequilibrada... Ella entra entonces en su locura y todo es posible. Lo que nos ha contado el agricultor es muy revelador. Ella llegó voluntariamente, no estaba atada, ni se resistió, aceptó los votos nupciales, bailó con él sin intentar huir. Sonreía. Murió feliz. Ya no se pertenecía. ¿Sabe?, a menudo son hombres muy inteligentes y muy infelices, gente que sufre enormemente y que expresa ese inmenso dolor infligiendo terribles sufrimientos a sus víctimas...

—¡Me disculpará usted, inspector, si no me solidarizo con los sufrimientos de Lefloc-Pignel! —se encrespó Philippe.

—Intento explicarles cómo ha podido pasar... Nos gustaría registrar su piso para ver si ella ha dejado huellas de lo que fue su vida estos ocho últimos días... ¿Podría usted darnos un juego de llaves?

Tendió las manos hacia Joséphine. Ella miró a Philippe que asintió con la cabeza, y le dio las llaves al inspector.

—¿Tiene usted donde alojarse mientras tanto? —preguntó el inspector a Joséphine, que estaba perdida en sus pensamientos.

—No puedo creerlo —dijo—, es una pesadilla. Me voy a despertar... Pero ¿por qué me agredió a mí? Yo no le había hecho nada. Apenas le conocía cuando pasó.

—Había un detalle que nos intrigó y que había llamado ya la atención de la capitán Gallois. Nos indicó inmediatamente, en cuanto nos hicimos cargo del caso, que usted llevaba el mismo sombrero que la señora Berthier. Un peculiar sombrero de varios pisos. La noche que la atacaron, seguramente la confundió con la señora Berthier en la oscuridad. Ya había discutido con ella... Se fió del sombrero y ambas tenían una corpulencia similar.

—Ella me había dicho que lo peor cuando eres profesor, no son los alumnos, sino los padres. Lo recuerdo muy bien...

—¿La mató simplemente porque le había puesto en su sitio? —preguntó Philippe.

—Lefloc-Pignel es un hombre que no soporta ser ofendido. Ya nos dirá más cuando le interroguemos y sabremos más cuando hayamos dragado el estanque, porque pensamos que existen otros crímenes. Pero fíjese en la historia de la camarera... Es ejemplar. Un día sirvió a Lefloc-Pignel, derramó café sobre su impermeable blanco, y se excusó de manera que él juzgó impertinente. Él la trató con desprecio, ella le llamó «¡pobre tipo!». Eso bastó para desencadenar su rabia... La eliminó. Pero la eliminó también porque había llamado a Van den Brock «viejo Drácula perverso». Era muy guapa, y no lo ocultaba, Van den Brock la perseguía... No podía evitarlo. Eso le costó su carrera profesional. Ella se enfadó, le envió a paseo, amenazó con denunciarle por acoso sexual. Fue la amiga de la camarera, al volver de su viaje a México, quien nos contó el episodio del café derramado y las proposiciones de Van den Brock. Había firmado su sentencia de muerte.

—¿Nunca tuvo miedo de que le cogieran? —dijo Joséphine.

—Tenía una coartada preparada: Van den Brock afirmaba que estaba con él.

—¿También en el caso de la señorita Bassonnière?

—Sí. Los dos hombres estaban unidos por esos crímenes, compartían una exaltación común. La rabia de uno alimentaba la rabia del otro. Renovaban en cada ocasión la alianza creada en el momento de su primer asesinato...

—Y yo escapé a esa carnicería... —murmuró Joséphine.

—A usted, de alguna manera, la protegía. La llamaba «tortuguita». Nunca le provocó ni física ni moralmente. Nunca intentó seducirle, ni cuestionó su autoridad... Yo de ustedes protegería a los niños, y les alejaría de la prensa durante algún tiempo. Éste es el tipo de historias que vuelven locos a los periodistas en periodo estival. Ya me imagino los titulares: «El último vals», «Vals fúnebre en el bosque», «Baile trágico en el claro», «Un crimen tan hermoso»...

* * *

Hortense fue la primera en enterarse. Estaba en Saint-Tropez, sentada en la terraza de Sénéquier, desayunando con Nicholas. Eran las ocho de la mañana. A Hortense le gustaba levantarse temprano en Saint-Tropez. Decía que la ciudad no estaba todavía «estropeada». Había elaborado toda una teoría sobre la hora y la vida en el pequeño puerto. Habían comprado un montón de periódicos y leían observando el balanceo de los barcos, la marcha sosegada de los veraneantes, entre los que se encontraban los que surgían de la noche y tomaban un café antes de ir a acostarse.

Hortense lanzó un grito, dio un codazo a Nicholas que estuvo a punto de atragantarse con el cruasán, y llamó inmediatamente a su madre.

—¡Guau! ¡Mamá! ¿Has leído el periódico?

—Lo sé, cariño.

—¿Es verdad lo que dice?

—Sí.

—¡Pero es horrible! ¡Y yo que quería echarte en sus brazos! Él no está mal en la foto, pero Iris no sale precisamente favorecida... ¿Y Alexandre?

—Llega mañana, con Zoé.

—¡Harías mejor dejándoles en Inglaterra! Va a ver a su madre por todas partes en los periódicos. ¡Va a flipar demasiado!

—Sí, pero Philippe está aquí. Tiene muchas cosas que hacer y papeles que firmar. No se le puede esconder la verdad...

—¿Y cómo reaccionaron Alexandre y Zoé?

—Alexandre se quedó muy serio. Dijo: «¡Ah! Bueno..., ha muerto bailando» y nada más. Zoé lloró mucho. Alexandre volvió a coger el teléfono y dijo: «Yo me ocupo de ella». ¡Este chico es asombroso!

—A mí me parece preocupante.

—Lo mismo pienso yo...

—¿Quieres que vaya y me ocupe de los niños? Yo sabré cómo hacerlo y a ti, te imagino hecha una mar de lágrimas...

—No consigo llorar... Tengo las lágrimas atascadas en el fondo de la garganta. No consigo respirar...

—¡No te preocupes! ¡Saldrán de golpe y ya no podrás parar!

Hortense reflexionó un instante y dijo:

—Les llevaré a Deauville... ¡Desenchufaré la tele, la radio y no habrá periódicos!

—La casa está en obras. La tormenta arrancó el tejado.

—*Shit!*

—Y además Alexandre querrá seguramente ir al entierro. Y Zoé también...

—Bueno, voy para allá y me ocupo de ellos en París...

—La casa está precintada. Buscan huellas de los últimos días de Iris.

—Pues... ¡a casa de Philippe, entonces! Vamos todos allí.

—¿Con todas las cosas de Iris? No sé si es una buena idea.

—¡No iremos a dormir en un hotel!

—Pues sí... En este momento, Philippe y yo estamos en un hotel.

—Eso es una buena noticia. ¡Por fin una!

—¿Tú crees? —preguntó Joséphine, tímidamente.

—Sí, sí... —Hizo una pausa—. Bueno, para Iris, es genial morir así. Bailando en brazos de su príncipe azul. Ha muerto en un sueño. Iris habrá vivido siempre en un sueño, nunca en la realidad. Me parece que es un tipo de muerte que le va muy bien. Y además, ¿sabes?, me costaba verla envejecer. ¡Hubiera sido terrible para ella!

Joséphine pensó que, como panegírico, era un poco radical.

—¿Y a Lefloc-Pignel, le han detenido?

—Ayer, cuando estaba con el inspector, la policía fue a su casa para detenerle, pero desde entonces no tengo noticias. ¡Hay tantas cosas que hacer! Philippe ha ido a reconocer el cuerpo, yo no he tenido valor.

—En el periódico hablan de otro hombre... ¿Quién es?

—Van den Brock. Vivía en el segundo piso.

—¿Era un amigo de Lefloc-Pignel?

—Podemos llamarlo así...

Joséphine le oyó decir algo en inglés a Nicholas, pero no lo entendió.

—¿Qué decías, cariño? —atenta al menor síntoma de tristeza de Hortense.

—Le pedía a Nicholas que me diera otro cruasán... ¡Estoy muerta de hambre! ¡Voy a coger el suyo!

Se oyó un ruido de pelea al otro lado de la línea. Nicholas se negaba a darle su cruasán y Hortense le arrancó un trozo. Hortense prosiguió, con la boca llena:

—¡Bueno, mamá! Dile a Philippe que reserve una gran habitación en el hotel para Zoé, Alexandre y para mí. No te preocupes. Sé que es duro... pero saldrás de ésta. Siempre lo haces. Eres fuerte, mamá. No lo sabes, ¡pero eres fuerte!

—Qué buena eres. Eres realmente muy buena. Si supieras lo que yo...

—Todo irá bien, ya verás...

—¿Sabes?, la última vez que estuvimos juntas, estábamos en la cocina y ella me leyó el horóscopo y después, leyó el suyo y no quiso leer el apartado «Salud»... y yo le pregunté por qué y...

Joséphine estalló en sollozos, sollozos que se precipitaban y aparecían como lanzados con tirachinas.

—¿Ves?... —suspiró Hortense—. Te dije que saldría. ¡Y ahora no podrás parar!

Joséphine pensó que debería llamar a su madre. Marcó el número de Henriette. Gruesas lágrimas rodaban por sus mejillas. Recordaba a Iris en su habitación, eligiendo la ropa para ir al colegio y preguntándole si era guapa, la más guapa del edificio, la más guapa del colegio, la más guapa del barrio. «La más guapa del mundo», murmuraba Joséphine. «Gracias, Jo», decía Iris, «desde ahora serás mi primera dama de compañía». Y le daba un golpe con el cepillo sobre el hombro a modo de nombramiento.

Henriette descolgó y rugió: ¿Diga?

—Mamá, soy yo. Joséphine...

—Anda... Joséphine. ¡Una aparición!

—Mamá, ¿has leído el periódico?

—Que sepas, Joséphine, que leo el periódico todas las mañanas.

—Y no has leído nada que...

—Leo toda la prensa económica y después, realizo mis operaciones. Tengo valores que funcionan muy bien, otros que me preocupan, pero es la Bolsa y estoy aprendiendo.

—Iris ha muerto —dijo Joséphine.

—¿Iris ha muerto? ¿Pero qué me estás contando?

—Ha sido asesinada, en el bosque...

—Pero ¡no dices más que tonterías, hija mía!

—No, está muerta...

—¡Mi hija! ¡Asesinada! No es posible. Pero ¿cómo ha sucedido?

—Mamá, no tengo fuerzas para contártelo, ahora. Llama a Philippe, te lo explicará mejor que yo.

—Me has dicho que salía en los periódicos. ¡Qué vergüenza! Hay que impedirles que...

Joséphine había colgado. Ya no podía contener las lágrimas.

Philippe salió del cuarto de baño. Ella se refugió contra él y se frotó en la manga de su albornoz blanco. Él la sentó sobre sus rodillas y la abrazó contra sí.

—Ya pasará, ya pasará... —murmuró besándole el pelo—. No podíamos hacer nada por ella. Se ha perdido sola...

—¡Sí! Tendría que haberme quedado, no dejarla...

—Nadie podía imaginarse algo así. Ella siempre ha necesitado algo que la superara , y creyó que por fin lo había encontrado. Pero ni mi amor ni tu amor hubieran podido colmarla o curarla. No tienes nada que reprocharte, Jo.

—No puedo evitarlo...

—Es normal. Pero piénsalo y lo comprenderás. He vivido mucho tiempo con ella, le he dado todo. Era como un pozo sin fondo. Nunca tenía suficiente. Creyó encontrar su paraíso con él...

Hablaba como si razonara consigo mismo, para responder a los mismos remordimientos que Joséphine.

—Hortense acaba de llamar, se va a ocupar de Alexandre y de Zoé. He hablado con mi querida madre, le he dicho que si quería detalles, debía llamarte a ti. No me sentía con fuerzas para contárselo...

—Yo he hablado con Carmen. Quiere venir al funeral.

Hizo una lista de gente a la que había que avisar. Joséphine se dijo que debía hablar con Shirley. Y con Marcel y Josiane.

—No vendrán si va tu madre —remarcó Philippe.

—No, pero hay que avisarles...

Permanecieron largo rato abrazados. Pensaban en Iris. Philippe se decía que había muerto sin desvelar sus secretos, que no sabía gran cosa de su mujer. Joséphine recordaba escenas de su vida junto a su hermana, todas procedentes de la infancia.

Se abrazaron más fuerte.

—No consigo creérmelo... —dijo Joséphine—. Toda mi vida ha estado allí. Todo el tiempo... Era una parte de mí.

Él no dijo nada y la estrechó entre sus brazos.

* * *

Cuando Joséphine llamó a Marcel, fue Josiane quien respondió, estaba haciendo una mayonesa y le pidió dos segundos para terminarla. Junior agarró el teléfono. Joséphine oyó a Josiane gritar: «¡Junior!, ¡deja el teléfono!», pero Junior balbuceó:

—¡Joséphine! ¿é al?

Joséphine abrió los ojos como platos.

—¿Ya hablas, Junior?

—iiii...

—¡Estás muy adelantado para tu edad!

—¡Joéphine! ¡noté tiste! Yatá nel ielo...

—¡Junior! —Josiane había vuelto a coger el aparato y se excusó—. No quería que se me cortara la mayonesa... ¿Qué me cuentas? ¡Hace siglos que no sabemos nada de ti!

—¿No has leído los periódicos?

—¡Como si tuviera tiempo! ¡No tengo tiempo de nada en este momento! No paro ni un momento detrás del pequeño. Me hace dar vueltas como un ventilador. ¡Vamos de un museo a otro! ¡Con dieciocho meses! Menudo pasatiempo. ¡Tengo que contarle todo, explicárselo todo! ¡Mañana nos dedicamos al cubismo! ¡Y Marcel se ha largado a China! ¿Sabes que estuve enferma? Muy enferma. Qué enfermedad más extraña. Como una pesadilla. Ya te contaré. Tienes que venir sin falta a casa con las niñas...

—Josiane, quería decirte que Iris...

—De ésa nunca sabemos nada. No debemos tener la suficiente clase para ella.

—Está muerta.

Josiane lanzó un grito y Joséphine oyó a Junior repetir: «Tá nel ielo, tá bíen ahíba».

—Pero ¿cómo es posible? ¡Cuando se lo diga a Marcel se va a caer de culo!

Joséphine le contó en voz baja, Josiane la interrumpió:

—No te machaques, Jo. Ya es suficientemente penoso así... Si quieres venir a llorar a casa, tienes las puertas abiertas. Te haré un buen pastel. ¿Cómo te gustan los pasteles?

Joséphine soltó un pequeño sollozo.

—No estás para comer nada, en este momento. Se entiende, ¡pobrecilla!

—Eres muy buena —hipó Joséphine.

—Oye, ¿y los niños? ¿Cómo han reaccionado? No, no me lo cuentes. Se te van a escapar otra vez las lágrimas...

—Hortense, ella... —comenzó Joséphine.

—¿Ves? Es inútil, te vas a atragantar. A propósito de Hortense, dile que Marcel ha ido a Shanghai a cantarle las cuarenta a esa Mylène Corbier. Lo ha confesado todo: las cartas eran suyas, y Antoine, no sé si esto te va a poner peor, pero es cierto que murió devorado por un cocodrilo. Fue ella quien le encontró, así que está completamente segura. Piensa que quizás fue eso lo que le aflojó un tornillo... Le contó todo el pastel completo a Marcel, diciéndole que no tenía hijos y que quería adoptar a tus hijas, y que por eso les escribía, eso le aliviaba las penas y encima le permitía sentirse madre. Si quieres mi opinión ¡se ha vuelto majara!

—Hortense la había desenmascarado...

—Es eficaz tu hija. ¡Ah, sí! Esa Mylène dijo que el paquete te lo envió ella, para que tuvieses un recuerdo de Antoine y que la otra zapatilla se la quedó. No sé si esto te aclara algo, pero para mí, es como de Horace Vernet.

—¿Horace Vernet?

—Sí, el del claroscuro... Y el hermoso Philippe, ¿todavía enamorada?

Joséphine enrojeció y miró a Philippe, que estaba vistiéndose.

—Ese hombre es bueno como mi mayonesa, ¡que no se te corte!

Cuando Joséphine colgó, ella sonreía. Después pensó en Junior y pensó que ese niño era realmente fuera de lo común.

Ya no quedaba más que Shirley, pero sabía que Shirley untaría pomada sobre sus heridas. Esperó a que Philippe saliese para llamarla. Shirley decidió viajar en el primer avión.

—No sé si será necesario, ¿sabes? No va a ser muy divertido.

—Quiero estar contigo. A pesar de todo, se me hace muy extraño saber que está muerta...

La palabra rebotó en Joséphine y le provocó una mueca. Sintió que de nuevo brotaban las lágrimas. Shirley suspiró y repitió voy para allá, voy para allá, no llores, Jo, no llores.

—No puedo evitarlo.

—Recita palabras. Las palabras siempre te han calmado. ¿Sabes qué decía O. Henry?

—No... ¡Y me da igual!

—«No son los caminos que emprendemos, es lo que llevamos en el interior lo que hace que nos convirtamos en lo que somos». Eso define bien a Iris, creo. Tenía un gran vacío interior y quiso llenarlo. Tú no podías hacer nada, Jo, ¡no podías hacer nada!

* * *

Cuando los tres policías llamaron a la puerta de Hervé Lefloc-Pignel, eran las seis de la mañana.

Les abrió, fresco, afeitado. Llevaba una chaqueta de andar por casa verde botella, y un fular verde oscuro alrededor del cuello. Preguntó fríamente a los tres hombres qué era tan importante como para molestarle tan temprano. Los policías le ordenaron que les siguiera, tenían una orden de detención contra él. Él alzó una ceja de desprecio y les conminó a no hablarle desde tan cerca, uno de ellos olía a restos de tabaco.

—¿Y por qué razón vienen a molestarme a estas horas de la mañana?

—En razón de un bailecito en el bosque —dijo un policía— si sabes lo que quiero decir...

—Hay un paleto que os vio, a ti y a tu colega, trinchando a la bella señora. Estamos dragando el estanque. Lo tienes más bien mal, señorito, péinate un poco y síguenos.

Hervé Lefloc-Pignel se estremeció. Dio algunos pasos atrás y pidió permiso para cambiarse. Los tres hombres se miraron y asintieron. Él les hizo pasar al salón y fue a su habitación, seguido por uno de los tres inspectores.

Los otros dos iban y venían, y uno de ellos señaló con el dedo a las tortugas, detrás de una pared de cristal, entre hojas de lechuga y trozos de manzana.

—¡Bonito acuario! —dijo levantando el pulgar.

—No es un acuario, es un terrario. En un acuario se meten agua y peces, en un terrario, tortugas o iguanas.

—Pues sí que sabes, oye...

—Mi cuñado es un loco de las tortugas. Les habla al oído, las mima, llama al veterinario si se resfrían. No se puede bailar ni escuchar música demasiado alta en el salón, ¡las vibraciones perturban a las tortugas! Sólo le falta obligarnos a hablar en voz baja... y cuando andas ¡tienes que deslizarte lentamente!

—¡Está tan zumbado como el tío este!

—Yo no lo digo muy alto para que no se entere mi hermana, pero creo, en efecto, que no está bien de la azotea...

—¡Éste debe de tener un criadero! ¡Aquí hay un montón sobando!

—Es la época de reproducción. Deben de estar preñadas y se preparan para expulsar los huevos...

—Pensándolo bien, quizás por eso ha vuelto de vacaciones...

—Con los chalados uno nunca queda decepcionado...

Pegaron la nariz al cristal del terrario, rascaron la pared con las uñas, pero las tortugas no se movieron.

Se incorporaron, decepcionados.

—Oye, sí que le lleva tiempo vestirse a ése...

—Esos tíos se alicatan bien, ¡no salen en camiseta!

—¿Vamos a ver qué están haciendo?

En ese mismo instante, su compañero surgió en el salón gritando: «¡No he podido hacer nada, no he podido hacer nada, me pidió que me volviese cuando se cambiaba de gayumbos y ha saltado!».

Se precipitaron hasta la habitación. El suelo del cuarto estaba salpicado de pequeñas tortugas, de hojas de lechuga amarillas y verdes, de trozos de manzana, de guisantes, de pepinos, de peras, de higos frescos. La ventana estaba abierta de par en par.

Corrieron hasta el patio y vieron el cuerpo inerte de Hervé Lefloc-Pignel y, en su mano crispada, roto por la caída, el caparazón de una tortuga.

* * *

Hervé Van den Brock vio que se acercaba un Citroën C5 por el camino de grava de la entrada que llevaba a la casa de vacaciones, que su mujer había heredado a la muerte de sus padres. Levantó la vista del libro que estaba leyendo, dobló la página, posó el libro sobre el mueble de jardín al lado de su tumbona. Dejó el paquete de pistachos que estaba comiendo. No le gustó el ruido que hizo la gravilla al caer sobre el césped verde que un jardinero mantenía con exquisito cuidado. Esta gente no tiene ninguna educación. Tampoco le gustó el tono que emplearon para ordenarle que les siguiera.

—¿Por qué motivo? —preguntó, reprobador.

—Lo sabrá enseguida... —respondió uno de los dos hombres, aplastando su cigarrillo sobre la hierba verde y densa, mientras exhibía su placa de policía.

—Le ruego que recoja su colilla o llamo a mi amigo el prefecto... No le gustará nada enterarse de su falta de civismo.

—Estará aún más disgustado cuando se entere de lo que hacía usted en el bosque de Compiège la otra noche —respondió el más bajo, agitando un par de esposas que balanceaba negligentemente.

Hervé Van den Brock palideció.

—Debe de ser un error —dijo con voz más suave.

—Eso nos lo va a explicar usted —respondió el bajito abriendo las esposas.

—No vale la pena..., les sigo.

Hizo un gesto con la mano a su mujer, que trasplantaba brotes de bambú en una jardinera.

—Tengo un asuntillo que arreglar, estaré de vuelta muy pronto...

—O nunca... —rio el hombre, que había aplastado la colilla sobre el césped verde.

* * *

La voz de Joséphine se elevó, pura y melodiosa, en la oscura cripta del crematorio de Père-Lachaise.

—«Oh estrellas errantes, pensamientos inconstantes, os conjuro, alejaos de mí, dejadme hablar al Bien Amado, ¡dejadme el bienestar de su presencia! Tú eres mi alegría, eres mi felicidad, eres mi júbilo, eres mi día feliz. Eres mío, yo soy Tuyo, ¡y será así para siempre! Dime mi Bien Amado, ¿por qué has dejado que mi alma te buscase tanto tiempo, con tanto ardor, sin poder encontrarte? Te he buscado a través de la voluptuosa noche de este mundo. He atravesado montes y campos, perdida como un caballo sin riendas, pero Te he encontrado al fin y reposo, feliz, en paz, ligera en Tu seno».

Su voz se había estrellado contra las últimas palabras, y apenas tuvo fuerzas para balbucear: «Henri Suso, 1295-1366», para rendir homenaje al poeta que había escrito esa oda que ofrecía a su hermana, tendida entre flores. «Adiós, mi amor, mi compañera en la vida, mi deliciosa belleza». Dobló la hoja en blanco y volvió a su asiento en la cripta entre sus dos hijas.

La asistencia no era numerosa en el crematorio de Père-Lachaise. Se habían reunido Henriette, Carmen, Joséphine, Hortense, Zoé, Philippe, Alexandre, Shirley. Y Gary.

Había llegado de Londres esa misma mañana con su madre. Hortense no había podido impedir un pequeño gesto de sorpresa al verle en la suite del hotel Raphaël. Se había quedado quieta un momento, se había acercado a él, le había besado en la mejilla y había murmurado: «Gracias por venir». La misma frase que había pronunciado con Carmen o Henriette. Philippe había intentado reunir a algunas amigas de Iris: Bérengère, Agnès, Nadia. Había dejado un mensaje en sus móviles. Ninguna de ellas había respondido. Debían de seguir de vacaciones.

El féretro estaba cubierto de rosas blancas y largos ramos de iris de un violeta ardiente, salpicado de puntos amarillos. Una gran foto de Iris reposaba sobre un atril, y un cuarteto de cuerda de Mozart desgranaba sus arpegios de paz.

Joséphine había elegido los textos que cada uno leería por turnos.

Henriette se había negado, con el pretexto de que no necesitaba esos melindres para expresar su dolor. Estaba muy decepcionada con la sencillez de la ceremonia y la escasa asistencia. Se mantenía erguida, bajo su gran sombrero, y ni una lágrima mojaba el bonito pañuelo de batista con el que se taponaba los ojos, esperando soltar una lágrima que ilustrara la intensidad de su dolor. Había tendido a Joséphine una mejilla reticente. Era una de esas mujeres que no perdonan y toda su actitud indicaba que en su opinión la Muerte se había equivocado de pasajera.

A Carmen le costaba mantenerse derecha y lloraba, hundida en su silla, sacudida por vehementes sollozos que le zarandeaban los hombros. Alexandre miraba fijamente el retrato de su madre, solemne, el mentón firme, las manos cruzadas sobre su blazer azul marino. Intentaba recopilar recuerdos. Y sus cejas pertinazmente fruncidas demostraban que no era tarea fácil. No tenía de su madre más que instantes furtivos: besos apresurados, el rastro de un perfume, el ruido aterciopelado de paquetes llenos de compras, que ella soltaba en la entrada, gritando: «¡Carmen! Ya estoy aquí, prepárame un té humeante con dos minúsculas tostadas. ¡Me muero de hambre!», su voz al teléfono, exclamaciones de sorpresa, de glotonería, sus pies finos de uñas pintadas, su melena suelta que le permitía cepillar cuando se sentía feliz. ¿Feliz por qué? ¿Infeliz por qué?, se preguntaba él, estudiando el retrato de su madre, cuyos grandes ojos azules le quemaban por su extraña fijeza. ¿Acaso se construye una pena auténtica con todo eso? Había aprendido en su compañía lo que es una mujer muy guapa que se quiere libre, pero que no puede soltar la mano del hombre que la mantiene. De pequeño pensaba que ella interpretaba el papel de una hermosa cautiva, y él la veía detrás de las rejas. Cuando su padre colocó un grueso cirio blanco al pie del retrato, le había pedido encenderlo él mismo. Como último homenaje. «Adiós, mamá», había dicho encendiendo la vela. E incluso esas palabras le habían parecido demasiado solemnes para la hermosa mujer que le sonreía. Intentó enviarle un beso, pero se interrumpió. Ha muerto feliz, porque ha muerto bailando. Bailando... y esa idea reforzaba todavía más, si hubiese hecho falta, el sentimiento de que no había tenido madre, sino una hermosa extraña a su lado.

Zoé y Hortense se mantenían a ambos lados de su madre. Zoé había puesto su mano en la de Joséphine, apretándola hasta aplastarle los huesos, suplicando no llores, mamá, no llores. Era la primera vez que veía un ataúd desde tan cerca. Se imaginó el cuerpo frío de su tía, tumbado sobre la alfombra de rosas blancas y de iris. Ya no se mueve, ya no nos oye, tiene los ojos cerrados, tiene frío, ¿acaso quiere salir? Se arrepiente de estar muerta. Y es demasiado tarde. Nunca podrá volver. Y enseguida pensó, papá no está muerto en una caja tan bonita, murió desnudo, descarnado, debatiéndose entre filas de dientes afilados que lo destrozaron; aquello fue demasiado para ella y estalló en sollozos contra su madre que la acogió, adivinando por quién Zoé se atrevía por fin a expresar su terrible pena.

Hortense miró el papel sobre el que su madre había impreso el texto que debía leer y suspiró, ¡otra de las ideas de mamá! Como si tuviera ánimos para leer poesía. En fin... Escuchó hasta el final el cuarteto de cuerda de Mozart, y cuando llegó el momento en que debía leer el poema de Clément Marot, comenzó con voz temblorosa, cosa que detestó:

> Ya no soy el que fui...

Tosió, cogió un poco de aplomo. Y continuó valiente:

> Ya no soy el que fui
> Y ya no sabré jamás serlo
> Mi hermosa primavera y mi verano
> Dan el salto en la ventana.
> Amor, siempre fuiste mi señor,
> Te serví bajo todos los dioses.
> Ay, si pudiera dos veces nacer.
> ¡Cómo te serviría mejor!

Y entonces, la idea de que Iris podría levantarse del féretro, ir a sentarse entre ellos, reclamar una copa de champán, ponerse unas botas altas y completarlas con un pequeño top rosa fucsia de Christian Lacroix, estalló en sollozos. Lloró, furiosa, de pie, los brazos tendidos hacia delante como si intentara rechazar los litros de lágrimas que la devastaban. ¡Es culpa suya todo esto! ¡Esta puesta en escena macabra! Estamos aquí como imbéciles, lloriqueando en el fondo de una cripta siniestra, lamentándonos, recitando versos y escuchando a Mozart. ¡Y el otro, que me mira con su jeta entristecida de gran memo! ¡Ay! ¡Lo va a empeorar! No va a hacer eso, va a venir hacia mí y...

Y se echó en los brazos de Gary, que la abrazó como quien lleva un ramo de flores, posó su cabeza sobre la cima de su cráneo y la estrechó con fuerza, con mucha fuerza diciendo, no llores, Hortense, no llores. Y cuanto más la abrazaba, más ganas de llorar tenía ella, pero era un llanto extraño, no se parecía para nada al llanto de Clément Marot, era un llanto por otra cosa que no conocía muy bien, pero que era más dulce, más alegre, llanto como una especie de felicidad, de alivio, de gran alegría que le retorcía el corazón, que la hacía reír y llorar a la vez, como si fuera demasiado grande, demasiado borroso, demasiado evanescente, algo reconfortante que atrapaba entre los dedos. Él estaba allí, sin estar, le tenía y no le tenía, una especie de reconciliación antes de otra separación, quizás, no lo sabía. Y no tenía ganas de dejar de llorar.

¡Y además, jolines! Ya lo analizaría más tarde, cuando tuviese tiempo, cuando hubiese terminado con todos esos llantos, esa tristeza ahogada en los pañuelos, esas narices enrojecidas, esos pelos mal peinados. Se repuso, inspiró y comprobó, furiosa, que no había llorado en su vida, que era su primera vez y que justo tenía que hacerlo en brazos de Gary, ¡ese traidor a sueldo de Charlotte Bradsburry! Se soltó de golpe, fue a sentarse al lado de su madre y la agarró firmemente por el brazo, haciendo ver a Gary que el momento ternura había terminado.

Anunciaron que iba a tener lugar la incineración. Que podían esperar fuera. Salieron disciplinadamente en fila. Joséphine de la mano de sus hijas, Philippe sosteniendo la de Alexandre. Henriette, sola, evitando cuidadosamente a Carmen, que permanecía detrás. Shirley y Gary cerraban la marcha.

Philippe había decidido dispersar las cenizas de Iris en el mar, delante de su casa en Deauville. Alexandre estaba de acuerdo. Joséphine también. Había avisado a Henriette que declaró: «El alma de mi hija no reside en una urna, puede hacer lo que quiera con ella. En cuanto a mí, me voy a casa... Ya no tengo nada que hacer aquí». Carmen hizo lo mismo tras haberse derrumbado en brazos de Philippe, que le prometió que seguiría ocupándose de ella. Besó a Joséphine y se retiró como una sombra desolada por la avenida del cementerio.

Shirley y Gary fueron a visitar las tumbas. Gary quería ver las de Oscar Wilde y Chopin. Fueron con Hortense, Zoé y Alexandre.

Philippe y Joséphine se quedaron solos. Se sentaron en un banco, al sol. Philippe le había cogido la mano a Joséphine y la acariciaba suavemente en silencio.

—Llora, mi amor, llora. Llora por la vida que llevó, ya que hoy ha encontrado la paz.

—Lo sé. Pero no puedo evitarlo. Voy a necesitar tiempo para hacerme a la idea de que no la volveré a ver. La busco por todas partes. Tengo la impresión de que va a aparecer y se va a reír de nosotros y de nuestra cara triste.

Una mujer rubia, de cierta edad, caminaba hacia ellos. Llevaba sombrero, guantes y un traje sastre bien cortado.

—¿La conoces? —preguntó Philippe entre sus labios.

—No. ¿Por qué?

—Porque me parece que va a hablarnos...

Se incorporaron y la mujer llegó ante ellos. Parecía muy digna. Su rostro arrugado revelaba noches en vela y las comisuras de su boca caían como hilillos tristes.

—¿Señora Cortès? ¿Señor Dupin? Soy la señora Mangeain-Dupuy, la madre de Isabelle...

Philippe y Joséphine se levantaron. Ella les hizo seña de que no era necesario.

—He leído la esquela en *Le Monde* y quería decirles..., en fin, no sé cómo... Es un poco delicado... Quería decirles que la muerte de su hermana, señora, la de su mujer, caballero, no ha sido inútil. Ha liberado a una familia... ¿Puedo sentarme? Ya no soy una jovencita y estos acontecimientos me han agotado...

Philippe y Joséphine se echaron a un lado. Ella se sentó sobre el banco y ellos se colocaron a su lado. Ella posó sus manos enguantadas sobre su bolso. Levantó el mentón y, mirando fijamente al recuadro de césped que tenía delante, comenzó lo que debía ser una larga confesión, que Joséphine y Philippe escucharon sin interrumpirla, pues el esfuerzo que hacía esa mujer para hablar les parecía inmenso.

—Mi visita debe de parecerles descabellada, mi marido no quería que viniese, cree que mi presencia está fuera de lugar, pero me parece que es mi deber de madre y abuela realizar este acto...

Había abierto su bolso. Sacó de él una foto, la misma que Joséphine había visto en la pared del dormitorio de los Lefloc-Pignel: la foto de la boda de Hervé Lefloc-Pignel y de Isabelle Mangeain-Dupuy. La secó con el dorso de la mano enguantada y empezó a hablar.

—Mi hija, Isabelle, conoció a Hervé Lefloc-Pignel en el baile de la X, en la Ópera. Tenía dieciocho años, él veinticuatro. Ella era bonita, inocente, acababa de aprobar el bachillerato y no se creía ni hermosa ni inteligente. Tenía un terrible complejo de inferioridad frente a sus dos hermanas mayores que habían realizado brillantes estudios. Enseguida se enamoró muchísimo de él y, también enseguida, quiso casarse. Cuando nos lo contó, la pusimos en guardia. Voy a ser franca, no veíamos esa unión con buenos ojos. No precisamente por culpa de los orígenes de Hervé, no se equivoquen, sino porque nos parecía oscuro, difícil, extremadamente susceptible. Isabelle no quiso escucharnos y hubo que consentir esa unión. La víspera de la boda, su padre le suplicó por última vez que renunciara. Entonces ella le dijo a la cara que, aunque él tenía miedo de que hiciese un mal casamiento, a ella le importaba un bledo si él hubiera nacido en una chabola o en un palacio. Ésas fueron sus palabras exactas... No insistimos más. Aprendimos a disimular nuestros sentimientos y le acogimos como nuestro yerno. El hombre era brillante, es verdad. Difícil, pero brillante. En un momento dado supo sacar el banco familiar de un terrible aprieto y a partir de ese día, lo tratamos como a un igual. Mi marido le ofreció la presidencia del banco y mucho dinero. Se relajó, parecía feliz, sus relaciones con nosotros fueron más fluidas, Isabelle resplandecía. Estaba encinta de su primer hijo. Parecían muy enamorados. Fue una época bendita. Nos arrepentimos de haber sido tan... conservadores, tan desconfiados con él. Hablábamos a menudo cuando estábamos solos, mi marido y yo, de ese giro de la situación. Y después...

Se interrumpió, emocionada, y su voz se puso a temblar.

—... Nació el pequeño Romain. Era un bebé muy hermoso. Se parecía terriblemente a su padre, que estaba loco por él. Y... ocurrió el drama que ustedes seguramente conocen... Isabelle había dejado la silla de bebé de Romain sobre la calzada de un aparcamiento subterráneo, el tiempo justo para guardar unas compras... Fue un drama horrible. Fue el padre el que recogió al pequeño Romain y le llevó al hospital. Era demasiado tarde. De la noche a la mañana, cambió. Se encerró en sí mismo. Tenía terribles ataques de cólera. Casi no venía a vernos. Mi hija, a veces. Pero cada vez menos... Nos decía simplemente que él pensaba que estaba «maldito», que la pesadilla volvía a empezar, pero la pesadilla, fue ella la que acabó sufriéndola. Creo que se sintió terriblemente culpable, que se creyó responsable de la muerte del pequeño Romain, y que nunca se lo perdonó. Había sido educada en la fe cristiana y pensaba que debía expiar su falta. Vimos cómo se apagaba poco a poco. Sospecho que tomaba calmantes, que abusaba de ellos, vivía en una especie de terror permanente. El nacimiento de sus otros hijos no cambió nada. Un día, ella pidió ver a su padre, le dijo que quería marcharse, que su vida se había convertido en un calvario. Le contó la historia de los colores, lunes verde, martes blanco, miércoles rojo, jueves amarillo, la estricta observación de las consignas que él había dictado. Añadió que podía soportarlo todo, pero no quería que aquella infelicidad cayera sobre sus hijos. Cuando Gaétan, para rebelarse, se puso un jersey escocés —un jersey que debió de pedir prestado a un amigo—, fue atrozmente castigado y la familia entera con él. Isabelle estaba prácticamente agotada. Temía continuamente algún incidente, vivía al borde del ataque de nervios, temblaba ante la menor pequeñez. Mi marido, ese día, le dio una respuesta de la que después se arrepintió. Le dijo: «Tú lo quisiste y lo tuviste, te habíamos avisado», y peor aún, intentó hablar con Hervé: «Isabelle quiere dejarle, ¡ya no puede más! ¡Domínese!». Creo que esas palabras fueron dinamita. Se sintió rechazado por su mujer, debió de pensar que iba a perder a sus hijos; creo que a partir de ese día se volvió realmente loco. En el banco nadie se daba cuenta de nada. Seguía siendo igual de eficaz y mi marido no quería pasarse sin él. Se había jubilado y estaba contento de tener a su yerno en su puesto. Eso contentaba a todo el mundo: a mi marido, a las hermanas de Isabelle y a los otros socios que se apoyaban en él y recogían los dividendos. Se comentaban sus manías inquietantes, pero ¿quién no tiene pequeñas manías, al fin y al cabo?

Hizo una pausa, levantó un mechón del moño que sobresalía y lo volvió a poner en su sitio, alisándolo con los dedos.

—Cuando nos enteramos de lo que había pasado, evidentemente, pensé en ustedes, pero sobre todo, sobre todo me sentí liberada de un gran peso... ¡E Isabelle! Entró en mi habitación, tuvo tiempo de decirme: «¡Soy libre, mamá, soy libre!», y se derrumbó. Estaba agotada. Hoy está en manos de un psiquiatra... Los dos chicos se sintieron también aliviados. Detestaban a su padre al que sin embargo nunca denunciaron. Con Domitille va a ser más complicado. Se ha convertido en una chiquilla problemática, perturbada. Va a necesitar tiempo. Tiempo y mucho amor. Eso es lo que quería decirles, lo que quería que supiesen. Su mujer, señor, y su hermana, señora, no ha partido en vano. Ha salvado una familia.

Se levantó tan mecánicamente como se había sentado. Sacó una carta del bolso, y se la dio a Joséphine:

—Es de Gaétan, me ha encargado dársela a usted...

—¿Qué va a hacer ahora? —murmuró Joséphine, estremecida por la larga confesión.

—Los hemos inscrito a todos en un excelente colegio privado en Rouen. Con el apellido de su madre. La directora es amiga mía. Podrán tener una educación normal sin ser el blanco de todos los cotilleos. Mi hija va a recuperar su apellido de soltera. Desea que los niños cambien también de apellido. Mi marido tiene contactos, no debería plantear problemas. Les agradezco haberme escuchado y les ruego perdonen la extrañeza de mi cometido.

Les hizo una pequeña señal con la cabeza y se alejó como había venido, pálida silueta de otro tiempo, mujer fuerte y sumisa a la vez.

—¡Que mujer tan extraña! —susurró Philippe—. Rígida, fría y, sin embargo, atenta. La Francia de las Grandes Familias de antaño. Todo va a volver a estar en orden. En qué orden, no lo sé. Me gustaría saber en qué se convertirán sus hijos..., para ellos va a ser más complicado. El regreso al orden no bastará.

—Philippe, no se lo digas a nadie, pero creo que vivimos en un mundo de locos...

Fue entonces cuando leyó el nombre en el sobre que le había entregado la madre de Isabelle Mangeain-Dupuy.

Era una carta de Gaétan para Zoé.

* * *

Al día siguiente, se reunieron todos en la suite del hotel Raphäel. Philippe había hecho subir unos sándwiches club, Coca Cola y una botella de vino tinto.

Hortense y Gary se rozaban, se evitaban, se atraían, se rechazaban. Hortense espiaba el móvil de Gary. Él le proponía salir, ir al cine, ella respondía: «Por qué no», pero entonces, el teléfono sonaba, el respondía, era Charlotte Bradsburry. Su voz cambiaba, Hortense se detenía en el umbral de la puerta, le lanzaba una mirada furiosa y decía que ya no quería ir al cine.

—¡Venga! ¡Eres tonta! ¡Vamos! —decía él tras haber colgado.

—¡Ya no tengo ganas! —decía ella, huraña.

—Yo sé por qué —sugería él, sonriendo—. ¡Estás celosa!

—¿De ese vejestorio? ¡Jamás en la vida!

—Entonces vamos al cine... ¡Si no estás celosa!

—Estoy esperando una llamada de Nicholas... y después, ya veré.

—¿De ese pingüino?

—¿Estás celoso?

Joséphine y Shirley se reían a escondidas.

Philippe propuso a Alexandre y a Zoé ir a ver la vidriera del Grand-Palais.

—¡Yo voy! —dijo Hortense, ignorando a Gary, que atrapó la invitación al vuelo y la siguió.

—¡Por fin solas! —exclamó Shirley cuando se marcharon—. ¿Y si pidiéramos otra botella de este excelente vino?

—¡Vamos a coger una trompa!

Shirley descolgó el teléfono, pidió que le subiesen la misma botella y, volviéndose hasta Joséphine, añadió:

—¡Es la única forma de hacerte hablar!

—¿Hablar de qué? —dijo Joséphine lanzando al aire sus zapatos—. No diré nada. ¡Incluso bajo la tortura de un buen vino!

—Estás radiante... ¿Es Philippe?

Joséphine posó dos dedos sobre su boca para indicar que no diría nada.

—¿Vais a vivir juntos el año que viene?

Ella miró a Shirley y sonrió.

—Entonces ¿vais a vivir juntos?

—Aún es muy pronto... Alexandre tiene que acostumbrarse.

—Y Zoé.

—Zoé también. Es preferible que siga una temporada a solas con ella. Iremos a Londres los fines de semana o ellos vendrán a París. Ya veremos.

—¿Ella volverá a ver a Gaétan?

—Le llamó ayer. Le aseguró que para ella seguía siendo Gaétan, quien hacía dar saltos a su corazón, que Rouen no estaba tan lejos de París, ¡y que yo era una madre más bien enrollada!

—No se equivoca. ¿Y él?

—Lo de él es menos color de rosa. Tiene mucho miedo de parecerse a su padre y volverse loco. No duerme, tiene pesadillas terribles. Su abuela le ha mandado al psicólogo...

—Pues el psicólogo va a tener que encargarse de toda la familia...

Llamaron a la puerta y un camarero trajo la botella de vino. Shirley sirvió un vaso a Joséphine, brindaron.

—Por nuestra amistad, *my friend*, dijo Shirley. ¡Que siga siendo siempre bella y tierna y dulce y fuerte!

Joséphine iba responder cuando sonó el teléfono. Era el inspector Garibaldi, Le informaba de que podía volver a su piso.

—¿Ha encontrado usted algo?

—Sí. Un diario que escribía su hermana...

—¿Puedo leerlo? Me gustaría comprender.

—Lo he mandado esta mañana al hotel, le pertenece. Ella había pasado a otro mundo... Lo comprenderá leyéndolo.

Joséphine llamó a recepción. Enseguida le subieron un sobre.

—¿Te molesta si lo leo ahora? —dijo a Shirley—. No voy a poder esperar. Me gustaría tanto comprender...

Shirley hizo la seña de que esperaría en la habitación vecina.

—No. Quédate conmigo...

Joséphine abrió el sobre, sacó una treintena de hojas y se hundió en ellas. A medida que leía, palidecía.

Tendió las hojas a Shirley, en silencio.

—¿Puedo? —preguntó Shirley.

Joséphine asintió y corrió al cuarto de baño.

Cuando volvió, Shirley había terminado y miraba fijamente al vacío. Joséphine fue a sentarse a su lado y posó la cabeza sobre su hombro.

—¡Es horrible! Cómo ha podido...

—Yo sé exactamente lo que ha sentido. Yo he conocido ese estado.

—¿Con el hombre de negro?

Shirley asintió. Permanecieron silenciosas, pasando y repasando las hojas, estudiando la elegante letra de Iris que, al final no era más que una serie de borrones sobre la hoja en blanco.

—Parecen borrones de colegial —dijo Joséphine.

—Es exactamente eso —dijo Shirley—. Él la redujo a un borrón y la infantilizó. Hay que tener una fuerza terrible para escapar a esa locura...

—¡Pero hay que estar loco para entrar en ella!

Shirley dirigió hacia ella un rostro marcado por una nostalgia extraña.

—Entonces yo también estuve loca...

—¡Pero tú has salido! ¡No te quedaste con ese hombre!

—¡A qué precio! ¡Pero a qué precio! Y todavía lucho todos los días para no volver a caer. ¡Ya no puedo dormir con un hombre sin morirme de aburrimiento de lo soso que me parece! Es una adicción, como la droga, el alcohol o el tabaco. No puedes prescindir de ello. Todavía sueño con ello. Sueño con esa dependencia total, con esa pérdida de conciencia de uno mismo, con esa voluptuosidad extraña hecha de espera, de dolor y de alegría, la sensación de cruzar cada vez la frontera... De llevar los límites hasta un peligro mortal. Ella caminó hacia su muerte, pero puedo asegurarte que caminó feliz, ¡feliz como ella no lo había sido antes!

—¡Estás loca! —gritó Joséphine separándose de su amiga.

—Me salvó Gary. El amor que sentía por Gary. Fue él quien me permitió salir del hoyo... Iris no era una madre.

—¡Pero tú eres normal! ¡Dime que eres normal! ¡Dime que no estoy rodeada de locos! —gritó Joséphine.

Shirley dejó caer una mirada extraña en la mirada enloquecida de pronto de Joséphine y murmuró:

—¿Quién es «normal», Jo? ¿Quién no lo es? *Who knows?* ¿Y quién decide la norma?

* * *

Joséphine se puso sus zapatillas de jogging y llamó a Du Guesclin. Estaba acostado delante de la radio y escuchaba TSF Jazz moviendo el trasero. Era su emisora de radio favorita. Se pasaba horas escuchándola. En las pausas publicitarias, partía a olisquear su escudilla o a echarse a los pies de Joséphine, ofreciéndole su vientre para que se lo rascara. Después volvía. Cuando una trompeta desafinaba en los agudos, se ponía las patas sobre las orejas y balanceaba la cabeza dolorosamente.

—¡Venga, Du Guesclin, nos vamos!

Tenía que moverse. Tenía que ir a correr. Presionarse, forzar su cuerpo, el rodillo de dolor que la aplastaba. No quería arriesgarse a morir de nuevo. Pero ¿cómo es posible? ¿Cómo me puede doler tanto cada vez? No me curaré nunca, nunca.

¡Menos mal que estás aquí, tú! Con tu cara de bandido herido, murmuró a Du Guesclin. Cuando la gente se acercaba a ella y preguntaba con tono de sorpresa: «¿Es su perro?», queriendo decir: «¿Lo ha elegido usted tan negro, tan pesado, tan feo?», ella se rebelaba y decía: «¡Es MI perro y no quiero otro!». Aunque no tenga cola, tenga una oreja rota, un ojo seco, tenga calvas en algunos sitios, esté cosido a cicatrices, tenga el cuello grueso y la cabeza hundida en los hombros. No conozco otro más hermoso. Du Guesclin se pavoneaba, orgulloso de haber sido defendido con tanta determinación, y Joséphine decía: «Ven, Du Guesclin, esa gente no tiene ni idea».

Debe ser siempre así cuando se ama. Sin condiciones. Sin juzgar. Sin establecer criterios, preferencias.

Yo no era lo bastante buena, ¿verdad? Nunca soy lo bastante buena. No lo bastante, no lo bastante, no lo bastante... Esa cantinela me ha amargado mi infancia, me ha amargado mi vida de mujer y se prepara a sabotear mi amor.

Poco después de la muerte de Iris, había llamado a Henriette. Le había pedido si era posible encontrar fotos de Iris y ella cuando eran niñas. Quería enmarcarlas. Henriette había respondido que sus fotos estaban en el trastero, que no tenía tiempo de ir a buscarlas y ordenarlas.

—Y de hecho, Joséphine, creo que es preferible que no me llames más. Ya no tengo hija. Tenía una y la he perdido.

Y la rompiente de olas la había aplastado, se la había llevado, la había lanzado a alta mar, hacia una muerte segura. Desde entonces, todo estaba borroso. Perdía pie. Nada ni nadie podía salvarla. Sólo podía contar con ella, con sus fuerzas para poder salvarse.

Esa mujer, su madre, tenía la capacidad absoluta de matarla cada vez. Tener una madre que no te quiere no tiene cura. Te crea un agujero en el corazón y hace falta muchísimo amor para llenarlo. Nunca estás satisfecho, siempre dudas de ti mismo, te dices que no eres agradable, que no vales un pimiento.

Quizás Iris sufría también ese mal... Quizás fue por esa razón por la que corrió hacia esa locura de amor. Lo aceptó todo, lo sufrió todo, él me quiere, decía, ¡me quiere! Creía haber encontrado un amor que llenaba el pozo sin fondo.

Y yo, Du Guesclin, ¿qué quiero yo? Ya no lo sé. Sé del amor de mis hijas. El día de la cremación estábamos unidas, con las manos entrelazadas, y es la primera vez que sentí que las tres éramos una. Me gustó esa operación aritmética. Ahora, tengo que aprender a amar a un hombre.

Philippe se había marchado y ahora le tocaba ser la silenciosa. Al partir había dicho: «Te esperaré, Joséphine, ¡tengo todo el tiempo del mundo!», y la había besado suavemente, apartando los mechones de su pelo, como si apartara los mechones de una ahogada.

«Te esperaré...».

Ya no sabía si sabía nadar.

Du Guesclin vio sus zapatillas de jogging y ladró. Ella sonrió. Él se levantó con la gracia de una foca tumbada en un banco de hielo.

—¡Estás realmente gordo, eh! ¡Tienes que moverte un poco!

Dos meses sin correr, no es extraño que empiece a acumular grasa, parecía decir estirándose.

En la planta de los Van den Brock, se cruzaron con la señora de una agencia que enseñaba el piso. «A mí no me gustaría instalarme en el piso de un asesino, declaró Joséphine a Du Guesclin, ¡quizás no les han dicho nada!». Al dragar el estanque del bosque de Compiègne, los hombres rana habían encontrado tres cuerpos de mujer en bolsas de basura lastradas con piedras. El inspector Garibaldi le había informado de que había dos tipos de víctimas: las que abandonaban en la vía pública y las que tenían derecho a un «tratamiento especial». Como Iris. Estas últimas, en su mayoría, eran «preparadas» por Lefloc-Pignel que las «ofrecía» después a Van den Brock, según un ritual de purificación ideado por los dos hombres. Van den Brock esperaba en prisión que le juzgaran. La instrucción estaba abierta. Había tenido lugar la confrontación con el agricultor y la recepcionista del hotel quienes, ambos, le habían reconocido. Él continuaba negándolo, diciendo que sólo había sido un testigo y que no había podido impedir la locura asesina de su amigo. La noche del crimen había burlado la vigilancia del policía encargado de seguirle, y había entrado en un coche de alquiler que había aparcado a quinientos metros de su casa. ¡Si a eso no se le llama premeditación!, se indignó Joséphine. Además, había dejado su propio coche, a la vista, delante de su casa. El policía no había visto nada. El juicio tendría lugar en dos o tres años. Entonces habría que revivir la pesadilla...

* * *

Era otoño y las hojas adquirían un tono dorado. ¡Un año ya! Un año que doy vueltas alrededor de este lago. Hace un año, iba a ver a Iris a la clínica y deliraba, acusándome de haberle robado su libro, a su marido y a su hijo. Sacudió la cabeza para librarse de esa idea, afín con el color negro de los troncos de los árboles desnudos por los primeros fríos. Un año también desde que creí percibir a Antoine en el metro. Era un sosia. Y también hace un año, daba vueltas alrededor del lago temblando al lado de Luca, el indiferente. Empezó a llover y Joséphine aceleró el paso.

—¡Ven, Du Guesclin! Vamos a jugar a pasar a través de las gotas...

Hundió la cabeza entre los hombros, bajó los ojos para estar pendiente de que los pies no derraparan sobre un pedazo de madera, y no se dio cuenta de que Du Guesclin ya no la seguía. Continuó corriendo, los codos pegados, forzando el cuerpo, forzando los brazos y las piernas para luchar contra las olas, forzando su corazón a tener más músculo y a ser más fuerte.

Marcel le enviaba flores cada semana con una notita, «aguanta, Jo, aguanta, estamos aquí y te queremos...». Marcel, Josiane, Junior, ¿una familia nueva que no da puñaladas en el corazón?

Cuando se detuvo, buscó a Du Guesclin con la mirada y lo vio muy lejos, detrás de ella, sentado, el hocico apuntando al horizonte.

—¡Du Guesclin! ¡Du Guesclin! ¡Vamos! ¡Ven! ¿Qué haces?

Dio palmadas, silbó *El puente sobre el río Kwai*, su canción favorita, golpeó con el pie, repitiendo Du Guesclin, Du Guesclin, a cada golpe de talón en el suelo. No se movía. Volvió atrás, se arrodilló cerca de él y le dijo al oído:

—¿Estás enfermo? ¿Estás enfadado?

Él miraba a lo lejos y sus fosas nasales se movían con ese ligero temblor que decía «no me gusta lo que veo, no me gusta lo que se anuncia en el horizonte». Ella estaba acostumbrada a sus estados de ánimo. Era un perro delicado que rechazaba el salchichón si no le quitaban la piel. Intentó razonar con él, le tiró del collar, le empujó. Él permanecía allí, testarudo. Entonces ella se incorporó, escrutó la orilla del lago tan lejos como llegaba su mirada y vio... al hombre que caminaba con paso militar, envuelto en bufandas. ¿Cuánto tiempo llevaba sin verle?

Du Guesclin gruñó. Sus ojos se entrecerraron en dos lanzas puntiagudas y Joséphine susurró: «¿No te gusta ése?». Él gruñó aún más fuerte.

No tuvo tiempo de interpretar la respuesta: el hombre estaba ante ellos. Ya no llevaba las bufandas alrededor del cuello y mostraba un rostro regordete, bastante afable. Había debido de abusar de un producto bronceador, porque tenía rayas naranja en el cuello. Mal repartido, mal repartido, se dijo Joséphine, pensando que estaban en noviembre y que aquello era una coquetería inútil.

—¿Es su perro? —preguntó señalando con el dedo a Du Guesclin.

—Es mi perro y es muy guapo.

El hombre sonrió con expresión divertida.

—No es la palabra que utilizaría para describir a Tarzán.

¿Tarzán? ¡Qué nombre más ridículo para un perro de carácter noble! ¿Tarzán, el hombre en calzoncillos que salta de rama en rama, soltando gritos y comiendo plátanos? ¿Ese prototipo de buen salvaje reinterpretado por Hollywood y por las ligas de la virtud?

—No se llama Tarzán, se llama Du Guesclin.

—No. Le conozco y se llama Tarzán.

—Ven, Du Guesclin, nos largamos —ordenó Joséphine.

Du Guesclin no se movió.

—Es mi perro, señora...

—Nada de eso. Es mi perro.

—Se escapó hace unos seis meses.

Joséphine se sintió turbada. Fue en esa época cuando adoptó a Du Guesclin. No sabiendo qué más decir, dijo:

—¡No tenía que haberle abandonado!

—No le abandoné. ¡Me lo traje del campo donde vivía la mayor parte del tiempo y huyó!

—¡Nada prueba que es suyo! No estaba tatuado, ni tenía medalla...

—Puedo presentar testigos y todos le dirán que ese perro me pertenece. Vivió dos años en mi casa, en Montchauvet, calle del Petit-Moulin, 38... Era un buen perro guardián. Unos ladrones lo maltrataron, pero se batió como un león y no pudieron robar nada de la casa. ¡A partir de entonces le bastaba con aparecer para hacer cambiar de opinión a los más decididos!

Joséphine sintió cómo sus ojos se llenaban de lágrimas.

—¡A usted le da igual que le desfiguraran completamente!

—Es su trabajo como perro guardián. Lo elegí por eso.

—¿Y por qué viene usted a pasear por aquí, si vive en el campo?

—La encuentro a usted muy agresiva, señora...

Joséphine se calmó. Tenía tanto miedo de que se llevara a Du Guesclin, que estaba dispuesta a morder.

—Compréndalo —dijo con un tono más conciliador—, lo quiero tanto y estamos tan bien juntos... Yo, por ejemplo, no lo ato nunca y me sigue a todos lados. Conmigo escucha jazz, se tumba de espaldas y yo le froto el vientre, le digo que es guapo y cierra los ojos de placer, y si dejo de acariciarle o de susurrarle cumplidos, roza mi mano dulcemente para que continúe. No puede usted llevárselo, es mi amigo. He pasado momentos muy duros y él ha estado a mi lado en todo momento. Cuando lloraba, él aullaba y me daba pequeños lengüetazos, así que compréndalo, si usted se lo lleva, sería terrible para mí y no podré, no, no podré...

Y entonces la ola habría ganado...

Du Guesclin gemía para subrayar la veracidad y la sinceridad de sus argumentos, y el hombre bajó la guardia.

—Para responder a su pregunta indiscreta, señora, sepa que escribo. Letras de canciones, libretos para óperas modernas. Trabajo con un músico que tiene su estudio en la Muette y siempre que he de encontrarme con él, me concentro antes, caminando alrededor del lago. Es un ritual. No quiero que nadie me moleste. Tengo cierta notoriedad.

Le concedió un momento a Joséphine para que tuviese el placer de reconocerle. Pero como ella no manifestaba ninguna deferencia particular, prosiguió, ligeramente molesto:

—Me tapaba para no ser molestado. No traía nunca a Tarzán conmigo porque temía que me distrajera. Lo perdí en París el día que quise confiárselo a una amiga. Me iba a Nueva York para asistir a la grabación de una comedia musical en Broadway. Huyó y no tuve tiempo para buscarle. Imagínese mi sorpresa al verlo esta mañana...

—Si viaja usted mucho, está mejor conmigo...

Du Guesclin emitió un ligero jadeo que significaba que estaba de acuerdo. El hombre le miró y declaró:

—¿Sabe lo que vamos a hacer? Yo le hablaré, usted le hablará y después nos iremos cada uno en dirección contraria y veremos a quién sigue.

Joséphine reflexionó, miró a Du Guesclin, pensó en los seis meses que acababan de pasar juntos. Valían lo mismo que los dos años que había sufrido junto al hombre abrigado, ¿no? Y además será una señal, si me elige a mí. Una señal de que soy amable, de que vale la pena acostumbrarse a mí, de que no he sido engullida por la ola.

Ella respondió que estaba de acuerdo.

El hombre se agachó cerca de Du Guesclin, le habló a media voz. Joséphine se alejó y les dio la espalda. Ella llamó a su padre, le dijo ¿estás ahí?, ¿velas por mí? Entonces haz que Du Guesclin no se convierta en Tarzán, el del plátano. Haz que otra vez atraviese la rompiente de olas, que vuelva a la orilla...

Cuando se volvió, vio que el hombre sacaba de un paquete una galletita de naranja, se la daba a oler a Du Guesclin que salivó, dejando caer dos hilos de baba transparente, después el hombre hizo una seña a Joséphine, de que era su turno para hablar con Du Guesclin.

Joséphine lo tomó en sus brazos y le dijo muy bajo: «Te quiero, gordito, te quiero con locura y yo soy mucho mejor que una galleta de naranja. Él te necesita para cuidar de su hermosa casa, de su hermosa tele, de sus hermosas obras de arte, de su hermoso césped, de su hermosa piscina, yo te necesito para que me cuides a mí. Piénsatelo bien...».

Du Guesclin seguía salivando, y continuaba mirando al hombre que agitaba el paquete en su mano para recordarle la galleta prometida.

—No está bien lo que hace —dijo Joséphine.

—¡Cada cual sus armas!

—¡No me gustan las suyas!

—No empiece de nuevo a insultarme, si no ¡me llevo a mi perro!

Se volvieron los dos como dos duelistas y avanzaron en direcciones opuestas. Du Guesclin permaneció sentado un largo instante, olisqueando la galleta de naranja que se alejaba, se alejaba. Joséphine no se volvió.

Apretó los puños, rezó a todas las estrellas del Cielo, a todos sus ángeles guardianes colgados del mango de la Gran Cacerola, para que empujasen a Du Guesclin hacia ella, para hacerle olvidar el delicado perfume de la galleta de naranja. Te las compraré mucho mejores yo, gruesas, planas, rellenas, crujientes, heladas, cubiertas, esponjosas, las inventaré sólo para ti. Caminaba, el corazón encogido. No debo volverme porque si no le veré partir, correr detrás de una galleta de naranja, y entonces estaré aún más triste, más desesperada.

Se volvió. Vio a Du Guesclin, que se había reunido con el compositor de melodías para Broadway. Le seguía balanceándose, parecía feliz. La había olvidado. Le miró coger la galleta con la boca, tragársela de un bocado, rascar el paquete para obtener otra.

Nunca seré una mujer amable. No puedo competir siquiera contra una galleta de naranja. Soy penosa, soy fea, soy tonta, no doy la talla, no doy la talla, no doy la talla...

Encogió los hombros y se negó a asistir durante más tiempo al festín de Tarzán, el del plátano. Retomó la marcha a paso lento. Ya no tenía ganas de correr. De rodear, ágil, el agua oscura y los plumeros de bambú. Es absolutamente necesario que descubra razones de peso por las que no me ha elegido, si no voy a ponerme demasiado triste. Si no, la ola me habrá arrastrado para siempre... Habrá ganado.

Primero, no me pertenecía, tenía otras costumbres con ese amo, y la vida está hecha de costumbres más que de libre elección. Además, seguramente tenía ganas de quedarse conmigo, pero ha ganado su sentido del deber. No lo llamé Du Guesclin porque sí. Nació para defender un territorio, es fiel a su rey. Nunca ha traicionado. Nunca se ha cambiado de chaqueta para unirse al rey de Inglaterra. Hace honor a la tradición de su noble ancestro. No he depositado mi confianza en un traidor. En fin, no he respetado la naturaleza del guerrero. Le creí amable y dulce porque tenía la nariz rosa chicle, pero a él le hubiese gustado que le tratase como a un borrachín empedernido. Iba a hacer de él un alfeñique, ¡se ha marchado a tiempo!

Luchaba contra las lágrimas. No llorar, no llorar. Otra vez agua salada, otro naufragio. ¡Basta! Piensa en Philippe, te espera, te lo ha dicho. Ese hombre no lanza mensajes al viento. Pero ¿acaso es culpa mía si me invade la bruma, si todo se descompone antes de llegar hasta mí, si estoy anestesiada? ¿Es culpa mía que una no se cure de golpe, y que tenga que dedicarme a todas horas a curar heridas de la infancia? Du Guesclin me habría ayudado, eso seguro, pero tengo que aprender a curarme sola. Sólo a ese precio se hace una realmente fuerte...

Llegaba al pequeño muelle de alquiler de barcas, cuando escuchó un galope furioso a su espalda. Se apartó para dejar pasar al demente que la atropellaría si no tenía cuidado, levantó la nariz para ver al intrépido y lanzó un grito.

Era Du Guesclin. Corría hacia ella avanzando con sus patas alocadas, desordenadas, como si se muriera de miedo de no poder alcanzarla.

En la boca llevaba el paquete de galletas de naranja.

Agradecimientos

¡De nuevo he recorrido kilómetros y kilómetros para escribir este libro! Kilómetros por carretera, por aire, en tren, pero también kilómetros en mi cabeza inventando, reflexionando, dando saltos... Una intenta atajos, tiende puentes, caminos, traza historias, se pierde, vuelve a encontrar el camino, busca la palabra justa, profundiza, descubre, acopla... Y durante ese tiempo, el mundo continúa girando y yo, perdida en mis pensamientos, me olvidaría de su modo de empleo si, a mi alrededor, no hubiese seres tiernos y atentos que me ayudan a tomar tierra suavemente.

Así que me gustaría dar muchas, infinitas GRACIAS a los que siempre han estado allí, soportándome y rodeándome cuando escribo (¡y cuando no escribo!):

A Charlotte y a Clément, mis dos «pequeños» y grandes amores.

A Réjane y su mano en la mía, ¡siempre, siempre!

A Michel y su ojo atento, generoso, perspicaz...

A Coco, que pone patas arriba la casa con gula y animación.

A Huguette, que escruta y me protege con firmeza y ternura.

A Sylvie, que ha seguido cada etapa del manuscrito y me ha animado...

A Élisabeth ¡por todo! El siglo XII, su sonrisa, su ánimo, los paseos alrededor del lago de Annecy, las carcajadas y las plazas de aparcamiento...

A Jean-Marie, Romain, Hildegarde, Rose, Charles, George, Pierre, Simone, que veláis por mí allá, entre las estrellas...

A Fabrice, the king of the computer.

A Jean-Christophe..., valioso y preciso.

A Martin y sus detalles picantes y bien documentados sobre la vida en Londres.

A Gérard por la vida londinense ¡tanto de día como de noche!

A Patricia... Y a su padre..., fuente de valiosas informaciones técnicas.

A Michel, que me ha ayudado a construir la investigación policial.

A Lydie y su humor corrosivo...

A Bruno y los CD de Glenn Gould, que han acunado mis largas horas de escritura.

A Geneviève y el manual católico de la vida conyugal.

A Nathalie Garçon, que me abrió las puertas de su taller y me permitió seguir la elaboración de sus colecciones.

A Sarah y a sus correos llenos de alegría.

A Jean-Eric Riche y sus relatos sobre China.

A mis amigas y amigos... siempre, ¡siempre ahí!

Y a todos los lectores y lectoras cuyos correos producen descargas de miles de voltios bajo mis pies.

Y por fin, déjame decirte, Laurent, que te echo de menos, que te echo cruelmente de menos.

Te fuiste el 19 de diciembre de 2006, una noche, y la vida no tiene el mismo sabor desde entonces...

No habías cumplido los cuarenta.

Éramos amigos desde hacía diez años. Tú eras quien pasaba por casa cada día o casi, tarareando: «¡La vida es bella!, ¡la vida es bella!», cargado de libros, CD y dulces almendrados de la casa Ladurée, ayudabas a Charlotte y a Clément en sus estudios, sus proyectos, sus deseos, ibas a ver treinta veces la misma película, releías diez veces el mismo libro, elucubrabas sobre la siguiente novela, la futura obra, el proyecto grandioso que realizaríamos juntos... Respirábamos el mismo aire, soltábamos las mismas carcajadas, teníamos las mismas inquietudes, los mismos entusiasmos.

Eras mi amigo, formabas parte de mi vida y ya no estás aquí.

No pasa ni un día sin que piense en ti.

Este libro se terminó de imprimir
en los talleres gráficos de Cofás
en el mes de enero
de 2011